COZINHEIRO NACIONAL

COZINHEIRO NACIONAL

ou

COLEÇÃO DAS MELHORES RECEITAS DAS
COZINHAS BRASILEIRA E EUROPÉIAS

*para a preparação de sopas, molhos, carnes, caça, peixes,
crustáceos, ovos, leite, legumes, pudins, pastéis,
doces de massa e conservas para sobremesa*

ACOMPANHADO
das Regras de Servir à Mesa e de Trinchar

ORNADO COM NUMEROSAS
ESTAMPAS FINAS

PREFÁCIO
Carlos Alberto Dória

REVISÃO
*Geraldo Gerson de Souza
e Maria Cristina Marques*

ADMINISTRAÇÃO REGIONAL DO SENAC NO ESTADO DE SÃO PAULO
Presidente do Conselho Regional: Abram Szajman
Diretor do Departamento Regional: Luiz Francisco de A. Salgado
Superintendente Universitário e de Desenvolvimento: Luiz Carlos Dourado

EDITORA SENAC SÃO PAULO
Conselho Editorial: Luiz Francisco de A. Salgado
Luiz Carlos Dourado
Darcio Sayad Maia
Lucila Mara Sbrana Sciotti
Marcus Vinicius Barili Alves

Editor: Marcus Vinicius Barili Alves (vinicius@sp.senac.br)

Coordenação de Prospecção e Produção Editorial: Isabel M. M. Alexandre (ialexand@sp.senac.br)
Supervisão de Produção Editorial: Izilda de Oliveira Pereira (ipereira@sp.senac.br)

Gerência Comercial: Marcus Vinicius Barili Alves (vinicius@sp.senac.br)
Supervisão de Vendas: Rubens Gonçalves Folha (rfolha@sp.senac.br)
Coordenação Administrativa: Carlos Alberto Alves (calves@sp.senac.br)

Dados Internacionais de Catalogação na Publicação (CIP)
(Câmara Brasileira do Livro, SP, Brasil)

Cozinheiro nacional, ou, Coleção das melhores receitas das cozinhas brasi-
leiras e européias : para preparação de sopas, molhos, carnes... / revisão
Geraldo Gerson de Souza e Maria Cristina Marques. – São Paulo: Ateliê
Editorial : Editora Senac São Paulo, 2008.

"Acompanhado das regras de servir à mesa e de trinchar".
"Ornado com numerosas estampas finas".

ISBN 978-85-7480-231-2 (Ateliê Editorial)
ISBN 978-85-7359-709-7 (Editora Senac São Paulo)

1. Culinária   2. Gastronomia   3. Receitas   I. Título   II. Título: Coleção
das melhores receitas das cozinhas brasileira e européia.

08-05096   CDD 641.5

Índices para catálogo sistemático:
1. Receitas: Culinária: Economia doméstica   641.5

1.ed., 2008.   2.ed., 2009.

Direitos reservados às

ATELIÊ EDITORIAL	EDITORA SENAC SÃO PAULO
Estrada da Aldeia de Carapicuíba, 897	Rua Rui Barbosa, 377 – 1º andar – 01326-010 – Bela Vista
06709-300 – Granja Viana – Cotia – SP	Caixa postal 1120 – 01032-970 – São Paulo – SP
Telefax (11) 4612-9666	Telefone (11) 2187-4450 – Fax (11) 2187-4486
www.atelie.com.br	www.editorasenacsp.com.br
atelie@atelie.com.br	editora@sp.senac.br

Direitos reservados e protegidos pela Lei 9.610 de 19.2.1998.
É proibida a reprodução total ou parcial sem a autorização, por escrito, das editoras.
Impresso no Brasil 2009
Foi feito depósito legal

SUMÁRIO

A Cozinha Nacional Antes da Feijoada – *Carlos Alberto Dória* 7
Regras do Bem Comer – *Carlos Drummond de Andrade* 27
Comida – *Rachel de Queiroz* 29

COZINHEIRO NACIONAL

Prólogo 33
    Aforismos do Professor Brillat-Savarin e Outros 37
Utensílios de Cozinha 39
Regras de Servir a Mesa 47

Capítulo I – *Sopas* 53
Capítulo II – *A Vaca* 75
Capítulo III – *A Vitela* 103
Capítulo IV – *O Carneiro* 123
Capítulo V – *O Porco* 147
Capítulo VI – *Aves Domésticas* 175
Capítulo VII – *O Peru* 195
Capítulo VIII – *Caça de Cabelo* 221
Capítulo IX – *Aves Silvestres* 263
Capítulo X – *Peixes de Água Doce* 283

Capítulo xi – *Peixes do Mar* 301

Capítulo xii – *Crustáceos e Conchas & os Ovos, o Leite e o Queijo* 321

Capítulo xiii – *Os Legumes* 341

Capítulo xiv – *Os Molhos* 369

Capítulo xv – *As Saladas & as Compotas & as Sobremesas* 387

Capítulo xvi – *Massas Doces para Sobremesa* 399

Capítulo xvii – *As Conservas* 411

Capítulo xviii – *Receitas Confortativas* 421

Capítulo xix – *Sobre o Modo de Trinchar* 425

Capítulo xx – *As Bebidas* 429

Capítulo xxi – *Os Almoços* 431

Capítulo xxii – *Os Jantares* 435

Capítulo xxiii – *As Ceias* 443

Glossário – *Maria Cristina Marques* 447

Índice 467

A COZINHA NACIONAL
ANTES DA FEIJOADA

*Carlos Alberto Dória**

É essencial que o leitor saiba que tem em mãos uma preciosidade histórica, muito mais do que uma coletânea de receitas factíveis ou adaptáveis ao gosto moderno. Trata-se de um livro que é, paradoxalmente, mais referido e citado do que lido. É quase um mito sobre a origem de nossa culinária que, inexplicavelmente, não teve qualquer edição integral depois de 1910, razão pela qual todo bibliófilo, estudante da alimentação, *gourmet* ou simples curioso deve saudar esta edição que Ateliê Editorial e Editora Senac São Paulo hoje oferecem. Trata-se de uma edição revista, preparada a partir da quarta edição, sem data.

Em nossa historiografia, a tradição culta da antiga culinária brasileira – isto é, os seus pilares que se apóiam em livros, e não em conhecimentos transmitidos oralmente ou através de registros manuscritos mantidos no domínio familiar – vai pouco além de um tripé: *O Livro da Cozinha da Infanta D. Maria*, situado entre o final do século XV e início do XVI, que expressa a mais remota origem de algo com o que possamos nos identificar culinariamente; o *Cozinheiro Imperial* e o *Cozinheiro Nacional*, ambos livros brasileiros do século XIX. Assim, considerando essas poucas referências bibliográficas, o que agora se disponibiliza é provavelmente a mais importante contribuição à historiografia culinária que o ano de 2008 poderá nos proporcionar.

---

* Doutor em sociologia, autor do livro *Estrelas no Céu da Boca: Escritos sobre Culinária e Gastronomia*, São Paulo, Editora Senac São Paulo, 2006.

O *Livro de Cozinha da Infanta D. Maria,* manuscrito da Biblioteca Nacional de Nápoles, teria pertencido à infanta D. Maria de Portugal, filha de D. Duarte Guimarães, neta de D. Manuel e sobrinha de D. João III. Nele, os estudiosos encontram um códice essencial para o estabelecimento do vocabulário da língua portuguesa e um testemunho ímpar sobre a arte de cozinhar e bem comer, desenvolvida mais tarde através do *Arte de Cozinha,* de Domingos Rodrigues, de 1680, que já incorpora fortes influências do que chamamos "cozinha francesa", designando o sistema culinário europeu dominante.

Uma leitura atual d'*O Livro de Cozinha da Infanta D. Maria,* composto de 67 receitas divididas em quatro cadernos, mostra as técnicas culinárias simples (assar, cozer, fritar, estufar ou afogar); a pequena variedade de utensílios; a persistência dos condimentos, embora de uso mais moderado do que nos séculos posteriores, além de outros paralelos que nos permitem identificar linhas claras de evolução da cozinha ibérica que nos influenciou diretamente.

Sobre o livro de Domingos Rodrigues, considerado o mais antigo livro impresso de cozinha portuguesa, recentemente demorou-se a historiadora da ciência Cristiana Couto, o que nos dispensa aqui de aprofundar comentários e buscar continuidades dentro da tradição culinária que vem se formando nas letras portuguesas desde então[1]. Já quando passa a existir uma imprensa nacional, após a vinda da Corte ao Brasil, o primeiro livro culinário a ser editado entre nós é o *Cozinheiro Imperial,* em 1840, e que teve outras sete edições, sendo a última de 1996. Por fim, entre 1874 e 1888, não se sabe ao certo, surge o "anônimo" *Cozinheiro Nacional* – de autoria atribuída em algumas edições a um certo Paulo Salles – que também teve sua sétima e última edição em 1910.

Esses dois livros, portanto, resumem a cultura culinária erudita do século XIX, segundo a historiografia fixou. É claro que outros livros editados em Portugal circularam no Brasil e, mesmo após a Independência, continuaram a circular e a influenciar o comer nacional, em edições portuguesas ou brasileiras. No entanto o *Cozinheiro Imperial* e o *Cozinheiro Nacional* representam um esforço de nacionalização do saber culinário e são, por isso mesmo, o marco de formação de um pensamento autóctone sobre o comer entre a elite agrária e os nascentes setores urbanos do país.

---

1. Cristiana Couto, *Arte de Cozinha: Alimentação e Dietética em Portugal e no Brasil (Séculos XVII-XIX),* São Paulo, Editora Senac São Paulo, 2007.

A Cozinha Nacional Antes da Feijoada

Como mostrou Cristiana Couto, o *Cozinheiro Imperial* se faz sobretudo copiando, sem alterações significativas, um corpo de receitas do *Arte de Cozinha* (1758), de Domingos Rodrigues, e do *Cozinheiro Moderno* (1785), numa proporção total de cerca de 40%, sendo que em certos capítulos como "aves e caças" a cópia atinge 84% dos pratos, sendo que as "novas receitas" advêm, por sua vez, de outros livros europeus, notadamente franceses, e de pratos brasileiros, que vão sendo introduzidos nas sucessivas edições do livro, revelando diferenças significativas entre as edições de 1843 e a de 1875[2]. Assim, o *Cozinheiro Nacional* pode ser visto também como a radicalização da tendência que já se fazia sentir no seu antecessor, sendo este contraste particularmente marcante no mesmo capítulo das caças.

DA UNIFICAÇÃO OU NACIONALIZAÇÃO CULINÁRIA

Hoje já é bastante aceito em análise da história culinária que a chamada "culinária nacional" de vários países, especialmente aqueles de unificação tardia, é fruto mais de uma necessidade política do que expressão de um substrato comum, preexistente, que perpassa o comer em todo o seu território. A unificação simbólica da culinária de fato se dá por etapas, ocorrendo primeiro em certos setores antes que em outros, verificando-se a coexistência de distintos hábitos alimentares regionais, de classe social, grupos étnicos e assim por diante. Dessa perspectiva, a formação da culinária nacional é mais um processo de seleção, auxiliado por expedientes políticos, do que qualquer outra coisa; através dele, por exemplo, acabam prevalecendo idéias de higiene e saúde que o próprio Estado impõe à população como um todo, reprimindo e levando a desaparecer práticas alimentares tradicionais. Portanto, a formação da culinária nacional é também expressão de relações de poder que se estabelecem entre práticas alimentares.

Um exemplo clássico que retrata a dualidade de classe do comer encontra-se no barroco *L'Arte di ben cucinare* (1662), do bolonhês Bartolomeo Stefani, que trabalhou para o marquês Ottavio Gonzaga, em Mantova. O que mais chama a atenção na organização dessa obra é a separação radical entre o receituário destinado aos *cavalieri* e outras pessoas "de qualidade" e as receitas da tradição popular mantovana, recolhidas no condado, "entre famílias que ainda hoje as seguem fielmente na preparação dos pratos", dedicando-se o co-

---

2. *Idem*, pp. 123-132.

zinheiro a discriminar aquelas que pudessem ser atribuídas "à genuína tradição local"[3]. O texto de Bartolomeo Stefani retrata claramente as duas culturas culinárias, expressão da divisão de classes da sociedade italiana de então, sem que veja nessa fissura qualquer problema para o próprio gosto.

Talvez em sociedades coloniais esta questão tenha sido mais aguda e problemática, de tal sorte que podemos notar, em algumas delas, como a do México, um esforço bastante dedicado e precoce de construção de uma cozinha *criolla*[4], isto é, uma cozinha que, incorporando elementos de culinária pré-colombiana, pudesse constituir objeto de orgulho das elites locais. Já entre nós, brasileiros, vários viajantes – a despeito daqueles que, como Saint-Hilaire, encontraram em algumas raras oportunidades as razões gastronômicas para elogiar a cozinha popular que provaram – não poupam críticas a uma certa "barbárie" ou indigência culinária, encontrada especialmente entre os negros embrutecidos pela escravidão ou em meio à natural pobreza das áreas economicamente decadentes[5], ainda que, na visita às casas-grandes, um fausto de fachada sempre se armasse para impressionar os viajantes.

Mas a crítica elitista ao comer popular se deu na prática em ambiente urbano, em meio à adoção de hábitos afrancesados de vivência. Como se sabe, o francesismo arraigou-se nas elites brasileiras em seguida à Independência, em especial após o Congresso de Viena e o casamento de Pedro I com a princesa Amélia, em 1829. Desde então se passou a falar francês na corte, e o hábito disseminou-se pelas províncias, onde foram ter professores de francês, governantas, cabeleireiros, dentistas, alfaiates, cozinheiros, modistas, barbeiros, livreiros e toda sorte de profissionais que nos permitissem respirar Paris.

De fato, mesmo nas cidades mais tacanhas, como São Paulo, pelo ano de 1860 já havia chegado o francesismo pleno com a inauguração da Casa Garraux, um misto de livraria, tipografia, casa de vinhos, entreposto de objetos pessoais, objetos de arte etc. É desse ponto que se espraia a influência para as fazendas de café.

Na Casa Garraux se fazia a assinatura de revistas e jornais franceses, como a *Revue des Deux Mondes* e *L'Illustration*, que eram as preferidas, e, assim, nos vapores vindos "diretamente de Paris" – ou, na expressão feliz do filósofo Walter Benjamin, "a capital do século XIX" – além de mercadorias vinham idéias.

---

3. Gino Brunetti (org.), *Cucina Mantovana di Principi e di Popolo. Testi Antichi e Ricette Tradizionali*, Mantova, Cassa Rurale ed Artigiana di Castel Goffredo, 1984, p. 205.

4. Maria Stoopen, "Las Semientes del Mestizaje en el Siglo XVI", *Artes de México*, n. 36, 1997.

5. L. F. de Tollenare, *Notas Dominicais*, Salvador, Livraria Progresso, 1956, p. 85.

Obras francesas de jurisprudência, anatomia, cirurgia, filosofia supriam os cursos de direito e de medicina, além de revistas, romances e livros de culinária que constituíam a leitura doméstica. O comércio de livros, em todo o Brasil, era quase um monopólio francês[6].

Ora, esta voga favorece o desenvolvimento da *dualidade cultural* que se manifesta entre nós já na apropriação das línguas de cultura. Assim como a escravidão impede o desenvolvimento da cidadania, dividindo a população em dois grandes corpos apartados, o dualismo cultural impede a formação do "espírito nacional" autóctone em qualquer domínio, com estatuto que possa ombrear com as demais nações. Quem haja lido *Minha Formação*, de Joaquim Nabuco, terá notado como ele se auto-representa como um ser cindido, com a alma francesa, européia, e o coração brasileiro.

Seguindo historiadores[7], o crescimento do Rio de Janeiro, a partir de 1850, e a intensificação do comércio transatlântico via navegação a vapor, acabou por constituir uma camada social rica e diversificada, em relação com o mundo e com o interior do país, permeável aos valores europeus e hábitos e costumes importados. É provável também que, a partir dessa época, a mulher de elite tenha adquirido um papel mais destacado na vida social, inclusive na culinária, saindo daquele estado de reclusão doméstica que Saint-Hilaire aponta, quando o fazer doméstico era totalmente entregue às negras e índios[8]. Some-se ainda ao novo quadro social a crescente população livre e pobre dedicada ao emprego no comércio e em residências, ou detentora de um pequeno negócio.

Entre essa gente miúda, de origem nacional ou estrangeira, desenvolvia-se também um mercado de profissionais de cozinha que se expressava através dos jornais, onde começam a aparece anúncios como esse:

Precisa-se de uma cozinheira estrangeira, prefere-se que seja alemã ou francesa, na rua do Infante (Catete).

Além de profissionais que se busca e se oferecem para trabalhos domésticos culinários, os jornais da corte anunciam doces de produção doméstica das mais variadas frutas – caju, maracujá, laranja; assim como geléias de pi-

---

6. Emilia Viotti da Costa, "Alguns Aspectos da Influência Francesa em São Paulo na Segunda Metade do Século XIX", *Revista de História*, USP, 2000.

7. Almir C. E. Kareh, *Cozinhar e Comer, em Casa e na Rua: Culinária e Gastronomia no Rio de Janeiro, na Segunda Metade do Século XIX, Através dos Anúncios de Jornais*, manuscrito.

8. Carmem Silvia Morais Rial, "Brasil: Primeiros Escritos sobre Comida e Identidade", *Antropologia e Nutrição: Um Diálogo Possível*, Rio de Janeiro, Editora Fiocruz, 2005, p. 96.

tanga e tamarindo etc. – que se podia adquirir em vidros ou latas de "quatro libras", além das frutas cristalizadas européias, importadas do fabricante francês Gaillard de Clermond Ferrand, e vendidas na Casa do Naturalista, na rua São José, apresentadas diretamente em francês: "abricots, prunes reine Claude et mirabelle, cerises, fruits assortis, pastilles d'abricot, pastilles de fruits et fleurs sur pâte", por preços que iam de mil-réis até 3$500 réis as caixas maiores; assim como o "famoso nougat de Montelimar, a 2$ e 4$ a caixinha de Marseille contendo as quatro variedades de nougat blanc, pistaché, praliné e à la rose", que podiam ser encontradas na mesma loja, que acabara de recebê-lo "pelo último paquete francês Extrémadure".

É nesse ambiente de gosto dual que se funda a necessidade de livros como o *Cozinheiro Imperial* e tantos outros, que copiavam e traduziam livros de culinária estrangeiros, e é nele também que o *Cozinheiro Nacional* vem desempenhar o papel de novidade e ruptura com os padrões vigentes ou ideais alimentares da elite afrancesada da capital do império e da nascente república. De fato, o que o *Cozinheiro Nacional* faz é liquidar a hierarquia entre as coisas de comer daqui e de além-mar, numa época em que – desde Carême e até pelo menos a *nouvelle cuisine* – se creditava a excelência da alta cozinha francesa acima de tudo à excelência e exclusividade de suas matérias-primas. O que o *Cozinheiro Nacional* faz é enunciar, de saída, um programa gastronômico enraizado no país:

[...] uma vez que demos o título "nacional" à nossa obra, julgamos ter contraído um compromisso solene, qual o de apresentarmos uma cozinha em tudo brasileira, isto é: indicarmos os meios por que se preparam no país as carnes dos inúmeros mamíferos que povoam suas matas e percorrem seus campos; aves que habitam seus climas diversos; peixes que sulcam seus rios e mares [...] inteiramente diferentes dos da Europa, em sabor, aspecto, forma e virtude, e que por conseguinte exigem preparações peculiares[9], [...]

Nesse programa, ao igualar o *status* do nacional ao internacional, o autor apresenta, numa autêntica transliteração, "uma lista de substâncias culinárias européias que podem ser substituídas por outras do Brasil; e reciprocamente substâncias culinárias brasileiras que podem ser substituídas por outras da Europa"[10], de tal sorte que umbigo de bananeira, o palmito guariroba e o talo de taioba podem substituir o amargor da alcachofra; a mandioca, o amido da batata; o jiló à berinjela; as laranjas azedas ao limão e ao vinagre; os pinhões

9. Ver, a seguir, *Cozinheiro Nacional*, p. 33.
10. *Idem*, p. 35.

às castanhas e assim por diante. Por outro lado, quando não se trata de transliteração, sugere o mesmo *status* para coisas produzidas aqui e lá: ao final do "banquete brasileiro", para quarenta pessoas, estão perfilados – não em substituição mas *lado a lado* – os "queijos mineiros", os "queijos flamengos", os "queijos londrinos" e os "queijos holandeses"[11].

Subjacente a este movimento substitutivo de matérias-primas, esta a idéia de emancipação em relação à "tutela européia", que o *Cozinheiro Nacional* considera um "anacronismo", de modo que a nossa culinária possa se apresentar "com seu caráter nacional", isto é, "*guisando a seu modo* os inúmeros produtos de sua importante flora, as esquisitas e delicadas carnes de sua tão variada fauna" e abandonando a literatura que ensina a "preparação de substâncias que não se encontram no país"[12].

Para o *Cozinheiro Nacional*, os livros europeus propagam "mistificações" na medida em que embaraçam as pessoas que pretendem se desenvolver na arte culinária quando enumeram matérias-primas que não existem no país e que elas desconhecem e

Vêem-se portanto forçadas a renunciar a semelhante obra que lhes fala de túbaras, cogumelos, alcaparras, objetos estes que nunca viram, nem podem alcançar, e cuja substituição não sabem fazer; da mesma maneira falam em faisão, cotovia, galinhota, lebre, truta, tenca, salmão, carpa etc., sem nem sequer dar o nome do animal do Brasil que lhes corresponda, e cuja preparação possa ser idêntica.

É este motivo por que, sem desprezarmos as substâncias da Europa [...] lhes ajuntamos as do país [que] não só se preparam da mesma maneira, mas ainda podem ser substituídos uns pelos outros[13].

ESBOÇO DE UMA EMENTA NACIONAL

Cozinheiro Nacional, que se apresenta também como "coleção das melhores receitas das cozinhas brasileira e européias", poderia eventualmente ser tomado como um guia para compreender o que comia a elite brasileira no último quartel do século XIX e primeira décadas do XX, caso tivéssemos elementos mais sólidos sobre a sua importância prática nas famílias de elite. Na falta desses elementos de convicção, ele não deixa de expressar ao menos um ideal de como deveria ser esse comer.

11. *Idem*, p. 442.
12. *Idem*, p. 34. *Grifo nosso.*
13. *Idem, ibidem.*

Não escapará ao leitor atento que, ao pretender orientar as maneiras à mesa, inclui capítulos de como devam ser as bebidas, os almoços e os jantares, ou seja, a andadura das refeições rituais, como os almoços entre amigos – aos quais "as senhoras raras vezes assistem", criando clima favorável "à livre discussão" e suprimindo-se "toda a cerimônia"[14] – ou o almoço brasileiro, tendo como ícone, no meio da mesa, "um leitão assado à mineira", assim como os jantares de família, os jantares para convidados, os jantares de cerimônia e os banquetes brasileiros.

Duas observações de como devam ser essas refeições são ainda dignas de nota. Em primeiro lugar, *Cozinheiro Nacional* chama a atenção ao "costume bárbaro", vigente no interior do Brasil, de se servir cerveja depois do doce, quando a cerveja "só deve ser tomada como refresco em dias de calor e longe das comidas"[15]; em segundo lugar, enuncia um princípio republicano segundo o qual, à mesa de jantar, as pessoas devem ser arranjadas por afinidades eletivas, e não como expressão de poder:

O sistema antigo de sentar-se à mesa conforme as suas posições na sociedade é hoje destruído; o dono da casa deve unicamente procurar reunir as pessoas que se simpatizam umas com as outras, por exemplo. Uma moça alegre e jocosa não se deve assentar entre dois homens velhos e tristonhos; e um poeta ou homem ilustrado, perto de um homem rico sem educação.

Um sacerdote, respeitável por sua idade, deverá ser colocado perto de uma senhora cujas virtudes e conduta sejam exemplares; enfim é nesta colocação que o dono da casa deve ter todo o cuidado[16].

Nas ementas sugeridas para as refeições – e não só as festivas, mas também as familiares – é notável a idéia de cornucópia alimentar, variando a sugestão de pratos de um mínimo de catorze a quase setenta diferentes iguarias, organizadas em até três serviços. Isso contrasta de modo absoluto com as pesquisas empíricas feitas por Donald Pierson em São Paulo, junto às diferentes classes sociais, quando o registro marcante é a extrema frugalidade das refeições domésticas entre todas as classes[17].

Ainda que *Cozinheiro Nacional* navegue no ideal de abastança e que expresse uma certa pedagogia para reeducar as elites na passagem dos hábitos hie-

14. *Idem*, p. 431.
15. *Idem*, p. 429.
16. *Idem*, p. 435.
17. Donald Pierson, "Hábitos Alimentares em São Paulo", *Revista do Arquivo Municipal*, ano X, vol. XCVIII, São Paulo, 1944.

rárquicos de uma sociedade de cortes para o igualitarismo do dinheiro numa sociedade burguesa, o mais interessante é que mostra o comer organizado em vários capítulos, que começam com as sopas em suas variedades e acabam com as massas doces para sobremesas, passando por molhos, carnes de vários tipos, caças de pêlo, aves, peixes de rio e de mar, conservas e tudo o mais que compunha os saberes culinários necessários ao bem-viver, estando, em todos os capítulos, entranhados os produtos nacionais. Além de expressar o modo tradicional de se organizar a cozinha e as ementas festivas, o livro incorpora ainda as novidades para essa elite em fase de "aprendizado" burguês: Câmara Cascudo registra como o *Cozinheiro Nacional* foi sensível ao novo hábito de comer saladas, apresentando 21 receitas delas no capítulo xv do livro[18]. Mas se nos ativermos ao modo como *Cozinheiro Nacional* organiza e apresenta as receitas, alguns aspectos de interesse se dispõem para a reflexão. Para tanto, façamos um resumo do modo de apresentar as iguarias por capítulo culinário:

Capítulo	*Tópico*
SOPAS	
	Sopas gordas
	Sopas magras
	Sopas magras com vinho
	Sopas de leite
	Sopas de frutas
	Sopas medicinais
A VACA	
	Carnes cozidas
	Carnes de vaca fritas, assadas e guisadas
	Costela de vaca
	Línguas de vaca
VITELA	
CARNEIRO	
O PORCO	
AVES DOMÉSTICAS	
O PERU	
CAÇA DE CABELO	
	A anta
	A capivara
	O coelho
	A cutia
	A irara, a onça e o tamanduá
	A lebre
	A lontra e a ariranha

18. Câmara Cascudo, *História da Alimentação no Brasil*, Belo Horizonte, Itatiaia, 1983, p. 551.

O macaco

A paca

O queixada e o caititu, ou porco-do-mato

O preá, o caxinguelê, o gambá

O quati

A cobra, o lagarto, a rã

O tatu

Veado

AVES SILVESTRES

Jacu, mutum etc.

Araras, papagaios, maracanãs, periquitos

Perdiz, codornizes, cotovia, codorniz-do-campo

Pombas: juritis, torquazes e rolas

Saracura, inhuma, pato-silvestre, marrecos, gansos-silvestres,
    martim-pescador, frango-d'água, galinhota grande e pequena

Pássaros miúdos, sabiá etc.

Galinha-d'angola, macuco, inhambu, jaó
    ou zabelê, jacutinga e capoeira

O anu

PEIXES DE
ÁGUA DOCE

O lambari ou cadosetes

O lúcio, traíra, tubarana e piranha

O peixe cascudo

O timburé, corvina

As trutas, piabanhas, pirapetingas e matrinxãos

PEIXES DO MAR

Bacalhau seco

Badejete, corcoroca e parati

Enguias-do-mar, congro, moréia, lulas e polvo

Pescada

Raias: manteiga, lixa, santa e guicoxo

CRUSTÁCEOS
E CONCHAS

Caramujos de vinhas

Mexilhões e berbigões

As ostras

A tanajura

A tartaruga, o cágado

Os ovos, o leite e o queijo

OS LEGUMES

As raízes

As folhas

As frutas

Os grãos

MOLHOS

Preparação para molhos

Molhos para carnes

Molhos para legumes

Molhos para carnes e peixes
Molhos para peixes
Molhos para caças
Molhos para pudins e massas

AS SALADAS
E COMPOTAS

As compotas

MASSAS DOCES
PARA SOBREMESA

AS CONSERVAS

Aos olhos de hoje, a classificação é desorientadora; aos olhos da época também deveria ser surpreendente, pois não reflete uma bio-lógica, nem a lógica da cozinha clássica então vigente. Nada pode nos esclarecer sobre o juntar formigas (tanajura) com ovos, tartaruga, caramujos – tudo reunido como crustáceos e conchas; ou a cobra, o lagarto, a rã como caça de pêlo ("cabelo"); galinha de capoeira e galinha-d'angola como aves silvestres; alcachofras tomadas como frutos e assim por diante. Mas quando mergulhamos em qualquer capítulo, começam a surgir as surpresas positivas. Por exemplo, as sopas.

Todas as refeições à época principiam idealmente por uma sopa. Nos banquetes e jantares mais formais deve-se oferecer aos convivas pelo menos quatro variedades de sopas. No ritual à mesa, a refeição começa quando se destampa a sopeira. Por isso o *Cozinheiro Nacional* começa pelo receituário das sopas, aproximando a lógica narrativa da lógica à mesa, enquanto em livros europeus da época já era comum se encontrar aqueles que principiavam pelos molhos, seguindo-se com as guarnições e, só depois, as sopas.

Ao menos quatro tipos de sopas são receitadas no livro, num total de 131 receitas. Em primeiro lugar, as sopas gordas e magras, num total de 64 receitas, tendo por base algum caldo derivado de carne ou de fritura de gorduras; em segundo lugar, as sopas tendo por base o vinho branco ou tinto, ou a cerveja (vinte receitas); em terceiro lugar, as sopas que derivam da cocção em leite (quinze receitas) e, finalmente, as sopas de frutas (22 receitas). Vê-se, assim, que o conceito de "sopa" é bem mais rico que o atual, englobando indiferentemente sopas doces e salgadas, quentes ou frias, e preparados que, com o tempo, acabamos classificando de outra maneira, como o curau ou mingau de milho verde[19] e os mingaus. Do mesmo modo, "sopas de frutas" são sopas de frutos propriamente ditos ou de legumes (abóboras, batatas, ervilhas, favas, feijões etc.).

19. *Cozinheiro Nacional*, p. 67.

Assim, temos que a importância das sopas na refeição brasileira reflete diretamente aquela que tiveram na culinária ibérica tradicional e culinária medieval européia em geral, onde a água é um veículo privilegiado de alimentos, a par com os pastelões (tortas) e assados. Tanto é que, ainda hoje, na moderna língua catalã, o verbo "sopar" expressa a idéia de "ceia"; além disso, mesmo em muitas famílias brasileiras modernas ainda se guarda o hábito de, à noite, ingerir apenas uma sopa frugal. É claro, porém, que a sopa foi decaindo de uso. Já em meados do século xx, um livro popular como o *Dona Benta* reunia apenas 39 receitas delas[20].

Ora, apesar do desuso recente, o sentido gastronômico da sopa não deve ser desconsiderado na refeição. Como dizia Escoffier, ao apresentar suas 135 receitas de sopa da *cuisine bourgeoise*, "a França, desde os tempos mais distantes, é um país onde a sopa sempre serviu de prelúdio às melhores refeições". Dentre elas, destaca o *pot-au-feu* como o "símbolo da vida familiar" francesa e base de onde derivam preparações sofisticadas, como a Poule-au-Pot, de Henrique IV e a Poule-au-Ris, do rei Luís-Filipe. Finalmente, Escoffier sistematizará as sopas em apenas duas categorias: os caldos claros e os caldos engrossados ou "ligados" (*liés*) por ovos ou amidos[21], o que em geral nós chamamos "cremes" nos dias de hoje.

Cozinheiro Nacional não deixa ainda de incorporar ao repertório internacional – como a "sopa de família" que é uma clássica versão do *pot-au-feu* – as sopas que, acredita, são originárias da tradição brasileira: sopa de Santa Catarina, mingau do Ceará, mingau de Itabira, mingau de Uberaba, mingau paulista, sopa dourada de Boa Vista, sopa de peixe à Caiapó, sopa de Petrópolis, sopa cuiabana, além daquelas onde concorrem ingredientes típicos do Brasil: sopa de tartaruga, de traíras, de canjiquinha e assim por diante.

Mas é nos capítulos de "caça de cabelo" e "aves silvestres" que maiores são as surpresas do leitor de hoje. Dos 21 animais enumerados como "caça de cabelo", dezessete certamente nunca foram comidos pelo leitor e provavelmente jamais serão experimentados pela maioria esmagadora. Várias são as razões dessa impossibilidade presente: alguns foram extintos, outros estão em processo de extinção; a política de vedação absoluta e criminalização da caça pelo Estado brasileiro, ainda que outros países tenham empreendido, com sucesso, políticas preservacionistas que incorporam a caça regulada; a fronteira móvel

---

20. *Dona Benta, Comer Bem*, 39ª ed., São Paulo, Cia. Editora Nacional, 1950.
21. Auguste Escoffier, *Ma cuisine*, Paris, Flammarion, 1934, p. 46.

entre aquele consumo que possui sinal positivo, desejável, e aquele que suscita repulsa e nojo, constituindo-se em barreira cultural intransponível. Pelo interesse antropológico, detenhamo-nos sobre este último aspecto.

A história milenar da humanidade é marcada por vários processos de domesticação – de animais e plantas – possibilitando uma maior plasticidade da espécie sobre um grande número de ambientes que, de outra maneira, seriam absolutamente adversos. Mas diferentes grupos humanos domesticaram diferentes espécies animais, de sorte que índios brasileiros, por exemplo, domesticaram antas, papagaios, macacos, e mantiveram sob cativeiro, para alimentação, outras tantas espécies selvagens, como cotias, pacas, preás etc. Além desses animais úteis ao consumo, outros estiveram vedados para o consumo por serem tabus para determinadas tribos ou clãs indígenas, de sorte que, de modo geral, é sempre possível estabelecer vários círculos de afinidades entre homem e animais num esquema antropocêntrico, criando-se um gradiente que parte de uma relação fortemente positiva até outro pólo, fortemente negativo:

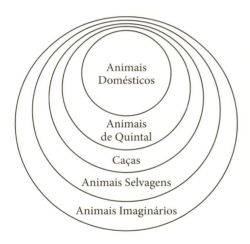

Assim, o conjunto de animais reunidos em *Cozinheiro Nacional* representava, ao menos para alguns povos brasileiros, animais comestíveis, fossem eles domésticos, de quintal ou caça, segundo sistemas classificatórios próprios dessas populações. É a reunião de todos em um só livro que parece, hoje, improvável ou inadmissível para o comedor moderno, pois uma vez que certos animais caem em desuso alimentar, são rapidamente reclassificados, sendo improvável que todos mantivessem o mesmo *status* para todos os povos brasileiros ao longo de nossa história. De qualquer forma, pombos, tartarugas, perdizes, codornas, lebres e outras caças ainda figuram, em meados do século xx, no receituário de

Dona Benta como possibilidades alimentares dos brasileiros. Também a essa época, no interior de São Paulo, há notícias de que se comia tanajura torrada e salgada – coisa que hoje se restringe a populações indígenas da Amazônia.

Mas *Cozinheiro Nacional* não esteve alheio aos valores discrepantes que se atribuía a certos animais como alimento

Algumas pessoas têm nojo do cágado, cuja carne é saborosa e saudável; outros levam a ignorância ou a prevenção a ponto de atribuírem a esse inocentíssimo animal propriedades venenosas e peçonhentas que ele nunca teve, e só são induzidas neste crassíssimo erro pela semelhança da sua cabeça com a das cobras; pode-se, portanto, comer a carne desse animal, que em tudo é igual à da tartaruga[22].

Tudo isso nos sugere que a simplificação ou restrição alimentar imposta ao brasileiro foi muito recente, sem que houvesse tempo de se consolidar um verdadeiro cardápio nacional, imitando-se especialmente padrões norte-americanos de comer. Não são apenas as cobras, gambás, formigas, lagartos e macacos que nos parecem, hoje, objetos de tabu e nojo; também os animais de reconhecida qualidade gastronômica ao longo da história – como a anta, o tatu, a paca – foram proscritos por um conservacionismo caolho, deixando, com o tempo, de serem objetos de desejo.

O banimento do capítulo das caças dos nossos livros de culinária, assim como a eleição da carne bovina como principal carne, expressam esse processo pouco estudado de simplificação culinária, orientada por valores urbano-industriais em meio aos quais ser "civilizado" é algo medido pelo consumo de carne bovina, suína e galinácea acima de tudo. Em poucas palavras, os animais "de quintal" foram industrializados e submetidos a transformações genéticas, visando a maior produtividade, enquanto o Estado, com a outra mão, ia inviabilizando e criminalizando o consumo de outros animais. Evidentemente a Europa soube, nesse processo, manter boa parte das suas tradições de caça e pesca de animais selvagens – mas mesmo ela sofre, hoje, a pressão intensa do padrão norte-americano de alimentação e sua correspondente cadeia de vedações.

Cozinheiro Nacional já expressa a utilização intensa da carne bovina, oferecendo-nos 117 receitas, às quais se somam mais 104 de vitela, sem contar as receitas de sopa onde entra o caldo de carne bovina. A divisão mais interessante é a de "línguas de vaca", que reúne além da língua propriamente dita outros "miúdos": o palato, o rabo, o mocotó, o bucho, tripas, bofes, coração, fígado,

22. *Cozinheiro Nacional*, p. 328.

A Cozinha Nacional Antes da Feijoada

rim, miolo e ubre. No que reporta à vitela, somam-se a estas partes as orelhas e as glândulas (timo). É bastante extensa também a seção dedicada ao carneiro, com 109 receitas, maior do que a do porco, com 93 receitas, incluindo receitas com presunto. De todos esses animais domésticos, restaram-nos na prática aquelas preparações mais "limpas", isto é, dos músculos propriamente ditos, permanecendo as utilizações de "miúdos" adstritas às classes populares, ou a certas regiões do país, como o Nordeste e algumas manchas da pecuária.

Dentre as aves domésticas (89 receitas), destaca-se o capão, o pombo, o ganso. As observações do autor sobre a melhor idade para consumo desses animais bem mostram o quanto foram transformados pela engenharia genética: cem anos atrás as galinhas deviam ter de dezoito meses a dois anos; os frangos melhores eram os de quatro a seis meses, quando começavam a surgir as esporas, sendo porém os capões considerados mais delicados; o peru não passava de oito meses. Os palmípedes, por sua vez, são apresentados também como fonte de gorduras delicadas, entremeadas às tripas, próprias para serem destiladas e guardadas como azeite, utilizando-se mesmo em saladas, por não ficarem rançosas.

As aves silvestres, toma-as o autor por critérios como a cor da carne, sendo de "carne preta" o jacu, o mutum, o pavão-do-mato, o araçari, o guaxe ou japu, o pica-pau e a seriema, todas de consumo popular. Já as aves de campina (perdizes, codornas, cotovias etc.) propiciam um conjunto distinto de receitas. Para as pombas, *Cozinheiro Nacional* recomenda tomá-las "no princípio da seca", quando estão mais gordas, além do cuidado de extrair-lhe, ainda quente, o sobrecu, pois contém um "óleo muito catinguento"[23]. Ficamos sabendo também que a classificação das galinhas-d'angola entre as aves silvestres, sendo ela doméstica, deve-se à sua "vida errante e a qualidade de sua carne"[24]. Já o anu, considerado ave de "catinga forte" por se alimentar de carrapatos, não sendo apetecida por ninguém, tem sua inclusão no *Cozinheiro Nacional* porque "a sua carne tem a propriedade de curar a asma"[25].

Quanto aos peixes de mar, o tratamento dado no livro é o da relação qualidade/preço que permite estabelecer ao menos três categorias para peixes grandes e para peixes pequenos: superiores e de preço elevado; bons cujo preço é regular e ordinários cujo preço é ínfimo. Constata-se então que, ainda hoje, o mercado pratica a mesma classificação, sendo considerados mais nobres os peixes gran-

23. *Idem*, p. 272.
24. *Idem*, p. 279.
25. *Idem*, p. 281.

des e caros como: garoupa, cherne, mero, pescada, robalo, vermelho, linguado e badejo e, ordinários e baratos, a sardinha, o bagre-amarelo, o peixe-porco, a agulha. Também o bacalhau é considerado então um peixe de "preço muito cômodo; não obstante ser de difícil digestão e de gosto bastante insípido"[26].

Ora-pro-nóbis, gariroba, azedinha, carapicus, sapucaia, serralha, mangaritos, quiabos, chuchus, mangalós, jerumbeba, guandus, caratinga, castanha-do-pará, morangas, maxixes figuram em quase todas as receitas de guisados e refogados, dando-nos uma dimensão das hortas, pomares ou espécies silvestres que integram usualmente as receitas novecentistas brasileiras. Do mesmo modo, nota-se a dificuldade de integração dos produtos do Norte à dieta nacional, na medida em que não há referências ao tucupi, aos frutos comestíveis da floresta Amazônica, nem a iguarias locais, como o peixe-boi ou o verme turu. Também se ressente o livro da clara e explícita influência dos imigrantes, especialmente italianos, espanhóis e alemães que, àquela altura, já estavam presentes no Rio de Janeiro, São Paulo e Rio Grande do Sul. Algumas poucas receitas italianas, alemãs ou inglesas parecem nos chegar mais pelo seu "classissismo" do que pela prática observada pelo autor do *Cozinheiro Nacional*.

E é por tudo isso, pelas inclusões e exclusões, que *Cozinheiro Nacional* é uma clara representação da ementa culinária do que o Brasil queria ser no último quartel do século XIX: abrangente e sem preconceitos alimentares notáveis; sintetizador de várias preferências populares e regionais, ao mesmo tempo em que "afrancesado" ou sofisticado; legitimador dos sabores locais, ombreando-os com sabores europeus pela transliteração de receitas; enfim um testemunho de que a vida civilizada era perfeitamente factível quando enraizada nos trópicos.

TÉCNICAS E MODOS DE FAZER

Por fim, vale um breve comentário sobre as técnicas e modos de fazer que *Cozinheiro Nacional* nos apresenta, pois a cozinha, como sabemos, traz subjacente uma lógica e uma estrutura semelhantes ao léxico e à gramática de uma língua.

Normalmente as diferentes culinárias são analisadas como um repertório de receitas, mais do que em sua estrutura. É como se tomássemos uma língua pelo seu dicionário, o que nos dá apenas uma pálida idéia do que é. Igualmente, receitas são enunciados mandatários, sendo que, muitos deles, são provenientes do fundo dos tempos, sem perder eficácia. Dizem, no imperativo, como deve-

26. *Idem*, p. 305.

mos proceder dentro da cozinha. Como enunciados culturais, elas se assemelham àquilo que Richard Dawkins, numa rara intuição, chamou de *meme*.

Para esse biólogo, que estudou os mecanismos de replicação genética e os expôs num livro de divulgação científica (*O Gene Egoísta*), os replicadores não estão apenas no plano físico, onde um organismo dá origem a outro, e existem replicadores de natureza eminentemente cultural, isto é, "uma unidade de transmissão cultural, ou uma unidade de imitação". Estas unidades, como se fossem vírus, pulam de cérebro para cérebro. "Quando você planta um meme fértil na minha mente, você literalmente parasita o meu cérebro, transformando-o num veículo de propagação do meme, exatamente como um vírus pode parasitar o mecanismo genético de uma célula hospedeira"[27]. E ele dá vários exemplos disso: melodias, *slogans*, modas de vestir, maneiras de fazer potes ou arcos, gestos culinários etc., são memes. A receita é um meme. Os meios de propagação dos memes são inúmeros: a palavra escrita, falada, o exemplo e assim por diante. Do mesmo modo como os genes pulam de um corpo para outro, através do espermatozóide e do óvulo, o meme viaja através do cérebro que conseguiu atingir pelas formas indicadas.

Aplicando essa metáfora ao *Cozinheiro Nacional*, vimos que os memes que vieram da tradição européia, mais especificamente da culinária francesa, necessitaram se adaptar para continuar existindo. No geral, contudo, são receitas econômicas do ponto de vista da descrição dos processos de elaboração, bem como na especificação das medidas e dos tempos de cocção. São, assim, receitas que deixam mais "livres" os seus executantes do que normalmente o fazem as receitas modernas. Essencialmente, as modificações se deram pela transliteração de ingredientes e, através desse processo, puderam manter quase inalteradas técnicas e modos de fazer da culinária européia. No capítulo das conservas, por exemplo, não há qualquer referência a técnicas indígenas – como o tucupi, o moquém etc. – incorporando as clássicas feituras dos *confits* europeus, seja à base de gorduras, de sal e especiarias, seja à base de meios ácidos como o vinagre, ou ainda o açúcar. Já na ausência de refrigeração, as frutas são submetidas a tratamentos físicos e químicos que caíram em desuso: banhos de cera, imersão em caixões com cinza peneirada; cal virgem para os ovos e assim por diante. Nas geléias e compotas, que na tradição ocidental pertencem ao capítulo das conservas, nota-se um uso moderado do açúcar, se comparado ao que se tornou corrente na doçaria brasileira do século XX.

27. Richard Dawkins, *O Gene Egoísta*, Belo Horizonte, Itatiaia, 2001, p. 214.

O capítulo sobre a preparação dos molhos apresenta um modelo bastante elementar, se comparado ao que se fazia na França, seja na linha sistematizada por Carême, seja na linha posteriormente simplificada por Auguste Escoffier que, naturalmente, o autor do *Cozinheiro Nacional* não deve ter alcançado. Seus molhos, ao contrário da escola francesa, são elaborações que se destinam a "adubar" carnes, peixes, legumes ou massas, diferenciando-se pelos seus sabores: picantes para carnes, doces para massas.

Nos molhos para carnes eram admissíveis: pimentas, cravo-da-índia, canela, noz-moscada, cardamomo, mostarda, sal, vinagre, rábano, gengibre, alcaparras, salsa, aipo, limão, tomates, manjerona, segurelha, cebola, alho, açafrão, louro, baunilha, valeriana, água-de-flor de laranjeira, aguardente, vinho etc. Para simplificar o processo, o cozinheiro poderia preparar: água de alho, essência de cogumelos, extrato de carne, manteiga de alho e manteiga de anchovas. O extrato de carne, o que chamamos hoje molho-base, servia "para carnes assadas; ou para compor com ele os outros molhos, em lugar do caldo de vaca"[28], consistindo o procedimento na redução de um caldo de carne, toucinho e temperos, desengordurado e coado ao final. Do mesmo modo, preparava-se, como molho-base, a "substância para molhos", que era feita juntando-se carne de vaca, presunto, galinha, manteiga ou gordura, cozidos por uma hora, juntando-se depois mais água, cebola, salsa e cravo-da-índia, deixando-se cozer por mais quatro horas, escumando-se e peneirando para guardar.

Os molhos para legumes são ligados por amidos, gemas de ovos; aqueles para carnes brancas ou peixes, engrossados com amidos e manteiga ou ovos, ou são apenas molhos claros. Nota-se contudo que, em sua composição, não entram caldos de peixe, mas de vaca ou de galinha e vitela. Há porém os molhos exclusivos para peixes, como são a manteiga preta, o molho de natas ou o molho de camarão e o molho de ostras ou mariscos, onde se aproveita a água das ostras, associada a um molho branco com sumo de limão. Uma alternativa "nacional" é o molho "gomado", feito com polvilho temperado com ervas, vinagre e sumo de limão.

A dificuldade classificatória, porém, é notável aos olhos modernos. Haja vista quatro receitas apresentadas como diferentes – o "molho bechamel", "outro parisiense", "molho bechamel gordo" e "molho branco"[29] – que o autor não percebe se tratar de diferentes versões de um mesmo molho, talvez uma repre-

28. *Idem*, p. 370.
29. *Idem*, p. 379.

sentando a simples "degeneração" da outra. A impressão geral é que os molhos perderam, na versão do *Cozinheiro Nacional*, o *status* de essência e pedra de toque da construção do edifício gastronômico, como na culinária clássica francesa de então, abrindo caminho para que o ingrediente principal – a carne, o peixe, os legumes ou as massas – falem mais alto ao paladar.

A REVISITAÇÃO DO *COZINHEIRO NACIONAL*

O sentido da leitura moderna do *Cozinheiro Nacional* há de derivar da percepção de que, à sombra do elitismo novecentista brasileiro, pretendeu-se erigir uma culinária calcada nos sabores da terra, ainda que com uma lógica organizativa derivada essencialmente da cozinha clássica francesa, embora fracionada em seus capítulos, ou mesmo desestruturada, como no caso das famílias de molhos. Trata-se, porém, de uma coleção de receitas bastante robusta no que se refere ao capítulo das caças, das guarnições vegetais e de algumas tantas frutas que compõem ou compunham a fauna e flora nacionais.

A recente proibição da caça entre nós vedou as melhores possibilidades de desenvolvimento ulterior dessa herança culinária que, pela primeira vez, fora sistematizada de uma perspectiva "nacional", isto é, da capital do império e da república, como um ponto de vista urbano que seleciona nos vários ecossistemas aquilo que impregna a alimentação da população, sem identificá-la especialmente com as tradições étnicas subjacentes, nem aproveitar os modos de fazer dessas mesmas populações. Neste sentido preciso, *Cozinheiro Nacional* trata de dar uma dimensão universal aos ingredientes nativos, na medida em que eles podem substituir com bons resultados aqueles de origem estrangeira, sobre os quais estava apoiada a culinária praticada no país.

Só mais tarde esses elementos serão integrados a um projeto mais cristalino de mitologização da origem sincrética do Brasil, como no estudo de Câmara Cascudo que é, ele mesmo, uma peça essencial do processo, rezando que o país se fez, do ponto de vista alimentar, segundo o modelo modernista de miscigenação que misturou, num corpo novo, o negro, o índio e o branco como suas vertentes formadoras ou fontes de "contribuição" a uma nova unidade mestiça que, por sua vez, seria a chave de explicação da nossa música, nossa literatura ou nossa culinária.

Mas a culinária se explica mais pela prática do que por teorias a seu respeito, pelos hábitos alimentares mais do que por um receituário inativo ou mitológico. Sabemos, por exemplo, que quando *Cozinheiro Nacional* é escrito o que hoje chamamos "cozinha baiana" sequer existia[30], embora as moquecas e os vatapás já apareçam referidos; as cozinhas indígenas, na sua simplicidade, não conseguiam marcar os estilos de comer que se generalizavam, exceto na região amazônica que, como o livro deixa transparecer, tinha escassa relação com o que se comia na corte, se considerarmos que a única menção notável a produtos amazônicos é a castanha-do-pará. Tampouco se verifica no livro a presença daquele prato que foi convenientemente convertido em símbolo da nacionalidade – a feijoada – ou da carne-de-sol ou o charque, que dominavam amplamente as culinárias populares dos séculos anteriores. Neste sentido, *Cozinheiro Nacional* não é uma síntese do que se come pelo Brasil novecentista mas, sim, o que a sua elite quer comer como signo da nacionalidade, mantendo-se, ao mesmo tempo, embebida num modo de vida europeizado.

Desta forma, o historiador da alimentação tem como desafio explicar como esse ideal culinário se desestrutura – a ponto de permitir a total vedação da caça – ao mesmo tempo em que uma representação multiétnica vai se formando, diferenciando-se a partir da descrição do seu caráter segundo parcelas do território, de modo a se auto-representar toscamente num mosaico de cunho regionalista, mais coerente com o modelo político da República Velha do que da diversidade de sabores que o país oferece. Excetuando talvez a Amazônia, soa profundamente artificial o modelo ainda hoje vigente de culinária nacional dividida em parcelas geopolíticas. Seguramente mais artificial do que um desejo recôndito de fruir a natureza brasileira, ainda que conformada a receitas clássicas européias.

Felizmente a gastronomia é aquela disciplina do espírito humano que consiste em não se conformar com as soluções culinárias que se apresentam estruturadas, seja pelas tradições, seja através do olhar elitista, de modo que, sob ambas, pulsam os sabores nacionais como convites a experiências que, a rigor, não têm fim e jamais se apresentarão cristalizadas num receituário selecionado segundo este ou aquele critério. As construções do passado dissolvem-se e se refazem nas construções do presente sempre que o espírito inventivo preside a interrogação do real que se dispõe como possibilidade. Assim, nunca esteve tão perto a possibilidade de uma *cozinha nacional* que, do distante século XIX, um cozinheiro anônimo houve por bem anunciar como boa-nova.

---

30. Para aprofundar esse aspecto, veja-se o nosso "O Modernismo na *Arte Culinária* de Manoel Querino", *Estrelas no Céu da Boca: Escritos sobre Culinária e Gastronomia*, São Paulo, Editora Senac São Paulo, 2006, pp. 215-229.

REGRAS DO BEM COMER*

Carlos Drummond de Andrade

As receitas de carne de anta, recomendadas por João Brandão, despertaram vivo interesse. Temos recebido, ele e eu, numerosas consultas sobre onde encontrar o *Cozinheiro Nacional*, obra que não está à venda em livrarias. Infelizmente, trata-se de raridade maior que a própria carne de vaca: raridade bibliográfica. O remédio seria a Sunab mandar reeditá-la, para consumo geral à mesa. Em cada refeição, o dono ou dona de casa leria duas ou três páginas, referentes a pratos substanciosos, e a família, suficientemente motivada, se entregaria aos prazeres da manducação simbólica. Não há direitos autorais: o livro é, suponho, centenário. Falta a folha de rosto no exemplar de João Brandão, que leio por empréstimo, mas a aparência vetusta ao volume atesta sua ancianidade.

Repartirei com os leitores um pouco do que se contém nesta enciclopédia do comer. Ela abre com alguns aforismos de Brillat-Savarin e outros *experts* em boa mesa:

Os animais pastam, os homens nutrem-se, mas só o homem inteligente sabe comer.

O destino das nações depende essencialmente da maneira por que elas se alimentam.

O prazer da mesa pertence a todas as idades, a todas as condições, a todos os países, a todos os dias; pode combinar-se com os demais prazeres, de cuja perda ele nos consola ficando em último lugar.

---

* Publicado no *Jornal do Brasil*, de 24 de janeiro de 1974. Publicado aqui com a autorização de Lucia Riff, a quem agradecemos.

A descoberta de um novo guisado é mais importante ao gênero humano do que a descoberta de uma estrela.

A sobremesa sem queijo é como a moça bonita com falta de um olho. Etc.

Seguem-se regras de servir à mesa e de refrescar as bebidas, e dezessete capítulos de receitas, racionalmente classificadas, além de um, especial, contendo "receitas confortativas", destinadas aos que sofrem de "debilidade do estômago, proveniente de diferentes causas ou excessos sexuais". Para estes últimos, aconselha-se o "chocolate dos aflitos", preparado com "um escrópulo de âmbar" (o escrópulo, no dizer do *Dicionário de Morais*, é um peso de 24 grãos).

Antes de entrar na apreciação de algumas receitas, permitam que eu reproduza uns tantos ensinamentos sobre a arte de oferecer jantares. Sempre é bom tê-los em vista, embora se saiba que todos primamos por boas maneiras, e o que não falta em nossa sociedade é "berço". O *Cozinheiro* lembra que compete ao anfitrião procurar todos os meios de ser agradável aos convidados, divertindo-os: "jantar bem conversado é meio digerido". A sala deve ser alegre e a mesa cômoda. O sistema de sentar-se à mesa "conforme as posições na sociedade" foi inteiramente abolido.

O dono da casa deve procurar reunir as pessoas que simpatizam umas com as outras. A moça alegre e jocosa não deve sentar-se entre dois homens velhos e tristonhos; o poeta ou homem ilustrado, perto dum homem rico sem educação. Um sacerdote respeitável por sua idade deve ser colocado perto de uma senhora cujas virtudes e conduta sejam exemplares.

O livro entende que as mulheres em geral não devem comparecer a almoços. Isto facilita a livre discussão entre amigos, e faz esquecer toda cerimônia.

No interior do Brasil, usa-se dar cerveja depois do doce; sendo este um costume bárbaro, que peca tanto contra o gosto como contra a higiene, posto que seu preço iguale ao do vinho, sempre é considerada como bebida pouco decente e só própria para botequins; a cerveja só deve ser tomada como refresco em dias de calor e longe das comidas.

Obra escrita para servir ao apetite dos brasileiros para quaisquer outros apetites, pela conversão dos elementos, é natural que sua tônica recaia na matéria-prima brasileira, donde a exploração de flora e fauna nacionais, do mutum ao cará-do-ar. Como de todos os lados me requerem dicas do receituário, voltarei à vaca-fria, e que esta comida-no-ar seja a todos de bom e digestivo proveito.

COMIDA*

Rachel de Queiroz

Minha avó, Maria Luiza, que era bela e morreu cedo, deixou-me poucas heranças. A beleza foi para as outras, e o que ficou para mim foram muitas saudades, alguns ouros, poucos, um manual de Filhas de Maria e um livro de receitas de cozinha, obra clássica para as donas e donzelas de seu tempo, devidamente chamado *Cozinheiro Nacional*.

É livro que, além de útil é sábio e, além de sábio, exala uma poesia de abundância de bons tempos, de idade de ouro, há muito tempo perdida. Sem falar no seu lado filosófico e nacionalista, expresso em nobre linguagem, conforme diz no prólogo:

Não iremos copiar servilmente os livros de cozinha que pululam nas livrarias estrangeiras. [...] julgamos ter contraído um compromisso solene, qual o de apresentarmos uma cozinha em tudo brasileira [...] indicarmos os meios por que se preparam no país as carnes dos inúmeros mamíferos que povoam suas matas e percorrem seus campos; aves que habitam seus climas diversos; peixes que sulcam seus rios e mares; répteis que deslizam por baixo de suas gigantescas florestas e finalmente imensos vegetais e raízes que a natureza com mão liberal e pródiga espontaneamente derramou sobre seu solo abençoado.

Feliz a dona daqueles tempos, feliz a casa daquelas donas, felizes os comensais de tais casas! Pois que, para um singelo "jantar de família de doze pessoas",

---

* Publicado em *O Estado de S. Paulo*, Caderno 2, de 7 de dezembro de 2002. Publicado aqui com a autorização de Lucia Riff a quem agradecemos.

previam no primeiro serviço: duas sopas, língua de vaca, galinha engrossada, quitute de veado, caramujos refogados, ervilhas com leite, batatas assadas, nabos gelados, repolho roxo, *mixed pickles*, anchovas, azeitonas, presunto. No segundo serviço: quarto de vitela, ganso no espeto, duas saladas. Sobremesa: pudim de arroz com queijo, ovos em calda, manjar de galinha (?), queijos mineiro e londrino, quatro doces em calda, doces secos, melão e laranjas.

Um jantar para vinte pessoas compunha-se de 68 pratos, sendo que a sobremesa incluía oito variedades de pudins. Um jantar de cerimônia para quarenta pessoas desmanchava-se em 102 pratos.

O banquete à brasileira, quero passar por alto, mas não posso. É também para quarenta convivas e no momento de se servirem as quatro espécies de sopas já estarão guarnecendo a mesa quatro leitões assados, duas pacas de espeto, um lombo de veado, um pernil de porco, dois perus assados, seis pratos de tutu e os seguintes entremeios: almôndegas, línguas de vaca, assados de carneiro, rins do dito, bifes de porco, guisado de miúdos do dito, lingüiças, seis saladas, cinco pratos de conservas, doze empadões, seis pratos de arroz. E para servir ao redor da mesa, dois macacos assados, dois nambus, *idem* e vinte e oito pratos diversos de frangos, pato com marmelo, pombos fritos, papagaios cozidos no arroz, lambaris, timbarés e gemadas. Sobremesa: vinte pratos de doces em calda, dez pratos de doces secos, oito queijos.

E não se estranhem os macacos, papagaios e outros bichos incluídos no cardápio. O nosso nacionalista os aconselha com afinco, e não só estes, como onça, irara, tamanduá (cuja carne diz que é medicinal) e assim nos dá várias receitas deles todos guisados ou ensopados. Do macaco, embora "muitos repugnem comer sua carne devido à semelhança que tem o homem", afirma que é vianda excelente, e convém aos enfermos de lues ou escrófulas. Para o gambá dá doze receitas, sobre a cobra entoa loas largas, em muitas linhas. Dá nove maneiras de cozer papagaios e correlatos. Sabiás ao molho branco, anu "embora cheire mal por se alimentar de carrapatos" tem a propriedade de curar a asma, o lues crônico e a verruga. Ensina o preparo das ostras e das tanajuras "e seu abdômen é o que se come, devendo-se desprezar tudo mais".

E, para terminar, no capítulo dos vinhos, este período de ouro:

No interior do Brasil usam o dar cerveja depois do doce, sendo este um costume bárbaro que peca tanto contra o gosto como contra a higiene, a cerveja sempre é considerada bebida pouco fidalga, própria para botequins.

COZINHEIRO NACIONAL

PRÓLOGO

Cozinheiro Nacional tal é o título que escolhemos para esta nossa obra; e quão grandes são as obrigações que ele nos impõe!

Não iremos por certo copiar servilmente os livros de cozinha que pululam nas livrarias estrangeiras, dando-lhes apenas o cunho nacional, pela linguagem em que escrevemos; nem tampouco, capeando a nossa obra com um rótulo falso, iremos traduzir literalmente livros que se encontram em todos os países, tomando a estranha vereda de um plagiato vil que venha cortar pela raiz a importância que ligamos ao nosso trabalho e à utilidade que o público tem direito de esperar dele. Nosso dever é outro; nosso fim tem mais alcance; e uma vez que demos o título "nacional" à nossa obra, julgamos ter contraído um compromisso solene, qual o de apresentarmos uma cozinha em tudo brasileira, isto é: indicarmos os meios por que se preparam no país as carnes dos inúmeros mamíferos que povoam suas matas e percorrem seus campos; aves que habitam seus climas diversos; peixes que sulcam seus rios e mares; répteis que se deslizam por baixo de suas gigantescas florestas, e finalmente imensos vegetais e raízes que a natureza com mão liberal e pródiga, espontaneamente, derramou sobre seu solo abençoado; mamíferos, aves, peixes, répteis, plantas e raízes inteiramente diferentes dos da Europa, em sabor, aspecto, forma e virtude, e que por conseguinte exigem preparações peculiares, adubos e acepipes especiais, que somente se encontram no lugar em que abundam aquelas substâncias, e que são reclamados pela natureza, pelos costumes e ocupações dos seus habitantes.

Tal é a espinhosa tarefa que pesa sobre nós. Declinando de entrarmos em longas divagações a respeito da arte culinária, sem querermos, outrossim, copiar ou traduzir encômios feitos a esta tão útil quão importante especialidade da vida doméstica, vamos imediatamente entrar ao assunto que nos ocupa.

Somos os primeiros a reconhecer que, apesar de nossos melhores esforços, ficamos muito aquém da meta a que desejávamos atingir; mas ficar-nos-á pelo menos a satisfação de termos trilhado um novo caminho, que outros mais recomendados do que nós percorrerão com vantagem e mais feliz sucesso.

E se é verdade o que dizem muitos filósofos, que a arte culinária é a bitola que serve para marcar o grau a que se tem elevado a civilização de um povo (como o termômetro indica a elevação do calor atmosférico), seremos forçados a tirar a ilação necessária: que, mesmo debaixo deste ponto de vista, o Brasil ocupa um lugar honroso entre as nações cultas e civilizadas, pela apresentação de um livro em que se acham enumerados os diversos adubos de suas imensas produções.

É tempo que este país se emancipe da tutela européia debaixo da qual tem vivido até hoje; é tempo que ele se apresente com seu caráter natural, livre e independente de influências estrangeiras, guisando a seu modo os inúmeros produtos de sua importante flora, as esquisitas e delicadas carnes de sua tão variada fauna, acabando por uma vez com este anacronismo de acomodar-se com livros estrangeiros, que ensinam a preparação de substâncias que não se encontram no país; ou só custosamente podem ser alcançadas.

Demais, somos todos os dias testemunhas das mistificações por que passam continuamente as pessoas que querem aperfeiçoar suas preparações culinárias; mandam comprar um livro que os guie, e acham-se imediatamente embaraçadas à vista da longa enumeração das substâncias, que desconhecem e que não existem no país.

Vêem-se portanto forçadas a renunciar a semelhante obra que lhes fala de túbaras, cogumelos, alcaparras, objetos estes que nunca viram, nem podem alcançar, e cuja substituição não sabem fazer; da mesma maneira falam em faisão, cotovia, galinhola, lebre, truta, tenca, salmão, carpa etc., sem nem sequer dar o nome do animal do Brasil que lhes corresponda, e cuja preparação possa ser idêntica.

É este motivo por que, sem desprezarmos as substâncias da Europa, indicadas em todos os livros que tratam desta matéria, lhes ajuntamos as do país, de sorte que à primeira vista conhecer-se-á que todas as caças, peixes, legumes e frutas que se encontrarem reunidos em um só artigo, não só se preparam da mesma maneira, mas ainda podem ser substituídos uns pelos outros.

Entretanto, para nos fazermos melhor compreender, apresentamos aqui uma lista das substâncias culinárias européias que podem ser substituídas por outras do Brasil; e reciprocamente substâncias culinárias brasileiras que podem ser substituídas por outras da Europa. É bem certo que muitas receitas de guisados copiamos ou traduzimos da numerosa coleção de livros desta especialidade que existem em todos os países, mas somente aquelas preparações que dizem respeito às carnes ou substâncias que se encontram em todos os mais países, e de que falam os livros de cozinha, e reclamamos a originalidade somente para os guisados de carnes e vegetais privativos no Brasil.

Produções brasileiras correspondentes às produções européias

Abóbora-d'água, chuchu	Pepinos
Abóbora, morangas, mogangos, mangaritos, cará, cará-do-ar, baratinga	Cenouras
Mandioca	Batatas
Palmito, talos de inhame, talos de taioba	Alcachofra
Umbigo de bananeira, gariroba	Alcachofra
Amendoim, sapucaias, castanhas-do-pará, mendubirana	Amêndoas, nozes, avelãs
Bananas	Maçãs
Brotos de samambaia, grelos de abóbora, palmito	Aspargos
Jiló	Berinjela
Serralha	Escarola
Beldroega	Barba-de-bode
Salsa	Cerefólio
Alho, alho-poró	Escalotes
Pinhões	Castanhas
Labaça	Azeda-do-reino, espinafre, acelgas
Carapicus (vulgo orelha-de-pau)	Cogumelos
Jerumbeba, quiabos, ora-pro-nóbis, lobolobo	Nabos
Mangaritos	Túbaras
Mamão, croá	Melão
Jacotupés, batatas-doces	Beterraba
Pimentas, cumaris, ou *kaviks*	Pimenta-da-índia
Tomates	Uvas verdes
Laranjas azedas	Limão, vinagre
Cebolas de cheiro, folhas de cebola	Cebolinhas
Folhas de borragem	Mostarda
Conservas de pimentão em vinagre	Alcaparras
Gengibre	Raiz-de-rabo ou saramago (*raifort [sauvage]*)

E se, assim, entendemos prestar um serviço ao Brasil, pela publicação desta obra, também supomos prestá-lo às mais nações, fazendo conhecidas muitas preparações deliciosas, saudáveis e confortativas que, até hoje ignoradas, vão entrar no domínio do público e poderão ser por ele apreciadas convenientemente. E assim como o Brasil tem sido e é ainda tributário dos outros países, comprando-lhes seus gêneros alimentícios, poderá, por sua vez, fornecer-lhes os diferentes produtos que este livro vai tornar conhecidos, e com os quais acharão a saúde, a robustez e uma vida prolongada.

Assim o comércio, a agricultura, a saúde pública, que não se destruirá por alimentos contrários e impostos, por uma imitação prejudicial, e importados de outros países; tudo tem a ganhar, não diremos com esta nossa obra tão imperfeita ainda, mas com uma outra escrita, sob o mesmo ponto de vista, por uma pena mais hábil que a nossa.

Julgamos destarte ter aberto um caminho que, trilhado por pessoas mais habilitadas e que partilhem as nossas opiniões, poderá produzir frutos abundantes, não só quanto à arte culinária, porém mesmo quanto a outros conhecimentos humanos.

Porque é tempo que o Brasil se dispa de suas vestes infantis, e que, abandonando os costumes de imitar as mais nações, se apresente aos olhos do mundo, ocupando o lugar distinto que a natureza lhe marcou.

E uma vez que apresentamos a lista das substâncias substitutivas de um país para outro, julgamos que nossa obra poderá ser utilizada, mesmo em outros países sem ser o Brasil, para o qual ela é escrita.

Procuramos empregar uma linguagem que, singela em suas frases e na escolha das palavras, pode ficar ao alcance da compreensão de todas as classes da sociedade. Oxalá que o público, atendendo às boas intenções que nos guiam, disfarce os inumerosos defeitos, que somos os primeiros a reconhecer neste nosso ensaio.

AFORISMOS DO PROFESSOR BRILLAT-SAVARIN E OUTROS

I. A vida é a alma do universo, e tudo quando vive se alimenta.

II. Os animais pastam, os homens nutrem-se; mas só o homem inteligente sabe comer.

III. O destino das nações depende essencialmente da maneira por que elas se alimentam.

IV. Dize-me o que comes, dir-te-ei quem tu és.

V. O Criador obrigando o homem a comer, como uma condição da vida, o desafia para este ato pelo apetite, e o remunera desse dever, pelo prazer.

VI. A gulodice é um ato de nosso juízo pelo qual preferimos as coisas que mais nos agradam.

VII. O prazer da mesa pertence a todas as idades, a todas as condições, a todos os países, a todos os dias; pode combinar-se com os demais prazeres, de cuja perda ele nos consola ficando em último lugar.

VIII. A mesa é o único lugar onde, durante a primeira hora, ninguém se aborrece.

IX. A descoberta de um novo guisado é mais importante ao gênero humano do que a descoberta de uma estrela.

X. Aqueles que comem até apanharem indigestões, ou que bebem até ficarem embriagados, não sabem comer, nem beber.

XI. A ordem das comidas deve ser: principiar pelas mais pesadas, e acabar pelas mais leves.

XII. A ordem das bebidas deve ser: principiar pelas mais fracas, continuar pelas mais fortes e terminar pelas mais perfumadas.

XIII. É uma heresia dizer-se: que não se deve mudar de vinhos, porque a língua embota-se; e passados os três primeiros copos, o melhor vinho só produz uma sensação duvidosa.

XIV. A sobremesa sem queijo é como a moça bonita com falta de um olho.

XV. A prática e o ensino podem tornar qualquer um bom cozinheiro; mas bem assar é privilégio de poucos.

XVI. A exatidão é uma qualidade indispensável ao cozinheiro, e também deve sê-la ao convidado.

XVII. Esperar por muito tempo um convidado que se demora é faltar à atenção para com aqueles que se acham presentes.

XVIII. Quem convida seus amigos para jantar, e não dá todo o cuidado à comida de que os tem de servir, é indigno de ter amigos.

XIX. A dona da casa deve prestar todo o cuidado ao café, que tem de aparecer na mesa; e o dono deve se ocupar das bebidas.

XX. Convidar alguém é incumbir-se da felicidade desta pessoa, enquanto ela estiver em nossa casa.

XXI. Saber fazer as honras de sua casa é saber esquecer que se é o dono dela.

XXII. Refleti bem antes de fazer um convite; mas uma vez feito, estando já em vossa casa o convidado, lembrai-vos de que ele é mais do que um hóspede, e que é um amigo.

XXIII. Os convidados, quer pertençam uns à elevada posição social, quer outros à ordem mais modesta, ambos têm o mesmo direito ao bom trato dos donos da casa.

XXIV. A cozinha é a pedra de toque da hospitalidade.

XXV. Na cozinha, como em tudo mais, devem-se evitar os excessos.

XXVI. Nada há que desperte tanto a inteligência, e as conversas espirituosas, como seja um bom jantar.

XXVII. O homem parco quer pouco e bom; o gastrônomo quer muito bom, e bastante.

XXVIII. O melhor acepipe é a alegria do dono da casa.

XXIX. O homem inteligente paga os obséquios de um bom jantar pelo gasto e amabilidade de sua conversação.

XXX. Deve-se aceitar o partilhar uma fruta com a pessoa que no-la oferecer; mas não se deve passar a fruta partida para outrem.

XXXI. Se a exatidão é a polidez dos reis, ela é para os convidados um dever imperioso.

UTENSÍLIOS DE COZINHA

A primeira necessidade para que um cozinheiro seja perfeito é um bom fogão, o qual lhe permita temperar o fogo, tornando-o mais ou menos forte, conforme a necessidade o exigir, evitando, todavia, o calor excessivo, que prejudica a saúde.

Na Europa e no litoral do Brasil usa-se para isso de fogões de ferro, mas como o transporte desses para o interior se torna nimiamente dispendioso e difícil, deve-se, pelo menos, usar das chapas de ferro furadas, as quais se assentam sobre tijolos.

Os demais utensílios necessários a uma boa cozinha, além de panelas, tachos, caçarolas, frigideiras etc., são:

A máquina de virar o espeto de assar carne, a qual tem a forma de um relógio. Suspendem-se os pesos desta máquina, os quais, ao descerem, conservam o espeto em rotação contínua e igual.

As grelhas, que são feitas de folha-de-flandres, ou de ferro estanhado ou esmaltado.

As panelas de vapor para cozinhar batatas etc. Estas panelas são de ferro, contendo cada uma outra menor dentro, que não toca o fundo da primeira, e furada, ficando perfeitamente fechada por meio de uma tampa. Deita-se então água na panela maior até que toque o fundo da menor, que tem os furos; nesta deitam-se as batatas, ou qualquer outra substância que se queira cozinhar a vapor, tapa-se tudo e expõe-se ao calor do fogo.

Máquina de virar   Grelhas   Panela de vapor

Caixas ou panelas de torrar café (as caixas de folha batida são preferíveis por se fecharem melhor).
Consistem em um cilindro atravessado por um eixo, o qual serve para dar a rotação, e com uma portinhola para se pôr, e tirar o café.

Tabuleta para aquecer ovos

Panela de torrar café   Torrador

    Consiste esta tabuleta em um chapa de folha-de-flandres com quatro furos e três pés tendo em cada furo uma caixa fechada da forma de um ovo. Quando se quer aquecer ovos, tira-se-lhes a casca, deitando com jeito o seu conteúdo nestas caixas, levando-os depois com a chapa a uma caçarola com água a ferver; quando estiverem cozidos, tiram-se, podendo então ser substituídos por outros. Com este processo conservam os ovos sua forma, e não se torna preciso descascá-los.

Funil para encher lingüiças
    É também este funil de folha-de-flandres, tendo o gargalo curto com a grossura de um dedo polegar.

Moinhos para café e pimenta
    Estes moinhos, feitos de ferro batido e de aço, são muito cômodos, porque o pó da pimenta molesta muito o cozinheiro, e nunca fica tão fino e igual,

não sendo peneirado como neste moinho. Ele presta-se igualmente para moer pequenas porções de canela. O de café é útil, porque reduz o grão a pó muito sutil, do que resulta grande economia.

Tabuleta para aquecer ovos

Funil para encher lingüiça

Moinho para café

Moinho para pimenta

Faca para tornear batatas

Esta faca difere das outras em ter o corte ondulado do meio para o cabo, de maneira que descascando-se com ela uma batata, ou um marmelo bastante grosso, estes ficarão torneados pelo simples fato de descascá-los.

Faca para tornear batatas

Faca de descascar

Estas facas têm ao correr da lâmina uma folha segura por meio de parafuso. Quando se quer descascar qualquer fruta ou raiz, passam-se estas entre a lâmina e a folha.

Pelos parafusos pode-se regular a grossura da casca que se lhes quer tirar.

Formas para cortar raízes e massas

Estas podem ser de folha encorpada ou de aço, e devem, no lugar do corte, ser mais apertadas para as figuras saírem facilmente.

Estas figuras se fazem de massa para sequilhos para chá, ou de raízes (batatas, beterrabas), para enfeitar saladas.

Seringas para massas (fruta-seringa)

São de folhas, tendo como bocal uma chapa que pode ser brocada e, como orifício, uma figura qualquer. Na falta destas seringas podem servir as chapas de folha simplesmente com as figuras, e corridas sobre um pano furado a propósito. Deita-se a massa nesse pano; ajuntam-se-lhes as pontas e espreme-se com as mãos.

Vassouras de bater ovos

São feitas de vime ou de ramos de chorão. Amarram-se dez ou doze, reviram-se os vimes para fora, de maneira que formem um balaio, e torna-se a amarrar as outras pontas que ficam servindo de cabo.

Espremedeira de limões

É feita de pau, tendo uma ponta em forma de uma estrela.

Descascador

É um canudo de folha-de-flandres reforçada, mais apertado na ponta do que na base. Atravessam-se as frutas no mesmo, livrando-as assim dos caroços que ficam no canudo.

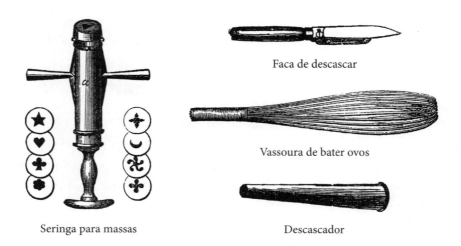

Seringa para massas

Faca de descascar

Vassoura de bater ovos

Descascador

Filtro

O mais asseado é de papel mata-borrão, porque se desprega depois de ter servido uma vez.

Esse filtro faz os líquidos mais transparentes: porém seu uso continuo é dispendioso e por isso empregam-se geralmente os coadores de pano ou de feltros com sua aplicação especial; por exemplo: um para calda de açúcar, um para café, um para caldos etc., lavando-se todas as vezes que se usar deles. São asseados; filtram perfeitamente, e duram muito tempo.

Para o serviço de uma mesa de bom-tom são, além dos pratos, travessas, terrinas, copos, talheres etc., indispensáveis os objetos seguintes.

O servidor de ovos

Uma terrina de metal ou de prata com tampa sobre pés, com uma lamparina cheia de espírito de vinho por baixo, e dentro um segundo fundo furado para nele se colocarem os ovos, constitui o servidor.

Deita-se água sobre os ovos; coloca-se o aparelho sobre a mesa, acende-se a lamparina, para que os convidados possam comer os ovos como for de seu gosto.

Este servidor deve ser acompanhado do serviço para ovos, igualmente de metal, com xícara de porcelana e colherinhas de prata.

A agulha de guarnecer carne.

É um arame de aço de palmo e meio de comprimento, acabando em um canudinho rachado, em que se seguram as tiras de toucinho, que se querem enfiar em alguma carne.

Filtro   Servidor de ovos   Serviço para ovos

Cestas para salada.
Usam-se geralmente de porcelana.

Galheteiro
O galheteiro para serviço da mesa é de metal, ou de madeira; e deve conter cinco vidros: um para vinagre, outro para azeite, um terceiro para mostarda, o quarto para pimenta-da-índia, o quinto para sal; e dois copinhos, um para pimenta-cumari, e outro para limão.

O licoreiro
O licoreiro é uma espécie de galheteiro com duas ou três garrafas, e dez ou doze copinhos; serve-se o licor e conhaque junto com o café, depois do jantar.

Talheres para trinchar
São estes talheres do mesmo feitio dos outros, com a diferença de serem maiores a faca de ponta, e o garfo, tendo uma mola, que se levanta na ocasião do serviço, a fim de evitar que a faca resvale, e venha à mão que segura o garfo.

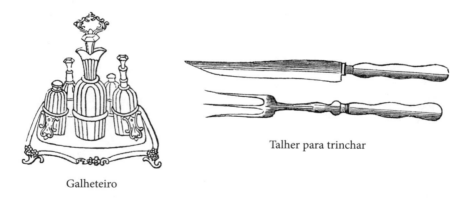

Galheteiro

Talher para trinchar

Colheres de diferentes tamanhos e feitios para diferentes misteres
Fundas em forma de concha para a distribuição da sopa.
Mais rasas e de feitio ordinário para legumes.

Ganchos para salada
Esses ganchos são compostos de um garfo e uma colher, unidos à maneira de tesoura; há os feitos de madeira com cabo de metal.
A primeira coisa que deve observar a pessoa que vai servir a mesa é reparar se estão bem limpos os objetos que têm de servir.
Em primeiro lugar, examinar as facas, que se limpam passando-as em uma

tira de couro fixa sobre uma tábua, na qual se põe um pouco de pó de tijolo. Os garfos limpam-se, passando seus dentes entre o couro e a tábua.

Deve-se reparar igualmente se as facas cortam bem, e principalmente as facas de trinchar.

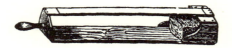

Quanto às colheres, se forem de prata, devem, em primeiro lugar, ter seus cabos lavados em água quente: depois de enxutas polvilham-se com gesso, e esfregam-se com uma escova macia as partes em relevo, e as outras com uma camurça ou baeta até adquirirem o lustre desejado.

Se forem de casquinha, devem ser esfregadas com muita cautela porque é, às vezes, tão delgada, que sai com qualquer esforço.

Lavam-se em água quente os objetos de louça, cristal, e enxugam-se em um pano, enxugando-se, em seguida, com um outro para alcançar lustre. Deve-se ter cautela de não se usar d'água muito quente para os objetos de cristal, porque facilmente podem estalar.

REGRAS DE SERVIR A MESA

Servir o Almoço

Geralmente não se usa cobrir a mesa com a toalha. Põe-se para cada pessoa um prato com guardanapo e colher, pondo-lhe adiante uma xícara e um copo, e sobre o guardanapo um pão para cada pessoa.

Colocam-se as cadeiras em seus competentes lugares, as comidas nos pratos adiante das pessoas que têm de servi-las, e anuncia-se depois que o almoço está na mesa.

Estando as pessoas sentadas à mesa, a pessoa que a serve vai buscar os bules com chá, café e o leite, que vem em duas vasilhas, quente para servir com café, e frio para o chá.

Acomoda-se tudo em uma bandeja, não se esquecendo do açucareiro; e, depois de levantados os pratos da comida, põe-se esta bandeja adiante de pessoa que serve.

Servir um Jantar de Família

Estende-se a toalha sobre a mesa, colocando-lhe no centro um guardanapo grande; dispõem-se os pratos com seus talheres, guardanapo e um pão para cada pessoa, pondo, do mesmo modo para cada um, um copo para água à direita e um cálice para vinho à esquerda.

No meio da mesa e nos lugares em que se tem de colocar as travessas, ponha-se um encerado próprio para este fim: as garrafas de vinho devem ser colocadas sobre umas bandejinhas; adiante da pessoa que tem de trinchar, põe-se o talher trinchante, a colher grande de sopa e três colheres pequenas.

Nas cabeceiras da mesa, colocam-se o galheteiro e as duas moringas com água. Sobre o aparador, postado ao pé da mesa, coloca-se de sobressalente uma porção de pratos, talheres, copos e uma moringa com água.

Não faltando nada, traz-se a terrina de sopa e, dispostas as cadeiras, anuncia-se o jantar.

Estando todos sentados, o criado tira a tampa da terrina, e põe-se à esquerda da pessoa que serve a sopa; recebendo o prato sobre um guardanapo, oferece-o a cada pessoa principiando pelo lado esquerdo.

Distribuída a sopa, vai o criado buscar o primeiro prato que coloca no lugar da terrina de sopa; a qual já terá posto sobre o aparador, e, recebendo os pratos servidos de cada convidado, ficará à esquerda da pessoa que trincha e receberá os pratos do mesmo modo que a sopa, e os distribuirá colocando-se depois ao pé da pessoa que trincha, para fornecer os objetos necessários.

Por exemplo, vendo adiante de alguma pessoa um prato servido, ou do qual não querem mais servir-se, deverá logo tirá-lo e substituí-lo por outro.

Não comendo mais ninguém do primeiro prato, e substituídos estes por outros limpos, o criado irá buscar o segundo prato, e pondo-o no lugar do primeiro praticará o mesmo que já foi indicado, colocando-se sempre do lado esquerdo da pessoa que tiver de distribuir a comida.

A mesa do jantar não deve ser muito estreita (cinco a seis palmos de largura) e os assentos para os convidados devem ter o espaço conveniente, porque o melhor banquete perde o seu valor sendo comido com aperto e constrangimento.

Um peixe deve ficar com a cabeça voltada para a direita da pessoa que trinchar, fazendo-lhe frente as costas do mesmo peixe.

Um lombo de vaca coloca-se de lado: o bocado mais tenro para cima, a parte mais grossa voltada para a direita.

Quando for uma perna de carneiro, de cabrito ou presunto, volta-se-lhe o pé para a esquerda e a parte carnosa para cima.

Um peru, um pato, ganso ou galinha etc. servem-se com o peito voltado para cima e a cabeça para a direita.

Se tiverdes muitos perdigotos ou outros pássaros para servir no mesmo prato, colocai-os um contra o outro, com o peito para cima, a cabeça para o lado da pessoa que trincha, e as pernas voltadas para o centro da mesa.

Um lebracho, coelho ou leitão devem servir-se com as costas para cima, e a cabeça para a direita. Quanto se assarem os quartos traseiros de uma lebre ou coelho, deveis servi-los com as costas para cima e o rabo para a direita.

Um quarto de carneiro serve-se com a parte mais delgada voltada para o meio da mesa.

Terminado o jantar, o criado tirará todos os pratos, os encerados e o guardanapo do meio da mesa, deixando só os copos, e com uma escova curva na mão direita, um prato na mão esquerda escovará a mesa, deitando dentro do prato as migalhas que ficarem.

Distribuirá em seguida os talheres para a sobremesa, que se põem sobre a mesa, e em seguida deverá desembaraçar o aparador, levando todos os pratos servidos e as travessas com o resto das comidas. Imediatamente, preparará o café, que porá no bule dentro de uma vasilha com água quente, colocando dentro de uma bandeja as xícaras com as colherinhas e o açucareiro. Estando concluída a sobremesa, deitará o café nas xícaras, não devendo enchê-las, mas, sim, deixar um pequeno espaço vazio.

Servir um Banquete

O criado estenderá uma toalha sobre a mesa, pondo-lhe um guardanapo no meio; em roda disporá os pratos com os guardanapos e o pão por cima; porá o garfo e a faca à direita, a colher à esquerda de cada prato; um copo para água e três ou quatro cálices para vinho, conforme as quantidades que se têm de oferecer. Nos quatro cantos da mesa colocará quatro moringas com água; e entre cada convidado uma garrafa de vinho sobre uma bandejinha. Repartirá os pratos chamados de entradas com manteiga, rabanetes, pepinos, *mixed pickles*, e enfeitará a mesa com jarros de flores e cestos de frutas. Estando a mesa arranjada, buscará a sopa, pondo-a sobre o aparador.

Logo que as pessoas estiverem sentadas, tirará as tampas das terrinas e receberá a sopa de quem a distribui, e irá servindo a todas as pessoas. Terminada a sopa, servirá com igualdade todos os convidados de vinho Madeira nos menores copos; mudando então os pratos, irá buscar o primeiro prato, que colocará sobre o aparador e, depois de trinchar o que nele se achar, o apresentará a cada pessoa, para servir-se do que lhe agradar, e assim em seguida todas as mais iguarias.

Tirados os pratos, e escovada a mesa junto a cada convidado, o criado servirá a sobremesa, tirando, nesta ocasião, os pratos servidos e as comidas que estiverem sobre o aparador.

Melhor é ter um criado só, durante o jantar, para o serviço de cozinha e para levar os pratos.

O criado aprontará o café, que deitará em xícaras colocadas em uma bandeja, na qual dever-se-á achar o açucareiro e o licoreiro com seus competentes copinhos, e o oferecerá a cada um.

Modo de Refrescar as Bebidas

Uma hora antes de servir-se o vinho, colocam-se as garrafas dentro de um barril, contendo um pouco de água, à qual se ajunta três a quatro libras de gelo quebrado em pedacinhos e uma porção de sal. Cobre-se depois o barril com um pano, e guarda-se em um lugar fresco, vindo-se tirar as garrafas na ocasião que se precisar delas. Na falta do gelo, pode-se deitar salitre e sal na água em que se quer refrescar as bebidas, que assim se tornam muito mais agradáveis ao paladar.

Modo de Servir a Mesa à Americana

Estende-se a toalha sobre a mesa; põem-se em roda os pratos com talheres, um pão sobre cada prato, um copo para água na frente, e outro para vinho; colocam-se todas as comidas sobre a mesa, as sopas, os assados, os adubos, os entremeios, e uma garrafa de vinho entre cada convidado.

Estando todos sentados, serve-se a sopa; finda a qual, tiram-se os pratos em que ela foi servida. Depois disto, nada mais se oferece aos convidados, que devem pedir do guisado que desejarem às pessoas perto de quem se achar o prato que o contém.

Os criados devem ter cuidado em mudar os pratos, logo que se encruzarem os talheres.

Quando uma pessoa pedir água, lançar-se-á mão da moringa, deitando água no copo até o meio, nunca devendo enchê-lo completamente.

Cessando todos de comer, tiram-se os pratos, distribuindo outros limpos, acompanhados de talheres, e serve-se a sobremesa, devendo os criados observar o que já lhes foi antes recomendado acerca da mudança dos pratos, como a respeito da água e do vinho.

Nos banquetes de grandes cerimônias, levantam-se da mesa a fim de ser servida a sobremesa em outra sala, onde os doces se acham ordenados em pirâmides enfeitadas de flores, sobre uma mesa no meio da sala, havendo nos cantos mesinhas com licores, vinhos doces e champanhe.

Sentam-se os convidados em roda da mesa, servindo-se uns aos outros do que apetecerem; ficando unicamente a cargo dos criados oferecer as diferentes bebidas.

Depois de se levantarem da sobremesa, os convidados passam-se para outra sala, onde lhes é oferecido o café em bandejas, que circulam entre eles, sendo seguidas por outras em que se acham variados sequilhos.

CAPÍTULO I

SOPAS

Sopas Gordas

1. CALDO COM OVOS – Misturem-se oito ovos em dez colheres de caldo de carne, um pouco de noz-moscada e sal; ponha-se depois esta mistura em uma sopeira de louça dentro de um tacho com água fervendo até endurecer; tirem-se com uma colher pequenas porções desta massa, que se deitam em caldo quente, na ocasião de servi-la à mesa.

2. CALDO DE FRANGA PARA DOENTE – Coze-se o quarto de uma franga (não muito gorda) em uma garrafa de água, com pouco sal e uma folha de salsa; passada uma hora, ajunta-se-lhe uma fatia de pão, tira-se do fogo, e ministra-se ao enfermo.

3. CALDO DE GALINHA – Coze-se a carne de uma galinha, como quando se quer fazer uma sopa; e depois de se lhe terem posto os temperos, para engrossar o caldo, ajunta-se-lhe uma colher de polvilho, desfeito em duas xícaras de água fria, duas gemas de ovo, dissolvidas em quatro colheres de vinagre, ou em sumo de limão galego.

4. SOPA DE CARNE DE VACA – Escolha-se um bom pedaço de carne de vaca, que esteja bem gordo, ou um pedaço que contenha ossos; quebrados estes bem miúdos, ponha-se tudo com água fria e sal ao fogo, tendo-se, porém, o cuidado de ir-lhe tirando a escuma amiudadas vezes. Depois de estar cozendo pelo espaço de duas ou três horas, deve ser coado, ajuntando-se-

lhe umas folhas de repolho, de salsa, serpol e cebola, amarradas em um panozinho, que se deve tirar na ocasião de ir para a mesa. Ajunta-se-lhe mais, conforme se quiser, macarrão, aletria ou sagu, depois de terem estas massas estado de molho em água fria o tempo conveniente (uma hora mais ou menos), e deita-se o caldo puro sobre torradas de pão, ou sobre arroz cozido, na ocasião de levá-lo à mesa.

5. SOPA DE BOLINHOS – Faz-se uma massa composta com um ovo e farinha de trigo; corta-se esta em pedacinhos, que se fritam em manteiga. Fervem-se depois estes pedacinhos com caldo de carne, pouco tempo antes de irem à mesa.

6. SOPA DE BOLOS DE BATATAS – Depois de cozidas, descascadas e raladas umas batatinhas, ajuntam-se à sua massa três ou quatro gemas de ovos, um pouco de manteiga, e fazem-se pequenos bolos, que vão a ferver em caldo de carne, pouco antes de irem à mesa.

7. SOPA DE CAMPEIRO – Depois de lavados os bofes da vaca, são cortados em pedaços, que se levam a cozer em água com sal e ervas, côa-se o caldo, ao qual se ajunta farinha de trigo, umas gemas de ovos e, querendo, um pouco de noz-moscada.

8. SOPA DE CAPÃO – Tomam-se um capão [frango], um pedaço de carne de vitela, uma porção de diferentes ervas, e com estas substâncias faz-se um caldo bom e forte, ao qual se ajunta o sal necessário; em seguida, toma-se uma porção de cebolas grandes que se deixam ferver por um pouco no caldo; tira-se o miolo das mesmas, e enche-se o vão com um recheio feito da carne do capão, cozida e picadinha, farinha de trigo, manteiga, gemas de ovos, açúcar e pimentas. Estando as cebolas assim preparadas, deixam-se ferver em um pouco de caldo.

9. SOPA DE CEVADINHA – Ponha-se a ferver a carne em tanta água quanto baste, raízes, ervas e sal, tirando-se a escuma de vez em quando. Estando cozida, côa-se, e deita-se-lhe uma xícara de cevadinha para cada garrafa de água; deixa-se ferver mais uma hora e serve-se com ela à mesa.

10. SOPA DE INVERNADA – Cozinha-se a carne com as ervas e raízes que se quiser; côa-se, e torna-se a levar o caldo ao fogo, e vai-se-lhe deitando aos poucos, quando já estiver fervendo, um mingau, feito de três ovos, meia colher de polvilho e duas de fubá mimoso. Deixa-se então ferver até que a massa suba à flor do caldo, e serve-se à mesa.

11. SOPA ABREVIADA – Corta-se uma libra de carne em pequenos pedaços, os quais se põem em uma caçarola com uma cebola, uma raiz de salsa, um

pouco de toucinho e meio copo de água; deixa-se ferver sobre brasas por um quarto de hora, estando a vasilha bem tapada, depois ajuntam-se-lhe duas garrafas de água, um pouco de sal, e deixa-se ferver durante uma hora, côa-se-lhe o caldo sobre fatias de pão para servir então à mesa.

12. SOPA DE FAMÍLIA – Ponha-se ao fogo uma panela contendo um pedaço de toucinho, carne de vaca e água suficiente, tomando-se o cuidado de se lhe ir tirando a escuma de vez em quando. Depois de cozidos estes objetos, ajuntam-se-lhes algumas batatas, repolho, pedaços de abóbora, raízes de mandioca, espigas de milho verde, umas folhas de salsa, e sal quanto baste, deixando-se tudo, assim disposto, cozer por mais meia hora. Deita-se então o caldo sobre fatias de pão ou arroz cozido, e serve-se a carne cozida em uma travessa separada.

13. SOPA DE FÍGADO – Toma-se um pedaço de fígado cozido, o qual se passa por uma peneira, por meio de repetidas fricções, e ajuntam-se-lhe meia garrafa de vinho branco, duas outras de água, umas cascas de limão, canela, passas, açúcar, e um pouco de sal; dão-se-lhe umas fervuras, engrossando-o com algumas gemas de ovos.

14. SOPA DE GALINHA – Toma-se uma galinha gorda, que se limpa; corta-se em pedaços, e frige-se em três colheres de gordura. Ajuntam-se-lhe em seguida oito garrafas de água, deitam-se-lhe então salsa, folhas de cebola, um dente de alho e umas pimentas-da-índia, e despeja-se o caldo sobre farinha de milho ou de mandioca, posta em uma travessa, e mexe-se tudo bem. A carne da galinha é servida em um prato à parte.

15. SOPA ITALIANA – Cozem-se duas libras de carneiro, meia libra de toucinho em seis garrafas de água, ajuntam-se-lhes meia garrafa de vinho branco, um cálice de vinagre, uns dentes de cravo, e um pouco de canela; estando tudo cozido, côa-se, e ajuntam-se mais um pouco de pimenta-da-índia, uma colher de manteiga, um pouco de açúcar e meia dúzia de gemas de ovos batidas.

16. SOPA DE LOMBO DE PORCO – Põe-se em uma vasilha de louça um lombo de porco fresco, temperado com sal, alho e um pouco de vinho tinto. Deixa-se neste estado doze horas seguidas; depois leva-se a assar ao forno ou grelha. Depois disto, é cortado em fatias delgadas, que se colocam em camadas numa caçarola untada de gordura; principiando-se por colocar no fundo uma camada de fatias de carne; por cima desta, outra de fatias de pão, e sobre esta última uma de queijo-de-minas ralado; e assim por diante, até que se encha a vasilha, devendo a última camada ser de côdeas

de pão ralado, sobre a qual se semeia açúcar, deitando-se por cima de tudo quatro ou seis ovos batidos. A caçarola assim preparada é colocada no forno, para cozinhar a sopa.

17. SOPA DE LORD-MAIRE – Conquanto seja muito custosa e de dispêndio a preparação desta sopa, damos aqui a sua receita, em razão de ser ela muito estimada pelos ingleses, mormente tendo-se um deles no número dos convidados para jantar; rende-se-lhe grande homenagem, apresentando-se-lhe uma iguaria de sua estima.

Cozam-se sobre o fogo lento e durante quatro a seis horas, quatro orelhas e quatro pés de porco em oito garrafas de água; ajuntem-se um molho de salsa, aipo, e umas cebolas, guarnecidas com dentes de cravos. Tiram-se do fogo, coam-se, e deixam-se esfriar, tirando-lhes depois de frios toda a gordura. As orelhas e os pés, tirados os ossos, são cortados em pedacinhos. De outra parte, derreta-se meia libra de manteiga, e ajunte-se-lhe quanta farinha de trigo for necessária para absorver a manteiga, e mexendo-se sempre. Ajunta-se-lhes depois por vezes o caldo, deixando ferver sempre a mistura, antes que se lhe ajunte nova porção de caldo. Quando este estiver fervendo a transbordar, ajuntam-se as orelhas e os pés picados, duas colheres de cheiros também picados, como sejam salsa, cerefólio, cebolinhas etc., meia colherinha de pimentão, e meia garrafa de vinho do Porto, ou de Madeira. Tirado este caldo do fogo, é deitado na terrina, ajuntando-se-lhe três dúzias de fatias de carne de vaca frita.

18. SOPA DE OVOS ATOLADOS – Toma-se uma xícara de caldo de carne coado, e nele se botam três ovos, depois de bem batidos; a esta xícara de caldo, derramada na porção maior de caldo de que se pretende fazer a sopa, ajuntam-se uma porção de roscas secas moídas, o sal necessário, cenouras e salsa, deixa-se ferver ainda durante meia hora, para então ser mandada à mesa.

19. SOPA PARDA – Coze-se uma galinha, como para fazer sopa, e ajuntam-se-lhe, depois dos temperos, o seu próprio sangue e duas gemas de ovos, desfeitas em quatro colheres de vinagre, duas ditas de açúcar e uma de polvilho, também desfeita em duas xícaras de água fria. Serve-se dela assim com angu.

20. SOPA POLACA – Toma-se uma galinha, um marreco ou um pato, depois de cortado em pequenos pedaços, refogam-se em meia libra de toucinho picado, que já deve estar frito. Deitam-se-lhes em seguida um pouco de água, sal e os temperos necessários, refogando-se ainda por mais tempo; quando estiverem cozidos, deixam-se esfriar, para tirar-lhes os ossos.

Ajuntam-se-lhes, depois de torná-los a picar em partes ainda mais miúdas, quatro ovos cozidos até endurecerem, fazendo-se com eles uma espécie de recheio. Por outra parte, faz-se uma massa de farinha de trigo e ovos, a qual deve-se estender até ficar bem delgada; é então cortada em tiras, e colocam-se, de distância em distância, uns bocadinhos de carne picada, que se cobrem com as outras tiras de massa, apertando-se os lugares onde não existe carne, formando-se por este modo uns pequenos pastéis, que se separam, de modo a poderem conservar a carne que contêm. Fervem-se depois, uns após outros, em caldo puro de carne de vaca. Neste estado vão à mesa misturados com o caldo.

21. SOPA DE RAVIOLE – Tomam-se duas libras de carne gorda de porco; pica-se tudo bem miúdo, e refoga-se em uma panela contendo pouca água, gordura, sal, pimenta-da-índia, cravo e noz-moscada. Por outra parte, faz-se com uma libra de farinha de trigo e quatro ovos, uma massa que se estende sobre uma toalha, de maneira a ficar bem delgada, da qual se cortam uns pedaços redondos, em que se envolve uma porção da carne refogada, formando assim uns pastéis, os quais vão para a água, que a este tempo já deve estar fervendo. Passados dez minutos, tiram-se estes, e põem-se outros até que todos estejam cozidos; neste estado colocam-se os mesmos numa travessa, semeando-lhes por cima uma porção de queijo ralado, e cobrindo-os então de manteiga derretida.

22. SOPA DE SANTA CATARINA – Cortam-se broas de centeio em fatias, deitam-se em uma caçarola sobre brasas, ajuntando-se-lhes uma colher de caldo de carne. Quando estiverem a ponto de ferver, ajuntam-se-lhes mais umas colheres do caldo até que as broas não o embebam mais; depois deitam-se-lhes uma porção de pão ralado, uma cebola picada em partes bem miúdas, e por fim, na hora de a mandar à mesa, deita-se-lhes novamente a quantidade de caldo de carne que se quiser, para fazer a sopa.

23. SOPAS DE SOBEJOS – Cozinham-se as carnes assadas e fritas que sobejam da véspera; depois de bem cozidas, são novamente tiradas da panela, socadas e misturadas com pão duro e ralado, e umas gemas de ovos. Desta massa fazem-se uns bolos, que se depositam em uma terrina, derramando-lhes por cima o caldo que resta da fervura das carnes, depois de lhe ter ajuntado os temperos necessários.

24. SOPA VENEZIANA – Coze-se uma porção de arroz com pouca água, pouco sal, em fogo moderado; estando cozida, ajunta-se-lhe uma porção de caldo de carne de vaca, e deixa-se ferver até secar. Quando chega a este estado, é

posto em uma travessa e coberto com uma camada de queijo ralado, açúcar e canela, deitando-se por cima de tudo uma porção de manteiga derretida.

25. SOPA DE CASTANHAS, OU DE PINHÕES – Depois de descascado meio cento de castanhas, põem-se a ferver em um pouco de água, a fim de facilitar a extração da película; e em seguida vão a ferver em um caldo de carne de vaca, ou de galinha, ajuntando-se-lhe um pouco de manteiga e açúcar. Passadas duas horas, deita-se o caldo com as castanhas em uma terrina, já de antemão contendo torradas de pão, depois de previamente ter-se ajuntado ao caldo uma cebola frita em manteiga. Da mesma maneira se faz a sopa de pinhões.

26. SOPA DE ALETRIA COM ERVILHAS – Põem-se em caldo de carne de vaca uma porção de cenouras, nabos, cebolas, aipo, alho e algumas cabeças de cravos-da-índia; deixa-se cozinhar durante duas horas; côa-se em uma toalha, e ajuntam-se-lhe uma porção de aletria escaldada em água quente, e uma porção de ervilhas cozidas somente em água.

27. SOPA DE ALFACES COM ERVILHAS – Lave-se uma dúzia de pés de alfaces; deixem-se escorrer bem, e depois de partidos pelo meio, sem que se desfolhem, deitam-se com jeito em uma caçarola que contenha três até quatro xícaras de água com pimenta e sal. Deixam-se ferver sobre fogo moderado pelo espaço de duas horas, depois do que ajuntam-se-lhes salsa, cravo, folhas de louro, cebola. Depois de seco, este agregado de substâncias é despejado em uma terrina que contenha ervilhas novas, cozidas em caldo de carne. Ajunta-se-lhes finalmente pão torrado cortado em pedaços, e deita-se-lhes por cima caldo de carne.

28. SOPA DE CENOURAS – Toma-se uma porção de cenouras tenras lavadas e escaldadas em água quente; depois de enxutas e cortadas em fatias compridas e finas, vão a cozinhar em caldo de carne de vaca com um pouco de açúcar.

29. SOPA DE AZEDAS – Tomam-se uma porção de azedas, um pé de alface, e um pouco de cerefólio bem picado; refoga-se tudo isto em um pouco de gordura; passa-se depois esta massa por uma peneira, para que não fiquem talos nem fibras; e derrama-se sobre esta massa assim peneirada uma porção de caldo de qualquer carne que houver. Neste estado põe-se a ferver durante meia hora; depois de tirada a gordura, é deitada sobre torradas de pão, e servida.

30. SOPA DOURADA DE AZEDAS – É feita da mesma maneira que a sopa de azedas; mas antes de deitar-se a sopa sobre o pão, engrossa-se-lhe o caldo

com oito gemas de ovos batidas em uma porção de caldo frio; dá-se-lhe mais uma fervura e deita-se sobre torradas de pão.

31. SOPA DE ASPARGOS – Escalda-se uma porção de aspargos; deixam-se esfriar e escorrer, e enxugam-se depois com uma toalha. Lançam-se então em uma terrina com torradas de pão e um pouco de açúcar, deitando-se-lhes por cima uma porção de caldo de carne, quanto baste para fazer sopa, e serve-se quente.

32. SOPA DE COUVE-FLOR – Escalda-se uma cabeça de couve-flor bem picada. Depois de fria e escorrida, cozinha-se um caldo de carne com um pouco de sal e salsa; na ocasião de servir, deita-se este caldo em uma terrina que já contenha duas cabeças de cebolas ou de couve-flor, escaldadas à parte e inteiras, sobre torradas de pão frito. Serve-se enquanto quente.

33. SOPA DE REPOLHO – Escalda-se um repolho com água quente e deixa-se escorrer. Separam-se então suas folhas, pondo-as em uma caçarola, contendo fatias de carne de vaca, cobertas de toucinho, e bem assim um dente de cravo, duas cenouras, uma cebola grande. Depois de cozido, tira-se o repolho com as fatias de carne; deita-se tudo em uma terrina, sobre pão cortado em fatias. Côa-se então o caldo, que igualmente se deita na terrina sobre o repolho.

34. SOPA DE REPOLHO-DE-BRUXELAS – Tomam-se as folhas miúdas do repolho-de-bruxelas; cozem-se em caldo de carne, durante meia hora, deitando-se depois este caldo de carne sobre torradas de pão, em que antecedentemente se terá colocado um ramo de serpol.

35. SOPA DE ARROZ COM TOMATES – Coze-se meia libra de arroz branco em caldo de carne. Quando estiver suficientemente cozido, ajunta-se-lhe a polpa de dez tomates, um pouco frita em manteiga, passada por uma peneira, e cozida em um pouco de caldo. Deixa-se tudo ferver por mais meia hora, e serve-se.

36. SOPA DE POLPAS DE TOMATES – Tomem-se quarenta tomates, depois de espremidos; ponha-se sua polpa em uma caçarola com uma libra de carne de porco salgada, quatro cebolas, salsa, um dente de cravo, um pouco de pimenta, uma quarta de boa manteiga, e deixe-se refogar. Em seguida, passe-se por uma peneira; e tendo-se-lhe ajuntado uma porção de carne, e o miolo de um pão, deixe-se ferver durante uma hora; tire-se-lhe a gordura e, na ocasião de servir, deite-se o caldo sobre torradas de pão fritas em manteiga.

37. SOPA DE CAÇA – Tomam-se três libras de carne de vaca, quatro perdizes, codornizes ou capoeiras, também conhecidas pelo nome de urus, libra e

meia de mão de vitela, um jacu, três cenouras, duas cebolas, uma raiz de aipo, dois cravos-da-índia e um pouco de funcho. Põe-se tudo isto numa panela com sal e água para dali se tirar um caldo, que tem de servir para se fazer a sopa.

Por outro lado, tomam-se três codornas ou capoeiras, que se assam e se socam com os ossos num almofariz; ajunta-se-lhes um copo cheio de miolo de pão, que terá sido ensopado em caldo de carne. Passa-se esta massa em peneira, ajuntando-se-lhe um pouco de caldo para que fique rala, e depois de coada põe-se esta polpa sobre um fogo brando, tendo-se o cuidado de não deixar ferver. Por outra parte põem-se de molho algumas fatias de pão no caldo que se acha já pronto; lançam-se estas fatias no fundo de uma terrina, cobrindo-se com a polpa das codornas, despejando-se por fim o caldo.

Esta sopa é um excelente confortativo para os doentes, cujos estômagos se acham debilitados. Como sopa é um luxo muito dispendioso e inútil, porque com as substâncias de que ela se compõe podem-se obter muitos e excelentes guisados.

Sopas Magras

38. CALDO DE ÁGUA – Deitam-se em uma panela alguma fatias de pão bem torrado, algumas raízes e folhas de salsa; lança-se-lhes depois água quente e um pouco de manteiga, e deixa-se ferver até se desfazer o pão. Côa-se este caldo e ajuntam-se-lhe algumas gemas de ovos batidas em uma xícara de água fria.

39. ESCALDADO – Frige-se uma colher de gordura e, quando não chiar mais, deitam-se-lhe uma garrafa de água quente, sal e umas folhas de cebolas. E quando este caldo estiver fervendo, ajunta-se-lhe uma porção de ovos em relação ao número de pessoas a quem se tem de servir. Estando as claras dos ovos cozidas e as gemas moles, tiram-se com uma escumadeira, pondo-as em um prato à parte. Em seguida, faz-se com este caldo um pirão de farinha de mandioca ou de milho, colocando-se-lhe por cima os ovos que se escaldaram.

40. MINGAU DO CEARÁ – Ponha-se água ao fogo com um pouco de gordura e sal; assim que ela ferver, deite-se-lhe farinha de trigo desfeita em água fria, movendo-se até acabar de cozer.

41. MINGAU DE ITABIRA – Frige-se uma boa porção de manteiga com uma tigela de fubá; estando da cor de canela, ajunta-se-lhe água, e ferve-se du-

rante uma hora com um pouco de açúcar, canela, e erva-doce; e por fim ajunta-se-lhe mais uma tigela de leite.

42. MINGAU DE UBERABA – Faz-se como a sopa do Ceará, mas em lugar de farinha de trigo, põe-se-lhe fubá de moinho ou fubá mimoso.

43. MINGAU DE PAULISTA – Ponha-se uma panela com água, sal e uma colher de gordura sobre o fogo; estando fervendo, ajuntam-se-lhe aos poucos, mexendo-se sempre, quatro colheres de fubá fino desmanchado em um pouco de água fria e uma folha de salsa; deixando-se cozer durante mais um pouco de tempo, retire-se do fogo a panela.

44. PANADA DE MANTEIGA – Ferve-se um pão em uma garrafa de água, e quando este principia a dissolver-se, ajuntam-se-lhe um pouco de sal e um pouco de gordura ou de manteiga.

45. AÇORDA DE ROSCAS – Quebra-se uma ou mais roscas em pedaços, que se lançam com umas colheres de açúcar em uma tigela, despejando-se-lhe água quente por cima; cobre-se com um prato, para se servir depois de passado um quarto de hora.

Quando o doente pode usar de manteiga, ajunta-se também uma colher na tigela antes de se lhe deitar a água.

46. CALDO DE AZEDINHAS – Frige-se uma colher de gordura até não chiar mais; ajuntam-se-lhe quatro colheres de farinha de trigo e uma porção de folhas de azedinha lavadas; mexe-se e mistura-se com caldo de carne de vaca, e depois de se lhe ajuntar um pouco de açúcar e noz-moscada, deita-se sobre pão torrado em uma terrina.

47. SOPA DE CANJIQUINHA – Cozinha-se uma porção de canjiquinha, quanta for necessária; toma-se depois uma porção de amendoim socado, mistura-se com água, côa-se e espreme-se, levando este resíduo em repetidas águas até estas não saírem mais da cor de leite; deita-se na canjiquinha este leite assim obtido, e misturam-se-lhe açúcar, queijo ralado e um pouco de erva-doce.

48. OUTRA – Coze-se uma porção de canjiquinha e ajuntam-se-lhe quatro gemas de ovos batidas em meia garrafa de vinho branco, açúcar e canela. Batem-se separadamente as claras até formarem uma massa compacta, a qual se deita às porções num tacho com água fervendo em aljôfares, torna-se a tirar a neve das claras de ovos que, assim, cozida e dura, põe-se sobre a sopa de canjiquinha como guarnição, e polvilha-se com canela moída.

49. SOPA DE CANJIQUINHA DO LAMBARI – Ferve-se a canjiquinha até estar bastante grossa; côa-se por uma peneira, temperando-a com sal e mantei-

ga; ajuntam-se-lhe duas gemas de ovos batidas, uns pedaços de pão frito e algumas passas.

50. SOPA DE CEBOLAS – Frigem-se em manteiga duas ou três cebolas bem picadas, até principiarem a corar; ajunta-se-lhes uma colher de farinha de trigo, continuando-se a frigir até elas ficarem coradas. Ajuntam-se-lhes em seguida e aos poucos a água necessária e o sal preciso, e deita-se a sopa em uma terrina onde já estarão umas torradas de pão.

51. SOPA DE CEBOLA À MINEIRA – Cortam-se uma ou duas cebolas em partes bem miúdas, que se frigem numa colher de manteiga, até principiarem a tomar cor; ajunta-se-lhes uma colher de farinha de trigo ou de fubá, continuando-se a frigi-las até ficarem cor de canela. Ajunta-se-lhes água quente quanta baste; ferve-se um pouco e deita-se este caldo sobre farinha de mandioca ou fatias de pão.

52. SOPA CURRALEIRA – Frigem-se em manteiga quatro ou seis colheres de fubá mimoso até ficarem cor de café claro; ajuntam-se-lhes depois duas garrafas de água quente, o sal necessário, um pouco de salsa, e deixa-se ferver.

53. SOPA DOURADA DE BOA VISTA – Corta-se um pão em fatias, que se põem de molho em leite durante cinco ou dez minutos; tiram-se e passam-se umas após outras em caldo feito de quatro ovos e quatro colheres de açúcar bem batidos. Assim untadas, frigem-se estas fatias de ambos os lados em manteiga. Servem-se cobertas com açúcar e canela moída.

54. SOPA DOS COLONOS – Ferve-se um repolho picado com sal e toucinho; depois de coado o caldo, ajuntam-se-lhe fubá, frito até alcançar a cor de canela, batatinhas descascadas cortadas em fatias, e o sumo de um limão.

55. SOPA JULIANA – Cortam-se em tiras finas e compridas, cenouras, nabos, cebolas, repolho, e azedas; põem-se sobre o fogo com um pouco de manteiga, e refogam-se; depois ajuntam-se-lhes algumas ervilhas, vagens, folhas de salsa, sal quanto for necessário, e um pouco de água, deixando-os assim ferver até tudo estar bem cozido; depois ajunta-se-lhes fubá mimoso, ou farinha de trigo, frito em manteiga de vaca, diluído em água suficiente para fazer a sopa; dá-se-lhe mais uma fervura, e manda-se para a mesa.

Também se pode usar sem pôr a farinha de trigo ou fubá; e até fica melhor.

56. SOPA DE PALMITOS – O miolo de palmito, depois de bem picado e escaldado em água quente, é refogado em gordura com sal, tomates e um pouco de fubá mimoso; ajuntam-se-lhe depois a água necessária, e uma colher de polvilho, dissolvido em duas xícaras de água fria, devendo-se mexer a sopa, e ir pondo a água de polvilho pouco a pouco.

57. SOPA DE PÃO DOURADO – Deita-se o miolo de pão em uma caçarola com um pouco de sal, pimenta e água, quanto baste para cobri-lo; deixa-se ferver durante meia hora sobre brasas; ajuntam-se-lhe duas gemas de ovos batidas, com duas colheres de nata de leite; torna-se a aquecer um pouco e põe-se na mesa.

58. SOPA DE PÃO FRITO – Corta-se um pão em fatias, untadas estas com manteiga de ambos os lados, deita-se-lhes açúcar por cima e põem-se em uma panela para frigir. E, estando fritas de um lado, viram-se para frigir também de outro.

59. SOPA DE OVOS ASSADOS – Cortam-se um ou mais pães em fatias que se molham em um pouco de leite, e neste estado coloca-se uma porção no fundo de uma panela untada com manteiga, a qual se cobre com uma camada de açúcar e canela moída, pondo-se-lhe por cima nova camada de fatias e assim por diante, até quase encher a panela, devendo a última camada ser de açúcar e manteiga. Por fim, derrama-se sobre o todo dez a doze ovos batidos; tapada depois a panela, é levada ao forno quente, onde se deixa cozer por meia hora.

60. SOPA DE QUEIJO – Deita-se no fundo de uma sopeira uma camada de queijo ralado, por cima desta uma outra de fatias de pão, outra de queijo, outra de pão, e assim até encher a sopeira. Deita-se-lhes por cima uma porção de caldo de carne de vaca, misturado com duas xícaras de nata de leite, quanto baste para cobrir a última camada de pão; leva-se depois a sopeira ao forno e deixa-se ficar durante uma hora, à proporção que for secando.

61. SOPA DE SAGU – Ferve-se uma xícara de sagu com quatro garrafas de água até ficarem duas; ajuntam-se-lhe depois meia garrafa de vinho tinto, quatro colheres de açúcar, um pouco de canela, cravo-da-índia, noz-moscada, casca de limão, ou, em lugar do açúcar, meia libra de marmelada desfeita em água, e uma quarta de passas lavadas em água quente. Deixa-se tomar um pouco o calor do fogo e serve-se.

62. SOPA MAGNA OU SERGIPANA – Põem-se no fogo o conteúdo de uma mão-cheia de hortaliça, couves ou repolhos, cenouras, raiz de salsa e de aipo, batatas e sal; ferve-se bastante tempo, coando-se-lhe depois o caldo sobre côdea de pão, frita em gordura de ovos de tartaruga.

63. SOPA DE TOMATES – Fervem-se os tomates em água e sal até desfazerem-se; e deita-se este caldo em uma panela em que está frita uma cebola, e em que se picaram uns biscoitos.

64. SOPA DE IPIRANGA – Derrete-se uma colher de manteiga; ajuntam-se-lhe quatro colheres de farinha de trigo e uma garrafa de bom caldo de carne de vaca, e no fim mais meia quarta de amêndoas descascadas e reduzidas a pó fino, com meia quarta de açúcar, um pouco de noz-moscada e uma xícara de nata de leite, e serve-se quente.

Sopas Magras com Vinho

65. CALDO DE VINHO REPENTINO – Ferve-se em partes iguais vinho branco e tinto e água; ajuntam-se-lhe um pouco de açúcar, manteiga, canela, noz-moscada, roscas secas moídas, e por fim umas gemas de ovos batidas.
66. SOPA DE VINHO BRANCO – Ponha-se a ferver vinho branco com umas casquinhas de limão, canela, cravo-da-índia e açúcar; ajunte-se-lhe mais, assim que ferver, a fim de engrossá-lo, uma porção de polvilho, desfeito em água fria.
67. SOPA DE ARROZ COM VINHO – Coza-se em água uma porção de arroz até secar; ajuntem-se-lhe em seguida vinho branco, quanto baste, casquinhas de limão, açúcar e algumas passas; deixe-se ferver pouco tempo, para então se mandar à mesa.
68. SOPA ALEMÃ COM ARROZ E VINHO – Coze-se uma porção de arroz em pouca água e sal; estando cozido, ajunta-se-lhe o vinho branco que for

Arroz

necessário para dar à sopa a consistência precisa, acrescentando-lhe mais uma porção de cardamomo, cascas de limão, açúcar, e ameixas, de antemão fervidas um pouco, como o arroz. Torna-se-lhe a dar outra fervura, para então se mandar à mesa.

69. SOPA DO FRADE ANDRÉ – Ponham-se a ferver meia garrafa de vinho branco, meia de cerveja branca e uma de água, com um pouco de cascas de limão, açúcar, uma quarta (de libra) de roscas secas em pó, e duas gemas de ovos; fervam-se por um pouco, e ponham-se à mesa.

70. SOPA FRIA – Ponham-se em uma terrina uma porção de cascas de pão ralado, meia libra de açúcar, cascas de limão, duas ou três talhadas de limão galego, um pouco de noz-moscada, também ralada, e uma garrafa de vinho tinto com duas de água, e assim vai à mesa.

71. SOPA RESTAURANTE – Ferva-se o sagu com casquinhas de limão, canela e talhadas de limão galego; estando tudo cozido, ajuntem-se-lhe umas xícaras de vinho tinto, e uma porção de ameixas secas. Deixa-se ainda ferver um pouco este agregado de substâncias, para depois ir à mesa.

72. SOPA DE ARROZ COM CERVEJA – Cozem-se uma xícara bem cheia de arroz com uma garrafa de água, outra de cerveja e duas colheres de açúcar; ajuntam-se-lhe por fim algumas passas, uma gema de ovo bem batida e um copo de vinho branco e então serve-se.

73. SOPA ALEMÃ COM CERVEJA – Rala-se a côdea de um pão duro, e põe-se com açúcar e um pouco de manteiga em uma sopeira, deitando-se-lhe por cima cerveja fervida e engrossada com duas gemas de ovos e um pouco de cominho.

74. SOPA FRIA DE CERVEJA – É feita como a sopa fria, ajuntando-se-lhe mais uma porção de passas e, em lugar de água, pondo-se-lhe metade de cerveja e metade de água; e, em lugar de vinho tinto, o vinho branco.

75. SOPA CUIABANA – Rale-se uma porção de guaraná, misture-se com uma garrafa de água quente e uma quarta (de libra) de açúcar. Depois de esfriar, ajuntem-se-lhe mais uma garrafa de cerveja, um copo de vinho branco, umas talhadas de limão e roscas secas, socadas e torradas. Come-se fria, como refresco.

76. SOPA DE CAMARÃO – Deitam-se os camarões a ferver em água e sal; passada uma hora, quando a fervura se manifestar em grossos aljôfares, vai-se-lhes pingando o conteúdo de dois ou quatro ovos, sem se mexer, de forma que estes pingos, à medida que forem caindo no caldo, talhem, e

assim formem pequenos bocados. Ajunta-se-lhe depois uma folha de salsa, e deste modo vai à mesa.

77. SOPA DE CAMARÕES – Fritem-se alguns camarões em um pouco de gordura, ajuntando-se-lhes depois água e deixam-se ferver pelo espaço de uma hora; deitam-se-lhes então umas folhas de cebolas e de salsa, e despejam-se em uma terrina que contenha arroz cozido, ou torradas de pão.

78. SOPA DE OSTRAS – Cozem-se duas libras de peixe fresco em quatro garrafas de água e sal; depois de bem cozidas, coam-se sem se espremerem, ajuntando-se-lhes então quatro dúzias de ostras socadas. Deixam-se ferver por mais meia hora, e deitam-se sobre torradas de pão.

79. SOPA DE PEIXE – Coze-se o peixe em água e sal, contendo já folhas de cebolas e, querendo-se, umas ervilhas novas, durante uma hora; e deita-se depois o caldo em uma terrina, contendo já farinha de mandioca ou de milho.

80. SOPA DE PEIXE – Sendo os peixes pequenos, fritem-se primeiro num pouco de gordura, fazendo-os ferver depois em água temperada com sal, folhas de salsa, cebolas e pimenta-da-índia; depois de terem fervido, engrossa-se-lhes o caldo, ajuntando-se duas gemas de ovos, batidas primeiro em um pouco do caldo; deixam-se ferver durante mais meia hora, para se deitar o caldo sobre farinha de mandioca ou de milho.

81. SOPA DE PEIXE COM ARROZ – Ponha-se o arroz a cozer com algumas ervilhas, vagens, cenouras, cebolas, salsa, aipo e tomates. Estando tudo cozido, ajunte-se-lhe um pouco de manteiga, e deixe-se ferver sobre fogo brando até quase secar; ajunte-se-lhe depois caldo de peixe fresco, ou então uma ou duas colheres de vinagre.

82. SOPA DE PEIXE À CAIAPÓ – Ferve-se carne de vaca com bastantes raízes, salsa, cenouras, aipo, batatinhas e algumas maçãs partidas; estando quase cozida, ajuntam-se-lhe postas de peixe e deixam-se cozer mais. Coam-se em uma peneira e engrossa-se-lhe o caldo com farinha de trigo, fervida em vinagre.

83. SOPA DA RÚSSIA OU QUASS – Amassa-se um pouco de farinha de trigo com açúcar e água quente; põe-se esta massa em um lugar quente por três a quatro dias até fermentar, ajunte-se-lhe à noite mais uma porção de farinha e água morna, deixando-se no mesmo lugar quente. No dia seguinte, reúne-se esta massa com uma porção de soro de leite, e sal necessário, algumas batatas, pedacinhos de bacalhau escaldado, uma colher de manteiga, e deixa-se ferver até as batatas ficarem bem cozidas, e final-

mente põe-se um pouco de açúcar. Se a sopa não estiver azeda, ajunte-se-lhe um pouco de vinagre.

84. SOPA DE TARTARUGA – Para a verdadeira sopa de tartaruga, toma-se uma libra de carne de tartaruga que adere ao casco interior do animal, corta-se em pedaços de tamanho de uma noz; depois de lavados, fervem-se durante quatro horas, sobre um fogo regular. Por outro lado, tomam-se duas libras de carne de vaca, duas de carne de carneiro, que se deixam cozinhar durante seis horas em água com duas ou três cebolas, pimenta, seis ou oito cravos-da-índia e sal. Côa-se e escuma-se o caldo, e deita-se em uma terrina sobre fatias de carne feita. É nesta ocasião que se ajunta na terrina a sopa de carne de tartaruga para mandar à mesa.

85. SOPA DE TRAÍRAS – Fritem-se em manteiga pequenos peixes cobertos com um pouco de farinha de trigo; socam-se em seguida, pondo-se a cozinhar em caldo de carne. Passada uma hora, ajuntam-se-lhes um pouco de valeriana, cardamomo e gengibre; dá-se-lhes outra fervura e deita-se este caldo sobre fatias de pão.

Sopas de Leite

86. CURAU OU MINGAU DE MILHO VERDE – Tomam-se umas espigas de milho verde, as quais se descascam e ralam-se, devendo elas ser ainda leitosas e açucaradas, porém não demais; passa-se por uma peneira o suco obtido, ajuntam-se-lhe um pouco de leite, açúcar, canela, cravo-da-índia e erva-doce; ferve-se sobre fogo moderado até que fique reduzido à metade. Deita-se então este mingau em uma terrina, para que ali se esfrie; cobre-se de açúcar e canela, e come-se depois de frio. Para se lhe dar melhor aparência, é levado ao forno a fim de que toste um pouco. É uma comida muito substancial, saborosa e de pouco dispêndio, servindo até para doentes e crianças de peito.

87. MINGAU À MINEIRA – Ponham-se quatro ou seis colheres de fubá em uma panela sobre o fogo, com dez ou doze xícaras de água e um pouco de sal; deixe-se ferver até ficar cozido o seu conteúdo, revolvendo-se sempre antes de se tirar do fogo; ajunte-se-lhe uma colher de açúcar e duas de leite gordo, e sirva-se então.

88. PANADA DE LEITE – Faz-se como a panada de manteiga; mas em lugar da gordura, ajunta-se-lhe uma xícara de leite e uma colher de açúcar.

89. SOPA DE ARROZ COM LEITE – Estando o arroz cozido em água, é lançado em leite fervido, ajuntando-se-lhe um pouco de sal, açúcar e erva-doce, e assim vai à mesa.

90. SOPA DE ARROZ COM LEITE DE AMÊNDOAS – Coze-se o arroz em água com muito pouco sal, ajuntam-se-lhe um pouco de cascas de limão e umas folhas de louro, tendo-se o cuidado de não apertar o calor do fogo. Soca-se uma quarta de amêndoas doces descascadas, com meia quarta de açúcar, ajuntando-se-lhe pouco a pouco meia garrafa de água; côa-se espremendo, e ajunta-se este leite à sopa de arroz, pondo-se-lhe mais açúcar se for necessário.

91. SOPA DE ARROZ COM LEITE – Lavam-se quatro colheres cheias de arroz, deitam-se numa garrafa de leite, e deixam-se ferver durante uma hora. Ajuntam-se, em seguida, duas colheres de açúcar, duas gemas de ovos batidas, um pouco de canela e tiram-se do fogo.

92. SOPA DE LEITE – Ferve-se o leite com um pouco de sal e açúcar. Na ocasião de servir, ajuntam-se-lhe quatro gemas de ovos batidas, e conserva-se no fogo, mexendo-se sempre até querer ferver. Deita-se nesta ocasião a sopa em uma terrina sobre fatias de pão e serve-se.

93. SOPA DE LEITE COM CEBOLAS – Frigem-se em manteiga umas cebolas cortadas em rodelas que se deitam em leite; quando principiam a criar cor, ajuntam-se-lhes sal e um pouco de pimenta. Dá-se-lhes uma fervura e despejam-se sobre biscoitos de polvilho picados e fritos em manteiga.

94. SOPA DE LEITE QUEIMADO – Ferve-se o leite com açúcar, canela e gemas de ovos; põe-se o todo em um prato e cobre-se com claras de ovos batidas e fervidas em água. Polvilha-se depois com bastante açúcar; aquece-se no fogo um facão com o qual se queima o açúcar ao comprido, fazendo-se-lhe diferentes figuras.

95. SOPA DE MINAS – Ferve-se uma porção de leite com açúcar; ajuntam-se-lhe uns ovos (clara e gema) batidos, canela e passas, e deita-se essa massa sobre um pouco de farinha de mandioca.

96. SOPA DE PALMITOS COM LEITE – Depois de picado, escaldado e refogado o palmito com pouco sal e gordura, é também levado a ferver em pouca água até ficar cozido, ajuntando-se-lhe, depois de estar a água quase seca, uma garrafa de leite cozido com duas colheres de açúcar e duas gemas de ovos.

97. SOPA DE PEPINOS COM LEITE – Estando descascados, limpos e cortados aos pedaços os pepinos, deixam-se ferver em água e sal; estando cozidos, tiram-

se da água, e esmagam-se, passando-se esta massa por uma peneira, ajuntando-se-lhe, depois, leite fervido com açúcar ou sal, e deitando-se este caldo em farinha de mandioca frita em manteiga, estando-se a mexer sempre.

98. SOPA DE PETRÓPOLIS – Amassa-se a gema de dois ovos com quatro ou cinco colheres de açúcar, uma colher de manteiga e sal, ajuntando-se-lhes depois uma garrafa de água, e indo-se mexendo sempre. Deixa-se tudo isso ferver um pouco e por fim, ajuntam-se-lhe meia garrafa de leite gordo, duas colheres de açúcar, um pouco de canela e de erva-doce, manda-se então à mesa.

99. SOPA DE QUIBEBE – Descascada, partida e desmiolada uma abóbora ou moranga, prepara-se como se prepara a sopa de pepinos com caldo.

100. SOPA DE REPOLHO COM LEITE – Ferve-se um repolho em água; tira-se, e ajuntam-se-lhe leite cozido, sal e fatias de pão, deixando-o ferver mais um pouco para mandar para a mesa.

101. SOPA DOURADA DE ARROZ COM LEITE – Cozinha-se meia libra de arroz em água e sal, deita-se, depois de ter secado a água, numa garrafa de leite fervente; ajuntam-se-lhe um pouco de açafrão, sal e açúcar; deixa-se ferver durante meia hora e serve-se então.

Sopas de Frutas

102. SOPA DE AMEIXAS – Fervem-se as ameixas com casquinhas de limão, e quando estiverem bem moles, passam-se por peneira, ajunta-se-lhes um pouco de açúcar, e deitam-se sobre fatias de pão torrado.

103. SOPA DE AMORAS – Escolhe-se e lava-se uma porção de amoras que se põem a ferver com vinho branco, açúcar e canela até se desmanchar. Neste estado, deita-se numa terrina sobre fatias de pão torrado e manda-se à mesa.

104. SOPA DE CAJUS – Toma-se uma porção de cajus que se cortam em pedaços, fervem-se um pouco em água com talhadas de limão e açúcar; côa-se e ajuntam-se-lhe outro tanto de vinho branco, umas talhadas de limão e fatias de pão. Esta sopa come-se fria, e é excelente no tempo de calor.

105. SOPA DE LARANJAS – Descasquem-se dez ou doze laranjas, e fervam-se duas garrafas de água com um pouco de açúcar; depois coem-se, deitando o caldo numa terrina, sobre fatia de pão torrado e rodelas de limão galego.

106. SOPA DE LIMÃO – Ferve-se uma rosca seca e um pouco de manteiga até desfazer-se a rosca; côa-se por uma peneira, ajuntam-se-lhe um copo de vinho branco ou tinto, açúcar e as fatias de um limão galego e torna-se-lhe a dar uma fervura, para em seguida servir-se.

107. SOPA DE MAÇÃS – Parte-se uma porção de maçãs, e ferve-se em água com açúcar e casquinhas de limão; passa-se por uma peneira, e ajuntam-se-lhe a gema de um ovo e algumas passas.

108. OUTRA – Ferve-se em água uma porção de canjiquinha até estar cozida; ajuntam-se-lhe algumas maçãs descascadas, açúcar e canela; deixa-se ferver até que as maçãs comecem a se desfazer; tira-se então do fogo para servir.

109. SOPA DE MARMELOS – Ferve-se em água uma porção de arroz com alguns marmelos descascados e descaroçados, um limão galego partido em fatias, um pouco de açúcar e canela. Quando o arroz ficar cozido e os marmelos principiarem a se desfazer, preparar-se-á a sopa como a antecedente.

110. SOPA DE PÊSSEGOS – Descasque-se e descaroce-se uma porção de pêssegos; quebrem-se-lhes os caroços, tirem-se-lhes as amêndoas, que se deverão socar e pôr a ferver com os pêssegos em bastante água, até que os pêssegos se desmanchem; ajuntem-se-lhes vinho branco, açúcar, canela e cravo-da-índia; dê-se-lhes mais uma fervura, e depois deite-se em uma sopeira, sobre fatias de pão frito.

111. OUTRA – Prontos e cozidos os pêssegos, como foi dito, ajuntem-se-lhes fatias de limão galego, açúcar, canela, cravo-da-índia e sagu; dê-se-lhes mais uma fervura, e sirva-se enquanto quente.

112. SOPA DE LEGUMES E ERVAS – Deite-se uma colher de gordura em uma panela, ferva-se ao calor de fogo vivo até não chiar mais; ajuntem-se-lhe depois três xícaras de arroz escolhido e lavado; deixe-se frigir pelo espaço de cinco minutos, deitando-se-lhe em seguida duas garrafas de água, sal, salsa, algumas folhas de cebola e uns grãos de pimenta-da-índia. Tendo fervido por um pouco, deve-se tirar do fogo e se pôr sobre umas brasas para engrossar.

113. SOPA DE ABÓBORA – Descasca-se a abóbora, tira-se-lhe o miolo e, cortada em pedaços, coze-se em água e sal. Cozida que seja, ajuntam-se-lhe leite, um pouco de açúcar e pedaços de biscoitos; deixando-a ferver mais um pouco, vai à mesa convenientemente.

114. SOPA DE ABÓBORA-D'ÁGUA – Toma-se uma abóbora-d'água, a qual, descascada e limpa, é cortada em pedacinhos quadrados; quando estão cozidos, são tirados da vasilha onde fervem, e postos a escorrer a água que

Sopas

contêm, são depois refogados em gordura, contendo folhas de salsa, cebola, algumas pimentas e tomates; ajunta-se-lhes mais água, sal e lombo de
porco assado e cortado em pedaços. Ferve-se tudo por mais um pouco,
para poder ir à mesa.

115. SOPA DE BATATAS – Descasque-se uma ou duas dúzias de batatas inglesas,
ferva-se em água e sal até começar a esmagar-se. Frija-se depois uma colher de farinha de trigo ou duas de fubá mimoso, uma cebola bem picada
em uma colher de manteiga; deite-se-lhe por cima o caldo das batatas,
ajuntando-lhes algumas pimentas, folhas de salsa e de cebola. Deixa-se
tudo isto ferver por mais um pouco, para ir à mesa.

116. SOPA DE COLBERT – Afogam-se em manteiga ervilhas e vagens, cortadas
em tiras, com um pouco de farinha de trigo. Ajuntam-se à água e ao sal,
antes de pô-la na terrina, ovos inteiros, tendo-se o cuidado de não esmiga-
lhá-los, na ocasião de pô-los na sopa; para este fim quebram-se os ovos em
uma espumadeira que se introduz na sopa fervendo em aljôfares, e retira-
se alguns instantes depois.

117. SOPA DE ERVILHAS – Frige-se um pouco de farinha de trigo em manteiga;
ajuntam-se-lhe ervilhas novas, algumas cenouras, frango picado e água,
deixando-se cozer quanto baste para se poderem levar à mesa.

118. SOPA DE FAVAS – Cozam-se favas novas, e quando estiverem moles, passem-se por uma peneira. Por outro lado, cozam-se vagens novas picadas;
depois de estarem cozidas, ajuntem-se-lhes cebola, salsa, sal e manteiga;
misturem-se com a massa das favas, e deixando-se ferver um pouco, deite-
se em uma terrina contendo já biscoitos picados e torrados.

119. SOPA DE FEIJÃO-BRANCO – Cozinhe-se o feijão, como o feijão-miúdo, e
tempere-se da mesma maneira, ou misture-se com vinagre, açúcar, polvilho e um pouco de açúcar queimado para dar cor.

120. SOPA DE FEIJÃO-MIÚDO – Ponha-se o feijão miúdo com água fria sobre o
fogo; logo que esteja cozido, ponha-se sobre umas brasas por espaço de uma
hora, a fim de ficar mole; depois ajuntam-se-lhes ervas, um pedaço de toucinho e deixa-se ferver. Finalmente, engrossa-se o caldo com uma colher de
polvilho desfeita em água fria, e ajuntam-se-lhe duas colheres de vinagre.

121. SOPA DE FEIJÃO-PRETO – Depois de estar o feijão cozido e temperado
com gordura, alho, cebola, sal e salsa, meia hora antes de pôr à mesa, ajunta-se-lhe duas vezes tanto de água quente quanto tem de feijão temperado.
Deixa-se ferver uma vez e deita-se o caldo sobre biscoitos de polvilho

cortados em pedaços e fritos na manteiga, ou sobre pão ou roscas secas, e ajuntam-se-lhe duas colheres de açúcar e quatro de vinagre.

122. SOPA DE JACÓ – Cozam-se lentilhas; passe-se metade por uma peneira, que depois se ajunta à outra metade; tempere-se com açúcar, vinagre, e uma cebola talhada, e dê-se-lhes mais uma fervura.

123. SOPA DE LENTILHAS – Coze-se uma porção de lentilhas, depois de bem lavadas e escolhidas; logo que estejam cozidas, passa-se a metade por uma peneira, esmigalhando-as; a estas ajuntam-se então as lentilhas não pisadas, o caldo de carne quanto seja suficiente, umas batatas e raiz de salsa.

124. SOPA DE PEPINOS – Descascam-se alguns pepinos, tira-se-lhes o miolo, e cortam-se em talhadas finas. Levam-se depois a cozer em brasas com um pouco de sal durante cinco minutos. Tirados e enxutos, levam-se à gordura para frigir, ajuntando-lhes caldo de carne, ou água quente, cebola, pimenta, um pouco de vinagre e biscoitos. Deixam-se ferver por mais um pouco, e então tiram-se do fogo.

Sopas Medicinais

125. MINGAU PARA PURIFICAR O SANGUE – Descasca-se, lava-se e corta-se em pequenos pedaços uma raiz de inhame; depois de estar cozinhando por duas horas em água, a raiz é tirada e reduzida a massa. Põe-se então uma porção de soro de leite ao fogo com uma mão de agriões e alfaces, e deixa-se esta mistura ferver meia hora, coando-se ao final por um pano grosso. Leva-se novamente ao fogo; misturam-se-lhe a massa do inhame, açúcar, umas amêndoas amargas pisadas, um pouco de noz-moscada e deixa-se ferver por uma hora mais, e então serve-se.

126. SOPA ANTICLORÓTICA – Para as senhoras que têm falta de sangue, é excelente o uso desta sopa.

Ponham-se ao fogo um pedaço de carne de porco e outro de carne de vaca; ponham-se a cozer numa outra panela, em água e sal, mandioca, canjica, raízes de salsa, aipo, nabos e cenouras. Tiram-se estes ingredientes depois de cozidos deitando-os no caldo da carne que deve ter sido amiudadas vezes espumado, e que então se deve engrossar com um ovo batido, misturando-se-lhe uma pitada de açafrão-da-índia, açúcar e um copo de vinho Madeira.

127. SOPA ANTIEMORROIDAL – Faça-se caldo de uma galinha gorda, tirem-se, depois de cozida, a carne e gordura, ajuntando-se-lhe um punhado de

alfaces, chicória, salsa, um pouco de sagu e uma colher de vinagre. Depois de ferver mais um pouco, ponha-se à mesa.

128. SOPA ESTOMACAL – Faça-se um caldo de carne e ossos de vaca, ajuntem-se-lhe um pouco de sal, cebola, pimenta-da-índia, noz-moscada, tirando-lhe a escuma de vez em quando. Estando tudo cozido, ajuntam-se-lhe algumas batatinhas descascadas. Cozidas estas, ajuntem-se-lhe mais alguns jilós; dê-se-lhe ao final uma fervura mais e ponha-se na mesa.

129. SOPA PEITORAL – Ferve-se uma mão de vaca com bastante água até ficar cozida; côa-se depois e ajuntam-se ao caldo meia libra de passas, seis colheres de mel de abelha, um pouco de erva-doce e deixa-se ferver até ficar em duas garrafas, misturando-lhes, depois, uma garrafa de leite e três ovos batidos. Dá-se-lhe mais uma fervura e serve-se.

130. SOPA PARA PURIFICAR O SANGUE – Em caldo de carne de vaca, coze-se uma mão de agriões, chicórias e alfaces; passada meia hora, depois de coado o caldo, ajuntam-se um pouco de açúcar, meia dúzia de amêndoas amargas (pisadas); dá-se mais uma fervura, e deita-se sobre torradas de pão.

131. SOPA TÔNICA PARA CONVALESCENTES – Fervam-se, durante quatro horas, duas libras de perna de vaca com ossos, uma libra de carneiro e uma galinha em oito garrafas de água, tirando-se-lhes sempre a espuma; ajuntem-se-lhes depois umas batatinhas, raízes de chicória, cenouras, um pouco de noz-moscada e sal. Estando tudo cozido e frio, tira-se-lhe a gordura, e côa-se. Ajunta-se lhes depois o caldo, deitando-o sobre torradas de pão, arroz cozido em água e sal, ou macarrão.

CAPÍTULO II

A VACA

A carne de vaca é indispensável para a cozinha, e oferece um variado número de partes, das quais cada uma tem um emprego especial, o que um cozinheiro experimentado reconhece à primeira vista.

As peças mais usadas são: a alcatra, empregada quase sempre em sopas; o coxão, igualmente empregado para sopas e carne ensopada; o lombo, para os assados; o lombo da parte dos rins, que dá os melhores *beefsteaks* e rosbifes; a noz, a pá e a ilharga, para guisados e ensopados; o peito para cozidos; a língua e o paladar que servem para ensopar e guisar; o miolo, embora não tão estimado como o da vitela e o do carneiro, porém com um certo valor gastronômico; o mocotó ou mão, que serve para os molhos fortes, geléias e certos guisados; o bucho, o coração, o rabo e o rim que também oferecem diferentes guisados.

As fibras da carne são finas e compridas, de um encarnado bonito, marchetado de veias brancas. Sendo a gordura da carne de um branco amarelado, é sinal de ser de boa qualidade.

As pessoas que servem a carne que se põe à mesa devem conhecer as regras de cortá-la, porque, não trinchando segundo as regras, achá-la-ão dura. Deve-se, por isso, cortar toda a carne sempre atravessando as fibras, e não tirando as talhadas ao correr delas. A língua corta-se em talhadas transversais.

A vaca deve ser morta num dia, e esquartejada no outro para ser preparada, pondo-se antecipadamente, por algum tempo, de molho em água fria.

A carne de uma rês velha fica no cozer mais ou menos dura; portanto não serve para qualquer dente: remedia-se este inconveniente, ajuntando-se, desde o princípio, um copo de boa aguardente à água que serve para cozê-la.

1. PERNA DE VACA – Embora a perna não dê os melhores pedaços de carne, pode contudo um hábil cozinheiro aproveitá-la para vários guisados, que têm seu merecimento.

2. LÍNGUA DE VACA – As fibras da carne da língua são curtas e saborosas. A língua presta-se para um grande número de iguarias; conforme a raça e a idade da rês, ela é mais ou menos dura e seca, e não se pode comer, senão depois de estar a cozer durante muito tempo; por isso, de qualquer manei-ra que seja preparada, não se torna boa, senão depois de bem cozida.

3. PALADAR DE VACA (CÉU DA BOCA) – Este pedaço presta-se, como a lín-gua, para uma grande variedade de iguarias, mas, como aquela, deve ser bem cozido, tirado um véu duro que o cobre.

Carnes Cozidas

4. CARNE DE VACA À MODA COMUM – Tome-se um pedaço de carne de vaca do lado da coxa, façam-se nele uns furos com uma faca, e introdu-zam-se nesses buracos umas mechas de toucinho, e ponham-se em uma caçarola com quatro cenouras, quatro cebolas, dois cravos-da-índia, salsa, cebolinhas, mocotó de vitela, louro, tomilho, sal, pimenta, quatro copos de água, e deixa-se ferver quatro a cinco horas, conforme o tamanho do pedaço; estando meio cozida, ajunte-se-lhe um cálice de boa aguardente, e sirva-se com os legumes.

5. CARNE COZIDA À CASEIRA – Depois de se ter cozido a carne, e esta estar fria, corte-se em talhadas, as quais se devem colocar bem ordenadas sobre um prato de metal; pulverizam-se de sal, pimenta, salsa, cebolinha picada, regam-se com um copo de caldo de carne, e semeia-se-lhe por cima miolo de pão, frito na manteiga, e um pouco de vinagre. Ponha-se perto do fogo, durante vinte minutos, e tire-se então para se levar à mesa.

6. CARNE DE VACA COZIDA E ENCORPADA COM GEMAS DE OVOS – Pi-quem-se salsa e cebolinhas, e ponham-se com manteiga em uma caçarola; depois de terem tomado calor, deite-se-lhes uma colher de farinha; me-

xam-se, e lance-se-lhes por cima um copo de caldo de carne de vaca. Mexam-se até ferver; temperem-se com sal, pimenta e noz-moscada. Ferva-se este molho alguns minutos, e ponha-se sobre a carne cozida e cortada em talhadas; na ocasião de servir, engrosse-se com gemas de ovos.

7. CARNE COZIDA ENSOPADA – Cortam-se em pequenos pedaços uma raiz de salsa, uma cebola, e deixam-se frigir em meia quarta de manteiga sobre fogo brando, para não corar, ajunta-se-lhes uma boa colher de farinha de trigo; temperam-se, à vontade, de sal, pimenta e noz-moscada; mistura-se-lhes uma xícara de caldo de carne, deixando-se depois ferver, durante dez minutos. Corta-se depois a carne cozida em pequenos pedaços, os quais se deixam ferver um pouco no molho, engrossando-se este com duas gemas de ovos batidas.

8. TALHADAS E FRITADAS DE CARNE DE VACA COZIDA – Depois de se ter afogado, em duas colheres de manteiga, uma porção de ervas-de-cheiro, que também se chamam cheiros-verdes, acrescenta-se-lhe uma colher de farinha de trigo, umedecida com um copo de caldo de carne de vaca; deitando-se-lhe sal, pimenta, noz-moscada, e deixa-se ferver até que o molho engrosse.

Depois de se ter picado a carne cozida, à qual se terá ajuntado gordura de carne de vaca, também cozida, derrama-se sobre ela o molho, e depois mexe-se bem o todo. Com a carne picada desta maneira fazem-se almôndegas, que se envolvem em farinha de trigo, e põem-se a frigir em gordura de porco, azeite doce, ou manteiga derretida.

9. CARNE DE VACA COZIDA À MARUJA – Põem-se em uma frigideira um pouco de manteiga, pequenas cebolas descascadas, e deixam-se tomar cor, sobre fogo brando. Deita-se sobre isto uma colher de farinha de trigo; afogam-se as cebolas; ajuntam-se-lhes em seguida um copo de caldo de carne, outro de vinho tinto, alguns cogumelos ou carapicus; temperam-se de sal, pimenta, folhas de louro, serpol, e deixam-se cozer. É este o molho que se apelida à maruja – e que, estando cozido, é lançado sobre talhadas de carne de vaca cozida, preparadas de antemão que, depois, se deixam tomar calor perto do fogo, durante meia hora para irem à mesa.

10. PERNA DE VACA COZIDA – Tome-se a carne, e deixe-se ferver cinco horas sobre bom fogo, tendo-se ajuntado à água sal, cenouras, cebolas, cravo-da-índia, as folhas picadas de um repolho e um cálice de aguardente.

Estando a carne cozida, tire-se do fogo, como também os temperos, pondo-se tudo em simetria sobre o prato. Deixe-se o caldo engrossar, ajuntando-se-lhe por fim um pouco de farinha de trigo e vinagre. Deixe-se este molho sobre a carne e os legumes, antes de se servirem.

11. POSTA DE CARNE AFERVENTADA E GUARNECIDA DE RAÍZES COBERTAS DE SUBSTÂNCIA DE CARNE – Toma-se um bom pedaço de carne de vaca (do coxão) coberto de gordura; tira-se-lhe o osso, amarra-se, pondo-se, depois, a cozer em uma grande panela; quebra-se então o osso, que se põe dentro; enchem-se as três quartas partes da panela de água fria, e deixa-se cozinhar moderadamente; escuma-se devagar, e ajunta-se-lhe de vez em quando um pouco de água fria, Quando tudo estiver bem escumado, ponham-se um pouco de sal e dois cravos-da-índia, tendo-se o cuidado que tudo ferva muito devagar, durante cinco horas. Na ocasião de pôr o sal, já se deverão ter posto também as raízes que se quiserem cozer. Experimenta-se, depois, com uma faca: se ela entrar com facilidade e sair da mesma maneira, a carne estará cozida. Tira-se então, põe-se a escorrer, untando-se ao final duas ou três vezes com substância de caldo de carne de vaca. Põem-se na travessa, e ao redor pequenas cebolas e repolhos, tudo pequeno e coberto de substância de caldo de carne.

12. TALHADAS DE CARNE DE VACA COZIDA – Põem-se em uma caçarola, com um pouco de manteiga ou gordura, sete ou oito cebolas grandes cortadas em rodelas. Coloca-se esta caçarola em fogo ardente, e mexe-se. Sobre as cebolas, estando douradas, deitam-se uma colher de farinha de trigo, um copo de caldo de carne, e mexe-se até ferver, e ajuntam-se sal, pimenta e um pouco de vinagre.

O molho, tendo fervido vinte minutos, é derramado sobre o prato no qual se terão colocado as talhadas de carne cozida; torna-se a pôr o prato ao fogo, e deixa-se aquecer durante meia hora, e serve-se.

13. TERRINA CASEIRA – Corta-se carne de vaca bem magra em pequenas talhadas, toucinho magro, salsa, cebolinhas picadas, canela, cravo-da-índia, noz-moscada, serpol e umas folhas de louro; toma-se uma terrina, e põe-se no fundo da mesma uma camada de carne de vaca, outra de toucinho e um pouco dos temperos preparados e indicados; por cima, deitam-se uma colher de aguardente e duas de água; tapa-se bem a terrina e põe-se sobre o borralho ou rescaldo para cozer devagar, e quando estiver cozido, escorre-se a gordura, e serve-se na própria terrina.

14. CARNE DE VACA COZIDA COM AZEITE – Corte-se a carne cozida em talhadas, ponha-se sobre o prato com salsa inteira escaldada e cebola picada.

Ao mesmo tempo que a carne, sirva-se, em uma molheira, um molho frio de azeite, ou um molho restaurante.

15. CARNE DE VACA COZIDA NO LEITE – Tome-se carne lavada, ponha-se sobre o fogo com leite, já fervido com sal; depois de fria, ajuntem-se-lhe um pouco de açúcar, noz-moscada, pouco sal, folhas de louro. Deixe-se ferver sobre fogo moderado três a quatro horas e sirva-se com seu próprio molho, engrossado com farinha de trigo.

16. CARNE DE VACA COM SALSA – Corta-se a carne fresca em fatias finas da grossura de uma moeda de quarenta réis; colocam-se estas em uma caçarola uma sobre as outras, com sal, pimenta e salsa bem picada, uma xícara de caldo de carne, e deixam-se ferver meia hora sobre brasas; ajunta-se-lhes depois uma colher de vinagre.

17. CARNE DE VACA TOSTADA – Frige-se um pedaço de toucinho cortado em pequenos pedaços. Estando derretido, deitem-se sobre ele um pouco de côdea de pão ralado, cogumelos cortados em pedacinhos, cebola, salsa, um dente de alho picado, sal e pimenta-da-índia. Ajuntem-se-lhes, nesta ocasião, talhadas de carne que se cobrem em seguida com cogumelos, cebolas, salsa, sal, pimenta e côdea de pão ralado. Umedecem-se estas talhadas com caldo de carne, e afogam-se em fogo brando. Querendo-se tostá-las, põem-se sobre o fogo vivo; ao contrário, servem-se com algum molho. Também pode-se, em lugar de toucinho, pôr-lhe um pouco de manteiga, e ajuntar, antes de cozer, um pouco de conhaque ou vinho branco.

Carnes de Vaca Fritas, Assadas e Guisadas

18. ALMÔNDEGAS DE CARNE DE VACA – Picam-se duas libras de carne de vaca com meia de toucinho fresco, uma cebola, um dente de alho, sal, salsa e pimenta bem fina; acrescentam-se mais quatro a seis colheres de farinha de trigo e três ovos. Amassa-se tudo; formam-se depois uns bolos do tamanho de batatas inglesas ordinárias, os quais se frigem em gordura derretida, devendo esta estar bem quente na ocasião de se lhe deitarem os bolos. Servem-se com qualquer dos molhos indicados para carne.

19. ALMÔNDEGAS DE GLUTÃO – A duas libras de carne picada miúda ajuntam-se uma dúzia de sardinhas e outro tanto de batatas, reduzindo-se tudo a uma massa. A esta massa ajuntam-se também duas colheres de farinha de trigo, um ovo, sal, pimenta e salsa picada, e formam-se uns bolos, que se frigem em manteiga.

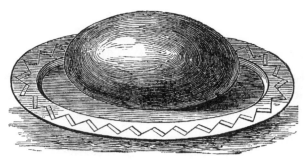
Almôndega

20. BEEFSTEAKS (BIFES) – Tomem-se umas talhadas de lombinho da grossura de um dedo; bata-se esta carne para que fique mais chata; aparando-lhe depois as peles em roda, deite-se por alguns minutos em manteiga quente, com sal, e pimenta; leve-se dali para uma frigideira, que esteja sobre o fogo, virando-se as talhadas, passados alguns minutos. Serve-se destes bifes com a mesma manteiga e salsa picada.

21. BEEFSTEAKS OU BIFES ALEMÃES – Corta-se um lombinho de vaca em fatias da grossura de dois dedos; batem-se essas fatias sobre um cepo com uma palmatória até ficarem bem tenras; derrete-se depois um pouco de manteiga em uma frigideira sobre brasas; estando derretida, deitam-se-lhe as talhadas de carne pulverizadas com um pouco de sal; e logo em seguida, põe-se a frigideira sobre um fogo vivo, virando-se de vez em quando as fatias quando estiverem fritas de um lado. Frigem-se, ao mesmo tempo, em frigideira separada, batatas descascadas e talhadas, com uma cebola picada, em muito pouca manteiga até ficarem bem tostadas, as quais se colocam em roda do bife sobre o mesmo prato.

22. BEEFSTEAKS COM BATATAS E MOLHO À CHEFE DE COZINHA – Corta-se um lombo de vaca em doze pedaços de igual grossura; batem-se estes pedaços com um pão, aparando-se em seguida. Põe-se a derreter uma quarta de manteiga com um pouco de sal; untam-se nela os *beefsteaks*, e põem-se a assar em um fogo moderado; quando estiverem bem firmes debaixo do dedo, tiram-se do fogo, colocam-se umas batatas ao redor da travessa e derrama-se-lhes em cima um molho à chefe de cozinha.

23. BEEFSTEAKS ESTUFADOS À INGLESA – Frija-se bem dos dois lados um *beefsteak* meio grosso; tire-se da frigideira e ponha-se na manteiga uma colher de farinha de trigo; mexa-se depois até ficar de uma bela cor dourada e deite-se-lhe um pouco de caldo, quanto baste para cobrir completamente o bife, posto de novo na frigideira.

Quando este molho principiar a ferver, ajuntem-se-lhe um molho de ervas-de-cheiro, uma cebola e cenouras picadas, tempere-se com sal e pimenta, e deixe-se a carne ferver devagar duas a três horas. Meia hora antes do serviço da mesa, acrescentam-se-lhe uma colher de fubá de arroz, um pouco de pó de pimentão e duas cabecinhas de cebola picadas, e fritas separadamente em manteiga.

24. *BEEFSTEAKS FRITOS* – Corte-se a carne em talhadas muito finas, e pequenas, deite-se-lhes sal e pimenta moída, e envolvam-se em farinha de trigo, pondo-se depois de frigir de um e outro lado, em manteiga, que já deve estar quente sobre o fogo. Tiram-se, dez minutos depois, e frige-se no resto da manteiga uma colher de farinha de trigo até adquirir a cor dourada; acrescentem-se-lhe umas xícaras de caldo, alguns cogumelos, sal, temperos à vontade, e por fim ponham-se os *beefsteaks*; deixem-se ferver durante meia hora, e sirvam-se.

25. CARURU DE CARNE DE VACA – Corta-se a carne em pequenos pedaços, que se frigem por espaço de um quarto de hora em gordura e sal, ajuntam-se-lhes em seguida um copo de água, uma colher de fubá mimoso, uma dúzia de quiabos cortados em talhadas, sal, duas ou três pimentas-cumaris, salsa, cebola verde, deixando-se ferver uma hora. Serve-se angu de fubá de moinho, ou pirão de farinha de mandioca.

26. CARNE DE VACA ENROLADA – Toma-se a carne, corta-se em talhadas finas e compridas, deitam-se-lhes por cima sal, um pouco de nitro e cravo-da-índia socado; cobrem-se com talhadas iguais de toucinho fresco, com outra camada dos mesmos temperos, enrolam-se depois essas duas talhadas, devendo a carne ficar do lado de fora; amarram-se esses rolos com barbante e, passadas duas horas, cozem-se em água.

Para se pôr à mesa esta carne, corta-se depois de fria em talhadas transversais, e serve-se com um molho também frio.

27. CARNE DE VACA ESTUFADA – Ponha-se a carne lardeada (cheia de pedaços de toucinho) em uma panela, guarnecida de pedaços de toucinho, cebolas, picadas, sal, pimenta, e deixe-se estufar sobre fogo moderado, conservando-se bem tapada.

Estando cozida, tire-se a carne, e frija-se em gordura um pouco de farinha de trigo; ajuntem-se-lhe depois uma xícara de caldo, túbaras, cogumelos, sumo de limão e um pouco de sal. Deixe ferver, e sirva-se a carne com este molho.

28. CARNE SEPULTADA – Faz-se na terra um buraco de fundura tal que possa conter o pedaço de carne que se quer cozer; depois de pronto, põe-se nele o pedaço de carne temperado com sal, e bem envolvido em folhas de bananeiras ou de caeté, de maneira que não tenha contato com a terra; cobre-se de terra e por cima desta acende-se um fogo vivo.

A terra aquecida comunica o seu calor à carne, que destarte coze-se lentamente, e fica então muito suculenta. São necessárias seis a oito horas para cozer a carne, conforme o tamanho do pedaço.

29. CHURRASCO À MODA DO SERTÃO – Toma-se um bom pedaço de carne de vaca da parte do peito e costelas, sem lhe tirar o couro; passa-se nele um pouco de sal socado com alho e manteiga; põe-se em um espeto, expondo-o a um fogo ardente. A carne fica destarte bem torrada por fora, e por dentro apenas cozida e com um pouco de sangue ainda. Assim prepara a maior parte dos sertanejos o seu churrasco; alguns, porém, põem-no a assar no forno, quando o têm à sua disposição, o que poucas vezes acontece nessas paragens desertas; vai à mesa sem molho, querendo-se, ou então com um molho picante.

30. ENROLADAS DE CARNE DE VACA – Corta-se a carne em talhadas finas; batem-se estas talhadas com as costas de uma faca, e deitam-se-lhes sardinhas e cebolas picadas, pimenta socada, noz-moscada, sal e uma mecha de toucinho do tamanho de um dedo. Enrolam-se então de maneira que o toucinho fique no centro; atam-se com linha, e deitam-se os rolos assim preparados em manteiga, e deixam-se refogar sobre brasas. Estando cozidos, tiram-se, deitando-se sobre a manteiga uma colher de farinha de trigo; deixa-se então corar, ajuntando-se-lhe em seguida duas xícaras de água e sal, e deitando-se neste molho, onde ficam a cozer. Antes de se porem à mesa, tira-se-lhes a linha.

31. GUISADO DE LOMBO DE VACA – Corta-se um lombo de vaca em quatro postas; levam-se estas à prensa, enrolam-se, pondo-as assim enroladas em uma caçarola, temperadas de sal e pimenta. Põe-se a derreter um pouco de manteiga, a qual depois se derrama por sobre a carne para ir ao fogo. Na ocasião de servir este guisado, submete-se de novo a um fogo mais intenso, virando-se. Deita-se, então, em uma caçarola, derramando-se-lhe por cima a substância, que fica na vasilha.

32. GUISADO DE VACA COM TÚBARAS – Corta-se em talhadas um lombo de vaca; põem-se estas em uma caçarola com manteiga derretida, sal, pimenta-da-índia quebrada, e levam-se ao fogo, cujo calor deve ser mais forte na

ocasião de irem à mesa, virando-se de vez em quando. Logo que estejam igualmente tostadas dos dois lados, tiram-se, pondo-as então em uma travessa, e deitando-se-lhes por cima molho de túbaras, ou qualquer outro.

33. LOMBO DE VACA ASSADO EM ESPETO – O lombo de vaca, sendo tenro, é sempre assado em espeto. Tiram-se-lhe a gordura e a pele, leva-se, em seguida, a um molho de vinagre, sal, pimenta, folhas de louro, cravo-da-índia; e, passadas doze horas, enfia-se em um espeto e deixa-se assar por uma hora e meia, ou duas horas, conforme a grossura do pedaço, virando-o sempre. Serve-se com um molho feito de suco que pingou da carne misturado com vinagre, cebolinhas, pimenta-da-índia ou pimenta-cumari. Nunca se deve lardear este lombo, senão perde o seu suco pelas fendas feitas para este fim, e por conseguinte fica sem sabor.

Lombo de vaca assado

34. LOMBO DE VACA À FRANCESA – Toma-se um bom pedaço de lombo, do qual se tira a película; bate-se com um pau, traspassando-o de mechas de toucinho; deixa-se de vinho d'alho, durante vinte e quatro horas. Depois de ter escorrido, sendo enxuto com um pano, enfia-se em um espeto, cobre-se com uma folha de papel, untada em manteiga, deixa-se assar uma hora e quarto, molhando-se de dez em dez minutos com o suco que pingar do mesmo. Uma hora depois, tira-se-lhe o papel, e deixa-se tomar cor, pondo-o sobre o prato, que deverá conter um molho restaurante, deitando-se-lhe por cima a substância da mesma carne, ou molho de túbaras.

35. LOMBO DE VACA À MINEIRA – Toma-se um pedaço de carne de vaca que se bate com força com um pau. Faz-se um molho de salsa, pimenta, vinagre, e um pouco de gordura derretida, e unta-se o pedaço de carne com este molho. Deixa-se aí ficar duas horas; cobre-se depois com um papel untado em gordura, pondo-o em um tabuleiro de folha-de-flandres que tenha dois dedos de altura, o qual se coloca sobre uma grelha com brasas por baixo; de vez em quando, vira-se de um para outro lado; quando se vir que

já nada escorre da carne, tira-se-lhe o papel, deixando-se corar convenientemente, e tendo-se o cuidado de virar de vez em quando para não queimar. Coloca-se em uma travessa despejando-lhe por cima um molho feito de tomates, cebolas, um pouco de vinagre, pimenta-cumari, sal e alho.

36. LOMBO DE VACA CHEIO DE TOUCINHO À MODA DE MANCHESTER – Toma-se um lombo de vaca que se atravessa por fatias de toucinho, pondo-o em uma travessa com um copo de azeite doce, uma cebola cortada em rodelas, uns ramos de salsa, umas folhas de louro e pimenta-da-índia quebrada. Vira-se muitas vezes. Duas horas depois, põe-se a escorrer e enfiando-o em um espeto depois de coberto com uma folha de papel untada em azeite doce. Vai ao fogo untando-se sempre com aquele molho em que esteve. Três quartos de hora depois, tira-se-lhe o papel, e cinco minutos antes de ir para a mesa, deita-se-lhe por cima substância da mesma carne de vaca, colocando-o então em uma travessa guarnecida de pequenas batatas, azeitonas ou túbaras.

37. LOMBO DE VACA REFOGADO COM TÚBARAS – Corta-se o lombo em pedaços do tamanho de uma polegada quadrada, e colocam-se em uma caçarola untada de manteiga. Corta-se da mesma maneira meia dúzia de túbaras, as quais se ajuntam à carne, e cobrem-se de manteiga derretida. Depois de tudo cozido, faz-se escorrer a manteiga; despejando-se em uma travessa a carne e as túbaras, derrama-se por cima um molho espanhol no qual se terá deitado antecedentemente um copo de vinho madeira.

38. LOMBO DE VACA CHEIO – Toma-se um lombo de vaca, que se atravessa com lascas de toucinho; põe-se em uma travessa com um copo de azeite doce, uma cebola cortada em rodelas, uns ramos de salsa, umas folhas de louro e pimenta-da-índia quebrada, virando-se freqüentemente. Duas horas depois, tendo-o já feito escorrer, enfia-se em um espeto, cobre-se com uma folha de papel untada em azeite doce, e vai ao fogo, untado com aquele molho em que esteve; depois de três quartos de hora, tira-se-lhe o papel, para que ele tome cor. Cinco minutos antes de ir para a mesa, deita-se-lhe por cima a substância de carne de vaca, e põe-se em uma travessa com polpa de batatas, preparadas com molho branco.

39. LOMBO DE VACA COM MOLHO DE TOMATES – Prepara-se e enche-se de toucinho um lombo de vaca que se amarra em rosca, tendo-se o cuidado de passar-lhe um barbante a fim de não perder este feitio; unta-se uma caçarola com manteiga, coloca-se nela o lombo com cenouras, cebolas, louro, ervas-de-cheiro, cebolinhas, dois cravos-da-índia e uma colher

de bom caldo; cobre-se com uma folha de papel, untada em manteiga, e deixa-se ferver. Leva-se depois ao fogo brando por baixo e por cima; faz-se-lhe tomar cor, deixando-o cozer o tempo preciso para isso. Tiram-se então as raízes e a gordura, e deixa-se cozer mais um pouco até o caldo ficar grosso, para com ele untar-se o lombo; põe-se então em uma travessa, derramando-lhe por cima um molho de tomates.

40. LOMBO DE VACA EM VINHO MADEIRA – Preparado o lombo de vaca, como já foi dito, dobrado em rosca e amarrado, coloca-se em uma caçarola, no fundo da qual se terão posto uns pedaços de toucinho, talhadas de carne de vaca e de vitela, cebolas e um ramo de ervas-de-cheiro. Cobre-se o lombo com algumas fatias de toucinho; despejam-se-lhe por cima meia garrafa de vinho madeira e meio copo de caldo de carne de vaca; deixa-se ferver um pouco, e depois põe-se a cozer em fogo brando, durante duas horas mais ou menos; quando estiver cozido, passa-se este caldo em uma peneira, e ajunta-se-lhe o suco passado pela peneira. Faz-se reduzir o todo à consistência de substância de caldo de carne de vaca, e despeja-se sobre o lombo, já colocado na travessa.

41. LOMBO DE VACA ENCAPOTADO – Assa-se no espeto o lombo de vaca, depois de ter estado vinte e quatro horas untado em sal, pimenta, louro e aipo. Depois de assado, faz-se uma massa de farinha de trigo, ovos, manteiga de vaca, um pouco de açúcar e sal; cobre-se o lombo com uma capa delgada desta massa, envolvendo-o em papel untado de manteiga, e assa-se mais uma hora. Tira-se-lhe por fim o papel e serve-se, com o molho que melhor convier.

42. LOMBO DE VACA ESTUFADO À MODA DO CAÇADOR – Toma-se um bom pedaço de lombo; prepara-se, enchendo-o de fatias de presunto e bem assim de tiras de carne de coelho, adubadas com sal, pimenta e noz-moscada; cobre-se o lombo inteiramente com fatias de toucinho. Depois de amarrado, põe-se em uma panela tapada com fogo por cima; ajuntam-se-lhe uma colher de caldo de carne, dois copos de vinho madeira seco, uma libra de toucinho picado em partes bem miúdas, duas cebolas, um ramo de salsa, serpol, folhas de louro, valeriana (erva-benta), cravo-da-índia, um pouco de sal, pimenta, umas fatias de presunto assadas, e coxas de coelho, cobrindo-se depois com um papel, untado em manteiga.

Duas horas antes de ir à mesa, põe-se a ferver; e em seguida, deixa-se o lombo escorrer; tiram-se-lhe os cordões, e passado o caldo por uma peneira de seda, tira-se-lhe então a gordura, ficando este reduzido à metade da substância da carne. Ajuntam-se ao caldo duas colheres de molho à espanhola, meio copo de vinho madeira, e tira-se do fogo. Neste estado, põe-se-lhe mais um pouco de manteiga fresca; e, dividido em três partes, duas terças partes são postas na travessa, na qual se coloca o lombo, untado da substância da carne; e o resto do molho despeja-se em uma terrina, guarnecida de lombas de coelho.

43. LOMBO ESTUFADO E GUARNECIDO DE CENOURAS – Prepara-se e estufa-se um bom pedaço de lombo, como de costume; depois de untado de sua própria substância, põe-se em uma travessa, guarnecido de pequenas cenouras, também untada da mesma substância da carne; deita-se em uma molheira o resto do molho, coado em um pano; tira-se a gordura, de modo que fique reduzido à metade da substância do caldo.

44. LOMBO GUISADO – Corte-se o lombo em talhadas finas, ponham-se estas em uma caçarola, cobrindo-as com um bom pedaço de manteiga, e levando-as em seguida a um fogo bastante forte para que cozinhem sem ferver. Quando estiverem firmes debaixo do dedo, ponham-se a escorrer a manteiga, e ajuntem-se-lhes duas colheres de molho espanhol, deixando-as cozer devagar, durante alguns minutos. Ponham-se então na travessa, guarnecidos de cogumelos ou carapicus, e de um molho de túbaras, ou de qualquer outro.

45. LOMBINHO ASSADO NO ESPETO – O lombinho é a parte mais tenra do lombo. Apara-se e talha-se, mas não muito delgado, para as talhadas resistirem ao fogo. Ponham-se estas talhadas por doze horas de molho em azeite doce, pimenta, sal, salsa, louro e cebolas; depois enfiem-se no espeto, cobrindo-se a parte de pele com um papel untado de manteiga, e assam-se sobre um fogo vivo, de maneira que o calor lhes penetre. Arranca-se-lhes o papel, alguns momentos antes de servir; tiram-se então do espeto ainda sangrando, e servem-se com um molho feito do suco da carne, vinagre, cebolinhas, sal e pimenta, ou um molho de tomates.

46. LOMBINHO COM CÔDEAS DE PÃO – Cortem-se em talhadas os restos do lombinho assado que sobrou, aquecendo-se dentro do sumo sem ferver. Façam-se côdeas de pão do mesmo tamanho; frijam-se em manteiga até tomarem cor; ponham-se num prato as camadas de côdeas e as de lombinho umas sobre as outras, deitando-se-lhes por cima o sumo do lombinho ou manteiga derretida, com salsa e algumas alcaparras, ou pepinos de conserva em vinagre.

47. LOMBINHO DE VACA COM MACARRÃO – Corta-se o lombinho em talhadas da grossura de um dedo, deixam-se frigir em manteiga, tirando-se antes

de estarem cozidas; acaba-se de cozê-las em poucas colheres de caldo de carne. Quando estiverem suficientemente cozidas, devem ser tiradas e colocadas na travessa, de maneira que fique um vão intermédio para se encher de macarrão, o qual se prepara do modo seguinte. Ferve-se o macarrão em caldo durante o tempo necessário, tira-se e mistura-se-lhe meia quarta de presunto e outro tanto de cogumelos cortados em pequenos pedaços, previamente postos de molho durante um quarto de hora numa vasilha em que se misturou uma xícara de caldo de vaca com outro tanto de vinho branco.

48. LOMBO DE VACA COM TÚBARAS – Cortam-se em pequenas rodelas as sobras de um lombo, assado em espeto; faz-se outro tanto com uma porção de túbaras; põe-se tudo em uma caçarola com uma xícara de caldo e outro tanto de vinho branco, deixando-se ferver por meia hora, sobre um fogo moderado, depois espargindo por cima, à vontade, sal, pimenta e noz-moscada. Serve-se então assim.

49. MOQUECAS DE CARNE DE VACA – Corta-se em fatias um pedaço de carne da grossura de três dedos; temperam-se estas com sal e alho, ajuntando-se-lhes um pouco de vinagre. Embrulham-se seguidamente em folhas de bananeira ou de caeté, de maneira que a carne não apanhe cinza, e põem-se no borralho quente, cobrindo-se convenientemente. Neste estado, deixam-se durante três a quatro horas, renovando-se-lhes o borralho de vez em quando.

A carne preparada desta maneira é muito deliciosa e conserva todo o seu suco.

Peito de vaca

50. PEITO DE VACA À HAMBURGUESA – Toma-se um peito de vaca, corta-se em talhadas grossas, deitando-se-lhes, em camadas, fatias delgadas de presunto e os temperos; levam-se assim estas talhadas a uma panela forrada com talhadas de toucinho, pondo-se-lhes por cima umas cebolas rachadas, cenouras e outras talhadas de toucinho. Deste modo vão ao forno, deixan-

do-as cozer duas horas; deita-se-lhes depois meia garrafa de vinho branco, e deixam-se acabar de cozer sobre fogo moderado. Colocadas depois sobre uma travessa, cobertas com uma camada de queijo ralado, servem-se.

51. POSTA DE CARNE DE VACA À MODA – Toma-se um coxão de vaca, enche-se com grossas mechas de toucinho de antemão passadas com um pouco de sal, põem-se-lhe os componentes temperos, e amarra-se, colocando-o em uma caçarola. Ajuntam-se-lhe um mocotó de vitela, duas cenouras, quatro cebolas, molho de cheiros-verdes, um copo de vinho branco, um cálice de conhaque, dois copos de caldo de carne, um pouco de sal, pimenta e um pouco de cebola tostada. Deixa-se ferver em fogo ardente; molha-se o pedaço de carne com o molho que está na caçarola, e depois deixa-se cozer durante cinco horas a fogo brando, molhando-o sempre. Põe-se a escorrer, desatando e pondo-o na travessa, cercado de mocotó de vitela cortado em pedaços; ajuntando-se-lhe mais as cenouras e cebolas.

O caldo que fica na caçarola é passado em uma peneira de seda, e vai outra vez para o fogo até ficar na metade, com o qual se unta o pedaço de carne, e o resto vai em uma terrina.

52. ROSBIFE À FRANCESA – Toma-se um bom pedaço de lombo de vaca com as costelas (e que esteja coberto de gordura); tira-se a carne do lado do rim, e desprende-se com cuidado o lombinho; serram-se os ossos das costelas; passam-se umas mechas de toucinho pela beira do pedaço onde se serviram as costelas; tira-se a película do lombinho, o qual se cobre com a gordura que se tirou do rim, e depois amarra-se com um cordão para não cair.

Quatro horas antes de ir à mesa, enfia-se este pedaço de carne no espeto, amarrado com um cordão nas duas extremidades e coberto com um papel, untado em manteiga, assa-se pondo-lhe por baixo uma vasilha, em que se apara a gordura, que vai pingando, com a qual de vez em quando se unta por meio de um pincel a carne que se está assando.

Meia hora antes de servir-se, tiram-se o papel e os cordões, e torna-se com ele ao fogo para corar; depois, unta-se com um pouco da substância de carne; põe-se o pedaço em um prato, e colocam-se-lhe ao redor batatas inglesas cozidas em caldo de carne de vaca com sal, pimenta, noz-moscada e manteiga fresca, a qual depois se faz escorrer para de novo levar as batatas ao fogo, a fim de tostarem, ou então ponham-se-lhe batatas inglesas afogadas em manteiga.

Na ocasião de servir-se, torna-se-lhe a pôr por cima porção de substância da carne; deita-se numa terrina o molho que se achou na vasilha que aparava na ocasião de assar, tendo-se o cuidado de tirar a gordura que se acha em demasia.

53. ROSBIFE À INGLESA – Tomam-se oito costelas de vaca, raspando-se os ossos intermédios de maneira que não fique carne alguma neles, na largura de uma polegada; põem-se no espeto e deixam-se assar durante três horas e meia, tendo-se o cuidado de não deixar ressecar. Tiram-se do espeto, e põem-se na travessa, colocando-lhes ao redor batatas tostadas na manteiga.

54. ROSBIFE À ALEMÃ – Tome-se uma boa posta de alcatra e esfregue-se com sal; ponha-se em uma panela coberta com a tampa unicamente, levando-a a assar no forno sem outro tempero.

O suco que tiver escorrido aproveita-se para se fazer o molho, ajuntando-se-lhe manteiga derretida e pimenta-da-índia em pó.

55. CARNE ASSADA NO ESPETO – Ponha-se a carne dois dias de molho em leite coalhado, lardeando-se depois e levando-se para assar ao espeto; deita-se-lhe, a miúdo, manteiga derretida, e na ocasião de tirar do fogo, põe-se-lhe por cima rosca moída. Serve-se com molho picante, ou molho de tomates.

56. CARNE ASSADA REQUENTADA – O melhor modo de requentar a carne assada é embrulhá-la em papel untado de manteiga, enfiá-la no espeto, e depois aquecê-la. A carne assim requentada é tão tenra, como no primeiro dia; quando os pedaços forem muito pequenos, aqueçam-se em grelha, para se levarem à mesa, cobertos de ervas picadinhas.

57. CARNE DE VACA GUISADA COM ORA-PRO-NÓBIS – Corta-se a carne em talhadas pequenas e delgadas; fritem-se estas em um pouco de gordura derretida, ajuntando-se-lhes depois um copo de água e uma colher de aguardente, sal, pimenta, salsa, folhas de cebolas e uma colher de polvilho; deixam-se ferver por uma hora, ajuntando-se-lhes folhas de ora-pro-nóbis e uma colher de vinagre, ou sumo de laranja-da-terra, dando-se-lhes mais uma fervura. Serve-se com angu de fubá de moinho.

58. VACA DE ESTALAGEM – Ponham-se ao fogo talhadas de carne umedecidas com um cálice de aguardente e dois de caldo; aquecidas que sejam, tiram-se, pondo-se igualmente manteiga ao fogo para aquecer. Quando estiver derretida e quente a manteiga, ajunta-se-lhe a carne com salsa picada e uma colher de vinagre; deixa-se ferver por mais um pouco, e serve-se então.

59. CARNE DE VACA ASSADA NO FORNO – Toma-se uma boa posta de carne, lardeia-se com mechas de toucinho empoadas em pimenta-da-índia; coloca-se em seguida em uma panela, forrada de lascas de toucinho, tendo-se

igualmente outras preparadas para cobri-la; deitam-se-lhe mais meia garrafa de vinho tinto, pimenta, sal, alho, cebolas e louro; tapa-se em seguida a panela, segurando-a com tiras de papel, untadas em manteiga e grudadas; leva-se ao forno, onde se deixa ferver por mais seis horas, e serve-se depois.

60. VACA DE FUMAÇA À HAMBURGUESA – Tirem-se os ossos de um pedaço de alcatra, e esfregue-se a carne com nitro, e em seguida com sal fino; ponha-se depois em uma terrina, cujo fundo esteja coberto com um pouco de sal, meia quarta de açúcar mascavado, duas cebolas brancas grandes, duas cenouras, um dente de alho, duas folhas de louro, dois cravos-da-índia, umas pimentas-da-índia e um pouco de erva-benta; tudo cortado e misturado. Cobre-se a carne com esta mistura, pondo-se-lhe por cima uma tabuinha e um peso; cobre-se a terrina com a tampa, grudando-a para impedir a entrada do ar, e conserva-se sete dias num quarto seco. Vira-se a carne, e aí se deixa por outros sete dias. Passado este tempo, pendura-se a carne na chaminé sobre a fumaça, onde fica por espaço de quatro a seis semanas.

Na ocasião de servir, deita-se esta carne por uma hora em água quente; tira-se em seguida e leva-se a cozer quatro a cinco horas em uma panela cheia de água com cebolas, cenouras, um molho de ervas-de-cheiro. Serve-se com repolho cozido (verça, azeda ou chucrute), cenouras ou pirão, batatas cozidas na água e sal, e pisadas com açúcar e manteiga.

61. VACA DE GRELHA À BRASILEIRA – Corte-se a carne em fatias de pouca grossura; esfregue-se com sal e pimenta socada; asse-se na grelha de um e outro lado, e sirva-se com molho mineiro.

62. CARNE DE VACA ESTUFADA – Corte-se a carne depois de cozida em pedaços miúdos; deitem-se estes em uma panela com um bom pedaço de manteiga, e quando esta estiver derretida, deitem-se-lhe duas colheres de farinha de trigo; mexa-se, e ajuntem-se-lhe caldo de carne, sal, pimenta, noz-moscada, salsa, folhas de cebola; deixe-se tudo ferver sobre brasas uma hora, e sirva-se com batatas inglesas cozidas ou fritas.

63. CARNE DE VACA FRITA – Frigem-se alguns pedaços de toucinho, cortados em tiras, com pedaços de salsichas, ou lingüiças; tendo adquirido cor, deite-se-lhes a carne de vaca cozida, cortada em talhadas, com duas colheres de caldo e uma de vinagre.

64. CARNE DE VACA FRITA COM QUIBEBE – Corta-se a carne em pedaços miúdos, frige-se em gordura derretida com sal e umas pimentas, e serve-se com quibebe.

65. CARNE DE VACA TENRA – Ponha-se a posta de carne três dias em vinagre, ao qual se ajuntaram antes um pouco de sal, pimenta, cravo-da-índia, alho e louro; pratiquem-se, então, uns buracos da grossura de um dedo, enchendo-os de mechas de toucinho, cobertas de pimenta e cravo-da-índia socado. Ponha-se a carne assim preparada numa panela, guarnecida de toucinho e umas xícaras de água; tapa-se, e segura-se a tampa com tiras de papel grudadas, e deixa-se assim estufar no forno. Sirva-se com algum molho para carne.

Costelas de Vaca

66. COSTELA DE VACA ASSADA – Toma-se um bom pedaço de costela abaixo da pá, tiram-se-lhe os ossos, com exceção do osso direito da costela; amassa-se bem, e põe-se de molho o entrecosto em azeite doce, sal e pimenta-da-índia quebrada. Em seguida, põe-se na grelha sobre o fogo brando, revirando-a de vez em quando para não queimar.

Espremedor

Passada meia hora, tira-se do fogo e vai à mesa com sumo de limão e um pouco de manteiga.

67. COSTELA DE VACA ASSADA COM MOLHO RESTAURANTE – Prepara-se como vai explicado no número 65 e, na ocasião de pôr à mesa, lança-se-lhe por cima um molho restaurante.
68. COSTELA DE VACA DO BOM COZINHEIRO – Frijam-se as costelas untadas de manteiga dos dois lados; cubra-se depois a caçarola com a tampa, e ponham-se-lhe brasas por cima, deixando-a assim cozer, sem se lhe ajuntar alguma outra coisa, nem água e nem molho, sobre fogo moderado, durante duas horas; sirvam-se as costelas sem outro molho além do suco das mesmas, contido na caçarola.
69. COSTELA DE VACA COM SUBSTÂNCIA DE CARNE – Prepara-se como no número 65, deixando-a assar três quartos de hora, e derramando-se-lhe por cima substância de carne de vaca diluída.

70. COSTELA DE VACA À ITALIANA – Ferve-se a carne das costelas durante três horas em caldo de carne e vinho branco sobre fogo brando e com suficiente tempero de sal, pimenta, noz-moscada e cravo-da-índia; tira-se a caçarola do fogo, côa-se o caldo que contém, engrossando-o em seguida. Por outro lado coze-se macarrão em caldo de carne, e, depois de cozido, é tirado, misturando-se-lhe então uma boa porção de caldo ralo; deita-se no fundo da caçarola, colocando-lhe por cima, e despejando-se sobre tudo o molho em que se cozeu a carne de costela.

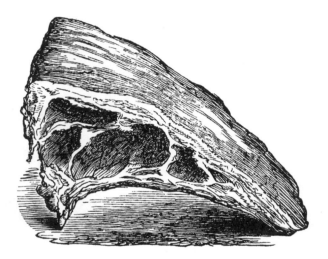

Costela de vaca do bom cozinheiro

71. ENTRECOSTO DE VACA – Tome-se um pedaço de entrecosto de vaca, tirados os nervos, e cortado em talhadas da grossura de um dedo; bata-se por um pouco, esfregando-se-lhe as talhadas com sal e pimenta moída; leve-se à grelha sobre fogo vivo, até que as costeletas estejam assadas, e sirva-se com um molho à chefe de cozinha, batatas fritas, ou um molho picante.

72. CARNE DE ENTRECOSTO COM COGUMELOS – Livre-se a carne do excesso das gorduras; corte-se em talhadas, e ponham-se estas ao fogo com um pouco de manteiga. Logo que estejam fritas de um e outro lado, tirem-se, pondo-se na caçarola uma colher de farinha de trigo; depois que esta tomar cor, e for umedecida em água quente e um cálice de aguardente, deitem-se-lhe novamente as talhadas do entrecosto, deixando-as cozer por três ou quatro horas; ajuntem-se-lhes alguns cogumelos, e cinco minutos antes do serviço da mesa, algumas azeitonas sem caroços.

73. ENTRECOSTO COM PIRÃO – Corta-se em talhadas a carne do entrecosto, pondo-as vinte e quatro horas em infusão de aguardente, em uma travessa com talhadas de cebolas, salsa, louro, sal, pimenta e noz-moscada. Meia hora antes do serviço da mesa, derrete-se um pouco de manteiga sobre fogo vivo, e, estando bem quente, deitam-se-lhe as talhadas de carne; viram-se, servindo-as com pirão de farinha de mandioca ou batatas inglesas.

Línguas de Vaca

74. LÍNGUA DE VACA ASSADA EM CAMADAS – Tome-se uma língua, já cozida ou assada, corte-se em talhadas muito delgadas; ponham-se no fundo da travessa, em que se tem de servir essas fatias, um pouco de caldo com vinagre, pepinos de conserva, salsa, cebola (tudo bem picado), sal, pimenta e miolo de pão. Ponha-se-lhe em cima uma camada de talhadas da língua e, por cima desta, outra de miolo de pão etc. e assim por diante até acabar. Ponha-se depois o prato no forno não muito quente e deixe-se cozer até principiar a assar a camada do fundo do prato. Sirvam-se, depois de se terem umedecido com umas colheres de caldo e vinho branco.

75. LÍNGUA DE VACA À CASEIRA – Toma-se um língua de vaca, aferventa-se, e, depois de se deixar, durante algum tempo, em água fria, tiram-se-lhe as gorduras e carnes supérfluas, enche-se depois de mechas de toucinho, temperadas de pimenta-da-índia quebrada, sal, noz-moscada, cravo-da-índia e cebolinhas picadas miúdas. Põe-se a cozer com toucinho e um pedaço de vitela, ajuntam-se-lhe depois cebolas, serpol, louro e cravo-da-índia; molha-se com caldo de carne, e deixa-se cozer num fogo bem brando, durante cinco horas.

Na ocasião de ir à mesa, tira-se-lhe a pele, corta-se a língua em duas partes, e põe-se na travessa. Por outro lado, tostam-se umas cebolas picadas em manteiga, mistura-se-lhes farinha de trigo, desfeita no caldo da língua, pondo-se-lhes mais um pouco de vinagre, e pimenta-da-índia quebrada. Este molho, depois de reduzido à metade, é despejado sobre a língua, na qual se terão antecipadamente posto pepinos de conserva.

76. LÍNGUA DE VACA COM COGUMELOS – Prepara-se como no número 74, pondo-se-lhe por cima um molho de cogumelos.

77. LÍNGUA PICADA COM MOLHO – Ponha-se a língua vinte e quatro horas de molho em água fria, mudando-se a água algumas vezes; escalde-se depois em água quente, raspando-a para lhe tirar a pele dura; ponha-se então a

cozer cinco horas com talhadinhas de toucinho, pimenta, sal, noz-moscada, salsa e cebolinhas picadas; tire-se do fogo, rache-se sem se dividir em pedaços, e ponha-se numa travessa. Coe-se o caldo; engrosse-se com farinha de trigo, frija-se em manteiga; ajuntem-se-lhe cebolas, cogumelos, pimenta e, depois de ter fervido cinco minutos, sirva-se com a língua: ou então podem-se ajuntar a este molho um pouco de açúcar e vinagre, ou também servir-se a língua com um molho de alcaparras ou outro molho engrossado.

78. LÍNGUA DE VACA COM MOLHO PICANTE – Ferve-se a língua quatro a cinco horas com algumas cenouras, cebolas, aipo e sal; tira-se-lhe a pele em seguida, e racha-se pelo meio ao comprido; e serve-se posta em um dos molhos indicados e no qual ela deve ser aquecida.

79. LÍNGUA DE VACA ENSOPADA PARDA – Torrada uma colher de farinha de trigo até ficar bem corada, desfaz-se depois em uma xícara de água e uma colher de vinagre; ajuntam-se-lhe um pouco de açúcar, passas já escaldadas e amêndoas descascadas; deixa-se ferver meia hora com a língua, já cozida e cortada em talhadas, e serve-se assim.

80. LÍNGUA DE VACA ENSOPADA BRANCA – Amassam-se duas colheres de farinha de trigo com uma colher de manteiga de vaca, desfeitas em água e vinagre; ajuntem-se-lhes um pouco de açúcar, passas escaldadas, amêndoas descascadas, umas talhadas de limão e as talhadas da língua cozida. Deixa-se tudo isto ferver por meia hora, e serve-se depois.

81. LÍNGUA DE VACA ESCARLATE – Toma-se uma língua, e, depois de asseada, assa-se superficialmente sobre um fogo bem vivo, para se lhe poder tirar a pele, esfrega-se com um pouco de pimenta, nitro e sal moído, e põe-se em uma panela coberta de sal, debaixo de uma tabuinha com um peso em cima. Passados quinze dias, é tirada e pendurada na fumaça.

Querendo-se cozê-la, deita-se duas horas em água quente, metendo-as depois em uma panela cheia de água, com algumas cebolas, cravos-da-ín-

Língua de vaca

dia e louro, mas sem se lhe pôr sal nem pimenta, deixando-a cozer seis a sete horas, sobre fogo moderado, e tirando-a em seguida. Deixa-se escorrer bem para ir, depois de fria, à mesa.

82. LÍNGUA DE VACA À ESPANHOLA – A língua, depois de bem cozida, é aberta pelo meio sem que se divida inteiramente e deita-se numa panela, contendo casquinhas de limão, canela, açúcar, meia garrafa de vinho e outro tanto de caldo. Deixa-se ferver meia hora sobre brasas e serve-se então.

83. LÍNGUA DE VACA ASSADA GUARNECIDA – Prepara-se, e coze-se a língua com seis colheres de caldo, talhadas de toucinho, um molho de ervas-de-cheiro, uma ou duas cebolas e cravo-da-índia; estando o caldo reduzido a sua quarta parte, deixa-se assar por uma hora. Serve-se com um molho picante.

84. LÍNGUA GUISADA – Toma-se uma língua já fervida, limpa como acima e cortada em delgadas talhadas; ferve-se durante uma hora, sobre fogo moderado em uma xícara de caldo e meia garrafa de vinho, pouco sal e pimenta. Põem-se depois os pedaços sobre a travessa, ajuntando-se ao molho um pouco de salsa picada e duas gemas de ovos diluídas em um pouco de caldo e vinagre; deixando-a ferver uma vez, deita-se o molho sobre as talhadas antes de se levarem à mesa.

85. PALADAR DE VACA (CÉU DA BOCA DE VACA) – Depois de tirado o paladar, põe-se de molho dentro de água para largar o sangue; aferventa-se, e tira-se-lhe a pele com uma faca; lava-se em água bem fria; raspa-se uma segunda vez, limpando-o bem, e tirando-se-lhe as carnes pretas. Leva-se a cozer pelo menos durante cinco horas, em água e um pouco de sal.

Quando ele estiver tenro debaixo do dedo, tira-se do fogo, e, cortando-se em largas fitas, põe-se por cima destas um recheio cozido, que se cobre com ubre de vitela bem cozido e bem fino. Torna-se a pôr um pouco de recheio e enrolam-se estas fitas que se põem ao redor de uma travessa.

Enche-se o meio do prato com o recheio, tendo-se o cuidado de deixar um fundo no meio. Cobre-se o todo com fatias de toucinho e põe-se sobre uma vasilha com fogo por baixo e por cima ou no forno. Depois de ter cozido cerca de um quarto de hora, escorre-se-lhe a gordura, e põe-se dentro do vão deixado entre o recheio com um molho à italiana.

86. PALADAR DE VACA À BECHAMEL – Depois de aferventado, como vai explicado no número 84, corta-se o paladar em pequenos quadrados, que se põem em uma travessa, e por cima um molho à Bechamel com pimenta-da-índia quebrada.

87. PALADAR DE VACA DE GRELHA – Depois de cozido e frio, deita-se em um molho de azeite doce, sal, pimenta, alho, e uma pitada de salsa picada. Passadas duas horas, tira-se, depois de ser ter virado por vezes, para ficar bem embebido; assa-se sobre a grelha, servindo-se com molho de tomates, ou à Robert.

88. PALADAR DE VACA ENSOPADO – Lave-se, e raspe-se o paladar; tire-se-lhe a pele dura e preta depois de se ter escaldado com água quente; lave-se então por vezes em água quente, e por fim em água fria; corte-se em pedaços da grossura de três dedos; deixem-se estes cozer de seis a sete horas, muito devagar; ponham-se sobre o prato, e depois de terem deixado escorrer, sirvam-se com um molho qualquer.

89. RABO DE VACA ASSADO – Toma-se um rabo de vaca que se partirá em cada nó; põe-se dentro de água fria, duas horas, e depois dá-se-lhe uma fervura durante meia hora; esfria-se em água fria, deixa-se escorrer, e enxuga-se com um pano. Toma-se uma caçarola, põem-se a derreter nela uns pedaços de toucinho, duas talhadas de carne de vitela, outro tanto de carne de vaca, e cobrem-se com tiras de toucinho muito finas; ajuntam-se-lhes três cenouras, outras tantas cebolas, nas quais se introduzem dois cravos-da-índia, e assim mais serpol, louro e um pouco de noz-moscada; molham-se com caldo de carne, ajuntam-se-lhes os pedaços do rabo, e deixam-se ferver, diminuindo-se pouco a pouco o calor do fogo durante três ou quatro horas; tiram-se depois, põem-se no meio de uma travessa, colocando-se ao redor cenouras cobertas da substância da carne e folhas de alface.

90. RABO DE VACA COM POLPA DE LENTILHAS – Faz-se cozer o rabo como no número 89, e depois de escorrer, põe-se em uma travessa, coberto com polpa de lentilhas.

91. MOCOTÓ COM ARROZ – Depois de bem limpa a mão de vaca, e cortada em pedaços, ponham-se a cozer com sal, salsa, folhas de cebola e um pouco de pimenta; estando quase cozida, tira-se, côa-se-lhe o caldo, pondo-se nele a cozer o arroz. Estando o arroz quase seco, deita-se-lhe o mocotó, e serve-se.

92. MOCOTÓ DE VACA – Escalde-se em água quente uma mão ou pé de vaca e, depois de raspado e tirado o casco, corte-se em pedaços por todas as juntas; ponham-se estes sobre o fogo com algumas peles de toucinho, sal, pimenta, salsa, louro, e deixem-se ferver a fogo vivo, durante seis horas; tirem-se depois os pedaços de mocotó e as peles, deixando-se o caldo engrossar. Quando estiver quase no ponto, deitem-se-lhes uma colher de mostarda e um pouco de vinagre, ou sumo de limão, e sirva-se.

93. BUCHO DE VACA COM MOSTARDA – Estando o bucho bem limpo, cortado e cozido por duas horas em água e sal, vai ao fogo para ser frito em duas colheres de gordura juntamente com uma dúzia de pequenas cebolas, bastante sal e pimenta. Acrescentam-se-lhe depois duas ou três xícaras de caldo; deixa-se ferver sobre brasas e, na hora do serviço, ajunta-se-lhe uma colher de mostarda em pó.

94. BUCHO DE VACA À FRANCESA – Frijam-se em meia quarta de manteiga uma dúzia de pequenas cebolas, até ficarem coradas; pulverize-se depois com farinha de trigo, e deite-se-lhe meia garrafa de vinho branco, e o bucho cozido e cortado com os temperos necessários; deixe-se ferver meia hora sobre o fogo moderado, e sirva-se.

95. BUCHO DE VACA À MILANESA – Faz-se preparar e cozer o bucho de vaca, da mesma maneira que se preparam as línguas, porém não leva cebolas.

Quando o bucho estiver bem cozido e bem reduzido, põe-se em uma travessa bem funda, com uma camada de fatias de pão, passadas na manteiga, uma camada de bucho de vaca, uma outra de queijo flamengo, e assim por diante, pondo-se sobre a última camada um pouco de miolo de pão, e deixando-se cozer tudo isto moderadamente.

96. TRIPAS DE VACA À MINEIRA – Lavam-se bem as tripas em muitas águas; põem-se depois em uma gamela com sal e caldo de laranja-da-terra, e deixam-se ficar até o outro dia; tiram-se, e depois de lavadas ainda uma vez com água fria, escaldam-se com água quente, deixando-as nesta água até esfriarem; tiram-se depois, e põem-se sobre o fogo com água fria, sal, pimenta-da-índia, salsa, folhas de cebola, deixando-se ferver quatro a cinco horas; ajuntam-se-lhes então dois a três ovos desfeitos em água fria; deixam-se ferver por mais meia hora, e, depois de se lhe terem ajuntado umas talhadas de limão, servem-se.

97. BUCHO DE VACA, COM MOLHO ENCORPADO COM GEMAS DE OVOS – Prepara-se o bucho de vaca, como já foi dito no número 94; quando estiver cozido, corta-se em rodelas do tamanho de uma moeda de quarenta réis; levam-se esses pedaços ao fogo com manteiga, cogumelos cortados, sal, pimenta e noz-moscada. Depois que tiverem fervido por um pouco, ajuntam-se-lhes três gemas de ovos e um pouco de sumo de limão. Serve-se o bucho em uma travessa com fatias de pão, e vai à mesa assim.

98. TRIPAS DE VACA DE GRELHA – Raspam-se as tripas abertas, e lavam-se em muitas águas; escaldam-se finalmente em água quente, deixando-as, depois, vinte e quatro horas de molho, e mudando-se a água muitas vezes.

Põem-se em uma caçarola cenouras, cebolas, um pouco de toucinho, um molho de ervas-de-cheiro, cravo-da-índia, quatro dentes de alho, pimenta, e em seguida as tripas, escorridas, enxutas e polvilhadas de sal e noz-moscada, com um pouco de presunto, vinho branco e pouca água. Tapa-se bem a caçarola, aplicando-lhe umas tiras de papel grudado, e deixando-a ferver seis ou sete horas no forno. Servem-se quentes com legumes.

99. TRIPAS DE VACA ENROLADAS – Cortam-se as tripas em tiras de um palmo de comprimento, cobrem-se depois com toucinho fresco picadinho, salsa, pimenta, cebola, sal e noz-moscada; enrolam-se em seguida estas tiras (cada rolo com seu barbante), e deixam-se, assim amarradas e temperadas, cozer por três ou quatro horas em água, ou caldo com sal, pimenta, cravo-da-índia e um molho de ervas-de-cheiro. Servem-se estes rolos depois de tirada a linha, com algum molho ou legumes.

100. BOFES DE VACA – Lavem-se e cortem-se os bofes em pequenos pedaços, e ponham-se a cozer em água, sal, folhas de salsa, vinagre, açúcar e noz-moscada; meia hora antes do serviço da mesa, acrescentem-se-lhes um pouco de farinha de trigo frita em manteiga e o sumo de um limão; o molho deve ser abundante.

101. CORAÇÃO DE VACA ENSOPADO – Toma-se um pouco de toucinho cortado em fatias; amassa-se este com salsa, cebolinhas, meia folha de louro, tudo picado bem miúdo; com este toucinho assim preparado, enche-se o coração de vaca.

Põem-se em seguida, numa caçarola, um copo de vinho branco, pequenas cebolas inteiras, cenouras cortadas e talhadas de toucinho magro, sal, pimenta-da-índia quebrada; põe-se o coração na caçarola, tapa-se com cuidado, tendo brasas por cima, colocando-a sobre fogo brando, e deixando-o cozer devagar durante cinco a seis horas, e serve-se.

102. CORAÇÃO DE VACA ASSADO – Corta-se o coração em talhadas, que se põem na grelha, e servem-se com um molho restaurante.

103. FÍGADO DE VACA COBERTO – Corte-se o fígado em talhadas da grossura de um dedo, que se salpicam de sal e pimenta moída, e untam-se em ovos batidos, enrolando-se finalmente em farinha de trigo. Ponha-se por outra parte, numa frigideira rasa, manteiga sobre um fogo vivo, e quando esta estiver bem quente, deitem-se-lhe as talhadas a frigir de um e outro lado. Sirva-se simples, ou com molho picante.

104. FÍGADO DE VACA DE GRELHA – Corte-se o fígado em talhadas mais ou menos finas, salpicando-as com sal e pimenta; asse-se sobre a grelha de

um e outro lado e sirva-se, pondo-se uma sobre outra, e entre as duas ta-lhadas um pouco de manteiga e salsa picada.

105. RIM DE VACA – Racha-se o rim, tira-se-lhe o cordão nervoso e duro e cor-ta-se o rim em pequenos pedaços; põe-se durante três minutos em água quente e sal, longe do fogo; depois de escorrido, enxuga-se. Derrete-se em uma caçarola uma colher de manteiga, põe-se-lhe o rim, deixando-o frigir cinco minutos; tirando-o do fogo, acrescenta-se-lhe uma colher de farinha de trigo; mexe-se e ajuntam-se-lhe mais um cálice de vinho branco, salsa picada, sal e pimenta, deixa-se ferver mais uma vez, e serve-se.

Os rins de porco e carneiro podem ser preparados pela mesma ma-neira.

106. RIM DE VACA ENSOPADO COM VINHO – Põe-se em uma caçarola uma porção de manteiga, e depois de derretida, deita-se-lhe farinha de trigo, e aperta-se o fogo até ficar da cor de alambre; deita-se-lhe nesta ocasião o rim, cortado em talhadas finas com temperos e um molho de ervas-de-cheiro. Põe-se-lhes vinho, e deixam-se até dar uma fervura, encorpando-o com um pouco de farinha de trigo, e deixando-o cozer devagar até ficar reduzi-do à metade o seu caldo para então servir-se.

107. RIM DE VACA À CASEIRA – Cortam-se os rins em talhadas finas, e pas-sam-se ao fogo em um pouco de manteiga; põem-se-lhes sal, pimenta, e ajuntam-se-lhes salsa, cebolinhas, e um dente de alho picado bem miúdo.

Quando estiverem cozidos, deitam-se-lhes uma porção de caldo de carne de vaca, ou galinha cozida e um molho, feito com gemas de ovos, açúcar e leite, que se engrossa ao fogo sem ferver; finalmente põe-se-lhes um pouco de vinagre, e não se deixam mais ferver, para que não endure-çam, ou então podem-se ajuntar aos rins alguns cogumelos, na ocasião de serem levados ao fogo.

108. UBRE DE VACA – Raspado e lavado o ubre, conserva-se de molho por duas horas em água fria; depois de escaldado e frio, é levado a cozer du-rante cinco a oito horas com sal, um molho de ervas-de-cheiro, cebolas, alho, cenouras, e um cálice de aguardente, para então servir-se com um molho picante.

109. UBRE DE VACA COM MOLHO, ENCORPADO COM OVOS – Cozido o ubre, como já foi explicado para a preparação do coração de vaca ensopado, deixa-se escorrer; depois, corta-se em pedaços, que se deitam em uma ca-çarola com molho branco, ativando bem o fogo. Na ocasião de se lhe pôr o molho, ajuntam-se-lhe cogumelos, que se deitam em uma gema de ovo.

110. MIOLO DE VACA – O miolo de vaca não é tão apreciado como o da vitela, que é mais alvo e de um sabor mais delicado. Quando se tem de prepará-lo, é primeiramente levado à água quente, e depois de limpo do sangue e de uma película que o cobre, deita-se por uma ou duas horas em água fria, cozendo-se em seguida nesta mesma água, com uma xícara de vinagre, sal, pimenta, cravo-da-índia, folhas de louro, alho, salsa, raiz de aipo e cenouras. Bastam três quartos de hora para que ele fique cozido. Serve-se com um molho qualquer indicado para carnes.

111. MIOLO DE VACA ENSOPADO – Ferve-se o miolo em água e sal; cozem-se à parte cogumelos, cortados em pedaços em pouca água e uma colher de manteiga; em seguida frige-se em manteiga uma dúzia de pequenas cebolas até ficarem douradas; salpica-se por cima delas uma boa colher de farinha de trigo, umedecendo-as com um cálice de caldo dos cogumelos; ajunta-se o miolo cortado em talhadas, deixa-se ferver meia hora sobre brasas, e serve-se.

112. MIOLO DE VACA FRITO – Deixa-se esfriar o miolo depois de cozido em água e sal, corta-se em talhadas que se devem cobrir de farinha de trigo, pimenta, sal e molho de mostarda; e frige-se em manteiga de um e outro lado.

113. ALMÔNDEGAS DE CARNE-SECA – Ponha-se a carne do Rio Grande de molho em água quente durante doze horas; tire-se, enxugando-a bem e pique-se bem fina; ajuntem-se-lhe outro tanto de bacalhau e, para duas libras desta mistura, uma tigela de fubá mimoso, seis ovos, uma cebola, salsa, tudo bem picado, pouco sal e pimentão. Faça-se uma massa, e com esta uns bolos, que se frigem em gordura de porco, e servem-se com angu de fubá, ou tutu de feijão.

114. CARNE DE COLÔNIA COM FEIJÃO – Tome-se um pedaço de carne, e depois de limpo, ponha-se ao fogo com água já quente, junto com salsa, folhas de cebola, cravo-da-índia, deixando-o ferver um quarto de hora; tire-se depois, e ponha-se ao fogo a cozer com feijão-preto e peles de toucinho, em água fria. Depois de tudo cozido, serve-se.

115. CARNE DE VACA SECA COM OVOS – Coza-se a carne-seca duas ou três horas; tire-se e deixe-se esfriar. Desfie-se esta carne assim cozida e misture-se com ovos que devem ser bem batidos para misturarem-se bem. Frige-se em gordura com cebolas picadas, sal e pimentas.

116. PAÇOCA DE CARNE-SECA À MODA DO SERTÃO – Toma-se uma porção de carne-seca magra; assa-se na grelha e, depois de assada, soca-se no pilão. Preparada desta maneira a carne-seca, come-se com pirão de farinha de

mandioca ou angu. No sertão a paçoca serve para se comer em vez de farinha; com esta paçoca, come-se a carne bem gorda, ou a carne fresca cozida.

117. CARNE DE VACA COZIDA À MIRANDÃO – Depois da carne estar cozida, corta-se em fatias; por outra parte, picam-se uma cebola, salsa, ajuntam-se-lhe sal, alho e tomates, e mistura-se tudo isto. Tendo-se previamente sobre o fogo uma panela com gordura quente, colocam-se nela uma camada dos temperos misturados, outra das fatias de carne, e assim por diante, até enchê-la, devendo a última camada ser de temperos. Neste estado, tapa-se a panela e, logo que os temperos estiverem cozidos, põe-se-lhes meio cálice de vinagre, sacode-se a panela para o molho penetrar, e serve-se.

CAPÍTULO III

A VITELA

Não se devem escolher os bezerros mais gordos para se matarem, nem tampouco os mais magros; e quanto à idade, é preferível o de um mês para cima, porque antes disso sua carne não tem resistência e se desfaz no cozinhar. Passada a idade de seis meses, a carne de bezerro pouco difere da carne de vaca; porém, no Brasil, matam-se geralmente os bezerros só depois da idade de quatro meses até doze.

As peças mais apreciadas são o coxão, as costelas, o lombo, o peito, o coração e as pernas; a cabeça e os mocotós só se apreciam combinados com outras certas comidas, e neste caso dá-se-lhe muita estimação. A fressura, os bofes e o fígado, servem para com eles se preparar uma grande variedade de iguarias admitidas nas mesas mais econômicas, assim como nos banquetes mais opulentos.

A carne de vitela é, em todos os países civilizados, a mais estimada para a cozinha, e se, como dizem os gastrônomos, o estado de perfeição da arte de cozinha indica o estado de civilização de um país, deve-se considerar como mui atrasado aquele que não usa da carne de vitela.

Sobre o modo de trinchar, devem-se observar as regras seguintes: o lombo corta-se em pequenas talhadas transversais; o rim, se vem inteiro, corta-se em pequenos pedaços, e serve-se num prato separado àquelas pessoas que o estimam.

O peito corta-se atravessado para separar os lados dos tendões, depois de tê-lo privado de uma pele carnuda que os cobre.

As costelas são separadas nas juntas, atravessando a carne do quadro; a perna e a pá cortam-se em talhadas, pondo-se a parte em pé, e chegando-se com a incisão perpendicularmente ao osso.

As partes mais estimadas da cabeça são os olhos, as orelhas, os miolos, e a língua, que se cortam em pedaços de que se servem os convidados.

1. ALCATRA DE VITELA COM ARROZ – Frige-se uma alcatra de vitela em manteiga de vaca, até ficar de boa cor; deitam-se-lhe depois uma garrafa de caldo de carne, um pouco de salsa, uma raiz de aipo, sal e pimenta; depois de ela ter fervido durante uma hora, tirada a carne, deita-se-lhe meia libra de arroz, e, estando este cozido, ajunta-se à alcatra uma tigela de ervilhas frescas, e deixa-se acabar de cozer.

2. BOFES DE VITELA COM CARAPICU – Depois de bem lavados os bofes, cortam-se bem miúdos e deitam-se na caçarola, com manteiga derretida; frigem-se um pouco, tendo-se o cuidado de mexê-los; ajuntam-se-lhes uma colher de polvilho, uma xícara de caldo e outra de vinho tinto, cravo-da-índia, pouco sal e pimenta, e deixam-se cozer sobre brasas; ajunta-se-lhes mais uma porção de carapicu bem lavado, escolhido e escaldado em água quente; deixa-se tudo acabar de cozer, e serve-se, acrescentando-se-lhe nesta ocasião o sumo de um limão ou laranja-da-terra azeda e meia colher de açúcar. Come-se com angu de fubá de moinho.

3. BOFES DE VITELA EM POLPA – Lavam-se, e deixam-se escorrer os bofes, cortam-se bem miúdos, fervem-se em água, sal e um pouco de vinagre; estando cozidos, acrescentam-se-lhes côdeas de pão ralado, uma colher de açúcar, algumas talhadas de limão, e servem-se com angu de fubá de moinho.

4. CABEÇA DE VITELA COM MOLHO PARDO – Ponham-se a cabeça, os pés e o coração a cozer em água, com sal, salsa, uma cebola, e um molho de ervas de tempero; estando tudo cozido, tirem-se os ossos dos pés e da cabeça, deixando só a carne e o osso do nariz, para a cabeça conservar a sua forma; tome-se depois a língua. Tire-se-lhe a pele, corte-se em rodelas, e faça-se o mesmo com o coração. Ponha-se a cabeça armada sobre o prato, os pés e as rodelas de língua, e as do coração ao redor. Sirva-se com o molho feito do caldo, com farinha tostada, algumas passas, côdeas de pão, vinagre e açúcar.

5. CABEÇA DE VITELA CORADA – Estando a cabeça preparada e cozida como foi explicado para a cabeça de vitela desossada, tira-se do fogo, deixando-se escorrer e pondo-se em seguida numa panela funda sobre algumas talhadas de toucinho. Vai ao forno, onde se deixa assar por uma hora, servindo-se com um molho picante.

6. CABEÇA DE VITELA COZIDA – Depois de bem limpa e depilada a cabeça por meio de água quente, deita-se na água fria, deixando-se de molho durante uma hora; deita-se depois numa tábua, e abrindo-a do lado de baixo, tiram-se todos os ossos, sem ofender a pele de fora, até chegar às arcas dos olhos, e à parte inferior do crânio; tiram-se-lhe igualmente os ossos dos queixos, do nariz, e os que formam as fauces; depois procura-se dar aos músculos a forma primitiva; esfrega-se com limão, envolve-se num pano, amarra-se com um barbante; coze-se num molho feito com uma colher de farinha de trigo, outra de manteiga, sal, folhas de cebolas, salsa, oito xícaras de caldo de carne ou água, e talhadas de dois limões.

Depois de ter cozido por três horas, tira-se-lhe o pano e o barbante que a está atando, e serve-se deste modo.

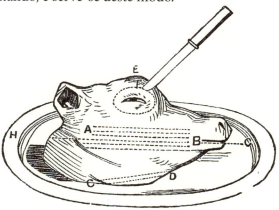

Cabeça de vitela

7. CABEÇA DE VITELA DESOSSADA – Depois de bem limpa a cabeça, abre-se do lado debaixo e tiram-se-lhe os ossos, com a exceção do casco superior do crânio, sem ofender a pele exterior; pode-se também tirar o casca do crânio, porém, deixando-o, a cabeça conserva melhor a sua forma; em seguida, cortam-se os miolos, os olhos, a língua, com alguma carne de vitela ou de galinha e faz-se uma massa destes miúdos, com três colheres de farinha de trigo, três ovos e umas passas; enche-se a cabeça com esta massa, dando-lhe a sua forma primitiva, cosendo as aberturas com barbante, e

pondo-se a cozinhar em caldo de carne, ao qual se acrescentam meia garrafa de vinho branco, cenouras, um molho de ervas de tempero, pimenta, e dois cravos-da-índia. Estando cozida, tira-se, deixa-se engrossar o caldo, ajuntando-lhe por fim uma colher de farinha de trigo ou polvilho e o sumo de um limão; depois tira-se o barbante da cabeça, que se coloca em uma travessa e serve-se quando se lhe tiver deitado o molho por cima.

8. CABEÇA DE VITELA COM CARURU – Coze-se uma cabeça de vitela em água e sal; em seguida, tiram-se-lhe os ossos, cortando as carnes em pedaços miúdos. Toma-se uma mão-cheia de caruru miúdo e põe-se a refogar em uma caçarola, onde já se tem preparado um molho feito com polvilho frito em manteiga, salsa, sal, pimenta, folhas de cebolas, caldo de carne, e o sumo de um limão. Estando cozido, sirva-se com angu de fubá de moinho.

9. CHOURIÇO DE VITELA – Limpam-se, e viram-se as tripas, enchendo-as depois de uma massa, feita de sangue de vitela passada por uma peneira, um pedaço de toucinho fresco cortado, a língua e o coração da vitela cortados em tiras compridas, sal, pimenta, cravo-da-índia, manjericão, cebola, salsa e serpol, tudo bem cortado. Cozem-se os chouriços em água e sal; e antes de servirem-se, fritam-se em um pouco de gordura.

10. COSTELETAS DE VITELA AFOGADAS – Cortam-se as costeletas de modo que cada pedaço fique com um osso não muito comprido; frigem-se em um pouco de manteiga de um e outro lado até tomarem cor; deitam-se-lhes depois algum caldo ou água, cebola, salsa, sumo de limão, sal e pimenta, deixa-se cozer. Estando cozidas, tiram-se, côa-se-lhe o caldo que se engrossa com gemas de ovos, para servir com as costeletas.

11. COSTELETAS ASSADAS – Tomam-se as costeletas, untam-se com sal, pimenta, um pouco de alho e sumo de limão; deixam-se embeber destas substâncias e batem-se um pouco; untam-se com um pouco de manteiga, e assam-se em grelha, tendo-se o cuidado de virá-las. Servem-se com um molho picante à Robert, ou qualquer outro.

12. COSTELETAS À GOIANA – Cortem-se as costeletas, envolvam-se em farinha de milho, passando-as em gordura primeiramente derretida, e depois em gemas de ovos batidas, e de novo em farinha de milho misturada com queijo ralado; frijam-se em gordura, e sirvam-se com grelos de abóbora ou de samambaia.

13. COSTELETAS DE VITELA COM MOLHO PARDO – Frigem-se as costeletas em um pouco de manteiga, até ficarem coradas de ambos os lados, e tiram-se. Deitam-se na mesma manteiga uma colher de farinha de trigo e uma

cebola cortada que se frige até ficar tostada, acrescentam-se nesta ocasião umas xícaras de caldo, sal, noz-moscada, cravo-da-índia, um pouco de açúcar e vinagre. Fervem-se neste molho as costeletas, até ficarem cozidas.

14. COSTELETAS EMPANADAS – Enrolam-se as costeletas numa boa camada de côdea ralada, e misturada com salsa picadinha, sal e pimenta; umedecem-se com gordura ou manteiga derretida, assam-se na grelha, temperando-se o fogo para que se não tostem, e servem-se com molho picante.

15. COSTELETAS EMPAPELADAS – Umedecem-se as costeletas com azeite doce, manteiga ou gordura derretida; cobrem-se de um e outro lado com duas cebolas, uma mão-cheia de carapicu, um pouco de salsa, toucinho, tudo muito bem picado, pão ralado e uma colher de manteiga de vaca.

Passam-se depois no líquido feito de quatro ovos batidos. Envolvem-se em côdea de pão ralado; embrulhadas finalmente em papel bem untado de manteiga, vão-se para assar numa grande caçarola rasa, colocada sobre brasas. Servem-se assim com o papel.

Costeletas empapeladas

16. COSTELETAS DE VITELA GUISADAS – Estando as costeletas cortadas, lardeiam-se com toucinho fino, e põem-se em um pouco de água, que já esteja fervendo, ajuntam-se-lhes sal, pimenta, algumas folhas de repolho, cebola e deixam-se cozer. Tiram-se depois as costeletas, para se lhes coar o caldo que se deixa secar, e do qual se tira também a gordura para então servir sobre elas.

17. COSTELETAS LARDEADAS – Lardeiam-se as costeletas alternativamente com tiras de língua de vaca, e pedaços de palmito; põem-se assim a cozer numa caçarola com alguns pedaços de toucinho, o resto do palmito, uma cebola cortada, salsa, sal, pimenta, um copo de água e outro de vinho de laranja; ajuntam-se-lhes na hora de levá-las à mesa quatro a oito jilós.

18. QUARTO DE VITELA RECHEADO – Toma-se uma perna de vitela, tiram-se-lhe os ossos, sem abrir a carne, de modo que forme um saco; enche-se

este vão com uma massa feita de carne de vitela e pombos picados, farinha de trigo, ovos, salsa, cebola e dois cravos-da-índia. Põe-se a perna assim preparada em uma panela, sobre lascas de toucinho, e assa-se sobre brasas no forno, virando-a de vez em quando.

Serve-se com ervilhas novas, vagens ou saladas.

19. LIVRO OU BUCHO DE VITELA – Tomam-se o livro (parte do estômago), as mãos e os pés da vitela; depois de bem lavados, escaldam-se em água quente, esfregam-se com laranja-da-terra para ficarem bem claros, e cozem-se em água, sal, cebola e pimenta. Estando tudo cozido, tiram-se os ossos das mãos e dos pés, cortam-se em pedaços, assim como as tripas, deitam-se no caldo duas colheres de farinha de trigo, outro tanto de manteiga, uma colher de vinagre, sumo de limão e as gemas de três ovos batidas, fervendo por um pouco; tornam-se a deitar os pés e as tripas, e depois de ferverem por mais algum tempo, servem-se então.

20. LIVRO DE VITELA COM MACARRÃO – Estando bem limpo o livro, corte-se em pedaços de um palmo de comprimento, ponha-se em seguida a cozer em água e sal com uma porção de macarrão. Estando cozidos o livro e o macarrão, deixam-se escorrer, deitam-se na travessa e cobrem-se com uma camada de queijo ralado; deita-se-lhes por cima uma porção de manteiga derretida; pulverizam-se com açúcar e canela moída, e põem-se ao forno, onde se deixam assar durante uma hora. Serve-se assim o livro de vitela.

21. LIVRO DE VITELA COM QUIABOS – O livro da vitela, depois de bem limpo, é cortado em pequenos pedaços, fervido em água, sal, salsa e cebola; quando estiver quase cozido, ajunta-se-lhe uma dúzia de quiabos, cortados em talhadas; deixa-se acabar de cozer, ajuntando-se-lhe, antes de se tirar o fogo, duas gemas de ovos misturadas com uma colher de polvilho, uma de vinagre e uma xícara de água fria. Serve-se com angu de fubá.

22. LIVRO DE VITELA FRITO – Depois de cozido o livro em água e sal, com algumas mandiocas, é tirado da vasilha, escorrido, picado em pequenos pedaços, e as mandiocas, cortadas em talhadas, e deitadas, com uma cebola cortada, em uma frigideira contendo gordura fervente. Mexe-se, e serve-se então.

23. FÍGADO DE VITELA REFOGADO – Corta-se o fígado em talhadas da grossura de dois dedos; lardeiam-se, pulverizam-se com farinha de trigo, e frigem-se em manteiga numa caçarola; deitam-se-lhe depois um pouco de caldo de carne, um cálice de vinho, uma folha de louro, as talhadas de um limão e sal; deixam-se ferver sobre brasas por meia hora, e servem-se.

A Vitela

24. FÍGADO DE VITELA ASSADO – Corta-se o fígado em talhadas; passa-se primeiro em farinha de trigo, depois num ovo batido, e em seguida, outra vez na farinha de trigo; assa-se depois sobre a grelha, e serve-se com manteiga derretida.

25. FÍGADO DE VITELA À PARMESÃ – Corta-se o fígado em talhadas bem finas, tempera-se com sal, pimenta, salsa, folhas de cebolinhas, um dente de alho, e frige-se numa caçarola com azeite doce ou manteiga; estando cozido, põe-se sobre o prato; pulveriza-se de farinha de trigo e queijo ralado; deita-se-lhe um pouco de manteiga derretida; posto sobre brasas, deixa-se aquecer bem, e serve-se.

26. FÍGADO DE VITELA COZIDO – Toma-se o fígado, fazem-se nele alguns buracos, que se enchem de toucinho. Põe-se assim a cozer em água e sal, tirando-lhe a espuma de vez em quando, ajuntando-lhe por fim côdea de pão ralado, um pouco de açúcar e uma colher de vinagre.

27. FÍGADO DE VITELA GUISADO – Estando o fígado cortado em talhadas, deita-se numa caçarola, com manteiga derretida e quente; deixa-se frigir de um e outro lado, acrescentando-lhe em seguida uma colher de farinha de trigo, uma cebola cortada, mexe-se tudo, e ajuntam-se-lhe uma colher de vinho branco, sal, pimenta, ervas de tempero, e deixa-se ferver sobre fogo moderado.

28. OUTRO MODO – Põe-se o fígado de molho em vinho branco, com sal, pimenta, cravo-da-índia, salsa, manjericão por espaço de vinte e quatro horas; leva-se depois ao fogo com os temperos, acrescentando-lhe alguns pedaços de toucinho, e deixa-se ferver. Estando cozido, tira-se, côa-se o caldo, engrossa-se com gemas de ovos, ajuntando-lhe um pouco de sumo de limão, e serve-se.

29. FÍGADO DE VITELA LARDEADO – Lardeia-se o fígado, depois de escaldado em água quente; deixa-se esfriar, pondo-se, então, sobre o fogo com vinho branco, cenouras, cebola, sal, pimenta e um molho de ervas de tempero; deixa-se cozer sobre um fogo moderado e serve-se.

30. FRICANDÓ DE CARNE DE VITELA – Corta-se em pedacinhos a carne de vitela, com preferência as glândulas; e depois de escaldada em água quente, quando tiver esfriado, deita-se numa caçarola com caldo de carne, alguns pedaços de toucinho, sal, pimenta, salsa, cebolas, colocando sobre brasas a vasilha bem tapada, e com brasas também por cima; deixa-se cozer, e serve-se com azedas-do-reino bem cozidas, ou com algum dos molhos para carne.

31. FRESSURA DE VITELA COM CARAPICU – Ferve-se a fressura, depois de lavada, com água e sal; ajuntam-se-lhe pimenta, salsa, uma cebola; estando quase cozida, acrescentam-se-lhe duas colheres de farinha de trigo amassadas com outro tanto de manteiga de vaca, desfeita numa xícara de caldo; deixa-se ferver durante meia hora, e serve-se com angu de fubá de moinho ou pirão.

32. FRESSURA ENSOPADA – Frigem-se um pouco de manteiga, duas cebolas cortadas e uma fressura lavada. Escalda-se a fressura e corta-se; passados quinze minutos, ajuntam-se-lhe um copo de vinho, outro de água, sal, cebola, cravo-da-índia, noz-moscada, sumo de limão, uma colher de açúcar, uma porção de folhas de ora-pro-nóbis; deixe-se ferver sobre brasas durante duas horas, e sirva-se.

33. FRESSURA ENVINAGRADA – Coze-se na água e sal a fressura, depois de bem lavada e escaldada; ajuntam-se-lhe pimenta, algumas cebolas, cravos-da-índia, uma xícara de vinagre; deixa-se ferver por três a quatro horas, e serve-se com um molho picante e azeda de mostarda.

34. GLÂNDULAS DE VITELA ENSOPADAS – Dá-se uma fervura nas glândulas, pondo-as depois na água fria.

De outro lado, derrete-se um pouco de manteiga, deitam-se-lhe uma colher de farinha de trigo, sal, salsa, folhas de cebolas e, antes de corar, acrescentam-se-lhe quatro xícaras de caldo de carne, um cará-do-ar cortado em folhadas, e a glândula cortada em pedaços. Deixa-se ferver até ficar cozida; antes de servir-se, ajunta-se-lhe um pouco de sumo de limão.

35. GLÂNDULA DE VITELA FRITA – Ferve-se a glândula durante quinze a vinte minutos em água, deixa-se depois esfriar, e pondo-a de molho durante duas horas, em um pouco de vinagre, sal, salsa, pimenta e alho, envolve-se em farinha de trigo, frigindo-a depois em manteiga.

36. OUTRO MODO – Escaldam-se as glândulas em água quente, põem-se em seguida numa mistura de sal, pimenta, alho, sumo de limão, cebola picada, e deixam-se aí ficar durante uma hora, frigem-se em manteiga, e servem-se com almeirão, chicória, ou couve picada.

37. PICADINHO DE VITELA ASSADO – Corte-se em pedacinhos a carne assada, ajunte-se-lhe a substância que existe com a carne, deite-se-lhe caldo de carne, pondo-a sobre o fogo com algumas passas, talhadas de limão, rosca seca moída, ou bolachas, um pouco de açúcar e um cálice de vinho; dê-se-lhe mais uma fervura, e sirva-se.

38. LINGÜIÇAS DE SALSICHAS – Tomam-se oito libras de carne de vitela, quatro libras de toucinho, quatro de carne de porco; corta-se tudo bem

miúdo, e passa-se por uma peneira; tempera-se com sal, um pouco de nitro, pimenta, cravo-da-índia, manjericão e alho socado. Deixa-se na vasilha, até o dia seguinte. Enchem-se as tripas e dependuram-se na fumaça. Servem-se cruas, ou fritas em manteiga.

39. MÃOS DE VITELA COZIDAS – Limpem-se as mãos de vitela, e esfreguem-se com laranja-da-terra azeda, para ficarem claras, e cozam-se em água e sal. Estando cozidas, tirem-se os ossos das mãos, e engrosse-se-lhes o caldo com alguns ovos batidos, acrescentando-se-lhes sumo de limão; deixem-se as mãos a ferver mais um pouco neste molho, e sirvam-se.

Podem-se também frigir, ou afogar em algum molho, depois de cozidas.

40. MIOLOS DE VITELA ASSADOS – Fervem-se durante meia hora em água e sal os miolos de vitela; depois de limpos, deixam-se esfriar e pondo-os em talhadas sobre um prato, no fundo do qual se terá posto queijo ralado, e pondo-lhes por cima outra camada, e bem assim açúcar, canela, cravo moído; tapa-se o prato que se põe sobre brasas, com fogo por cima; deixam-se assar, até tomarem boa cor, e servem-se.

41. MIOLO DE VITELA ESTUFADO – Depois de escaldado o miolo de vitela, corta-se em talhadas, que se envolvem em farinha de mandioca, e em seguida frigem-se em manteiga.

Do outro lado, frige-se um pouco de farinha de trigo, em uma colher de manteiga e outra de açúcar, até a farinha ficar alambreada, e acrescenta-se-lhe um copo de vinho madeira. Tendo fervido um pouco, deite-se o miolo neste molho, depois de dez a doze minutos. Serve-se com sumo de limão e uma colher de açúcar.

42. MIOLO DE VITELA FRIO – Limpe-se o miolo de vitela, como o miolo de vaca, corte-se em fatias, e coza-se durante meia hora com uma colher de farinha de trigo, outra de manteiga de vaca, sal, noz-moscada e um pouco de água.

Faça-se em seguida um molho: derretam-se duas colheres de manteiga, pondo-se-lhes duas colheres de farinha de trigo, um pouco de sal, salsa, pimentão, e o sumo de um limão, e serve-se com este molho por cima.

43. MIOLOS DE VITELA FRITOS – Os miolos, depois de limpos e cozidos, como já foi explicado para o miolo frio, são envolvidos em uma camada de rosca seca moída, ou bolacha, sal, pimenta, e folhas de cebola picada. Frigem-se em manteiga, sobre um fogo moderado.

44. MIOLO DE VITELA GUISADO – O miolo, depois de lavado e escaldado, é cortado em talhadas, que se frigem em manteiga de vaca, com uma cebola,

sal, salsa, e uma colher de farinha de trigo. Acrescentam-se-lhe depois um copo de vinho, e umas talhadas de limão descascadas, sem as sementes; e depois de o ter fervido um pouco, serve-se.

45. MIÚDOS DE VITELA COM QUIABO – Toma-se a língua e o coração de vitela, cortam-se em fatias; picam-se os bofes em pedacinhos, e o fígado se passa por uma peneira. Deita-se tudo em uma panela com água, sal, cebolas cortadas, salsa, pimenta-cumari; estando tudo cozido e a água tendo secado quase toda, acrescentam-se-lhe uma dúzia de quiabos, um copo de vinho, umas talhadas de limão, e dá-se mais uma fervura. Serve-se com angu de fubá de moinho.

46. NOZ DE VITELA ASSADA NO ESPETO – Chama-se noz à parte da carne que fica cercando o osso do quadril.

Bate-se a noz de vitela envolvida num pano, tendo-se esfregado com sal, pimenta moída e toucinho fino; enfia-se depois no espeto, coberta de papel untado de manteiga, e assa-se; estando assada, tira-se-lhe o papel, continuando-se a assar para criar cor, e serve-se com alguma salada ou molho picante.

47. NOZ DE VITELA COM GELÉIA – Depois de batida e lardeada, a noz é posta a cozer com cenouras, cebolas, salsa, cerefólio, pimenta, noz-moscada, sal, alguns pedaços de carne de vaca assada, uma mão de vitela e caldo de carne. Estando a noz cozida, tira-se, côa-se o molho e deixa-se engrossar; neste estado, deita-se sobre a noz, deixando-a esfriar para se servir.

48. NOZ DE VITELA FRITA – Embrulhada num pano forte, bate-se a noz de vitela até ficar chata; ferve-se durante cinco minutos, para entesar, lardeando-se então neste estado, põe-se em uma panela com toucinho, caldo, um pouco de presunto, salsa, cebola, sal, pimenta, cenouras; estando cozida, côa-se-lhe o molho, e deixa-se engrossar; torna-se a pôr a noz na vasilha, deixando-a cozer sobre brasas até a hora de servir-se, antes do que se lhe põem algumas rodelas de limão.

49. NOZ DE VITELA RECHEADA – Bate-se a noz embrulhada num pano, abre-se depois de um lado, e enche-se de carne de peru ou de galinha, depois de picada; cose-se o buraco com linha, deita-se assim a noz preparada numa panela guarnecida com lascas de toucinho, algumas cenouras, umedece-se com um cálice de vinho branco, cozendo-a sobre um fogo moderado. Serve-se com legumes novos.

50. ORELHAS DE VITELA REFOGADAS – Estando as orelhas bem limpas, fervam-se numa panela com caldo de carne e um molho de ervas, sal e

pimenta. Tirem-se as orelhas depois de cozidas, engrosse-se o caldo coado com farinha tostada na manteiga; acrescente-se-lhe um pouco de açúcar, vinagre, ou sumo de limão, e algumas passas escaldadas, deixe-se ferver mais um pouco com as orelhas, e sirvam-se.

51. ORELHAS DE VITELA COM INHAME– Enchem-se as orelhas, depois de bem limpas e cozidas com água e sal, de presunto picado, côdea de pão, cravo-da-índia, noz-moscada, açúcar, amassado tudo com uma colher de manteiga e uma gema de ovo.

Assim preparadas, frigem-se num pouco de manteiga, ajuntando-se-lhe, depois, um copo de vinho branco, e umas raízes de inhame cozidas na água e sal.

52. ORELHAS DE VITELA COZIDAS – Depois de bem escaldadas as orelhas da vitela, bem limpas e claras, ponham-se numa panela com caldo de carne, um cálice de vinho branco, algumas folhas de repolho, sal, pimenta, salsa, manjericão, cebola e cravo-da-índia; depois de cozidas, tirem-se, passe-se o molho na peneira, engrosse-se com gemas de ovos, e sirva-se com as orelhas.

53. ORELHAS FRITAS – Fervem-se as orelhas bem limpas, com algumas fatias de presunto, um molho de ervas, sal, pimenta, uma cenoura, folhas de repolho, iguais parte de vinho e água. Estando cozidas, tiram-se, coe-se-lhe o caldo que se deve engrossar, ajuntando-lhe, antes de servir, duas gemas de ovos, um pouco de açúcar, e o sumo de um limão. Enchem-se as orelhas com um recheio feito de presunto cozido e picado, oito ovos também cozidos e picados, um pouco de farinha de trigo, um ovo cru, e frigem-se em manteiga, servindo-se com molho já preparado.

54. PÁ DE VITELA ASSADA – Põe-se a pá de uma vitela em uma panela com um pouco de manteiga, sal, folhas de cebola, pimenta e duas xícaras de caldo de carne; deixa-se assar sobre brasas, ou no forno, e serve-se com o próprio molho, deitando-lhe, antes de servir, algumas talhadas de limão descascado, e sem sementes.

55. PÁ DE VITELA À ITALIANA – Toma-se a pá da vitela, levantando com jeito a pele que a cobre, ficando só pegada na extremidade do osso, lardeia-se, temperando-a com sal, pimenta, noz-moscada, salsa e cebola. Picado tudo, torna-se a cobrir com a sua pele, segurando-a com uns pontos e assa-se no forno com um pouco de manteiga de vaca; estando cozida, deita-se na travessa, despejando-lhe um pouco de manteiga, e cobrindo-se com uma camada de queijo ralado. Serve-se com o seu próprio molho.

56. PÁ DE VITELA ASSADA NO ESPETO – Levanta-se a pele de que é coberta a pá, introduz-se-lhe um canudinho, sopra-se por ali, para poder levantá-la, enfia-se no espeto, e, depois de a ter temperado de sal, alho e vinagre, assa-se nos primeiros minutos sobre um fogo vivo para endurecer, e depois acaba-se de assar sobre brasas, umedecendo-a amiúde com seu próprio molho. Serve-se com salada.

57. PEITO DE VITELA REFOGADO – Corta-se a carne do tamanho de uma noz, frige-se uma porção de toucinho cortadinho, ajunta-se-lhe depois um pouco de farinha e deixa-se tomar cor; ajunta-se-lhe mais nesta ocasião a carne de vitela, mexe-se, e acrescentam-se-lhe um pouco de água, algumas alcaparras, alguns carapicus lavados e escaldados, algumas talhadas de limão descascadas e sem sementes; deixa-se ferver; quando estiver cozido, serve-se.

58. PEITOS DE VITELA À CAMPONESA – Tomam-se os peitos da vitela, põem-se com água fria sobre o fogo, dá-se-lhes uma fervura, tiram-se em seguida, e deixam-se esfriar; cortando-os em pedaços que não sejam grandes, frigem-se com um pedaço de presunto picado, um pouco de sal, pimenta, salsa, folhas de cebola, meia colher de farinha de trigo; acrescenta-se-lhes depois uma xícara de água ou caldo, e deixam-se cozer; estando cozidos, tira-se, e passa-se o molho na peneira, e tendo-se-lhe acrescentado três gemas de ovos, põem-se, de novo, ao fogo durante cinco a seis minutos, e servem-se.

59. PEITO DE VITELA COBERTO COM GELÉIA – Tendo-se aberto o peito da vitela, enche-se com a massa que foi indicada no peito estufado, põe-se a cozer com um mocotó de vitela cortado em pedaços, cenouras, sal, pimenta e um molho de ervas; estando cozido, tira-se, passa-se o caldo por uma peneira, tira-se-lhe a gordura e deixa-se engrossar. Neste estado, torna-se a pôr o peito na vasilha, deixa-se ferver mais um pouco, e, estando o peito colocado sobre uma travessa, põem-se-lhes algumas talhadas de limão descascado e sem sementes; deita-se-lhe o caldo por cima, deixando-o esfriar, e serve-se.

60. PEITO DE VITELA COM MARISCOS – Coze-se o peito em água e sal, tira-se-lhe depois a pele; põem-se em uma caçarola um copo de vinho, sumo de limão, pão ralado, um pouco de noz-moscada e manteiga; deixa-se ferver um pouco, põem-se-lhe depois a carne do peito e os mariscos; depois de cozido, serve-se.

61. PEITO DE VITELA COM PALMITO – Corta-se a carne de peito da vitela em pedaços iguais, escalda-se, pondo-se a cozer com algumas folhas de

alface, sal e salsa. Estando cozida, afogam-se palmito picado, e um pouco de gordura; acrescenta-se-lhes caldo de carne, e pouco antes de servi-los, deita-se a carne na caçarola, dá-se-lhe mais uma fervura, e serve-se então.

62. PEITO DE VITELA CONFEITADO – Faça-se um recheio com manteiga derretida, passas escaldadas, uma porção de roscas secas moídas, um pouco de açúcar, pouco sal, uma dúzia de amêndoas socadas, e alguns ovos; levante-se depois a pele que cobre o peito, encha-se o vão com este recheio segurando-se a pele com alguns pontos; estando o peito assim preparado, enfie-se no espeto e asse-se sobre brasas, umedecendo-se a carne com manteiga derretida.

63. PEITO DE VITELA ESTUFADO – Toma-se o peito de vitela, e separa-se pelo meio; enche-se com uma massa feita de toucinho, carne de vitela, sal, salsa, pimenta, noz-moscada, um pouco de farinha de trigo e duas gemas de ovos; fecha-se com pontos a abertura, e põe-se a cozer no forno, depois de envolvido em tiras de toucinho, ajuntando-lhe um copo de água misturado com outro de vinho branco, cenouras, sal, salsa, pimenta, cebolas, e um dente de alho. Estando cozido, serve-se com seu molho, depois de se lhe ter acrescentado sumo de limão; também se pode servir com ervilhas novas ou vagens verdes.

64. PERNA DE VITELA ASSADA NO SEU CALDO – Tiram-se as postas da perna, lardeiam-se, põem-se numa mistura de sal, pimenta, salsa, cerefólio, manjericão, um dente de alho socado, uma colher de vinagre, durante duas horas; em seguida pulveriza-se com farinha de trigo, e põe-se a assar no forno, envolvida em lascas de toucinho mui delgadas.

Estando cozida, serve-se com o próprio molho, depois de se lhe ter tirado a gordura, guarnecendo-a de vagens ou batatinhas tostadas.

65. PÉS DE VITELA REFOGADOS – Limpem-se bem os quatro pés da vitela, escaldem-se, pondo-os de molho, durante algum tempo; depois fervam-se em água e sal; tirem-se-lhes todos os ossos, coe-se-lhes o caldo, e frigindo-se um pouco de farinha de trigo em manteiga até criar cor, ajuntem-se-lhes o caldo, algumas passas, amêndoas descascadas e cortadas ao comprido, algumas talhadas de limão descascadas e sem sementes; deixe-se finalmente a carne dos pés acabar de cozer neste molho e sirva-se.

66. PÉS DE VITELA RECHEADOS FRITOS – Preparados e cozidos os pés de vitela, como acima fica dito, frigem-se na manteiga com algumas batatinhas.

67. PÉS DE VITELA RECHEADOS – Cozem-se os quatro pés de vitela em água e sal, tirem-se-lhes depois os ossos, sem rasgar a pele, encha-se o vão de

presunto picado e misturado com cebola, salsa, sal, pimenta, gemas de ovos, miolo de pão amolecido em leite. Assim preparados, põem-se a cozer sobre um fogo moderado, em vinho branco e alguns cravos-da-índia, noz-moscada, e uma colher de açúcar.

68. PICADO DE VITELA – Tomem-se carne de vitela, toucinho, um pedaço de presunto ou carne de porco salgada, temperos, algumas gemas de ovos; ponha-se esta massa numa caçarola guarnecida de lascas de toucinho, pondo-se-lhe também algumas por cima, e molhe-se com um cálice de vinho, e asse-se no forno ou sobre brasas.

Sirva-se com batatinhas cozidas na manteiga; antes de servir-se, pode-se-lhe deitar um pouco de sumo de limão ou vinagre.

69. PUDIM DE FÍGADO DE VITELA – Corte-se o fígado em pedaços miúdos, passem-se numa peneira grossa; misturem-se-lhe meia libra de manteiga, meia de toucinho fresco picadinho, cebolas cortadas, sal, pimenta, seis ovos batidos, quatro onças de passas escaldadas, duas colheres de farinha de trigo, quatro colheres de açúcar, um cálice de vinho branco.

Deite-se esta massa em uma panela guarnecida de lascas de toucinho; coza-se o seu conteúdo no forno, ou sobre brasas, cobrindo-se também a tampa com brasas.

Sirva-se com algum molho para pudim.

70. QUARTO DE VITELA PANADO – O quarto, depois de ter fervido durante cinco minutos, tira-se e deixa-se esfriar, para se cobrir com roscas secas moídas; enfia-se no espeto e assa-se, deitando-se-lhe de vez em quando, para não secar, uma colher de manteiga de vaca derretida; sirva-se com o molho de Robert ou de tomates, ou também com saladas, batatas, sardinhas, ou alfaces.

71. QUARTO DE VITELA À CAÇADOR – Toma-se o quarto de vitela, põe-se de molho em vinagre, com sal, um pouco de nitro, alho, pimenta, cebola, um molho de ervas de cheiro; tira-se-lhe depois a película, lardeia-se e assa-se no espeto.

72. QUARTO DE VITELA ASSADO NO ESPETO – O quarto de vitela, depois de ter fervido durante cinco minutos, tira-se da água, deixa-se esfriar, lardeia-se brandamente, pondo-o durante seis horas, de molho, em sal, pimenta, um dente de alho, salsa, serpol, folhas de cebolinhas, manjericão, tudo picado, e um pouco de sumo de limão; enfia-se depois no espeto cobrindo-o com papel untado de manteiga; estando assado, tira-se o papel, e serve-se com algum molho de carne ou qualquer outro molho.

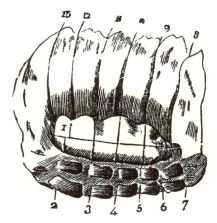
Quarto de vitela assado

73. QUARTO DE VITELA COM GELÉIA – Bate-se bem o quarto da vitela, põe-se de molho em vinho branco durante um dia; no dia seguinte, ferve-se em água e sal, com quatro pés de vitela cortados, pimenta, três cravos-da-índia, noz-moscada, um pouco de vinho, um limão partido e um molho de ervas; estando cozido, tira-se, pondo-se alguns pingos do caldo sobre um prato, e observa-se se estes, depois de frios, têm o ponto para geléia; ao contrário deixa-se ferver até este ponto, depois côa-se o caldo, tira-se-lhe a gordura, torna-se a pôr o quarto durante alguns minutos; depois, tira-se e deixa-se tudo esfriar. No dia seguinte, corta-se a geléia em talhadas finas e cobre-se o quarto com estas.

74. QUARTO DE VITELA FRIO, ASSADO COM GELÉIA – Prepara-se e coze-se o quarto de vitela, como já foi explicado, mas não se deixa o quarto acabar de cozer; tira-se antes disto, e enfia-se no espeto; acaba-se de assar sobre labaredas, tira-se, deixando esfriar e guarnecendo-o no dia seguinte com a geléia do molho.

75. GUISADO DE VITELA – Corte-se em pedaços qualquer porção de carne assada de vitela, e ponha-se numa caçarola com manteiga de vaca, farinha de trigo, e uma cebola picada; deixem-se frigir um pouco, deitando-se-lhes depois uma quantidade suficiente de água com sal, pimenta, salsa, cerefólio e um pouco de sumo de limão; deixe-se tudo ferver sobre fogo moderado durante uma hora, e depois serve-se com legumes.

76. GUISADO DE VITELA À CASEIRA – Refogue-se um pouco de ervilhas, num pouco de gordura, com folhas de cebolas, salsa, um dente de alho, ajuntem-se-lhes algumas xícaras de água, uma colher de polvilho e outra

de vinagre; deitem-se neste líquido um punhado de caruru miúdo, e algumas folhas de ora-pro-nóbis, ou alguns quiabos retalhados, e os pedaços de carne assada. Deixa-se ferver durante meia hora, e serve-se com angu de fubá de moinho, ou pirão de farinha de mandioca.

77. GUISADO DE VITELA COM CHUCHUS – Corta-se a carne fresca de vitela em pequenos pedaços, que se afogam em um pouco de gordura de porco com uma porção de chuchus descascados e picados. Ajuntam-se-lhe um copo de água, duas colheres de farinha de trigo, ou de milho (de pilão), sal, folhas de cebolas, um pouco de pimenta, um pouco de sumo de laranja-da-terra e deixa-se cozer abafado, sobre brasas, durante duas horas, e serve-se depois.

Em lugar de chuchus, pode-se fazer esta comida com quiabos, palmitos, ora-pro-nóbis, cará, jiló, grelos de abóbora-d'água, porque esta preparação se presta para todos estes adjuntos.

78. GUISADO DE VITELA COM GRELOS – Tomam-se pedaços de alcatra ou lombo assado, cortam-se em pedacinhos, e fervem-se no seguinte molho: frigem-se duas colheres de farinha de trigo, em uma colher de manteiga, até principiar a corar, ajuntam-se-lhes uma colher de açúcar, outra de vinagre, três xícaras de caldo de carne, noz-moscada, folhas de cebolinhas; deixam-se ferver um pouco, e deitam-se-lhes duas ou três mãos-cheias de grelos de abóbora escaldados com água salgada e juntamente a carne. Deixa-se ferver tudo sobre brasas durante meia hora e serve-se.

79. GUISADO DE VITELA COM CARAPICU – Tostam-se duas colheres de farinha de trigo, e em seguida uma colher de açúcar, dissolve-se tudo em quatro xícaras de caldo ou água, ajuntam-se-lhes pedaços da carne assada cortada em pedacinhos, uma mão-cheia de passas escaldadas, outro tanto de carapicu escolhido, sal, cravo-da-índia, folhas de louro, um cálice de vinagre e o açúcar necessário, deixando-os ferver, durante uma hora, sobre brasas.

80. RINS DE VITELA À PASTELETA – Toma-se o rim, um pouco de carne, ferve-se tudo em água com sal, e deixa-se esfriar; picam-se bem fino, e ajuntam-se-lhe alguns ovos, rosca seca moída, um pouco de pimenta socada, sal e salsa. Estende-se este recheio sobre fatias de pão, umedecidas em leite; frigem-se estas fatias de um e outro lado em uma caçarola com manteiga, e servem-se, cobrindo-as de açúcar e canela moída.

81. RIM DE VITELA FRITO – Limpam-se e escaldam-se os rins, deixando-os dentro de água até ficarem frios; depois cortam-se em rodelas, frigem-se estas em manteiga com uma cebola picada, um pouco de sal e pimenta.

82. OUTRO RIM DE VITELA FRITO – Cortem-se os rins da vitela em delgados pedaços ao comprido, e deitem-se na panela em gordura derretida; ajunte-se-lhes imediatamente um cálice de vinho branco para que eles não fiquem fritos, mais um pouco de sal, salsa, pimenta, e, antes de servir-se, deitem-se-lhes um pouco de pão ralado e sumo de limão.

83. RINS DE VITELA À PARMESÃ – Cortados e escaldados os rins, cozam-se em um pouco de vinho branco, com sal, pimenta, um molho de ervas e um pouco de manteiga, até quase secar-se o líquido; ponham-se depois sobre um prato, coberto com uma camada de queijo ralado, lançando-se-lhes também por cima um pouco de açúcar, misturado com canela, e deitando-lhes finalmente um pouco de manteiga derretida.

84. RINS DE VITELA COM VINHO MADEIRA – Limpam-se e escaldam-se os rins, deixando-os dentro da água até esfriarem; cortam-se em pequenas talhadas, as quais são levadas à manteiga para serem fritas, ajuntando-se-lhes, em seguida, uma colher de farinha de trigo. Mexe-se tudo muito bem, deitando-se-lhes um copo de vinho madeira, pouco sal, noz-moscada e um pouco de açúcar. Depois de bem abafado, deixa-se este conjunto de coisas ferver sobre brasas, e serve-se então.

85. ROLOS DE VITELA ASSADOS – Corte-se a carne de vitela em talhadas finas, como para bifes; batidas um pouco, e envolvidas em panos, ponham-se de molho em sal, pimenta, cebola cortada, alho, salsa e um pouco de sumo de limão, durante duas horas; em seguida, sejam enroladas e cobertas com tiras de papel, untadas de manteiga, e, assim preparadas, levem-se ao espeto para assar e deles se servir com molho de cogumelos e túbaras.

86. SALAME DE CABEÇA DE VITELA – Cozem-se a cabeça, os quatro pés e o coração de vitela em água e sal, tirando-se-lhes a escuma; quando estiverem cozidos, tiram-se os ossos da cabeça e dos pés, corta-se toda a carne em pedacinhos; corta-se igualmente o coração em fatias de comprimento de um dedo, e a língua, depois de se lhes ter tirado a pele; ajuntam-se-lhes alguns ovos cozidos, amêndoas cortadas, casquinhas de limão, cravo-da-índia, pimenta e sal, pondo-se depois esta massa em uma toalha, atando-se fortemente. Engrossa-se então o caldo, para depois servir-se.

87. TRIPAS DE VITELA REFOGADAS – Estando as tripas e o bucho bem limpos, cozem-se em água e sal, tiram-se e deixam-se esfriar. Corta-se tudo em pedacinhos; faça-se em seguida um molho de farinha de trigo, tostada na manteiga, salsa, uma cebola, um pouco de vinho, ou água na falta; po-

nham-se as tripas e o bucho dentro, deixando-os ferver mais um pouco, e ajuntando-se-lhes um pouco de sumo de laranja-da-terra.

88. TUTANO FRITO – Toma-se o tutano que está no espinhaço, enrola-se em farinha de trigo; em seguida, frige-se em um pouco de manteiga com algumas rodelas de cebolas, sal, noz-moscada, e serve-se.

89. VITELA ASSADA – Põe-se a carne de vitela sobre lascas de toucinho, algumas cenouras, sal, pimenta, cebolas, salsa, cerefólio e umas xícaras de caldo, e assa-se sobre um fogo de brasas, ou no forno.

90. VITELA ASSADA COM MOLHO DE AZEITE DOCE – Enfia-se o pedaço de vitela no espeto, molha-se, no ato de assar, com um molho feito de azeite doce, sumo de limão, anchovas, cebola, sal, pimenta, salsa picada, pondo-se por fim côdea de pão ralado sobre o assado; tira-se do espeto, servindo-se com o molho que pingou no prato por baixo do espeto.

91. VITELA ASSADA DE CREME E COBERTA – Prepara-se como a vitela de creme, porém em lugar de lardear-se o quarto, cobre-se com roscas secas antes de se assar no espeto.

92. VITELA ASSADA DE CREME – Fervem-se três garrafas de leite, com meio libra de manteiga, sal, pimenta, salsa, noz-moscada, e uma cebola partida. Tendo cozido um pouco, deita-se-lhe o quarto de vitela moderadamente lardeado, dá-se-lhe mais uma fervura, e deixa-se esfriar. Tira-se o quarto e, posto no espeto, cobre-se com talhadas de limão, cebolas, e por fim com papel untado de manteiga, e assa-se. Serve-se com batatinhas tostadas, legumes, e também com salada.

93. VITELA ASSADA NO ESPETO – Lardeia-se a carne de vitela esfregando-a com sal, alho, pimenta, salsa, folhas de cebola, enfia-se no espeto, cobrindo-se com tiras de papel, untadas de manteiga.

Estando quase cozida, tira-se a carne, pondo-se em uma panela com manteiga, vinagre, um pouco de caldo, e levando-se a um fogo vivo para acabar de cozer, e tomar boa cor.

94. VITELA COBERTA E FRITA NA GRELHA – Corte-se a carne de vitela em talhadas, unte-se com sal, pimenta moída e um ovo batido, pulverize-se com roscas secas moídas ou bolachas; frijam-se em manteiga de vaca de um e outro lado e sirva-se assim.

95. VITELA COBERTA E FRITA NA GRELHA (OUTRO MODO) – Corta-se a carne em talhada, cobre-se de ambos os lados com uma mistura, feita de uma colher de manteiga ou gordura com pó de bolachas, ou roscas secas, sal, pimenta, salsa e cebolinhas bem picadas. Embrulham-se em papel

A Vitela

untado as talhadas assim preparadas, assam-se sobre brasas na grelha, e servem-se com salada.

96. VITELA COM LIMÃO – Toma-se um pedaço de vitela, dão-se-lhe duas fervuras, tiram-se-lhe os ossos e a pele, põe-se numa caçarola com metade de caldo, e outra de vinho branco, uma folha de louro, pimenta e sal. Estando cozido, ajuntam-se-lhe bastante sumo de limão, pão ralado e um pouco de açúcar, e serve-se.

97. VITELA COM MARISCOS – Corta-se a carne em talhadas da grossura de um dedo, lardeia-se e deixa-se refogar sobre fogo moderado em manteiga, sal, um pouco de pimenta, noz-moscada e dois cálices de vinho branco. Estando cozida, ajunta-se-lhe uma dúzia de mariscos com água, mexe-se e depois de se lhe ter ajuntado côdea de pão ralado e sumo de limão, serve-se com o próprio caldo.

98. VITELA COM SARDINHAS – Corte-se a carne de vitela em talhadas do tamanho de um dedo, coza-se em água e sal, ponha-se depois numa caçarola com um pouco de manteiga, uma colher de caldo, um pouco de flor de noz-moscada, e deixe-se afogar. Antes de servir-se, ajuntam-se-lhe umas sardinhas inteiras e lavadas; deixa-se aquecer, e serve-se, dispondo a carne e as sardinhas em simetria sobre o prato, lançando-se-lhe por cima côdea de pão ralado e deitando-se-lhe o caldo que ficou na caçarola.

99. VITELA FRITA SOBRE GRELHA – Corte-se a carne de vitela em talhadas, e ponha-se três a quatro horas de molho em azeite doce, cebola cortada, salsa, sal, pimenta, um pouco de vinagre. Assam-se depois as talhadas, sobre a grelha de ambos os lados, e servem-se com molho de chefe de cozinha.

100. VITELA FRITA COM CARAPICU – Corte-se a carne de vitela em talhadas, e ponham-se em um panela, sobre lascas de toucinho, algumas cenouras, carapicu escolhido, cebola cortada, sal, pimenta, e um molho de temperos. Deixa-se assar, durante uma hora, depois ajuntam-se-lhes uma xícara de vinho branco, e as talhadas de um limão, deixando-se acabar de cozer sobre brasas.

101. VITELA FRITA DE NANTES – Põe-se uma posta de carne de vitela em uma panela com seis colheres de azeite doce, pimenta, sal, salsa, uma cebola, alho, noz-moscada, frige-se sobre brasas, virando-se de vez em quando até ficar cozida, e serve-se com algum molho picante.

102. VITELA GUISADA – Tome-se um pedaço de vitela lardeado, ponham-se numa caçarola um molho de temperos, algumas cenouras, batatas e um pé de vitela, cortado em pedaços, e cozinhe-se sobre brasas com partes iguais

de água e vinho (deve-se conservar a panela bem tapada). Tire-se depois o pedaço de vitela, coe-se a substância do molho que fica no fundo da panela e sirva-se a carne com este molho por cima.

103. VITELA GUISADA COM LÍNGUA – Toma-se uma língua de vaca cozida, tira-se-lhe a pele, corta-se em tiras, e lardeia-se uma posta de vitela com esta língua. Frige-se, em seguida, posta em manteiga, virando-a de vez em quando.

Do outro lado, frige-se meia dúzia de cebolas, com sal, pimenta, salsa, em três ou quatro colheres de azeite doce fresco; deita-se esta mistura sobre a vitela, ajuntam-se-lhe dois copos de vinho branco, outro tanto de caldo de carne, e deixa-se acabar de cozer sobre fogo moderado; finalmente, ajunta-se-lhe uma mão-cheia de carapicu escolhido, e serve-se.

104. VITELA GUISADA COM PRESUNTO – Lardeia-se uma alcatra de vitela com um pedaço de presunto magro, cortado em tiras; frigem-se, por outra parte, em um pouco de manteiga, um pouco de salsa, uma cebola, meio dente de alho, uma mão-cheia de carapicu, sal, pimenta, noz-moscada; acrescenta-se-lhe um copo de vinho branco, e deixa-se a alcatra ferver durante meia hora. Estando fria, envolve-se em quatro folhas de papel, deixando-se cozer por duas horas em uma caçarola com fogo por baixo e por cima. Serve-se com o mesmo papel.

CAPÍTULO IV

O CARNEIRO

A carne do carneiro para ser boa deve ser de um escarlate escuro, e não excessivamente gorda; o tempo em que ela é melhor é durante os meses de fevereiro, março, abril, maio, junho e julho. A carne do carneiro é a mais higiênica de todas as carnes, e é no mês de maio que ela é mais saborosa.

Outrossim, os carneiros criados no campo são preferíveis aos criados nos pastos das matas; e a carne dos carneiros de lã grossa é melhor do que a dos carneiros da lã fina (os chamados merinos).

A carne do cabrito, que se prepara da mesma maneira que a do carneiro, será contida neste capítulo: ela é tão saudável como a do carneiro, e há muitas pessoas que a preferem a esta.

Na cozinha empregam-se todas as partes do carneiro, sendo de mais estimação os quartos, a pá, as costelas, o lombo, o peito e o miolo.

Sobre o modo de trinchar, deve-se notar que os quartos cortam-se através das fibras em talhadas, e da mesma maneira o lombo; a pá corta-se por talhadas horizontais.

A carne do carneiro ou do cabrito não é boa senão vinte quatro horas, ou melhor quarenta e oito horas depois de morto, porque, estando demasiadamente fresca, ela é sempre dura e de difícil digestão. Como alimento habitual, conserva as forças sem aumentar a gordura; pode-se, por isso, recomendar como alimento diário às pessoas que engordam muito.

O quarto é a parte mais estimada do carneiro; e, com efeito, contém a melhor carne.

Pode a pá ser preparada como o quarto; sua carne tem unicamente as fibras mais compridas e mais saborosas.

A costela é uma das partes mais delicadas e mais procuradas do carneiro; pode ser preparada de muitos modos, e constitui, debaixo de todas as formas, uma comida agradável e saudável ao mesmo tempo.

Os pés devem ser muito bem cozidos para mais fácil digestão; ainda assim oferecem um grande número de delicadas iguarias.

A língua do carneiro é tenra, mas um pouco seca, e deve ser bem temperada para ter gosto; ela é mui grossa relativamente à cabeça; são precisas cinco ou seis para um prato.

Os rins são de difícil digestão, e por isso poucas vezes empregados.

Os miolos do carneiro são delicados, e prestam-se para as mesmas comidas que fornecem os miolos da vitela.

1. ALMÔNDEGAS DE CARNE DE CARNEIRO – Corta-se em pedaços um quarto de toucinho, e frige-se um pouco com uma cebola picada e uma libra de carne de carneiro igualmente picada; tira-se do fogo e acrescentam-se-lhe mais uma libra de carne de carneiro picadinha, miolo de pão amolecido com leite, quatro gemas de ovos, noz-moscada, sal, salsa picada e uma colher de farinha de trigo. Formam-se uns bolos com esta massa, os quais se frigem em manteiga ou gordura.

Esta massa também serve para rechear outras carnes, caças ou aves.

2. ASSADOS DE CARNE DE CARNEIRO EM GORDURA – Toma-se o lombo do carneiro, corta-se em talhadas iguais, da grossura de um dedo, batem-se com as costas da faca, e põem-se esses pedaços na caçarola, sobre finas talhadas de presunto, e cobertos com talhadas de toucinho: acrescentam-se-lhes duas cebolas, dois cravos-da-índia, um pouco de manjerona, uma folha de louro, sal, pimenta, caldo de carne, e deixam-se ferver com fogo por baixo e por cima, até ficarem cozidos. Tiram-se as talhadas, reduz-se o molho, depois de tirada a gordura, côa-se e serve-se com a carne assim preparada.

3. FATIAS DE CARNE DE CARNEIRO COM CARAPICUS – Cortam-se e batem-se as talhadas, cozem-se em parte de vinho branco e água, em uma caçarola guarnecida de tiras de toucinho; ajuntam-se-lhes cebolas, cravos-da-índia, sal, pimentas e uma folha de louro. Estando cozidas, tiram-se as talhadas e a gordura do caldo.

Derrete-se, por outra parte, uma colher de manteiga, misturam-se-lhe uma outra de farinha de trigo, uma de vinagre e uma porção de carapicus escaldados, escolhidos, picados e cozidos em água e sal; ajuntam-se ao caldo da carne e, estando bem reduzido o caldo, serve-se esta polpa com as fatias.

4. CARNE DE CARNEIRO FRITA – Cortam-se e batem-se as talhadas, temperam-se de sal, pimenta, salsa, cebola picada, e, colocando-se a caçarola sobre fogo vivo com meia colher de manteiga, deitam-se-lhe as talhadas do carneiro, devendo estar bem quente a manteiga; frigem-se dos dois lados, e servem-se com molho picante de mostarda. Também se pode assar em grelha, deitando-se-lhes um pouco de manteiga, e assando-se dos dois lados.

5. CARNE DE CARNEIRO REFOGADA COM ARROZ – Toma-se meia libra de toucinho, depois de frito e tirados os torresmos, deita-se-lhe em seguida a carne do carneiro, cortada em pedaços que se deixam refogar, pondo-se-lhes sal, pimenta, salsa e folhas de cebolas até ficarem de boa cor; tiram-se então, e deita-se na gordura quente o arroz escolhido, lavado e escorrido; mexe-se para que não queime, e quando tiver tomado bastante calor, deita-se-lhe uma tigela de água, em que se desfaz uma gema de ovo; ajunta-se-lhe a carne, deixando tudo cozer perto do fogo até secar, para então servir-se.

6. CARNE DE CARNEIRO REFOGADA EM VINHO COM LIMÃO – Corte-se a carne em pedaços, escaldem-se estes em água quente, e refoguem-se em um pouco de manteiga e uma colher de farinha de trigo até ficarem corados. Ajuntem-se-lhes depois um copo de vinho branco, umas folhas de louro, cebolas, sumo de limão, açúcar e passas cozidas.

7. CARNE DE CARNEIRO REFOGADA COM PALMITOS – Tomam-se quatro libras de carne de carneiro, pica-se bem, tirando-lhe, nesta ocasião, os nervos e as peles que aparecem; tempera-se de sal, salsa, aipo, cebola e pimenta; refoga-se num pouco de manteiga derretida, deita-se-lhe logo uma tigela de caldo de carne ou de água, e deixa-se ferver sobre brasas, até o caldo quase secar; nesta ocasião, deitam-se uns palmitos cozidos em água e sal, sobre os quais põe-se o carneiro refogado com o caldo; cobre-se tudo com queijo ralado, e põe-se no forno até tomar uma cor alambreada, e serve-se.

8. CARNE DE CARNEIRO À PARMESÃ – Frija-se meia libra de toucinho e, estando derretido, deitem-se-lhe duas libras de carne de carneiro cortada em pequenos pedaços; acrescentem-se-lhes sal, pimenta, salsa picada e cebola. Estando coradas, deitem-se sobre torradas de pão cobertas de queijo ralado, postas num prato untado de manteiga; umedecendo-as com um cálice de vinho, acabe-se de cozê-las no forno.

9. CARNE DE CARNEIRO COM ALCAPARRAS – Corta-se a carne de carneiro em pedaços, fervem-se em pouca água, manteiga, umas folhas de louro, pimenta-da-índia, cebolinhas e sal; pouco tempo antes de estarem cozidos, acrescentam-se-lhes algumas sardinhas picadas, alcaparras, umas talhadas de limão e côdea de pão ralada, e serve-se.

10. CARNE DE CARNEIRO COM MARACUJÁS – Ferve-se a carne de carneiro em água e sal até ficar cozida. Fervem-se nesta ocasião o miolo de seis a oito maracujás em um pouco de manteiga, nata de leite, côdea de pão ralada, e açúcar, e serve-se junto com a carne.

11. CARNE DE CARNEIRO COM PEPINOS – Corte-se a carne de carneiro em pequenos pedaços, cozam-se em água com sal, acrescentem-se-lhes finalmente pepinos descascados, desmiolados e cortados ao comprido. Estando tudo cozido, ajuntem-se-lhe um pouco de vinagre, meia colher de açúcar e um pouco de farinha de trigo frita.

12. CARNE DE CARNEIRO ENCAPADA – Corta-se a carne de carneiro em talhadas que, untadas de sal e pimenta, assam-se na grelha de um e outro lado. Deita-se depois numa frigideira com gordura quente uma massa rala composta de quatro colheres de farinha de trigo, três ovos batidos, uma xícara de vinho branco e quatro colheres de açúcar; deita-se a terça parte deste molho por cima da carne e, quando esta estiver assada, deita-se-lhe a segunda terça parte da massa e, no fim, a última terça parte (isto se pratica assim para que esta massa fique assada por camadas); cobre-se com açúcar e canela e serve-se.

13. CARNE DE CARNEIRO COZIDA DE OLHA – Toma-se um pedaço de carneiro com ossos, põe-se por algum tempo em água fria, e leva-se em seguida ao fogo mesmo com água fria, sal, salsa, folhas de cebola, um repolho pequeno e partido, uma raiz de mandioca partida, batatas-doces e uns pedaços de abóbora. Deixa-se tudo ferver até ficar bem cozido, escorre-se-lhe o caldo, e, tirada a gordura, reduz-se a quatro xícaras. Mistura-se-lhes o sumo de um limão, seis pimentas-cumaris pisadas, uma colher de pó de mostarda, e serve-se este molho junto com o cozido.

14. CARNE DE CARNEIRO DOURADA COM TORRADAS – Tomam-se duas libras de carne de carneiro e meia de toucinho, entremeado de carnes, sal, pimenta, noz-moscada, cebola e salsa; pica-se tudo bem fino e refoga-se num pouco de gordura com um cálice de vinho. Quando estiver cozido, deita-se tudo isto sobre torradas de pão, colocadas num prato, cobrindo-se tudo com seis gemas de ovos batidas, leva-se ao forno para acabar de cozer.

15. CARNE DE CARNEIRO ENSOPADA, DOURADA – Refoga-se a carne do carneiro cortada em pedaços, numa colher de gordura, com pouco sal, cravo-da-índia, noz-moscada, ajuntam-se-lhe em seguida umas xícaras de leite, e ferve-se perto do fogo, até a carne estar cozida; acrescentam-se-lhe então quatro gemas de ovos desfeitas em meia xícara de leite, deixa-se ferver mais um pouco e serve-se.

16. CARNE DE CARNEIRO ENSOPADA PARDA – Põe-se a cozer a carne do carneiro cortada em pedaços com uma colher de gordura e uma xícara de vinagre, sal, salsa, pimenta-da-índia, um dente de alho e folhas de cebola. Estando quase cozida, ajunta-se-lhe um pouco de farinha de trigo até ficar bem tostada; ajuntam-se-lhe um pouco de açúcar queimado numa colher, dois cálices de vinho tinto, uma colher de açúcar, uma dúzia de amêndoas picadinhas, e uma porção de passas escaldadas. Ferve-se a carne mais um pouco neste molho, e serve-se.

17. CARNE DE CARNEIRO ESTUFADA – Picam-se quatro libras de carne de carneiro com meio libra de toucinho, sal, salsa, manjerona, pimenta e aipo; refogam-se num pouco de gordura derretida, e, tendo tomado calor, deitam-se-lhes dois cálices de vinho branco, umas talhadas de limão descascadas e sem sementes e uma porção de carapicus. Deixa-se isto acabar de cozer sobre brasas, e serve-se.

18. CARNE DE CARNEIRO ESTUFADA À CAMPESTRE – Toma-se uma posta de carneiro, lardeia-se, pondo-se-lhe algum dente de alho; unta-se com sal e pimenta, e põe-se em uma panela, com uma colher de gordura, um pouco de noz-moscada, duas folhas de louro, um cálice de vinho, outro de água, gruda-se a tampa, e deixa-se ferver com pouco fogo, durante duas a três horas. Serve-se com algum molho ou salada.

19. CARNE DE CARNEIRO GUISADA – Picam-se quatro libras de carne de carneiro, e misturam-se-lhes uma mão-cheia de amendoins torrados e socados, um pouco de sal, cravo-da-índia, e noz-moscada. Frigem-se duas colheres de manteiga, uma de farinha de trigo até ficarem de cor alambreada escura, deita-se-lhes a carne nesta ocasião, e deixa-se tomar calor, mexendo-se sempre; acrescente-se-lhe em seguida um copo de vinho, um punhado de passas escaldadas, uma colher de açúcar e o sumo de um limão. Deixa-se o guisado ferver sobre brasas durante meia hora, e serve-se.

20. CARNE DE CARNEIRO GUISADA COM CARAPICUS – Cortam-se quatro libras de carne de carneiro em pedaços, refogam-se em uma colher de gordura, sem deixá-los corar; ajuntam-se-lhes uma tigela de água, um punha-

do de carapicu, sal, salsa, folhas de cebola-de-todo-o-ano, uma colher de polvilho e o sumo de uma laranja-da-terra. Deixa-se ferver sobre brasas, durante duas horas, e serve-se com angu mineiro.

21. CARNE DE CARNEIRO GUISADA COM COUVES – Tomam-se duas libras de carne de carneiro e uma quarta de toucinho; frige-se tudo junto, e deitam-se-lhe as couves picadas, lavadas e espremidas; deixa-se refogar, mexendo-se, ajuntando-se-lhe depois uma xícara de água, sal e umas folhas de cebola, e bem cobertas; deixa-se ferver, durante uma hora, sobre brasas, e serve-se depois.

22. CARNE DE CARNEIRO À AMERICANA – Toma-se um pedaço de carne de carneiro e assa-se no espeto. Estando assada, tira-se para ser picada. O suco que pingou é misturado com um pouco de vinagre, uma colher de gordura, pó de pimentas e sal, e colocado sobre o fogo, tornando-se a pôr neste a carne picada. Depois de estar cozendo pelo espaço de meia hora, serve-se então.

23. CARNE DE CARNEIRO PICADA E FRITA – Picam-se duas libras de carne de carneiro, depois de tirados os nervos e peles, com uma libra de carne de porco, tendo alguma gordura, duas cebolas, pimentas, sal, cravo-da-índia, salsa, uma mão-cheia de pó de bons biscoitos de polvilho, uma colher de polvilho, dois ovos (gema e clara) e um cálice de vinho.

Derrete-se numa caçarola um pouco de gordura, estando bem quente, deita-se-lhe o picado, o qual, estando frito de um lado, vira-se para frigir do outro, e serve-se como um molho picante.

24. COSTELETAS DE CARNEIRO REFOGADAS – Tomam-se as costeletas, batem-se, e aparam-se dando-se-lhes uma forma regular; temperadas com sal e pimenta, e envolvidas em farinha de trigo, assam-se dos dois lados em manteiga; deitam-se-lhes em seguida quatro xícaras de vinho branco, uma cebola cortada e um ramo de salsa. Estando cozidas, tira-se-lhes a salsa, e acrescenta-se-lhes uma colher de farinha de trigo torrada para engrossar o molho. Ajunta-se-lhes mais uma colher de vinagre, e servem-se assim preparadas.

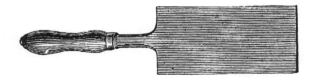

Maça para bater costeletas

O Carneiro

25. COSTELETAS DE CARNEIRO À ALEMÃ – Cortem-se as costeletas, deixando-se cada uma com um osso, batam-se bem, e dê-se-lhes com a faca uma forma arredondada. Cozam-se estas em água, sal, pimenta, manjericão, salsa, folhas de cebola. Estando cozidas, são assadas em grelha, e servidas com algum molho indicado para carnes.

26. COSTELETAS DE CARNEIRO À ITALIANA – Preparam-se as costeletas, e, depois de bem batidas, deitam-se em um molho de azeite doce, contendo sal, pimenta, e sumo de limão. Depois de estarem embebidas destes temperos, são assadas em grelha.

27. COSTELETAS DE CARNEIRO EM GUISADO – Tomam-se as costeletas, as quais, batidas e temperadas de sal, pimenta e salsa picada, são envolvidas em farinha de trigo, e fritas dos dois lados em manteiga; deita-se-lhes em seguida uma tigela de água, deixando-as ferver sobre brasas com uma cebola mais e uma mão-cheia de carapicus. Estando cozidas, ajuntam-se-lhes uma quarta de passas escaldadas, duas colheres de açúcar, uma de farinha de trigo, frita em manteiga, e uma dúzia de frutas de sapucaia descascadas e cortadas em pedaços compridos.

28. COSTELETAS DE CARNEIRO ASSADAS E COBERTAS – Cortadas, batidas e aparadas as costeletas, são levadas a ferver, suficientemente temperadas de sal, salsa, folhas de louro e cebolas, até ficarem cozidas. Côa-se-lhes o caldo, que se reduz até ficar grosso; deita-se este molho então sobre as costeletas, postas em uma caçarola, untada de manteiga, semeando-se-lhes por cima pão ralado, e cobrindo-as com quatro ovos batidos. Levam-se ao forno e, estando os ovos cozidos, servem-se.

29. COSTELETAS DE CARNEIRO COM CREME – Deitam-se em uma panela, que deve estar no fogo com leite a ferver, as costeletas depois de batidas e aparadas; acrescentam-se-lhes um pouco de sal, uma folha de louro, dois cravos-da-índia e um palmito cortado em pedaços compridos, e fervem-se sobre fogo moderado. Estando cozidas, tiram-se, assim como o palmito, colocam-se em uma travessa, e deita-se-lhes por cima o leite engrossado com quatro gemas de ovos, e servem-se assim.

30. COSTELETAS DE CARNEIRO COM LEITE – Deitam-se as costeletas com leite, que já deve estar fervendo, com um pouco de sal, pimentas-da-índia inteiras, salsa, e folhas de cebola. Estando cozidas, põem-se as costeletas num prato untado de manteiga de vaca, cobrem-se com uma porção de pão ralado, e por fim com quatro ovos batidos; levam-se ao forno, e estando cozidas, servem-se.

Cozinheiro Nacional

31. COSTELETAS DE CARNEIRO FRITAS – Cortadas, batidas e aparadas as costeletas, molham-se em manteiga ou gordura derretida; semeiam-se sobre elas sal, pimenta e noz-moscada moída; cobrem-se de pão ralado e cebola picadinha e frita, durante pouco tempo, em manteiga; viram-se para assarem dos dois lados, e servem-se com molho ou legumes.

32. COSTELETAS DE CARNEIRO FRITAS COM CAPA – Molham-se as costeletas, temperadas de sal e pimenta, em manteiga derretida em farinha de trigo, e em seguida, em gemas de ovos e outra vez em farinha de trigo, e assim frigem-se em manteiga de vaca, para servirem-se depois de se lhes ter semeado por cima queijo ralado.

33. COSTELETAS DE CARNEIRO GRELHADAS E GELADAS – Lardeiam-se as costeletas, atravessando-as de um lado a outro; passam-se em manteiga também de um e outro lado, e frigem-se sobre fogo vivo. Aparam-se depois as pontas do toucinho rente com a carne, deixam-se ferver, cobrindo-as com substância de carne, como molho; deixam-se perto de fogo, durante um quarto de hora, e servem-se.

34. COSTELETAS DE CARNEIRO GUISADAS – Tomam-se as costeletas batidas e depois de estarem temperadas de sal, frigem-se de um e outro lado em um pouco de gordura; escorre-se-lhes em seguida a gordura, e deitam-se-lhes duas xícaras de água, folhas de cebola, salsa e umas pimentas-da-índia. Deixam-se ferver e servem-se com seu próprio molho, engrossado com duas gemas de ovos e o sumo de um limão.

35. LÍNGUA DE CARNEIRO REFOGADA – Corta-se uma língua em talhadas compridas, depois de tirada a pele, viram-se em manteiga quente, e deitam-se-lhes duas colheres de farinha de trigo, deixando-se tomar calor. Quando a língua estiver de cor alambreada escura, acrescentam-se-lhe quatro cálices de vinho branco, no qual se desfizeram duas gemas de ovos, um punhado de passas, uma dúzia de amêndoas descascadas e picadas, uma colher de açúcar, pouco sal, noz-moscada e serpol. Coze-se sobre brasas e serve-se com legumes.

36. LÍNGUA DE CARNEIRO ASSADA COM TOUCINHO – Depois de tirada a pele dura da língua, esfregue-se esta com sal e pimenta moída, e corte-se em talhadas finas e compridas. Cubram-se estas talhadas de ambos os lados com finíssimas talhadas de toucinho, atando-as com linha e assando-as depois sobre grelha; tirado o barbante, sirvam-se com raiz de taioba ou de cará assado.

37. LÍNGUA DE CARNEIRO ASSADA NA GRELHA – Ferve-se a língua para se lhe tirar a pele grossa que a cobre, racha-se depois ao comprido, e põe-se

de molho em azeite doce, sal, pimenta e água de alhos. Passada uma hora, assa-se na grelha, e serve-se com pepinos de conserva.

38. LÍNGUAS DE CARNEIRO COM ABÓBORA-D'ÁGUA – Estando as línguas cozidas em água e sal e descascadas, cortam-se em dados, que se frigem em gordura derretida com duas colheres de fubá mimoso, até que o fubá queira ficar de cor alambreada; deita-se-lhe uma porção de abóbora-d'água cortada igualmente em dados; mexe-se e, estando tomando o calor do fogo, ajuntam-se-lhes uma tigela de água ou de caldo de carne, sal, salsa, raiz de aipo, uma cebola cortada; deixam-se ferver uma hora, sobre fogo moderado, e servem-se.

39. LÍNGUA DE CARNEIRO DOURADA – Descasca-se, e coze-se uma língua que, em seguida, corta-se em talhadas; untam-se estas com pouco sal e pós de cardamomo, e envolvem-se numa massa rala, feita de duas xícaras de leite, quatro gemas de ovos, duas colheres de farinha de trigo e meia colher de açúcar. Assim preparadas as talhadas, frigem-se dos dois lados em manteiga, colocam-se numa caçarola, e deita-se-lhes o resto da massa de ovos por cima, deixando-se frigir.

40. LÍNGUAS DE CARNEIRO DOURADAS E EMPASTELADAS – Fervam-se as línguas até ficarem cozidas, descasquem-se, e rachem-se em quatro tiras ao comprido. Tome-se uma dúzia de sardinhas de barril ou frescas, que se colocam num prato, cobrindo-se com aguardente, e pondo-se o prato sobre uma vasilha que contenha água fervente para aquecê-lo; acrescenta-se a aguardente, e deixa-se arder até apagar por si.

Misturam-se, por outro lado, seis gemas e duas claras de ovos bem batidas, uma xícara de leite, duas colheres de farinha de trigo ou fubá mimoso, uma colher de açúcar e um pouco de noz-moscada. Põe-se no fundo de uma caçarola um pouco de manteiga, que se frige, deitando-se nela a metade da mistura que se acaba de preparar, e deixa-se frigir. Põem-se nesta fritada, depois de tirar a caçarola do fogo, as tiras das línguas e as sardinhas partidas com algumas talhadas de limão descascado e sem sementes, tudo em ordem alternada; deita-se-lhes por cima o resto da mistura que se fez, cobre-se a caçarola, pondo-se a assar em forno ou sobre brasas, cobrindo-se igualmente a tampa com brasas. Servem-se com alguma salada.

41. LÍNGUA DE CARNEIRO ENSOPADA COM TOMATES – Estando as línguas descascadas, cortam-se em talhadas, e põem-se a ferver com água e umas lascas de toucinho, sal, manjerona, salsa e folha de cebola. Estando cozidas, tiram-se do caldo, e deixa-se este reduzir; e, restando dele apenas duas xí-

caras, ajunta-se-lhe uma dúzia de tomates; dá-se-lhe uma fervura, pisam-se os tomates, e deitam-se as línguas de novo na vasilha. Tendo tomado uma fervura, serve-se com arroz cozido.

42. LÍNGUA DE CARNEIRO GUISADA – Lardeia-se com delgadas tiras de toucinho a língua depois de fervida e tirada a casca, e põe-se a cozer em caldo de carne, com sal, pimenta, folhas de cebolas-de-todo-o-ano e salsa. Estando cozida, passa-se o caldo em uma peneira; engrossa-se com um pouco de polvilho, acrescentam-se-lhe uma colher de vinagre e uma mão-cheia de ora-pro-nóbis; deita-se outra vez a água neste molho, e deixa-se ferver mais meia hora sobre brasas, e serve-se com angu de Minas.

43. LOMBO DE CARNEIRO ASSADO EM PAPEL – Toma-se o lombo, unta-se com sal, salsa, pimenta, alho e cebola, tudo socado junto, para formar uma massa; envolve-se um papel untado em manteiga, e assa-se em espeto sobre brasas, tirando-se-lhe o papel pouco antes de se servir, para tomar cor. Serve-se com um molho feito do caldo que pingou na vasilha que se pôs por baixo do espeto, ao qual se ajuntam um cálice de vinho branco, outro de água, uma gema de ovo e uma dúzia de quiabos. Leva-se ao fogo e, depois de tomar duas fervuras, serve-se com o assado.

44. LOMBO DE CARNEIRO ASSADO NO FORNO – Lardeia-se o lombo com toucinho em tiras finas, semeia-se-lhe por cima um pouco de sal, pimenta-da-índia em pó, um pouco de sumo de alho e de limão, uma cebola e salsa picada; deixa-se durante duas horas com estes temperos para tomar o gosto, envolve-se em seguida em côdea de pão ralada, e põe-se em uma caçarola, que se coloca no forno ou sobre brasas, e deixa-se assar durante duas horas. Serve-se com vagens ou batatas inglesas assadas.

45. LOMBO DE CARNEIRO ASSADO NO ESPETO – Lardeia-se o lombo com finas tiras de toucinho, envoltas em pimenta fina, sal e alho pisado, põe-se no espeto, deitando-se-lhe, de vez em quando, uma colher de molho que pingou por baixo do espeto, em uma caçarola, na qual se puseram uma colher de manteiga, dois cálices de vinho branco, uma cebola e um pouco de salsa picada.

46. MIOLOS DE CARNEIRO COM OVOS – Escaldam-se os miolos em água quente; depois de frios, picam-se com quatro ovos cozidos, meia libra de presunto, duas cebolas, um pouco de salsa, sal, pimenta e duas colheres de fubá mimoso. Frige-se em pouco de manteiga numa caçarola; estando quente, deita-se-lhe o picado, e, estando frito, vira-se para frigir do outro lado; cobre-se de queijo ralado, e serve-se.

O Carneiro 133

47. MIOLOS DE CARNEIRO DOURADOS – Escaldam-se os miolos em água quente; depois de picados, fritem-se em duas colheres de manteiga uma cebola, salsa picada, sal e pimenta moída, com outro tanto de queijo ralado. Deita-se esta fritada no prato sobre fatias de pão fritas na manteiga, cobre-se de pão ralado, e por fim de oito ovos batidos; leva-se o prato ao forno para tostar. Servem-se cobertas de açúcar e canela moída.

48. MIÚDOS DE CARNEIRO REFOGADOS – Tomam-se os bofes, fígado, coração, rins e pés do carneiro, lavam-se limpando-se tudo, e escaldando-se em água quente. Põem-se depois a cozer em água e sal; e, estando cozidos, tiram-se-lhes os ossos dos pés e corta-se toda a carne em pequenos pedaços. Frigem-se por outro lado duas colheres de manteiga com duas de farinha de trigo, uma colher de açúcar e uma cebola cortada, até ficarem da cor de alambre escuro; ajuntam-se-lhes duas xícaras de vinho tinto, outro tanto do caldo, e uma dúzia de quiabos, cortados em rodelas; deitam-se-lhes os miúdos cozidos, e ferve-se tudo durante meia hora sobre brasas. Servem-se com angu de fubá ou pirão de farinha de mandioca.

49. MIÚDOS DE CARNEIRO COZIDOS – Depois de limpos os bofes, coração, fígado, língua e pés do carneiro, escaldam-se em água quente, cozendo-os em seguida em água com sal, salsa, folhas de cebolas e umas pimentas. Estando eles cozidos, tiram-se os ossos dos pés, escorre-se-lhes o caldo, que se engrossa (reduzindo-o primeiro se for necessário) com uma colher de manteiga amassada com outra de farinha de trigo e um cálice de vinho branco. Tornam-se a pôr os miúdos neste molho, e, tendo eles fervido um pouco, servem-se com angu de fubá de moinho.

50. MIÚDOS DE CARNEIRO FRITOS – Limpos e cozidos os bofes, fígado, coração, rins e pés, dos quais tiram-se os ossos, pica-se tudo com duas cebolas, um pouco de salsa, sal, pimenta e dois cravos-da-índia; frigem-se depois com duas colheres de manteiga, e deitam-se em um prato cobrindo-os com pão ralado e ovos batidos; aquecem-se no forno, e servem-se nesta disposição.

51. PÁ DE CARNEIRO ASSADA – Ferve-se uma pá em água e sal; estando cozida, cobre-se com uma cebola, um dente de alho, salsa bem picadinha, pimenta e noz-moscada moída; deitam-se-lhe por cima umas colheres de manteiga derretida, envolve-se com rosca seca socada e posta em uma panela, leva-se ao forno, onde se deixa assar até ter tomado boa cor, e serve-se com um molho picante.

52. PÁ DE CARNEIRO COM COMINHOS – Toma-se a pá de um carneiro, corta-se a carne em pedaços; escaldam-se estes em água quente, e põem-se em

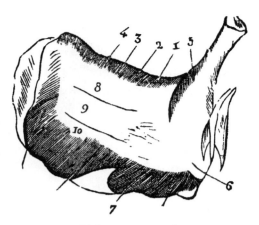

Pá de carneiro assada

seguida sobre o fogo com água fria. Tira-se a escuma, ajuntando-se-lhe depois um pouco de sal, meia onça de cominhos amarrada em um saquinho e pão ralado. Estando cozidos, servem-se com legumes.

53. PÁ DE CARNEIRO ESTUFADA – Põe-se a pá na panela sobre lascas de toucinho com presunto, cortado em pequenos pedaços, uma mão-cheia de carapicu, cebolas cortadas, salsa, sal e uma tigela de água ou caldo de carne, e deixa-se ferver. Estando cozida, tira-se a gordura do caldo, assim como a salsa e o toucinho; engrossa-se este com meia colher de polvilho; ajunta-se-lhe uma colher de vinagre, e serve-se com chicória, ou couves refogadas.

54. PÁ DE CARNEIRO GUISADA COM CAPA – Tira-se o osso da pá, abrindo a carne ao comprido; cobre-se depois com uma massa feita de carne de porco salgada, carapicu, cebola, salsa (tudo bem picado), pimenta e um dente de cravo; envolve-se em um pano segurando-o com amarrilhos. Estando cozida, encorpa-se o resto do caldo com duas gemas de ovos, acrescenta-se-lhe um pouco de sumo de laranja-da-terra, e serve-se com a carne depois de se lhe ter tirado o pano.

55. PEITO DE CARNEIRO GRELHADO – Ferve-se o peito do carneiro em água e sal até ficar cozido, tira-se em seguida para escorrer; envolve-se em côdeas de pão raladas, nas quais se misturam antes pimenta, sal e salsa picada; cobre-se depois com papel, assando-o em grelha sobre brasas, e serve-se com um molho picante.

56. PEITO DE CARNEIRO GUISADO – Deita-se o peito do carneiro em uma panela sobre lascas de toucinho, com pimenta, sal, salsa, uma raiz de aipo, de maneira que fique coberto de água e deixa-se ferver até ficar cozido.

Tiram-se-lhe os ossos e, depois de coberto de côdea de pão ralada e umedecido em manteiga, assa-se na grelha, e serve-se com um molho, feito de caldo, que depois de coado e tirada a gordura, engrossa-se com duas gemas de ovos, ajuntando-se-lhe uma colher de vinagre.

57. PERNA DE CARNEIRO COM CARAPICU – Racha-se a perna até o osso; tira-se-lhe pouco mais ou menos uma libra de carne, que se pica bem, [junto] com uma mão-cheia de carapicus escolhidos e escaldados; põe-se este recheio dentro da perna em lugar do osso, cose-se a cesura praticada, lardeia-se com toucinho temperado de sal, pimenta, noz-moscada; refoga-se na gordura, e, tendo tomado cor, ajunta-se-lhe uma tigela de vinho branco, e acaba-se de cozer sobre um fogo moderado. Serve-se com seu molho.

58. PERNA DE CARNEIRO COM PALMITO À GOIANA – Lardeia-se a perna, e coze-se com sal, um molho de ervas-de-cheiro, alho, cebola e cravo-da-índia. Estando cozida, passa-se o molho pela peneira, tira-se-lhe a gordura, deixando-se reduzir-se a duas ou três xícaras de líquido. Põe-se a perna em uma travessa guarnecida de palmitos cozidos em água e sal; cobre-se com queijo ralado, e, deitando-se-lhe molho por cima, põe-se ao forno para corar, e serve-se assim.

59. PERNA DE CARNEIRO FICTÍCIA – Tira-se toda a carne da perna, e pica-se com uma libra de presunto, meia de toucinho, sal, pimenta, cravo-da-índia, cebola, salsa, alho (tudo bem picado), uma mão-cheia de pão ralado e quatro gemas de ovos; põe-se esta massa em roda do osso sobre um pano que se cose em roda dele, dando-lhe o feitio de uma perna. Põe-se então a cozer na panela dentro de água já fervente; estando cozido, tira-se-lhe o pano e frige-se a carne numa caçarola com um pouco de manteiga, devendo a vasilha ficar sobre a brasa até a carne tomar cor, tendo-se o cuidado, quando pegar-se nela, de não desmanchar o feitio. Serve-se sobre côdea de pão torrada na manteiga, pondo-se-lhe por cima seu caldo, depois de reduzido e coado.

60. PERNA DE CARNEIRO COZIDA – Toma-se uma perna de carneiro, e enrola-se em um pano bem tapado, apertando-o e segurando-o bem com barbante; deita-se em uma panela, que deve estar sobre o fogo com água fervendo e ajuntam-se-lhe cebolas, folhas de louro, salsa, manjerona, sal, pimenta, uma pitada de nitro e deixa-se cozer durante duas horas. Serve-se, depois de ter tirado o pano, com legumes, batatas, ou algum dos molhos indicados para carne.

61. PERNA DE CARNEIRO COZIDA À INGLESA – Embrulha-se a perna em um pano bem tapado, e põe-se a cozer em água que já deve estar fervendo

sobre o fogo, com sal e uma folha de louro. Serve-se em conservas inglesas ou mostarda.

62. PERNA DE CARNEIRO COZIDA COM LEGUMES – Bate-se bem a perna, depois de tirado o sebo e aparado o osso; escalda-se em água quente, deixando-a ferver cinco minutos nesta água; tira-se depois, e deita-se em água fria, deixando-se ali até esfriar; põe-se de novo a cozer com uma porção de ervilhas novas, vagens ou grelos de abóbora, sal, salsa, um cravo-da-índia, folhas de cebola-de-todo-o-ano e um pedaço de toucinho magro ou de presunto. Estando tudo cozido, separa-se-lhe o caldo, e evapora-se até ficar reduzido a duas xícaras de líquido; nesta ocasião, torna-se a deitar-lhe a perna, deixando-a cozinhar sobre brasas, e virando-a até principiar a aderir ao fundo da panela, e estar de boa cor; serve-se então com os legumes.

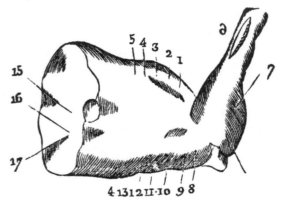

Perna de carneiro cozida à inglesa

63. PERNA DE CARNEIRO ESTUFADA – Tira-se o osso da perna, e lardeiam-se os lados cortados com toucinho grosso, temperado de sal, pimenta, salsa picada e sumo de alho. Coze-se a cesura, e lardeia-se por fora com tiras de presunto ou língua de vaca; põe-se em uma panela, guarnecida com lascas finas de toucinho, com uma tigela cheia de caldo de carne, um jiló pequeno descascado, uma cebola, um dente de alho, folhas de louro, dois cravos-da-índia, sal, pimenta, um cálice de aguardente, deixando-se cozinhar em fogo moderado por baixo e por cima. Estando cozida, serve-se com legumes, despejando-lhe por cima o seu caldo, coado e reduzido.

64. PERNA DE CARNEIRO LARDEADA, COZIDA COM LEGUMES – Bate-se a perna depois de tirado o sebo e aparado o osso por maior; lardeia-se em seguida com lascas de toucinho e de presunto; escaldada em água quente, e fervida na mesma durante cinco minutos, torna-se a pôr em água fria, na

O *Carneiro* 137

qual vai ao fogo com vagens ou ervilhas, salsa, uma cebola, sal e pimenta, e ferve-se até estar cozida. Tira-se-lhe o caldo e reduz-se a duas xícaras de líquido; ajunta-se-lhe o sumo de uma laranja-da-terra, e deita-se-lhe outra vez a carne, deixando-a ferver sobre brasas até estar de boa cor, e principiar a aderir ao fundo da vasilha. Serve-se com os legumes.

65. PÉS DE CARNEIRO REFOGADOS – Tomam-se oito pés de carneiro limpos e escaldados, deitam-se numa panela com sal, uma colher de vinagre e um pedacinho de toucinho, deixando-se cozer sobre um fogo moderado com um repolho cortado em quatro pedaços; estando cozidos, separa-se-lhes o caldo, reduzindo-o até ficar em duas xícaras; engrossa-se com duas colheres de fubá mimoso, duas gemas de ovos e, posto o repolho sobre a travessa em roda dos pés, deita-se-lhes o molho por cima, e servem-se assim.

66. PÉS DE CARNEIRO CHEIOS – Cozam-se os pés de carneiro em água e sal; estando cozidos, tendo-se-lhes tirados os ossos, encham-se do recheio seguinte: pique-se meia libra de carne de porco, com um pouco de toucinho, uma cebola, um dente de alho, três cravos-da-índia, sal, pimenta, um pouco de nitro, miolo de pão amolecido em leite e duas gemas de ovos; assim preparados, frijam-se os pés em gordura até ficarem de boa cor, e então levem-se à mesa.

67. PÉS DE CARNEIRO COM VAGENS – Estando limpos os pés do carneiro, ponham-se a cozer em água, sal, manjerona, salsa e umas folhas de cebola, de tudo partes iguais, e quando estiverem quase cozidos, refoguem-se em um pouco de gordura as vagens picadas, às quais ajuntam-se os pés do carneiro com todo o caldo, deixando-os secar em fogo moderado, para poder levarem-se à mesa.

68. PÉS DE CARNEIRO COM CHUCHU – Partidos em pedaços os pés do carneiro, cozam-se com sal, salsa, folhas de cebola e uns pedaços de toucinho; quando estiverem quase cozidos, deite-se-lhes uma porção de chuchus descascados e cortados; deixam-se ferver um pouco até reduzir-se o caldo, que depois se engrossa com duas gemas de ovos batidas, ajuntando-se-lhes um pouco de sumo de laranja-da-terra.

69. PÉS DE CARNEIRO DOURADOS – Cozam-se os pés em água e sal; depois de tirados os ossos, encham-se de presunto cozido e picado, misturando com uma cebola e salsa picada; unte-se com manteiga o prato em que se têm de servir, pondo-se-lhe no fundo uma camada das sobras do presunto; deitem-se por cima desta camada os pés recheados, cobertos com o resto do presunto picado, semeando-se-lhes por cima uma camada de pão

ralado, e deitando-se sobre tudo seis gemas de ovos. Ponham-se ao forno, e deixem-se assar até ficarem de boa cor, e sirvam-se com salada.

70. PÉS DE CARNEIRO ENSOPADOS – Cozem-se em água bem limpa os pés, depois de asseados, contendo ela apenas sal; cortam-se em pedaços miúdos, tendo-se-lhes tirado os ossos. Por outro lado frige-se uma colher de fubá mimoso em outra de gordura até ficar de cor alambreada; ajuntam-se-lhe, nesta ocasião, um copo de vinho branco com três gemas de ovos batidas, uma folha de louro, um pouco de salsa e sumo de limão. Deixando-se ferver por um pouco, deitam-se-lhe os pés, e, depois de terem fervido, durante uma hora, sobre brasas, servem-se com pirão de batatas ou farinha de mandioca.

71. PÉS DE CARNEIRO ESTUFADOS – Fervam-se os pés em água, sal, pimenta, um dente de alho e uma cebola cortada, até ficarem quase cozidos; tirem-se-lhes os ossos, e passe-se o caldo por uma peneira; tornem-se a deitar os pés neste caldo, mesmo inteiros, com um bom pedaço de toucinho, uma mão-cheia de carapicu, um pouco de vinagre, e deixem-se ferver até o caldo estar quase seco. Ponham-se então em uma travessa duas colheres do mesmo caldo, que se cobrem com roscas secas em pó, pondo-se-lhes por cima os pés de carneiro. Vão ao forno durante meia hora, e servem-se com polpa de ervilhas ou lentilhas.

72. PÉS DE CARNEIRO FRITOS – Corta-se uma cebola em talhadas, frigem-se estas na manteiga até principiarem a corar; deitam-se-lhes nesta ocasião os pés de carneiro limpos e escaldados, com sal, pimenta e manjerona, mexem-se até ficarem cozidos, e servem-se, deitando-se-lhes molho de mostarda, desfeita em sumo de limão.

73. PÉS DE CARNEIRO GUISADOS – Tomam-se os pés depois de bem limpos e escaldados, e fervem-se em água, sal e umas peles de toucinho, até ficarem bem cozidos; tiram-se-lhes os ossos, e cortam-se a pele do toucinho e os pés em pedaços miúdos; reduz-se o caldo a poucas xícaras, engrossa-se com duas colheres de pó de roscas secas, e acrescentam-se-lhe uma mão de carapicu, uma colher de vinagre e outra de açúcar; tornam-se a deitar os pés neste molho, e, depois de ferver um pouco, servem-se.

74. PESCOÇO DE CARNEIRO ASSADO EM GRELHA – Corta-se a carne do pescoço em talhadas, e põem-se sobre o fogo com água fria, sal, salsa, folhas de cebola, e depois de ferver durante meia hora, tiram-se, e envolvem-se com pão ralado. Cobrem-se depois com um pouco de manteiga derretida, assam-se sobre a grelha, e servem-se com um molho picante.

75. PESCOÇO DE CARNEIRO ENSOPADO – Refoga-se a carne de pescoço num pouco de gordura derretida, ajuntam-se-lhe depois uma tigela de caldo de carne, sal, pimenta, salsa, folhas de cebola, e, estando cozida, serve-se com batatas inglesas ensopadas, cará-de-raiz, ervilhas refogadas, vagens ou mangaritos assados.

76. QUADRADO DE CARNEIRO COM JILÓ – Toma-se o quadrado, batido e lardeado com toucinho magro, enfia-se no espeto, cobre-se com papel untado de manteiga, e assa-se. Estando quase assado, tira-se-lhe o papel para tomar uma cor alambreada, e põe-se em um prato; deita-se-lhe em roda uma dúzia de jilós, cozidos em água e sal, e põe-se-lhe por cima o próprio molho.

77. QUADRADO DE CARNEIRO COM QUIABOS – Tomam-se os quadrados do carneiro, tira-se-lhes o excesso de sebo, e assam-se um pouco, dando algumas voltas no espeto; tiram-se depois e põem-se a cozer com água fria, sal, salsa, folhas de cebola; estando quase cozidos, acrescenta-se-lhes uma colher de vinagre; ficando o molho muito ácido, pode-se-lhe ajuntar uma colher de açúcar e tendo fervido mais um pouco, serve-se com angu de Minas.

78. QUADRADO DE CARNEIRO COZIDO COM AMEIXAS – Toma-se o quadrado do carneiro, bate-se um pouco e escalda-se em água quente; em seguida, deitam-se com água fria, sal, salsa, folhas de louro e serpol em uma vasilha que se coloca sobre o fogo, e deixam-se assim ferver até ficarem quase cozidos, e o caldo quase seco; ajuntam-se-lhes então meia libra de ameixas e, em falta delas, pedaços de marmelos descascados e sem caroços, quatro colheres de açúcar, um cálice de vinho branco, um pouco de sumo de limão, e deixam-se ferver durante meia hora; engrossa-se-lhes o caldo com quatro gemas de ovos, e assim vão à mesa.

Quadrado de carneiro

79. QUARTO DE CARNEIRO REFOGADO – Corta-se o quarto do carneiro, depois de bem batido, em grandes talhadas da grossura de três dedos; lardeiam-se estas com mechas de toucinho, temperadas com bastante sal, pimenta, alho, salsa, folhas de louro, e deitam-se em uma caçarola bem tapada e grudada, sobre lascas de toucinho com uma mão de carapicu; deitam-se no forno ou sobre brasas, com fogo por cima, durante uma hora; deitam-se-lhes, nesta ocasião, um copo de vinho e uma colher de sumo de limão, e deixam-se ferver por mais uma hora. Tira-se-lhes ao final a gordura, e servem-se com o próprio molho.

80. QUARTO DE CARNEIRO ASSADO NO ESPETO – Toma-se o quarto, depois de tirado o rim, bate-se bem, lava-se em muitas águas frias e esfrega-se ultimamente com sal e pimenta; leva-se ao espeto para ser assado, umedecendo-o com manteiga.

81. QUARTO DE CARNEIRO ASSADO, FRIO COM GELÉIA – Bate-se bem o quarto do carneiro, pondo-se de molho durante um dia, em vinagre com sal, salsa, pimenta, cebola, folhas de louro e cravo-da-índia, e pondo-se depois a cozer com quatro pés de vitela; quando estiver cozido quase completamente, tira-se, levando-se a uma panela de frigir com manteiga; depois de bem corado de ambos os lados, deixa-se esfriar; engrossa-se-lhe o caldo até chegar ao ponto de geléia; côa-se, e depois de frio, guarnece-se o quarto do carneiro com talhadas de geléia.

82. QUARTO DE CARNEIRO GUISADO EM ÁGUA – Toma-se um quarto inteiro, corta-se-lhe um pedaço do lado do pé com o osso, para não ficar muito comprido e poder caber na panela; depois de bem batido e lardeado, ponha-se assim a ferver em água, que totalmente o cubra, ajuntando-se-lhe cebola, um dente de alho, cenouras, folhas de repolho, uma folha de louro, dois dentes de cravo-da-índia, salsa, cerefólio, sal, pimenta e um punhado de carapicus. Tira-se-lhe sempre a escuma, deixando-se ferver; quando estiver cozido e a água quase seca, côa-se-lhe o caldo e deixa-se continuar a cozer. Tira-se-lhe então o caldo, e deixando-se só o que for necessário para o molho, tira-se-lhe a gordura, ajuntam-se-lhe alguns pequenos pepinos de conserva, e serve-se com a carne.

83. QUARTO DE CARNEIRO À SEMELHANÇA DE QUARTO DE CAÇA – Toma-se o quarto de carneiro, bate-se bem, levando-se por um dia a um molho composto de sal, alho, cebola cortada; tira-se-lhe depois a pele fina, lardeia-se brandamente e, enfiado no espeto, deixa-se assar devagar, umede-

cendo-se no princípio com manteiga derretida, e depois com o sumo que se ajuntou no prato.

84. QUARTO DE CARNEIRO ESTUFADO – Frija-se o quarto do carneiro em manteiga até corar; deitem-se-lhe em seguida água quente e sal; tire-se-lhe depois o quarto, e prive-se o molho da gordura, acrescentando-se-lhe um pouco de açúcar queimado, uma colher de farinha de trigo tostada, vinagre, talhadas de limão, alcaparras, sardinhas picadas, uma cebola talhada, folhas de louro, pimenta e açúcar. Estando tudo fervendo, torna-se-lhe a pôr o quarto, e acaba-se de cozer sobre um fogo moderado, devendo a vasilha estar bem tapada.

85. RABOS DE CARNEIRO ASSADOS – Tomam-se os rabos escaldados com água quente, envolvem-se em ovos batidos e pão ralado, e assam-se na grelha, pingando sobre eles manteiga derretida, e servem-se com chuchus ensopados.

86. RABOS DE CARNEIRO COZIDOS – Tomam-se os rabos, que devem estar escaldados em água quente, e põem-se a ferver outra vez em água quente com um pedaço de pele de toucinho, cebola, salsa, e sal; e, estando cozidos, e o caldo bem reduzido, deitam-se-lhe uma colher de fubá mimoso e uma dúzia de quiabos, cortados em rodelas; deixa-se tudo ferver durante meia hora, e serve-se com angu de Minas.

87. RABOS DE CARNEIRO FRITOS – Escaldem-se os rabos em água quente, cortem-se em pedaços, temperem-se com sal, pimenta moída, e sejam envolvidos em ovos e cebolas picadinhas; frijam-se em gordura, deitando-se-lhes por cima uns ovos batidos, que se deixam também frigir, e assim vão à mesa.

88. GUISADO DE CARNEIRO ASSADO – Tomam-se sobras de lombos assados, cortam-se em pedaços, e deita-se-lhes o molho seguinte: frige-se uma colher de polvilho com outra de manteiga até ficarem levemente coradas, deitam-se-lhes duas xícaras de vinho branco, um pouco de noz-moscada, mexem-se, e deita-se logo em seguida a carne dentro, para servir depois de se lhe ter dado uma fervura.

89. GUISADO DE CARNEIRO COM CARURU – Toma-se a carne do carneiro assada, que sobrou da véspera, corta-se em pedaços, e frigem-se durante um instante em gordura e duas colheres de fubá mimoso; ajuntam-se-lhes logo três xícaras de caldo de carne ou de água, sal, salsa, folhas de cebola e uma mão-cheia de caruru miúdo escolhido, escaldado e fervido, durante meia hora, sobre brasas, e serve-se.

90. GUISADO DE CARNEIRO COM GRELOS DE SAMAMBAIA – Cortam-se em pedaços pequenos as carnes de carneiro, que sobraram da véspera, e põem-se a cozer com uma porção de grelos de samambaia, sal, salsa, folhas de cebola, aipo e meia tigela de leite; acrescentando-se-lhes finalmente uma colher de farinha de trigo frita na outra colher de manteiga de vaca, até ficar levemente corada.

91. GUISADO DE CARNEIRO COM TAIOBA – Toma-se uma porção de carne de carneiro assada e cortada em pedaços e uma porção de pontas de grelos de taioba descascadas e escaldadas por vezes em água quente, e refogam-se numa panela com uma colher de gordura e três xícaras de vinho branco, sal, canela, noz-moscada e uma colher de açúcar. Deixa-se ferver tudo perto do fogo, durante uma hora, e serve-se com angu de fubá de moinho.

92. GUISADO DE CARNEIRO COM TALOS DE INHAME – Cortem-se as sobras da carne do carneiro em pedaços e frigem-se, até ficarem corados, com uma colher de fubá mimoso e uma colherinha de polvilho, uma cebola, salsa, e um pouco de sal. Acrescentem-se-lhes nesta ocasião dois cálices de vinho, outro tanto de água ou caldo de carne, um pouco de açúcar e duas gemas de ovos batidas; deixem-se ferver uma hora sobre brasas, e sirvam-se, deitando-se o molho sobre os talos de inhame descascados, escaldados e fervidos em água e sal, durante uma hora pelo menos, ou até largarem o gosto acre que eles têm; cobrem-se com uma camada de queijo ralado.

93. RINS DE CARNEIRO ASSADOS – Tomam-se os rins do carneiro, escaldem-se em água quente, depois de tirada a gordura, rachem-se em duas metades e, estando polvilhados de sal e pimenta, ponham-se a assar sobre a grelha, pingando-se-lhes um pouco de manteiga. Estando assados de um lado, viram-se do outro, e sirvam-se com alguma salada.

94. RINS DE CARNEIRO COM TALOS DE BANANEIRA – Tomam-se os rins, picam-se em dados e refogam-se com uma colher de fubá mimoso, sal, salsa, picada com um pouco de gordura, adicionando-lhes, logo depois, dois grelos de cachos de bananeira picados e escaldados por duas vezes em água quente, tendo-se o cuidado de tirar-lhes as folhas grossas, que os cobrem; mexem-se, deitando-se-lhe duas xícaras de caldo de carne ou de água, e deixam-se acabar de cozer sobre brasas, e servem-se com angu de Minas.

Querendo-se, pode-se-lhes acrescentar meia dúzia de quiabos cortados em rodelas, que darão a esta iguaria um sabor agradável.

95. RINS DE CARNEIRO ESTUFADOS – Cortam-se em rodelas finas os rins, depois de lhes ter tirada a gordura, e depois de os ter escaldado com água

quente; fritam-se estas rodelas com miolo de pão ralado, um cravo-da-índia e noz-moscada e, depois de os ter mexido por um pouco, acrescenta-se-lhes um copo de vinho de Champanha ou de qualquer vinho branco; deixam-se ferver sobre brasas, meia hora, e servem-se.

96. RINS DE CARNEIRO FRITOS – Tomam-se os rins do carneiro, tira-se-lhes a gordura, e escaldam-se em água quente, rachando-os em seguida pelo meio; fritam-se em manteiga sobre um fogo muito vivo, temperando-os com sal e uma cebola picadinha e, antes de levá-los à mesa, semeia-se-lhes por cima um pouco de pão ralado e mostarda em pó.

97. CORDEIRO OU CABRITO REFOGADO – Toma-se o lombo ou quarto de carneiro ou cabrito, e põe-se em uma panela com água, sal, uns pedacinhos de toucinho, salsa, cebola, um dente de alho, deixando-o ferver até ficar cozido; fritam-se, nesta ocasião, duas colheres de farinha de trigo com duas colheres de manteiga, até ficarem de cor alambreada escura, ajuntem-se-lhes o caldo, depois de coado, uma xícara de vinho branco, o sumo de um limão, um pouco de açúcar, umas passas, umas talhadas de limão descascado e sem caroço; deita-se-lhes a carne, e deixa-se ferver sobre um fogo moderado até o caldo ficar reduzido a poucas xícaras, e serve-se com este molho.

98. CORDEIRO ASSADO DOURADO – Picam-se as sobras do cordeiro assado, com cebolas e um pouco de salsa; deitam-se sobre fatias de pão fritas em manteiga, cobrem-se com pão tostado, reduzido a pó ou queijo ralado ou ambos juntos; deitam-se-lhes por cima quatro gemas de ovos batidas com uma colher de açúcar; põe-se o prato no forno ou sobre brasas e serve-se.

99. CORDEIRO OU CABRITO À ITALIANA – Toma-se a carne e põe-se de molho, durante doze horas, em azeite doce, sal, pimenta, salsa, alho, folhas de cebola, folhas de louro e manjerona; ponha-se depois ao fogo, com uma

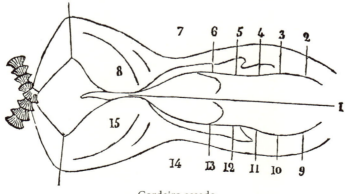

Cordeiro assado

garrafa de vinho malvasia, e deixe-a ferver sobre brasas durante seis horas, engrossando-se o molho em seguida, com duas gemas de ovos, e acrescentando-se-lhe o sumo de um limão, sirva-se a carne com este molho.

100. CORDEIRO OU CABRITO COM MOLHO BRANCO – Derretam-se duas colheres de manteiga, deitem-se-lhes duas outras de fubá mimoso, uma pitada de polvilho, um pouco de vinagre, uma tigela de caldo, um pouco de salsa, umas folhas de cebola, sal e um pouco de noz-moscada; tendo fervido um pouco, passa-se por peneira, deita-se-lhe o carneiro assado e cortado em talhadas; quando estiver quente, sirva-se então.

101. PÁ DE CORDEIRO ASSADA – Toma-se a pá do cordeiro, abre-se ao comprido, tira-se-lhe o osso, e enche-se por dentro com carapicus; lardeia-se por fora com tiras delgadas de toucinho, ajuntam-se-lhe sal, cravo-da-índia e cebola; ata-se com um barbante, dando-lhe uma forma redonda e vai a assar numa panela sobre brasas ou no forno, serve-se com seu próprio molho.

102. PÁ DE CORDEIRO COM CHUCHUS – Tira-se o osso da pá, lardeia-se a carne com toucinho temperado com pimenta, sal e noz-moscada; enrola-se depois a pá para tomar uma forma comprida, e coze-se em água com uns pedacinhos de toucinho, cebolas, uma folha de repolho, salsa e louro; estando cozida, tira-se a carne, côa-se o caldo, tira-se-lhe a colheres. Refoga-se nele uma porção de chuchus descascados, cortados em dados e escaldados em água quente, e servem-se com a pá.

103. PÁ DE CARNEIRO ESTUFADA – Escalde-se a pá do cordeiro, lardeie-se de finas tiras de toucinho e de presunto; ponha-se numa panela com sal, salsa, folhas de louro, manjerona, uma xícara de caldo e uma colher de sumo de limão, e deixe-se ferver sobre brasas, durante duas horas; coe-se-lhe o caldo, tire-se-lhe a gordura, reduzindo-o a ponto de caramelo; deite-se este sobre a pá, e sirva-se com ervilhas novas ou grelos de abóbora.

104. GUISADO DE CARNEIRO OU CABRITO SOBRE TORRADAS – Tomam-se os restos do cabrito assado, e picam-se bem miúdos com algum carapicu, alho, cebola, salsa, e umas azeitonas sem caroços; refogam-se num pouco de manteiga, e deitam-se sobre torradas de pão fritas na manteiga; ponha-se o prato ao forno, e sirva-se quente.

105. QUARTO DE CARNEIRO ASSADO – Lardeia-se o quarto do cordeiro, depois de escaldado em água quente e temperado com sal, pimenta moída e salsa picada, pondo-se-lhe da parte de fora umas tiras de toucinho, e cobrem-se ambos os lados com uma massa, feita de farinha de trigo com

manteiga e uma gema de ovo; envolve-se o quarto todo com papel, untado em manteiga; leva-se ao espeto para assar e serve-se com legumes novos.

106. QUARTO DE CARNEIRO OU CABRITO ASSADO COBERTO – Sendo o quarto bem gordo, não se lardeia, mas assa-se no espeto, coberto com papel untado, depois de temperado unicamente com sal; estando cozido, tira-se-lhe o papel, umedece-se bem o quarto com o molho que pingou, e cobre-se de pão ralado; dá-se mais umas voltas no espeto, para esta capa ficar de boa cor, e serve-se com alguma salada.

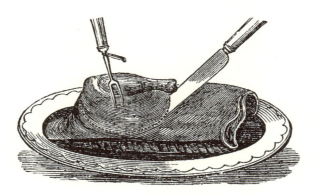

Quarto de carneiro assado

107. QUARTO DE CARNEIRO OU CABRITO ASSADO COM ABÓBORA-D'ÁGUA – Toma-se o quarto do cordeiro, tira-se-lhe o osso, lardeia-se a carne, enche-se o vão de sardinhas, envolve-se o quarto num pano, e põe-se durante seis horas de molho em vinagre, folhas de louro, gengibre, sal, pimenta, cebola e alho; depois põe-se numa panela guarnecida de lascas de toucinho, duas tigelas de caldo e uma de vinho, e deixa-se cozer no forno; estando cozido, separa-se, e côa-se-lhe o caldo, tira-se-lhe a gordura, e reduz-se, até ficar em duas xícaras; por outro lado, toma-se uma abóbora-d'água nova, descasca-se, tiram-se-lhe as sementes e corta-se em dados, que se refogam em um pouco do gordura e sal; ajunta-se-lhes depois em pouco de água, e deixa-se cozer sobre brasas até secar; serve-se com o quarto no qual se deita o molho na hora de levá-lo à mesa.

108. QUARTO DE CORDEIRO À ALEMÃ – Lardeia-se o quarto do cordeiro, depois de ser escaldado em água quente e salpicado com sal fino, pimenta moída e salsa picadinha, e coberto de tiras finas de toucinho; envolve-se depois em farinha de trigo, e cobre-se com gemas de ovos batidas; põe-se numa grande caçarola com manteiga de vaca e deixa-se cozer sobre

fogo brando, durante meia hora; meia hora antes de servi-lo, deita-se-lhe uma camada de pão ralado, e deixa-se assar durante mais meia hora, sobre um fogo vivo.

109. QUARTO DE CORDEIRO OU DE CABRITO IMITANDO CAÇA – Toma-se o quarto de cordeiro ou de cabrito, lardeia-se do lado de fora com delgadas tiras de toucinho, e põe-se, envolvido num pano bem apertado, de molho em vinagre, temperado com sal, pimenta, folhas de louro, cravo-da-índia, gengibre ralado; passadas vinte e quatro horas, assa-se no espeto, estando coberto com papel, untado em manteiga, ou coze-se assim estufado, pondo o quarto preparado numa panela com a tampa grudada, com duas colheres de gordura e três cálices de vinho tinto; serve-se tanto um como outro com seu próprio molho, tirando-lhe primeiro a gordura, com batatinhas ou bolos, feitos de farinha de trigo, leite e ovos.

CAPÍTULO V

O PORCO

A carne de porco não é doentia, como muitas pessoas supõem; para prova, considerem-se os habitantes das províncias de Minas, São Paulo, Goiás e Mato Grosso, os quais usam da carne de porco quase exclusivamente, e entretanto são eles os mais sadios e vigorosos de todo o Império; ela é muito proveitosa para as pessoas que fazem muito exercício e exigem uma alimentação substancial e restaurante; porém, como a sua digestão é muito mais vagarosa do que a das outras carnes, devem as pessoas de estômago fraco usar com moderação das comidas cuja base é a carne de porco.

A carne de porco, de qualquer maneira que se prepare, não deve ser nunca senão muito bem cozida; diz um provérbio antigo que a vaca se come cozida, e o porco recozido.

A carne de porco fresca é muito dura e sujeita a alterar-se, e fica em pouco tempo insalubre e de um cheiro desagradável, que os melhores e mais fortes temperos não podem corrigir.

Quanto à maneira de o trinchar, nada temos a acrescentar ao que já se disse na mesma ocasião sobre a carne de vaca; toda a carne é sempre cortada, atravessando-se as fibras.

Quanto ao leitão assado, principia-se a trinchar, separando primeiro as orelhas, depois cortam-se-lhe a espádua e a perna; levanta-se a pele, e corta-se em pedaços, para servir a todos os convidados; depois disto, servem-se o pescoço, o lombo, e finalmente servem-se as costelas.

1. BIFES DE FÍGADO DE PORCO – Corte-se o fígado em talhadas da grossura de um dedo, ponham-se estas numa vasilha, com sal, alho, cebola cortada em pedaços, salsa, pimenta-da-índia, meio cálice de vinho; depois de estarem neste tempero durante duas horas, ponham-se numa panela com um pouco de gordura bem quente; coloquem-se as talhadas umas sobre as outras, tape-se a panela hermeticamente, pondo um pouco de angu nas beiradas; deixem-se cozer por meia hora, com fogo brando.

Por outra: ponham-se a ferver em água, com um pouco de sal, durante uma hora, alguns renovos de samambaia, tendo-se o cuidado de mudar a água por duas ou três vezes; depois que estiverem cozidos, ponham-se no fundo de uma travessa despejando-lhe por cima os bifes com o molho que estiver na frigideira.

Em lugar de renovos de samambaia, pode-se pôr uma porção de carapicu, preparado como os renovos da samambaia.

2. BIFES DE LOMBO DE PORCO – Tomam-se dois lombinhos, que se cortam à maneira de pequenos bifes; depois de arredondados, colocam-se numa frigideira com manteiga derretida, sal, pimenta-da-índia bem moída; pouco tempo antes de servi-los, refogam-se os bifes, viram-se e põem-se sobre um prato; por outra parte põem-se na mesma frigideira em que estiverem os bifes, um pouco de substância de carne, duas colheres de molho à espanhola, duas de caldo de carne, e outro tanto de molho de pimenta; faz-se reduzir o todo, e finalmente põem-se fatias de pão untadas na manteiga, sumo de limão; tornam-se a refogar, com o molho que se acha neles, e servem-se.

3. *BEEFSTEAK* DE PORCO (BIFE) – Corta-se a carne de porco em talhadas finas, batem-se um pouco, aparam-se-lhes as beiradas, põem-se numa vasilha, com sal, salsa, alho, pimenta-da-índia, cebolas cortadas, tomates, um pouco de vinagre; refogam-se numa frigideira larga, na qual previamente se terá feito derreter um pouco de gordura de porco, e tapa-se, tendo-se tido o cuidado, quando se colocarem as talhadas na panela, de porem-nas em camadas; depois de cozidas, põem-se-lhes alguns mangaritos, que já devem estar cozidos e descascados; passados alguns minutos, colocam-se na travessa e servem-se.

4. CABEÇA DE PORCO – Recheia-se uma cabeça de porco com pedaços de carne de porco fresca, tendo previamente tirado todos os ossos com cuidado;

tempera-se com ervas-de-cheiro, noz-moscada, cravo-da-índia, pimenta, sal, cebolas, e cebolinhas picadas; põe-se o todo em uma vasilha, onde se deixa durante oito a dez dias; nesta ocasião, tira-se a cabeça da vasilha, deixa-se escorrer, cosem-se as aberturas por onde se tiram os ossos, e se ata com barbante, para que não perca o seu feitio na ocasião de cozê-la; envolve-se em um pano branco atado nas duas extremidades, e em seguida, põe-se em uma frigideira com os ossos da cabeça, peles de toucinho, cenouras, cebolas, seis a oito folhas de louro, outro tanto de ramo de cebolinhas, cravo-da-índia, um pouco de sal, alguns pedaços de carne de porco, ou de qualquer outra, molhando-se o todo com caldo de carne.

Depois de ter cozido sobre fogo brando, durante dez horas, tira-se a cabeça, que se espreme um pouco, para fazer sair o líquido que ela contém, mas com cuidado, para não perder o seu feitio, aparam-se-lhes algumas pontas que existirem e serve-se fria.

5. CABEÇA DE PORCO À FRANCESA – Corta-se a cabeça do porco, até a metade das espáduas, passa-se na labareda, a fim de tirar-lhe algumas penugens que possam existir; lava-se bem, limpa-se de novo, raspando-a com as costas de uma faca, tirando-se-lhe os ossos, e tendo muito cuidado para que não ofenda a pele.

Enche-se a cabeça de carne cortada em tiras, e bem assim a língua, tendo-a previamente untado com sal e salitre; põe-se em uma grande vasilha de barro ou pedra, com serpol, louro, alho, cravo-da-índia, salva, pimenta-da-índia quebrada, bagas de zimbro e coentro, cobre-se a terrina com um pano branco e põe-se-lhe por cima outra vasilha, que a tape o melhor possível; deixa-se tomar sal, durante oito dias, depois põe-se a escorrer; guarnece-se com orelhas de porco, línguas, talhadas de presunto, pepinos de conserva, tudo cortado em lascas finas e que terão ficado de molho junto com a cabeça.

Arma-se da maneira já explicada, também se guarnece a cabeça do porco com carnes de lingüiças, talhadas de presunto e lascas de toucinho bem duro.

6. CARNE DE PORCO COZIDA NO SANGUE – Tomam-se postas de carne de porco, cozem-se com sal, folhas de louro e pimenta; tiram-se depois, e deita-se no caldo o sangue do porco, desfeito em vinagre forte e passado por uma peneira; ajuntam-se-lhe alguns cravos-da-índia, e deixam-se ferver, ajuntando, todas as vezes que se vir que o sangue quer talhar, umas gotas de bom vinagre; finalmente torna-se a deitar a carne na vasilha, e, depois

de algumas fervuras, serve-se com angu de fubá de moinho ou pirão de farinha de mandioca.

7. CONSERVA DE PORCO FRESCO À BRASILEIRA – Corta-se a carne de porco em postas; põem-se de vinho d'alho, durante vinte e quatro horas, e em seguida, põem-se em uma vasilha para cozer em pouca água, tendo-se o cuidado de virar os pedaços para que fiquem cozidos por igual; deixa-se reduzir a água, e, nesta ocasião, a gordura que fazia parte das postas se derrete, e a carne toma uma cor conveniente; neste estado tiram-se as postas, que se colocam em uma panela de pedra ou vasilha vidrada, despejando-se-lhes por cima a gordura derretida na qual se frigiram as postas, devendo ficar bem cobertas de gordura.

Quando se quiser usar delas, tiram-se as que se quer com um garfo de pão, tendo o cuidado de endireitar a gordura a fim de que ela cubra os outros pedaços, que ficam.

Quando se quiser servir delas, frigem-se em gordura, e servem-se com algum dos molhos indicados para carne.

8. CARNE DE PORCO SALGADA – Salgam-se todos os pedaços da carne de porco, porém usa-se, as mais das vezes, do lombo, para este fim.

Corta-se o lombo em pedaços, que se esfregam com sal socado e salitre, e acomodam-se em uma vasilha, que se tapa, tendo cuidado de apertar bem os pedaços de carne para que não apanhem ar, e, para este fim, põe-se por cima de tudo uma boa porção de sal, de maneira que a carne fique toda coberta, e põe-se um pano branco por cima da vasilha.

No fim de oito dias, a carne está suficientemente salgada, e pode-se dilatar este espaço de tempo, contanto que se tenha posto sal suficientemente; neste estado, pode-se conservar a carne durante três a quatro meses; é verdade que, quanto mais novo é este salgado, mais gostoso é; freqüentemente empregada na composição de toda a espécie de quitute de repolho, de lentilhas, ou polpa de nabo.

Não se deve pôr sal nos legumes indicados, porque a carne salgada o contém em abundância: e se, por acaso, a carne estiver salgada demais, põe-se de molho em água fria, durante algum tempo, para, em seguida, guisá-la.

9. OUTRO À INGLESA – Logo que o porco estiver morto e frio, põem-se de parte as porções que se quer salgar; ordinariamente é o peito e a pele da barriga; e se o porco for pequeno e de meia engorda, pode-se salgá-lo todo; cortam-se em pedaços as carnes que se quer salgar, põem-se de molho em salmoura, feita da maneira seguinte: enche-se uma panela de água, que pos-

sa conter a porção de carne que se quer salgar, e põe-se sobre o fogo para ferver, e quando ela estiver fervendo, ajunta-se-lhe pouco a pouco uma porção de sal, de maneira que esta água fique bem saturada, o que se conhece quando um ovo colocado no fundo da panela nadar à superfície da água.

Neste estado, tira-se a salmoura do fogo, deixa-se esfriar na própria vasilha, se esta for de ferro batido ou de pedra; deve-se tirá-la logo, para esfriar em outra vasilha, se for de cobre, porque neste caso criaria azinhavre, que é um veneno forte.

10. Chouriço – Picam-se algumas cebolas bem miúdas, e põem-se a cozer em banha derretida; quando estiverem cozidas, ajuntam-se-lhes uma porção de banha cortada em pedaços miúdos e, com esta, o sangue do porco, leite, sal, temperos, e misture-se tudo bem.

Com esta massa enchem-se as tripas depois de bem limpas, que se atam numa ponta, tendo o cuidado, de vez em quando, de picar com um alfinete quando tiver muito ar dentro; e quando a tripa estiver cheia, ata-se a outra ponta.

Estes chouriços são cozidos em água, e para se conhecer se eles estão cozidos, basta tirar-se um da vasilha e picá-lo com um alfinete; se o sangue não sair mais, e se em vez deste, sair gordura, é porque está cozido; para este fim é preciso que ele ferva só alguns minutos.

Neste estado, tiram-se da vasilha, deixam-se esfriar, e quando se quiser comê-los, põem-se a assar na grelha, tendo o cuidado de dar-lhes alguns piques, para que não arrebentem.

Também se podem frigir, querendo-se.

Faz-se da mesma maneira o chouriço de sangue de qualquer outro animal ou aves.

11. outro – Apara-se o sangue de porco, tendo posto de antemão na vasilha um pouco de vinagre, e mexe-se bem para impedir que o sangue talhe. Depois de cozida uma dúzia de cebolas picadas, ajuntam-se-lhe quatro garrafas de sangue, três libras de redanho picado, salsa, cebolinhas picadas, sal, pimenta, noz-moscada, cravo-da-índia, algumas folhas de louro, serpol, manjerona, e uma garrafa de leite; mistura-se bem tudo para que a banha não embole.

Esta mistura é introduzida nas tripas bem lavadas, tendo-se o cuidado de atar uma das extremidades da tripa; e, quando estiver cheia, ata-se-lhe a outra, deixando um pequeno intervalo vazio, para não arrebentarem; cozem-se, e conservam-se em água quente, tendo-se cuidado para que esta não ferva, e quando principiarem a ficar duros, e que, picados com um alfinete, marejarem gordura, estão cozidos.

Neste estado, tiram-se do fogo, deixam-se escorrer, e enxugam-se com um pano; querendo-se, dá-se-lhes um belo verniz, untando-os com uma pele de toucinho.

Quando se quer comê-los, dão-se-lhes uns piques para não arrebentarem, e põem-se então na grelha sobre fogo brando.

Pode-se também cortá-los em rodelas, e frigi-los em gordura.

12. CHOURIÇO ALEMÃO – Apara-se o sangue de porco, tendo posto na vasilha um pouco de vinagre, para que não talhe.

Cortam-se-lhe as orelhas, o focinho, a língua, o coração, os bofes e as partes de pele da barriga que tem mui pouca gordura; põe-se tudo a ferver em uma panela com água e sal; estando o todo cozido, corta-se em pequenos pedaços, mistura-se com o sangue e o fígado esmagado, sal, cebolas picadas, manjerona, manjericão, serpol, pimenta, cravo-da-índia e noz-moscada.

Com esta massa enchem-se as tripas bem lavadas, e depois de fervidas, guardam-se.

13. CHOURIÇO À MINEIRA – Apara-se o sangue numa vasilha, na qual se terá posto um pouco de sal, e mexe-se para que não talhe; corta-se o redanho em pedaços miúdos, e bem assim alho, cebola, salsa, cebolinhas, manjerona, serpol, segurelha, e pimenta-cumari, tudo bem picado; ajuntam-se-lhe mais cravo-da-índia, pimenta-da-índia, canela bem moída e meia libra de açúcar refinado; engrossa-se o sangue com farinha de mandioca, ou farinha de milho peneirada.

Procede-se da maneira já explicada.

14. CHOURIÇO BRANCO – Cortam-se doze cebolas em pedacinhos, e fazem-se cozer em redanho derretido; ajuntam-se-lhes miolo de pão fervido em leite, e a carne de uma ave assada; pica-se tudo bem, e soca-se com miolo de pão, pondo partes iguais de miolo de pão, de carne de ave, e de redanho cortado em pedaços miúdos; ajuntam-se-lhe sal, pimenta-da-índia socada, alho, cebolinhas, salsa, seis gemas de ovos cruas e meia garrafa de leite.

Mistura-se tudo numa caçarola, onde estão as cebolas cozidas.

Com esta massa enchem-se as tripas, deixando-lhes um espaço vazio, para que não arrebentem; atam-se bem, e põem-se a cozer em leite misturado com metade de água, não se deixando ferver.

Tiram-se do fogo, quando estão cozidos, e deixam-se esfriar.

Quando se quer comê-los, põem-se sobre brasas ou na grelha, depois de tê-los envolvido em um papel untado com manteiga.

Em vez de carne de ave, pode-se substituir com qualquer outra carne.

15. CHOURIÇO DE FÍGADO DE PORCO – Toma-se um fígado, pica-se bem, cozem-se seis cebolas em caldo de carne bem gordo, picam-se, e misturam-se com o fígado já picado; ajuntam-se-lhes oito onças de redanho cortado em pedaços, a quarta parte de uma garrafa de leite bem gordo, meia garrafa de sangue, que se terá preparado como já foi dito; tempera-se o todo com sal moído, pimenta-cumari, pimenta-da-índia, salsa, cebolinhas, serpol, segurelha, coentro, e põe-se sobre um fogo, só para amornar, mexendo-se para que o sangue não pegue no fundo da vasilha.

Com esta massa enchem-se as tripas pela mesma maneira que já explicamos, e depois de prontos os chouriços, cozem-se em caldo de carne, e, depois de enxutos, guardam-se.

Quando se quer comê-los, assam-se na grelha envolvidos em papel untado com manteiga.

16. COSTELETAS DE PORCO ASSADAS – Põem-se as costeletas de molho durante três dias em azeite doce, sal, pimenta, salsa, louro, cravo-da-índia, e frigem-se na frigideira, ou assam-se sobre a grelha, pondo-lhes por cima um molho à Robert, com pepinos de conserva, cortados em rodelas; também se pode usar de um molho picante ou de um de tomates, ou também de polpa de azedas-do-reino.

17. COSTELETAS DE PORCO À MILANESA – Tomam-se seis costeletas frescas de porco, bem aparadas e untadas de manteiga e passam-se em pó de pão e queijo ralado; põem-se em uma frigideira com manteiga derretida, sal, pimenta-da-índia, um dente de alho, e cebolinhas; refogam-se as costeletas só quanto tomarem calor dos dois lados; colocam-se em uma vasilha com fogo por baixo e por cima, e deixam-se cozer durante um quarto de hora; tiram-se do fogo, põem-se a escorrer, e tira-se a gordura do molho, que ficou na vasilha; derretem-se um pouco de substância de carne e um pouco de molho de tomates, reduz-se este molho, e põem-se-lhe dentro as costeletas, para cozerem devagar; servem-se com macarrão cozido em água e sal, ou com um molho de tomates.

18. CROQUETES DE CARNE DE PORCO FRESCA – Tomam-se as sobras de carne de porco cozida ou assada, que se picam com facão; temperam-se com sal, alho, salsa, pimenta-da-índia, louro, serpol, tudo bem picado; ajuntam-se lhes duas colheres de vinagre, amassam-se bem com dois ovos

crus, ajuntando-lhes mais um pouco de pó de roscas secas, ou de miolo de pão torrado; não havendo miolo de pão, nem roscas secas, substituem-se com duas colheres de farinha de trigo.

Assim preparados, faz-se desta massa uns bolinhos que se frigem em manteiga.

Servem-se com ramos de salsa, ou um molho à Robert.

Preparam-se da mesma maneira, quer de carne de vaca, vitela, carneiro, aves, ou de caça.

19. ENTRECOSTO DE ESPETO – Toma-se um pedaço de entrecosto bem carnudo, unta-se com sal e pimenta moída, assa-se no espeto com o seu próprio molho; estando assado, cobre-se a parte carnuda de roscas secas moídas, deixa-se mais um pouco, e serve-se.

20. FARTES DE CARNE DE PORCO – Toma-se uma porção de sobras de carnes de porco, com peles de toucinho ou de presunto, e corta-se o todo em pedaços miúdos e temperam-se como se temperam as salsichas; toma-se uma porção desta carne que se envolve em peles de toucinho ou em tiras de presunto; cosem-se nas duas pontas e fazem-se tantos quantos a carne der. Põem-se na salmoura, durante oito dias, findos os quais, levam-se ao fumeiro, e deixam-se secar.

Quando se quer comê-los, põem-se de molho, durante vinte e quatro horas; feito o que, põem-se a cozer em muita água, e servem-se.

21. FÍGADO DE PORCO À ITALIANA – Toma-se um fígado de porco que se corta em pedaços de três polegadas em quadro; salpicam-se bem com sal, pimenta-da-índia, enrola-se cada pedaço em sementes de funcho, de maneira que cada um deles fique inteiramente coberto desta semente; enfiam-se estes pedaços no espeto, depois de tê-los envolvido, um por um, em pedaços de redanho; bastam vinte minutos para que fiquem assados; nesta ocasião, tiram-se do espeto, põem-se em uma travessa e servem-se, pondo-se em outro prato umas fatias de pão, torradas com manteiga.

22. FÍGADO ENSOPADO COM BERINJELAS – Toma-se o fígado, corta-se em fatias da grossura de um dedo, envolvem-se estas de farinha de trigo e frigem-se de um e outro lado em gordura; estando inteiramente fritas, acrescentam-se-lhes duas grandes xícaras de água, uma cebola cortada, sal, pimentas; deixam-se ferver com pouco de fogo; meia hora antes de servir-se, deitam-se-lhes algumas berinjelas partidas.

23. GUISADO DE MIÚDOS – Chamam-se miúdos os bofes, coração, fígado, rins, bucho e língua.

Tomam-se os miúdos do porco e aferventam-se em água e sal; depois de aferventados, cortam-se em pedaços miúdos, refogam-se na gordura bem quente, tendo levado todos os temperos como sejam sal, alho, cebola picada, salsa, pimenta-da-índia, cominhos, folhas de louro, alguns tomates; põe-se-lhes um pouco de água, depois de tudo isto bem temperado, tomam-se duas colheres de farinha de trigo, desmancham-se em um pouco de água, engrossam-se os miúdos, que se comem com angu de farinha de mandioca ou de moinho. Querendo, ajunta-se mais água ao caldo, para dele fazer-se pirão de farinha de mandioca, o qual se faz em uma travessa funda, deitando-lhe por cima e pouco a pouco o caldo bem quente, e mexendo-se com um garfo; guarnece-se a travessa com ramos de salsa e alguns pedaços dos miúdos.

24. LEITÃO ASSADO À CHEFE DE COZINHA – Toma-se um leitão depois de preparado e limpo, passa-se na labareda, guarnece-se com um molho à chefe de cozinha, cose-se-lhe a barriga, para conter o molho; enfia-se no espeto, ao comprido, e ata-se nas pontas do espeto; uma hora e meia antes de servir-se, põe-se no fogo, e, de tempo em tempo, unta-se com um pincel, molhado no azeite doce; é preciso que se modere o fogo, para o leitão alcançar um bonito tostado em todas as partes; na hora de servir-se, tira-se do espeto e dá-se-lhe um talho na pele do pescoço, para que a pele estale nos dentes, que é o que dá graça ao leitão, e vai à mesa, pondo-se em uma terrina um molho à chefe de cozinha e, em uma outra, um molho diluído de substância de carne.

25. LEITÃO ASSADO NO ESPETO À MINEIRA – Estando o leitão limpo e lavado como acima já foi explicado, parte-se em duas metades, ficando uma delas com a cabeça, isto é, cortada pelo comprimento, esfrega-se com sal e alho, deixa-se de molho durante doze horas; enfia-se no espeto cada uma destas metades, fazendo passar o espeto entre as costelas e a pele; quanto à metade em que fica aderindo a cabeça, a ponta do espeto sai pela boca; amarra-se o pé no espeto com um cordão, e faz-se na pele um buraquinho no qual se lhe enfia a mão; neste estado, vai ao forno, descansando a ponta do espeto num encosto que se proporcionou, ficando a outra ponta na parede do forno; vai-se virando amiúde e untando com um molho feito com gordura, sal e alho; e, tendo alcançado uma bonita cor dourada, serve-se cada metade em uma travessa, na qual se terão colocado umas folhas de agrião, e por cima das metades, põem-se umas talhadas de limão descascadas.

Querendo não recorrer ao forno, pode-se assar sobre brasas, tendo muito cuidado em moderar o fogo, e untá-las com o molho já dito, e em lugar de gordura, põe-se-lhe azeite doce.

26. LEITÃO ASSADO E RECHEADO À MINEIRA – Toma-se um leitão de mês, mata-se, cravando-se-lhe um canivete debaixo do braço esquerdo e tendo-se o cuidado de não fazer uma cesura muito grande; apara-se-lhe o sangue, no qual não se põe mistura, para deixá-lo talhar; depois, péla-se com água fervente e cinza, passando-se as costas da faca para tirar-lhe os cabelos; tiram-se-lhe as unhas, e, depois de bem lavado, se restarem ainda alguns cabelos, chamuscam-se em fogo de palha; em seguida faz-se-lhe na barriga uma abertura, só quanto baste para o destripar, e, por esta mesma abertura, deve-se tirar a língua, a qual previamente se terá destacado da boca, dando-se-lhe um talho por baixo da língua; em seguida, é novamente lavado, pondo-se-lhe então sal e alho, e esfregando-se por dentro e por fora para que os cheiros se entranhem bem, e deixam-se ficar na mesma vasilha, durante vinte e quatro horas; tomam-se a língua e os miúdos, aferventam-se em água e sal, e o sangue, que se aparou, e que já deve estar talhado; depois de aferventada, é picada em talhadas delgadas, que se refogam com sal, pimenta, alho, salsa, folhas de cebola, segurelha, folhas de cardamomo (tudo picado bem miúdo), pinhões cozidos, de antemão descascados, e alguns pedaços de lingüiça; depois de bem cozidos, o suco fica seco; enche-se deste recheio a barriga ao leitão, pela abertura que se fez, e dão-se-lhe uns pontos; faz-se então debaixo das mãos um buraco, pelo qual se enfiam as mãos, dobram-se os pés para trás, atando-os com um cordão. Faz-se um molho de gordura, sal e alho, unta-se o leitão, e, assim preparado, é colocado na frigideira, e vai ao forno, devendo-se moderar-lhe o calor; depois de bem cozido, tendo alcançado uma cor dourada, tira-se do forno, dando-lhe um talho na pele do pescoço; coloca-se em uma

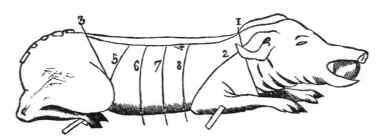

Leitão assado

travessa, guarnecida de ramos de salsa, põe-se na boca do leitão um limão maduro e descascado. Usa-se geralmente comê-lo quente, porém algumas pessoas preferem comê-lo frio.

27. LEITÃO EM GELATINA – Depois de ter fervido o leitão um pouco, tiram-se-lhe todos os ossos, e estende-se sobre um pano, pondo-lhes por cima um recheio de carne picada e convenientemente temperada; põem-se por cima deste recheio uma camada de talhadas de presunto bem finas, uma outra de fatias de toucinho, outra de túbaras, ou de carapicus, outra de ovos duros, pondo-se-lhe finalmente uma de recheio; envolve-se o leitão (tendo-se o cuidado de não desarranjar as camadas) com tiras de toucinho, cobrindo-o com um pano branco, atado com barbante, e pondo-o a cozer em metade de caldo de carne e vinho branco durante três horas, ajuntando-se-lhe sal, pimenta quebrada, raízes, cebolas, salsa, cebolinhas, alho, cravo-da-índia, serpol, louro, manjericão; e quando estiver cozido, deixa-se esfriar na vasilha, e come-se depois de frio.

28. LEITÃO ENSOPADO À MINEIRA – Depois de estar o leitão limpo, como já dissemos, pica-se em pedaços, põem-se estes numa vasilha, que já deverá estar com gordura quente; ajuntam-se-lhes sal, alho, pimenta-cumari, salsa picada, e abranda-se o fogo; depois de estar cozendo durante meia hora, ajunta-se-lhes um pouco de água quente, e deixam-se assim cozer; depois de estar bem cozido e restar muito pouco caldo, tira-se do fogo e manda-se à mesa, pondo, à parte, um molho picante.

29. LÍNGUA DE PORCO ENSACADA – Ferve-se em fogo ardente uma língua de porco, tira-se-lhe a pele que a cobre, põe-se esta língua em uma vasilha com bastante sal, farinha de trigo e ervas-de-cheiro, de maneira que ela fique bem coberta com esta substância.

Depois de a ter deixado assim de escabeche, durante três a quatro dias, põe-se a língua em uma tripa de vaca, de maneira que não haja vácuo e atam-se bem as extremidades da tripa; depois disto pendura-se na fumaça e deixa-se durante um mês e mais.

Coze-se em caldo de carne, e serve-se fria.

30. LÍNGUAS DE PORCO FUMADAS E ENSACADAS – Toma-se uma porção de línguas de porco que se escaldam, para tirar-lhes a pele; em seguida, colocam-se umas sobre as outras, untando-as com sal e salitre, manjericão, louro, serpol, bagas de zimbro; põe-se-lhes por cima um peso para as apertar e cobre-se a vasilha para que não entre ar, põem-se em lugar fresco durante oito dias; no fim deste tempo, tiram-se as línguas da salmoura, e põem-se

a escorrer; introduzem-se em tripas, atando-se as duas pontas, põem-se na fumaça; quando se quiser servi-las, põem-se a cozer em água, vinho, salsa, cebolas, louro, manjericão; deixam-se esfriar, e servem-se assim.

31. LINGÜIÇAS À BRASILEIRA – Toma-se a carne do pernil e da pá que se corta em pedaços miúdos, temperam-se com sal, alho, pimenta-da-índia, pimentas-cumaris, salsa, cebolinha, manjerona, louro, segurelha, e uma garrafa de vinho ou aguardente; deixam-se de molho nesta mistura durante vinte e quatro horas; tomam-se tripas finas que, depois de lavadas com laranjas e fubá, são postas em água fria e sal durante vinte e quatro horas; na ocasião de encher, tiram-se as tripas, põem-se a escorrer, enxugam-se num pano, introduzem-se nelas os pedaços da carne que se cortou, e que se pôs de molho, apertando-se a carne o mais possível, picando a tripa de vez em quando com um alfinete, para dar saída ao ar que ficou comprimido entre as camadas de carne, e, depois da tripa cheia, ata-se a outra ponta.

As lingüiças assim preparadas são postas na fumaça durante três dias; findo este tempo, guardam-se em lugar enxuto.

Comem-se fritas ou assadas na grelha ou cozidas no arroz.

Entram também na composição de diferentes recheios.

Conservam-se as lingüiças frescas, durante seis a sete meses, pondo-as ao sol logo que estiverem feitas, e isto até que fiquem enxutas; enxugam-se bem com um pano, colocando-se no fundo de uma vasilha uma camada de gordura, por cima desta uma de lingüiças e alternando, assim por diante, até a vasilha ficar cheia, devendo a última camada ser de gordura.

Quando se quiser usar delas, tiram-se com um garfo de pão, assam-se, frigem-se ou também cozem-se nas ervas ou mesmo no arroz.

32. LINGÜIÇAS À MANEIRA DE SONHOS – Toma-se tanto de carne de porco como de toucinho fresco, sem sal, pica-se tudo o mais fino possível, temperando-se com pimenta, sal, serpol, salsa, louro, cravo-da-índia.

Tomam-se pequenos pedaços desta massa que se cobrem com pedaços de redanho de porco, dando-se-lhes uma forma comprida e chata; põem-se a assar sobre um fogo brando na grelha e, assim cozidos, servem-se com repolho cozido, guandu, mangalós. Pode-se também frigi-los, e servem-se num prato, despejando-lhes por cima um molho feito com a gordura em que se frigem e na qual se terá posto um pouco de vinho branco, deixando-o ferver até ficar reduzido à metade.

33. LOMBINHOS DE PORCO FRESCO – Tiram-se os lombinhos em todo o seu comprimento, preparam-se, e lardeiam-se; pode-se os deixar compridos,

ou dar-lhes uma forma redonda; põem-se lascas de toucinho em uma caçarola, algumas talhadas de carne de vitela, duas cenouras, cebolas, dois cravos-da-índia, salsa, folhas de cebolas, louro, pondo por cima dos lombinhos, que se cobrem com uma folha de papel untada com manteiga, e ajunta-se-lhes meia garrafa de caldo de carne. Deve-se pôr a caçarola sobre fogo, e pondo fogo por cima; na ocasião de deitá-los no prato, põem-se a escorrer, pondo-se-lhes por cima substância de carne.

Serve-se com chicórias, pepinos cortados, mandiocas fritas, ou com molho de tomates, ou molho picante.

34. LOMBINHOS DE ESPETO – Tomam-se três lombinhos que, depois de preparados e lardeados, são postos de vinho d'alho durante vinte e quatro horas; passado este tempo, põem-se a escorrer, e enfiam-se no espeto com substâncias de carne e servem-se com um molho de pimenta.

35. LOMBO DE PORCO À MODA DE BOLONHA – Toma-se um lombo de porco, no qual fique pegado o lombinho, cobre-se com folhas de salva, e atam-se as duas pontas com um barbante para lhe dar a forma redonda; coloca-se em uma terrina, cobre-se de vinagre, ajuntando-se-lhe algumas cebolas e cenouras, cortadas em rodelas, as casquinhas de um limão e alguns cravos-da-índia, deixando-o de molho, durante dois a três dias.

No fim deste tempo, põe-se o lombo numa caçarola, ajuntando metade do molho onde o lombo esteve, acrescentando-se-lhe dois copos de água, ou de caldo de carne, duas cebolas, duas cenouras, um molho de ervas-de-cheiro, sal e pimenta; tapa-se a caçarola, põe-se sobre um fogo vivo, que depois se abranda, deixando-o cozer durante duas até três horas; tiram-se-lhe o barbante, e as folhas de salva, põe-se num prato, e serve-se, pondo numa terrina à parte uma porção de geléia de groselha.

Também costuma-se pôr, por cima do lombo, o molho em que ele mesmo foi cozido.

Lombo de porco assado

36. LOMBO DE PORCO ASSADO – Põe-se de molho em azeite doce, durante três dias, um lombo de porco fresco com sal, pimenta, salsa, cebolas, cravos-da-índia e louro; enfia-se no espeto, e quando estiver pronto, serve-se com um molho picante quente. Querendo-se, põe-se a assar em uma caçarola com um pouco de manteiga, ajuntando-lhe uma cebola, e serve-se com um guisado de cebolas feito de maneira seguinte: tomam-se cebolas, que se cortam em talhadas, passam-se sobre o fogo com um pedaço de manteiga até que estejam quase cozidas, ajunta-se-lhes um poucochinho de farinha de trigo, e mexem-se até que fiquem de uma cor boa; molham-se com caldo de carne, vinho branco, sal e pimenta-da-índia, deixando-se ferver até que as cebolas estejam cozidas, e que não exista mais molho.

37. MIOLO DE PORCO – Prepara-se da mesma maneira que o de vitela.

38. MOCOTÓ DE PORCO REFOGADO – Ferve-se o mocotó até estar quase cozido, deixa-se esfriar e tiram-se-lhe os ossos.

Frige-se, por outra parte, um pouco de gordura com farinha de trigo, folhas de salsa, cebolas, caldo de mocotó e um pouco de sal; deita-se, depois de ter fervido uma vez, a carne do mocotó neste molho, deixando-se ferver por mais um pouco, e serve-se.

39. ORELHAS À CASEIRA – Põe-se em uma caçarola um pouco de farinha de trigo e algumas cebolas; quando estiverem cozidas, e tiverem tomado uma cor loura, ajuntam-se-lhes meio copo de vinagre, e um copo de caldo de carne, sal, pimenta-da-índia quebrada; deixam-se tomar algumas fervuras.

Por outra parte, cortam-se, em tiras compridas, as orelhas de um porco, já temperadas e cozidas pela maneira explicada para a cabeça; põem-se em uma caçarola, despejando-lhes por cima o molho que se preparou; refoga-se o todo em fogo muito brando, de maneira que nunca ferva; serve-se em uma travessa, pondo-lhe, por cima e ao redor, torradas de pão.

40. ORELHAS E PÉS DE PORCO À CHOISY – Tomam-se quatro orelhas e quatro pés de porco, que se limpam bem; depois de tê-los passado em uma labareda, raspam-se, lavam-se por muitas vezes, fervendo-se em uma vasilha com bastante água; põem-se a cozer com alguns temperos e um pouco de manteiga; quando estiverem cozidos, deixam-se esfriar em seu próprio molho; põem-se a escorrer e cortam-se em tiras bem iguais; cortam-se em tiras também algumas cebolas grandes, põem-se numa caçarola com um pouco de manteiga, e cozem-se; quando estiverem cozidas, ajuntam-se-lhes três colheres de molho à espanhola, deixando-se cozer devagar ao pé

do fogo; no momento de servi-las deitam-se na panela as orelhas cortadas em lascas, põe-se-lhes um molho de mostarda, e servem-se.

41. ORELHAS DE PORCO À SAINTE-MENEHOULD – Cozam-se as orelhas de porco em caldo de carne, com vinho tinto, cenouras, cebolas, introduzindo-se, em uma das cebolas, cravos-da-índia; ajuntem-se-lhes um ramo de ervas-de-cheiro, pimenta quebrada e sal.

Depois de estarem cozidas e frias, douram-se com um pouco de manteiga morna, pondo-se-lhes por cima miolo de pão socado; cobrem-se com uma gema de ovo batida, torne-se-lhes a pôr por cima outra camada de miolo de pão, deixem-se tomar cor no forno. Sirvam-se com um molho picante.

42. ORELHAS DE PORCO COM POLPA – Tomam-se as orelhas, que se passam por uma labareda, e depois de limpas, cozem-se com lentilhas, guandu, mangalós e grãos-de-bico em água com cebolas e cenouras.

Faz-se uma polpa de alguns destes grãos e põe-se-lhes por cima.

43. ORELHAS E PÉS DE PORCO ASSADOS – Depois de fervidos, os pés cozem-se durante quatro a cinco horas; em seguida, racham-se em duas partes, cobrem-se com pó de roscas secas ou de miolo de pão, e põem-se a assar na grelha.

Por outra parte, cortam-se as orelhas em tiras finas, que se refogam com uma porção de cebolas tostadas, ajuntando-se-lhes no momento de servi-las um pouco de molho de mostarda, e pondo-se-lhes finalmente os pés assados.

44. PÁ DE LEITÃO À MODA TÁRTARA – Havendo uma pá de leitão que sobrou da véspera, põe-se de molho em sal, pimenta quebrada, azeite doce e o sumo de um limão; passadas duas horas, põe-se a assar sobre um fogo vivo, e no momento de servi-la, põe-se-lhe por cima um molho tártaro.

45. PAIO CASEIRO – Toma-se uma porção de carne de porco, que não seja muito gorda nem muito magra, e que, depois de fervida, pica-se bem miúda; por outra parte, cozem-se batatas inglesas, escolhendo-se as que são mais farinhentas; descascam-se e socam-se num almofariz, deita-se também neste almofariz a carne que se picou, e soca-se tudo para ficar bem misturada; ajunta-se-lhes sal, pimenta-da-índia inteira e noz-moscada.

Estando assim tudo bem misturado, enchem-se algumas tripas de vaca bem lavadas.

Estando cheias estas tripas, apertam-se de distância em distância, e atam-se com barbante estes lugares, penduram-se à fumaça ou ao ar livre.

Cozem-se estes paios, pondo-os na olha ou em caldo de carne bem temperado; também se comem assados na grelha, dando-lhes uns piques com um alfinete, para que não arrebentem.

46. PAIO MINEIRO – Tirados os lombos do porco, cortam-se em talhadinhas, pondo-se em uma vasilha com seis dentes de alho socados, duas colheres de pimenta-da-índia em pó, bastante sal, uma garrafa de vinho e alguns pimentões; deixa-se tudo misturado, durante vinte e quatro horas, mexendo-se de vez em quando com uma colher de pau.

As tripas devem ser de porco, e quando sejam finas, cosem-se duas juntas [enfiam-se uma dentro da outra, para torná-las mais resistentes]; enchem-se as tripas, apertam-se bem de distância em distância e atam-se; passam-se em água fervente à medida que vão-se enchendo, e põem-se ao fumeiro, longe do fogo, durante vinte dias.

As tripas devem ser lavadas com fubá e postas em água fria, e esta deve ser mudada, até se encherem os paios, que devem ser guardados em um saco, para irem ao fumeiro.

Na falta do vinho para temperar a carne, supre-se com água bem salgada.

O tempo frio é preferível para fazerem-se os paios.

47. PÃO DE MIÚDOS – Tomam-se metade da cabeça, dois pés, o coração, umas peles de toucinho, e a língua do porco, que se deixam ferver em água e sal até ficarem cozidos; tira-se a pele da cabeça e dos pés, guarnece-se, com estas e as outras peles, uma toalha, deitando-se nela o resto da carne picada, o coração, a língua cortada em tiras, com sal, pimenta e cravo-da-índia; ata-se bem a toalha e deixam-se cozer durante meia hora; espera-se que esfriem, conservando-se tudo durante algum tempo entre duas tábuas com um peso por cima.

Tira-se-lhes a toalha, e servem-se com um molho frio, de azeite doce ou vinagre.

48. PERNIL ASSADO À MINEIRA – Toma-se um pernil, que se põe de molho durante vinte e quatro horas em vinagre, sal, alho, pimenta-da-índia, serpol, louro, salsa, cebolinhas, tudo muito bem picado; passado este tempo, tira-se o pernil, fazendo nele uns furos, nos quais se introduzem as folhas do tempero onde ele esteve, pondo-se-lhe ao mesmo tempo, em cada furo, uma ou duas azeitonas escolhidas; neste estado, coloca-se em uma frigideira com água suficiente para cobri-lo inteiramente, e põe-se a ferver até secar a água totalmente, fazendo-se-lhe de vez em quando uns furos, com um palito, para dar saída ao sangue, e a água poder penetrar; coloca-se com a mesma

frigideira em um forno bem quente até tomar uma cor bonita, e serve-se com mangaritos cozidos e tostados na gordura ou manteiga.

49. PÉS DE PORCO À SAINTE-MENEHOULD – Depois de envoltos os pés em tiras de pano branco a fim de não se desmancharem, ponham-se numa caçarola com serpol, louro, cenouras, cebolas, cravos-da-índia, salsa, cebolinhas, um pouco de salmoura e vinho branco; depois de estarem cozendo durante vinte e quatro horas, é preciso deixá-los esfriar em seu molho; depois de frios, cubram-se com pó de roscas secas, pondo-os alternativamente, e por vezes repetidas, em pó de roscas secas com sal e pimenta; levem-se a assar em fogo brando, e sirvam-se quando eles tiverem tomado cor.

50. PÉS DE PORCO COM OVOS – Tomam-se os pés de porco que, depois de limpos, põem-se a cozer com água e sal, até que a carne desapegue dos ossos; depois disto, põem-se a escorrer em uma peneira grossa, tiram-se-lhes todos os ossos, deita-se a carne na caçarola com um pouco de manteiga, sal, alho, pimenta-da-índia, tudo bem moído, salsa, cebola, segurelha, e deixa-se refogar; batem-se doze ovos com claras, ajuntam-se-lhes duas colheres de farinha de trigo; mistura-se esta carne com os ovos, põe-se uma colher de manteiga numa caçarola, leva-se esta a um fogo brando, tendo ela uma tampa com brasas por cima, e fazem-se cozer devagar e, depois de cozidos, servem-se.

51. PÉS DE PORCO COM TÚBARAS – Depois de preparados e cozidos como já foi explicado, tiram-se-lhes todos os ossos.

Por outra parte, pica-se a casca das túbaras e soca-se com um pouco de carne de lingüiça; guarnecem-se os pés com este recheio, ajuntando-se-lhes algumas lascas de túbaras, e envolvendo-se o todo em pedaços de redanho, põe-se a assar sobre fogo moderado.

52. PUDIM DE ORELHAS DE PORCO – Tomam-se de quinze a vinte orelhas de porco, que se chamuscam e se limpam bem; rancham-se pelo meio, pondo-as em uma vasilha de barro com algumas peles de toucinho, e deitam-se-lhes por cima água salgada, bagas de zimbro, coentro, louro, cravo-da-índia, alho, serpol, manjericão, salva, quatro oitavas de salitre, e cobre-se esta terrina com um pano branco, pondo-lhe por cima uma tampa, que a feche o melhor possível; deixam-se de molho pelo espaço de dez a doze dias; em seguida, escorrendo-os, levam-se a cozer em uma frigideira com água, uma garrafa de vinho branco e um copo de aguardente; cozem-se assim, durante cinco horas e, depois de muito cozidas, deixam-se em seu molho até ficarem quase frias; escorrem-se e colocam-se as orelhas por camadas

em uma forma com algumas lascas de lingüiça fumada, enche-se a forma, pondo-se-lhe por cima uma tampa que cubra perfeitamente, e por cima dela um grande peso a fim de apertar bem, e deixa-se tudo esfriar; neste estado, tira-se da forma, e serve-se com geléia.

53. PORCO REFOGADO COM PALMITOS – Corta-se um pedaço de carne de porco em partes miúdas, que se refogam com um palmito picadinho, e escaldam-se em água bem quente, estando tudo bem impregnado de gordura; e estando o palmito em circunstâncias de aderir ao fundo da panela, acrescentam-se-lhes uma tigela de água quente, sal, uma cebola, meia dúzia de pimentas-cumaris, deixam-se ferver até a água secar e servem-se.

54. PORCO REFOGADO COM QUIABOS À MINEIRA – Toma-se um pedaço de carne de porco, corta-se em partes bem miúdas, que se escaldam, deixam-se esfriar, e frigem-se depois com pouca gordura, até ficarem coradas; acrescentam-se nesta ocasião duas xícaras de água, sal, salsa, cebola, um dente de alho, uma colher de fubá de canjica, e uma porção de quiabos, cortados em rodelas estreitas; deixam-se ferver durante meia hora, e, estando o molho quase seco, e a carne cozida, serve-se.

55. PORCO ENSOPADO COM CARÁ-DO-AR – Tomam-se uns pedaços de carne de porco, ou também a suã cortada em pedaços, refogam-se com um pouco de gordura, sal, salsa, e folha de cebola, mexem-se, acrescentando-se-lhe uma grande tigela de água, alguns carás-do-ar descascados e cortados em pedaços, meia dúzia de tomates, seis pimentas-cumaris; deixam-se no fogo até estar tudo cozido, acrescentam-se-lhes dois ovos batidos com duas colheres de vinagre, e tendo fervido, serve-se.

56. PORCO ENSOPADO COM NATA – Corta-se a carne de porco em talhadas finas; passam-se estas em gordura quente, deitam-se numa panela com duas xícaras de leite, sal, folha de salsa, de cebolas, canela e noz-moscada; deixam-se ferver durante meia hora, sobre um fogo moderado, e tendo-se engrossado o caldo com duas gemas de ovos, serve-se.

57. PORCO ESTUFADO COM CHUCRUTE (REPOLHO EM CONSERVA) – Toma-se uma porção do repolho fermentado, ou na falta deste, repolho picadinho, escaldado com vinagre; depois de ter frito uns pedaços de carne de porco em duas ou três colheres de gordura, tiram-se, e põe-se o repolho na mesma gordura, mexe-se até estar tudo bem impregnado de gordura, ajuntam-se-lhe, nesta ocasião, a carne, duas xícaras de vinho branco, sal, pimenta, uma cebola cortada, deixam-se ao pé do fogo até estarem bem cozidos, e servem-se com batatinhas fritas ou cozidas.

O Porco

58. PORCO GUISADO COM ABÓBORA – Fervem-se um pedaço de carne de porco e uma abóbora descascada partida em pedaços e desmiolada, com sal, pimentas, salsa e cebolas; estando cozidas, tiram-se a carne e os pedaços da abóbora, que se pisam bem e se passam na peneira para formarem uma polpa, à qual se ajunta meia xícara de nata de leite; corta-se a carne em pequenos pedaços, que se frigem em pouca gordura, e uma cebola, picada; estando a carne bem corada, deita-se com a gordura e a cebola sobre a polpa da abóbora.

59. PORCO IMITANDO CAÇA – Tomam-se, quer o pernil, as costelas ou lombos de porco, põem-se de molho de escabeche, durante vinte e quatro horas, em vinagre, serpol, manjericão, louro, salva, coentro, sal, bagas de zimbro, cravo-da-índia, pimenta, cebola, salsa, alguns raminhos de hortelã-pimenta, e os invólucros das nozes; deixa-se o todo de escabeche durante oito dias; a carne de porco assim, preparada, terá o gosto e aparência da do porco-do-mato. Para isto é preciso que o porco seja novo e magro.

60. PRESUNTO À FRANCESA – Põe-se um pernil de porco em uma salmoura composta de sal, serpol, louro, manjericão, manjerona, segurelha, sementes de zimbro, o todo molhado com metade de água e metade de vinho Lisboa; depois de ter deixado o presunto de molho durante quinze dias, põe-se a escorrer, e expõe-se à fumaça; preparados os presuntos desta maneira, podem-se guardar por muito tempo, porém alcançar-se-á este resultado com mais segurança, se se esfregarem com vinho Lisboa, salpicando-os com cinza; é preciso ter cuidado que o pernil esteja inteiramente coberto pela salmoura.

Quando se os quer cozinhar, põem-se dentro de água fria durante três a quatro dias, para largar o sal, e, depois de os ter envolvido em um pano, põem-se em uma vasilha com partes iguais de água e vinho branco,

Presunto à francesa

cebola, algumas raízes e um molho de plantas de tempero; deve-se deixá-los cozer em fogo moderado, durante cinco a seis horas e deixá-los esfriar na mesma vasilha; tira-se-lhes a pele com cuidado, deixando a gordura. Cobrem-se com salsa picadinha, miolo de pão frito na manteiga e passa-se-lhes um ferro quente por cima.

61. PRESUNTO À INGLESA – A receita seguinte é para preparar dois presuntos.

Depois de cortados dois pernis, arredondam-se, cortando-lhes as aparas ao redor; pica-se um pouco a pele com a ponta de uma faca, para que o tempero possa penetrá-los.

Põem-se sobre uma mesa dez libras de sal, meia libra de pimenta-da-índia moída, e quatro onças de salitre.

Depois de tê-los esfregado com esta mistura, põem-se em uma pequena tina, pondo-lhes por cima o resto do sal, e ali deixam-se durante sete dias.

Depois deste tempo tiram-se, leva-se a ferver a salmoura, composta de sal e do sangue que saiu do presunto, escuma-se bem, e ajuntam-se-lhe serpol, louro, duas onças de gengibre, quatro onças de pimenta-da-índia em grão, outro tanto de bagas de zimbro em grão, manjericão, salva, manjerona, ajuntam-se-lhe quatro libras de melaço ou açúcar mascavado, tornam-se a pôr os presuntos na tina e, quando a salmoura estiver fria, despeja-se por cima; e, se não for suficiente para cobrir os presuntos, ajuntam-se-lhe água e sal.

Põe-se por cima deles uma tábua com um peso qualquer, para contê-los nesta salmoura durante três semanas; no fim deste tempo, tiram-se e põem-se na prensa durante doze horas, e depois de escorrer, penduram-se na fumaça.

Quando eles tiverem tomado uma bela cor, esfregam-se com vinho misturado com vinagre, para livrá-los das varejeiras, depois secam-se para se conservarem.

62. PRESUNTO À MINEIRA – Toma-se um pernil, que, depois de bem cortado e aparado, põe-se em uma vasilha funda, coberto de água fresca, conservando-se ali de três a quatro dias; no fim deste tempo, é tirado da água, escorrido e coberto de uma quantidade de sal suficiente, onde fica por outros três dias; novamente tirado daqui, é posto sobre uma tábua, esfregado com rapadura raspada ou açúcar mascavado, misturado com partes iguais de salitre, tomando-se o cuidado de picá-lo com a ponta de uma faca, a fim de poderem se introduzir a rapadura e o salitre; finalizado este processo, conserva-se ainda em uma vasilha durante quatro dias; leva-se dali para cima de uma tábua, sobrepondo-se-lhe outra com um peso, para dar-lhe uma forma achatada, e para fazer escorrer o líquido que ainda

contiver; no dia seguinte, põe-se dentro de um saco, pendurando-se na fumaça durante três semanas; depois deste tempo, faz-se-lhe uma fricção de vinho e vinagre (partes iguais), guardando-o em lugar enxuto.

63. PRESUNTO ASSADO – Ferve-se um presunto em água até ficar bem cozido; depois de lhe ter tirada a pele, frige-se em manteiga de vaca até estar de boa cor, e serve-se com molho picante ou polpa de ervilha, feijões ou favas.

64. PRESUNTO ENCAPOTADO – Salga-se o pernil, e deixa-se por alguns dias; depois disto, ferve-se, com um pouco de pimenta e cebolas até ficar cozido; tira-se-lhe então a pele e cobre-se com uma massa, feita de côdeas de pão ralado, canela, açúcar, passas umedecidas com o caldo em que se cozinhou o presunto; põem-se assim preparado, numa panela, e deixa-se assar no forno, e serve-se.

65. PRESUNTO DE ESCABECHE – Tira-se o osso do quadril, metade de osso da coxa, e põe-se o pernil numa vasilha conveniente; tempera-se com sal, quatro onças de salitre, ajuntam-se serpol, louro, cravo-da-índia e duas garrafas de vinho branco, vira-se de todos os lados, porém uma só vez por dia, sendo ali conservado durante sete a oito dias, antes de o levar a cozinhar; tira-se-lhe a pele, envolvendo-o depois em três capas de papel untado em azeite doce, ou manteiga, e vai assim preparado quer ao espeto, quer ao forno, devendo levar três horas e meia para cozinhar; serve-se com um molho à Robert ou à espanhola com vinho madeira.

66. PRESUNTO FRESCO DE ESPETO – Tira-se a pele do presunto, deixando-lhe toda a gordura, põe-se de vinho d'alho durante três dias com sal, pimenta, azeite doce, um ramo de salva e meia garrafa de vinho branco.

Leva-se ao espeto, assa-se por duas horas, untando-o com o molho do mesmo vinho d'alho.

Depois de cozido, serve-se com um molho feito com o suco que pingou; ajuntam-se-lhe cebolinhas picadas, e metade do vinho d'alhos, onde esteve o presunto.

67. PRESUNTO GELADO – Toma-se o pernil, tira-se-lhe o osso do quadril, e dá-se-lhe, com um facão, uma pancada forte sobre o osso da coxa, a fim de o quebrar sem estragar a carne, tirando-se com jeito a parte do osso que se quebrou; assa-se um pouco a superfície da pele, e põe-se de molho em bastante água para sair um pouco do sal; e para este efeito são precisas quarenta e oito horas; se o presunto tiver mais de um ano, muda-se a água muitas vezes, lava-se, deixando-o depois escorrer, colocando-o em um pano grosso e bem atado.

Cinco horas antes do serviço da mesa, põe-se em uma grande vasilha, que se enche de água fria, ajuntam-se-lhe quatro cenouras, outras tantas cebolas, umas folhas de louro, serpol, manjericão, cravo-da-índia, um pouco de valeriana ou erva-benta; deixando-o ferver sobre um fogo vivo, escumando, tapa-se a vasilha, e deixa-se cozinhar vagarosamente; meia hora antes de servir-se, tira-se-lhe o pano e deixa-se escorrer; apara-se o cabo, e enfeita-se; em seguida, põe-se a enxugar num forno brando, tendo-se coberto o presunto por duas ou três vezes com suco de substância de carne, e serve-se numa travessa, na qual previamente se terão colocado alguns ramos de agrião e folhas de escarola (chicórias brancas).

68. PRESUNTO À INGLESA – Depois de ter-lhe tirado o sal, como já foi explicado, deixa-se cozinhar até que a água se reduza a três quartas partes.

Depois de ter esfriado na mesma vasilha, tira-se-lhe a pele, e envolve-se com uma capa de massa de farinha de trigo, preparada como para pastéis; põe-se numa frigideira, e vai ao forno até ficar quase cozido; tira-se do forno e introduz-se-lhe um copo de vinho madeira por um buraco que se conservou a massa e torna-se a pô-lo ao forno durante meia hora.

Adorna-se o cabo com um papel recortado e serve-se com um molho, feito com o suco do presunto, diluído em um pouco de vinho madeira.

69. PRESUNTO SERVIDO FRIO – Põe-se o presunto de molho durante vinte e quatro horas, atado em um pano; coloca-se em uma vasilha, com serpol, louro, alho, doze cebolas, seis cravos-da-índia, cenouras, salsa, aipo, e uma onça de salitre; molha-se com água ou com uma garrafa de vinho branco, mas de maneira tal que fique bem coberto.

Para conhecer se o presunto está bem cozido, experimenta-se com um palito; se este entrar facilmente, é porque está cozido.

Tira-se o presunto do fogo e deixa-se esfriar na mesma panela até ficar morno; tira-se nesta ocasião, e levanta-se-lhe a pele sem tirar a gordura; semeiam-se-lhe por cima rosca seca moída ou côdeas de pão moídas; enfeita-se com rodelas de cenouras ou de conservas de pepinos, e põe-se-lhe geléia ao redor.

Quando se cozinhar o presunto, será conveniente não lhe pôr salitre, porque do caldo faz-se uma boa sopa.

70. PRESUNTO SERVIDO QUENTE – Quando se tirou o sal e cozeu-se o presunto como acima fica explicado, põe-se durante pouco tempo dentro de um forno brando, para secar na superfície, tendo-o previamente arredondado.

Serve-se então sobre uma travessa, no fundo da qual se terão posto espinafres refogados, cercando-os de fatias de pão torradas; põe-se-lhes por cima um molho à espanhola.

Pode-se também servi-lo sobre um guisado de cenouras, pontas de aspargos, guandu, ervilhas, repolhos, favas-do-reino, favas-belém, mangalós, renovos de samambaia, lentilhas ou, finalmente, grão-de-bico.

71. QUEIJO DE FÍGADO DE PORCO [*LEBERKÄSE*] – Tomam-se três libras de fígado de porco, duas de toucinho e meia de banha, e pica-se tudo junto; temperam-se com sal, pimenta, cravo-da-índia, noz-moscada, coentro, serpol, louro, cebolinhas, e salva, tudo picado bem fino.

Guarnece-se uma caçarola com peles, com o redanho ou com lascas de toucinho muito finas, a fim de que o fígado não adira à caçarola.

Põe-se-lhe no fundo uma camada de recheio, depois lascas de toucinho temperadas, sobre as quais se tornará a pôr outra camada de recheio, e assim por diante, até encher-se a caçarola, devendo a última camada ser de lascas de toucinho, e cozinha-se no forno, durante duas horas.

Deixa-se esfriar o queijo, que se tirará da caçarola pondo-a por um pouco dentro de água fervente.

Come-se frio, conquanto quente seja muito agradável.

72. QUEIJO DE FÍGADO DE PORCO – Tomam-se três libras de fígado de porco, duas de toucinho, meia libra de banha, pica-se tudo bem e ajuntam-se salsa, cebolinhas, tudo bem picado, sal, pimenta, e as ervas-de-cheiro que se quiser, cravos-da-índia, e noz-moscada; quando tudo estiver bem picado, põe-se, no fundo de uma caçarola, um redanho de porco ou tiras de toucinho bem finas para que o fígado não adira à caçarola, põem-se-lhes por cima uma altura de três dedos deste recheio, e, por cima deste, tiras de toucinho temperado, e tornando a pôr por cima outra camada de recheio, e assim por diante, até encher a caçarola, devendo a última camada ser de tiras de toucinho; vai ao forno durante três horas para chegar a cozer tudo; deixa-se esfriar na caçarola, para então o tirar; quando se tirar o queijo da caçarola, aqueça-se um pouco, e ponha-se-lhe por cima um pouco de geléia.

73. QUEIJO DE PORCO – Toma-se uma cabeça de porco, que se aferventa em água e sal; em seguida, tiram-se-lhe todos os ossos, cortam-se a carne, as orelhas, a gordura e a língua em lascas muito finas, tendo o cuidado de não ferir a pele; temperam-se com sal, pimenta, louro, manjericão, cravo-da-índia, coentro, metade de uma noz-moscada, cebolinhas, duas cabeças de alho, tudo bem picado; coloca-se numa caçarola redonda a pele da cabeça,

que deve estar sem carne e toucinho algum, e acomodam-se nela as lascas de carne e de gordura que se tiraram; ajuntam-se-lhes algumas fatias de presunto, vinagre, sal; põe-se, por cima desta camada, uma outra igual à primeira, e assim por diante, enquanto couber na pele da cabeça, a qual, depois de cheia, cose-se com uma linha forte, e envolve-se em um pano branco, atado com um barbante; estando assim preparada, coloca-se em uma panela com vinho branco, raízes, um molho de ervas-de-cheiro, pimenta e sal, e deixa-se cozinhar durante sete horas; quando o queijo estiver cozido, tira-se-lhe o pano, pondo-o então em uma vasilha, que o possa conter perfeitamente; põe-se-lhe por cima uma tábua que entre dentro da vasilha, e por cima desta colocando-se um peso bem grande, para que tome a forma da vasilha em que estiver. Come-se frio.

74. QUEIJO DE PORCO À INGLESA – Depois de tirados os ossos de uma cabeça de porco, tiram-se da cabeça e das orelhas lanhos finos, tirando-lhes as peles em largas tiras, que se enrolam, e atam-se juntas; põem-se todas de escabeche, durante três dias pelo menos, em uma terrina, com sal, um pouco de salitre em pó, pimenta, coentro, noz-moscada, um pouco de serpol, louro, salva socada, salsa, cebolinhas picadas, as cascas e o sumo de um limão.

Tiram-se do vinho d'alhos, reúnem-se todos os pedaços em um pano, que se ata, pondo-os a cozinhar em água, vinho branco, cebolas, cenouras, quatro cravos-da-índia, um molho de ervas de tempero, sal e os ossos da cabeça, tendo-se o cuidado para que a água seja suficiente, para que o pano possa sobrenadar.

Por outra parte, aquece-se uma forma ou caçarola com as peles que se ataram, e que ficaram de molho, e colocam-se no meio em ordem, as carnes e as orelhas, a língua, tudo por camadas alternadas, ajuntando-se-lhes um recheio feito dos restos da carne e de algumas tiras de peito de galinha; cobre-se tudo com uma tampa, que entre justa na forma; e, enquanto as carnes estão quentes, põe-se por cima desta tampa um peso de arroba, a fim de tornar o queijo bem compacto.

Depois de frio, tira-se da forma, e para este fim põe-se a forma em água fervente, durante alguns instantes.

Come-se frio.

Aproveita-se o caldo, para fazer-se uma excelente sopa.

75. QUITUTE DE FÍGADO DE PORCO – Corta-se fígado em talhadas iguais, derrete-se um pouco de manteiga em uma frigideira e põem-se nela as

talhadas de fígado, que se temperam com pimenta e sal, ajuntando-se alho picado, cebolinhas e salsa, quando estiverem cozidas de ambos os lados.

Depois de cozidas, escorre-se a manteiga, e põe-se-lhes uma colher cheia de farinha de trigo diluída em meio copo de vinho branco, tendo o cuidado de não deixar ferver; quando o molho estiver grosso, ajunta-se-lhe o sumo de um limão e serve-se.

76. RABO DE PORCO COM POLPA DE GUANDU – Ponham-se os rabos de porco em salmoura, durante oito dias; deitem-se em uma vasilha, com guandu, cenouras, cebolas, um feixe de ervas-de-cheiro, água, e sal; se os rabos não tiverem estado na salmoura, faz-se uma polpa dos guandus, que se reduz no fogo, para que não fique muito rala; colocam-se os rabos sobre a polpa, e servem-se. Em vez de polpa de guandus, pode-se fazê-la de lentilhas, de grão de bico, de mangalós ou de favas.

77. RABO DE PORCO DOURADO – Tomam-se oito rabos de porco, que se cozinham numa frigideira e, depois de cozidos, deixam-se esfriar; em seguida, cobrem-se de gemas de ovos batidas, e de pó de roscas, ou de pão, e assim preparados, acabam-se de frigir; põem-se em um prato com um ramo de salsa frito.

78. RINS DE PORCO – Preparam-se como os de vaca, mas não se deve servi-los assados.

79. RINS REFOGADOS COM LEITE – Tomam-se os rins do porco, que se cortam em delgadas talhadas, põem-se-lhes sal, folhas de cebolas e duas xícaras de leite; estando cozidos, acrescentam-se-lhes duas gemas de ovos batidas, com uma colher de açúcar e um cálice de vinho branco e, depois de dar-lhes mais uma fervura, servem-se.

80. RINS REFOGADOS EM VINHO – Cortam-se os rins em pedaços miúdos; frigem-se em gordura durante algum tempo; mistura-se-lhes uma colher de farinha de trigo, mexem-se, e ajuntam-se-lhes mais dois cálices de vinho branco, uma colher de vinagre, sal, pimenta, uma cebola picada; deixam-se ferver sobre brasas durante meia hora, e servem-se.

81. SALAME DE LIÃO – Tomam-se quatro libras de carne de porco, preferindo-se a do lombo, e que esta seja magra, duas de lombo de vaca, pica-se tudo muito bem, e soca-se. Ajuntam-se-lhes duas libras de toucinho, cortado em pedaços, mistura-se o todo, tempera-se com dez onças de sal, cinco oitavas de pimenta-da-índia moída, outro tanto delas quebradas, meia [oitava] delas inteiras, doze de salitre em pó; mistura-se tudo, e deixa-se de molho durante vinte e quatro horas.

Tomam-se tripas grossas bem lavadas, nas quais se introduz a massa, que se soca com um pau redondo para que não fique vão algum; atam-se as duas pontas, e enleia-se-lhes em todo o seu comprimento um barbante forte.

Põem-se os salames, neste estado, em uma grande tina, com sal, e um pouco de salitre, pondo-se-lhes por cima um peso; deixam-se assim durante oito dias, findos os quais se penduram na fumaça, para que sequem; tornam-se a apertar bem os barbantes, e untam-se com borra de vinho, na qual se terá feito ferver uma porção de serpol, salva e louro; deixam-se secar, e enrolam-se em uma caixa de madeira cercados e cobertos de cinza, e guardam-se um lugar seco, e temperado.

82. SALSICHÃO – Toma-se uma porção de carne de porco a mais tenra e a mais gordurenta; pica-se bem a carne, misturam-se-lhe um pouco de salsa, cebolinhas picadas, serpol, manjerona, segurelha, cravo-da-índia, noz-moscada, e pimenta-da-índia inteira; com esta massa enchem-se tripas de vaca, atando-as pelas duas extremidades, e põem-se na fumaça durante dois dias e cozinham-se pelo espaço de três horas em caldo de carne sem sal.

Querendo-se fazer salsichão de cebolas, toma-se uma porção de cebolas (conforme a quantidade que se tiver), picam-se e cozinham-se em toucinho derretido e, quando elas estiverem quase cozidas, misturam-se com a carne picada, e enchem-se as tripas como já foi dito.

83. SUÃ ASSADA EM MOLHO À ROBERT – Toma-se uma suã de porco, aparando-a, como se apara o quadrado de vitela para se assar.

Duas horas antes de servir-se, cobre-se com um papel, untado de azeite doce, e leva-se a assar na grelha em um fogo brando.

Meia hora antes de servir-se, tira-se-lhe o papel, pondo-se-lhe então por baixo e por cima um pouco de sal moído; deixa-se tomar cor, coloca-se numa travessa, na qual se terá posto um molho à Robert, e põe-se por duas ou três vezes em cima da suã uma substância de carne.

84. SUÃ ENSOPADA – Tome-se uma suã, corte-se em pedaços, refoguem-se estes em pouca gordura, ponham-se-lhes um pouco de água, sal, alho, pimenta-da-índia, pimentas-cumaris, salsa, cebolas, tomates, tudo muito bem picado, deixem-se cozer até que fiquem com pouco caldo. Come-se com angu.

85. SUÃ ENSOPADA COM PALMITOS E QUIABOS – Refoga-se a suã; pica-se o palmito bem fino, ajunta-se com a suã, e deixam-se cozer juntos; ajuntam-se os quiabos ou (na falta) folhas de ora-pro-nóbis, pimentas-cumaris, sal, alho, folhas de cebolas, tudo picado, deixam-se cozer por mais alguns minutos, e servem-se com angu.

86. SUÃ ENSOPADA COM COUVES PICADAS, OU MASTRUÇO À MINEIRA – Tome-se a suã, corte-se em pedaços, tempere-se com sal e alho; frijam-se os pedaços; ajuntem-se-lhes as couves picadas bem finas, pimentas-cumaris, e sirva-se.

Em lugar das couves picadas, pode-se-lhe pôr as folhas do mastruço, picadas bem finas.

87. TALHADAS DE PORCO GUISADAS COM CEBOLAS – Corte-se em pequenas talhadas um lombo de porco assado, tendo o cuidado de tirar-lhe as peles e os nervos.

Por outra parte, tomam-se quinze cebolas grandes que se partem em duas metades, tirando-se o amargo delas; põem-se a cozer em duas colheradas de molho à espanhola bem reduzido, e, finalmente, deixam-se as talhadas do lombo tomar calor no banho-maria até o momento de servir; na ocasião do serviço da mesa, põem-se-lhes ao redor fatias de pão untadas de manteiga.

88. TALHADAS DE LOMBO COM MOLHO DE PIMENTA – Corta-se um lombo de porco em talhadas bem iguais, que se colocam em uma caçarola, na qual previamente se terá preparado um molho de pimenta bem reduzido; tendo tomado calor no banho-maria, serve-se, pondo-se lhes ao redor fatias de pão, untadas em manteiga; as talhadas devem ser de lombo assado.

89. TORRESMO DE CARNE DE PORCO – Toma-se um pedaço de carne de porco fresca e bem gorda, corta-se em pequenos pedaços; põem-se todos esses pedaços em uma vasilha com pequena quantidade de água com sal, e ativa-se o fogo.

A água se evapora, continua-se a apertar com a escumadeira os pedaços, para que larguem toda a água; quando os torresmos estiverem bem cozidos e tiverem alcançado uma cor bonita, tiram-se da vasilha, e põem-se a escorrer, para servi-los então.

90. TRIPAS ENSACADAS – Estando bem limpas e lavadas as tripas de um porco, põem-se de molho em água fria, durante doze horas; depois de terem escorrido, enxugam-se bem, pondo-as numa vasilha, onde se temperam com sal, pimenta, serpol, louro, manjericão, salva, alho, salsa, cebolinhas, cravo-da-índia, noz-moscada, tudo bem socado, e deixam-se neste tempero durante duas horas.

Escolhem-se as tripas maiores e mais grossas, e nelas introduzem-se as tripas miúdas inteiras, atando-se as pontas das tripas grossas.

As tripas, assim ensacadas, cozinham-se em caldo de carne, e um molho de ervas-de-cheiro; depois de frias, assam-se na grelha.

91. TRIPAS ENSACADAS À BECHAMEL – Põe-se um pouco de manteiga em uma caçarola, com uma fatia de presunto, três cebolinhas, um dente de alho, serpol, manjericão e louro; coloca-se a caçarola sobre um fogo brando, deixa-se tomar calor durante um quarto de hora; põe-se-lhe meia garrafa de leite e ferve-se o todo até ficar reduzido à metade, passa-se em uma peneira de seda, torna-se a pôr na caçarola, ajunta-se-lhe um punhado de miolo de pão ou de roscas secas, deixa-se ferver até o pó ficar bem ensopado.

Cortam-se em talhadas uma porção de carne de porco fresca, banha, toucinho magro e o bucho de um bezerro; misturam-se tudo isto com miolo de pão, seis gemas de ovos cruas, sal, pimenta e mais temperos; com esta mistura enchem-se as tripas, previamente bem lavadas e escorridas, e ata-se a outra ponta.

Quando se quiser comê-las, cozinham-se em uma igual porção de leite e de caldo de carne, ajunta-se-lhes um molho de ervas-de-cheiro; quanto ao mais, procede-se como já se explicou.

92. TRIPAS ENSACADAS – Estando as tripas preparadas, como já se explicou, escolhem-se as mais grossas, para nelas se ensacarem as outras, que devem ser cortadas do comprimento de dois dedos, assim como o bucho; ajuntam-se-lhes fatias de toucinho cortadas ao comprido, sal, pimenta, salsa socada, e os mais temperos mencionados acima; deixam-se neste tempero durante seis horas.

Enfiam-se por uma ponta um pedaço de tripa, um de bucho e um de toucinho, e assim por diante até encher-se a tripa, mas sem apertar, e ata-se nas duas pontas; estando prontas, põem-se a cozer durante quatro horas sobre fogo moderado, em uma vasilha na qual se terão postos metade de água e metade de leite com cenouras, cebolas, cravo-da-índia, sal e um molho de ervas-de-cheiro; deixam-se esfriar na mesma vasilha, tiram-se depois e põem-se a escorrer; dão-se-lhes uns piques, pondo-as a assar sobre fogo moderado.

93. VATAPÁ DE PORCO À BAIANA – Toma-se uma posta de carne gorda de porco, corta-se em pedaços do tamanho de avelãs, e põem-se a ferver em pouca água, sal, tomates, cebolas cortadas, pimentas-cumaris, uma folha de louro, gengibre, salsa, alho; estando a carne cozida, tira-se, e côa-se o caldo, acrescentam-se-lhes uma colher de amendoim socado, o sumo de um limão e pouco de fubá-de-canjica (fubá mimoso); ferve-se o caldo ainda um pouco com a carne, e serve-se.

CAPÍTULO VI

AVES DOMÉSTICAS

A galinha é a principal ave doméstica, e fornece para a cozinha iguarias as mais variadas e, ao mesmo tempo, as mais saudáveis, sobretudo para os doentes.

A galinha, para ser boa, não deve ter mais de dezoito meses a dois anos, e não deve ser magra; os frangos melhores são de quatro a seis meses, quando se lhes estão apontando as esporas; porém os capões têm a carne mais delicada.

O peru, para ser bom, não deve passar de oito meses, e não ser gordo demais; sendo a perua preferida para assado, como mais delicada.

O ganso, embora não seja tão delicado como a galinha, o frango, o peru e até mesmo como o marreco, é bem estimado pelas boas cozinheiras, por oferecer uma variedade de boas iguarias, além de sua gordura, vulgo enxúndia, que é líquida e doce como azeite, e que é aproveitada para saladas, e para a preparação de algumas conservas; é até mais delicada do que o azeite, e conserva-se de um ano para outro sem criar ranço; para obtê-la, separa-se a gordura que adere às tripas, a qual se põe com água sobre o fogo a ferver, durante duas horas; e, passando-se em seguida por um pano, espreme-se, e tira-se com uma colher a gordura que nada sobre a água e que se guarda em uma garrafa.

A carne de marreco é de uma cor meio fechada, porém de fácil digestão, como a da galinha ou do peru, sendo, porém, de mais sustância; se se quiser obter uma carne delicada, não se deve deixá-lo passar de oito a dez meses.

A carne do pato iguala à do ganso, e é boa não sendo esse muito velho.

Finalmente as pombas domésticas convêm até à idade de um ano, sendo a sua carne igual à do frango; consideram-se os pombinhos, na ocasião de principiarem a criar penas, como um dos melhores e mais delicados manjares.

Quanto ao trinchar, deve-se em geral observar as seguintes regras.

Introduz-se o garfo debaixo da asa, e dá-se-lhe, com a faca, um golpe por cima, e com o garfo que se acha espetado, puxa-se a asa, e com esta toda a carne branca, que adere ao peito do lado da asa, que se cortou; pratica-se o mesmo para com a outra; e, passando-se para as pernas, segura-se com o garfo a perna pelo meio, e desprende-se das costas, com um talho, que se dá no lugar onde está unida às costas, e dá-se-lhe uma meia rotação com o garfo que desprende a perna, e o mesmo se pratica para com a outra; em seguida, tira-se-lhe a espora, corta-se o pescoço, dá-se um golpe na altura das cadeiras, para separá-las da ossada do peito; tira-se o *solilesse*, isto é, a carne que adere às cadeiras, no lugar onde saíram as coxas, e corta-se o "*sobretudo*", que é o pedaço mais delicado, e que se costuma oferecer à pessoa mais distinta que está na mesa; separa-se em seguida a carne do peito que ficou aderindo às asas, e o osso da perna do da coxa, e serve-se aos convidados, para cada um escolher o pedaço que for mais do seu agrado; porém sendo ganso, pato, marreco ou peru, o trinchar é muito diferente: corta-se a carne do peito em talhadas ao comprido, e as mais delgadas possíveis, e oferecem-se às pessoas mais gradas; os ossos das asas, e as pernas são separadas como já foi explicado para a galinha e os frangos; separam-se da mesma maneira as cadeiras dos ossos do peito, o pescoço e o sobretudo; se o peru for recheado, corta-se-á o peito em talhadas, junto com o recheio, e o resto do recheio servir-se-á à parte, às pessoas que apreciam.

O pombo, se for grande, é partido em quatro pedaços por dois golpes em cruz; se for pequeno, parte-se somente em duas metades.

As partes mais estimadas nas aves assadas, são as asas, o sobretudo, o peito e as pernas; e nos cozidos, são em primeiro lugar as pernas, asas, pescoço, peito e cadeiras.

1. GALINHA COZIDA PARA DOENTES – Toma-se uma galinha que não passe de oito meses, e que ainda não tenha chocado; mata-se por um golpe no pescoço, e passados dez minutos, antes que ela se esfrie, mete-se numa panela com água fervente, para a escaldar; depena-se, e chamusca-se sobre um fogo de palha; abre-se depois, e lava-se toda com água quente, cortan-

do-a depois em pedaços, e separando as pernas, asas, o pescoço, peito etc., põe-se a cozinhar com água fria, pouco sal, um pedaço de raiz de aipo, uma raiz de salsa, duas folhas de alface e uma chicória; e, estando cozida, serve-se o caldo depois de tirada a gordura, conforme a recomendação do médico, ou simples, ou sobre pão torrado, ou com arroz cozido em água e sal, sem gordura etc.

2. GALINHA COZIDA PARA OS CONVALESCENTES – Toma-se a metade da galinha, corta-se em pedaços; refogam-se estes em um pouco de gordura, e deixam-se frigir, durante dez minutos, e põem-se a cozer com água, sal, uma folha de louro, raiz de salsa, raiz de aipo, uma folha de cebola e meia libra de carne de vaca; fervem-se até tudo estar bem cozido, e, depois de coado o caldo, deita-se sobre fatias de pão torradas na grelha, ou serve-se com macarrão ou aletria bem cozida, ou com arroz, misturando-se-lhe os pedaços da galinha.

3. ALMÔNDEGAS DE GALINHA – Toma-se a galinha, tira-se-lhe a carne, que se pica bem miúda, com uma quarta de toucinho, pouco sal, noz-moscada raspada, três cardamomos socados, uma mão-cheia de miolo de pão, quatro gemas de ovos e uma colher de açúcar; amassa-se tudo bem e fazem-se uns bolinhos, que se frigem num pouco de gordura; servem-se com verduras novas, grelos de abóbora ou palmitos cozidos.

4. GUISADO DE ALMÔNDEGAS DE GALINHA, DOURADAS – Estando as almôndegas feitas e fritas, deitam-se a ferver no molho seguinte: fervem-se três xícaras de leite, acrescentando-lhes três gemas de ovos batidas, desfeitas em mais de uma xícara de leite; ajuntem-se-lhes dois cravos-da-índia, uma colher de açúcar, e um cálice de vinho; dê-se-lhes mais uma fervura, e sirvam-se com as almôndegas.

5. ALMÔNDEGAS DE GALINHA FERVIDAS – Picam-se a carne de uma galinha, uma libra de carne de vitela, uma quarta de toucinho; ajuntam-se-lhes sal, cravo-da-índia, noz-moscada, quatro colheres de farinha de trigo, seis gemas de ovos e uma colher de açúcar; amassam-se bem, e formam-se uns bolos que se põem a cozer em água, que já deve estar fervendo sobre o fogo; tiram-se, e servem-se com um molho de creme, já ensinado para as almôndegas de galinha douradas.

6. BOLOS DE GALINHA FRITOS – Ferve-se uma galinha com meia libra de toucinho, sal, pimenta, salsa, folhas de cebola, um dente de alho, uma colher de vinagre e uma garrafa de água; estando cozida, tiram-se-lhe os ossos, pica-se a carne junto com o toucinho, misturam-se-lhe duas mãos-

cheias de miolo de pão, doze gemas de ovos, amassando tudo bem, e vai-se pondo esta massa às colheradas a frigir em gordura quente, e servem-se.

7. COXAS DE GALINHA RECHEADAS – Cortam-se as pernas de quatro galinhas; limpam-se, tiram-se-lhes os ossos, e enchem-se com o picado de meia libra de presunto, um pouco de carne de vitela, cebola, salsa, sal e pimenta; cozem-se para tomar a forma primitiva; estando coradas, acrescentam-se-lhes duas xícaras de caldo de carne, engrossando com duas gemas de ovos, umas talhadas de limão, um cálice de vinho madeira; fervem-se perto do fogo, e servem-se depois.

8. EMPADA DE GALINHA – Tomam-se os pedaços da galinha e refogam-se em gordura derretida, acrescentam-se-lhe depois uma xícara de caldo de carne, sal, pimenta, folha de louro, cravo-da-índia, cebola, meio dente de alho e meio palmito picado e escaldado em água quente.

Faz-se por outra parte uma massa de meia quarta de farinha de trigo, meia libra de manteiga de vaca, três ovos, meia colher de açúcar, e desta massa forma-se uma caixa, ou, tendo-se uma forma, guarnecem-se com esta massa as paredes interiores dela, bem untadas de manteiga; deitam-se-lhe a galinha e o palmito cozido dentro, faz-se uma tampa da mesma massa, cobre-se, e põe-se no forno; e estando cozida, tira-se e unta-se a capa exteriormente com o caldo de um ovo batido, e torna-se a pôr no forno por algum tempo; este ovo serve para a capa ficar lustrosa, e chama-se isto dourar a capa.

9. GALINHA REFOGADA COM CARÁ-DO-AR – Toma-se a galinha limpa, corta-se em pedaços, e põem-se estes numa panela com água já fervente, sal, folhas de cebola, salsa, manjerona, umas pimentas grandes e uns carás partidos; deixam-se ferver, e, estando cozidos, servem-se.

10. GALINHA REFOGADA COM MANGARITOS E CARURU – Refogam-se as partes da galinha em gordura derretida, com uma cebola partida e salsa; ajuntam-se lhes quatro xícaras de água, uma colher de fubá e uma colher de vinagre; deixam-se ferver sobre brasas até ficarem cozidas, e servem-se com mangaritos cozidos em água e sal, pondo-se no fundo da travessa uns carurus refogados em gordura.

11. GALINHA REFOGADA COM PALMITOS – Cozem-se os pedaços da galinha com meia libra de toucinho picado e uma xícara de água, sal e pimenta; estando cozidos, tiram-se, e deitam-se no caldo um palmito picado e lavado em água fria; deixa-se cozinhar mexendo-se, e serve-se com a galinha e angu de fubá.

12. GALINHA ASSADA – Toma-se a galinha limpa, enche-se o vão do peito e da barriga com seus miúdos, dois ovos cozidos, meia quarta de toucinho, uma cebola, salsa, tudo picado, sal, pimenta, duas colheres de pão ralado; umedecem-se com um pouco de caldo ou vinho; arma-se a galinha cheia, dobrando-lhe o pescoço sobre o peito, e enfiando-o debaixo do pescoço, encruzando os pés sobre a barriga e enfiando as pontas debaixo do *sobretudo*; é por esta forma levada ao espeto, e assada em fogo brando, e umedecida, amiúde, com manteiga derretida; serve-se com salada.

13. GALINHA ASSADA COM MOLHO DOS MIÚDOS – Assa-se a galinha, sem enchê-la; toma-se o fígado, que se pisa bem, mistura-se com pó de mostarda, um cálice de vinho branco, uma colher de vinagre, outra de açúcar e um pouco de noz-moscada raspada; derretem-se duas colheres de gordura, frige-se nela uma cebola picada, ajunta-se-lhe a mostarda com o fígado, e mais um cálice de vinho; e tendo cozido por um pouco, serve-se com a galinha.

14. GALINHA ASSADA COM PICADO – Cozinha-se a galinha partida, em água, sal e temperos; refoga-se depois em gordura quente, e deita-se num prato, sobre um picado de carne de carneiro assado, presunto cozido, pão ralado, e cobre-se com o mesmo picado; tendo-lhe deitado seis gemas de ovos, acaba-se de cozê-la no forno.

15. GALINHA CHEIA GUISADA – Pica-se uma libra de carne de carneiro com meia libra de toucinho, salsa, sal, pimenta, uma cebola, três ovos cozidos; enche-se e arma-se a galinha, e refoga-se num pouco de gordura, virando-a até ficar corada; acrescentam-se-lhe duas xícaras de água com sal, pimenta, folhas de cebola, um cálice de vinho e deixa-se ferver sobre um fogo moderado durante uma hora; serve-se com mangaritos fritos ou raiz de cará ensopada.

16. GALINHA COM ABÓBORA-D'ÁGUA – Tomam-se os pedaços da galinha e refogam-se com duas colheres de gordura até adquirir boa cor; em seguida, ajunta-se-lhes uma colher de farinha de tribo, mexe-se, e deita-se-lhes logo uma porção de abóbora-d'água, picada em pequenos pedaços; deixam-se aquecer, mexendo-as, para que não peguem no fundo da panela, acrescentando-se-lhes em seguida, uma garrafa de água, sal, salsa, manjerona, folhas de cebola-de-todo-o-ano, e um pouco de sumo de laranja-da-terra azeda; ferve-se a fogo moderado, e estando cozido, serve-se.

17. GALINHA COM MOLHO BRANCO – Cozem-se pedaços de uma galinha com sal, pimenta, um ramo de salsa e folhas de cebola, com uma colher de

farinha de trigo; faz-se, por outro lado, um molho de quatro a seis xícaras de caldo de carne com três gemas de ovos batidas, uma colher de farinha de trigo, outra de manteiga, outra de açúcar, um cálice de vinho branco, e um pouco de noz-moscada; põem-se os pedaços da galinha cozida neste molho; fervem-se por mais um pouco, e servem-se, pondo-lhes por cima umas talhadas de limão, descascadas e sem as sementes.

18. GALINHA COM MOLHO DE PASSAS – Frige-se uma colher de farinha de trigo em uma colher de manteiga até ficar bem tostada; acrescentam-se-lhe uma tigela de água, um cálice de vinho tinto, sal, noz-moscada, três cardamomos; deitam-se, em seguida, os pedaços da galinha neste molho, e deixam-se ferver até ficarem cozidos; ajuntam-se-lhes então um punhado de passas e uma dúzia de amêndoas descascadas e picadas, duas colheres de açúcar, as talhadas de um limão igualmente descascado e sem semen-tes; dá-se-lhes mais uma fervura, e serve-se neste estado.

19. GALINHA AO MOLHO PARDO – No ato de matar-se a galinha apara-se-lhe o sangue sobre um prato, com um cálice de vinagre. Despena-se a galinha, e, cortada em pedaços, refogam-se estes em duas colheres de gordura; ajuntam-se-lhes uma garrafa de água, sal, uma cebola cortada, um pouco de noz-moscada raspada, o sangue, desfeito com vinagre, e uma colher de farinha de mandioca fina; deixa-se tudo ferver, e serve-se. Se o molho estiver muito ácido, acrescenta-se-lhe uma colher de açúcar.

20. GALINHA COZIDA COM SAMAMBAIA – Põe-se a galinha partida com meia libra de toucinho picado em uma panela, a qual contém já água, sal e folhas de cebola, e deixa-se ferver; estando cozida a galinha, tira-se, e fervem-se, no mesmo caldo, os renovos da samambaia, que, depois de cozidos, são colocados em ordem sobre o prato e cobertos de pão ralado; deita-se-lhes por cima manteiga derretida, e servem-se, pondo-se-lhes a galinha no meio.

21. GALINHA DESOSSADA – Depenada a galinha, abre-se pelas costas, tirando as costelas e os ossos do peito; picam-se uma libra de carne de vitela com meia libra de toucinho, os miúdos da galinha, uma cebola, sal, salsa, duas pimentas-cumaris verdes e seis ovos cozidos; enche-se a galinha com este recheio, segura-se a abertura com uns pontos, e deita-se numa panela com duas colheres de manteiga, e uma xícara de água; ferve-se sobre um fogo moderado até ficar cozida para servir-se com chicória refogada.

22. GALINHA ENGROSSADA COM OVOS – Refogam-se os pedaços da galinha na gordura; e, estando corados, acrescentam-se-lhes uma garrafa de água,

um cálice de vinho branco, sal, salsa, folhas de cebola, pimenta e sumo de limão; estando cozidos, ajuntam-se-lhe três gemas de ovos batidas com uma pitada de polvilho, uma colher de açúcar, o sumo de um limão e um cálice de vinho branco; fervem-se por mais um pouco, e servem-se.

23. GALINHA ENSOPADA COM ARROZ À CAMPONESA – Passam-se os pedaços da galinha em gordura derretida, e, oito minutos depois, tiram-se da panela; em seguida deita-se na mesma gordura, quando ela estiver bem quente, meio prato de arroz escolhido e lavado; mexe-se, e estando engordurado por igual, deitam-se-lhe uma garrafa de água quente, os pedaços de galinha, sal, folhas de cebola-de-todo-o-ano, salsa, meia dúzia de pimentas-da-índia, e deixam-se ferver um pouco; coloca-se a panela perto do fogo para ir cozendo devagar até que o arroz fique seco, e serve-se com o mesmo arroz.

24. GALINHA ENSOPADA À ITALIANA – Toma-se uma galinha, cortada em pedaços, e cozem-se estes em meia libra de toucinho, meia de presunto, uma cebola, dois cravos-da-índia, uma folha de louro, um pouco de noz-moscada, sal, umas pimentas, uma xícara de água e outra de vinho; por outro lado, coze-se meio prato de arroz com pouca água e sal; estando cozido e seco, põe-se, sobre uma travessa untada de manteiga, a metade do arroz, coberto de queijo ralado; deitam-se os pedaços da galinha por cima, cobrem-se com o resto do arroz e uma nova camada de queijo; deitam-se igualmente por cima de tudo seis gemas de ovos batidas com um pouco de açúcar, e põe-se no forno a panela até os ovos ficarem cozidos, e servem-se.

25. GALINHA ENSOPADA COM QUIABOS – Corta-se a galinha em pedaços, e refogam-se estes com meia libra de toucinho derretido; ajuntam-se-lhes, depois, quatro ou seis xícaras de água, sal, salsa, folhas de cebola, duas dúzias de quiabos cortados, quatro pimentas-cumaris e uma colher de fubá mimoso; deixam-se ferver até ficarem cozidos, e servem-se com angu de fubá de moinho.

26. GALINHA FRITA À PARMESÃ – Cozem-se as pernas, o peito, as asas, enfim todas as partes carnudas da galinha, com sal e outros temperos; estando quase cozidos, tiram-se-lhes os ossos, procurando que as partes conservem o seu feitio o mais possível; passam-se na gordura até ficarem coradas; deitam-se depois num prato, untado de manteiga, sobre uma camada de queijo ralado, e cobrem-se com outra camada; deitam-se-lhes manteiga derretida e quatro gemas de ovos batidas e põe-se o prato no forno até que os ovos fiquem cozidos.

27. GALINHA FRITA NA CAPA – Tomam-se as pernas e as asas de duas ou três galinhas, temperadas com sal, pimenta e salsa picada; cobrem-se de pão ralado, e umedecem-se com manteiga; assam-se sobre a grelha ou frigem-se em um pouco de gordura, e servem-se com saladas.

28. GALINHA GUISADA COM CARAPICUS – Corta-se a galinha em pedaços, que se deitam na panela com meia libra de toucinho picado; frigem-se por um pouco, mexendo sempre até a galinha ficar corada; deitam-se-lhes em seguida uma garrafa de água, uma porção de carapicus, escolhidos e fervidos de antemão, em sal, salsa, pimenta-cumari, noz-moscada e um pouco de miolo de pão; deixam-se ferver até que tudo esteja cozido; antes de servir-se, acrescenta-se-lhe o sumo de um limão, e serve-se com angu de fubá ou pirão de farinha de mandioca.

29. GALINHA PICADA COM GRELOS DE ABÓBORA – Toma-se a galinha, tira-se-lhe a carne dos ossos, e, cortada em pedaços, coze-se com meia libra de presunto, em água, pouco sal, uma cebola e salsa; estando cozida, tira-se e pica-se a carne bem fina, assim como o presunto; fervem-se no caldo os grelos de abóbora, e estando cozidos, tiram-se, e põem-se sobre um prato, colocando-lhes por cima a massa picada; cobrem-se com uma camada de pão ralado, e outra de queijo, e deita-se-lhes em cima o molho coado e reduzido; põe-se ao forno, que deve estar bem quente, e serve-se.

30. GALINHA RECHEADA COM ARROZ – Toma-se a galinha e coze-se inteira em água, sal, e todos os temperos precisos; por outro lado, ferve-se meio prato de arroz com uma quarta de presunto e outra de toucinho picado, cravo-da-índia, pimenta, sal e cebola cortada, com um pouco de água, devendo o arroz, depois de cozido, conservar-se inteiro; enche-se com ele a galinha, e posta no espeto, assa-se umedecendo-a, amiúde, com manteiga derretida, e serve-se com salada.

31. GALINHA RECHEADA COM MASSA FINA – Enche-se a galinha, depois de cozida, com a massa seguinte; tomam-se duas mãos-cheias de pão ralado, uma quarta de passas lavadas, duas colheres de manteiga, cinco gemas de ovos, noz-moscada, cravo-da-índia e açúcar; amassa-se tudo bem, e enche-se a galinha; põe-se numa panela com um pouco de gordura, e deixa-se assar até estar de boa cor, e serve-se com salada.

32. GALINHA SERVIDA FRIA – Sendo a galinha já velha, pode-se aproveitá-la para uma iguaria excelente, do modo seguinte: deita-se a galinha limpa sobre umas lascas de toucinho, com uma libra de presunto em talhadas, cobrindo com outra de lascas de toucinho; deitam-se em roda um peda-

ço de pé de vaca, uma cebola, cravo-da-índia, pouco sal, pimenta, salsa, manjerona; cobre-se tudo com caldo de carne e ferve-se perto do fogo, durante quatro horas; tira-se depois a galinha com cautela, para não desfazer-se, põe-se sobre o prato com o presunto em roda; passa-se o caldo por uma peneira; e reduz-se a poucas colheres; deita-se-lhes este molho por cima e serve-se fria.

33. OLHA DE GALINHA – Tomam-se uma galinha gorda partida, duas pombas, umas costelas de carneiro, um pedaço de suã de porco, cebolas, um repolho partido, um ou dois pés de alface, mandiocas, batatas-doces ou uns pedaços de abóbora, sal, salsa, pimenta; deixa-se ferver com a água até estar cozida, e serve-se com um molho qualquer para carnes; é prato do meio.

34. BOLINHOS DE FRANGO – Tomam-se a carne de um frango assado no espeto, meia libra de presunto, meia de carne de vitela, uma quarta de toucinho, e uma cebola; pica-se bem tudo, mistura-se com uma colher de farinha de trigo, quatro gemas de ovos, sal, pimenta e cravo-da-índia moído; fazem-se uns bolinhos que se frigem em manteiga, e estando quase cozidos, acrescentam-se-lhes uma xícara de vinho, três gemas de ovos desfeitas em uma xícara de leite, uma colher de açúcar e um pouco de noz-moscada; deixa-se tomar uma fervura, e serve-se.

35. CHOURIÇOS DE FRANGO – Depois de depenados e limpos, tira-se a pele de quatro a cinco frangos; enchem-se com uma mistura, feita de carne do peito, coxas, meia libra de toucinho, tudo bem picado, um pão velho ralado, sal, pimenta, cravo-da-índia, salsa, manjerona; e, umedecidos com vinho madeira, aferventam-se um pouco em água e sal; em seguida, põem-se numa panela com lascas de toucinho e um cálice de vinho branco; fervem-se sobre brasas até ficarem cozidos, e servem-se com favas refogadas.

36. FRANGOS REFOGADOS COM ALCACHOFRAS – Frigem-se em gordura os pedaços de dois frangos, e, estando corados de um e outro lado, tiram-se, e deita-se na gordura uma colher de farinha de trigo; mexe-se, e acrescentam-se-lhe logo uma garrafa de água, sal, pimenta, noz-moscada, uma cebola cortada, uns fundos de alcachofras e os frangos fritos, e deixam-se ferver perto do fogo até tudo estar cozido; engrossa-se, nesta ocasião, o molho com duas gemas de ovos e servem-se.

37. FRANGO REFOGADO COM RAIZ DE INHAME – Passam-se em manteiga dois frangos cortados em quatro pedaços; estando corados, tiram-se e refogam-se em manteiga e duas colheres de farinha de trigo, até esta ficar de cor bem alambreada; acrescentam-se-lhes uma xícara de vinho, outra de

água, duas colheres de açúcar, um pouco de sal e canela; deitam-se neste molho os pedaços dos frangos e uma raiz de inhame, cortada em talhadas e cozida de antemão, durante duas a três horas, em água e sal; e serve-se depois de tudo ter fervido mais meia hora.

38. FRANGO REFOGADO COM CHUCHU – Tomam-se os pedaços do frango, e refogam-se com duas colheres de gordura, virando-os para corá-los dos dois lados, e tiram-se; em seguida, refoga-se na mesma gordura uma porção de chuchus descascados e picados; deitam-se-lhes logo uma tigela de água e os pedaços de frango, sal, salsa, pimenta, folhas de cebola, cozem-se perto do fogo; antes de servi-los, engrossam-se com duas gemas de ovos, desfeitas em duas colheres de vinagre, e serve-se.

39. FRANGO REFOGADO COM CREME – Corta-se o frango em quatro partes; frigem-se com um pouco de manteiga, e acaba-se de cozê-las no molho seguinte: ferve-se uma garrafa de leite com meia colher de polvilho, um pouco de sal, noz-moscada e canela; batem-se quatro gemas de ovos com uma colher de açúcar, e ajunta-se-lhes pouco a pouco o leite quente; tornam-se a pôr sobre o fogo, deitam-se-lhes os pedaços do frango, um cálice de vinho, e, estando cozidos, servem-se.

40. FRANGO REFOGADO EM MOLHO BRANCO – Toma-se o frango, corta-se em pedaços, deitam-se estes por algum tempo em vinho d'alhos; refogam-se depois em manteiga quente até ficarem corados, e ajuntam-se-lhes uma xícara de água, uma colher de farinha de trigo, o sumo de um limão e as talhadas de um outro, sem as sementes, e deixam-se ferver; engrossa-se o molho com duas gemas de ovos, e serve-se depois de cozido.

41. FRANGO REFOGADO COM PEPINOS – Frigem-se em manteiga de vaca os pedaços de dois frangos, salpicados de sal e pimenta, até ficarem quase cozidos; tiram-se, rolam-se sobre pão torrado e tornam-se a frigir até ficarem bem corados um e outro lado; tiram-se então, e deitam-se na manteiga uma colher de farinha de trigo, e, em seguida, três xícaras de água e uma de vinagre, sal, pimenta, um pouco de mostarda inteira [grãos] e uma cebola, e, tendo fervido um pouco, deita-se-lhes uma dúzia de pepinos descascados e sem sementes, cortados em quatro pedaços ao comprido; deixa-se tudo ferver por mais um pouco, e dispõem-se os pepinos sobre um prato, coberto de pão ralado; deitam-se por cima destes os pedaços do frango assado, o molho por cima de tudo, e serve-se.

42. FRANGO REFOGADO COM PALMITOS – Corta-se o frango em pedaços, que se refogam em gordura quente, até ficarem meio fritos; tiram-se, e

deita-se na mesma gordura um palmito picado miúdo e lavado; mexe-se, e acrescentam-se-lhe duas xícaras de água, os pedaços do frango, sal, pimenta, salsa, umas folhas de ora-pro-nóbis, uma colherzinha de polvilho desfeito em água fria, e uma colher de sumo de limão; deixam-se ferver perto do fogo até secarem; e servem-se com angu de fubá de moinho.

43. FRANGOS À ITALIANA – Cortam-se dois frangos novos em pedaços, envolvem-se em farinha de trigo e põem-se de molho em sumo de limão e azeite doce, sal, folhas de louro e pimenta; tendo tomado o gosto, tiram-se, enxugam-se, e depois de passados em queijo ralado frigem-se em manteiga, e servem-se.

44. FRANGOS À PARMESÃ – Corta-se um frango em quatro pedaços, e refogam-se estes sobre brasas em uma colher de manteiga, uma xícara de vinho branco, a gema de três ovos, sal e noz-moscada; e, estando cozidos, deitam-se num prato, cobrindo tudo com uma camada de queijo ralado; põe-se de novo ao forno até ficar corado, e serve-se.

45. FRANGOS ASSADOS COM CREME – Toma-se um frango gordo, envolve-se em papel untado em manteiga, e assa-se no espeto; estando quase cozido, tira-se-lhe o papel, envolve-se o frango em pão ralado, e continua-se a assá-lo, umedecendo-o com leite bem gordo; e, estando cozido e de boa cor, engrossa-se o molho que pingou com duas gemas de ovos; acrescentam-se-lhe uma colher de açúcar, outra de vinho e um pouco de noz-moscada, e, tendo fervido um pouco, serve-se o frango com este molho.

46. FRANGOS ASSADOS LARDEADOS – Tendo-se frangos novos e gordos, lardeiam-se com tiras finas de toucinho, e, cobertos com papel untado de manteiga, assam-se no espeto sobre fogo vivo, e servem-se com seu próprio molho e ervilhas verdes.

47. FRANGOS ASSADOS NO BORRALHO – Toma-se o frango, recheia-se com os miúdos, presunto, toucinho, salsa, sal, pimenta, meia dúzia de pinhões descascados, tudo cortado em pedaços pequenos; enleia-se em lascas de toucinho, que se cobrem com uma folha de papel, e põe-se com uma por-

Frango assado no borralho

ção de pinhões a assar no borralho, pondo-lhes brasas por cima; estando tudo assado, descascam-se os pinhões e põem-se num prato, colocando o frango no meio; depois de lhe ter tirado o papel e o toucinho, serve-se.

48. FRANGO ASSADO NO ESPETO EM PAPELOTES – Arma-se o frango, e, posto no espeto, coberto de papel untado em manteiga, assa-se sobre brasas; e, estando assado, tira-se-lhes o papel, envolve-se em pão ralado, pinga-se-lhe por cima manteiga derretida, e vira-se sobre as brasas, até ficar de boa cor, para então servir-se.

49. FRANGO ASSADO NO ESPETO E RECHEADO – Picam-se, bem finos, dois ovos, os miúdos do frango e um pouco de salsa; misturam-se com uma colher de pão ralado e outra de manteiga, sal e pimenta, enche-se o frango com este recheio, e assa-se no espeto, cobrindo-o com uma lasca muito delgada de toucinho, e serve-se com salada, depois de tê-lo assado convenientemente.

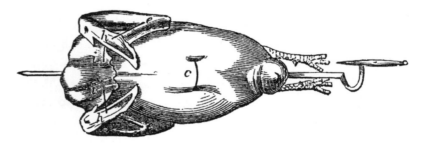

Frango recheado no espeto

50. FRANGO ASSADO NO FORNO – Amassa-se uma mão-cheia de miolo de pão, amolecida com leite, e duas colherzinhas de manteiga, duas dúzias de amendoins socados com duas colheres de açúcar, quatro gemas de ovos, um pouco de noz-moscada e açafrão; enche-se o frango com este recheio, deita-se em uma panela, envolvido em lascas de toucinho, depois de temperado com sal, salsa e cravo-da-índia; assa-se no forno, e, depois de tirado o toucinho, serve-se com seu molho e alguma salada.

51. FRANGO DESOSSADO ASSADO NO FORNO – Abre-se o frango pelas costas, e tiram-se-lhe todos os ossos, deixando unicamente o pescoço, as asas, as pernas e o osso das cadeiras; picam-se duas libras de vitela com meia de toucinho, duas cebolas, os miúdos do frango, dois ovos cozidos, sal, pimenta, noz-moscada, salsa e manjerona; umedece-se tudo com um pouco de aguardente do reino, e enche-se o frango com este recheio; embrulha-se em lascas de toucinho, e põe-se a cozer numa panela com dois cálices de

vinho branco, duas xícaras de água, sal, folhas de cebola e o sumo de um limão e, estando cozido, tira-se o frango, côa-se-lhe o molho, tira-se-lhe a gordura e, deitando-o sobre o frango, serve-se.

52. FRANGO ASSADO NA GRELHA COM MANGARITOS – Toma-se o frango, corta-se em quatro pedaços, que se põem de molho com sal, salsa picadinha, pimenta, um pouco de sumo de alho e uma colher de vinagre; envolve-se depois em pão ralado, e assa-se sobre a grelha, pingando-lhe, de vez em quando, um pouco de manteiga de vaca, e virando-o, para assar dos dois lados ao mesmo tempo; frigem-se uns mangaritos em manteiga, e, depois de cortados em talhadas delgadas, servem-se em roda dos pedaços do frango assado.

53. FRANGOS REFOGADOS COM REPOLHO – Amassam-se duas mãos de miolo de pão umedecido com leite, mais três dúzias de amêndoas de sapucaia pisadas, uma colher de açúcar, uma libra de carneiro picadinho, sal e uma cebola; enchem-se dois frangos com esta massa, e passam-se em bastante gordura, virando-os até ficarem corados; acrescentam-se-lhes depois um repolho duro cortado em quatro pedaços, água, sal e folhas de cebola, quantas forem necessárias, e deixam-se ferver; estando cozidos, deitam-se os frangos sobre um prato, o repolho em roda, e deitam-se-lhes juntamente oito gemas de ovos por cima; vão ao forno, e servem-se.

54. FRANGOS COZIDOS NA CAPA – Toma-se um frango, o qual se esfrega com sal, pimenta, e enche-se com os miúdos, uma cebola, uns ovos cozidos, sal e pimenta picada; envolve-se em uma boa camada de farinha de trigo, depois de tê-lo envolvido em lascas de toucinho; põe-se a ferver em água e sal; e, estando cozido, tira-se a capa do toucinho, e serve-se com um molho picante.

55. FRANGOS DE CARAMELOS – Põe-se um frango de molho com sal, nozmoscada e salsa picada; esfrega-se depois bem nestes temperos, e assa-se no espeto, coberto de papel; estando assado, dissolve-se, no molho que pingou, uma libra de açúcar, ajunta-se-lhe uma xícara de vinho tinto, e deita-se o frango neste caldo; deixa-se ferver um pouco e serve-se, salpicando-o de canela.

56. FRANGOS DOURADOS – Assa-se no espeto um frango, depois de esfregado com sal e pimenta, e envolvido em papel untado de manteiga; estando assado, tira-se e corta-se em quatro pedaços, envolvendo-os em gemas de ovos batidas, e frigem-se em manteiga, pingando-lhes por cima o resto dos ovos e, estando fritos de um e outro lado, sirvam-se com vagens bem novas.

57. FRANGO ENSOPADO COM CARÁ – Toma-se um frango cortado em pedaços, põem-se estes sobre o lume numa panela com uma quarta de toucinho picado, e um cará cortado em pedaços, com sal, salsa, folhas de cebola e pimenta-cumari; deixam-se ferver até ficarem cozidos, engrossa-se o molho com três gemas de ovos e uma pitada de polvilho desfeita em duas colheres de sumo de limão, e serve-se o frango.

58. FRANGO ENSOPADO COM CENOURAS – Cortam-se dois frangos em pedaços, e põem-se a ferver; estando quase cozidos, acrescentam-se-lhes uma porção de cenouras cortadas, com salsa, e uma colher de farinha de trigo, amassada com duas colheres de manteiga e uma colher de vinagre, desfeito em quatro xícaras de água; deixam-se cozinhar perto do fogo, até ficar tudo cozido; acrescentam-se-lhes meia colher de açúcar, uma gema de ovo e levam-se, então, à mesa.

59. FRANGOS ENSOPADOS COM GUANDUS – Cozam-se dois frangos, cortados em quatro pedaços, com sal, salsa, cebola e pouca água; por outro lado, ferva-se meio prato de guandus com água e sal; derretam-se duas colheres de manteiga, e misturem-se-lhes duas colheres de farinha de trigo, duas de vinagre, o caldo dos frangos, e, tendo fervido um pouco, acrescentem-se-lhes os pedaços dos frangos e os guandus cozidos, sem a sua água, e deixem-se ferver mais meia hora, para levá-los à mesa.

60. FRANGOS ENSOPADOS COM QUIABOS – Refoguem-se os pedaços de um frango em duas colheres de gordura até ficarem corados dos dois lados; acrescentem-se-lhes então meia garrafa de água, uma porção de quiabos cortados, meia colher de polvilho, sal, salsa, cebola, o sumo de uma laranja-da-terra, deixem-se ferver até ficarem cozidos, e sirvam-se com angu de fubá de moinho.

61. FRANGO FRITO COM BANANAS – Assa-se no espeto um frango, untado em manteiga; e, estando quase cozido, tira-se, e corta-se em pedaços, que se envolvem em farinha de trigo, passando-os em seguida em gemas de ovos batidas, outra vez em farinha de trigo, e frigem-se em manteiga; por outro lado, toma-se uma dúzia de bananas rachadas pelo meio, e envolvem-se em farinha de trigo, frigem-se igualmente em manteiga, e sirvam-se as bananas fritas com os pedaços do frango, postos por cima e cobertos de açúcar e canela.

62. FRANGO FRITO COM CAPA – Corta-se um frango novo em quatro pedaços, salpicam-se estes com sal, envolvendo-se em primeiro lugar em farinha de trigo; frigem-se de um e outro lado na manteiga, sobre fogo bem vivo, e sirva-se o frango com saladas ou marmelada.

Aves Domésticas

63. FRANGO FRITO COM ERVILHAS – Coze-se um frango, cortado em pedaços, em água, sal, folhas de cebola, e, estando cozido, fervem-se na mesma água ervilhas novas; por outra parte frigem-se, em duas colheres de gordura, os pedaços do frango, depois de enrolados em pão ralado, e, estando corados de um e outro lado, tiram-se, e deita-se, na mesma gordura, uma colher de farinha de trigo; mexe-se tudo, e ajuntam-se-lhes imediatamente as ervilhas com todo o caldo; deixam-se acabar de secar, e servem-se com as ervilhas em roda dos pedaços do frango.

64. FRANGO FRITO COM PALMITOS – Cortam-se os frangos em quatro pedaços que, pulverizados de sal e pimenta, refogam-se em manteiga; envolvem-se os pedaços em pão ralado e acabam-se de frigir em manteiga; por outra parte aferventa-se em água e sal um palmito cortado em pedaços, e põem-se sobre um prato, coberto com uma camada de pão ralado; deitam-se os pedaços de frango fritos por cima, e despeja-se sobre tudo o molho em que se frigiram os frangos, e servem-se assim. Pode-se da mesma maneira servi-los com aspargos ou grelos de abóbora.

65. FRANGO GUISADO – Fervem-se, com uma tigela de água, uma cebola cortada, meia libra de toucinho picado, sal, salsa; e tendo fervido um pouco, deitam-se-lhe o frango, uns dentes de cravo, pimenta, um pouco de açafrão e vinagre; estando o frango cozido, tira-se e corta-se, deixando-lhe os ossos à parte; o caldo é coado e reduzido, e depois misturado com uma mão-cheia de miolo de pão, oito gemas de ovos, dois cálices de vinho e uma colher de açúcar; e, neste molho, tornam-se a deitar os pedaços do frango; tendo fervido mais um pouco, sirva-se à mesa.

66. FRANGO GUISADO COM CARAPICUS – Cozinha-se um frango, cortado em pedaços, com uma quarta de toucinho picado, sal, salsa, pimenta, cravo-da-índia e cebola; e, estando cozido, tira-se, côa-se-lhe o caldo, e reduz-se à metade; deitam-se-lhe nesta ocasião uma mão-cheia de carapicus, o sumo de uma laranja-da-terra, uma colher de polvilho, outra de açúcar, e três gemas de ovos, tudo desfeito em um cálice de vinho ou de água; dá-se ao molho uma fervura, deitam-se-lhe, em seguida, os pedaços do frango, acaba-se de cozê-los, e serve-se com angu de fubá simples ou com o molho.

67. FRANGO GUISADO COM PALMITOS – Coze-se um frango e um palmito cortado em pedaços e amarrados em molho numa tigela de água, meia libra de toucinho, sal, salsa, uma cebola, um pouco de manjericão; estando cozidos, tiram-se os pedaços do frango e o palmito, e reduz-se o caldo,

depois de coado; misturam-se-lhe duas colheres de farinha de trigo, uma colher de vinagre, uma de açúcar, duas gemas de ovos; estando tudo cozido, deitam-se-lhe outra vez os pedaços do frango e o palmito, e servem-se depois de terem tomado calor.

68. FRANGO RECHEADO – Abre-se um frango pelas costas, tiram-se-lhe os ossos, e enche-se com os miúdos, uma mão de carapicus picados, meia dúzia de sardinhas, pouco sal, pimenta, salsa, uma cebola e dois cravos-da-índia; põe-se assim de molho em um pouco de água, alho, sal, pimenta, azeite doce e vinagre; e, depois de passadas quatro a cinco horas, envolve-se em lascas de toucinho e assa-se na grelha, servindo-o com seu próprio molho.

69. PEITOS DE FRANGO GUISADOS – Tiram-se os peitos de alguns frangos, cortam-se em tiras, e assam-se com toucinho picado, sal, pimenta, salsa cortada e folhas de cebola; estando cozidos, acrescenta-se-lhes um cálice de vinho, um pouco de caldo de carne, e deixam-se ferver mais um pouco; tira-se depois a carne, côa-se o caldo, tira-se-lhe a gordura, engrossa-se o caldo com duas gemas de ovos, e põe-se-lhe de novo a carne com umas talhadas de limão descascado, aquecem-se, e servem-se.

70. QUITUTE DE FRANGO ASSADO – Toma-se um frango assado, corta-se em pedaços, com uma libra de presunto; põe-se numa caçarola sobre o fogo com uma xícara de caldo de carne, outra de vinho tinto, pouco sal, uma cebola cortada, um pouco de sumo de limão e três gemas de ovos; deixa-se ferver durante meia hora sobre fogo moderado, e serve-se.

71. SALADA DE FRANGO – Frige-se um frango em gordura, e, estando cozido, tiram-se-lhe os ossos e corta-se a carne em pequenos pedaços; pratica-se o mesmo com uma dúzia de sardinhas de conserva, meio prato de batatinhas cozidas e descascadas, duas cebolas, um pouco de salsa, pimenta moída, sal, meia xícara de vinagre e outro tanto de azeite doce; mistura-se tudo, e, posto sobre um prato, enfeita-se com rodelas de beterraba roxa, recortadas, e serve-se com carne de vitela ou de carneiro, e com saladas.

72. CAPÃO REFOGADO COM RENOVOS DE SAMAMBAIA – Corta-se o capão em pedaços, que se cozem em água e sal, pimenta, folhas de cebola e manjerona; estando cozidos, tiram-se e aferventam-se, neste caldo, os renovos de samambaia amarrados em feixes; frigem-se em manteiga os pedaços do capão, envoltos em pão ralado; tiram-se os renovos da samambaia, desatam-se, e deitam-se num prato, coberto com pão ralado, pondo-se-lhes por cima os pedaços do capão fritos, e deitando-se sobre tudo a manteiga na qual se tinham frito os pedaços do capão; e serve-se.

Aves Domésticas

73. CAPÃO ASSADO NO ESPETO COM CAPA – Prepara-se como o capão assado no espeto e, estando assado, tira-se-lhe o papel e o toucinho, cobre-se de côdeas de pão ralado, deixa-se assar mais um pouco, umedecendo-o com manteiga derretida até ficar de boa cor, e serve-se com saladas ou algum doce de frutas em massa.

74. CAPÃO ASSADO COM MORANGA – Enche-se o capão com uma mão-cheia de carapicus, uma cebola, salsa, tudo bem picado, misturado com uma mão-cheia de côdeas de pão amolecidas no leite e pisadas com duas colheres de manteiga, sal, pimenta e quatro gemas de ovos; põe-se o capão assim preparado numa panela sobre lascas de toucinho com pedaços de moranga com a casca em roda; acrescentam-se duas xícaras de caldo de carne e, estando coberto com outras lascas de toucinho, deixando-o assar até ficar cozido, serve-se com as talhadas de moranga em roda.

75. CAPÃO ASSADO COM PINHÕES – Esfrega-se o capão com sal e pimenta, envolve-se num pano umedecido com vinagre, ajuntam-se-lhe um dente de alho pisado, alguns cravos-da-índia, salsa picada e folhas de cebola; e, passadas quatro horas, tira-se, e enche-se com meia libra de presunto, meia de carne de carneiro, três ovos cozidos, uma cebola, sal e pimenta (tudo bem picado), põe-se no espeto e assa-se, envolto em papel untado de manteiga; por outro lado coze-se uma porção de pinhões ou castanhas em água e, estando cozidos, descascam-se; posto o capão sobre o prato, serve-se com os pinhões ou castanhas, em roda do prato.

76. CAPÃO ASSADO NO ESPETO – O capão, depois de morto e depenado em água quente, é passado sobre uma labareda sem fumo, para tirar-lhe uma penugem que o cobre; abre-se, e limpa-se; e, estando enfiado no espeto, cobre-se-lhe o peito com uma lasca fina de toucinho, e todo o corpo com papel untado em manteiga; estando assado, tira-se-lhe o papel e o toucinho, e serve-se.

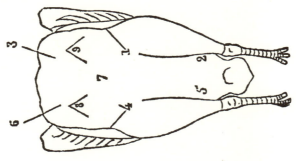

Capão assado no espeto

77. CAPÃO ASSADO NO FORNO – Frige-se o capão inteiro com manteiga, sal, pimenta, salsa e folhas de cebola, virando-se de vez em quando para não queimar; enche-se depois com carapicus e mangaritos, cozidos e picados, um pouco de pão ralado, uma colher de manteiga, sal, pimenta; e, posto numa panela, envolto em toucinho, leva-se ao forno com um cálice de vinho, deixa-se cozer, e então serve-se.

78. CAPÃO REFOGADO E RECHEADO – Amassa-se uma mão-cheia de miolo de pão, amolecido em leite, uma quarta de manteiga de vaca, outra de passas e carapicus aferventados, sendo estes últimos bem picados, uma colher de açúcar, noz-moscada e os miúdos, que se tiraram do capão, que se aferventam em água e se picam bem miúdos, e quatro gemas de ovos; enche-se o capão com esta massa, e assa-se no forno, pondo-o numa panela guarnecida de lascas de toucinho; estando cozido, enrola-se em pão ralado, e é posto de novo no forno, para tomar cor; serve-se depois com alguma massa de doce.

79. CAPÃO ENSOPADO – Toma-se o capão inteiro, esfrega-se por dentro e por fora com sal, sumo de limão, e põe-se na panela com alguma gordura, quatro ou cinco xícaras de caldo, sal, pimenta, alho, cebola, folhas de cebolinha, os miúdos do capão e alguns pedaços de carne de vaca ou carneiro assado; estando cozido, coe-se-lhe o molho (querendo, pode-se engrossá-lo com gemas de ovos), e serve-se com o próprio molho.

80. CAPÃO ENSOPADO COM ARROZ – Refogam-se os pedaços do capão em quatro colheres de gordura; estando corados, tiram-se e, aquecendo-se bem a gordura, deita-se nela meio prato de arroz escolhido e lavado; mexe-se até ele todo estar bem engordurado e aquecido; acrescentam-se-lhe uma garrafa de água quente, sal, salsa, folhas de cebola e os pedaços do capão; deixa-se tudo ferver bem uma vez, e secar depois perto do fogo; para servir-se, deita-se o arroz no prato com os pedaços do capão por cima, e tudo coberto com queijo ralado.

81. CAPÃO ENSOPADO COM CARÁ – Tomam-se os pedaços do capão, e refogam-se em quatro colheres de gordura quente; estando quase fritos, acrescentam-se-lhes uma garrafa de água, sal, pimenta, salsa, folhas de cebola-de-todo-o-ano, uma boa colher de fubá mimoso, e um cará grande descascado e partido em pedaços; deixam-se ferver até ficarem cozidos, e servem-se neste estado.

82. CAPÃO ENSOPADO COM NABOS – Corta-se o capão em pedaços, e refogam-se estes em três colheres de manteiga de vaca; acrescentam-se-lhes

Aves Domésticas

em seguida uma tigela de água, uma colher de farinha de trigo, sal, salsa, cebola, um cravo-da-índia e uma porção de nabos descascados e cortados em talhadas delgadas; deixam-se cozinhar e, finalmente, ajuntam-se-lhes duas gemas de ovos desfeitas em uma xícara de vinho branco.

83. CAPÃO ENSOPADO COM ORA-PRO-NÓBIS OU QUIABOS – Afoguem-se os pedaços de capão em duas colheres de gordura; deitem-se-lhes, depois de estarem meio frios, uma tigela de água, sal, pimenta-cumari, cravos-da-índia, salsa, folhas de cebola e uma colher de polvilho amassado com duas gemas de ovos desfeitas em duas xícaras de leite; deixem-se cozer e, por fim, ajunte-se-lhes uma mão-cheia de ora-pro-nóbis ou duas dúzias de quiabos cortados, e sirvam-se com angu de fubá de moinho.

84. CAPÃO ESTUFADO COM JERUMBEBA (FIGUEIRA-DO-INFERNO) – Enche-se o capão com as frutas da figueira-do-inferno, que são previamente passadas no borralho ou em brasas para limparem-se dos espinhos que as cobrem; descascadas e partidas, deitam-se numa panela com meia libra de toucinho picado, sal, pimenta, noz-moscada, três xícaras de vinho branco e uma de água; põe-se-lhes uma tampa, que se gruda, e fervem-se sobre fogo moderado até estarem cozidas, tira-se a gordura do molho, e servem-se com o mesmo.

85. CAPÃO FRITO À ITALIANA – Tomam-se os pedaços de um capão, que se põem de molho em vinagre, azeite doce, sal, pimenta, cebola, salsa picada, meio dente de alho e cravo-da-índia; enrolam-se depois em queijo ralado, e frigem-se em manteiga, servindo-os com um molho frio.

86. CAPÃO FRITO EM AZEITE – Corta-se o capão em pedaços, põem-se estes de molho, durante quatro a seis horas, em azeite doce, sal, salsa, pimenta, alho, cebola e sumo de laranja-da-terra; derrete-se uma colher de manteiga e, estando bem quente, deitam-se-lhe os pedaços do capão, frigindo-os de um e outro lado, para servi-los com algum molho picante ou salada.

87. CAPÃO RECHEADO COM CARAPICUS – Toma-se o capão e, feito um recheio com uma mão-cheia de carapicus, meia libra de presunto, uma quarta de toucinho, os miúdos do capão, uma cebola, sal, salsa, pimenta, quatro ovos cozidos, ferve-se tudo com um cálice de vinho, mexendo-se para não pegar; estando cozido, enche-se o vão do capão, assim como o papo, levantando-se, para este fim, a pele entre o pescoço e o peito, põe-se assim no forno, dentro de uma panela sobre lascas de toucinho, e [aquecido] leva-se então à mesa.

88. FRICASSÊ DE CAPÃO COM JILÓ – Tomam-se um capão assado no espeto e duas libras de carne de carneiro assada; corta-se em pedaços [pequenos],

Cozinheiro Nacional

e, feito um molho de duas colheres de farinha de trigo tostadas em outro tanto de manteiga, e tendo-lhe ajuntado uma xícara de caldo e outra de vinho tinto, deita-se-lhe a carne picada com um pouco de noz-moscada; estando cozido, coloca-se em roda do prato uma dúzia de jilós, fervidos em água e sal.

89. FRICASSÊ DE CAPÃO À CAÇADOR – Tira-se a carne de um capão assado no espeto, corta-se em pedaços do tamanho de uma noz, faz-se o mesmo com duas libras de carne de porco-do-mato, já assada; funde-se uma colher de manteiga com um pouco de noz-moscada raspada, um pouco de pimenta moída, e cebola picada; deita-se-lhe a carne, mexe-se, e acrescenta-se-lhe uma colher de vinagre, duas xícaras de vinho tinto, um cálice de conhaque, uma colher de mel e duas gemas de ovos batidas; deixa-se ferver um quarto de hora, e serve-se.

CAPÍTULO VII

O PERU

Duas horas antes de matar o peru, é preciso fazê-lo engolir duas colheres de vinagre ou restilo; em seguida, manda-se uma pessoa segurá-lo, e com a mão esquerda segura-se a cabeça sobre um cepo, enquanto com a mão direita, armada de um facão, corta-se-lhe a cabeça com a parte pelada do pescoço; depois de frio, deita-se o corpo de costas sobre um cepo, e, com as costas do machado, quebra-se-lhe o osso do peito, depena-se, e destripa-se.

1. ASAS DE PERU COM QUIABOS – Tomam-se as asas, o pescoço e as pernas do peru, deitam-se na panela com um pedaço de toucinho cortado miudinho; frigem-se um pouco e acrescentam-se-lhes, em seguida, umas xícaras de água, quanto chegue para cobrir a carne, com sal, salsa, folhas de cebola e uma porção de quiabos inteiros; deixam-se acabar de cozer, e por fim engrossa-se-lhes o caldo com três gemas de ovos, desfeitas em meia xícara de sumo de limão, e servem-se.

2. ASAS DE PERU ENSOPADAS COM CARAPICUS – Fervem-se um pouco as asas, o pescoço e as pernas do peru, tiram-se-lhe depois os ossos, e frigem-se em manteiga, acrescentando-se-lhes uma colher de farinha de trigo, meia garrafa de água, uma xícara de vinho, sal, pimenta, cebola cortada, e uma porção de carapicus; deixam-se ferver perto do fogo, e servem-se com angu de fubá.

3. ASAS DE PERU FRITAS – Tomam-se as asas e o pescoço do peru e cozem-se em água contendo sal, salsa, e folhas de cebola; estando cozidas, tiram-se-lhes os ossos, e corta-se a carne em pedaços miúdos e, batida com seis ovos, é levada à gordura; estando frita, serve-se.

4. PEITOS DE PERU ASSADOS – Cortam-se os peitos de dois perus, tira-se-lhes a carne em lascas, e juntamente a pele; estando cada lasca envolta em tiras de toucinho e temperada de sal, noz-moscada e salsa, assam-se todas numa panela que se coloca no forno; estando cozidas, envolvem-se em pão ralado, frigem-se na manteiga até ficarem de boa cor, e servem-se.

5. PEITOS DE PERU GUISADOS – Cortam-se os peitos de dois perus, deixando-lhes os ossos; tira-se a pele e, estando lardeados de tiras delgadas de toucinho, aferventam-se um pouco em água, e põem-se depois a cozer em lascas de toucinho, vinho branco, sal, pimenta, cebola e louro; estando cozidos, tiram-se, côa-se-lhes o molho, e, tirada a gordura, reduz-se a uma colher o molho, que se deita sobre os peitos, e servem-se com legumes novos.

6. PERU REFOGADO – Tome-se o peru, corte-se em pedaços, refoguem-se estes em quatro colheres de gordura; acrescentem-se-lhes uma garrafa de água, duas colheres de farinha de trigo, sal, folhas de louro, pimenta, cebola cortada; acabe-se de cozer o peru; tire-se-lhe a carne, coe-se o caldo, ajuntem-se-lhe quatro gemas de ovos, desfeitas em um cálice de vinho e um pouco de sumo de limão, deite-se este molho sobre o peru, posto no meio de uma porção de mangaritos bem fritos em manteiga, e sirva-se.

7. PERU REFOGADO COM BERINJELA ROXA – Corta-se o peru em pedaços, que se põem numa panela com uma libra de toucinho picado, salsa, cebolas, pimentas e cravo-da-índia; estando o toucinho frito, tiram-se os pedaços do peru e os torresmos; deita-se na gordura uma colher de farinha de trigo, e, depois de fria, ajuntam-se-lhe uma xícara de vinho tinto, meia dúzia de berinjelas roxas partidas, escaldadas em água quente, uma colher de açúcar, três gemas de ovos, e tornam-se a pôr sobre o fogo; estando fervendo, deita-se-lhes a carne do peru, acaba-se de cozê-la perto do fogo, e serve-se.

8. PERU REFOGADO COM CARÁ – Corta-se a carne do peru em pedaços, depois de ter-lhe separado os ossos; frigem-se um pouco em gordura quente, tiram-se depois, e deitam-se na mesma gordura alguns carás-do-ar, cortados em talhadas; mexem-se, acrescentando-se-lhes, daí a pouco, uma colher de farinha de trigo e, em seguida, uma tigela de caldo de carne, sal, salsa, folhas de cebola, e um pouco de manjericão; tendo fervido uma vez, deita-se-lhes a carne, e deixam-se cozer perto do fogo até tudo estar bem

cozido; ajuntam-se então ao molho duas gemas de ovos desfeitas em duas colheres de sumo de limão, e servem-se assim.

9. PERU REFOGADO COM CASTANHAS-DO-PARÁ – Toma-se o peru cortado em pedaços, refogam-se estes em gordura derretida, virando os pedaços até terem tomado boa cor por igual; acrescentam-se-lhes um copo de água quente, sal, salsa picada, folhas de cebola e uma porção de castanhas-do-pará; deixam-se ferver sobre fogo moderado, durante duas a três horas, e servem-se com as castanhas.

10. PERU ASSADO À ITALIANA – Enche-se o peru com seus miúdos picados, os fígados de três a quatro galinhas, e meia libra de toucinho misturado com queijo ralado, pouco sal, pimenta, folhas de louro; umedece-se tudo bem com vinho branco, e assa-se no espeto, coberto de lascas de toucinho e papel untado de manteiga. Por outro lado, tomam-se salsa e folhas de cebola, escaldam-se com água quente e, depois de picadas bem miúdas, deitam-se numa panela com um cálice de vinho, duas colheres de manteiga, uma xícara de caldo de carne, quatro gemas de ovos, sal, pimenta, um dente de alho; cozem-se por um pouco e, estando o peru assado, tiram-se-lhe o toucinho e o papel, e serve-se com este molho.

11. PERU ASSADO COM MOLHO DE LEITE – Toma-se o peru; enche-se-lhe o peito com seu fígado e um pedaço de fígado de vitela passado por peneira, e misturado com uma mão-cheia de pão ralado, umedecido com vinho tinto, acrescentando-se-lhes duas colheres de açúcar, noz-moscada raspada, cardamomo e um pouco de sal; enfia-se no espeto, e assa-se, coberto de papel untado de manteiga; estando cozido, tira-se-lhe o papel, e, tendo-se feito um molho com duas xícaras de leite, duas gemas de ovos, um pouco de manteiga, sal e uma colher de farinha de trigo, deita-se este molho às colheres sobre o peru, assando-o até ficar de boa cor, e serve-se com seu molho.

12. PERU ASSADO COM PINHÕES – Põe-se o peru de molho, untado com sal, alho, cebola e sumo de limão, durante quatro horas; depois enche-se de pinhões cozidos e descascados, ovos cozidos e cortados, meia dúzia de bananas-da-terra coradas e umas talhadas de limão descascadas e sem caroços; e, posto numa panela, guarnecida de toucinho, assa-se ao forno; estando cozido, serve-se com seu próprio molho, depois de tirada a gordura.

13. PERU ASSADO COM SARDINHAS – Tomam-se dois peitos de galinha, e cortam-se em tiras compridas, assim como uma dúzia de sardinhas rachadas em quatro tiras; mistura-se, com carne picada de peru, uma porção

de pinhões rachados, sal, pimenta, salsa, duas cebolas picadas e um pouco de manjericão; por outra parte, toma-se o peru, abre-se pelas costas, tiram-se-lhes os ossos e alguma carne para picar, e enche-se com o picado; cose-se, e assa-se no espeto, coberto de lascas de toucinho e papel untado; estando cozido, serve-se com seu próprio molho.

14. PERU ASSADO IMITANDO CAÇA – Toma-se um peru novo, enche-se de bagas de zimbro e de cominhos, e põe-se de molho em vinagre forte com cravo-da-índia, sal, pimenta e folhas de louro; passadas doze horas, tiram-se do molho as bagas de zimbro, os cominhos, e põem-se, em seu lugar, maçãs descascadas sem sementes e partidas, com uns raminhos de salsa e manjerona; lardeia-se o peito com tiras finas de toucinho, e assa-se ao forno em uma panela guarnecida de lascas de toucinho; estando assado, serve-se com seu molho.

15. PERU ASSADO NO ESPETO À MODA ALEMÃ – Unta-se o peru com sal e pimenta, e envolve-se num pano umedecido de vinagre; no dia seguinte, põe-se no espeto, envolvido em lascas finas de toucinho, e assa-se; estando cozido, tira-se-lhe o toucinho, envolve-se o peru em pão ralado, umedecendo-o com o molho que pingou; deixa-se tomar cor, e serve-se.

16. PERU ASSADO NO ESPETO – Toma-se o peru, lardeia-se com toucinho fino, esfrega-se com sal, sumo de salsa, e cebola, e, envolto em papel, assa-se no espeto, molhando-o de vez em quando com um molho, feito de duas colheres de manteiga e um cálice de vinho; estando quase cozido, tira-se-lhe o papel, deixa-se corar, e serve-se.

17. PERU ASSADO NO ESPETO À FLUMINENSE – Salpica-se o peru com sal, pimenta moída, cebola e salsa bem picada; enleia-se com um pano e umedece-se este com sumo de limão; depois de vinte e quatro horas, tira-se-lhe o pano e enche-se com os miúdos de quatro galinhas, uma mão-cheia de carapicus, uma cebola, meia libra de toucinho, tudo muito bem picado; ajuntam-se-lhe três gemas de ovos, sal, noz-moscada, e enche-se o peru com a massa.

Enfiado assim no espeto, assa-se, envolto em lascas de toucinho muito finas; e, estando cozido, tira-se-lhe o resto do toucinho; envolve-se o peru em pão ralado, e continua-se a assá-lo até tomar cor suficiente; serve-se com seu molho, depois de tirada a gordura.

18. PERU LARDEADO E ASSADO NO ESPETO – Toma-se um peru novo, lardeia-se-lhe o peito com toucinho fino, e põe-se de molho em vinagre, cravo-da-índia, folhas de louro, cebola, pimenta, e sal; passadas quatro horas,

enfia-se no espeto, e assa-se, umedecendo-o com um copo de leite bem gordo, e depois com o molho que pingou, e serve-se com saladas.

19. PERU DE ESCABECHE ASSADO NO ESPETO – Põe-se o peru vinte e quatro horas de molho em soro de leite com sal, um pouco de açúcar, cravo-da-índia e um dente de alho; depois envolve-se em lascas de toucinho, e enfia-se no espeto para assar; estando quase cozido, tira-se-lhe o toucinho, envolve-se em pão ralado, e acaba-se de assá-lo até ficar de boa cor, umedecendo-o com nata de leite, para servi-lo então à mesa.

20. PERU RECHEADO E ASSADO NO ESPETO – Picam-se uma libra de presunto cozido, uma libra de vitela, meia de toucinho, quatro ovos cozidos, salsa, duas cebolas, sal, pimenta, cravo-da-índia, e enche-se com este picado o vão do peru; por outro lado, amassam-se uma mão-cheia de miolo de pão, amolecido com vinho branco, duas colheres de manteiga de vaca, uma dúzia de amendoins socados, meia quarta de passas escaldadas em água quente, duas colheres de açúcar, um pouco de sal, noz-moscada e cardamomo; enche-se o papo do peru com esta massa, lardeia-se-lhe o peito com tiras bem delgadas do toucinho, põe-se o peru no espeto, e, envolvido em papel untado, assa-se, molhando-o com um cálice de vinho, misturado com quatro colheres de manteiga de vaca; estando assado, serve-se.

21. PERU ASSADO NO FORNO COM MOLHO – Lardeia-se o peito do peru com tiras de toucinho, temperadas com sal, pimenta, salsa picada e uns alhos; põe-se numa panela sobre lascas de toucinho com uma cebola cortada, sal, cravo-da-índia, uma xícara de vinho branco e quatro xícaras de água, virando-se de vez em quando, depois de estar no forno; estando cozido, sirva-se com seu próprio molho coado, ou com vagens, ervilhas, espinafres etc.

22. PERU RECHEADO E ASSADO NO FORNO – Tomam-se duas libras de carne de vitela, uma dúzia de sardinhas de Nantes, meia libra de toucinho, uma

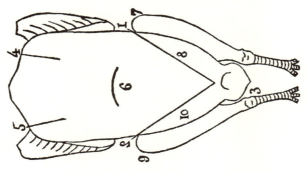

Peru recheado e assado

mão-cheia de carapicus, uma dúzia de azeitonas, umas pimentas, duas cebolas, dois cravos-da-índia; pica-se tudo bem miúdo, e enche-se o vão da barriga do peru com este picado; por outro lado, amassa-se uma mão-cheia de roscas secas moídas com quatro colheres de manteiga de vaca, quatro gemas de ovos, noz-moscada, canela, uma colher de açúcar e um pouco de sal; com esta massa, enche-se o papo do peru, e, envolto em lascas delgadas de toucinho, põe-se numa panela a assar no forno, e serve-se com seu molho.

23. PERU RECHEADO DE FRUTAS E ASSADO – Tomam-se seis marmelos, uma dúzia de chuchus descascados e cortados em pequenos pedaços, uma dúzia de ameixas, um punhado de passas escaldadas e uma mão-cheia de miolo de pão amolecido em quanto baste de vinho branco, duas colheres de açúcar, canela e noz-moscada; mistura-se tudo, e enche-se o peru com a massa; põe-se a assar no forno, dentro de uma panela, sobre lascas de toucinho, e, estando cozido, serve-se.

24. PERU ESTUFADO À MODA – Toma-se o peru limpo, e assa-se no espeto, umedecendo-o com um cálice de vinho branco, misturando com duas colheres de manteiga; estando meio cozido, tira-se do espeto, pondo-o numa panela com o molho que pingou, e assa-se, virando-o de vez em quando; estando cozido, serve-se com saladas.

25. PERU ENSOPADO COM CHUCHU – Tomam-se as sobras do peru assado, cortam-se em pedaços, e deitam-se, com duas colheres de gordura, uma porção de chuchus descascados e cortados, sal, umas pimentas, salsa, cebola, uma tigela de caldo de carne e uma colher de fubá mimoso; deixa-se ferver durante uma hora sobre fogo moderado, e serve-se com angu de fubá de moinho.

26. PERU ENSOPADO DE MOLHO PARDO – Na ocasião de matar-se o peru, apara-se-lhe o sangue numa tigela, contendo uma xícara de vinagre; depois de limpo o peru, tomam-se as asas, miúdos, pernas, pescoço, uma libra de carne de vitela, cortada em pedaços, e frige-se tudo com duas colheres de gordura; por outro lado, põem-se sobre o fogo uma panela com o sangue e uma tigela de caldo de carne ou água, um punhado de passas, algumas maçãs descascadas e cortadas, sal, açúcar, noz-moscada, cravo-da-índia, uma cebola cortada e uma colher de farinha de trigo; estando fervendo, deita-se neste molho a carne do peru e a da vitela, já frita; deixam-se ferver, durante duas horas, e serve-se com macarrão cozido ou bolos de farinha de trigo, amassada com ovos.

27. PERU ENSOPADO COM ORA-PRO-NÓBIS – Derretem-se duas colheres de manteiga em que, estando bem quente, deitam-se os pedaços do peru, virando-os para frigirem dos dois lados; tiram-se do fogo, deixam-se esfriar para depois ajuntar-lhes umas xícaras de água com duas de leite já fervido, um dente de alho, sal, noz-moscada e duas gemas de ovos; torna-se a levar tudo ao fogo e, depois de fervido durante meia hora sobre fogo moderado, acrescentam-se-lhes uma colher de açúcar e um punhado de folhas de ora-pro-nóbis; ferve-se ainda um pouco, e serve-se.

28. PERU ENSOPADO COM QUIABOS – Frige-se meia libra de toucinho, e, depois de derretida, tiram-se-lhe os torresmos, deitam-se na gordura quente duas colheres de farinha de trigo, mexem-se e ajuntam-se-lhes logo as asas, as pernas e o pescoço do peru, deixam-se frigir um pouco, virando-se os pedaços, e acrescentam-se-lhes uma tigela de água, um cálice de vinho branco, sal, salsa, pimenta, cravo-da-índia, umas cenouras picadas, uma porção de quiabos e meia dúzia de tomates; deixam-se ferver, durante uma hora, sobre fogo bem moderado, até o caldo estar quase seco, e servem-se.

29. PERU ESTUFADO COM COGUMELOS – Tomam-se os pedaços de um peru, duas mãos-cheias de cogumelos, sal, pimenta, manjerona, salsa, dois cálices de vinho, duas colheres de gordura e duas xícaras de caldo de carne ou água; deita-se tudo numa panela, grudando-lhe a tampa; põe-se sobre fogo moderado, e deixa-se ferver, durante três a quatro horas; depois acrescenta-se-lhe uma colher de vinagre, e serve-se.

30. PERU ESTUFADO COM JERUMBEBA – Cortam-se as pernas, as asas e o pescoço do peru, e põem-se numa panela com uma quarta de toucinho picado, uma dúzia de frutas de figueira-do-inferno, sapecadas sobre brasas e descascadas, sal, cravo-da-índia, cebola e quatro cálices de vinho branco, devendo-se grudar a tampa; deixam-se ferver sobre fogo moderado ou no forno, durante duas a três horas; estando cozidos, põe-se a carne num prato, as frutas ao redor, com umas rodelas de limão descascadas por cima, e assim vão à mesa.

31. PERU ESTUFADO COM GRELOS DE ABÓBORA – Toma-se o peru, corta-se em pedaços, envolvem-se estes em farinha de trigo, e deitam-se numa panela com meia libra de toucinho picado, sal, noz-moscada, uma cebola cravada de cravos-da-índia, uma porção de grelos de abóbora descascados e escaldados em água quente, e quatro xícaras de caldo de carne ou água; tendo o cuidado de grudar a tampa, deixam-se ferver, durante duas horas, sobre brasas ou perto do fogo; estando cozidos, deitam-se os grelos

no prato, cobrindo-os com uma delgada camada de pão ralado; deitam-se-lhes os pedaços do peru por cima, e despeja-se, sobre o todo, o molho coado e engrossado com um gema de ovo, e serve-se.

32. PERU FRITO À PARMESÃ – Tomam-se os pedaços do peru, temperam-se com sal e pimenta moída, envolvem-se em pão ralado, passam-se depois em gemas de ovos, e frigem-se num pouco de manteiga; estando cozidos, põem-se num prato, e cobrem-se com uma camada de queijo ralado, e, postos no forno, deixam-se tomar boa cor, e servem-se.

33. PERU FRITO COM ALCACHOFRAS – Corta-se o peru em pedaços, e põem-se de molho com sal, salsa picada, cebola, alho e pimenta-cumari; passadas quatro a seis horas, põem-se três colheres de gordura no fogo, e quando estiver bem quente, deitam-se-lhe os pedaços do peru, que, fritos de um e outro lado, põem-se num prato, guarnecendo-os, em roda, de fundos de alcachofras, semeando-se, sobre o todo, salsa bem picada, e deitando-se-lhe gordura quente por cima.

34. PERU FRITO COM BATATINHAS – Tomam-se os pedaços do peru e uma porção de batatinhas descascadas que frigem-se em manteiga, sobre fogo moderado; estando cozidas, tiram-se com uma escumadeira; põem-se sobre o prato, cobrindo-as com uma porção de salsa picada e umas talhadas de limão descascadas.

35. PERU FRITO COM BETERRABA – Tomam-se os pedaços do peru, envolvem-se em pão ralado, e frigem-se em bastante manteiga; por outro lado, toma-se uma ou mais raízes de beterraba roxa, que se fervem em água quente e sal; em seguida, são descascadas e raladas, refogando-se esta massa com um pouco de manteiga e uma colher de vinagre; deita-se depois sobre o prato com os pedaços do peru por cima, cobrindo tudo com pequenos pedaços de pão e cebola picada, e ambos fritos em manteiga.

36. PERU FRITO COM MOLHO DE MOSTARDA E LEITE – Frigem-se os pedaços do peru, envoltos em farinha de trigo, e em seguida, em manteiga, de um e outro lado; estando bem cozidos e corados, servem-se com o molho seguinte: fervem-se duas xícaras de leite com uma pitada de polvilho e duas colheres de açúcar; tiram-se do fogo e misturam-se-lhes duas colheres de mostarda inglesa em pó e um cálice de vinho branco.

37. PERU FRITO COM PALMITOS – Toma-se o peru, corta-se em pedaços, que se untam com sal, e frigem-se em manteiga com uma cebola picada; põem-se num prato sobre um palmito cortado em pedaços compridos, cozidos em água e sal, e cobertos de uma camada de pão ralado, salpican-

do-se tudo com pimenta moída, e despejando por cima de tudo a manteiga em que se frigiu o peru, e serve-se.

38. PERU FRITO DOURADO – Envolvem-se os pedaços do peru em farinha de trigo, e frigem-se de um e outro lado, em um pouco de manteiga; estando cozidos, deita-se-lhes, às colheres, uma mistura de quatro gemas de ovos, uma colher de farinha de trigo, um cálice de vinho com raspas de noz-moscada; e passado um pouco de tempo, servem-se.

39. PERU GUISADO COM CHICÓRIAS – Ferve-se o peru cortado em pedaços, em água, sal, salsa, folhas de cebola e uma pitada de cominhos; estando cozido, tira-se-lhe a carne, que, envolta em pão ralado e passada em ovos, frige-se em manteiga; reduz-se a uma xícara o caldo, coado e mistura-se com outra de vinho branco; deita-se sobre a carne, posta sobre chicórias refogadas.

40. PERU GUISADO COM JILÓ – Fervem-se os pedaços do peru em água e sal até ficarem cozidos; tiram-se os pedaços e separa-se-lhes a carne dos ossos, que cortam-se em pedaços mais pequenos; engrossa-se o caldo, e, quando restar pouco, acrescentam-se-lhe uma colher de polvilho, desfeito numa xícara de vinho branco, dois cravos-da-índia, um pouco de noz-moscada raspada; deixa-se ferver um pouco, e põe-se sobre o prato, guarnecendo-o em roda com uns jilós aferventados em água e sal, e serve-se.

41. PERU REFOGADO COM MANGARITOS – Tomam-se os pedaços do peru e põem-se a cozer em água, sal, pimenta, cravo-da-índia, salsa e cebola com uma porção de mangaritos, e frige-se tudo em quatro colheres de gordura (se os mangaritos forem grandes, cortam-se em talhadas); passa-se o caldo por um guardanapo, e, misturado com uma colher de farinha de trigo, frige-se num pouco de manteiga e sumo de limão; reduz-se a poucas xícaras, e deita-se sobre a carne e os mangaritos fritos, e postos sobre um prato, para então serem levados à mesa.

42. PERU GUISADO COM TAIOBA – Toma-se o peru, corta-se em pedaços, e fervem-se estes em água, sal, salsa e folhas de cebola; estando quase cozidos, tiram-se, e põe-se na mesma água a cozer, uma raiz de taioba, cortada em pedaços; envolve-se a carne em farinha de trigo, frigindo-a em manteiga de um e outro lado; e, estando a taioba cozida, deita-se em roda da carne, deitando-lhe por cima o caldo reduzido e engrossado com duas gemas de ovos, desfeitas em uma colher de vinagre e uma colher de açúcar, e serve-se assim.

43. PERU GUISADO NO LEITE – Corta-se o peru em pedaços, e põem-se a ferver no leite, sal, folhas de cebola e salsa; estando cozidos, tiram-se e frigem-se em manteiga, armando-os sobre fatias de pão frito e, depois,

umedecidas com leite; cobre-se tudo com uma camada de queijo ralado, açúcar, canela e leva-se o prato ao forno, onde se deixam cozer até ficarem de boa cor, e servem-se.

44. QUITUTE DE PERU ASSADO – Derretem-se duas colheres de manteiga, misturam-se-lhes uma colher de farinha de trigo, uma mão de carapicus, salsa e uma cebola picada; acrescentam-se-lhes uma xícara de vinho branco e duas de caldo de carne; deixa-se ferver e deitam-se neste molho os pedaços do peru assado, e, tendo fervido um pouco, serve-se.

45. COXAS DE GANSO COM QUIBEBE – Tomam-se seis coxas de ganso, abrem-se, tiram-se-lhes os ossos, e enche-se o vão com toucinho bem picado, sal, salsa e pimenta; depois, amarram-se as coxas, e, envolta cada uma numa lasca de toucinho, assam-se numa panela com uma xícara de caldo, uma cebola, sal, salsa, e se coloca quer no forno, quer sobre brasas, pondo também brasas sobre a tampa; e estando cozidas, servem-se com quibebe.

46. GANSO REFOGADO COM ABÓBORAS-D'ÁGUA – Tomam-se os pedaços do ganso, refogam-se em três colheres de gordura, virando-os até ficarem assados por igual; tiram-se, e deita-se na mesma gordura uma porção de abóboras-d'água descascadas, tirado o miolo e cortada em pequenos pedaços; mexem-se até estar bem engordurados, e ajuntam-se-lhes uma xícara de água, outra de vinho e os pedaços do ganso, salsa, sal, folhas de cebola; colocam-se perto do fogo para acabar de cozer, e servem-se.

47. GANSO REFOGADO COM TOMATES – Toma-se um ganso, corta-se em pedaços que se põem numa panela; estando bem gordos, aquecem-se devagar, a princípio, para irem largando a gordura; e, não estando gordos, deitam-se-lhes duas colheres de gordura com a carne, sal, pimenta, folhas de cebola, e, depois de estarem um pouco fritos, acrescentam-se-lhes uma porção de tomates, uma xícara de caldo ou, melhor, de vinho branco, uma colher de farinha de trigo, deixam-se ferver sobre fogo brando até a carne estar cozida, e servem-se.

48. GANSO ASSADO NO ESPETO – O ganso, depois de depenado, limpo e esfregado com sal e sumo de cebola, é assado a princípio sobre um fogo bem vivo para pingar o excesso da gordura e, depois, durante uma hora, sobre fogo moderado, para cozer, e finalmente durante um quarto de hora sobre fogo bem ativo para tomar boa cor, e serve-se com seu molho depois de tirada a gordura.

49. GANSO ASSADO NO ESPETO À INGLESA – Refogam-se em manteiga uma dúzia de cebolas de tamanho medíocre, misturam-se com o fígado

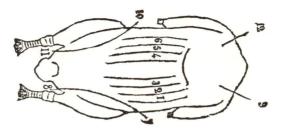

Ganso assado no espeto

do ganso picado, ajuntando-lhes sal, pimenta, salsa picada e manjerona; depois de estar o ganso temperado de sal, enche-se com este recheio; em seguida, assa-se no espeto, e serve-se.

Para este modo de preparar o ganso, é preciso que ele seja novo, o que se conhece pela base do bico, se ela se deixar cortar sem grande resistência.

50. GANSO ASSADO NO ESPETO COM PINHÕES OU CASTANHAS – Toma-se o fígado do ganso, duas gemas de ovos, uma mão-cheia de miolo de pão, sal e pimenta, tudo bem picado, misturam-se com meio cento de pinhões ou castanhas descascadas, e enche-se o ganso, que se assa no espeto; e estando cozido e de boa cor, serve-se; este recheio é o melhor para o ganso, pois que absorve a gordura que se acha em excesso.

51. GANSO ASSADO NO FORNO – Toma-se o ganso, depois de limpo, enche-se de ameixas e maçãs descascadas, ajuntando-se-lhe sal e manjerona; na falta de ameixas e maçãs, pode-se lançar mão de bananas, batatas-doces, ou mandiocas descascadas e cortadas em pedaços; deita-se este numa panela, e assa-se no forno ou sobre brasas, e serve-se com batatas ou salada.

52. GANSO COM MOLHO PARDO – Tomam-se as pernas e os pés do ganso, que se enleiam com as tripas da mesma ave depois de bem limpas; ajuntam-se-lhes a cabeça, o pescoço, as asas, os miúdos, e deita-se tudo numa panela com seu sangue, que se apanha numa tigela com vinagre, e que se desfaz numa tigela de água; ajuntam-se-lhes mais seis ou oito marmelos, cortados e descascados,

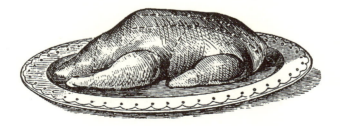

Ganso assado no forno

oito bananas, uma porção de batatas-doces cortadas, sal, pimenta, manjerona e um pouco de açúcar, se o tempero estiver muito azedo; deixam-se ferver e, estando cozidos e o caldo reduzido e grosso, servem-se.

53. GANSO COZIDO À PORTUGUESA – Corta-se o ganso em pedaços, escaldam-se estes em água quente; estando já frios, tiram-se e põem-se a cozer em uma garrafa de vinho branco, uma xícara de vinagre, uma tigela de caldo de carne, sal, folhas de louro, salsa, uma cebola, dois cravos-da-índia; estando cozidos, tira-se a carne, reduz-se o caldo, e serve-se com este molho.

54. GANSO ENSOPADO COM ARROZ – Toma-se um ganso novo, enche-se com bananas ou maçãs descascadas e cortadas em pedaços, e refoga-se, assando-o na panela com pouco fogo em sua própria gordura até ficar bem assado e de cor igual, virando-o de vez em quando; tira-se depois, e deita-se, nesta mesma gordura, que deve estar bem quente, meio prato de arroz escolhido e lavado; mexe-se até aquecer tudo bem, e acrescentam-se-lhe uma tigela de água, o ganso cortado em pedaços, uns pedaços de bananas, salsa, sal, noz-moscada e deixa-se ferver com pouco fogo até a água secar; põe-se o arroz no prato, e serve-se com a carne, posta por cima.

55. GANSO ENSOPADO COM QUIABOS – Corta-se em pedaços a carne do ganso; depois de tirados os ossos, refogam-se numa colher de manteiga, e estando bem fritos, acrescentam-se-lhes uma garrafa de caldo de carne, uma colher de farinha de trigo, duas gemas de ovos batidas, sal, salsa, folhas de cebola e uma porção de quiabos novos inteiros; deixa-se tudo ferver até a carne estar bem cozida, e serve-se.

56. GANSO ENSOPADO COM SAMAMBAIA – Tomam-se os pedaços do ganso, passam-se em gordura quente, e cozem-se, acrescentando-lhes uma garrafa de água, sal, pimenta, uma cebola, salsa e manjerona; estando quase cozidos, deitam-se no caldo uma porção de brotos de samambaia lavados, e, depois de duas fervuras, tiram-se, e deitam-se sobre uma travessa coberta de pão ralado; põem-se os pedaços do ganso por cima, deitando-se sobre tudo uma porção de manteiga, na qual deve-se ter frito uma cebola picadinha, e serve-se assim.

57. GANSO ESTUFADO COM MARMELOS – Enche-se o ganso com marmelos cortados em dois ou quatro pedaços (conforme o seu tamanho), com um pouco de sal, cominhos e um pouco de manjericão; deita-se o ganso na panela, e, em roda, umas raízes de mandioca descascadas e cortadas em pedaços, com uma xícara de água, sal, salsa, e casquinhas de limão; gruda-se-lhe a tampa e deixa-se ferver, a princípio sobre fogo brando para ir der-

retendo a gordura do ganso e, depois, sobre fogo bem vivo, durante duas a três horas, e serve-se inteiro com as mandiocas em roda.

58. GANSO ESTUFADO COM PALMITOS – Recheia-se um ganso com palmito cortado e misturado com sal, pimenta, uma cebola picada, um galho de manjerona e uma porção de cravos-da-índia espetados no peito, assim como uns pedaços de canela; e, em seguida, põe-se numa panela com dois cálices de vinho branco; gruda-se a tampa, e deixa-se ferver sobre fogo moderado, durante duas a três horas, e serve-se com seu próprio molho, depois de lhe ter tirado a gordura, e pondo ao redor uma porção de batatas fritas no mesmo molho.

59. GANSO GUISADO COM MANGALÓ – Ferve-se o ganso, partido em pedaços, com água e sal, e estando meio cozidos, depois de tirado o caldo, frigem-se estes em sua mesma gordura com um pouco de noz-moscada raspada e uma cebola picada; por outro lado, ferve-se uma porção de mangalós ou de favas-do-reino e, estando cozidos em água e sal, tiram-se, e passam-se por uma peneira; refoga-se esta polpa em manteiga, põe-se no prato, co-brindo-a com pão cortado em pequenos pedaços, e fritos em manteiga; põe-se ganso por cima, e deita-se sobre ele manteiga derretida.

60. GANSO GUISADO COM PEPINOS – Ferve-se um ganso em água, sal, sal-sa, uma cebola cravada de cravos-da-índia, até ficar meio cozido; tira-se depois a carne dos ossos, corta-se em tiras compridas da grossura de um dedo, e frigem-se estas em manteiga de vaca, depois de envoltas em fari-nha de trigo. Descasca-se nesta ocasião uma dúzia de pepinos, tira-se-lhes o miolo, e racham-se em quatro ou oito tiras, conforme seu tamanho; dei-tam-se estas no caldo, em que se cozeu o ganso; depois de duas fervuras, põem-se no prato com as talhadas do ganso fritas por cima, despejando-lhes a manteiga em que se tem frito a carne; e, tendo enfeitado com umas talhadas de limão sem casca, manda-se à mesa.

61. PASTÉIS DE FÍGADO DE GANSO – Para esta iguaria é necessário tratar o gan-so de antemão pelo modo seguinte: põe-se numa gaiola pouco maior do que ele, fazem-se, nesta ocasião, uns bolos com uma colher de fubá, água e um pouco de pó de cogumelos secos; faz-se engolir três vezes ao dia uma porção destes, e vai se aumentando a dose, de dia em dia, e não se dá outro alimento nem mesmo água; passando vinte e quatro a trinta dias, está o ganso cevado e o fígado do tamanho de um prato, pesando, às vezes, quatro libras.

Este fígado pica-se com um peso de cogumelos igual ao seu, e mis-turam-se-lhe pó de roscas secas, açúcar, noz-moscada, cardamomo e um pouco de sal; refoga-se em três colheres de gordura de ganso, acrescentando-lhe uma xícara de vinho branco; deixa-se ferver durante uma hora perto do fogo; depois faz-se uma capa para pastéis, e, posta esta massa dentro, acaba-se de cozê-los no forno; também se comem frios, e são transportados da França para o Brasil.

62. PEITO DE GANSO À POMERÂNIA – Tomam-se os peitos dos gansos novos cevados, põem-se de molho com uma onça de sal, meia oitava de nitro e uma oitava de açúcar mascavado, para cada peito; deixam-se nesta salmoura, durante oito dias, e penduram-se depois alternativamente no sol e na fumaça; comem-se cozidos, ou crus, como presunto, com o qual têm muita semelhança, sendo, porém, mais tenros e muito mais delicados.

63. PEITO DE GANSO FRITO COM ERVILHAS – Toma-se o peito de um ganso bem gordo, põe-se numa caçarola com sal e pimenta, sobre um fogo bem moderado, para derreter-se primeiro a gordura; depois aviva-se o fogo até a carne ficar cozida; por outro lado, cozinha-se uma porção de ervilhas secas ou feijão branco com sal e água; estando cozidos, escorrem-se, e passam-se por uma peneira; esta polpa refoga-se numa porção de gordura de ganso; põem-se depois, numa travessa, o peito do ganso por cima, e uma dúzia de cebolas pequenas fritas na mesma gordura do ganso, e serve-se com elas em roda.

64. QUITUTE DE GANSO – Tomam-se as sobras do ganso assado, cortam-se em pedaços, e põem-se sobre o fogo com um marmelo descascado e cortado, uma cebola cortada, uma porção de mangaritos ou batatas, fritas em manteiga e cortadas em talhadas, uma xícara de água e outra de vinho tinto; deixe-se ferver um pouco, e acrescenta-se-lhes, no fim, uma gema de ovo misturada com uma colher de farinha de trigo, e desfeita numa meia xícara de vinagre, e outra de vinho tinto; dá-se-lhe mais uma fervura, e serve-se.

65. PATO REFOGADO COM ABÓBORAS – Toma-se um pato novo, tira-se-lhe a carne dos ossos, e passa-se esta na gordura, até que ela fique assada; acrescentam-se-lhe, nesta ocasião, uma xícara de água, uma colher de vinagre, sal, uma cebola cortada, e quatro a seis abóboras cortadas em quatro a oito pedaços, sem descascá-los, e nem tirar-lhes o miolo (naturalmente deve a casca ser ainda tão macia como a própria carne); tapa-se a panela, deixa acabar de cozer, perto do fogo, e serve-se.

66. PATO REFOGADO COM CENOURAS – Corta-se o pato em pedaços, que se põem de molho em sal, pimenta, sumo de limão e alho; e depois de terem estado durante três horas neste vinho de molho, frigem-se de um e outro

lado em um pouco de manteiga; acrescentam-se-lhes depois uma xícara de água, um cálice de aguardente e meia colher de farinha de trigo; depois de ter fervido uma vez, deita-se-lhes uma porção de cenouras, cortadas em rodelas, deixam-se ferver perto do fogo até tudo estar cozido, e servem-se.

67. PATO REFOGADO COM TAIOBA – Toma-se um pato gordo, corta-se em pedaços, e passam-se por gordura quente, e, estando quase cozidos, acrescentam-se-lhes uma xícara de caldo de carne, sal, pimenta, folhas de cebola e uma raiz de taioba, fervida em água e sal, e que se corta em talhadas; deixam-se ferver, perto do fogo, durante uma hora, e servem-se com seu caldo, engrossado com um gema de ovo, batida com uma colherzinha de açúcar e uma colher de vinagre.

68. PATO ASSADO NO ESPETO COM MARMELOS – Toma-se o pato, enche-se de marmelos descascados, e partidos, tirando-se-lhes as sementes, e, na falta destes, pedaços de abóbora aferventados num pouco de vinagre, com uma folha de salsa e uns cravos-da-índia; esfrega-se o pato com sumo de limão, sal, alho, e, posto no espeto, assa-se, envolto em papel untado; por fim, tira-se-lhe o papel, deixa-se tomar cor, e serve-se com seu molho.

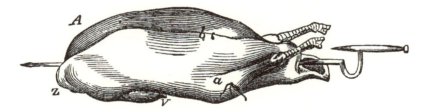

Pato assado no espeto

69. PATO DESOSSADO E ASSADO NO ESPETO – Abre-se o pato pelas costas, tiram-se-lhe os ossos com bastante carne, que se pica com meia libra de carne de vitela; misturam-se-lhe um punhado de carapicus, e, na falta, quatro a seis batatas raladas, duas gemas de ovos, salsa picada, sal, pimenta e duas colheres de manteiga: enche-se o pato com esta massa, cose-se, assa-se no espeto, envolto em delgadas lascas de toucinho e serve-se com seu próprio molho, depois de desengordurado.

70. PATO RECHEADO DE AZEITONAS E ASSADO – Enche-se o pato de azeitonas lavadas e palmitos, picados do mesmo tamanho, deita-se numa caçarola, sobre lascas de toucinho, com pimentas, folhas de cebola, salsa e manjerona; posto no forno, deixa-se assar até ficar cozido, e serve-se com seu molho e saladas.

71. PATO ASSADO À MODA DO PORTO – Põe-se o pato numa panela com a barriga para baixo sobre lascas de toucinho, cobre-se com partes iguais de vinho e água, acrescentam-se-lhe sal, salsa, uma cebola, cravos-da-índia, uma folha de louro, uma pitada de cominhos, e deixa-se ferver sobre fogo moderado até ficar cozido; côa-se-lhe depois o caldo, acrescenta-se-lhe uma colher de manteiga amassada, com outro tanto de farinha de trigo, deixa-se reduzir até duas xícaras, e serve-se com o pato.

72. PATO ENSOPADO COM CARURU – Tomam-se os pedaços de um pato, e frigem-se em três colheres de gordura, na qual já se acha frigindo uma colher de farinha de trigo; viram-se os pedaços do pato para assarem de todos os lados, acrescentam-se-lhes uma garrafa de água, meia xícara de vinagre, sal, pimenta, folhas de cebola, salsa e uma porção de caruru lavado; deixa-se ferver meia hora, a fogo descoberto, e serve-se com angu de fubá de moinho ou pirão de farinha de mandioca.

73. PATO ENSOPADO COM NABOS – Toma-se o pato, envolve-se em farinha de trigo e frige-se em quatro colheres de gordura, virando-o de todos os lados para ficar frito por igual; acrescentam-se-lhe, depois, meia garrafa de água e outro tanto de vinho branco, sal, noz-moscada, salsa e manjerona; estando quase cozido, ajunta-se-lhe uma porção de nabos refogados em duas colheres de manteiga com uma colher de farinha de trigo; deixa-se cozer sobre fogo bem brando e serve-se.

74. PATO FRITO COM QUIBEBE – Tomam-se os pedaços do pato, envolvem-se em farinha de trigo, passam-se por gemas de ovos, e, tornando a envolvê-los em farinha de trigo, assam-se em manteiga; por outro lado, ferve-se uma abóbora ou moranga, depois de tirado o miolo, em água e sal; estando cozida, tira-se da água, raspa-se a casca, passa-se a carne por uma peneira, e refoga-se com duas colheres de gordura; deita-se depois esta polpa (quibebe) sobre o prato, pondo-lhe por cima as partes do pato frito e serve-se, deitando-lhe por cima a manteiga em que se frigiu o pato.

75. PATO GUISADO COM CARAPICUS – Corta-se o pato em pedaços, e fervem-se estes com meia libra de toucinho, água, sal, pimenta e manjerona, até estarem cozidos; tiram-se do fogo, côa-se-lhes o caldo, e ferve-se no mesmo uma porção de carapicus escolhidos e escaldados, acrescentando-lhes uma colher de vinagre com outro tanto de miolo de pão; envolve-se a carne em pão ralado e frige-se em bastante manteiga; estando o carapicu cozido, e tendo o caldo secado, serve-se numa travessa, pondo-lhe por cima os pedaços do pato frito.

O Peru

76. **PATO GUISADO COM PINHÕES** – Ferve-se um pato inteiro com meia libra de toucinho, uma libra de lombo de porco salgado, pimentas, uma cebola, salsa e raiz de aipo; e, estando cozido, reduz-se-lhe o caldo a três xícaras de líquido; põe-se o pato numa caçarola com este molho, uma porção de pinhões cozidos e descascados, e o sumo de um limão; deixa-se ferver meia hora entre brasas, e serve-se.

77. **MARRECO REFOGADO COM AZEITONAS** – Frige-se um marreco com um quarta de toucinho cortado em pedacinhos, virando-o até tomar boa cor por igual; ajuntam-se-lhe sal, pimenta, salsa, folhas de cebola, uma xícara de água ou caldo, e por fim uma porção de azeitonas sem caroços e escaldadas; deixa-se ferver sobre pouco fogo até a carne estar cozida, e serve-se.

78. **MARRECO REFOGADO COM REPOLHO** – Ferve-se por alguns minutos um repolho picado fino, em água e sal; tira-se logo da água, e espreme-se para ficar com a menor porção de água possível; põe-se depois na panela com meia libra de toucinho picado, e o marreco cheio de batatas-doces descascadas; estando cozidos, serve-se o repolho numa travessa e o marreco por cima.

79. **MARRECO ASSADO COM MAÇÃS** – Toma-se um marreco limpo, e põe-se a ferver durante meia hora, envolto em duas lascas de toucinho, com uma cebola, dois cravos-da-índia, uma folha de louro, sal, pimenta e uma xícara

Azeitonas

de caldo; tira-se o marreco, côa-se-lhe o caldo, e mistura-se com a polpa de dez a doze maçãs, duas dúzias de passas e duas colheres de açúcar; serve-se esta polpa num prato com o marreco por cima.

80. MARRECO ASSADO NO ESPETO – Depois de depenado, limpo e lavado, enche-se o marreco com miolo de pão, misturado com o fígado do marreco, picado e umedecido tudo com vinho branco, temperado de sal, pimenta, uma cebola e dois cravos-da-índia; assim preparado, assa-se no espeto, a princípio sobre fogo moderado para a gordura supérflua ter tempo de derreter-se, e, depois, sobre fogo mais vivo, para o assado tomar a cor conveniente; estando cozido, serve-se com saladas.

81. MARRECO ASSADO NO FORNO – Corta-se o fígado do marreco, com dois ovos cozidos, um punhado de carapicus e uma cebola; mistura-se com sal, pimenta, e enche-se o marreco; põe-se depois no forno numa panela guarnecida de lascas de toucinho, em cálice de vinho branco, sal, cravo-da-índia, salsa e deixa-se ferver até a carne ficar cozida, e serve-se depois com alguma salada ou massa de polpa.

82. MARRECO ENSOPADO COM CARÁ – Envolvam-se os pedaços de um marreco em pão ralado, e frijam-se em manteiga; acrescentem-se-lhes depois uma tigela de caldo de carne, pouco sal, pimenta, uma cebola, salsa, um ou dois carás (se forem pequenos); e deixe-se ferver até tudo estar cozido; tirem-se depois as partes do marreco, e o cará cortado em talhadas; e, tendo reduzido o caldo a pouco líquido, engrosse-se com duas gemas de ovos, uma colher de vinagre, e tornem-se-lhe a deitar a carne e as talhadas do cará; deixem-se ferver mais um pouco, e sirvam-se.

83. MARRECO ENSOPADO COM CHUCHUS – Corta-se o marreco em pedaços, que se frigem com três colheres de manteiga, até ficarem quase assados; tiram-se os pedaços, e deitam-se, na mesma manteiga, duas colheres de farinha de trigo e mexem-se até ficarem alambreados; acrescentam-se-lhes, nesta ocasião, uma garrafa de água, sal, pimenta e folhas de cebola; ferve-se tudo um pouco. Acrescentam-se-lhe a carne e uma porção de chuchus descascados e cortados, um cálice de vinagre e duas colheres de açúcar; ferve-se ainda por meia hora, e serve-se então.

84. MARRECO ENSOPADO COM INHAME – Corta-se o marreco em pedaços, que se passam por gordura até ficarem assados de todos os lados; acrescentam-se depois uma colher de farinha de trigo, mexe-se, e deitam-se-lhe uma tigela de água, sal, pimenta, folhas de cebola, manjerona e uma raiz de inhame cozida de antemão em água e sal, e cortada em talhadas; deixa-

se ferver até que tudo esteja cozido, e antes de servir-se, ajuntam-se uma colher de caldo de limão, e um limão cortado, e sem caroços.

85. MARRECO ESTUFADO COM AMEIXAS-DO-CANADÁ – Toma-se o marreco, e enche-se com ameixas-do-canadá, descascadas e descaroçadas, ou, na falta, com ameixas de conserva, misturadas com passas e pedaços de marmelo descascados; deita-se o marreco na panela com meia libra de toucinho cortado em pedaços, dois cálices de vinho, pouco sal, noz-moscada, cardamomo, cravo-da-índia, duas dúzias de ameixas descascadas e sem caroços; gruda-se a tampa, e ferve-se sobre um fogo regularmente quente; passada uma hora, tira-se o marreco, e põe-se sobre um prato, com as ameixas em roda; côa-se o molho, tira-se-lhe a gordura, e serve-se sobre o assado.

86. MARRECO ESTUFADO COM CARÁ-DO-AR – Põe-se o marreco de molho, untado de sal, sumo de alho e de cebola, pimenta moída, salsa picada e vinagre; passados seis a oito horas, tira-se, e enche-se de cará-do-ar ralado, e misturado com três colheres de manteiga, três de queijo ralado, pouco sal e canela moída; deita-se o marreco cheio sobre uma lasca de toucinho, e cobre-se com outra lasca, ajuntando seis a oito cebolas, uma xícara de caldo, sal, pimenta e salsa picada; gruda-se a tampa, e deixa-se ferver durante hora e meia, sobre um fogo regular; estando assado, tira-se o marreco, côa-se-lhe o molho, do qual se tira a gordura, que se deita sobre o marreco posto num prato, colocando as cebolas em roda.

87. MARRECO FRITO COM CHUCRUTE (REPOLHO FERMENTADO) – Depois de estarem de molho em sal e pimenta, envolvem-se em pão ralado os pedaços de um marreco e frigem-se em bastante gordura; estando fritos, e de boa cor, tiram-se, e deixa-se, na mesma gordura, uma porção de repolho fermentado [chucrute], ou na falta, repolho aferventado, ajuntando-lhes pouca água, sal e uma xícara de vinagre; deixa-se o repolho refogar e acabar de cozer perto do fogo, mexendo-o de vez em quando para não queimar; serve-se com o marreco frito posto em cima.

88. MARRECO FRITO COM GUANDUS – Corta-se o marreco em pedaços, que se esfregam com sal e pimenta; envolvem-se em farinha de trigo, e, em seguida, passam-se em gemas de ovos; frigem-se depois em pouca gordura sobre fogo bem vivo; tiram-se os pedaços, e deita-se, nesta gordura, uma colher de farinha de trigo; mexe-se, e acrescentam-se-lhe um cálice de vinagre, e uma porção de guandus, cozidos em água, sal, folhas de cebola e de salsa; deixam-se ferver sobre pouco fogo até secar a água, e serve-se o guandu com o marreco frito por cima.

214   Cozinheiro Nacional

89. MARRECO FRITO COM MANGARITOS – Corta-se um marreco gordo e novo em pedaços, e põem-se estes de molho com sumo de laranja da terra, sal, salsa, cebola picada e umas pimentas-cumaris: passadas três horas, frigem-se em bastante gordura e junto com eles uma porção de pequenos mangaritos descascados; frigem-se até ficarem de boa cor, e, por fim, ativa-se bem o fogo; e servem-se salpicando-os por cima com um pouco de salsa bem picada.

90. MARRECO GUISADO COM JERUMBEBA – Toma-se uma porção de frutas de figueira-do-inferno (jerumbeba) que se põe no borralho, assa-se e descasca-se; depois enche-se com elas o marreco que se coloca numa panela com o resto das frutas, sobre uma lasca de toucinho, com uma xícara de caldo de carne, sal, pimenta, salsa e uma cebola picada: deixa-se ferver sobre pouco fogo até a carne ficar cozida, e serve-se com o próprio molho, passado por uma peneira ou pano grosso.

91. MARRECO GUISADO COM QUIABOS – Toma-se o marreco, e corta-se em pedaços, que se fervem em água, sal, cebola, salsa e raiz de aipo; estando quase cozidos, tiram-se, e frigem-se em duas colheres de manteiga, virando-os para ficarem de boa cor; tiram-se de novo, e deita-se, na mesma gordura, uma colher de farinha de trigo, e vai-se mexendo o caldo coado em que se cozinhou o marreco, até ficar reduzido a quatro xícaras; e acrescentam-se-lhe uma porção de quiabos, cortados em rodelas, os pedaços do marreco fritos, o sumo de um limão, as talhadas de outro descascado, e leva-se à mesa.

92. POMBOS REFOGADOS COM ARROZ – Tomam-se quatro pombos, depois de depenados e limpos, frigem-se em quatro colheres de gordura até ficarem assados, virando-se até que tomem boa cor, tiram-se, aquece-se bem a gordura, e deita-se-lhe, nesta ocasião, uma porção de arroz escolhido e lavado e mexe-se: estando o arroz quente e engordurado por igual, acrescentam-se-lhe uma garrafa de caldo de carne, sal, noz-moscada raspada, um dente de cravo, uma cebola cortada e os pombos; deixam-se secar perto do fogo, e estando cozidos, servem-se.

93. POMBOS REFOGADOS COM ABÓBORA – Tomam-se pombinhos, e abóboras, pequenas, que tenham a casca ainda mole, e escaldam-se em água quente, na qual ficam até esfriar-se a água; derrete-se depois um pedaço de toucinho picado, e, quando estiver bem quente, deitam-se os pombinhos rachados ao meio, e as abóboras inteiras, virando-os sempre; ajuntam-se-lhes uma xícara de água, sal, pimenta, meia dúzia de tomates, e deixam-se secar perto do fogo; passada meia hora, servem-se.

94. POMBOS REFOGADOS COM CARAPICUS – Frige-se uma quarta de toucinho, picado em pequenos pedaços, em uma colher de manteiga, e estando meio frito, deitam-se quatro pombos na mesma gordura, virando-os até ficarem de boa cor, por todos os lados; ajuntam-se-lhes um punhado de carapicus cortados em pedaços, sal, pimenta, salsa, folhas de cebolas e uma xícara de caldo de carne; deixa-se tudo ferver bem sobre fogo moderado, e estando cozidos os pombos, deitam-se numa travessa; põem-se-lhes em roda os torresmos com os carapicus e por cima o molho depois de lhes ter acrescentado uma colher de farinha de trigo, desfeita em outra de vinagre.

95. POMBOS REFOGADOS COM CHUCHUS – Abrem-se os pombinhos pelo meio, deitam-se (virando-os sempre), em manteiga quente sobre o fogo, e, quando tiverem tomado boa cor, ajuntam-se-lhes uma porção de chuchus descascados, partidos e escaldados, sal, salsa, folhas de cebola e dois cálices de vinho branco; tapa-se a panela, deixa-se durante meia hora sobre fogo moderado, e serve-se depois.

96. POMBOS REFOGADOS COM ERVILHAS – Tomam-se quatro pombos novos, refogam-se em duas colheres de manteiga, e, tendo eles tomado cor, tiram-se e cortam-se pelo meio, pondo-se na mesma gordura uma porção de ervilhas novas e, em seguida, duas xícaras de água, os pedaços dos pombos, sal, pimenta, salsa, e noz-moscada; deixam-se cozer sobre brasas vivas, e acrescentam-se-lhes, na ocasião de servi-los, duas gemas de ovos desfeitas num cálice de vinho branco e uma pitada de açúcar.

97. POMBOS REFOGADOS INSTANTANEAMENTE – Cortam-se dois pombos em quatro pedaços cada um, frige-se uma quarta de manteiga com meia de toucinho picado e outro tanto de carapicus; põem-se imediatamente os pedaços dos pombos, viram-se para assarem de todos os lados e deixam-se frigir, durante dez a quinze minutos; tiram-se depois os pombos, deita-se na manteiga uma colher de farinha de trigo, mexe-se, e acrescentam-se logo uma xícara de caldo de carne, sal e salsa; deitam-se os pombos ainda por um instante neste molho, e servem-se, depois de ter-se espremido o sumo de um limão sobre os mesmos.

98. POMBOS ASSADOS NA GRELHA – Depois de limpos os pombos, cortam-se em duas metades ao correr do espinhaço; chateiam-se, batendo-se-lhes com um pedaço de tábua, passam-se depois em manteiga quente, e cobrem-se dos dois lados com uma boa camada de pão ralado, temperando-se com sal e pimenta; assam-se dos dois lados sobre a grelha, servem-se com o molho seguinte: ferve-se meia xícara de caldo de carne com três

colheres de vinagre, duas pitadas de cebola picada e outro tanto de salsa, sal, pimenta e uma colherinha de mostarda em pó.

Para este modo de preparar os pombos, devem-se procurar os mais novos.

99. POMBOS ASSADOS NO ESPETO – Tomam-se os pombos, enleia-se cada um numa lasca de toucinho, e assam-se no espeto, sobre fogo bem moderado durante meia hora, pouco mais ou menos, e servem-se, com seu molho: não se devem deixar secar os pombos na ocasião de assar, senão ficam insípidos; da mesma maneira, não se devem assar pombos senão aqueles que ainda não sabem voar.

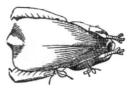 

Pombos

100. POMBOS RECHEADOS E ENSOPADOS – Mistura-se um pedaço de fígado de vaca ou de porco, bem picado, com outro tanto de cogumelos picadinhos, sal e pimenta, e enchem-se os pombos com esta massa, devendo-se escolher os que não passam de dez a quinze dias; fervem-se com água e uma porção de carapicus, que se servem depois com os pombos, deitando-lhes por cima o molho reduzido e encorpado com uma pitada de polvilho, e misturado com uma colher de vinagre.

101. POMBOS ESTUFADOS COM CHICÓRIAS – Tomam-se os pombos já maduros, e põem-se a ferver numa panela guarnecida de toucinho com um cálice de água, sal, noz-moscada, salsa, cebola picada e um pouco de cogumelos picados; estando cozidos, servem-se sobre chicórias guisados.

102. POMBOS ESTUFADOS COM ASPARGOS OU COM PALMITOS – Põem-se os pombos de molho durante vinte e quatro horas, em sal, salsa picada, pimenta, cebola, cravo-da-índia e azeite doce; deitam-se depois numa panela com quatro colheres de manteiga amassada com duas de farinha de trigo, uma xícara de caldo de carne, e deixam-se ferver, estando bem tapados, durante uma hora, sobre fogo bem moderado; por outro lado, ferve-se em água e sal uma porção de aspargos ou palmitos, amarrados em molhos; estando cozidos, deitam-se desatados sobre o prato, cobertos de pão ralado e frito em manteiga; põem-se os pombos em cima e despeja-se, sobre o todo, o molho dos pombos.

103. POMBOS ESTUFADOS COM QUIABOS – Tomam-se dois pombos grandes, esfregam-se com sal e pimenta, envolvem-se em pão ralado e depois em lascas de toucinho; deitam-se numa caçarola com uma xícara de água, uma cebola cortada, salsa picada, um dente de alho, e deixam-se cozer; tiram-se depois os pombos, côa-se-lhes o caldo, e, tirada a gordura, acrescentam-se-lhes uma colher de farinha de trigo, uma xícara de água e duas dúzias de quiabos cortados em rodelas; deixa-se cozinhar e reduzir, e deita-se finalmente sobre os pombos.

104. POMBOS FRITOS À PARMESÃ – Chateiam-se com uma palmatória os pombos, depois de cortados em duas metades, que se esfregam com sal, pimenta, sumo de limão; e, depois de envoltos em farinha de trigo e passados em manteiga, assam-se na grelha; estando assados, deitam-se numa travessa, e cobertas de queijo ralado, açúcar e canela, põem-se ao forno, deixam-se assar até estarem de boa cor, e servem-se.

105. POMBOS FRITOS COM CAPA – Tomam-se as metades dos pombos, chateiam-se com uma palmatória, e deixam-se de molho durante três a quatro horas, em sumo de limão, sal e sumo de alho; envolvem-se depois em farinha de trigo, passam-se por gemas de ovos, torna-se a cobri-los de farinha de trigo, e assam-se depois na gordura de um e outro lado, servindo-se com algum molho ou salada.

106. POMBOS FRITOS DOURADOS – Cortam-se os pombos em duas metades e chateiam-se com uma palmatória; envolvem-se depois em uma boa capa de pão ralado, com sal, salsa picada, pimenta, e frigem-se dos dois lados em manteiga; estando fritos e de boa cor, põem-se num prato e deitam-se sobre eles seis a oito ovos batidos; postos no forno, deixam-se tomar boa cor, e servem-se.

107. POMBOS GUISADOS COM BETERRABAS – Fervem-se os pombos em água e sal com algumas beterrabas novas; estando cozidos, tiram-se os pombos,

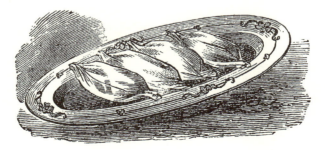

pombos fritos com capa

envolvem-se em farinha de trigo, e frigem-se em manteiga; picam-se as beterrabas que se deixam esfriar, e que, misturadas depois com sal, pimenta e vinagre, se deitam na travessa, colocando os pombos fritos por cima, e, por cima de tudo, se derrama a manteiga frita; servem-se frios.

108. POMBOS GUISADOS COM DOCE DE MARACUJÁS – Tomam-se pombos novos, passam-se em manteiga, e põem-se depois numa panela com uma porção de miolo de maracujás, duas colheres de açúcar, uns dentes de cravo-da-índia, canela e um cálice de vinho branco, e deixam-se ferver sobre um fogo muito brando; estando cozidos, serve-se o doce de maracujás com os pombos por cima.

109. POMBOS COM CREME DE LIMÃO – Tomam-se quatro pombos, esfregam-se com sumo de limão e um pouco de sal; põem-se depois a cozinhar com duas colheres de manteiga, um cálice de vinho, canela, noz-moscada, e, estando cozidos, tiram-se, e misturam-se com uma xícara de nata, quatro colheres de açúcar, o sumo de uma laranja-doce, e um cálice de vinho branco; deixa-se a mistura ferver uma vez, e serve-se com os pombos.

110. POMBOS GUISADOS COM FAVAS NOVAS – Põem-se três pombos a ferver, com uma porção de favas novas, em água, sal, salsa e folhas de cebola; estando cozidos, tiram-se os pombos, que se cortam em duas metades, e frigem-se dos dois lados em duas colheres de gordura, até tomarem boa cor; envolvem-se em seguida em pão ralado para tornarem-se a frigir; tiram-se, e frigem-se na mesma manteiga, duas colheres de farinha de trigo e uma cebola picada; estando a farinha tostada, misturam-se as favas, e deixa-se tudo ferver até o caldo das favas ter secado, e servem-se juntamente com os pombos.

111. POMBOS GUISADOS COM MANGARITOS – Tomam-se quatro pombos grandes, fervem-se com água, sal, pimenta, salsa, cebola e uma porção de mangaritos; estando cozidos, tiram-se, dividindo-os em duas partes, frigem-se de um e outro lado em manteiga, tiram-se, e frigem-se, na mesma manteiga, mangaritos cortados em talhadas; depois de bem tostados, tiram-se igualmente do fogo, e frigem-se, ainda nesta mesma manteiga, uma cebola picada e uma colher de farinha de trigo, ajuntando-se-lhes uma xícara grande do caldo dos pombos; deixa-se ferver por um pouco, e deitam-se-lhe os pedaços dos pombos e os mangaritos; dá-se-lhes mais uma fervura, e servem-se.

112. POMBOS GUISADOS COM PALMITOS – Cozinham-se quatro pombos novos em água, contendo salsa, folhas de cebola, sal, pimentas, uma

O Peru

porção de cogumelos, e um palmito cortado em pedaços; depois de tudo isto ferver por um quarto de hora, deitam-se em uma caçarola, depois de pulverizados de farinha de trigo e umedecidos unicamente com uma xícara de caldo; deixa-se então ferver sobre brasas, durante um quarto de hora, e põem-se sobre o prato, deitando-lhes por cima o molho, a que se acrescentam, nesta ocasião, duas gemas de ovos, batidas com três colheres de nata de leite.

CAPÍTULO VIII

CAÇA DE CABELO*

A Anta

A anta é uma caça que se encontra nas matas virgens do Brasil, e é caçada não só por causa dos estragos que faz nas plantações, como por causa de sua excelente carne, que se assemelha muito à carne de vaca e de cavalo, tanto no aspecto como no gosto, como, finalmente, por causa de seu excelente couro, que oferece quatro vezes mais resistência do que o do boi.

A carne do filho da anta de um ano para baixo é sobretudo muito apreciada, e é superior a todas as carnes, tantos dos animais silvestres, como dos domésticos.

É escandecente, todavia, como toda carne de caça, e portanto deve-se usála com alguma cautela.

1. ANTA REFOGADA COM PALMITOS – Ferve-se um pedaço de carne de anta durante alguns minutos, em água e sal, tira-se e refoga-se em um pouco de gordura, virando para todos os lados; acrescentam-se uma xícara de água, outra de vinho branco, sal, salsa, folhas de cebolas, uma colher de sumo de limão e um palmito cortado; deixa-se ferver com pouco fogo.

* Caça de pêlo.

Estando cozido, tira-se do fogo, põe-se o palmito sobre o prato, deitan-do-se-lhe por cima a carne com o molho coado; tendo-se engrossado com duas gemas de ovos batidas e um cálice de sumo de limão, serve-se.

2. CARNE DE ANTA REFOGADA – Toma-se um pedaço de carne de anta nova, escalda-se, e deixa-se esfriar na mesma água; tira-se e corta-se em pequenos pedaços; refoga-se com um pouco de gordura, uma cebola picada, polvilha-se com duas colheres de farinha de trigo; acrescentam-se duas xícaras de água, sal, pimenta, salsa picada, seis tomates, o sumo de um limão, as rodelas de outro descascado, e uma colher de açúcar; deixa-se ferver durante uma hora sobre fogo moderado e serve-se.

3. ANTA ASSADA NO ESPETO – Lardeia-se o lombo da anta, com toucinho temperado em sal, pimenta, alho; põe-se de molho em sal, salsa, cebolas, pimenta-cumari, e um pouco de vinagre, quanto baste para umedecer; deixa-se doze horas neste tempero.

Enfia-se no espeto, envolvendo-o em papel untado com manteiga ou gordura, e assa-se sobre um fogo regular; estando cozido, tira-se, e unta-se com uma gema de ovo batida, e dão-se mais umas voltas no espeto, para a carne tomar boa cor; serve-se com saladas.

O lombo é o pedaço que mais se presta para este guisado.

4. ANTA ASSADA NO FORNO – Deita-se uma posta de carne de anta de mo-lho em vinagre, com quatro a cinco colheres de açúcar mascavo, uma de sal, pimentas, folhas de cebolas, cravo-da-índia e manjerona.

Passadas vinte e quatro horas, tira-se, e lardeia-se com pedaços gros-sos de toucinho, e pedacinhos de alho, e envolve-se em uma capa feita com seis colheres de farinha de trigo, dois ovos inteiros, uma colher de mantei-ga de vaca, e quanto baste de leite, para formar uma massa, que se estende sobre uma toalha e na qual se envolve a posta de carne.

Põe-se a posta assim preparada em uma panela, tendo posto, no fundo dela, uma prancha de toucinho; assa-se no forno ou sobre um fogo mode-rado, para o que são precisas só três horas; serve-se com a capa.

5. ANTA ASSADA NA GRELHA – Corta-se a carne em talhadas da grossura de um dedo, salpica-se de sal, pimenta, cebola cortada e salsa; bate-se bem com um pau, passa-se em manteiga, e assa-se sobre a grelha; serve-se com salada, ou com folhas de borragem picadinhas com sal e vinagre.

6. ANTA ENSOPADA COM CARÁ-DO-AR – Toma-se um pedaço de carne de anta que se refoga em três colheres de gordura, uma de farinha de trigo,

uma cebola picada, sal, duas pimentas e meia dúzia de tomates; estando a carne igualmente frita, para o que se vira por vezes, acrescentam-se uma tigela de água, um cálice de sumo de laranja-da-terra azeda, uns carás-do-ar descascados e cortados em rodelas, deixando ferver até a carne ficar cozida e o caldo reduzido.

7. ANTA ESTUFADA – Ponha-se um lombo de anta numa panela guarnecida de lascas de toucinho, com uma xícara de vinho, um cálice de vinagre, duas colheres de açúcar, duas cebolas cortadas, um dente de alho, sal, pimentas, dois dentes de cravo-da-índia; deixa-se a carne nestes temperos durante seis horas, virando-se de vez em quando; gruda-se a tampa, põe-se a panela sobre o fogo, e ferve-se durante duas a três horas; serve-se com seu molho coado e sem gordura.

8. ANTA ESTUFADA COM CARATINGA – Ferve-se um lombo de anta durante cinco a dez minutos em leite e sal; tira-se, e deixa-se esfriar; lardeia-se com toucinho temperado com sal e pimenta; deita-se numa panela guarnecida com toucinho e uma xícara de nata de leite, sal, uma colher de açúcar, um dente de alho, um pouco de gengibre raspado e uma ou duas raízes de caratinga, descascadas e cortadas em rodelas; tapa-se a panela, gruda-se e deixa-se ferver sobre um fogo ativo durante duas a três horas; serve-se com o seu molho.

9. ANTA GUISADA À CAMPEIRA – Ferve-se uma posta de carne de anta em soro de leite, com sal, salsa, folhas de cebola, gengibre, pimenta e sementes de mostarda inteiras.

Estando cozida, tira-se do fogo, e tendo, por outro lado, fervido uma caneca de leite com uma colher de açúcar, duas gemas de ovos e uma colherinha de polvilho, deita-se a carne neste creme; deixa-se ferver o todo, durante pouco tempo; e serve-se sobre fatias de pão torradas.

10. ANTA GUISADA COM QUIABOS – Corta-se em pedaços uma posta de carne de anta, ferve-se em água e sal até ficar cozida; tira-se e refoga-se com duas colheres de gordura, uma xícara de água, uma colher de polvilho, tomates, uma porção de quiabos cortados em talhadas, pimentas, salsa, folhas de cebola, e um limão descascado e cortado em talhadas; deixa-se ferver durante mais meia hora, e serve-se com angu de fubá de moinho.

11. ANTA GUISADA COM SAPUCAIAS – Toma-se um pedaço de carne de anta, ferve-se com sal, água, cebola, salsa, pimenta, cravo-da-índia e gengibre; estando cozida, tira-se a carne e refoga-se em três colheres de gordura,

duas de farinha de trigo, uma cebola picada; ajuntam-se, depois, uma xícara de caldo coado, outra de nata de leite, e uma porção de amêndoas de sapucaias cortadas; deixa-se ferver e serve-se.

12. CARNE DE ANTA SEPULTADA À MODA DE CAÇADOR – Toma-se uma posta de carne de anta, que se esfrega com sal; feito isso, envolve-se em folhas de bananeiras ou de caeté, e introduz-se a carne assim preparada em um buraco feito na terra, e no qual se terá queimado bastante lenha para a aquecer, e cobre-se com a terra que saiu, acendendo por cima outra porção de lenha; passadas duas a três horas, tira-se a carne, que destarte adquiriu um excelente gosto.

Come-se com um molho feito com pimentas-cumaris, sumo de limão, e o suco que há de correr da carne quando se partir.

13. BIFES DE ANTA – Tira-se um lombo de anta, corta-se em talhadas da grossura de dois dedos, salpica-se com sal e pimenta; batem-se com um pau, põem-se as talhadas em camadas umas sobre as outras, em uma caçarola com pouca gordura, uma porção de carás já cozidos, descascados e cortados em rodelas finas, uma cebola, e salsa picadinha; deixa-se frigir e serve-se.

14. CHURRASCO DE CARNE DE ANTA – Faz-se o churrasco da carne de anta da maneira seguinte: corta-se uma boa posta de carne, deixando o couro pegado à carne; esfrega-se esta com bastante sal, põe-se no forno até assar, e serve-se, ficando o couro servindo de travessa.

Serve-se com um molho de sumo de limão e pimentas-cumaris.

15. MOQUECAS DE CARNE DE ANTA – Toma-se um pedaço de carne de anta, que se corta em talhadas finas e que se tempera com sal; em seguida, envolve-se cada talhada em folhas de bananeira ou de caeté, e põe-se no borralho até ficarem cozidas.

Servem-se com molho de limão e pimentas-cumaris.

16. TALHADAS DE CARNE DE ANTA – Corta-se a carne em talhadas finas, batem-se estas com o corte de uma faca, aparam-se, e salpicam-se com um pouco de sal e um molho feito com bastante sumo de pimentas-cumaris, passam-se em gordura, e assam-se na grelha de um e outro lado; servem-se com canjica.

A Capivara

A capivara é muito comum no Brasil; habita as margens dos rios, nos quais passa a maior parte do tempo, saindo só para fazer suas depredações nas plantações de arroz e milho, que tanto estraga como come; de noite, porém, reco-lhe-se às furnas que se acham na beira dos rios.

A carne da capivara é semelhante à carne do porco-do-mato; no Brasil ma-tam-se anualmente centos delas, aproveitando-se só dos couros; entretanto é a sua carne muito saborosa, e em extremo saudável para as pessoas escrofulo-sas, sifilíticas, para as que sofrem de reumatismo, tuberculoses pulmonares etc.; como, porém, dá muito trabalho tirar-se a catinga, poucas vezes se aproveita esta carne em prejuízo da saúde, tomando-se de preferência remédios catinguentos, de mau gosto e caros, em vez de se dar ao incômodo de preparar esta carne.

Por isso publicamos aqui um meio facílimo de se tirar a catinga da carne deste animal, e também alguns modos de prepará-la; fazem-se iguarias muito delicadas e saudáveis com a carne de capivara.

Estando a capivara morta e esfolada, corta-se em quartos, tirando-se toda a banha que a cobre interior e exteriormente, e isto com todo o escrúpulo, porque a parte catinguenta da capivara é a gordura; nesta ocasião, põem-se os quartos de molho em sal, salsa, cebola, aipo, pimenta, e sumo de laranja-da-terra ou limão, durante vinte e quatro horas; deixam-se depois outras vinte e quatro horas em água fria corrente, ou mudando a água seis a oito vezes; dá-se depois uma fervura, torna-se a pôr a carne durante seis a oito horas em sumo de laranja-da-terra e água, podendo, neste estado, preparar-se conforme as receitas aqui explicadas.

A gordura e a banha são remédios eficazes contra a sarna, as úlceras can-cerosas, reumatismo, tiques dolorosos; são usadas como fomentação, para os destroncamentos, inchações crônicas etc.

1. CAPIVARA ASSADA – Depois de desinfetado o lombo da capivara, põe-se de molho durante seis horas em aguardente, cravo-da-índia, salsa, cebolas, gengibre, manjericão, tomilho, sal e pimenta.

    Enfia-se no espeto, assa-se a fogo descoberto, molhando-o com sumo de laranja-da-terra, e, estando cozido, serve-se.

2. CAPIVARA ASSADA COM TAIOBA – Depois de desinfetada a carne da capi-vara, põe-se a ferver durante uma hora com soro de leite, sal, salsa, folhas de cebola, tomilho ou serpol, cravo-da-índia, pimentas; tira-se, enxuga-se e enfia-se no espeto; no princípio assa-se em fogo ativo, e moderado no fim; serve-se com folhas de taioba fervidas em água e sal, e colocadas num prato, sendo cobertas com pão ralado e manteiga derretida, e serve-se com um molho de limão e pimentas-cumaris.

3. CAPIVARA ENSOPADA COM SERRALHA – Corta-se um pedaço de carne de capivara, escalda-se, deixando-o esfriar na mesma água; tira-se e frige-se em duas colheres de gordura, uma tigela de água, em cálice de aguardente, sal, salsa, cebola, cravo-da-índia, e pimenta; deixa-se ferver até ficar cozido, servindo-se com serralha picada fina, escaldada, e refogada com pouca gordura, depois de ter acrescentado um pouco de água e sal.

4. CAPIVARA GUISADA COM ALMEIRÕES – Toma-se um pedaço de carne de capivara e ferve-se em água, com sal, pimenta, salsa, folhas de cebolas, gengibre, cravo-da-índia; estando cozido, refoga-se em duas colheres de gordura e uma cebola picada; acrescentam-se um cálice de sumo de limão e uma xícara de água; deixa-se ferver mais meia hora, e serve-se sobre um prato de almeirões escaldados, picados e refogados com uma colher de gordura, ajuntando uma xícara de água e sal; deixando ferver mais um pouco, serve-se.

5. CAPIVARA GUISADA COM VAGENS – Ferve-se em água e sal um pedaço de carne de capivara; estando cozido, corta-se em pedaços; por outra parte, põem-se numa panela uma colher de fubá de canjica (fubá mimoso) e uma outra de gordura; deita-se a carne, e frige-se, mexendo; acrescentam-se duas xícaras de água, uma porção de vagens cortadas, sal, manjericão, salsa, folhas de cebolas; ferve-se até tudo estar cozido, e serve-se.

6. CAPIVARA GUISADA COM RAIZ DE INHAME – Deitam-se em uma panela um pedaço de carne de capivara e uma ou duas raízes de inhame com bastante água e sal; deixa-se ferver; quando estiver tudo cozido, tira-se e corta-se em pedaços, tanto a carne como o inhame; em seguida, refogam-se os pedaços em um pouco de gordura e uma cebola picada, ajuntam-se um cálice de sumo de limão ou de laranjas-da-terra, duas gemas de ovos desfeitas em uma xícara de água, pimentas-cumaris e salsa; e tendo fervido durante meia hora, serve-se.

7. CAPIVARA GUISADA COM CARAPICUS – Ferve-se uma porção de carne de capivara, cortada em pedaços, em água, sal, pimenta, cravo-da-índia, tomilho e manjerona; estando cozidos, tiram-se e refogam-se com uma colher de gordura, uma porção de carapicus, sal, pimentas, um cálice de vinagre e uma xícara de água; deixa-se cozinhar a fogo lento durante uma hora, e serve-se.

O Coelho

O coelho da América é semelhante ao coelho silvestre da Europa e, portanto, proporciona os mesmos guisados que se obtêm com este.

A sua carne é mais gostosa durante os meses de dezembro e junho; nos outros meses, porém, a sua carne é muito dura e magra.

1. COELHO REFOGADO À BAIANA – Deita-se o coelho, depois de limpo e partido, em uma caçarola com quatro colheres de gordura quente, e tendo tomado cor, tira-se, envolve-se levemente em farinha de trigo, e torna-se a pô-lo na caçarola com uma xícara de caldo, outra de sumo de laranja-da-terra, algumas pimentas-cumaris, dois pimentões, um pouco de gengibre rapado, sal, salsa, uma porção de carapicus escolhidos, e a gordura em que se frigiu o coelho; ferve-se um pouco e, estando bem cozido, serve-se.
2. COELHO REFOGADO COM ALCACHOFRAS – Corta-se um coelho em pedaços, e passam-se em gordura quente com uma cebola picada, sal, pimenta, salsa e um dente de alho; ajuntam-se uma xícara de água e outra de vinho; deixa-se ferver até estar cozido; estando cozido, ajuntam-se alguns fundos de alcachofras cozidos em água e sal e cortados em talhadas, e uma colherinha de polvilho desfeito em água e sumo de limão; deixa-se ferver e serve-se.

Coelho da América

3. COELHO REFOGADO COM AGRIÃO – Corte-se o coelho em pedaços, refoguem-se em um pouco de gordura de porco, devendo ficar bem tostados; acrescentem-se uma cebola picada, sal, pimentas, salsa, e uma xícara de vinho branco; estando os pedaços cozidos, refogue-se no mesmo molho uma porção de agrião picados e escaldados; põe-se o agrião no fundo do prato, e os pedaços por cima, e serve-se.

4. COELHO REFOGADO COM BATATINHAS – Frige-se uma cebola em gordura; estando a cebola frita, refogam-se nesta gordura os pedaços de um coelho, uma porção de batatinhas cruas, descascadas e cortadas em rodelas, ajunta-se uma xícara de água, sal, pimentas, deixa-se cozinhar em fogo lento, e serve-se.

5. COELHO REFOGADO COM CEBOLAS – Frigem-se em três colheres de gordura, uma dúzia de cebolas pequenas inteiras; estando coradas, deita-se-lhes um coelho cortado em pedaços; mexe-se, acrescentando-se uma garrafa de vinho tinto, salsa, sal, pimentas, louro, e noz-moscada; deixa-se cozinhar perto do fogo e serve-se.

6. COELHO À PORTUGUESA – Corta-se um coelho em pedaços; fervem-se em água, vinho, sal, salsa, manjerona e noz-moscada.

Por outro lado, corta-se em rodelas uma porção de cebolas, que se põe em uma caçarola com duas colheres de gordura ou azeite doce, sal, e pi-

Agrião

Caça de Cabelo

menta; principiando a ferver, ajuntam-se uma colher de vinagre e outra de caldo; não se mexendo, para que as cebolas fiquem inteiras, ajunta-se, nesta ocasião, o coelho cozido, aquece-se e serve-se.

7. COELHO ASSADO NO ESPETO À CAÇADOR – Esfrega-se um coelho com sal, envolve-se em lascas finas de toucinho, e assa-se no espeto; estando assado, tira-se e, no molho que pingou na pingadeira, deitam-se uma cebola, salsa bem picada, cravo-da-índia, pimenta, gengibre e um pouco de açafrão, e deixa-se cozinhar sobre um fogo lento.

Coloca-se o coelho sobre um prato, deitando por cima o molho que se aprontou; dão-se, com a ponta de uma faca, diversos golpes em diferentes lugares, a fim de o molho penetrar no coelho, e serve-se.

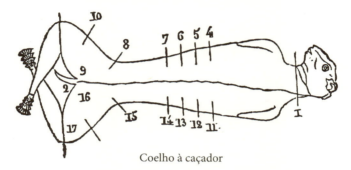

Coelho à caçador

8. COELHO ASSADO NO ESPETO À PRINCESA – Tira-se a cabeça de um coelho e esfrega-se o corpo com sal, pimentas e tomates, deixando-se nestes temperos durante cinco a seis horas; depois disso, lardeia-se com lascas de toucinho, aparando suas pontas rente da carne; envolve-se depois o coelho em pão ralado, enfia-se no espeto, assa-se, untando-se com nata de leite à qual se ajuntam alguns cravos-da-índia, canela e um pouco de açúcar; estando assado, serve-se com rodelas de limão postas por cima, e o seu molho separado.

9. COELHO ASSADO NO ESPETO, EM CALDA DE AÇÚCAR – Envolve-se um coelho em papel untado de gordura e assa-se no espeto; tiram-se os ossos e pica-se a carne bem fina, à qual se misturam uma libra de calda de açúcar, meia libra de amendoim torrado e socado, cravo-da-índia e canela; estando no ponto, acrescentam-se uma mão-cheia de pão ralado, oito gemas de ovos, quatro colheres de queijo ralado; mexe-se e põe-se numa compotaira, cobrindo com canela moída; serve-se como sobremesa.

10. COELHO LARDEADO OU ASSADO NO ESPETO – Lardeia-se todo coelho com tiras finas de toucinho; depois de se ter tirado a cabeça, enfia-se no es-

Agulha de lardear

peto e assa-se, molhando-o com vinho branco, ao qual se ajuntaram duas colheres de manteiga, sal, salsa picada, alho, cebolas cortadas e pimentas; estando assado, serve-se.

11. COELHO COM TORRADAS – Frigem-se, em três colheres de gordura, uma cebola e um pouco de salsa picada; ajuntam-se depois os pedaços do coelho partido, com sal, cominho, talhadas de limão e sumo de laranja-da-terra, e deixam-se ferver; estando cozido, colocam-se sobre fatias de pão fritas em manteiga, que se terão postas no fundo de um prato e sobre as quais se terá posto uma camada de queijo ralado, colocando por cima desta uma porção de manteiga derretida.

12. COELHO ENSOPADO COM JERUMBEBA (FIGUEIRA-DA-JUDÉIA OU FIGUEIRA-DO-INFERNO) – Corta-se o coelho em quartos, e põem-se estes de molho em sal, alho, pimentas, e tomates pisados; passadas vinte e quatro horas, refogam-se com os mesmos temperos em três colheres de gordura, acrescenta-se logo uma porção de figos-da-judéia ou figos-do-inferno descascados, mexe-se e polvilha-se com uma colher de farinha de trigo; acrescenta-se uma tigela de água ou de caldo de carne, e serve-se.

13. COELHO ENSOPADO COM GRÃO-DE-BICO – Tostam-se três colheres de farinha de trigo em três colheres de manteiga; estando corado, deitam-se-lhe os pedaços de um coelho, e acrescentam-se logo uma xícara de vinagre, uma tigela de água, sal, salsa, cebola, pimenta, uma porção de grãos-de-bico, e deixa-se cozer; quando estiver cozido e o caldo reduzido, encorpa-se o caldo com duas gemas de ovos desfeitas em meia xícara de água e três colheres de açúcar, e serve-se.

14. COELHO FRITO – Fervem-se os pedaços de um coelho em água, sal e salsa; estando cozidos, tiram-se e deixam-se esfriar; envolvem-se os pedaços em pão ralado, cobrem-se de gemas de ovos, frigem-se em manteiga e servem-se.

15. COELHO GUISADO COM GUANDUS – Toma-se um coelho, ferve-se em água, sal, salsa, gengibre, pimentas, e uma porção de guandus; tira-se o coelho, reduz-se o caldo, acrescentando-se, no fim, duas colheres de manteiga amassada com uma colher de farinha de trigo, e duas gemas de ovos, desfeitas em uma xícara de vinagre, misturado em duas colheres de açúcar; tendo fervido um pouco, deita-se-lhe o coelho, continua-se a ferver um pouco e serve-se.

16. COELHO GUISADO COM LEITE – Cozinha-se o coelho em água e sal, tiram-se os ossos, pica-se bem miúdo a carne, [mistura-se] com meia libra de carne de vitela [picada], uma cebola, sal, noz-moscada raspada; põe-se a ferver, por outra parte, uma garrafa de leite com uma porção de miolo de pão e um pouco de sal, deixando-se reduzir até à terça parte; deita-se-lhe a carne picada nesta ocasião e, logo que aquecer, serve-se.

17. COELHO GUISADO COM MOLHO PARDO – Envolve-se um coelho em pranchas de toucinho, e assa-se no forno; corta-se em pedaços que se deitam no molho seguinte: fervem-se uma garrafa de água, outra de vinho tinto, com sal, salsa, duas cebolas cortadas, um dente de alho, folhas de louro, pimentas, coentro, o fígado do coelho e dois fígados de galinha; estando o caldo reduzido à metade, côa-se, tendo posto os pedaços do coelho dentro deste molho até aquecerem, e serve-se.

18. COELHO RECHEADO E ENSOPADO – Toma-se um coelho, tiram-se-lhe os ossos, deixando-se unicamente a cabeça; picam-se nesta ocasião meia libra de carne de porco bem gorda, carapicus, uma cebola, quatro gemas de ovos cozidos duros, sal, pimentas, e noz-moscada; enche-se o coelho com esta massa, cose-se a abertura com linha, e põe-se a cozinhar com uma garrafa de água, outra de vinho, sal, salsa, manjerona, coentro, alho, e cravos-da-índia; estando cozido, tira-se e envolve-se em côdeas de pão raladas e passadas em manteiga; deitando por cima o caldo coado e reduzido, e umas rodelas de limão descascado, serve-se.

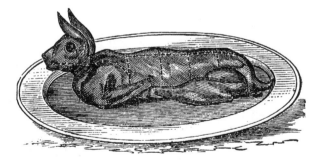

Coelho recheado e ensopado

A Cutia

A cutia é um animal que se encontra em abundância nas matas da América meridional, e também no México e nas Antilhas; fornece algumas iguarias delicadas e apreciáveis que mencionaremos aqui; este animal alcança o tamanho dos coelhos domésticos; a sua carne ocupa o meio-termo entre a carne de coelho e a de lebre.

1. CUTIA REFOGADA COM CHUCHUS – Toma-se uma cutia que, depois de limpa, corta-se em pedaços, e frigem-se em três colheres de gordura; estando fritos, tiram-se e refogam-se na mesma gordura uma porção de chuchus descascados; ajuntam-se uma xícara de água, um cálice de aguardente, uma colher de sumo de limas, uma colherinha de polvilho, sal, salsa, pimentas, e um pouco de gengibre rapado; deixa-se ferver sobre brasas até a carne ficar cozida e serve-se.

2. CUTIA ASSADA – Depois de se tirar o couro da cutia e de se tê-la limpado, esfrega-se com sal, pimentas e sumo de tomates, deixando-se neste tempero durante seis horas, para a carne ficar bem impregnada; deita-se depois numa panela sobre lascas de toucinho com cebolas picadas, salsa e um dente de alho, umedecendo-a com meia xícara de água e uma colher de sumo de laranja-da-terra; assa-se sobre um fogo moderado e serve-se com o seu molho desengordurado.

3. CUTIA ENSOPADA COM CARÁS – Refogam-se uma colher de farinha de trigo, uma cebola picada e uma colher de açúcar mascavo, até tomarem uma cor alambreada escura; deita-se a cutia cortada em pedaços, viram-se para frigirem de ambos os lados; ajuntam-se uma garrafa de água, com meia xícara de sumo de laranja-da-terra, um cará descascado e picado, meia dúzia de tomates, sal, pimenta, salsa e um dente de alho, deixa-se ferver durante uma hora e, estando cozido, serve-se.

4. CUTIA ESTUFADA COM CARAPICUS – Depois da cutia esfolada e alimpada, enche-se com um recheio da maneira seguinte: uma mão-cheia de carapicus, quatro onças de toucinho, meia dúzia de tomates, sal, salsa, pimentas-cumaris, dois ovos cozidos duros, um dente de alho, uma cebola, um pouco de gengibre rapado, e uma colher de açúcar umedecendo com um pouco de sumo de limão; deita-se depois numa panela guarnecida com lascas de toucinho, uma xícara de água, uma porção de carapicus, sal, pimenta; depois de bem tapado, cozinha-se sobre brasas durante duas a três horas, e serve-se.

5. CUTIA FRITA COM MANDIOCA – Corta-se uma cutia em pedaços que se salpicam com sal e pimenta; envolvem-se em fubá de canjica (fubá mimoso); passam-se em gemas de ovos, cobrem-se de novo com fubá de canjica, frigem-se em seguida em duas colheres de gordura, com umas

Caça de Cabelo 233

mandiocas cozidas, e cortadas em tiras compridas, virando-as, para frita-
rem de ambos os lados e tomarem boa cor, e servem-se.

6. CUTIA GUISADA COM GRELOS DE ABÓBORA – Ferve-se uma cutia em
água e sal, depois de a ter cortado em pedaços; ajuntam-se pimentas, gengibre, uma porção de grelos de abóbora destalados e amarrados em feixes;
estando cozidos, tiram-se a carne e os grelos; refogam-se por outra parte
uma dúzia de tomates em duas colheres de manteiga, uma xícara de caldo,
uma colher de pó de rosca seca, sal, pimentas, uma cebola picadinha; deixa-se ferver; deitam-se a carne e os grelos neste molho, e serve-se depois
de ter fervido um pouco.

A Irara, a Onça e o Tamanduá

Raras vezes se come a carne das iraras, onças e tamanduás, por ser a sua carne
muito dura e seca; todavia, como ela é medicinal, e muito proveitosa em alguns
casos, apresentamos aqui algumas maneiras de prepará-la, sendo aliás certo
que será um prato muito apreciado nas matas do Brasil.

1. IRARA, ONÇA E TAMANDUÁ ASSADOS – Como a carne destes três animais se assemelha e se prepara pelos mesmos modos, daremos sob uma só
fórmula as receitas que servem para a sua preparação.

Para assá-los, deve a carne destes animais ser muito nova e, depois de
limpa, põe-se de molho em sumo de limão com alguns tomates pisados,
pimentas-cumaris, um dente de alho e uma cebola cravada de cravos-da-
índia; deixa-se a carne durante vinte e quatro horas para tomar o gosto
dos temperos e ficar mais tenra; passa-se depois em gordura quente, e
enfia-se logo no espeto; assa-se num fogo moderado e serve-se.

2. IRARA, ONÇA E TAMANDUÁ ENSOPADOS – Põe-se a carne de molho em
vinagre forte, sal, salsa, pimentas-cumaris, gengibre, noz-moscada, e uma
porção de sementes de mostarda moída; passadas vinte e quatro horas,
tira-se e frita-se em gordura, virando para tostar de todos os lados; corta-
se a carne em pedaços pequenos, refogam-se na mesma gordura uma colher de farinha de trigo, duas cebolas, duas xícaras de água e um cálice de
vinagre; ferve-se um pouco e deita-se a carne neste molho; deixa-se ferver
perto do fogo até ficar cozida, e serve-se.

3. IRARA, ONÇA E TAMANDUÁ GUISADOS – Toma-se um pedaço de carne,
ferve-se, em duas tigelas de água, uma xícara de vinagre, uma de aguar-

dente, sal, pimentas, salsa, folhas de cebola, gengibre, um dente de alho, dois cravos-da-índia e uma dúzia de tomates.

Estando cozida, tira-se a carne e refoga-se em três colheres de gordura, e acrescenta-se o caldo reduzido a quatro xícaras, e encorpado com três gemas de ovos, e serve-se.

A Lebre

A lebre é um animal da Europa e que não existe no Brasil; tem a aparência do coelho, porém é mais comprida e a sua carne é preta.

Para se preparar a lebre para qualquer guisado, esfola-se e a sua pele tem bastante valor para os chapeleiros.

1. LEBRE LARDEADA E ASSADA NO ESPETO – Unta-se uma lebre com sal, pimenta e sangue de galinha, expondo-a na labareda, para secar o sangue; lardeia-se com toucinho, e assa-se no espeto; molhando com um molho feito com duas colheres de manteiga derretida, meia colher de mostarda inglesa, e um cálice de vinho tinto, serve-se.

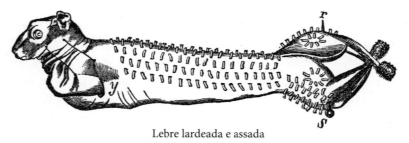

Lebre lardeada e assada

2. LEBRE GUISADA COM MOLHO PARDO – Corta-se a lebre em pedaços, ferve-se com lascas de toucinho, uma xícara de água, outra de vinho, sal, pimenta, salsa, louro, manjericão, cominhos e folhas de cebolas; estando cozida, tira-se e passa-se o caldo por uma peneira; ajuntam-se o fígado da lebre, o sangue e o fígado de duas galinhas desfeitos em sumo de laranja-da-terra, e aquece-se, mexendo continuadamente; deita-se a lebre dentro, e estando tudo quente, serve-se.

3. LEBRE REFOGADA COM CARAPICUS OU COGUMELOS – Toma-se a carne de uma lebre que se corta em pedaços, e refogam-se em duas colheres de gordura, sal, pimentas, cravo-da-índia, noz-moscada, seis tomates, uma cebola picada, uma colher de farinha de trigo e uma mão-cheia de cara-

Caça de Cabelo

picus escolhidos e lavados em água quente; estando tudo impregnado de gordura, acrescentam-se uma xícara de água quente, um cálice de vinho e um pouco de sumo de laranja-da-terra; ferve-se tudo durante uma hora perto do fogo, e serve-se.

4. LEBRE ESTUFADA À CHEFE DE COZINHA – Tiram-se os lombos de duas lebres, põem-se de molho em sal, alho, salsa picada, tomilho (serpol), pimenta, folhas de louro, de cebolas, manjericão, cominho, e sumo de limão; passadas vinte e quatro horas, tiram-se os lombos, enxugam-se e lardeiam-se com toucinho; colocam-se numa panela guarnecida de lascas de toucinho com meia garrafa de aguardente e outro tanto de vinho branco; deixa-se tudo ferver durante três a quatro horas em fogo vivo, com duas libras de carne de vitela picada; tendo coado e reduzido o molho, deita-se por cima, e serve-se frio.

5. LEBRE PREPARADA INSTANTANEAMENTE – Toma-se uma lebre ainda quente, que se corta em pedaços; ajuntam-se o sangue, que se põe em uma vasilha grande, com a lebre, quatro onças de toucinho cortado em pedaços, um molho de ervas de tempero, cebolas, sal, bastante pimenta, e garrafa e meia de vinho tinto muito forte.

Põe-se a vasilha sobre um fogo vivo, de maneira que o fogo envolva a vasilha e que, com a primeira fervura, o vinho pegue fogo, podendo-se ajuntar um pouco de aguardente para que este efeito seja mais pronto.

Depois que o vinho acabar de queimar, tiram-se e envolvem-se os pedaços em seis colheres de manteiga, e, em seguida, em farinha de trigo; põem-se na vasilha e deixa-se reduzir o molho.

Em meia hora a lebre estará pronta.

6. QUITUTE DE LEBRE (*CIVET*) – De ordinário se põem as pernas no espeto, e só se faz o quitute do resto.

Depois de ter cortado a lebre em pedaços, rachando-se também a cabeça, põem-se de parte o sangue e o fígado; põem-se a frigir em uma caçarola quatro onças de toucinho cortado em pedaços com quatro onças de manteiga, até ficar tudo bem tostado; ajuntam-se nesta ocasião os pedaços da lebre para tomarem cor, salpicando-os com uma colher de farinha de trigo e, depois de misturado, ajuntam-se um copo de vinho tinto, outro tanto de caldo de carne ou água; pouco sal, pimentas, temperos, um molho de ervas-de-cheiro, algumas bagas de zimbro.

Quando a lebre estiver meio cozida, ajuntam-se doze cebolas pequenas, que se tostaram em manteiga, com um pouco de açúcar; deixam-se cozinhar; cinco minutos antes de ir à mesa, põe-se o fígado, que depois se tira, para fazer molho para assado; põe-se o sangue para engrossar o molho e, depois de ter tomado mais um pouco de calor, serve-se.

A Lontra e a Ariranha

A lontra e a ariranha são dois animais que vivem dentro da água; fornecem uma carne que proporciona iguarias de bom gosto, e que se aprontam por diferentes modos.

As suas carnes são pretas e assemelham-se à da lebre; não são, porém, tão secas e tão cheias de nervos, e por esta razão são-lhe preferíveis; reunimos as suas carnes num só artigo por serem idênticas.

1. LONTRA E ARIRANHA ASSADAS – Como se costuma preparar a carne destes dois animais pela mesma maneira, juntam-se aqui os guisados que se podem obter com as suas carnes.

    Para assá-los, tira-se-lhes o couro; depois de limpos e lavados, põem-se de molho em sumo de laranja-da-terra azeda, sal, salsa, cebolas, pimentas, e noz-moscada; passadas vinte e quatro horas, enfiam-se no espeto depois de envoltos em papel untado de manteiga ou de gordura, e assam-se sobre fogo moderado; estando a carne assada, serve-se.

2. LONTRA E ARIRANHA GUISADAS – Ferve-se metade ou um quarto de lontra, ou de ariranha, em água, com sal, pimenta, cominho, folhas de salsa, cebolas; estando a carne cozida, tiram-se os ossos, corta-se em pedaços, e tendo frito uma colher de farinha de trigo, outra de açúcar, em duas colheres de gordura, com uma cebola picada, até ficar tostada, deita-se-lhe a carne, mexe-se e acrescentam-se uma xícara de água e meia dúzia de tomates; deixando-se tudo ferver durante mais meia hora, serve-se.

3. LONTRA E ARIRANHA ENSOPADAS – Corta-se a carne em talhadas e batem-se um pouco; passam-se depois em gordura quente; acrescentam-se uma garrafa de água, uma porção de feijão-branco, sal, salsa, cebola, e deixam-se ferver; estando a carne e o feijão cozidos, acrescenta-se uma colher de farinha de trigo tostada e misturada com um pouco de vinagre e uma gema de ovo; dá-se mais uma fervura e serve-se.

Caça de Cabelo 237

O Macaco

Todos conhecem este animal e suas variadas espécies.

É verdade que muitos repugnam comer a sua carne, por causa de sua semelhança com o homem; porém a sua carne é excelente, e além disto convém muito aos convalescentes, e principalmente aos doentes de sífilis e de escrofulose; por isso mencionamos aqui vários modos por que é preparada, fornecendo ao mesmo tempo iguarias delicadas, agradáveis e saudáveis.

1. MACACO ASSADO NO ESPETO – Péla-se o macaco, limpa-se bem, esfrega-se com sal, pimentas-cumaris, sumo de limão, deixando-o neste tempero durante duas a três horas; lardeia-se depois com tiras finas de toucinho, e assa-se no espeto, tendo-o envolvido em papel untado com manteiga ou gordura; estando cozido, tira-se o papel, e envolve-se em pão ralado, e continua-se a assar, umedecendo com manteiga, até tomar boa cor, e serve-se.

2. MACACO ASSADO NO FORNO – Põe-se o macaco de molho em sumo de laranja-da-terra azeda, com sal, pimenta, alho, manjerona e salsa; deixa-se ficar durante vinte e quatro horas, e virando-o duas ou três vezes; lardeia-se com tiras finas de toucinho, põe-se numa panela, tendo-o molhado com um cálice de vinho; deixa-se assar no forno ou sobre brasas; estando assado, serve-se.

3. MACACO REFOGADO COM PEPINOS – Refoga-se o macaco, depois de limpo e sem cabeça, em três colheres de gordura; tira-se em seguida, e põem-se na mesma gordura meia dúzia de pepinos e outras tantas cebolas cortadas; acrescentam-se depois uma xícara de água, um cálice de sumo de laranja-da-terra, sal, pimentas, cravos-da-índia, salsa picada e os pedaços do macaco refogados; deixa-se ferver durante uma hora, encorpa-se o molho com duas gemas de ovos batidas e desfeitas em um cálice de vinho, e serve-se.

4. MACACO ESTUFADO COM JERUMBEBA (FIGUEIRA-DA-JUDÉIA) – Toma-se um macaco limpo e sem cabeça, enche-se com um recheio feito com um fígado de vitela ou de porco, duas onças de toucinho, uma cebola, um pouco de salsa, tudo muito bem picado e amassado com duas gemas de ovos, sal, pimentas, noz-moscada, e uma colher de açúcar; deita-se numa panela guarnecida de toucinho, com um porção de jerumbebas descascadas e peladas, uma xícara de água e uma dúzia de tomates; tapa-se a panela e dei-

xa-se ferver durante três horas sobre um fogo moderado; estando cozido, serve-se, deitando-se-lhe o molho coado e desengordurado.

5. MACACO COZIDO COM ABÓBORAS – Ferve-se um macaco cortado em pedaços, em água, sal, pimentas, um dente de alho, salsa, meia libra de toucinho e uma libra de carne de vitela; estando cozido, tira-se a carne, côa-se o caldo e reduz-se a três ou quatro xícaras; deita-se-lhe uma abóbora de casca ainda mole, e picada; dá-se-lhe uma fervura e acrescentam-se a carne do macaco e a da vitela cortada em pedaços com umas rodelas de limão descascadas, e duas gemas de ovos desfeitas num cálice de sumo de laranja-azeda; tendo fervido mais uma hora, serve-se.

6. MACACO COZIDO COM BANANAS – Toma-se um macaco, tira-se a cabeça e põe-se a ferver em água e sal, com uma dúzia de bananas-da-terra com casca; estando a carne cozida, refogam-se duas colheres de farinha de trigo em outro tanto de manteiga de vaca e, antes de corar, ajunta-se uma xícara de vinho branco, com duas colheres de açúcar e uma de sumo de limão; tendo fervido um pouco, deita-se-lhe a carne sem ossos e cortada em pedaços; deixa-se dar mais uma fervura, e despeja-se tudo sobre as bananas descascadas e postas inteiras sobre um prato, e serve-se.

7. MACACO FRITO COM SALADA DE BATATAS – Corta-se um macaco em pedaços, exceto a cabeça; põem-se de molho em sumo de limão, com sal, pimenta-cumari; passadas seis horas, tiram-se, envolvem-se em farinha de trigo, e assam-se sobre grelha, pingando-lhes de vez em quando um pouquinho de banha derretida; toma-se nesta ocasião uma porção de batatas que se descascam e se cortam em rodelas; acrescentam-se meia xícara de bom vinagre, um pouco de sal, pimentas, salsa e cebolas picadas; deita-se-lhe uma colher de gordura, mexe-se e serve-se frio com o macaco frito.

A Paca

A paca é uma espécie de animal que pertence à família *cavia* da ordem dos roedores, que se encontra nas florestas do Brasil e sempre perto de regatos, córregos etc.

A sua carne é de particular estimação, e tem alguma semelhança com a do leitão; sem dúvida, ficaram os cozinheiros muito satisfeitos de encontrarem aqui algumas receitas para a sua preparação, as mais usadas em diferentes paragens.

1. ALMÔNDEGAS DE PACA – Cozinha-se, em água e sal, uma paca, separando a carne dos ossos; pica-se a carne com meia libra de toucinho, uma cebola, e uma porção de carapicus (cogumelos), uma porção de miolo de pão amolecido em leite, quatro gemas de ovos, sal, pimenta pisada, um dente de alho, noz-moscada raspada; amassa-se tudo bem e formam-se uns bolos; envolvem-se em farinha de trigo e passam-se em gemas de ovos para cobri-los com pão ralado; frigem-se em bastante gordura; servem-se com esta mesma gordura, ou melhor, com algum molho picante e saladas.

2. BOLOS DE PACA COM MOLHO DE SAPUCAIAS – Depois de separada dos ossos, pica-se a carne com meia libra de toucinho, sal, pimentas, salsa, cebolas, alho, gengibre raspado, um pouco de farinha de mandioca e dois ovos; formam-se desta massa uns bolos, que se passam em gordura quente; tiram-se os bolos, e deitam-se na gordura uma colher de farinha de trigo e uma de açúcar, aquecendo-se para tomarem cor; acrescentam-se nesta ocasião duas xícaras de água quente, uma porção de passas escolhidas e outro tanto de amêndoas de sapucaias cortadas; ferve-se um pouco, e deitam-se os bolos neste molho; deixa-se ferver mais durante uma hora, e serve-se.

3. PACA REFOGADA COM JILÓS – Refogam-se uns pedaços de carne de paca em gordura; estando fritos, tiram-se, e deitam-se na mesma gordura duas colheres de farinha de trigo e uma dúzia de tomates; mexe-se até tomarem cor, ajuntam-se uma garrafa de água, sal, pimentas, gengibre raspado, uma cebola picada e a carne de paca; deixa-se ferver até ficar cozida e o caldo reduzido a poucas colheres, para se servir com jilós aferventados em água e sal.

4. PACA ASSADA NO ESPETO – Este modo de prepará-la só convém sendo a paca muito nova e gorda, o que se conhece pelo seu tamanho; em lugar de tirar o couro, escalda-se em água bem quente e péla-se como o leitão de casa; depois, põe-se de molho durante seis horas numa salmoura feita com sumo de laranja-da-terra azeda, sal, pimenta, manjerona, alho, algumas folhas de hortelã; tira-se, e enfia-se no espeto, assa-se como leitão, e serve-se.

5. PACA ESFOLADA E ASSADA NO ESPETO – Tirado o couro, esfrega-se a paca com sal, sumo de pimentas-cumaris, sumo de limão e de tomates; assa-se no espeto sobre um fogo moderado, molhando-a com um molho feito com duas xícaras de água, um dente de alho pisado, duas cebolas cortadas, um pouco de salsa e duas colheres de gordura, que se fervem um instante numa caçarola; estando assada, serve-se com seu molho.

6. PACA ASSADA À IMPERIAL – Toma-se uma paca, tira-se o couro e põe-se numa salmoura feita com sal, pimenta, cebolas, salsa, manjerona e duas

garrafas de vinho tinto; depois de ter ficado durante doze horas nesta salmoura, lardeia-se com toucinho e enche-se com cogumelos, toucinho, palmito, umas azeitonas sem caroço, pão ralado, uma cebola, sal e pimenta, tudo muito bem picado; estando envolvida em papel untado de gordura, enfia-se e assa-se no espeto com pouco fogo, até ficar cozida; tira-se o papel, aviva-se o fogo, dão-se mais umas voltas para a paca ficar corada, e serve-se com o molho que ficou na pingadeira.

7. PACA ASSADA NO FORNO – Toma-se uma paca, enche-se com um recheio feito de palmitos, toucinho picado, sal, pouca pimenta, e farinha de mandioca, umedecida com caldo de carne; põe-se numa panela sobre lascas de toucinho, e deixa-se cozinhar no forno durante duas a três horas, e serve-se com salada.

8. PACA COZIDA NO SORO – Corta-se uma paca em pedaços e põe-se a ferver com soro de leite, sal e pimentas-cumaris; estando quase cozida, tira-se e acaba-se de cozinhá-la num molho feito de uma garrafa de vinho branco quente, com duas gemas de ovos desfeitas, uma cebola e uma porção de cogumelos ou carapicus picados, uma colher de polvilho e alguns quiabos cortados em rodelas, e serve-se.

9. PACA ESTUFADA COM ARROZ E TOMATES – Deita-se uma paca numa panela, e despeja-se água fervente sobre ela e, tendo posto a panela sobre o fogo, deixa-se ferver uma vez, e tira-se depois a paca, que se põe logo em água fria. Por outra parte, picam-se o fígado de duas galinhas, uma porção de carapicus, outra de farinha de mandioca e uma cebola; misturam-se com sal, pimentas-cumaris e salsa picada; refoga-se esta massa em duas colheres de gordura de porco, e acrescentando-se um pouco de água, ferve-se, durante dez minutos e enche-se a paca com este recheio; em seguida, coloca-se numa panela sobre lascas de toucinho, com um xícara de vinho de laranja; gruda-se a tampa da panela, e ferve-se sobre fogo moderado, durante três a quatro horas; serve-se com arroz refogado com tomates.

10. PACA GUISADA COM QUIABOS – Ferve-se uma paca inteira em água, sal, pimentas, um ramo de hortelã e gengibre; e, estando cozida, separa-se a carne dos ossos e frige-se em duas colheres de gordura com uma cebola picada, e acrescentam-se o caldo coado e reduzido, o sumo de uma laranja-da-terra, e uma porção de quiabos novos inteiros; deixa-se ferver durante um quarto de hora e serve-se.

11. PACA GUISADA COM GARIROBA (PALMITO DE COQUEIRO) – Ferve-se o palmito amargoso do coqueiro, tira-se e corta-se em pedaços pequenos, e

põem-se com uma paca cortada em pedaços, em água, sal, salsa, folhas de cebolas e raiz de aipo; estando cozidos, tiram-se o palmito e a carne; por outra parte, frige-se a carne de um e outro lado em três colheres de gordura, polvilha-se depois com uma colher de farinha de trigo, ajuntam-se uma cebola picada e uma xícara de vinho branco.

Coloca-se o palmito sobre o prato e põem-se os pedaços da paca por cima, deita-se-lhes o molho e serve-se.

12. PACA GUISADA COM COGUMELOS OU CARAPICUS – Ferve-se uma paca, depois de a ter cortado em pedaços, em água, sal, e um pouco de gengibre; estando cozida, tira-se, e frige-se em duas colheres de gordura; torna-se a tirá-la e acrescentam-se à gordura duas xícaras de caldo de carne, umas pimentas-cumaris, uma cebola picada, um dente de cravo-da-índia, uma porção de cogumelos picados, uma colherinha de polvilho desfeito em duas colheres de sumo de limão; ferve-se tudo durante um quarto de hora e, posto no prato e deitados os pedaços da paca por cima, serve-se.

O Queixada e o Caititu, ou Porco-do-mato

A carne mais deliciosa de todas as qualidades de caças de cabelo é sem dúvida a do porco-do-mato, porém não é tão gorda como a do porco de casa; a sua carne não é tão seca como a de todas as caças de cabelo, e é isenta daquele almíscar tão particular a toda caça, quando se tem o cuidado de tirar uma bolsinha na qual se concentra toda a sua catinga, e que existe debaixo do couro e sobre a suã, a qual deve-se tirar logo que o porco estiver morto.

Existem no Brasil duas qualidades destes porcos, e encontram-se em grandes manadas nas suas florestas.

O queixada é de cor preta e do tamanho de um porco de casa; o caititu é menor, vermelho ou pardo; e como a sua diferença não existe senão no tamanho e na cor, e não nas carnes e nem na maneira por que se preparam, por isso damos as receitas unidas sob o nome coletivo de *porco-do-mato*.

A carne de porco-do-mato é clara; as fibras são curtas e úmidas, tem alguma gordura, porém não é com excesso; esta carne é muito saudável e de fácil digestão; para ficar deliciosa, deve-se guardá-la durante dois a três dias em um lugar muito fresco, depois de ter morto o animal e antes de prepará-la.

Quanto ao modo de trinchar, é como o do porco de casa, e portanto não dizemos nada a este respeito.

1. CABEÇA DE PORCO-DO-MATO RECHEADA – Toma-se uma cabeça de porco-do-mato, ferve-se em água, sal, pimentões, folhas de louro, bagas de zimbro, manjerona, tomilho, gengibre; estando bem cozida, tiram-se todos os ossos; faz-se uma picada com a carne do mesmo porco, e meia libra de toucinho, pimenta, salsa, sal, cebolas, cravos-da-índia, e uma porção de côdeas de pão ralado e umedecidas com leite; enche-se a cabeça com este recheio e, tendo-a posto em uma panela guarnecida com toucinho e ajuntando uma xícara de vinho e uma colher de sumo de limão, assa-se no forno até ficar de boa cor; e serve-se.

2. CARNE DE PORCO-DO-MATO REFOGADA COM BANANAS – Toma-se uma posta de carne de porco, que se lardeia com toucinho temperado com sal e pimenta; assa-se durante vinte minutos; tira-se depois e, posta numa panela com uma garrafa de vinho ou água, salsa, cebola, noz-moscada e uma dúzia de bananas da terra descascadas, ferve-se até ficar cozida; tira-se e serve-se com o molho coado.

3. CARNE DE PORCO-DO-MATO REFOGADA COM JERUMBEBA – Põe-se a carne de molho durante vinte e quatro horas em água, sal, pimenta, um ramo de hortelã, alho, salsa, e o sumo de um limão; frige-se depois em duas colheres de gordura, virando-a de todos os lados; tira-se e envolve-se em pão ralado; torna-se a pô-la na gordura; acrescentam-se uma xícara de água, uma porção de frutas de jerumbeba descascadas e peladas, e meia dúzia de tomates; deixa-se ferver durante uma hora, e serve-se.

4. CARNE DE PORCO REFOGADA COM ABÓBORA-D'ÁGUA – Põe-se, durante dois dias, uma posta de porco-do-mato de molho em soro de leite; tira-se e refoga-se, na mesma gordura, uma porção de abóboras-d'água cortadas em pequenos pedaços, uma colher de fubá mimoso e por fim uma garrafa de água; torna-se a pôr a carne, e deixa-se ferver com sal, salsa, folhas de cebolas, e um pouco de gengibre; e serve-se.

5. CARNE DE PORCO-DO-MATO ENSOPADA COM CARÁS – Corta-se a carne de porco em pedaços e põe-se numa panela sobre o fogo, com toucinho picado, sal, pimentas verdes, salsa picada, um dente de alho pisado, um pouco de noz-moscada rapada e um cará descascado e cortado em pequenos pedaços; deixa-se ferver e, estando cozido e o caldo reduzido, encorpa-se com duas gemas de ovos, batidas com uma colher de farinha e desfeitas em um cálice de sumo de limão; dá-se mais uma fervura e serve-se.

6. CARNE DE PORCO-DO-MATO ENSOPADA COM ORA-PRO-NÓBIS – Frigem-se duas colheres de farinha de trigo com duas colheres de manteiga

de vaca, até tomarem cor, ajuntam-se uma cebola picada, duas xícaras de vinho tinto, uma garrafa de água, sal, pimentas, salsa e uma colher de sumo de laranja-da-terra; ferve-se um pouco, e deita-se depois neste molho a carne do porco, cortada em pedaços; deixa-se ferver até ficar cozida, e acrescenta-se, nesta ocasião, uma porção de folhas de ora-pro-nóbis, peladas e limpas; dá-se mais uma fervura e serve-se.

7. CARNE DE PORCO-DO-MATO ENSOPADA COM REPOLHO – Ferve-se a carne de porco cortada em grandes postas, com meia libra de toucinho picado, sal, salsa, um ramo de hortelã, folhas de cebola e manjerona; estando cozida, tira-se a carne, côa-se o caldo, e acrescentam-se-lhe uma colher de polvilho desfeito num cálice de vinagre, e um repolho picado e refogado num pouco de gordura; torna-se a pôr a carne, e deixa-se ferver sobre um fogo moderado até secar o caldo, e serve-se.

8. CARNE DE PORCO-DO-MATO ESTUFADA COM CREME DE MOSTARDA – Esfrega-se uma posta de carne, com sal, e pimentas-cumaris pisadas; lardeia-se com pedaços de toucinho, envolve-se em pão ralado, e põe-se na panela com lascas de toucinho e uma xícara de vinho branco; tendo grudado a tampa, deixa-se cozinhar no forno; estando cozida, serve-se com o molho, feito de duas gemas de ovos batidas e fervido com uma xícara grande de leite, uma colher de mostarda inglesa em pó, um pouco de noz-moscada raspada e uma colherinha de açúcar.

9. CARNE DE PORCO-DO-MATO GUISADA COM INHAME – Cozinha-se uma posta de carne com meia libra de toucinho, sal, pimentas-da-índia, salsa, duas cebolas cortadas e raízes de inhame cortadas em pequenos pedaços; estando cozida a carne, corta-se em talhadas grossas e frigem-se em manteiga; deita-se depois, sobre os inhames colocados no prato, um pouco de queijo ralado, e despeja-se por cima a manteiga em que se frigiu a carne; e serve-se.

10. CARNE DE PORCO-DO-MATO GUISADA COM MANGARITOS – Toma-se um pedaço de carne de porco, ferve-se em água, com sal, pimentas, salsa, alho e uma porção de mangaritos descascados; estando a carne cozida, tira-se e corta-se em pequenos pedaços, e os mangaritos em rodelas; frigem-se tanto a carne, como os mangaritos em quatro colheres de manteiga de vaca; e serve-se.

11. CARNE DE PORCO-DO-MATO GUISADA COM SERRALHA – Ferve-se em água, com sal, gengibre, salsa, folhas de cebolas, aipo e pimenta, uma posta de carne; estando cozida, tira-se, frige-se em gordura de porco, e deita-

se no caldo uma porção de serralha picada; ferve-se um pouco e deita-se no prato coberto de pão ralado; tendo posto a carne de meio, serve-se.

12. CARNE DE PORCO-DO-MATO GUISADA COM VAGENS – Escalda-se um pedaço de carne, e deixa-se esfriar; põe-se sobre o fogo, com água, sal, pimenta, salsa, folhas de cebolas; estando cozida, tira-se e côa-se o caldo; frige-se a carne num pouco de manteiga; estando frita, ajunta-se o caldo, engrossando-o com uma colher de fubá mimoso, desfeito em meia xícara de vinagre; tendo acrescentado um porção de vagens inteiras e peladas, deixa-se ferver até ficar tudo bem cozido e o caldo quase seco, e serve-se.

13. COSTELETAS DE PORCO-DO-MATO ASSADAS NA GRELHA – Passam-se as costeletas de porco-do-mato em gordura de porco, e assam-se dos dois lados; salpicam-se depois com sal, e mandam-se à mesa com um molho picante de mostarda.

14. COSTELETAS DE PORCO-DO-MATO ASSADAS NA GRELHA – Separa-se cada costeleta com seu pedaço de lombo, da grossura de um dedo; bate-se e apara-se; põem-se de molho em sal, pimenta e pó de mostarda; envolvidas em pão ralado e passadas em manteiga derretida, assam-se na grelha de um e outro lado; e servem-se com manteiga derretida, misturada com um cálice de vinho branco e mostarda inglesa em pó.

15. ENTRECOSTO DE PORCO-DO-MATO ASSADO NO ESPETO – Toma-se um entrecosto, põe-se de molho em sal, vinagre, bagas de zimbro, durante três horas; enfia-se no espeto e assa-se, molhando-o com manteiga derretida e misturada com um cálice de vinho tinto; estando quase assado, cobre-se com pão ralado, salsa, cebola picada e, estando cozido e de boa cor, serve-se com o próprio molho que pingou na pingadeira.

16. LOMBO DE PORCO-DO-MATO ASSADO NO ESPETO – Toma-se um lombo, unta-se com sal, e sumo de laranja-da-terra azeda; enfia-se no espeto e assa-se; nos primeiros quinze minutos, deve ser sobre uma labareda, e depois, sobre um fogo de brasas, não devendo umedecê-lo.

Estando assado, serve-se com tutu de feijão e saladas.

17. LOMBO DE PORCO-DO-MATO ASSADO NO FORNO – Toma-se um lombo, lardeia-se com tiras de toucinho e pedaços de alho; põe-se de molho em sal, pimentas-cumaris pisadas, sumo de laranja-da-terra azeda e tomates; passadas seis horas, põe-se numa panela com algumas batatas descascadas e deixa-se assar no forno; e, estando assado, serve-se com as batatas postas em roda do lombo.

18. LOMBO DE PORCO-DO-MATO ESTUFADO COM CARAPICUS (COGUMELOS) – Esfrega-se um lombo com sal, sumo de limão, e lardeia-se com

toucinho envolvido em sal e pimenta; põe-se numa panela sobre uma prancha de toucinho, com uma xícara de água, outro tanto de vinho branco, uma porção de carapicus, meia dúzia de tomates, uma cebola cortada, manjerona e salsa; gruda-se a tampa da panela e cozinha-se no forno ou sobre um fogo moderado; em duas a três horas, estará cozido e, então, serve-se sobre os carapicus com o seu molho.

19. LOMBO DE PORCO-DO-MATO ASSADO COM PINHÕES – Toma-se um lombo, tempera-se com sal, pimentas verdes, sumo de limão, alho, salsa picadinha e cebolas; e envolve-se em lascas de toucinho; deita-se em uma panela com uma porção de pinhões descascados, e põe-se no forno ou sobre brasas, cobrindo também a tampa com brasas; estando assado, serve-se com os pinhões no mesmo prato.

20. LOMBO DE PORCO-DO-MATO ESTUFADO COM BERINJELAS – Toma-se um lombo de porco, deixa-se de molho durante seis horas em salsa, cebolas, folhas de louro; põe-se numa panela com uma libra de toucinho picado, uma garrafa de vinho tinto e, se não houver [vinho] bom, põe-se vinho de laranjas e uma dúzia de berinjelas; depois de bem tapada a panela, ferve-se sobre um fogo moderado; estando tudo cozido, serve-se com o molho desengordurado e encorpado com duas gemas de ovos, desfeitas num pouco de sumo de limão.

21. LOMBO DE PORCO-DO-MATO GUISADO COM CARÁS – Toma-se um lombo, põe-se a ferver com um cará partido, sal, salsa, folhas de cebola, pimenta e o sumo de dois limões; estando cozido, tira-se e corta-se em pedaços, assim como o cará; frigem-se depois, em meia quarta de manteiga ou gordura; apolvilham-se, depois de fritos, com fubá mimoso, e deita-se por cima o caldo coado, depois de ter acrescentado uma mão de carapicus picados; deixa-se ferver tudo até o caldo ficar bem reduzido, e serve-se.

22. LOMBO DE PORCO-DO-MATO GUISADO COM FAVAS – Toma-se um lombo, corta-se em pedaços, e ferve-se em água, sal, pimenta, dois cravos-da-índia, folhas de louro, um galho de hera-terrestre, salsa, e folhas de cebolas; estando cozido, côa-se o caldo e frige-se a carne com meia quarta de toucinho picado fino, ajuntando-se uma porção de favas novas e, imediatamente, o caldo; deixa-se ferver até as favas ficarem cozidas e o caldo reduzido, e encorpado com três gemas de ovos batidas com uma colher de farinha de trigo e meia xícara de sumo de laranja-azeda; e serve-se.

23. LOMBO DE PORCO-DO-MATO GUISADO COM CHUCHUS – Corta-se um lombo em pedaços, e fervem-se em água, sal, pimenta, salsa, folhas de cebolas, um cálice de vinho branco e uma mão-cheia de miolo de pão.

Estando cozidos, tiram-se e frigem-se em duas colheres de manteiga de vaca; acrescentam-se logo o caldo coado por peneira e uma porção de chuchus descascados e cortados; deixa-se cozinhar até o caldo ficar reduzido e encorpado com uma gema de ovo batida em uma xícara de nata de leite; e serve-se.

24. LEITÃO DE PORCO-DO-MATO ASSADO – O melhor modo de preparar o leitão é assá-lo no espeto; procede-se neste caso como para o leitão de porco de casa; no caso de não se cortar antes de o assar, envolve-se a cabeça duas vezes, em papel bem untado, para ficar com um aspecto mais original; não contendo quase nem carne e nem gordura, a cabeça do leitão ficaria tostada demasiado, não havendo esta precaução.

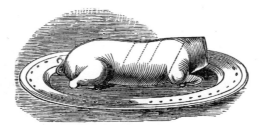

Leitão assado

25. PERNA DE PORCO-DO-MATO REFOGADA COM ALMEIRÕES – Toma-se um perna de porco, refoga-se num pouco de gordura, e acrescentam-se uma xícara de vinho branco, sal, pimenta, cebolas cortadas e salsa; deixa-se ferver bem abafado durante duas horas; fventa-se, por outra parte, uma porção de almeirões picados em água e sal, tira-se e refoga-se com um pouco de gordura, e acrescenta-se o caldo de carne; deixa-se ferver um pouco e serve-se com a perna de porco.

26. PERNA DE PORCO-DO-MATO REFOGADA COM PIRÃO DE PINHÕES – Corta-se uma perna de porco em talhadas, que se assam um pouco sobre grelha, de um e outro lado, e põem-se em uma caçarola com duas xícaras de caldo de carne, um pouco de gordura, sal, pimentões, algumas talhadas de limão descascado, e deixam-se ferver até ficarem cozidas.

Por outro lado, ferve-se uma porção de pinhões e, estando cozidos, descascam-se e socam-se para reduzi-los a uma massa, à qual se ajuntam uma porção de amendoim torrado e socado, sal, vinho branco e manteiga de vaca, quanto baste para formar uma polpa não muito dura, que se põe sobre o prato com as talhadas da perna, e, deitando-se o molho da carne por cima, serve-se.

27. PERNA DE PORCO-DO-MATO REFOGADA COM CARAPICUS – Corta-se uma perna do porco em pedaços; frigem-se depois em gordura e, estando fritos, salpicam-se com farinha de trigo e ajuntam-se sal, pimenta, sumo de limão, salsa, aipo, um ramo de hortelã, gengibre, uma xícara de água e outra de vinho branco, e uma porção de carapicus escolhidos e pelados; deixa-se ferver durante uma hora sobre um fogo moderado e serve-se.

28. PERNIL DE PORCO-DO-MATO ASSADO NA GRELHA – Põe-se a ferver, em água e sal, salsa, cebolas, folhas de louro e pimenta, e um pernil de porco-do-mato; tendo fervido duas ou três vezes, corta-se em talhadas da grossura de dois dedos; envolvem-se em farinha de mandioca, e assam-se na grelha, pingando-lhes um pouco de gordura e sumo de limão, e servem-se com batatinhas.

29. PORCO-DO-MATO ENSOPADO – Corta-se uma porção de carne em pedaços, deixam-se de molho durante doze horas, escaldam-se e põem-se depois sobre o fogo com água e sal; e tira-se a escuma.

Estando cozidos, acrescentam-se farinha de trigo tostada, bastante cebolas, uma porção de bagas de zimbro, cravos, sal, vinagre, açúcar, e deixam-se ferver com a carne; na ocasião de servir, tira-se a carne, e depois côa-se o molho e serve-se.

Não havendo bagas de zimbro frescas, deitam-se algumas folhas de rosmaninho.

30. PORCO-DO-MATO COM AMEIXAS – Cozinha-se a carne, escalda-se em água salgada; frige-se depois em manteiga, com um pouco de farinha de trigo; ajuntam-se um pouco de rapadura, duas dúzias de ameixas, canela, casquinhas de limão, vinho e um pouco de caldo de carne; deixam-se ferver, passam-se por uma peneira e põe-se a carne neste molho; dá-se mais uma fervura e serve-se.

31. PRESUNTO DE PORCO-DO-MATO COZIDO – Toma-se um quarto do porco e deita-se numa salmoura feita de sal, pimenta, cebola cortada, manjerona, sumo de limão, gengibre e um pouco de água; deixa-se nesta salmoura durante três dias, virando-o de doze em doze horas; depois, tendo-o envolvido num pano, cozinha-se [o quarto] na mesma salmoura, durante cinco a seis horas, com algumas batatas, e sobre um fogo bem ativo; estando cozido, deixa-se esfriar, tira-se o pano, e serve-se frio.

32. PRESUNTO DE PORCO ENFUMAÇADO – Apara-se um pernil do porco-do-mato e põe-se numa salmoura com bastante sal, pimenta, cebolas, cravos-da-índia e vinho tinto; deixa-se durante dez a quinze dias nesta salmoura,

tendo posto sobre o quarto um pedaço do tábua e um peso grande por cima; passado este tempo, tira-se, enxuga-se bem, e expõe-se ao sol durante um dia; envolto em um pano, pendura-se na fumaça durante quinze dias, e passado este tempo, serve tanto para comê-lo frio e cru, como para comê-lo cozido ou assado.

O Preá

O preá é um animalzinho da classe dos roedores que se assemelha com a cutia, porém é muito menor e habita os lugares úmidos; sua carne é excelente; não existe na Europa.

O Caxinguelê ou Esquilo

O caxinguelê ou esquilo é um pequeno animal da classe dos roedores, que se encontra tanto na Europa como na América; habita os matos, sustenta-se de frutas e é muito conhecido; sua carne é deliciosa.

O Gambá

O gambá é uma caça que se encontra mais freqüentemente perto das habitações do que nos matos; faz grandes estragos, matando as galinhas; é uma caça favorita em diferentes lugares do Brasil, e a sua carne é excelente.

Quando se tiver matado algum destes animais, deve-se cortar imediatamente os testículos e as glândulas aos machos, e os peitos e as glândulas às fêmeas; esfola-se logo enquanto estiver quente.

Muitas pessoas não podem preparar a carne do gambá, por ter este animal uma catinga insuportável; esta, porém, pelo processo explicado, desaparecerá logo e ficará própria para qualquer guisado.

E como a carne destes três animais é idêntica, reuniremos num só artigo as suas preparações culinárias.

1. PREÁ, ESQUILO E GAMBÁ REFOGADOS COM RENOVOS DE SAMAMBAIA – Toma-se um preá, um esquilo ou um gambá, tira-se o cheiro, limpa-se e lava-se com água quente; corta-se a cabeça e refoga-se a carne em gordura; vira-se para frigir igualmente de todos os lados, e apolvilha-se com pão ralado, ajuntando salsa, cebola picada, sal e pimenta; acrescentam-se uma

xícara de água e uma colher de vinagre; deixa-se ferver durante meia hora, e deita-se sobre renovos de samambaia cozidos em água e sal, deitados e arranjados num prato, e serve-se com o seu molho.

2. PREÁ, ESQUILO E GAMBÁ REFOGADOS COM GUANDUS – Estando um destes animais partido em quartos, molham-se com sumo de laranja-azeda, pimentas-cumaris e sal; envolvem-se depois em fubá mimoso e frigem-se de um e outro lado; acrescentam-se, em seguida, uma xícara de água, um cálice de aguardente e meia dúzia de tomates, deixando-se ferver durante uma hora até ficar cozido.

Por outro lado, ferve-se uma porção de guandus em água, com sal, folhas de salsa e cebolas; estando cozidos e a água reduzida, ajunta-se-lhes a carne com o molho; deixa-se ferver mais um pouco e serve-se.

3. PREÁ, ESQUILO E GAMBÁ ASSADOS NO ESPETO – Toma-se um destes animais e põe-se de molho em aguardente, com sal, pimenta, noz-moscada, cravo-da-índia e manjerona. Passadas seis horas, enfia-se no espeto envolto em papel untado de manteiga, e assa-se em fogo brando.

Estando cozido, tira-se o papel e serve-se com alguma salada.

4. PREÁ, ESQUILO E GAMBÁ ASSADOS NO ESPETO – Toma-se um destes animais; depois de ter tirado a cabeça, esfrega-se a carne com sal, sumo de pimenta e tomates; enfia-se no espeto e assa-se; estando quase cozida, unta-se com gemas de ovos, envolve-se em pão ralado, e acaba-se de assá-la, umedecendo com manteiga derretida, até tomar boa cor; serve-se com salada de beterraba roxa preparada do modo seguinte: cozinham-se umas beterrabas em água e sal, descascam-se e cortam-se em rodelas delgadas; misturam-se uma xícara de vinagre, três colheres de gordura derretida, um pouco de sal e algumas pimentas-cumaris.

5. PREÁ, ESQUILO E GAMBÁ ASSADOS NO FORNO – Guarnece-se o fundo de uma panela com uma lasca de toucinho, e deita-se-lhe ou o preá, ou o esquilo ou o gambá, limpo e sem cabeça, com três cabeças de cebolas inteiras, salsa picada, sal, pimenta; cobre-se com outra lasca de toucinho e assa-se no forno ou sobre brasas; estando cozido, tira-se e misturam-se ao molho dois cálices de vinho branco, uma gema de ovo e uma colher de açúcar; dá-se uma fervura, côa-se o molho e serve-se com o assado.

6. PREÁ, ESQUILO E GAMBÁ GUISADOS COM QUIABOS – Refogam-se duas cebolas picadas com três colheres de gordura, ajuntam-se uma garrafa de água, sal, salsa picada, pimentas, uma gema de ovo, um cálice de sumo de laranja-da-terra azeda, duas dúzias de quiabos cortados em rodelas;

deixa-se ferver por um instante e deita-se neste molho a caça cortada em quartos; cozinha-se sobre fogo moderado durante uma hora, e serve-se.

7. PREÁ, ESQUILO E GAMBÁ GUISADOS COM TOMATES – Fervem-se os pedaços da caça em água, sal, pimentas, salsa, manjericão, folhas de cebola, e gengibre; estando cozidos, tiram-se.

Por outro lado, refogam-se duas dúzias de tomates com duas colheres de gordura; deitam-se-lhes os pedaços da caça cortada em quartos, e ajunta-se-lhes o caldo coado reduzido à metade, encorpado com duas gemas de ovos; deixa-se tudo ferver durante um quarto de hora e serve-se.

8. PREÁ, ESQUILO E GAMBÁ FRITOS COM MANGARITOS – Toma-se a caça, corta-se em quartos; tempera-se com sal moído, salsa, cebola picada e sumo de pimentas-cumaris; passam-se em gemas de ovos e envolvem-se em pão ralado; refogam-se em manteiga, com uma porção de mangaritos descascados e cortados em rodelas finas; e estando fritos, servem-se.

9. PREÁ, ESQUILO E GAMBÁ FRITOS NA GRELHA – Corta-se a carne da caça em pequenos pedaços, pondo-os de molho, em sumo de limão, sal, salsa, pimentas, um dente de alho, cebolas e manjerona; depois de seis horas, frigem-se em gordura, e estando fritos, untam-se com gemas de ovos, envolvendo-os depois em farinha de trigo, assando-os assim preparados, na grelha, e pingando manteiga derretida; estando fritos, servem-se.

O Quati

O quati pertence à classe dos plantígrados [família dos procionídeos] e é uma das caças de cabelo bem apreciada; sua carne é excelente e muito procurada e, como se encontra em quase todos os lugares, mencionaremos aqui vários modos de prepará-la, usados em diferentes províncias do Brasil.

1. QUATI REFOGADO COM ABÓBORA-D'ÁGUA – Passa-se meia dúzia de tomates em duas colheres de gordura, uma cebola picada, salsa; ajuntam-se depois uma porção de abóbora-d'água picada em pequenos pedaços, e um quati cortado em pedaços; acrescentam-se depois uma xícara de água, outro tanto de sumo de laranja-azeda, uma colherinha de polvilho e uma de açúcar; deixa-se ferver em fogo brando e, estando cozido, serve-se.

2. QUATI REFOGADO DE ESCABECHE – Estando o quati um pouco velho, é este o melhor modo de prepará-lo, para tornar a sua carne mais tenra.

Deita-se o quati, envolvido em um pano, em uma garrafa de aguardente, com uma xícara de vinagre, salsa, sal, pimentas, cravo-da-índia, alho, folhas de louro, e gengibre, deixando-o neste molho durante vinte e quatro horas, virando-o por duas ou três vezes.

Corta-se depois em pedaços, e frige-se com umas cebolas em manteiga de vaca, apolvilhando com uma colher de farinha de trigo e acrescentando uma xícara de vinho, no qual se desfez uma gema de ovo; deixa-se ferver perto do fogo, até a carne ficar muito cozida e serve-se.

3. QUATI ASSADO NO ESPETO – Depois de esfolado e limpo, esfrega-se o quati com sal, sumo de pimenta e de tomates, deixando-o com estes temperos durante três horas, para tomar gosto; unta-se depois com sangue de galinha e, sendo enfiado no espeto, assa-se, a fogo vivo no princípio, e moderando [depois] para tomar boa cor; e serve-se.

4. QUATI LARDEADO E ASSADO NO FORNO – Picam-se dois peitos de galinha, duas cebolas, quatro ovos cozidos, uma raiz de mandioca descascada, duas onças de toucinho, salsa, pimentas, uma dúzia de tomates e sal.

Enche-se o quati com este recheio e, depois de o ter limpo e esfregado com sal e vinagre, e de ter lardeado o lombo com tiras finas de toucinho, põe-se numa panela guarnecida de lascas de toucinho, e assa-se sobre fogo moderado; estando assado, serve-se com salada de beldroegas.

A Cobra

A cobra oferece uma carne muito deliciosa, e que não é somenos à do melhor peixe, com a qual ela se assemelha.

As pessoas que comeram a carne de cobra, a preferem a qualquer outra.

A melhor vantagem, porém, que apresenta o uso desta carne, que é muito eficaz na cura das moléstias do coração, da sífilis inveterada, e sobretudo da morféia, que, estando ainda no princípio, desaparece totalmente com o uso da carne de cobra.

É inútil dizer-se que deve deixar-se de parte o horror que inspira este animal, e ainda mais o prejuízo de dizer-se que a sua carne é venenosa: sabe-se perfeitamente que o veneno só existe em umas bolsinhas colocadas debaixo das presas; além disto, este próprio veneno ingerido não faz mal algum; é nocivo e até mortal quando está perto e em contato com o sangue.

É portanto necessário, antes de se prepará-lo, cortar-se a cabeça do animal, depois tirar-se o couro e, finalmente, abri-lo e limpá-lo.

A carne das cobras vivíparas é preferível à carne das ovíparas, e entre as cobras vivíparas, é a da cascavel a mais delicada e eficaz.

O Lagarto

O lagarto grande, da família dos sáurios e privativo da América, fornece uma carne branca como a do frango; e, preparado em fricassê, certamente ninguém dirá que não comeu um delicado guisado de frango; muitas pessoas têm sido, assim, logradas por iguarias feitas com a carne deste animal.

É um engano ter-se repugnância à sua carne, que não é mais repugnante do que qualquer outra.

A carne deste animal é muito salutar nas moléstias escorbúticas.

Tira-se em primeiro lugar o couro do lagarto, abre-se e limpa-se.

Algumas pessoas usam, antes de tirar o couro, cortar a cabeça.

A Rã

A rã é um animal anfíbio muito conhecido na Europa e no Brasil, e que fornece iguarias excelentes e, sobretudo, de fácil digestão para os convalescentes; são aproveitadas unicamente as coxas, das quais se tiram previamente as peles que as cobrem, para poder-se prepará-las. E sendo a carne destes três animais idêntica, reunimos as receitas para as suas preparações.

1. COBRA, LAGARTO OU RÃ REFOGADOS – Corta-se uma cobra em pedaços, refogam-se com duas colheres de gordura e uma cebola picada; apolvilham-se com uma colher de farinha de trigo, e uma xícara de água, sal, salsa, pimentas, e um pouco de noz-moscada raspada; deixa-se ferver perto do fogo, até cozer, tendo encorpado o molho com duas gemas de ovos desfeitas em um cálice de vinho; e serve-se.

2. COBRA ASSADA – Toma-se uma cobra, esfrega-se com sal, sumo de pimentas, alho, laranja-azeda; passa-se em gemas de ovos, coloca-se em uma caçarola, sobre lascas de toucinho, cobrindo-a com outras; põem-se por cima cebola, salsa bem picada e noz-moscada raspada; assa-se sobre brasas, cobrindo, e pondo também fogo sobre a tampa.

   Em uma hora estará assada; e serve-se com alguma compota. Da mesma maneira se preparam as carnes do lagarto ou da rã.

3. COBRA FRITA – Põe-se a cobra cortada em pedaços de molho em sumo de laranja-azeda, sal, salsa, cebola, cravo-da-índia, gengibre; passadas seis horas, frige-se em bastante gordura com uma cebola picada e uma porção de pão ralado; deita-se tudo sobre talos ou raízes de inhame fervidos em água e sal.

Pelo mesmo modo preparam-se o lagarto e a rã.

4. COBRA GUISADA – Ferve-se uma cobra em água, sal, pimentas, salsa, cebola, manjerona, cravo-da-índia, noz-moscada e gengibre; estando cozida, tira-se e separa-se a carne dos ossos; refoga-se depois com uma colher de farinha de trigo, duas colheres de gordura, não deixando frigir muito; acrescenta-se uma garrafa de leite fervido, com duas gemas de ovos e uma colher de açúcar; deixa-se ferver durante um quarto de hora e serve-se.

Este guisado é excelente, e todos que o comerem dirão que é galinha guisada.

Pelo mesmo modo preparam-se o lagarto e a rã.

5. LAGARTO REFOGADO – Toma-se um lagarto limpo, escalda-se em um pouco de vinagre quente, corta-se depois em pedaços, e refogam-se em gordura, ajuntando logo uma xícara de água, meia dúzia de tomates, sal, salsa, pimentas, uma cebola cortada, e um dente de alho; deixam-se ferver sobre fogo regular durante uma hora, encorpando o caldo com duas gemas de ovos desfeitas em um cálice de vinho branco; e serve-se.

Pelo mesmo modo preparam-se a cobra e a rã.

6. LAGARTO ENSOPADO COM ERVILHAS – Corta-se o lagarto em pedaços, refogam-se em duas colheres de gordura, uma cebola cortada, apolvilha-se com farinha de trigo, ajuntam-se um cálice de vinho branco, uma garrafa de água, sal, salsa, manjerona e uma porção de ervilhas verdes; deixa-se ferver tudo sobre fogo moderado durante uma hora e serve-se.

Pelo mesmo modo preparam-se a cobra e a rã.

7. LAGARTO FRITO COM QUIBEBE – Corta-se um lagarto em pedaços; escaldam-se com água bem quente, sal, e um pouco de sumo de limão; deixam-se esfriar nesta água; frigem-se em quanto baste de gordura, com uma cebola picada e, apolvilhados com farinha de trigo, deitam-se em um prato com quibebe, e servem-se.

Pelo mesmo modo preparam-se a cobra e a rã.

8. LAGARTO ASSADO – Põe-se um lagarto de molho em vinagre, com um pouco de gordura derretida, sal, salsa, cravo-da-índia, e pimentas; pas-

sadas doze horas, envolve-se em papel untado de manteiga e enfia-se no espeto; assa-se sobre fogo moderado; tira-se o papel e apolvilha-se com farinha de trigo, pingando-se gordura em cima: deixa-se tomar cor e serve-se com salada ou compota.

Pelo mesmo modo se preparam a cobra e a rã.

9. LAGARTO GUISADO COM REPOLHO – Ferve-se um lagarto em água, sal, pimentas, tomates, salsa, cebola, e uma porção de carapicus cortados; estando cozido, tira-se e refoga-se com uma colher de gordura, um cálice de vinagre e o caldo coado; deixa-se ferver até o caldo ficar reduzido, e serve-se com repolho, ajuntando-se um pouco de vinagre.

10. RÃ REFOGADA – Tira-se a pele das coxas; cortam-se os dedos e refogam-se com uma colher de gordura; ajuntam-se um cálice de vinho, água, sal, pimentas, noz-moscada, uma colher de polvilho, outra de açúcar e um limão cortado em talhadas; deixa-se ferver durante meia hora e serve-se.

Pelo mesmo modo se preparam a cobra e o lagarto.

11. RÃ FRITA – Tira-se a pele das coxas, esfregam-se com sal e põem-se de molho em sumo de laranja-azeda, alho, pimentas, noz-moscada; passadas três horas, tiram-se e envolvem-se em pão ralado; frigem-se em bastante gordura ou manteiga; servem-se com saladas ou compotas.

Pelo mesmo modo se preparam a cobra e o lagarto.

12. RÃ GUISADA – Tomam-se as coxas das rãs, fervem-se durante meia hora em água e sal; separa-se depois a carne dos ossos, e refoga-se em uma colher de gordura, meia de farinha de trigo e uma cebola picada; ajunta-se depois uma garrafa de água, um cálice de sumo de limão, duas gemas de ovos e uma colher de açúcar; deixa-se ferver por um pouco e serve-se.

Pelo mesmo modo se preparam as carnes das cobras e dos lagartos.

O Tatu

Aparecem três espécies deste animal, e só se come a espécie menor, que é o tatu-mirim; o tatu cavador dos cemitérios [tatu-papa-defunto] tem muita catinga, e o tatu-canastra tem a carne muito dura.

O tatu-mirim tem a carne branca como a de galinha, assemelha-se à carne de vitela, e é saborosa; não aconselhamos o seu uso às pessoas escrofulosas ou sifilíticas por ser muito escandecente.

Damos aqui algumas receitas para sua preparação, para quem aprecia esta caça.

Logo que se mata o tatu, é preciso ter-se o cuidado de tirar as glândulas, assim como uns caroços que existem por baixo das coxas, lugares estes onde fica concentrada toda a catinga deste animal.

1. TATU REFOGADO – Toma-se um tatu, chamusca-se, e depois deita-se sobre brasas; por este processo, sai o casco facilmente.

    Tendo tirado o casco, limpa-se; cortam-se a cabeça e os pés e, tendo partido o resto em pedaços, refogam-se em gordura, com tomates, sal, pimentas, manjerona, salsa e folhas de cebola; ajuntam-se em seguida uma xícara de água, uma colher de vinagre e uma colherinha de polvilho; ferve-se tudo durante meia hora, e serve-se.

2. TATU ENSOPADO COM GUANDUS OU MANGALÓS – Estando o tatu limpo e tirado o casco, frige-se inteiro em gordura, virando igualmente para frigir de ambos os lados; ajuntam-se uma tigela de água, sal, folhas de salsa, e de cebola, pimentas, cumaris, e ou uma porção de favas, ou mangalós, ou guandus; deixa-se ferver, e estando cozido, ajunta-se uma colher de fubá de canjica misturado com um cálice de sumo de limão e duas colheres de açúcar; ferve-se ainda até reduzir o caldo e serve-se.

3. TATU FRITO – Depois de ter tirado o casco e estar limpo o tatu, corta-se em pedaços e põem-se de molho em sumo de limão, tomates, salsa e cebola cortada, sal e pimentas; passadas seis horas, frigem-se em bastante gordura e servem-se.

4. TATU GUISADO COM MOGANGO – Ferve-se um tatu em água, sal, pimentas, salsa, folhas de cebolas e um mogango partido e limpo; estando cozido o tatu, tira-se e corta-se em pedaços; refogam-se em gordura, com uma cebola picada e apolvilham-se com fubá mimoso; ajuntam-se uma xícara de caldo em que se ferveu o tatu, e meia dúzia de tomates; serve-se por cima dos pedaços do mogango.

5. TATU GUISADO COM POLPA DE BATATAS – Corta-se um tatu em pedaços, e fervem-se em água, sal, salsa, cebola, pimentas-cumaris e cravo-da-índia; estando cozidos, tira-se a carne; tendo-a passado em farinha de trigo, refoga-se em três a quatro colheres de gordura; estando frita, tira-se a [carne] e refoga-se, na mesma gordura, uma porção de batatas raladas; ajunta-se o caldo reduzido à metade, ferve-se, mexendo até ficar quase seco; ajuntam-se então duas gemas de ovos desfeitas num cálice de sumo de laranja-azeda; deita-se a carne nesta polpa, aquece-se e serve-se junto.

6. TATU REFOGADO À MODA COM FARINHA DE TRIGO – Depois de ter tirado o casco e a catinga do tatu, lava-se com sabão e laranja-da-terra ou limão azedo, lava-se em seguida em água fria e corta-se em pedaços que se refogam em gordura; ajuntam-se uma cebola inteira, uma cabeça de alho, pimentas-da-índia, e meia garrafa de vinho branco; abafa-se logo que principiar a ferver; estando cozido, delir uma quarta de libra de farinha de trigo em um cálice de vinho branco, que se deita sobre o tatu, mexendo um pouco para ligar; e serve-se com o seu molho.

Da mesma maneira se prepara também o gambá.

Veado

Depois do porco-do-mato, a caça mais estimada é o veado, o qual abunda no Brasil e na América do Sul em várias espécies, como sejam o veado-galheiro (cervo) ou suçuapara, o campeiro, o mateiro ou pardo, e o catingueiro ou virá (veado pequeno).

Come-se a carne de todos eles, sendo que a carne dos veados pequenos imita a do cabrito; sendo que a dos grandes se parece com a da vaca. A carne dos veados velhos torna-se seca e dura; para torná-la sofrível, é necessário pendurá-la em um lugar arejado e envolta em um pano, durante dois a três dias, conforme a estação mais ou menos quente.

Prepara-se a carne por muitos modos, e servindo os modos ou processos abaixo para todas as qualidades de veados.

Logo que se mata o veado, é preciso cortar-lhe os pés, ou pelo menos, rachar as unhas, para dar saída a um líquor que tem catinga.

1. BIFES DE VEADO – Corta-se a carne de um veado em talhadas da grossura de um dedo; batem-se bem, e envolvem-se em sal, pimenta, salsa e cebola muito bem picada.

Frige-se, por outra parte, numa caçarola, um pouco de gordura e deitam-se os bifes nesta gordura quente, frigindo-os de um e outro lado para tomarem uma bela cor, e servem-se com quitutes, ou carapicus refogados.

2. CARNE DE VEADO REFOGADA COM VAGENS – Corta-se a carne em talhadas, e frigem-se em gordura de um e outro lado, até tomarem boa cor; tiram-se, e deitam-se na gordura duas colheres de farinha de trigo; mexese, e acrescenta-se uma porção de vagens picadas; ajuntam-se uma garrafa

de água, sal, pimenta, manjerona, salsa, folhas de cebolas e as talhadas de um limão descascado; deixa-se ferver com pouco fogo, e serve-se.

3. CARNE DE VEADO REFOGADA COM CHUCHUS – Põe-se durante dois dias a carne de molho em vinagre, sal, cebola, aipo, gengibre, cravo-da-índia, salsa e manjericão; tira-se e refoga-se em gordura, virando os pedaços para tostarem de todos os lados; apolvilham-se com farinha de trigo, ajuntam-se uma garrafa de vinho branco e uma porção de chuchus, descascados e cortados em pedaços, deixando-se ferver sobre brasas; estando cozidos, servem-se.

4. CARNE DE VEADO ENSOPADA COM QUIABOS – Toma-se a carne de veado, refoga-se em duas colheres de gordura, uma tigela de água, sal, salsa, uma cebola cortada, pimentas-cumaris, meia dúzia de tomates, e uma colherinha de polvilho desfeita em meio cálice de água de coco-da-baía, o sumo de um limão, e uma porção de quiabos cortados em rodelas; deixa-se ferver até o caldo ficar reduzido a três xícaras, e serve-se.

5. CARNE DE VEADO FRITA COM PIRÃO DE BATATAS – Corta-se a carne do veado em talhadas finas que se salpicam com sal e pimentas e frigem-se em manteiga com duas cebolas picadas. Por outra parte, cozinha-se uma porção de batatas que, estando cozidas, são descascadas e amassadas, de maneira a formarem uma massa homogênea que se põe a ferver com leite muito gordo, ou de preferência, nata de leite; deixa-se ferver, mexendo bem para não queimar no fundo, e, chegando à consistência necessária, deita-se num prato; põe-se por cima a carne com a manteiga, e serve-se.

6. CARNE DE VEADO GUISADA COM FAVAS – Corta-se a carne em pedaços, e põem-se a ferver com água, sal, algumas pimentas, salsa, folhas de cebolas, gengibre raspado, uma porção de favas verdes; estando a carne cozida, frige-se um pouco de farinha de trigo em uma colher de manteiga, até tomar cor; deitam-se nessa ocasião um cálice de vinagre, e o caldo em que se cozinharam a carne e as favas; deixa-se reduzir o caldo, tornam-se-lhe a pôr a carne e as favas e, tendo aquecido tudo junto, serve-se.

7. CARNE DE VEADO GUISADA COM PEPINOS – Toma-se a carne do veado que se corta em talhadas da grossura de um dedo, batem-se um pouco, temperam-se com sal, pimentas, salsa, picadinha e gengibre raspado; põem-se a ferver durante cinco minutos em água que já se acha quente sobre o fogo; tiram-se e envolvem-se em pão ralado, e frigem-se em manteiga; depois de fritas de um e outro lado, tiram-se da gordura, na qual se deita uma porção de côdeas de pão ralado, com uma colher de açúcar; mexe-se, e ajuntam-

se um cálice de vinho branco, e dois de água, o sumo de dois limões, um limão cortado em talhadas, duas gemas de ovos, e uma porção de pepinos descascados e cortados em filetes; deixa-se ferver um pouco, ajuntam-se as talhadas da carne, e depois de ferver um pouco, servem-se.

8. LOMBINHO DE VEADO REFOGADO – Lardeiam-se os dois lombinhos do veado com toucinho, e põem-se de molho durante quarenta e oito horas em vinagre, sal, cebola, folhas de salsa e de louro; põem-se depois numa panela entre lascas de toucinho, com doze tomates, mais alguns pedaços de carne de veado, meia xícara de água, e meia garrafa de vinho branco, e deixam-se ferver durante duas ou três horas, e tira-se a carne. Derretem-se, por outro lado, duas colheres de manteiga com uma colher de farinha de trigo, ajuntando o caldo de carne coado, alguns carapicus fervidos; deixa-se ferver até o caldo ficar reduzido a três ou quatro xícaras; deita-se este molho sobre os lombinhos e serve-se.

9. LOMBO DE VEADO À CAÇADOR – Os apreciadores de caça não gostam da carne de veado com muitos acepipes e temperos; só usam de esfregar o lombo com sal e assá-lo no espeto sobre o fogo moderado, para cozinhar devagar e tomar boa cor; comem-no, espremendo sobre ele sumo de limão.

10. LOMBO DE VEADO À PRINCESA – Toma-se o lombo do veado, lardeia-se com tiras finas de toucinho, e põe-se de molho em vinho branco com sal, salsa, pimenta, noz-moscada, gengibre, e cravo-da-índia; depois de três dias, tira-se; tendo-o envolvido em papel untado com manteiga, assa-se no espeto e, estando assado, tira-se o papel e envolve-se em pão ralado; passa-se em manteiga derretida e deixa-se assar até tomar boa cor; serve-se com o molho que pingou, e ao qual se ajunta um cálice de vinho branco; dando uma fervura, e coando, serve-se.

11. LOMBO DE VEADO REFOGADO COM FEIJÃO BRANCO – Refoga-se o lombo em quatro colheres de gordura; apolvilha-se depois de cozido com duas colheres de farinha de trigo; ajuntam-se uma xícara de vinagre, uma garrafa de água, sal, umas pimentas-cumaris, salsa, uma cebola cortada, noz-moscada raspada, e uma porção de feijão-branco ou guandus, posta de molho durante duas horas em água fria; deixa-se ferver tudo durante duas a três horas, sobre um fogo moderado, e serve-se.

12. LOMBO DE VEADO ASSADO NA GRELHA – Lardeia-se o lombo com tiras finas de toucinho, salpica-se com sal e unta-se com sumo de pimentas-cumaris, alhos, cebolas picadinhas, e sumo de laranja-azeda; deixa-se nestes temperos durante seis horas, e assa-se na grelha sobre fogo vivo, de um

e outro lado para tomar boa cor, e serve-se com o seu próprio molho, ao qual se ajunta um pouco de mostarda moída, ou, de preferência, mostarda inglesa; se o molho for pouco, ajunta-se um cálice de vinho branco.

13. LOMBO DE VEADO ASSADO COM CAPA DE OVOS – Esfrega-se o lombo com sal, sumo de limão, cobre-se com talhadas de cebolas, salsa, cravo-da-índia e gengibre; envolve-se e enfia-se no espeto; estando assado, tira-se de espeto, e tiram-se o toucinho que o envolvia e bem assim os temperos; posto numa caçarola grande, cobre-se com a massa seguinte: uma mão de pão ralado, quatro gemas de ovos, uma colher de açúcar, canela em pó, um pouco de sal, o sumo de um limão, vinho branco quanto baste para formar um mingau espesso; mete-se assim no forno e serve-se com alguma compota ou salada.

14. LOMBO DE VEADO ENSOPADO COM TAIOBA – Derretem-se três colheres de manteiga e coram-se nela duas colheres de farinha de trigo; deita-se depois o lombo cortado em talhadas, ajuntam-se uma garrafa de água, sal, poucas pimentas, salsa, folhas de cebola e uma raiz de taioba ou inhame cozido em água e sal, e cortado em talhadas; deixa-se ferver durante uma hora sobre o fogo moderado, e serve-se.

15. LOMBO DE VEADO ESTUFADO COM ERVILHAS – Lardeia-se o lombo de veado com alguns pedaços grossos de toucinho temperado com sal, pimentas-da-índia e os pedaços de um dente de alho, e põe-se numa panela sobre lascas de toucinho, duas xícaras de água, uma cebola espetada com cravos-da-índia e canela; tapa-se bem a panela, e ferve-se sobre brasas até ficar cozido.

Por outro lado, ferve-se uma porção de ervilhas novas em água e sal; depois de escorridas, refogam-se no caldo do lombo, e servem-se com o lombo.

16. LOMBO DE VEADO ESTUFADO COM COUVE-FLOR – Põe-se o lombo de molho em vinho branco, sal, pimentas, cebolas, alho, gengibre, manjericão e manjerona; passadas vinte e quatro horas, tira-se e envolve-se em lascas de toucinho, colocando-o numa panela com uma porção de couve-flor, ou, na falta, repolho picado muito fino; e, segurando bem a tampa, ferve-se sobre um fogo regular até ficar cozido, e o caldo reduzido, e serve-se.

17. LOMBO DE VEADO GUISADO COM MANGALÓS – Lardeia-se o lombo com tiras finas de toucinho; ferve-se em água, sal, salsa, pimenta, folhas de cebola e gengibre; enfia-se no espeto e assa-se sobre um fogo forte até ficar quase assado; cozinha-se no caldo uma porção de mangalós, ajuntando-

lhes uma colher de farinha de trigo desfeita em uma xícara de sumo de laranja-da-terra azeda, uma colher de açúcar, até o caldo ficar reduzido e os mangalós ficarem quase secos; ajunta-se então o molho que pingou do lombo assado, e serve-se, deitando o feijão por cima do lombo.

18. PÁ DE VEADO ENROLADA – Tomam-se as duas pás do veado, tiram-se-lhes os ossos, e alguma carne, que se pica com outro tanto de toucinho, umas cebolas, salsa, sal e pimentas, e amassa-se com dois ovos inteiros e uma porção de miolo de pão umedecido com caldo; estende-se essa massa sobre a parte interior da pá batida, e enrola-se ficando a massa na parte de dentro; atam-se os rolos com uma linha para se conservarem com esta forma; refogam-se em manteiga bem quente; ajuntam-se duas cebolas, salsa, manjerona, gengibre e uma garrafa de vinho, deixando-se tudo ferver durante duas horas, até ficarem bem cozidos, e tendo o cuidado de conservar a panela bem tapada; deitam-se num prato e cobrem-se com o molho coado e reduzido, e servem-se.

19. PÁ DE VEADO REFOGADA COM BETERRABA ROXA – Unta-se a pá com sal e sumo de limão, e assa-se um pouco no espeto, sobre uma labareda, para ficar tostada exteriormente; tira-se depois, e deita-se numa panela com uma porção de beterraba roxa, descascada e cortada em pequenos pedaços, uma garrafa de vinho tinto, noz-moscada raspada, e o sumo de um limão; deixa-se ferver sobre um fogo moderado durante duas horas, e serve-se com as beterrabas.

20. PÁ DE VEADO ENSOPADA COM CASTANHAS-DO-PARÁ – Corta-se a carne das duas pás do veado, e depois corta-se em pequenos pedaços e refogam-se em gordura bem quente; mexe-se, e ajuntam-se uma colher de farinha de trigo, uma tigela de água, sal, algumas pimentas, uma cebola cortada, salsa, manjerona e uma porção de castanhas-do-pará; deixa-se cozinhar sobre um fogo moderado até tudo estar cozido; tiram-se a carne e as castanhas, e faz-se reduzir o caldo, encorpando-o com uma gema de ovo e um cálice de sumo de laranja-azeda, e serve-se.

21. PÁ DE VEADO GUISADA COM CARURU – Ferve-se a pá do veado em água, sal, pimenta, salsa, folhas de cebola, louro e gengibre; estando cozida, separa-se a carne dos ossos, e corta-se em pedaços.

Por outro lado, derretem-se duas colheres de manteiga, ajuntam-se uma cebola picada, o caldo da carne, uma colher de polvilho, doze tomates, e uma porção de caruru; deixa-se reduzir e, quando estiver cozido, põe-se a carne e serve-se com angu de fubá de moinho.

22. **PÁ DE VEADO GUISADA COM ASPARGOS** – Ferve-se a pá do veado em água, sal, cebola, gengibre, pimentas, salsa e uma porção de renovos de aspargos amarrados em feixe; estando a pá cozida, separa-se a carne dos ossos, e envolve-se em pão ralado; frige-se em manteiga, deitam-se os renovos dos aspargos sobre um prato, com a carne frita por cima, despeja-se sobre o todo o caldo coado e reduzido, e serve-se.

23. **QUARTO DE VEADO DE ESCABECHE E ASSADO NO ESPETO** – Apara-se o quarto do veado, e lardeia-se a parte exterior com toucinho, pondo-o de molho em vinagre forte, com cebolas, dois dentes de alho, salsa e folhas de louro, uns cravos-da-índia, algumas pimentas verdes, sal e gengibre; deixa-se durante quatro a seis dias. Enfia-se depois no espeto e assa-se, umedecendo-o com o molho que pingou do quarto, e ao qual se ajuntam duas colheres de manteiga e um cálice de vinho branco.

24. **QUARTO DE VEADO COM CAPA ASSADO NO FORNO** – Toma-se o quarto de veado, bate-se de um e outro lado, salpica-se de todos os lados com sal e pimenta moída; deixa-se assim durante vinte e quatro horas; depois faz-se uma massa com oito ovos, uma colher de sal, uma libra de farinha de trigo, e um pouco de noz-moscada; depois da massa pronta, envolve-se o quarto com esta massa e, untando-a de gordura, põe-se o quarto no forno quente para assar; em duas a três horas, estará, então, cozido e tostado; e serve-se.

25. **QUARTO DE VEADO ESTUFADO COM CARÁS** – Apara-se o quarto do veado, envolve-se em pão ralado, cobre-se com uma lasca de toucinho, e põe-se em uma panela com uma garrafa de água, outra de vinho branco, sal, pimentas, gengibre raspado, uma cebola cortada e uns carás cozidos, descascados e cortados em rodelas; tapa-se a panela e deixa-se ferver perto do fogo até a carne ficar cozida; tira-se então, e põe-se no prato com o cará em roda; engrossa-se o caldo com duas gemas de ovos batidos em uma xícara de vinagre, e serve-se.

26. **QUITUTE DE CARNE DE VEADO** – Toma-se a carne do veado, assada, que se separa dos ossos, e corta-se em pedaços, estando feito um molho com duas colheres de farinha de trigo e uma colher de açúcar, que se frigem em três colheres de manteiga, até tomarem boa cor; ajuntam-se uma garrafa de vinho branco, as talhadas de um limão descascado, uma porção de passas escaldadas, outro tanto de amendoim torrado e socado; deita-se a carne na caçarola, ferve-se durante uma hora e serve-se.

CAPÍTULO IX

AVES SILVESTRES

Jacu, Mutum etc.

O jacu, o mutum, o pavão-do-mato, o araçari, o tucano, o guaxe ou japu, o pica-pau e a seriema são aves de carne preta que se caçam no Brasil para servirem de alimento; muito variados são os modos de prepará-las, e passamos a expor as melhores receitas conhecidas; e visto que a carne das aves mencionadas acima são semelhantes e são preparadas pela mesma maneira, reunimo-las em um só artigo; de sorte que a preparação indicada para uma ave deverá ser extensiva a todas as aves acima mencionadas.

1. JACU, MUTUM, PAVÃO-DO-MATO ETC. ASSADOS NO ESPETO – Toma-se um jacu etc.; depois de depenado e limpo, lardeia-se o peito com duas carreiras de tiras finas de toucinho, ou envolve-se a ave toda em uma lasca de toucinho, que se cobre depois com papel untado de manteiga, e assa-se durante uma hora; tira-se depois o papel e se pulveriza, com sal moído, o toucinho em que ela está envolvida; dão-se mais umas voltas, até ficar de boa cor e serve-se com salada de folhas de borragem, ou com um molho picante, ou também com uma compota.

2. JACU, MUTUM ETC. RECHEADOS E ASSADOS NO ESPETO – Picam-se uma quarta de toucinho, o fígado de duas galinhas, uma mão-cheia de miolo de pão embebido de leite, uma de carapicus, uma colher de açúcar, pouco sal, noz-moscada e cravo-da-índia, e faz-se um recheio com o qual se enche um mutum; lardeia-se o peito com duas carreiras de tiras finas de toucinho, enfia-se no espeto, envolve-se em papel untado de manteiga e assa-se durante uma hora; tira-se o papel, e salpica-se com um pouco de sal e pimenta moída; assa-se ainda um pouco para adquirir boa cor e serve-se.

3. JACU, MUTUM ETC. RECHEADOS E ESTUFADOS – Amassa-se uma mão-cheia de miolo de pão amolecido em leite com uma quarta de manteiga de vaca, duas gemas de ovos, duas colheres de açúcar, um punhado de passas escaldadas em água quente, sal, cardamomo socado e uma mão de carapicus bem picados; enche-se a ave com este picado, cose-se a abertura e deita-se numa panela sobre lascas de toucinho com meia libra de carne de porco salgada e picada, duas cebolas, cravo-da-índia, salsa, uma xícara de água e outra de vinho branco; depois da panela bem tapada, deixa-se ferver no forno ou entre brasas, e deixa-se cozinhar durante uma hora; serve-se com o seu molho coado, e tirada a gordura.

Também pode-se rechear a ave com carne de porco salgada e picada com meia quarta de toucinho, o fígado da ave, uma mão-cheia de carapicus ou, na falta, côdeas de pão raladas e umedecidas com vinho branco, uma cebola e umas pimentas, fervendo a ave com os adjuntos acima indicados; pode-se ainda encher a ave com cenouras cortadas em pedaços pequenos, em vez da carne de porco, pondo também alguns pedaços para cozer com os demais temperos; é este um dos melhores modos de preparar estas aves.

4. JACU, MUTUM ETC. REFOGADOS COM CREME E LARANJAS – Assa-se uma ave no espeto (sem lardeá-la e nem recheá-la); estando cozida, corta-se em pedaços que se põem numa caçarola, na qual se acha já fervendo uma colher de manteiga com uma colher de farinha de trigo, uma xícara de vinho branco e o sumo de uma laranja doce; e tendo fervido mais uma vez, serve-se.

5. JACU, MUTUM ETC. REFOGADOS COM CASTANHAS-DO-PARÁ – Envolve-se uma ave em uma lasca fina de toucinho, e assa-se no espeto; estando cozida, corta-se em pedaços que se fervem com uma xícara de leite, uma colherzinha de polvilho, pouco sal, salsa, folhas de cebola e serve-se em cima de castanhas-do-pará, cozidas em água e sal, descascadas, socadas e reduzidas a polpa e umedecidas com uma colher de gordura e uma xícara de leite.

6. JACU, MUTUM ETC. ENSOPADOS COM QUIABOS – Toma-se a ave, frige-se um pouco em duas colheres de gordura, virando-a de todos os lados; corta-se depois em pedaços que se tornam a pôr na panela, acrescentando, em seguida, uma tigela de água, sal, salsa, folhas de cebola e algumas pimentas-cumaris; deixe-se ferver durante três quartos de hora; ajunta-se um cálice de sumo de laranja-da-terra misturado com duas gemas de ovos, uma colherzinha de polvilho e uma porção de quiabos cortados; deixa-se acabar de cozinhar e serve-se.

7. JACU, MUTUM ETC. ENSOPADOS COM CARÁ-DO-AR – Corta-se a ave em pedaços e refogam-se com uma cebola picada e uma colher de açúcar, em duas [colheres] de gordura, virando os pedaços para corarem dos dois lados; acrescentam-se em seguida uma tigela de água, uma colher de fubá mimoso, um cará-do-ar descascado e cortado em pedaços, sal, pimentas, salsa, cominho e uma xícara de sumo de laranja-da-terra; deixa-se ferver durante uma hora e, estando cozido, serve-se.

8. JACU, MUTUM ETC. GUISADOS – Toma-se a ave e ferve-se durante uma hora em água com sal, salsa, e um cálice de aguardente; depois corta-se em pedaços, refogam-se em duas colheres de gordura, com uma cebola picada, um pouco de farinha de trigo; acrescenta-se o caldo reduzido, e fervem-se durante um quarto de hora; antes de servir, espreme-se sobre a carne o sumo de um limão e manda-se à mesa depois de reduzir bem o molho.

9. JACU, MUTUM ETC. GUISADOS COM BATATINHAS – Ferve-se a ave com uma porção de batatas descascadas em água com sal, pimentas, folhas de salsa, cebola, gengibre e manjerona; e estando cozida, tira-se a ave, corta-se em pedaços, e refogam-se com duas colheres de manteiga; acrescentando o caldo coado e bem reduzido, deixa-se ferver mais um quarto de hora, e serve-se sobre as batatas pisadas, postas numa massa homogênea, misturadas com quatro gemas de ovos, e fritas numa caçarola em duas colheres de manteiga.

10. JACU, MUTUM ETC. REFOGADOS COM TOMATES – Corta-se a ave em pedaços; deixa-se ferver em água, sal, salsa, pimenta, algumas folhas de repolho, cravo-da-índia e um cálice de sumo de laranja-da-terra; estando cozida, tiram-se os pedaços, que se envolvem em pão ralado e refogam-se em gordura, virando-os para o outro lado; achando-se fritos, acrescentam-se em seguida uma dúzia de tomates, uma xícara de vinho, o caldo reduzido e coado, um punhado de carapicus picados, e uma colher de açúcar; deixa-se ferver mais meia hora sobre brasas e serve-se.

Araras, Papagaios, Maracanãs, Periquitos

Como a carne destes pássaros é muito semelhante, e como pertencem à mesma família, por isso reunimos aqui os modos de prepará-los.

1. ARARAS, PAPAGAIOS ETC. REFOGADOS – Toma-se uma ave gorda, refoga-se na manteiga, corta-se depois em pedaços e, tendo corado, na mesma manteiga, uma colher de farinha de trigo e uma cebola bem picada, deitam-se-lhe os pedaços, e acrescentam-se uma xícara de vinho branco, uma colher de vinagre, outra de açúcar, pouco sal, noz-moscada, cravo-da-índia e canela, e deixam-se cozinhar sobre pouco fogo; para o fim, ajuntam-se duas gemas de ovos desfeitas em um cálice de conhaque e serve-se.

2. ARARAS, PAPAGAIOS ETC. REFOGADOS COM BERINJELAS – Corta-se a ave em pedaços; põem-se de vinha-d'alho com sal, sumo de pimenta-cumari, salsa e folhas de cebola picadas; passadas quatro a cinco horas, envolvem-se os pedaços em farinha de mandioca, refogam-se em duas colheres de gordura, e acrescentam-se duas xícaras de água, um cálice de sumo de laranja-da-terra, e uma dúzia de berinjelas recheadas com um picado feito do fígado da ave, um pouco de toucinho muito bem picado, queijo ralado, e miolo de pão umedecido com vinho e açúcar; (na falta de berinjelas, pode-se usar de bananas-da-terra); ferve-se durante meia hora perto do fogo, e serve-se.

3. ARARAS, PAPAGAIOS, PERIQUITOS ETC. ASSADOS NO ESPETO – Toma-se a ave gorda, esfrega-se por dentro e por fora com sal e pimenta-cumari, enfia-se no espeto e assa-se sobre fogo moderado, umedecendo-a com nata de leite; estando assada, deitam-se às colheres sobre ela duas gemas de ovos amassadas com uma colher de fubá mimoso, pouco sal e canela, e diluídas em uma xícara de leite; estando a ave cozida, serve-se com alguma salada ou compota.

4. ARARAS, PAPAGAIOS ETC. RECHEADOS E ASSADOS NO ESPETO – Pica-se o fígado da ave com meia quarta de toucinho, dois ovos cozidos, uma cebola e salsa; mistura-se o todo com sal, pimentas, azeitonas, e uma mão-cheia de côdeas de pão raladas umedecidas com aguardente, e enche-se a ave com esta massa; cose-se a abertura e lardeia-se o peito com tiras finas de toucinho; enfia-se a ave no espeto; envolve-se com lascas delgadas de toucinho, e assa-se sobre fogo regular; estando cozida, tira-se a capa de

toucinho, e dão-se mais umas voltas até o assado ter tomado boa cor, e serve-se com alguma compota.

5. ARARAS, PAPAGAIOS ETC. ASSADOS NO FORNO – Enche-se a ave com seus miúdos e com quatro ovos cozidos e picados, sal, pimenta e uma cebola picada; cose-se a abertura e refoga-se a ave em três colheres de gordura, virando-a para corar de todos os lados; tapa-se depois a panela, e deixa-se acabar de assar ou no forno ou sobre brasas; estando cozida, serve-se com algum molho picante ou salada.

6. ARARAS, PAPAGAIOS ETC. COZIDOS COM ARROZ – Refoga-se a ave cortada em pedaços em três colheres de gordura; tiram-se, e refoga-se, na mesma gordura quando estiver bem quente, um prato de arroz escolhido e lavado; mexe-se, e estando bem quente, acrescentam-se uma garrafa de água, sal, salsa, uma cebola cortada, duas pimentas-cumaris, quatro a cinco tomates, e a carne da ave; deixa-se ferver durante um quarto de hora; tira-se a panela do fogo ativo, e deixa-se secar o arroz, colocando a panela perto do fogo e serve-se.

7. ARARAS, PAPAGAIOS ETC. GUISADOS COM JERUMBEBA – Ferve-se a ave com sal, pimenta, salsa, folhas de cebola, manjerona e um ou dois marmelos partidos em quatro; estando cozida, tira-se a ave, e corta-se em pedaços.

Refogam-se uma colher de farinha de trigo, em duas colheres de manteiga e uma cebola picada; deixa-se ferver, mexendo até ficar de cor alambreada escura; deitam-se depois a carne e o caldo coado e reduzido a duas xícaras de líquido, e uma porção de frutas de jerumbeba descascadas e partidas; deixa-se ferver durante meia hora sobre brasas, serve-se.

8. ARARAS, PAPAGAIOS ETC. GUISADOS COM PINHÕES – Ferve-se a ave em água, sal, com uma porção de pinhões; estando cozida, tira-se e, separando a carne dos ossos, corta-se em pedaços, e polvilham-se com pão ralado e uma cebola picada; descascam-se e socam-se os pinhões em uma massa que se frige numa caçarola, com duas colheres de manteiga; deita-se esta massa frita em um prato, coloca-se por cima a carne com seu molho e serve-se.

Perdizes, Codornizes, Cotovia ou Codorniz-do-Campo

São estes os pássaros mais caçados nas campinas do Brasil e, como as suas carnes e modos de prepará-los são idênticos, por este motivo reunimos aqui as receitas, podendo qualquer outro pássaro ser preparado pelas mesmas.

Perdiz

1. **PERDIZ, CODORNIZ, COTOVIA REFOGADAS** – Toma-se a ave, esfrega-se com sal e pimenta, e envolta em lascas de toucinho, põe-se numa panela, com um libra de carne de vaca gorda, sal, pimenta, salsa, coentro, folhas de cebola, uma xícara de água, e um cálice de sumo de laranja-da-terra; tapa-se a panela e deixa-se ferver durante uma hora sobre fogo moderado; refogam-se depois uma colher de farinha de trigo, duas colheres de manteiga, frige-se a ave nesta mistura, e acrescenta-se logo o caldo em que se cozinhou a ave; deixa-se cozinhar mais meia hora, e serve-se.

Perdiz assada

2. **PERDIZES, CODORNIZES ETC. ASSADAS E REFOGADAS** – Picam-se os miúdos da ave com meia quarta de toucinho, sal, salsa, pimenta, uma cebola e dois ovos cozidos; enche-se a ave com esta massa, cose-se a abertura, e refoga-se a ave em gordura, virando-a de todos os lados; enfia-se depois no espeto e, envolta em papel untado de gordura, assa-se sobre fogo regular e serve-se com algum molho picante ou salada.

3. **PERDIZES, CODORNIZES ETC. DESOSSADAS E REFOGADAS** – Tomam-se as aves assadas no espeto, tiram-se-lhes os ossos, e pica-se a carne com cebola, salsa, um dente de alho, sal e pimenta; refoga-se este picado em

Aves Silvestres 269

manteiga, e molha-se com um cálice de vinho branco no qual se desfez uma pitada de polvilho; serve-se sobre torradas de pão.

4. PERDIZES, CODORNIZES ETC. DE ESCABECHE – Achatam-se as perdizes com uma palmatória, e põem-se de molho, com sal, pimenta, cebola, cravo-da-índia e sumo de limão; passadas quatro horas, passam-se em manteiga derretida, e assam-se na grelha de um e outro lado; servem-se com salada, ou molho picante.

5. PERDIZES, CODORNIZES ETC. REFOGADAS À MODA – Cortam-se as aves pelo meio, esfregam-se com sal e pimenta e frigem-se em manteiga; tiram-se depois de fritas dos dois lados; deitam-se na mesma manteiga uma mão-cheia de pão ralado, outro tanto de carapicus, uma cebola picada; frige-se um pouco, mexendo, e acrescentam-se um cálice de vinho e umas talhadas de limão descascadas; dá-se mais uma fervura e serve-se sobre as aves.

6. SALADAS DE PERDIZES, CODORNIZES ETC. ASSADAS – Toma-se a ave assada no espeto, tira-se toda a carne e corta-se em pequenos pedaços; faz-se o mesmo com uma dúzia de sardinhas de Nantes, duas cebolas, duas maçãs e uma dúzia de batatinhas; mistura-se tudo sem machucar, acrescentam-se vinagre, azeite doce, sal, pimenta, salsa picada e serve-se.

7. PERDIZES, CODORNIZES ETC. CHAMUSCADAS – Depenam-se e limpam-se as aves; e, enfiadas no espeto, assam-se um pouco sobre uma labareda; lardeiam-se depois com toucinho e acabam-se de assar sobre fogo moderado, umedecendo-as com vinho branco, ao qual ajuntaram-se um pouco de sal, salsa picada, sumo de pimentas e de alho; estando cozidas, servem-se com algum molho picante.

8. PERDIZES, CODORNIZES ETC. PICADAS E REFOGADAS – Assam-se as aves no espeto, tiram-se depois os ossos, e corta-se a carne em pedaços; ajuntam-se sal, salsa, cebola picada, duas pimentas, uma colher de manteiga, uma mão-cheia de pão ralado, um pepino grande descascado, picado e sem miolo, e ferve-se tudo com uma xícara de vinho; tendo acrescentado umas talhadas de limão descascado, serve-se.

9. PERDIZES, CODORNIZES ETC. REFOGADAS COM SAPUCAIAS – Partem-se em pedaços as aves assadas no espeto; por outra parte faz-se um molho com duas xícaras de vinho, duas gemas de ovos batidas, uma pitada de polvilho, uma porção de frutas de sapucaia descascadas e cortadas, uma colher de açúcar, o sumo de um limão, pouco sal e noz-moscada; deita-se a carne nele, deixa-se ferver mais durante um quarto de hora, e serve-se.

10. **PERDIZES, CODORNIZES ETC. REFOGADAS COM ORA-PRO-NÓBIS** – Tomam-se as aves, partem-se em pedaços, e refogam-se em pouca gordura, virando-as dos dois lados para corarem; acrescentam-se uma cebola picada, uma colher de fubá mimoso, duas xícaras de água, sal, pimenta, salsa,

Codorniz

uma porção de ora-pro-nóbis e o sumo de uma laranja-da-terra; ferve-se durante mais meia hora e serve-se com angu de fubá de moinho.

11. **PERDIZES, CODORNIZES ETC. ASSADAS NO ESPETO** – Põem-se as aves de molho com sal, pimentas picadas, salsa picada e meio dente de alho e, depois de estarem bem impregnadas, lardeiam-se as aves com tiras finas de toucinho, enfiam-se no espeto, e assam-se sobre fogo moderado, umedecendo com leite quente; estando cozidas, serve-se com saladas, alguma compota ou com legumes.

12. **PERDIZES, CODORNIZES ETC. ASSADAS NO FORNO** – Picam-se os miúdos das aves com uma cebola, salsa, meia quarta de toucinho, sal, pimentas, dois ovos cozidos e meia dúzia de tomates; enche-se a ave com este picado, cose-se a abertura, e deita-se numa panela guarnecida de lascas de toucinho, com mais alguns tomates, um cálice de vinho e as talhadas de um limão descascado; tapa-se bem a panela e deixa-se ferver entre brasas ou no forno; e, estando cozido, serve-se com seu próprio molho coado e desengordurado.

13. **PERDIZES, CODORNIZES ETC. ASSADAS NO BORRALHO COM MANDIOCA** – Esfregam-se as aves com sal e sumo de pimenta; enleiam-se em lascas finas de toucinho, e deitam-se no borralho com algumas mandiocas; estando cozidas, tiram-se; desenleia-se o toucinho, e serve-se com as mandiocas descascadas, e com molho feito de leite fervido com uma colher de açúcar, um pouco de canela socada e encorpado com duas gemas de ovos desfeitas num cálice de vinho.

14. **PERDIZES, CODORNIZES ETC. COZIDAS COM CHUCHUS** – Ferve-se a ave com meia quarta de toucinho, sal, salsa, pimentas, manjerona, folhas de cebola, gengibre, meio dente de alho, e um pouco de coentro; estando co-

zida, tira-se a ave, reduz-se o caldo coado, e torna-se a deitar a ave partida na panela com uma porção de chuchus e uma colherzinha de polvilho desfeito num cálice de sumo de laranja-da-terra; ferve-se durante mais meia hora e serve-se.

15. PERDIZES, CODORNIZES ETC. ENSOPADAS COM MORANGA – Passa-se a ave em gordura, corta-se depois em pedaços e, tendo acrescentado uma tigela de água, sal, salsa, pimentas, cominho, folhas de cebola e uma moranga descascada, sem miolo e cortada em pedaços, ferve-se até estar cozida e o caldo reduzido; serve-se depois de acrescentar o sumo de um limão batido com uma gema de ovo.

16. PERDIZES, CODORNIZES ETC. ENSOPADAS COM GUANDUS – Refoga-se uma colher de fubá mimoso com duas colheres de gordura; deita-se-lhe depois a ave cortada em pedaços, viram-se para todos os lados, e ajunta-se depois uma porção de guandus cozidos em água e sal; mexe-se, e deixa-se ferver durante mais meia hora; acrescenta-se por fim um cálice de vinagre e serve-se.

17. PERDIZES, CODORNIZES ETC. FRITAS DE ESCABECHE – Cortam-se as aves em pedaços, e põem-se de molho em sumo de laranja-da-terra, com sal, pimentas, meio dente de alho, salsa, e folhas de cebola; passadas seis horas, enxugam-se os pedaços, frigem-se em manteiga com uma cebola picada e pulverizados com uma porção de farinha de milho ou de mandioca e servem-se.

18. PERDIZES, CODORNIZES ETC. FRITAS COM CAPA – Cortam-se as aves em pedaços, esfregam-se com sal, sumo de pimentas e alho; envolvem-se em farinha de trigo, e passam-se em gemas de ovos; pulverizam-se com canela e um pouco de açúcar, e frigem-se em gordura de um e outro lado; servem-se, deitando por cima de cada pedaço uma rodela de limão descascado e espremido, e por cima de tudo, o sumo de um limão.

19. PERDIZES, CODORNIZES ETC. FRITAS COM POLPA DE BETERRABA – Socam-se as aves cortadas em pedaços com sal e pimenta-da-índia moída, e frigem-se em bastante gordura, com uma cebola picada e uma mão-cheia de pão ralado; deita-se a carne num prato, com polpa de beterrabas roxas cozidas em água e sal, raladas e misturadas com um cálice de vinagre; se ficarem muito azedas, ajunta-se-lhes uma colher de açúcar; despejando a gordura com o pão ralado, serve-se.

20. PERDIZES, CODORNIZES ETC. GUISADAS COM ABÓBORA-D'ÁGUA – Fervem-se as aves com água e sal; estando quase cozidas, tiram-se, cor-

tam-se em pedaços, e frigem-se em duas colheres de gordura; socam-se com farinha de trigo; acrescenta-se uma porção de abóboras-d'água descascadas e cortadas em pedaços pequenos; deitam-se-lhe o caldo, salsa, folhas de cebola, um pouco de coentro, uma colherzinha de polvilho e o sumo de uma laranja-da-terra; deixa-se ferver durante meia hora, ou de preferência até o caldo ter secado, e serve-se.

21. PERDIZES, CODORNIZES ETC. GUISADAS COM CARATINGA – Cozinha-se uma ave com uma caratinga, em água e sal; estando a ave cozida, tira-se, e deixa cozinhar a caratinga, até ficar também cozida, o que se conhece podendo traspassá-la com facilidade com uma pena, e tira-se também. Refogam-se uma cebola picada e uma dúzia de tomates em duas colheres de gordura; acrescentam-se uma xícara de água, um cálice de sumo de limão, salsa, meio dente de alho e meia colher de açúcar; deixa-se ferver mais uma vez, e deitam-se-lhe a ave e a caratinga cortada em pedaços; ferve-se mais um pouco e serve-se.

Pombas: Juritis, Torquazes e Rolas

As carnes destas pombas são excelentes, principalmente no princípio da seca, estando elas mais gordas nesta ocasião; o modo de prepará-las é o mesmo para todas: à pomba-torquaz, depois de depenada, deve-se cortar o sobretudo [sobrecu], porque contém umas pequenas bolsas cheias de um óleo muito catinguento; é preferível arrancar-lhe o rabo enquanto ela está quente, e é este um dever que cabe ao caçador.

1. POMBAS-TORQUAZES, ROLAS ETC. ASSADAS NO ESPETO – Estando limpas as aves, metem-se os pés para dentro e, estando enfiadas no espeto, assam-se, umedecendo-as com um molho feito de vinagre, manteiga derretida, sal e pimenta; estando assadas, toma-se o molho, ao qual se acrescentam os fígados das aves pisados, um pouco de açúcar, noz-moscada e uma colher de sumo de laranja-da-terra; ferve-se um pouco e serve-se com as pombas.

2. POMBAS-TORQUAZES, ROLAS ETC. PICADAS COM TORRADAS – Tiram-se a carne e os miúdos das aves, e picam-se muito bem com salsa, cebola, sal, pimenta, canela, açúcar; deitam-se numa panela guarnecida de lascas de toucinho, sobre fatias de pão untadas de manteiga; tapa-se a panela, deixa-se cozinhar com brasas por baixo e por cima, e serve-se.

3. POMBAS-TORQUAZES, ROLAS ETC. ASSADAS EM PAPEL – Abrem-se as aves pelas costas, tiram-se os ossos e, tendo-se feito um picado com os miúdos, farinha de mandioca, manteiga, sumo de laranja-da-terra, uma colher de açúcar, sal, e canela moída, enchem-se as aves, cose-se a abertura e, estando envoltas numa lasca fina de toucinho e em seguida numa folha de papel, assam-se no forno; estando cozidas, tiram-se papel e o toucinho, e serve-se com algum molho picante.

4. TORTA DE POMBAS-TORQUAZES ETC. RECHEADAS – Abrem-se as aves pelas costas, tiram-se todos os ossos; picam-se os miúdos com um fígado de porco, meia quarta de toucinho, sal, pimentas, açúcar, farinha de mandioca, uma xícara de vinho e seis ovos inteiros; enchem-se as pombas com esta massa, e deitam-se numa forma de tortas ou caçarola bem untada de manteiga, com o resto da massa do recheio; cobre-se com uma camada de farinha de mandioca, queijo ralado, e uma lasca de toucinho, e assam-se no forno; estando cozidos, tira-se o toucinho, emborca-se a caçarola sobre um prato para a torta sair inteira; cobre-se com açúcar e canela moída, e serve-se.

5. POMBAS-TORQUAZES, ROLAS ETC. FRITAS COM FATIAS – Tira-se toda a carne das aves, e pica-se com meia quarta de toucinho, uma mão-cheia de carapicus, outra de farinha de mandioca, uma cebola, sal, salsa e pimenta; mistura-se tudo, e ferve-se em uma xícara de vinho branco; estando cozido, serve-se sobre fatias de pão fritas em manteiga.

6. POMBAS-TORQUAZES, JURITIS ETC. REFOGADAS COM PALMITO – Refogam-se duas pombas em duas colheres de gordura, pondo um pouco de sal; partem-se depois pelo meio, e acrescentam-se uma porção de côdeas de pão raladas, umas folhas de salsa, e um cálice de vinho branco, deixando-as ferver durante um quarto de hora sobre brasa; estando cozidas, ajuntam-se um palmito picado e fervido em água e sal, e uma xícara de água; deixa-se ferver mais um pouco e serve-se.

7. POMBAS-TORQUAZES, ROLAS ETC. REFOGADAS COM QUIBEBE – Partem-se as pombas pelo meio, salgam-se, e frigem-se em gordura de um e outro lado; apolvilham-se em seguida com farinha de trigo, acrescenta-se uma xícara de leite, e deixam-se ferver sobre brasas; de outro lado, cozinha-se uma abóbora descascada, partida e sem sementes, em água e sal; tiram-se os pedaços, e pisam-se para reduzi-los a uma polpa; misturam-se-lhes uma xícara de nata de leite, duas colheres de açúcar e outro tanto de manteiga e deita-se num prato; põem-se por cima as pombas com o molho, e serve-se.

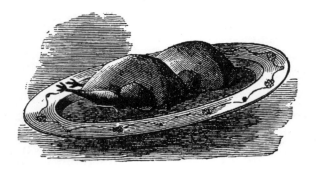

Pombos assados

8. POMBAS-TORQUAZES, JURITIS ETC. ASSADAS E RECHEADAS – Recheiam-se as pombas com seus fígados picados, aos quais se acrescentam meia quarta de toucinho, os fígados de duas galinhas, algumas azeitonas sem caroços, tudo picado, pimentas e meio dente de alho; enfiam-se as aves no espeto depois de lardeado o peito com tiras finas de toucinho; envolvem-se em folhas de bananeira e assam-se sobre fogo moderado; estando cozidas, servem-se com algum molho picante.

9. POMBAS-TORQUAZES, ROLAS ETC. ASSADAS NA PANELA – Refogam-se as pombas em gordura, e viram-se, para frigirem de todos os lados; salpicam-se com sal, salsa, um punhado de pão ralado e, tendo tapado a panela, deixa-se acabar de ferver sobre brasas, e serve-se com um molho feito de folhas de borragem picadas, com sal, vinagre e azeite doce.

10. POMBAS-TORQUAZES, ROLAS ETC. FRITAS COM GRELOS DE ABÓBORA – Cortam-se as pombas em quatro pedaços, envolvem-se em pão ralado, frigem-se em bastante gordura, e salpicam-se com sal e pimenta socada; estando cozidas, tiram-se, e refoga-se, na mesma gordura, uma porção de grelos de abóbora descascados e fervidos em água e sal; deitam-se os grelos num prato com a gordura e, postas as pombas por cima, serve-se.

11. POMBAS-TORQUAZES, ROLAS ETC. FRITAS COM OVOS – Racham-se as pombas pelo meio, temperam-se com sal, envoltas em farinha de trigo; frigem-se em pouca gordura de um e outro lado; estando cozidas, deita-se uma dúzia de ovos batidos por cima e deixa-se sobre o fogo até os ovos ficarem também cozidos; deitam-se depois num prato, emborcando a caçarola para as pombas ficarem por cima; cobrem-se com açúcar e canela, e servem-se.

12. POMBAS-TORQUAZES, JURUTIS ETC. GUISADAS COM CARAPICUS – Fervem-se quatro pombas com água, sal, salsa, folhas de cebola, coentro e algumas pimentas: estando cozidas, partem-se em quatro pedaços, e frigem-

se em três colheres de gordura, acrescentando uma porção de carapicus picados, e meia dúzia de tomates; e, depois de ter mexido, ajuntam-se um cálice de vinagre e o caldo reduzido a três xícaras e encorpado com duas gemas de ovos; deixa-se ferver durante mais um quarto de hora sobre brasas, e serve-se.

13. POMBAS-TORQUAZES, JURUTIS ETC. CONSERVADAS – Como as pombas em certas estações aparecem em mais abundância e são aproveitadas e mandadas a grandes distâncias, parece-nos de alguma utilidade oferecer neste lugar o melhor modo de conservá-las como frescas por muito tempo e sem se deteriorarem.

Tomam-se as pombas depenadas e limpas, esfregam-se com sal, sumo de pimentas, deixando-as nestes temperos durante três horas, para se impregnarem; fervem-se em seguida durante um quarto de hora em água; tiram-se, deixam-se esfriar, e enxugam-se, deitando-as, em seguida, numa caçarola com bastante gordura, e deixando-as ferver até ficarem quase cozidas; tiram-se em seguida, deitando a gordura derretida por cima, devendo as pombas ficarem cobertas pela mesma; tapa-se depois o barril e guarda-se neste estado até precisar das pombas.

Saracura, Inhuma, Pato-silvestre, Marrecos, Gansos-silvestres, Martim-pescador, Frango-d'água, Galinhola Grande e Pequena (Becasina *Grande e Pequena*)

O pato e o marreco silvestre não são tão gordos como os domésticos; a sua carne não é tão branca, mas é mais aromática; o modo de prepará-los é o mesmo, visto pertencerem à mesma família; por isso não se separaram em diferentes capítulos os modos de prepará-los.

Galinhola

1. *SALMIS* DE GALINHOLAS, MARRECOS E SARACURAS – Depois de ter assado no espeto três galinholas, e depois de as ter deixado esfriar, trincham-se o melhor possível, e põem-se os pedaços numa caçarola; socam-se os ossos e algum resto de carnes da ave em um almofariz, pondo um pouco de folhas de salsa, seis cabeças de cebolinhas e pimentas inteiras; por outra parte, põe-se um pedaço de manteiga em uma caçarola que se coloca sobre o fogo, e nesta se põem os ossos e as carnes socadas, que se deixam ferver durante dez minutos: despejam-se em seguida um copo de vinho branco, seis colheres de molho à espanhola e três colheres de caldo gordo de carne; deixa-se reduzir o todo até a metade; passa-se o molho por uma peneira de seda, e despeja-se sobre os pedaços de galinhola conservados quente, sem todavia ferverem; na ocasião de servir-se, põem-se numa travessa os pedaços intermediados com fatias de pão torrado.

Fica bem entendido que este guisado, muito conhecido na Europa e que não tem nome em português, por isso lhe conservamos o nome francês, é aplicável às carnes da saracura, da inhuma, dos marrecos, dos patos silvestres, do martim-pescador e, finalmente, do frango-d'água.

2. INHUMA, PATO ETC. REFOGADOS COM SAMAMBAIA – Toma-se a ave e, depois de limpa, refoga-se em gordura, virando-a de todos os lados; corta-se, depois, em pedaços, que se deitam de novo na mesma gordura, depois de ter refogado nela uma cebola picada e uma colher de farinha de trigo; acrescentam-se uma porção de brotos de samambaia (fervidos em água e sal), uma garrafa de água, sal, pimentas, salsa e folhas de cebola: deixa-se ferver até reduzir o caldo, e servem-se os pedaços da ave sobre os brotos da samambaia arranjados no prato.

3. INHUMA, PATO-SILVESTRE ETC. REFOGADOS COM MANGALÓS – Refogam-se duas colheres de farinha de trigo com quatro de manteiga; estando a farinha de cor alambreada, deitam-se uma cebola picada e a ave cortada em pedaços; mexe-se, acrescentam-se uma porção de mangalós cozidos em água e sal, um cálice de vinagre, salsa, folhas de cebola, um ramo de manjerona; deixa-se ferver durante uma hora sobre fogo moderado, e serve-se.

4. INHUMA, PATO-SILVESTRE ETC. ASSADOS NO ESPETO – Esfrega-se a ave com sal, sumo de pimentas, alho, cebola e laranja-da-terra, deixando-a durante três a quatro horas com este tempero; enche-se depois com arroz fervido, pedacinhos de toucinho, sal e açúcar derretido em vinho branco; tendo lardeado o peito com tiras finas de toucinho, envolve-se em folhas

de bananeira, e estando enfiada no espeto, assa-se durante duas horas; estando cozida, serve-se com alguma salada.

5. INHUMA, PATO-SILVESTRE ETC. ASSADOS NO BORRALHO – Pica-se o fígado da ave com meia libra de carne de porco e meia quarta de toucinho; tempera-se com sal, salsa, cebola picada, uma dúzia de tomates, dois cravos-da-índia e pimentas; recheia-se a ave com este picado, e envolve-se numa lasca fina de toucinho, embrulhando-a depois em folhas de bananeira; assim preparada, deita-se no borralho, onde se deixa assar durante duas a três horas; tira-se, desenrola-se da folha e do toucinho, e serve-se com um molho picante.

6. INHUMA, PATO-SILVESTRE ETC. ENSOPADOS COM TAIOBA – Derretem-se duas colheres de manteiga com uma colher de fubá mimoso, acrescentam-se logo uma tigela de água, uma ave partida em pedaços, um cará de taioba partido, sal, salsa, pimentas, meia dúzia de tomates, um pouco de gengibre raspado e um cálice de sumo de laranja-da-terra; ferve-se até ficar cozido e acrescentam-se, antes de servir, duas gemas de ovos batidas com uma colher de açúcar mascavo e um cálice de vinho tinto.

7. INHUMA, PATO ETC. ESTUFADOS COM ARROZ – Frige-se uma quarta de toucinho picado bem fino; estando a gordura derretida e bem quente, deita-se-lhe um prato de arroz escolhido e lavado; mexe-se, e acrescentam-se uma garrafa de água, uma ave partida em pedaços, sal, salsa, folhas de cebola, uma dúzia de tomates, um cálice de vinho, tapando bem a panela; deixa-se ferver durante duas horas sobre fogo moderado e, estando cozido, serve-se.

8. INHUMA, PATO-SILVESTRE ETC. ESTUFADOS COM PEPINOS – Refoga-se uma ave inteira em três colheres de gordura, apolvilha-se com farinha de trigo e acrescenta-se uma xícara de água, com outro tanto de vinho tinto, sal, salsa, manjerona, pimentas, tomates e quatro pepinos grandes descascados, partidos em quatro partes e desmiolados; tapa-se bem a panela, deixa-se cozinhar sobre brasas, durante duas horas, e serve-se. Também costumam-se picar os pepinos, misturados com os tomates, encher-se a ave com esta mistura e fazer-se o mesmo que acima se mencionou.

9. INHUMA, PATO-SILVESTRE ETC. FRITOS – Corta-se a ave em pedaços, e põem-se de molho com sal, pimentas, tomates, um dente de alho e uma cebola pisada; passadas seis horas, tendo a carne tomado o gosto dos temperos, enxuga-se e, envolta em pão ralado, frige-se de um e outro lado em manteiga; estando cozida, serve-se com a mesma manteiga.

10. INHUMA, PATO-SILVESTRE ETC. GUISADOS COM VAGENS – Ferve-se a ave, com sal, água, salsa, folhas de cebola, uma quarta de toucinho e uma libra de carne de vitela; estando cozida, tira-se, corta-se em pedaços, e reduzindo o caldo e engrossado com uma colherzinha de polvilho, deita-se de novo a carne na panela, com um porção de vagens picadas, manjerona, uma cebola picada e um cálice de sumo de limão; deixa-se ferver até tudo ficar cozido, e serve-se.

11. INHUMA, PATO ETC. GUISADO COM REPOLHO – Ferve-se a ave com quanto baste de água e sal e, estando quase cozida, tira-se, corta-se em pedaços, que se refogam em quatro colheres de gordura; estando corados, tornam-se a tirar, e refoga-se na mesma gordura em repolho branco picado; mexe-se e acrescentam-se meia garrafa de água, sal, salsa, folhas de cebola, um cálice de sumo de limão e a ave partida; deixa-se ferver até o caldo ficar reduzido e serve-se.

Pássaros Miúdos, Sabiá Etc.

Oferecemos aqui algumas receitas pelas quais se costumam preparar os pássaros miúdos, que não devem ser desprezados por sua pequenez, pois oferecem alguns pratos bem saborosos.

1. PÁSSAROS MIÚDOS ASSADOS NO ESPETO – Depenados e limpos os passarinhos, esfregam-se com sal; envolve-se cada um numa lasca de toucinho, enfiam-se assim no espeto, alternando-os com fatias de pão, e assam-se sobre fogo moderado; estando cozidos, serve-se cada um sobre uma fatia.

2. PÁSSAROS MIÚDOS REFOGADOS – Depois de limpos os passarinhos, refogam-se em duas colheres de manteiga; estando fritos, tiram-se, e refogam-se na mesma manteiga um marmelo descascado e picado, uma cebola, e uma mão-cheia de pão ralado; umedece-se tudo com um cálice de vinho branco e outro de água, e deitados os passarinhos neste molho, deixam-se ferver durante um quarto de hora neste molho, e serve-se cada passarinho posto sobre uma fatia de pão frito em manteiga, e deitando o molho por cima.

3. PASSARINHOS REFOGADOS EM MOLHO BRANCO – Frigem-se os peitos de uma dúzia de passarinhos em manteiga; por outro lado, derrete-se um pouco de manteiga, misturam-se uma colher de farinha de trigo, o resto dos passarinhos, um cálice de vinho branco, duas xícaras de água, e meia

dúzia de tomates; deixa-se ferver durante meia hora; deitam-se depois neste molho os peitos fritos, ferve-se mais um pouco, e serve-se.

4. PASSARINHOS GUISADOS COM TOMATES – Fervem-se duas dúzias de tomates com uma xícara de água, um copo de vinho branco, sal, e pimentas; deitam-se depois duas dúzias de passarinhos limpos, e deixam-se ferver durante meia hora, ajuntando uma colher de manteiga e outra de farinha de trigo; estando cozidos, servem-se.

5. PASSARINHOS ASSADOS NO FORNO – Refoga-se uma dúzia de passarinhos em duas colheres de gordura, pulveriza-se com uma colher de fubá mimoso ou de farinha de trigo, um cálice de vinho, sal, pimentas e umas talhadas de limão descascadas; deixam-se assar sobre brasas, até ficarem cozidos, e servem-se.

6. PASSARINHOS FRITOS – Limpos os passarinhos, temperam-se com sal e pimentas, achatam-se com um palmatória, passam-se em gemas de ovos, e envoltos em farinha de trigo, frigem-se em bastante gordura; estando cozidos, servem-se com alguma compota.

7. PASSARINHOS FRITOS COM BANANAS – Temperados os passarinhos com sal, frigem-se com bananas-da-terra descascadas e rachadas ao meio; estando cozidos, apolvilham-se com uma porção de pão ralado; deitam-se num prato, cobrem-se com uma camada de açúcar e canela moída, e serve-se.

Galinha-d'angola

Galinha-d'angola, Macuco, Inambu, Jaó ou Zabelê, Jacutinga e Capoeira

A galinha-d'angola, no Brasil, pode ser considerada como ave doméstica, mas a sua vida errante, e a qualidade de sua carne, semelhante à das aves silvestres de carne branca, induziram-nos a incluir neste capítulo as receitas para sua preparação; a sua carne é muito superior à do faisão, tão estimada na Europa; e, como a carne das aves acima mencionadas é idêntica, reunimos num só artigo as suas preparações.

1. GALINHA-D'ANGOLA, MACUCO ETC. REFOGADOS – Tira-se a carne da ave, corta-se em pedaços e refoga-se em gordura com uma cebola cortada e meia dúzia de tomates; acrescentam-se, em seguida, uma xícara de água, sal, salsa picada, pimentas e uma colher de farinha de mandioca; deixa-se ferver durante meia hora, e coloca-se num prato, deitando por cima oito gemas de ovos batidas; enfia-se o prato no forno, deixa-se assar até corar, e serve-se apolvilhado com açúcar.

2. GALINHA-D'ANGOLA, MACUCO ETC. REFOGADOS COM ARROZ – Refoga-se a ave em três colheres de gordura; tira-se, e deita-se na mesma gordura bem quente meio prato de arroz escolhido e lavado; mexe-se e acrescentam-se meia garrafa de água, sal, folhas de salsa e de cebola, meia dúzia de tomates e a ave partida em pedaços; deixa-se ferver perto do fogo até a água secar, e serve-se.

3. GALINHA-D'ANGOLA, MACUCO ETC. COZIDOS COM MORANGA – Depois de depenada e limpa a ave, ferve-se em água e sal com uma moranga partida e tiradas as sementes; estando cozida, tiram-se os pedaços da moranga, deitam-se sobre um prato com a casca para baixo; corta-se a ave em pedaços e põem-se sobre a moranga, pingando sobre o todo manteiga derretida, e apolvilhando com açúcar; enfia-se o prato no forno, deixa-se assar durante meia hora, e serve-se.

4. GALINHA-D'ANGOLA, MACUCO ETC. ENSOPADOS COM FEIJÃO – Corta-se uma ave em pedaços; refogam-se em gordura; estando cozidos, tiram-se, e refoga-se na mesma [gordura] uma porção de feijão-marumbé ou de favas novas cozidas em água e sal; acrescentam-se os pedaços da ave e o sumo de uma laranja-da-terra; ferve-se o todo durante meia hora perto do fogo e serve-se.

5. GALINHA-D'ANGOLA, MACUCO ETC. ENSOPADOS COM CARAPICUS – Refoga-se uma ave partida em pedaços com três colheres de gordura; acrescentam-se uma porção de carapicus picados, meia dúzia de tomates, sal, uma cebola picada, pimentas, salsa, e finalmente, depois de mexido, um cálice de vinagre e uma xícara de água; deixa-se ferver e, estando cozido, serve-se.

6. GALINHA-D'ANGOLA, MACUCO ETC. ESTUFADOS COM CASTANHAS – Enche-se uma ave com castanhas-do-pará ou mangaritos pequenos

Aves Silvestres 281

descascados; cose-se a abertura e refoga-se em três colheres de gordura; acrescentam-se uma xícara de vinho branco, um dente de alho, sal, salsa, uma cebola partida, pimentas e um ramo de manjericão; ferve-se sobre fogo de brasas bem vivo durante duas horas e, estando cozido, serve-se com seu molho coado, e misturado com uma colher de sumo de laranja-da-terra.

7. GALINHA-D'ANGOLA, MACUCO ETC. ESTUFADOS COM TOMATES – Recheia-se uma ave com tomates, uma cebola cortada, o fígado picado, meia quarta de toucinho, sal, pimentas, e deita-se numa panela sobre lascas de toucinho, com uma colher de vinagre, uma xícara de água, e mais alguns tomates; tapa-se bem a panela e ferve-se sobre fogo regular; serve-se com seu próprio molho passado por peneira.

8. GALINHA-D'ANGOLA, MACUCO, JACUTINGA, JAÓ ETC. RECHEADOS E ASSADOS – Picam-se o fígado e os miúdos da ave com meia quarta de toucinho; misturam-se com dois ovos cozidos e cortados em pedaços miúdos, uma cebola, um dente de alho e pimentas; enche-se a ave com este picado, e envolta em uma lasca de toucinho, assa-se no espeto, umedecendo-a com um molho feito de vinagre e manteiga; estando cozida, tira-se e serve-se com o seu próprio molho desengordurado.

9. GALINHA-D'ANGOLA, MACUCO ETC. ASSADOS E LARDEADOS – Lardeia-se o peito de uma destas aves com tiras finas de toucinho; salpica-se com sal, e enche-se com o seu fígado picado e misturado com meia quarta de toucinho picado muito fino, uma porção de miolo de pão umedecido no leite, uma colher de açúcar, pouco sal e noz-moscada raspada; estando a ave envolta em folhas de bananeira, assa-se sobre brasas e serve-se.

10. GALINHA-D'ANGOLA, MACUCO ETC. GUISADOS COM CREME – Ferve-se uma destas aves em leite e sal; estando cozida, tira-se e corta-se em pedaços, que se refogam em manteiga e polvilham-se com farinha de trigo; estando o leite reduzido, encorpa-se com duas gemas de ovos, uma colher de açúcar, noz-moscada e canela moída; deita-se a ave outra vez neste molho; deixa-se ferver mais um pouco e serve-se.

O Anu

O anu-preto é uma ave do Brasil que só se nutre de carrapatos e, por isso, a sua carne tem uma catinga tão forte, que não é apetecida por ninguém; os camponeses, porém, asseveram que a sua carne tem a propriedade de curar a asma, a sífilis inveterada e as verrugas; conquanto não tenhamos toda a convicção na eficácia de suas propriedades, animamo-nos, todavia, em apresentar a maneira por que se prepara sua carne, para assim contentar a todos, em vista da geral crença sobre as propriedades que a sua carne tem.

1. ANU ASSADO OU ENSOPADO – Depois de depenada a ave, lava-se bem para, assim, tirar metade de sua catinga; depois do que, esfrega-se somente com sal, não devendo levar qualquer outro tempero; neste estado, assa-se no espeto ou cozinha-se em água com sal e gordura, e nada mais.

Preparada por esta maneira, bebe-se o caldo duas a três vezes por dia, e come-se a carne com angu de fubá de moinho.

CAPÍTULO X

PEIXES DE ÁGUA DOCE

1. **BAGRES REFOGADOS** – Tomam-se uma ou duas dúzias de bagres, abrem-se, tiram-se as entranhas, lavam-se bem e esfregam-se com sal; envolvem-se em farinha de trigo, frigem-se em gordura; estando fritos de ambos os

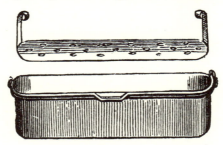

Tacho de cozer peixe

lados, ajuntam-se uma xícara de vinho branco, um pouco de salsa picada, e uma cebola cortada; deixam-se ferver durante um quarto de hora, encorpa-se o caldo com duas gemas de ovos, e serve-se.
2. **BAGRES FRITOS** – Limpam-se duas dúzias de bagres, esfregam-se com sal, sumo de limão, pimentas-cumaris, frigem-se em gordura; estando fritos e corados, servem-se, espremendo por cima o sumo de uma laranja-azeda.
3. **BARBO E CRUMATÁ ESTUFADOS** – Escamam-se e lavam-se os peixes; fervem-se em vinho tinto com uma cebola, folhas de louro, sal, pimenta e

salsa; estando cozidos, põem-se os peixes num prato e ajuntam-se, ao caldo, duas colheres de manteiga amassadas com duas colheres de farinha de trigo; deixa-se ainda ferver um pouco, despeja-se o molho sobre os peixes, e serve-se quente.

As carnes destes peixes são muito delicadas enquanto frescas; porém guardadas depois de salgadas, adquirem um cheiro desagradável.

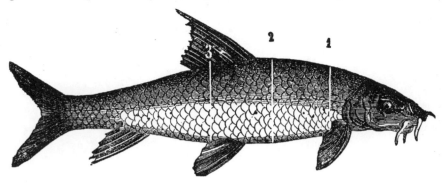

Barbo

4. BARBO E CRUMATÁ ASSADOS NA GRELHA – Abrem-se os peixes em todo o comprimento, ficando somente seguro um lado com o outro pela pele das costas; untam-se com sal, pimenta, e salsa picada; cobrem-se com uma camada de manteiga de vaca e assam-se na grelha sobre um fogo muito moderado; postos sobre um prato, servem-se com pão ralado, e uma cebola picada e frita em manteiga de vaca.

5. BARBO E CRUMATÁ ENSOPADOS COM CHUCHUS – Escamados e limpos os peixes, fervem-se em água, sal, salsa, pimenta e uma xícara de vinagre; estando cozidos, tiram-se; frigem-se duas colheres de gordura com uma cebola, ajunta-se o caldo do peixe, misturam-se duas gemas de ovos batidas, ferve-se e ajunta-se uma pequena porção de chuchus descascados e partidos; coze-se e serve-se em roda do peixe.

6. BARBO E CRUMATÁ REFOGADOS – Limpa-se e lava-se um peixe, porém sem tirar as escamas; esfrega-se com sal, pimenta e vinagre; põe-se em uma panela partes iguais de água e vinho, em quantidade suficiente para cobrir o peixe, ajuntam-se um pouco de sal, pimenta, cebolas, cravos-da-índia, salsa e serpol.

Quando este caldo estiver fervendo, deita-se o peixe cortado em tiras e, depois de cozido, escama-se, tirando a pele com as escamas; serve-se com pirão feito do caldo.

7. BARBO E CRUMATÁ REFOGADOS COM ORA-PRO-NÓBIS – Derrete-se uma colher de manteiga ou gordura, ajuntam-se uma cebola picada, uma colher de farinha de mandioca, alguns tomates, salsa, sal, e pimenta; ajunta-se uma xícara de vinho tinto e uma tigela de água; estando fervendo, deitam-se os peixes limpos e escamados e, depois de cozidos, tiram-se e, ajuntando-se uma porção de ora-pro-nóbis, serve-se.

8. CARPA, PIABA, PAPA-TERRA, PIAU REFOGADOS – Todos estes peixes pertencem à mesma família e gostam principalmente de águas paradas; a sua carne, estando fresca, é bem delicada.

    Derretem-se duas colheres de manteiga de vaca, põem-se duas cebolas grandes partidas, e um peixe cortado em pedaços, e ajunta-se uma garrafa de vinho tinto; deixa-se ferver sobre fogo moderado; estando cozido, ajuntam-se uma mão-cheia de côdeas de pão ralado, pouco sal, ferve-se mais um pouco e serve-se.

Carpa

9. CARPA, PIABA ETC. REFOGADAS EM MOLHO BRANCO – Refogam-se algumas cebolas partidas em duas colheres de manteiga de vaca, uma garrafa de vinho branco, o peixe cortado em postas, uma porção de carapicus, e um cálice de vinagre; deixa-se ferver e, o peixe estando cozido, tira-se e ajuntam-se ao caldo duas colheres de manteiga, duas de farinha de trigo, três gemas de ovos batidas em uma colher de açúcar; deixa-se ferver ainda um pouco, deita-se o peixe e serve-se.

10. CARPA, PIABA ETC. ASSADAS NA GRELHA – Limpa-se e escama-se um peixe; abre-se pelas costas em tiras, polvilha-se com sal e pimenta, e assa-se sobre grelha.

    Por outro lado, derretem-se duas colheres de manteiga sobre brasas; misturam-se uma colher de farinha de trigo, sal, pimenta, e uma xícara de água; deixa-se ferver um pouco, ajunta-se um cálice de sumo de laranja-azeda, deita-se sobre um prato, o peixe por cima, e serve-se.

11. CARPA, PIABA ETC. COZIDAS – Limpa-se e lava-se um peixe sem tirar as escamas.

Por outra parte, fervem-se uma tigela de água, uma xícara de vinho branco, sal, pimentas, cebolas, salsa; estando fervendo, deita-se o peixe, devendo este ficar coberto completamente; por outro lado, ferve-se uma xícara de vinagre, um dente de alho, dois cravos-da-índia, e deita-se quente sobre o peixe; estando o peixe cozido, tira-se a pele com as escamas e serve-se frio com o seu próprio molho coado e reduzido, misturando-se vinagre, azeite doce e uma gema de ovo cozida e desfeita no molho frio.

12. CARPA, PIABA ETC. COZIDAS COM LEITE – Tomam-se um ou dois peixes, tiram-se as escamas, limpam-se e lavam-se, cortando-os em pedaços e fervendo-os em leite e sal; estando cozidos, derretem-se duas colheres de gordura em uma vasilha sobre brasas, misturam-se duas colheres de farinha de mandioca, uma cebola cortada e pimentas; ajunta-se o leite, e finalmente o peixe; deixa-se ferver mais meia hora e serve-se.

13. CARPA, PIABA ETC. ENSOPADAS – Cortam-se quatro onças de toucinho e meia libra de carne de vaca em pequenos pedaços, e põem-se com as postas de um ou dois peixes; põem-se a cozer com uma tigela de água, uma xícara de vinho tinto, uma cebola cortada, um cálice de vinagre; deixa-se ferver e, estando o peixe cozido, tira-se, e ajuntam-se ao caldo uma colherzinha de polvilho e uma colher de açúcar; estando o caldo reduzido, deita-se sobre o peixe e serve-se.

14. LEITE E OVAS DE CARPA, PIABA ETC. ENSOPADOS – Ponham-se em água fria durante vinte e quatro horas o leite e as ovas dos peixes.

Por outro lado, ferva-se uma garrafa de água com sal, e um pouco de vinagre; estando fervendo, ponham-se dentro os pedaços de leite e das ovas; deixam-se ferver durante um quarto de hora, tiram-se e envolvem-se em farinha de trigo; frigem-se em manteiga, virando-os, e acrescentam-se, quando a farinha estiver corada, uma xícara de vinho branco, sal, pimenta, noz-moscada; deixe-se ferver sobre brasas durante um instante e sirva-se.

15. CARPA, PIABA ETC. FRITAS – Só se devem frigir os peixes de mediano tamanho ou os pequenos; limpam-se, tiram-se as escamas, racham-se pelo meio, de maneira que as duas metades fiquem seguras pelas costas; polvilham-se com sal, pimenta moída e envolvem-se em farinha de mandioca; frigem-se em gordura até estarem cozidos e de boa cor, e servem-se.

16. CARPA, PIABA ETC. FRITAS, EM RESTILO – Serve esta receita principalmente para os peixes que foram guardados salgados; põem-se de molho durante quatro horas, enxugam-se depois bem e, postos numa caçarola, despeja-se aguardente sobre os mesmos, deixando-se aquecer a caçarola,

chegando fogo para queimar a aguardente e deixa-se arder toda; frige-se, por outra parte, um pouco de gordura de porco com cebola partida, sal, pimenta e um pouco de farinha de mandioca; e, deitando sobre os peixes postos no prato, serve-se.

17. CARPA, PIABA ETC. GUISADAS – Fervem-se dois ou três peixes escamados e limpos em água, sal, salsa e pimenta; estando cozidos, frige-se uma dúzia de tomates em duas colheres de gordura, ajunta-se o caldo do peixe misturado com três a quatro gemas de ovos batidas com uma colher de sumo de limão, ferve-se um pouco e deita-se o peixe neste molho; deixa-se ainda cozer durante meia hora sobre brasas e serve-se.

18. CARPA, PIABA ETC. GUISADAS COM QUIABOS – Escamam-se, limpam-se e cortam-se três ou quatro peixes em pedaços e fervem-se em água, sal, salsa, folhas de cebola, pimentas, cravos-da-índia e sumo de laranja-azeda.

Por outra parte, frigem-se duas colheres de gordura, ajuntam-se-lhes duas colheres de farinha de mandioca, em seguida o caldo do peixe coado e reduzido, uma porção de quiabos cortados em rodelas e os peixes; deixam-se ferver ainda durante uma hora sobre um fogo mui moderado e serve-se.

19. DOURADO E SALMÃO REFOGADOS – Cortam-se, em postas da grossura de um dedo, um peixe, um pouco de toucinho picado, algumas cebolas, salsa picada, sal, pimentas, um dente de alho, três a quatro cravos-da-índia e duas xícaras de água; deitam-se em uma panela e põem-se a ferver; tapa-

Dourado

se e, estando cozido, tira-se e côa-se o caldo, engrossando com duas gemas de ovos batidas com uma xícara de vinho, e serve-se.

Tendo-se alcaparras, acrescentam-se duas a três colheres delas.

20. DOURADO E SALMÃO COZIDOS – Toma-se um dourado, tiram-se as escamas, e as entranhas, ferve-se com água, sal, salsa, um pouco de sumo de limão; estando cozido, derrete-se uma colher de gordura, ajunta-se o caldo do peixe, misturado com meia colher de polvilho; ferve-se um pouco, deita-se o peixe dentro e, tendo dado mais uma fervura, serve-se.

21. DOURADO ETC. COZIDO COM ARROZ – Deita-se meio prato de arroz escolhido numa panela de bastante capacidade com uma garrafa de água, uns pedaços de toucinho, sal, salsa, algumas pimentas e duas cebolas; põe-se neste arroz, uma cabeça de dourado, uma mão-cheia de carapicus picados, temperados com sal, noz-moscada, e misturados com uma dúzia de tomates; coze-se durante uma hora sobre fogo moderado até o arroz ficar cozido e ter secado; deita-se o arroz no prato e põe-se a cabeça por cima, deitando-se, sobre esta, nata de leite (querendo), e serve-se.

22. DOURADO E SALMÃO DE ESCABECHE – Corta-se o peixe em postas e põem-se estas de molho, em sumo de laranja-da-terra azeda ou vinagre, sal, cebola picada, alho, pimenta e cravo-da-índia.

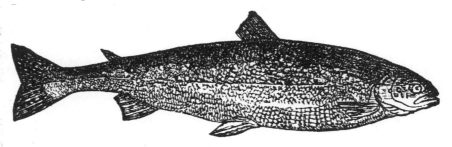

Salmão

Frige-se em seguida um pedaço de toucinho e acrescenta-se uma ou duas colheres de fubá de canjica (fubá mimoso); mexe-se, ajunta-se o peixe com todo o seu molho, e uma porção de carapicus ou cogumelos picados; deixa-se ferver sobre um fogo moderado e serve-se.

23. ENGUIA OU MUÇUM – A enguia ou muçum se assemelha às cobras por sua forma cilíndrica, porém não tem escamas como as outras; a carne deste peixe é muito gorda e indigesta, porém é muito estimada.

Não se faz uso destes peixes senão depois de tirado o couro, que é bem difícil de tirar-se enquanto cru.

É mui fácil tirar-se pelo seguinte meio: deita-se o peixe sobre brasas vivas, virando-o por duas ou três vezes, e, tirando-o do fogo, a pele sai com tanta facilidade como uma luva que se tira dos dedos.

24. ENGUIA E MUÇUM ASSADOS NO ESPETO – Tirado o couro de uma ou duas enguias, deitam-se estas numa panela com duas cebolas, uma batata ou cenouras, salsa, serpol, sal, pimentas, duas tigelas de água, uma garrafa de vinho branco; tendo fervido durante meia hora, tira-se a panela do fogo e deixa-se esfriar; tiram-se os peixes, cobrem-se com uma camada de farinha de mandioca ou pão ralado; atam-se ao espeto envolvendo-os em papel untado de manteiga de vaca; assam-se sobre um fogo regular durante meia hora, tira-se o papel, e serve-se com molho bem reduzido.

25. ENGUIA E MUÇUM REFOGADOS – Cortam-se duas ou três enguias pequenas em pedaços, depois de haver tirado o couro; refogam-se estes pedaços em gordura até estarem cozidos; tiram-se e deitam-se sobre o prato; frigem-se em seguida na mesma manteiga, uma cebola, uma colher de farinha de trigo, um pouco de sal e pimenta; ajuntam-se uma garrafa de água e um cálice de sumo de laranja-azeda, deixa-se ferver, deita-se quente sobre as enguias, e serve-se.

Enguia

26. ENGUIAS E MUÇUM ASSADOS NA GRELHA – Tira-se o couro de uma enguia; corta-se em pedaços, e fervem-se durante meia hora com metade de água e metade de vinho branco, salsa, cebolas, folhas de louro, sal e pimentas; deixa-se esfriar, tira-se o peixe e passa-se em gordura ou manteiga derretida; envolve-se em farinha de mandioca, passa-se no caldo de ovos batidos, torna-se a cobrir com farinha de mandioca; assam-se depois sobre a grelha, virando os pedaços para que assem de todos os lados; e servem-se com o seu caldo reduzido e encorpado com uma gema de ovo desfeita em um cálice de sumo de limão.

27. ENGUIA E MUÇUM COZIDOS – Deitam-se numa panela duas garrafas de água, sal, salsa, pimenta, folhas de cebola, e cravo-da-índia; estando fervendo, deitam-se os pedaços de uma enguia depois de ter tirado o couro; deixam-se ferver durante um quarto de hora, tiram-se, deixam-se esgotar, polvilham-se com farinha de mandioca ou pão ralado, deitando por cima manteiga derretida; servem-se frios com um molho de azeite doce, vinagre e salsa picada.

28. ENGUIA OU MUÇUM ENSOPADOS – Tiram-se os couros de duas ou três enguias; cortam-se estas em pedaços, e cozem-se em vinho branco, sal, pimenta, cravo-da-índia e folhas de louro; estando cozidos, tiram-se e deitam-se os pedaços sobre um prato, o qual se conserva quente na beira do fogo. Frigem-se, por outra parte, duas cebolas partidas, uma porção de carapicus picados, sal, pimenta, sem deixar corar; ajunta-se o caldo coado, acaba-se de cozer, e engrossa-se com três gemas de ovo batidas, com uma xícara de sumo de laranja ou limão; deita-se sobre o peixe e serve-se quente.

29. ENGUIA OU MUÇUM ESTUFADOS – Escaldam-se uma ou duas enguias novas, e deitam-se depois em uma caçarola guarnecida de lascas de toucinho, um pedaço de carne de vaca, e outro de carne de porco ou presunto picado, uma mão-cheia de carapicus ou cogumelos, um dente de alho, uma folha de louro, sal, pimenta, as talhadas de um limão descascado, e uma garrafa de vinho branco; [em panela tapada,] deixa-se ferver sobre brasas e, estando cozido, serve-se com o molho coado e reduzido.

30. ENGUIA E MUÇUM GUISADOS – Ferve-se uma porção de enguias novas, durante alguns minutos, e esfregam-se bem para limpá-las sem tirar o couro.

   Cozem-se em vinho branco, com uma cebola partida, sal e pimenta; estando o caldo coado e reduzido, serve-se quente ou, querendo, depois de postos os peixes sobre o prato, deixam-se esfriar, cobrem-se com salsa picada, deita-se um pouco de manteiga derretida por cima, e servem-se.

31. ENGUIA OU MUÇUM DE ESCABECHE – Tirados os couros de duas a três enguias pequenas, cortam-se em pedaços.

   Por outra parte, fervem-se uma garrafa de água, outra de vinho branco, sal, pimenta, folhas de louro, salsa, manteiga de vaca; escaldam-se os peixes com este caldo, e deixam-se ficar de molho durante três horas, pondo depois a ferver durante meia hora; tiram-se os peixes e servem-se frios com um molho frio de azeite, vinagre e salsa picada.

O Lambari ou Cadosetes

O lambari é o mais estimado dos peixes pequenos; prepara-se por diferentes modos; todos eles se devem escamar, tirar as entranhas e esfregar bem com uma toalha, mas não devem ser lavados.

1. LAMBARIS FRITOS – Envolvem-se em farinha de trigo, frigindo-se depois em manteiga de vaca, ou em gordura, até ficarem bem tostados; deitam-se depois em um prato, põem-se por cima salsa, pimenta moída, e servem-se; ou (querendo) põem-se por cima a manteiga ou gordura em que se fritaram.

2. LAMBARIS ESTUFADOS – Deitam-se em uma frigideira duas colheres de manteiga com salsa picadinha; nesta se põem os peixes untados de sal e pimentas, com uma porção de carapicus picados, ou batatas descascadas e cortadas em rodelas, e um copo de vinho, e colocam-se sobre umas brasas, deixando ferver até os peixes ficarem cozidos, e o caldo reduzido, e serve-se.

3. LAMBARIS FRITOS COM QUEIJO – Frige-se uma porção de lambaris, põem-se sobre um prato, e polvilham-se com sal, pimenta, e cobrem-se com uma camada de queijo ralado; deita-se gordura por cima, enfia-se o prato no forno até ter tomado cor, e serve-se.

O Lúcio, Traíra, Tubarana e Piranha

Estes peixes, semelhantes uns aos outros quer na qualidade quer no modo de vida, são com razão considerados como os melhores peixes de água doce.

Devem a sua delicadeza ao seu sustento, que consiste em outros peixes do seu elemento, aos quais fazem uma caça contínua.

1. LÚCIO, TRAÍRA, TUBARANA, PIRANHA ENSOPADOS – Ferve-se o peixe escamado e limpo, em quanto baste de vinho tinto, com uns dentes de cravos-da-índia, folhas de louro, cebolas, salsa, serpol, sal e pimenta; estando corado, acrescenta-se uma colher de manteiga, deixa-se ferver por mais um pouco, e serve-se com o molho; quando se quer comer frio, faz-se um molho com vinagre, azeite doce, sal e pimenta e dispensa-se o molho do peixe.

2. LÚCIO, TRAÍRA ETC. REFOGADOS – Toma-se o peixe limpo, passa-se em manteiga, virando de todos os lados; acrescentam-se um pouco de vinho branco e outro tanto de água, sal, salsa, cebola, pimentas; deixa-se ferver

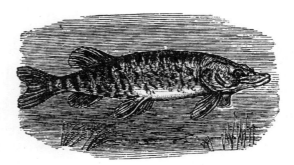
Lúcio

até ficar cozido, serve-se seco e quente, com pirão feito de farinha de mandioca e o caldo do peixe.

3. LÚCIO, TRAÍRA ETC. ASSADOS NO ESPETO – Tiram-se as escamas, e limpa-se um peixe; lardeiam-se os lombos, com tiras finas de toucinho bem temperadas com sal, pimentas, noz-moscada; enfiam-se no espeto pelo comprimento, atam-se a cabeça e o rabo para ficarem seguros, e assam-se sobre um fogo regular, umedecendo de vez em quando com um molho feito de meia garrafa de vinho branco, quatro a cinco colheres de azeite doce e o sumo de um limão.

Estando o peixe assado, tira-se do espeto, põe-se sobre o prato, e serve-se junto, em uma terrina, o molho, depois de lhe ajuntar duas colheres de alcaparras, sal, pimenta, uma colher de farinha de trigo batida com uma colher de manteiga frita.

4. LÚCIO, TRAÍRA ETC. ASSADOS NA GRELHA – Tomam-se os peixes limpos, embrulham-se em papel bem untado e assam-se sobre a grelha; estando assados, tira-se o papel, enche-se a barriga com um pouco de manteiga de vaca, amassada com salsa, cebola picada, sal e pimenta; põem-se os peixes sobre um prato e conservam-se em lugar quente até irem à mesa.

5. LÚCIO, TRAÍRA ETC. ASSADOS E RECHEADOS – Limpo um peixe, enche-se com meia dúzia de peixes pequenos picados e tirados os espinhos, meia dúzia de camarões cozidos, uma cebola, um pouco de salsa, sal, pimenta, um pouco de carapicus e uma porção de miolo de pão ensopado em leite quente; tudo bem amassado, apolvilha-se o peixe com sal e pimenta, e envolve-se em uma folha de papel untada com manteiga; ata-se este peixe no espeto e assa-se sobre um fogo moderado.

Estando assado, faz-se um molho de uma xícara de vinho quente, um cálice de vinagre, uma colher de molho de mostarda, sal, pimenta e a gema de um ovo cozido; ferve-se por um pouco e serve-se.

6. LÚCIO, TRAÍRA ETC. COZIDOS – Ferve-se o peixe em metade de água e metade de vinho branco, devendo o peixe ficar coberto com o líquido; ajuntam-se sal, pimentas, folhas de louro, cravo-da-índia, salsa, cebolas e duas colheres de manteiga; estando cozido, tira-se o peixe e serve-se com vinagre, azeite doce, sal, pimenta e um pirão feito do caldo do peixe e farinha de mandioca.

7. LÚCIO, TRAÍRA ETC. COZIDOS EM GELÉIA – Corta-se o peixe da grossura de três dedos, picam-se quatro onças de toucinho, e meia libra de carne de vaca; deitam-se sal, salsa, pimenta, folhas de cebola, um copo de vinho branco e outro tanto de água; põe-se em uma panela, e ferve-se até o peixe ficar cozido; tira-se, côa-se o caldo e reduz-se até ficar bem encorpado; passam-se os pedaços do peixe neste caldo, e deitam-se num prato sobre o resto do molho; deitam-se uma xícara de vinho branco e uma colher de sumo de laranja-azeda, para dissolver o resto do caldo, que se serve com o mesmo peixe.

8. LÚCIO, TRAÍRA ETC. FRITOS – Escolhem-se uns peixes pequenos, polvilham-se com sal, pimenta moída, envolvem-se em farinha de mandioca e frigem-se em bastante gordura com uma cebola picada; estando tostados, servem-se quentes.

9. LÚCIO, TRAÍRA ETC. GUISADOS – Ferve-se um peixe grande partido em postas, ajuntando-se à água sal, pimentas, salsa, folhas de louro e sumo de laranja-azeda; estando cozido, frigem-se uma dúzia de tomates em duas colheres de gordura; ajuntam-se o caldo e o peixe, uma porção de quiabos cortados em rodelas; deixa-se ferver durante um quarto de hora, e serve-se com angu de fubá de moinho.

10. MANDI REFOGADO – Tomam-se uns mandis frescos, tiram-se as entranhas, cortam-se em postas, e refogam-se em gordura com uma cebola picada; polvilham-se com fubá mimoso, e ajuntam-se meia garrafa de água, sal, salsa, manjerona; tendo fervido durante uma hora, encorpa-se o caldo com duas gemas de ovos desfeitas numa xícara de sumo de limão; tendo fervido mais um pouco, serve-se com pirão de farinha de mandioca.

11. MANDI COZIDO – Tomam-se uns peixes salgados, põem-se de molho durante seis horas em água fria; fervem-se depois em água, sal, salsa, folhas de cebola, manjericão, pimentas e sumo de limão; estando cozidos, côa-se o caldo e engrossa-se este com uma porção de farinha; deita-se o pirão no prato, os peixes por cima, e serve-se.

12. MANDI FRITO – Cortam-se os peixes em postas da grossura de um dedo, salpicam-se com sal e pimenta; frigem-se em gordura de um e outro

lado; envolvem-se em farinha de trigo ou fubá mimoso (de canjica), salsa picadinha, e tornam-se a frigir; estando de boa cor, servem-se com sumo de limão por cima.

13. MANDI ENSOPADO – Coze-se um mandi salgado e cortado em postas; estando cozido, derretem-se duas colheres de gordura, misturam-se uma colher de fubá de canjica, pimentas, salsa e duas xícaras de leite; deita-se o peixe neste molho e ajunta-se o caldo do peixe coado e reduzido; deixa-se ferver até o caldo ficar bem reduzido e serve-se.

O Peixe Cascudo

Este peixe não tem escamas, mas é coberto de um couro duro e áspero; antes de o preparar, é necessário tirar este couro; para este fim, põe-se sobre umas brasas, virando-o para torrar o casco de todos os lados; por este meio, desprega-se facilmente.

A carne deste peixe é delicada e, no cozer, desfaz-se facilmente; por isso deve-se prepará-lo com todo o cuidado para conservá-lo inteiro.

1. PEIXE CASCUDO ENSOPADO – Tendo tirado o couro de quatro a cinco peixes, põem-se a ferver uma garrafa de água, um cálice de aguardente, sal, pimenta, cravo-da-índia, salsa, raiz de aipo; estando fervendo, deitam-se os peixes nesta água, deixam-se ferver durante um quarto de hora; tirados os peixes, frigem-se depois uma dúzia de tomates, uma colher de farinha de trigo, ajunta-se logo o caldo do peixe coado, mexe-se, deixa-se reduzir o caldo, que se deita sobre os peixes, conservando-se quente perto do fogo, e servem-se.

2. PEIXE CASCUDO COZIDO – Tendo tirado o couro de cinco a seis peixes, põem-se a ferver uma garrafa de leite, sal, salsa, pimenta e folhas de cebola; estando fervendo, deitam-se os peixes dentro, e cozem-se durante um quarto de hora; tiram-se os peixes, côa-se o caldo, derrete-se uma colher de gordura, mistura-se uma colher de farinha de mandioca, ajunta-se o caldo encorpado com duas gemas de ovos, ferve-se, e serve-se sobre o peixe.

3. SURUBIM ASSADO NO ESPETO – Tiram-se as entranhas, e lava-se um peixe; lardeia-se com tiras finas de toucinho, esfrega-se com sal, enfia-se no espeto e assa-se sobre fogo moderado, molhando-o com gordura e sumo de limão; estando cozido, polvilha-se com farinha de mandioca, molha-se com o caldo, e dão-se mais umas voltas ao espeto; serve-se depois de

ter ajuntado um cálice de vinagre, uma gema de ovo, em um pouco de molho de mostarda.

4. SURUBIM ENSOPADO – Tomam-se umas postas do peixe, lavam-se e fervem-se em água e sal, salsa, manjericão e pimenta; estando cozidas, tira-se o caldo, e misturam-se três gemas de ovos batidas com uma xícara de sumo de limão, duas colheres de farinha de mandioca e uma colher de gordura; ferve-se até reduzir a cinco ou seis xícaras de um molho encorpado, deita-se o peixe dentro, aquece-se e serve-se.

5. SURUBIM FRITO – Tomam-se umas postas de surubim da grossura de um dedo; apolvilham-se de um e outro lado com sal, pimenta e mostarda; frigem-se em gordura e, estando fritas, põem-se num prato, deitando sobre cada posta uma rodela de limão descascado e, espremendo um pouco de sumo de limão, põe-se um pouco de gordura quente e serve-se.

6. SURUBIM GUISADO – Cortam-se em pedaços os lombos do surubim; envolvem-se estes em farinha de trigo ou fubá de canjica (mimoso); refogam-se em duas colheres de gordura, até tomarem uma cor amarelada; deitam-se então em uma caçarola uma porção de carapicus e meia dúzia de fundos de alcachofras, salsa, folhas de cebola e serpol; ajuntam-se uma xícara de caldo de carne, sal, pimenta e o peixe com o molho; deixa-se ferver durante meia hora sobre um fogo moderado; estando cozidos, deita-se sobre um prato com sumo de limão ou de laranja-azeda e serve-se.

7. SURUBIM GUISADO COM LEITE – Cortam-se os lombos do surubim em tiras, envolvem-se em farinha de trigo ou fubá de canjica, e refogam-se em duas colheres de gordura; ferve-se depois uma porção de carapicus em duas xícaras de leite, ajunta-se o peixe frito, e deixa-se tudo junto ferver durante meia hora sobre um fogo moderado; e serve-se.

8. TENCA, PACUMÃ E ACARÁS COZIDOS – Para limpar facilmente as escamas destes peixes, deitam-se por alguns minutos em água quente, depois escamam-se, cortam-se em pedaços (sendo grandes), ou deixam-se inteiros (sendo pequenos); deitam-se em água fria onde se deixam permanecer, mudando a água por duas outras vezes; tiram-se, enxugam-se bem com uma toalha e deitam-se numa caçarola com uma cebola partida, uma porção de carapicus, e deita-se por cima gordura derretida; cobrem-se com sal, pimenta, salsa picada e, postos no fogo, deixam-se frigir sobre fogo vivo por alguns minutos; molham-se depois com uma garrafa de vinho branco; tira-se a caçarola, põe-se na beirada do fogo e deixa-se ferver até os peixes estarem cozidos. Deitam-se os peixes sobre um prato

com cebolas e carapicus e, tendo desfeito três gemas de ovos no molho, deita-se por cima, e serve-se.

9. TENCA, PIRANGA REFOGADOS – Fervem-se uma caneca de água, duas xícaras de vinho tinto, sal, pimenta, folhas de cebolas, salsa; estando fervendo, deitam-se-lhes os peixes limpos e escamados; estando estes quase cozidos, ajunta-se uma xícara de vinho quente, e serve-se frio com um molho de mostarda, azeite doce, vinagre, salsa picadinha.

10. TENCA ETC. ASSADAS – Depois de limpos e escamados os peixes, envolvem-se em farinha de mandioca, enchendo-os com manteiga fresca, e salsa picada, e assam-se sobre grelha; servem-se com um molho de tomates, ou molho picante.

Tenca

11. TENCA ETC. FRITAS – Deitam-se numa caçarola uma garrafa de água, outra de vinagre, sal, pimenta, salsa, cebolas picadas e duas colheres de manteiga; aquece-se até derreter a manteiga; deita-se este líquido sobre uma porção de peixes limpos, deixando-os no molho durante três a quatro horas; em seguida, tiram-se, envolvem-se em farinha de mandioca ou pão ralado, passam-se em ovos batidos, tornando a envolvê-los; frigem-se em manteiga de vaca e servem-se.

12. TENCA ENSOPADA COM PEPINOS – Limpa-se e escama-se uma porção de peixes; por outra parte derretem-se duas colheres de gordura, ajuntam-se

uma cebola picada, salsa, sal, pimenta e um dente de alho; deitam-se os peixes nesta gordura quente, ajunta-se uma porção de pepinos partidos sem as sementes, água quanto baste; estando quase cozidos, ajunta-se uma colher de polvilho desfeito em uma xícara de vinagre, ferve-se mais um pouco, e serve-se.

O Timburé, Corvina

Estes peixes pescam-se tanto na água corrente como na água parada, mas nesta adquirem o gosto dos da água corrente, como acontece à tenca, piaba, papaterra, crumatá etc., porque a sua vida de movimentos na procura dos peixes pequenos e dos insetos aquáticos impede que eles adquiram mau gosto; a carne destes peixes é tão apreciada como a da traíra tubarana e da piranha, com a qual ele se assemelha, e algumas pessoas dão-lhes a preferência.

1. TIMBURÉ E CORVINA COZIDOS – Fervem-se, em duas garrafas de água, duas raízes de salsa, uma de aipo, salsa, cebola, sal e pimenta; tendo fervido algumas vezes, tiram-se estas ervas com a escumadeira, deita-se o peixe limpo e escamado nesta água, e continua-se a ferver; estando cozido, serve-se com pirão de farinha de mandioca feito com o caldo do peixe, ao qual se ajunta uma colher de manteiga ou gordura.

2. TIMBURÉ E CORVINA COZIDOS E DOURADOS – Limpa-se um peixe, ferve-se em água, sal, uma folha de louro, e uma cebola cortada; estando cozido, tira-se a pele do peixe com as escamas, deita-se no prato; e tendo frito uma porção de farinha de mandioca ou pão ralado, até ficar de cor amarelada, deita-se por cima do peixe, o qual se serve com pirão de farinha de mandioca.

3. TIMBURÉ E CORVINA FRITOS – Batem-se uma garrafa de água, outra de vinagre, duas colheres de gordura, sal, salsa, folhas de louro, cebola e pimenta; deita-se o peixe neste molho e, passando duas horas, dá-se uma fervura; depois de frio, tira-se o peixe e tira-se a pele com as escamas; e, rachando pelo meio, cobre-se com farinha de mandioca. E frige-se em manteiga ou gordura e serve-se com pirão de farinha de mandioca feito com o caldo do peixe.

4. TIMBURÉ E CORVINA ENSOPADOS – Ferve-se uma porção de água com salsa, cebola, uma raiz de aipo, sal e pimenta; estando quente, deita-se o peixe neste caldo; dão-se algumas fervuras, tira-se depois a pele do peixe

com as escamas, polvilha-se com farinha de mandioca, passa-se em ovos batidos, torna-se a polvilhar e deita-se sobre o peixe uma porção de gordura derretida, e assa-se o peixe sobre a grelha de um e outro lado; frige-se, por outro lado, uma colher de gordura, uma cebola picada, uma porção de tomates, sal, pimenta e um pouco de farinha de mostarda; mexe-se e ajuntam-se uma xícara de água e um cálice de vinagre fervido sobre o peixe, e serve-se.

5. TIMBURÉ ENSOPADO COM ABÓBORA-D'ÁGUA – Limpam-se e tiram-se as escamas de um peixe; ferve-se em água, sal, salsa, folhas de cebola e louro; estando cozido, tira-se o peixe.

Por outra parte, refoga-se uma porção de abóbora-d'água descascada (tirando as sementes) e picadinha, em duas colheres de gordura e sal necessário; mexe-se e, estando quente, ajunta-se o caldo do peixe coado; deixa-se ferver até reduzir o caldo e serve-se.

6. TIMBURÉ E CORVINA GUISADOS COM PALMITOS – Fervem-se uns peixes limpos e escamados em água, quanto baste para cobrir os peixes, ajuntam-se salsa, aipo, cebolas, pimentas, e folhas de louro; estando cozidos, tiram-se e passam-se em gordura quente tirando-os logo; refoga-se na mesma gordura, um palmito picadinho e lavado, ajuntam-se o caldo do peixe e uma colher de polvilho desfeito numa xícara de sumo de limão; deixa-se ferver até o palmito ficar cozido, deitam-se os peixes dentro, aquece-se e serve-se.

As Trutas, Piabanhas, Pirapetingas e Matrinxãos

Todos estes peixes se assemelham muito uns aos outros, tanto na qualidade como no modo de viver, e nas qualidades de águas em que se acham; por isso, também, se preparam do mesmo modo, e dão-se as receitas juntas para suas preparações.

1. TRUTAS, PIABANHAS, PIRAPETINGAS E MATRINXÃOS COZIDOS – Depois de limpos os peixes, põem-se em água e sal; depois, fervem-se em vinho branco, com uma cebola cortada, sal, pimentas, e folhas de louro; estando cozidos, tiram-se os peixes, pondo-os num lugar em que se conservem quentes; derretem-se depois duas colheres de manteiga, misturando-se-lhes duas colheres de farinha de trigo; ajunta-se o caldo de peixe e, tendo fervido, deita-se sobre os peixes e serve-se.

2. TRUTAS, PIABANHAS ETC. REFOGADAS – Depois de limpos os peixes, fervem-se em água e sal; tiram-se, enxugam-se e põem-se a cozer em vinho branco, com um dente de cravo-da-índia, folhas de louro, uma cebola, um pouco de serpol, sal e pimenta; estando cozidos, derrete-se uma colher de gordura, mexe-se, ajunta-se uma colher de fubá mimoso até tomar cor; ajuntam-se o peixe e o caldo; e, tendo fervido um pouco, serve-se com um pouco de sumo de limão.

3. TRUTAS, PIABANHAS ETC. FRITAS E ASSADAS – Limpam-se alguns peixes, e frigem-se em manteiga fresca com um pouco de salsa, cebola picada e sal; estando fritos, tiram-se do fogo, e ajunta-se um copo de vinho branco, deixando-os neste molho durante uma hora; assam-se sobre grelha e servem-se com o molho.

4. TRUTAS, PIABANHAS ETC. GUISADAS – Frige-se uma colher de gordura com um pouco de salsa e folhas de cebola picadas, um copo de vinho branco, e os peixes; deixam-se sobre um fogo forte durante meia hora, ajuntando sal, noz-moscada, folhas de louro, uma cebola partida, duas colheres de gordura e duas colheres de fubá mimoso; ferve-se ainda algumas vezes e serve-se.

5. TRUTAS, PIABANHAS ETC. ASSADAS – Limpos alguns peixes, passam-se em gordura, envolvem-se em pão ralado, deitam-se numa caçarola com tampa, e salpicam-se com sal e pimenta, um pouco de gordura; põe-se a caçarola sobre brasas e deixa-se assar; estando assados, servem-se.

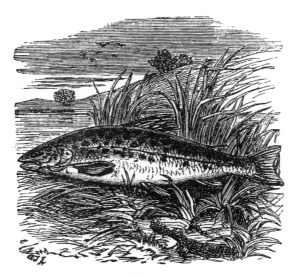

Truta

CAPÍTULO XI

PEIXES DO MAR

A costa do Brasil abunda em uma grande variedade de peixes excelentes para a mesa, e que fazem a base do sustento de seus habitantes; entre outras imensas variedades, há algumas que merecem a preferência, e estas, pelo seu preço, só estão ao alcance das pessoas mais abastadas, ao passo que outras, conquanto sofríveis para a cozinha, pelo seu ínfimo preço, acham-se ao alcance de todas as fortunas; por isso daremos aqui uma lista das principais qualidades de peixes que servem de alimento aos habitantes das costas, dividindo-os em categorias, quanto ao seu tamanho e qualidade.

Destarte, qualquer pessoa, por mais ignorante que seja a respeito do valor dos peixes, saberá conhecer se é ou não desproporcionado o preço que lhe pedirem por um peixe que tencione comprar. Outrossim, tendo de apresentar nesta obra a maneira de preparar os peixes do mar, entendeu-se por ocioso apresentar a maneira de preparar cada peixe em particular quando o modo de preparar um peixe é inteiramente idêntico ao modo de preparar o outro.

Portanto, limitamo-nos a apresentar a preparação dos principais; e, quando se tenha de aprontar um peixe cujo nome não seja mencionado nesta lista, bastará recorrer e ver a que categoria pertence, e ali achará a preparação culinária de um peixe, que vai explicada nesta obra, e que, portanto, servirá de regra.

Lista dos Peixes

GRANDES

Superiores e de preço elevado

Beijupirá	Vermelho
Garoupa	Mangangá
Cherne	Linguado
Mero	Pampo
Pescada	Badejo
Robalo	

Bons cujo preço é regular

Olho-de-boi	Tainha
Corvina	Enxada
Caranha	Sargo
Cavala	Pargo
Anchova	

Ordinários cujo preço é ínfimo

Olhete	Dourado
Xaguiriçá	Canjurupi
Cação	Ubarana
Cachorro	Frade

PEQUENOS

Superiores e cujo preço é elevado

Parati	Caranha
Corcoroca	Coió
Badejete	Marimbá
Pescadinha	

Bons cujo preço é regular

Galo	Roncador
Carapicu	Peixe-pegador
Batata	Acará
Cabrinha	Pescadinha-bicuda

Ordinários cujo preço é ínfimo

Peixe-porco	Agulha
Sardinha	Solteira
Bagre-amarelo	Palombeta
Papagaio	Salmonete
Barbeiro	Peixe-boi
Peixe-espada	Michole e Béu

ENGUIAS

Superiores e caras	*Boas e baratas*
Congro	Lulas
Moréia	Polvo

RAIAS

Boas	*Ordinárias*
Raia-manteiga	Raia-santa
Raia-lixa	Guicoxo e Raia-prego

1. ATUM E BEIJUPIRÁ – Estes peixes, para serem bons, não devem passar de trinta a quarenta libras; eles não se conservam e devem ser comidos frescos, cozidos em água e sal, ou assados e cobertos de azeite doce.

   Deitam-se umas postas durante três a quatro horas em vinho tinto, vinagre, um dente de alho, folhas de louro, cravo-da-índia, noz-moscada, pimenta e pouco sal; põem-se depois numa panela com um pouco deste molho, uma colher de azeite doce e, posta a panela sobre brasas, cozem-se durante uma hora, e servem-se com seu molho quente.

2. ATUM E BEIJUPIRÁ ASSADOS – Tomam-se umas postas do tamanho de dois dedos de qualquer destes peixes e põem-se de molho durante três a quatro horas, em azeite doce, com um dente de alho pisado, duas cebolas

Atum

cortadas, folhas de louro, sal, pimentas, cravo-da-índia e salsa, virando o peixe por vezes; e, depois de tirado e escorrido, assa-se na grelha sobre fogo bem moderado; por outro lado, derretem-se duas colheres de manteiga; misturam-se uma colher de farinha de trigo, sal e pimentas; acrescentam-se duas xícaras de vinho branco e umas talhadas de limão descascadas e, sendo fervido, serve-se com o peixe bem quente.

3. ATUM E BEIJUPIRÁ NO ESPETO – Lardeia-se uma posta deste peixe com finas tiras de enguias-do-mar (congro, moréia etc.); enfia-se no espeto e assa-se sobre fogo moderado, umedecendo-o continuamente com manteiga derretida e misturada com vinagre, cebola picada, salsa, sal, pimenta, cravo-da-índia e folhas de louro; e, estando o peixe assado, serve-se com seu molho.

4. ATUM E BEIJUPIRÁ EM SALADA – Corta-se o peixe em postas; salpicam-se estas com sal e pimentas e, untadas de gordura ou azeite doce, assam-se sobre grelha; antes de estarem cozidas completamente, põem-se os pedaços numa panela com folhas de louro, sal, pimentas, cravo-da-índia e um dente de alho; deita-se azeite doce por cima até as postas ficarem cobertas, e guardam-se para quando se quiser usar delas.

Para fazer-se a salada, tiram-se umas postas, cortam-se em pequenos pedaços, misturam-se com azeite doce, cebola picada, vinagre e servem-se.

Guardadas assim, servem também para frigir-se (querendo); tiram-se as postas da panela, deixam-se escorrer, polvilham-se com salsa, cebola picada e farinha de mandioca e frigem-se na manteiga de vaca; e servem-se com sumo de laranja por cima.

5. BACALHAU FRESCO, MERO E BADEJO – Sendo o peixe grande, corta-se em postas e põem-se estas durante doze horas de molho em água de sal; depois disto, põe-se sobre o fogo uma panela com água e sal e, estando fervendo, deitam-se as postas do peixe dentro; deixam-se ferver durante dez minutos, tiram-se e servem-se com batatinhas cozidas e manteiga derretida, misturada com salsa picadinha e um pouco da água em que se cozeu o peixe.

Também pode servir-se o peixe com um molho de nata, preparado da maneira seguinte: derretem-se duas colheres de manteiga fresca, ajuntando-lhes uma pitada de salsa, uma cebola muito picada, e uma xícara de leite gordo: ferve-se por algum tempo e serve-se com o peixe quente.

6. BACALHAU, MERO E BADEJO ENSOPADOS – Põe-se um peixe inteiro de molho em água e sal; passadas duas horas, tira-se e põe-se numa panela guarnecida de manteiga e salsa picada; polvilha-se com pimenta moída e

Bacalhau fresco

noz-moscada raspada, deitando por cima uma garrafa de vinho; tapa-se a panela e põe-se no forno, ou sobre brasas, com fogo por baixo e por cima; deixa-se ferver durante meia hora e serve-se depois de umedecido com sumo de limão.

7. BACALHAU, MERO ETC. ENSOPADOS À BAIANA – Corta-se o peixe em grandes postas e, postas na panela, fervem-se durante meia hora com água, sal, pimenta, uma cebola e gengibre; tira-se o peixe, e, tendo derretido duas colheres de gordura com uma dúzia de tomates e uma porção de pimentas picadas, acrescenta-se o caldo coado reduzido, e serve-se o peixe com este molho.

Bacalhau Seco

O bacalhau deve ser considerado como o principal peixe, visto que ele se acha à venda em todo o tempo, e por preço muito cômodo; não obstante ser de difícil digestão e de gosto bastante insípido, é comprado em lugares que abundam em peixes frescos que dão bastante trabalho para apanhá-los, enquanto que o bacalhau se adquire com pouco trabalho e pouco dinheiro. Para aprontá-lo, põe-se de molho em água fria durante vinte e quatro horas, e serve-se com batatas cozidas e descascadas, pondo por cima um molho feito de manteiga derretida, sal, salsa, alho, pimentas, folhas de cebola picadas e vinagre.

1. BACALHAU SECO REFOGADO COM PALMITOS – Põe-se o bacalhau de molho durante doze horas em água fria; lava-se depois em água quente e, em seguida, põe-se sobre o fogo com água fria, salsa, raiz de aipo, pimen-

tas, folhas de cebola; estando cozido, tiram-se as espinhas e refoga-se o peixe em duas colheres de gordura, polvilha-se com um pouco de farinha de mandioca e acrescenta-se um palmito picado e meia garrafa de água; deixa-se ferver mais meia hora e serve-se.

Pelo mesmo modo pode-se aprontá-lo com repolho, grelos de abóbora e folhas de taioba.

2. BACALHAU SECO À CEBOLADA – Frigem-se uma dúzia de cebolas cortadas em rodelas, com duas colheres de gordura; polvilham-se com pimentas e, estando coradas, acrescenta-se uma xícara de vinagre; ferve-se um pouco e deita-se este molho sobre o bacalhau cozido e posto no prato; e serve-se quente.

3. BACALHAU SECO REFOGADO – Derretem-se duas colheres de manteiga, misturam-se-lhes uma colher de farinha de mandioca, salsa, cebola picada e uma xícara de leite; ferve-se o todo um pouco e deita-se-lhe o bacalhau cozido em água e picado miúdo; deixa-se ferver mais um pouco e serve-se.

4. BACALHAU SECO ASSADO NO FORNO – Derretem-se duas colheres de gordura numa frigideira; misturam-se um pouco de salsa, cebolas, um limão descascado e cortado em rodelas, e um pouco de pimentas; deita-se o bacalhau cozido neste molho e, posta a frigideira sobre brasas ou no forno, deixa-se assar meia hora e serve-se.

5. BACALHAU SECO COM NATA – Posto o bacalhau de molho e cozido, tiram-se as espinhas e a pele; derretem-se depois duas colheres de manteiga com uma colher de farinha de trigo, uma colherinha de farinha de mostarda e um pouco de pimentas; acrescenta-se uma xícara de leite e, deitado o bacalhau neste molho, deixa-se ferver um pouco; deita-se em seguida tudo num prato, cobre-se com uma camada de pão ralado e outra de queijo ralado, deita-se um pouco de manteiga derretida por cima e, posto no forno, deixa-se tomar cor para mandar para a mesa.

6. BACALHAU SECO COZIDO – Deita-se o bacalhau de molho em água fria, durante vinte e quatro horas; tira-se depois, e deita-se numa panela com leite suficiente para cobri-lo, ajuntando salsa e uma colher de manteiga; deixa-se cozer ainda durante meia hora e serve-se com seu molho reduzido, se ele ainda estiver ralo.

7. BACALHAU SECO ENSOPADO – Derretem-se duas colheres de manteiga fresca, ajuntam-se um pouco de salsa, folhas de cebola, pimenta, noz-moscada raspada, meia colher de farinha de trigo e uma tigela de água; deita-se o bacalhau lavado neste molho, e deixa-se cozer durante meia hora; e

serve-se com este mesmo molho, depois de lhe ter acrescentado um cálice de sumo de laranja-da-terra.

8. BACALHAU SECO FRITO COM OVOS – Pica-se meia libra de bacalhau bem miúdo, e bate-se com seis ovos, uma colher de farinha de mandioca, sal, pimentas, salsa e folhas de cebola, tudo picado; derrete-se depois, numa frigideira, um pouco de gordura, deita-se sobre a massa batida; frige-se de um e outro lado; e serve-se.

9. BACALHAU SECO GUISADO – Cozido um pedaço de bacalhau, frige-se este em duas colheres de gordura com uma porção de tomates, uma colher de farinha de mandioca, pimenta e salsa; acrescentam-se nesta ocasião o bacalhau, e logo em seguida uma xícara de água e o sumo de uma laranja-da-terra; deixa-se ferver um pouco e serve-se.

10. BACALHAU SECO RECHEADO – Coze-se um bacalhau, tira-se depois toda a carne, devendo o espinhaço e o rabo ficar inteiros; põem-se no fogo duas colheres de manteiga com uma colher de farinha de trigo, uma mão-cheia de carapicus ou cogumelos picados, uma cebola e um pouco de salsa picada; umedece-se tudo com uma xícara de leite, deixa-se ferver um pouco para o carapicu ficar cozido e misturar-se à carne do bacalhau; molham-se depois duas mãos-cheias de miolo de pão em leite quente, e amassam-se para formar uma pasta; põe-se depois, sobre um prato untado de manteiga, uma camada do pão amassado, formando um peixe, coloca-se por cima a espinhola, cobre-se com a carne e o carapicu, e esta com o resto do pão amassado; unta-se depois com um ovo batido por meio de uma pena, e polvilha-se com bastante côdea de pão ralada e, posto no forno, deixa-se corar para servir-se.

Badejete, Corcoroca e Parati

Estes pequenos peixes são os mais estimados; sua carne é tenra e de fácil digestão. Depois de escamados, limpos e lavados, põe-se de molho com salsa picada, sal e azeite doce e assam-se na grelha.

1. BADEJETE, CORCOROCA REFOGADOS – Limpa-se, escama-se e abre-se o peixe pelo comprimento; salpica-se com sal e pimenta; põem-se depois na caçarola duas colheres de manteiga com meia colher de farinha de trigo, salsa e cebola picada; deita-se o peixe nesta caçarola, com duas xícaras de vinho tinto, e ferve-se tudo durante um quarto de hora sobre fogo bem vivo; põe-se o peixe num prato, côa-se o caldo e serve-se.

2. BADEJETE, CORCOROCA ASSADOS NA GRELHA – Toma-se uma porção de peixes, escamam-se, limpam-se, e lavam-se, enxugando-os depois com uma toalha; polvilham-se com sal e pimentas moídas, untam-se com manteiga derretida, envolvem-se em côdeas de pão raladas; assam-se na grelha; e servem-se deitando por cima uma porção de salsa picada e manteiga derretida.

3. BADEJETE, CORCOROCA GUISADOS – Derretem-se duas colheres de manteiga, misturam-se uma colher de farinha de trigo, uma xícara de leite, folhas de louro e pouca pimenta; deitam-se os peixes neste molho e fervem-se; estando cozidos, tiram-se, deixam-se esfriar e passam-se em manteiga derretida, cobrindo-os depois com uma boa camada de pão ralado; postos num prato e entre brasas, assam-se e servem-se.

4. BADEJETE, CORCOROCA DE ESCABECHE – Lavam-se uma porção de peixes sem tirar as escamas, salgam-se bem, e põem-se numa panela com pimenta, folhas de louro e noz-moscada, deitando por cima vinagre quente, quanto chegue para cobri-los, e misturando com a quarta parte de azeite doce; passados quinze dias, podem-se comer simplesmente ou feitos em salada.

5. CARANHA, PESCADINHA, COIÓ E MARIMBÁ COZIDOS – Depois de limpos os peixes, põe-se uma panela com água do mar ou água bem salgada sobre o fogo; e, quando estiver fervendo, deitam-se os peixes; tiram-se logo, deixam-se esgotar, e servem-se com pão ralado frito em manteiga com salsa picada, podendo-se ajuntar um pouco de mostarda em pó e umas batatas cozidas na mesma água.

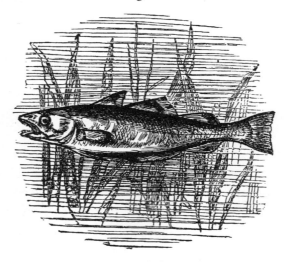

Pescadinha

6. CARANHA, COIÓ ETC. FRITOS – Limpos os peixes, escaldam-se com leite, envolvem-se em farinha de trigo e frigem-se em manteiga de vaca de um e outro lado e, estando de boa cor, servem-se.

Também se costuma limpá-los e passá-los, um a um, em dois ovos batidos com uma colher de manteiga, e envolvê-los em seguida em pão ralado para depois frigi-los.

7. CAVALA, OLHO-DE-BOI E CARANHA ASSADOS – A carne saborosa destes peixes é de digestão um pouco difícil e não convém às pessoas de estômago fraco, por ser bastante oleosa.

Depois de ter limpado o peixe, enche-se com manteiga misturada com sal, pimentas e salsa picada; e, tendo-o envolvido numa folha de papel grosso, assa-se na grelha sobre fogo moderado; estando cozido, serve-se umedecido com sumo de limão.

8. CAVALA, OLHO-DE-BOI ETC. COZIDOS – Limpa-se e abre-se um peixe pelas costas em todo o comprimento; ferve-se uma porção de água com bastante sal e, estando fervendo, deita-se o peixe; passada meia hora, tira-se o peixe e, tendo feito um molho de manteiga derretida e misturado com farinha de trigo, salsa picada, acrescentam-se duas xícaras de caldo do peixe; tendo fervido mais um pouco, serve-se com sumo de limão por cima.

Cavala

9. CAVALA, OLHO-DE-BOI ETC. FRITOS – Limpa-se um peixe e põe-se numa caçarola com manteiga, salsa picada, sal e pimenta; frige-se o peixe, virando-o duas ou três vezes, e tira-se; deita-se na manteiga uma colher de farinha de trigo, mexe-se, e acrescentam-se duas xícaras de água, um pouco de sumo de limão, algumas alcaparras e, tendo fervido, serve-se com o peixe.

10. CAVALA, CARANHA ETC. GUISADOS – Ferve-se uma porção de água do mar com umas folhas de funcho e, estando fervendo em aljôfar, deita-se-lhe o peixe limpo; tendo cozido por meia hora, tira-se, e deita-se sobre o prato

perto do fogo, para conservar-se quente; derretem-se, depois, duas colheres de manteiga fresca, misturam-se uma colher de farinha de trigo, uma xícara de leite, uma gema de ovo batida com uma xícara de vinho branco, um pouco de noz-moscada raspada e serve-se.

11. CAVALA, OLHO-DE-BOI ETC. RECHEADOS – Ferve-se uma mão-cheia de carapicus em água, tira-se, esgota-se e pica-se bem fino com um pouco de salsa, uma cebola e mistura-se com duas colheres de manteiga e uma mão-cheia de miolo de pão embebido de leite, com sal, pimenta, noz-moscada; enchem-se dois peixes limpos com esta massa, embrulham-se em folhas de papel untado e assam-se durante um quarto de hora sobre a grelha, virando-os muitas vezes; estando bem cozidos, tira-se o papel, e servem-se.

Enguias-do-mar, Congro, Moréia, Lulas e Polvo

A carne destes peixes é branca e de muito bom gosto e tem uma analogia extraordinária com as enguias de água doce e, como estas, são muito gordas e por isso de difícil digestão; para prepará-las, tira-se sempre a pele, porque esta tem um cheiro forte e desagradável.

1. ENGUIA-DO-MAR, CONGRO ETC. COZIDOS – Tira-se o couro do peixe, corta-se este em pedaços e fervem-se em água bem salgada com salsa; estando cozidos, tiram-se e põem-se no prato, cobertos com uma porção de côdeas de pão ralado, fritas na manteiga; e servem-se.

2. ENGUIA-DO-MAR, CONGRO ETC. REFOGADOS – Tirando o couro do peixe, corta-se em pedaços; fervem-se em água do mar com uma raiz de aipo e salsa; estando cozidos, tiram-se e põem-se numa panela com manteiga, polvilhando de farinha de trigo; frigem-se um pouco e, acrescentando uma xícara de vinho branco, fervem-se mais um pouco e servem-se com seu molho.

3. ENGUIA-DO-MAR, CONGRO ETC. ENSOPADOS – Tira-se o couro do peixe, depois tiram-se os lombos e cortam-se em pedaços; refogam-se em uma colher de gordura, virando-os e evitando que tomem cor; acrescentam-se depois uma tigela de água, sal, pimentas, salsa, duas colheres de fubá mimoso e um punhado de carapicus picados; deixa-se ferver tudo, e, acrescentada uma xícara de sumo de limão, servem-se.

4. ENGUIA-DO-MAR, CONGRO ETC. ESTUFADOS – Descasca-se o peixe, tira-se-lhe o lombo, corta-se em pedaços e põem-se estes numa caçarola com sal, pimentas e uma cebola picada; deixam-se assar sobre brasas, virando-os

de vez em quando até ficarem perfeitamente cozidos; ajuntam-se então uma xícara de nata de leite e uma colher de molho de mostarda em pó e, tendo fervido mais uma vez, servem-se com o peixe.

5. ENGUIA-DO-MAR REFOGADA COM CARANGUEJOS – Depois de tirado o couro, corta-se o peixe em pedaços, e cozinham-se em água do mar com uma laranja-azeda, descascada e partida; estando cozidos, tiram-se e refogam-se com duas colheres de manteiga, um ou dois caranguejos socados com a casca, uma cebola, folhas de louro, e cravo-da-índia; côa-se, deita-se esta manteiga sobre o peixe, e serve-se.

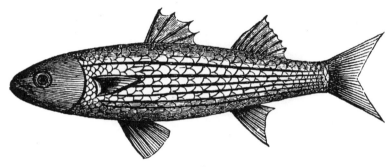

Tainha

6. GALO, RONCADOR, PEGADOR E PESCADINHA-BICUDA FRITOS – Todos estes peixes preparam-se pelas mesmas receitas do badejete, caranha etc.

Para frigi-los, depois de limpos, envolvem-se em pão ralado ou farinha de mandioca e em seguida frigem-se em manteiga ou gordura; muitas pessoas gostam deste peixe unicamente salgado e temperado com pimentas, e frito sem envolvê-lo; ainda outros o aferventam antes de frigir; mas de qualquer maneira, fica muito delicado e oferece boas iguarias.

7. LINGUADO OU AZEVIA FRITA – Este peixe é chato, de uma carne branca, tenra e de fácil digestão e por isso convém às pessoas convalescentes.

Para frigir só se servem dele fresco e, como sua carne é viscosa e absorve muita gordura no frigi-lo, por isso não se deve frigir, senão envolto numa pasta de ovos batidos com farinha de trigo.

Limpa-se perfeitamente, envolve-se em uma pasta espessa de três ovos batidos com uma colher de farinha de trigo e, posta uma porção de manteiga numa frigideira, põe-se nela o peixe; quando esta se achar bem quente, deixa-se frigir sobre fogo forte e serve-se.

8. LINGUADO OU AZEVIA REFOGADA – Depois de limpos os peixes, deitam-se numa caçarola com duas colheres de manteiga, salsa picada, cebo

las cortadas, sal, pimentas e noz-moscada; vira-se o peixe, e acrescentam-se duas xícaras de vinho branco; deixa-se ferver sobre brasas e, estando cozido, serve-se.

9. LINGUADO OU AZEVIA ASSADA NA GRELHA – Limpos os peixes, enxugam-se para tirar-lhes a umidade, untam-se com manteiga, sal, pimenta e noz-moscada; deixam-se assar na grelha sobre um fogo bem moderado e servem-se com um molho branco feito de manteiga derretida, farinha, vinho branco e alcaparras.

Linguado

10. LINGUADO OU AZEVIA COZIDA – Depois de limpos os peixes, cozem-se em água do mar; estando cozidos, tiram-se, enxugam-se e, postos no prato, salpicam-se com salsa picada, deitando por cima manteiga derretida; e servem-se com batatinhas cozidas na mesma água.

11. LINGUADO OU AZEVIA ENSOPADA – Depois de lhe tirar o couro e a espinha, corta-se o peixe em tiras, que se refogam em manteiga; depois tiram-se e deixam-se esgotar bem; e, deitando nesta manteiga uma colher cheia de farinha de trigo, mexe-se, e acrescentam-se logo uma mão-cheia de carapicus cozidos em vinho branco, sal, pimenta e noz-moscada; deixa-se ferver, ajunta-se depois o peixe, ferve-se mais um quarto de hora e serve-se.

12. LINGUADO OU AZEVIA ESTUFADA – Num prato que possa suportar a ação do fogo, deitam-se duas colheres de manteiga e uma grossa camada de salsa e cebola picada misturada com carapicus picados; deitam-se em cima um

ou dois peixes assados e cobre-se com outra porção de ervas e carapicus, e outro pedaço de manteiga; cobre-se depois o prato com outro cheio de brasas, e posto sobre fogo, coze-se, e serve-se no mesmo prato ainda quente.

13. LINGUADO ESTUFADO COM VINHO – Deitam-se, num prato que possa resistir à ação do fogo, duas colheres de manteiga e um ou dois peixes limpos e salpicados de sal, pimenta e noz-moscada raspada; acrescenta-se uma xícara de vinho branco e, depois de tapado, ferve-se entre dois fogos e serve-se bem quente.

14. LINGUADO FRITO ENCAPOTADO – Corta-se a carne do peixe em tiras de dois dedos de largura, enxugam-se com uma toalha, e salpicam-se com um pouco de sal e pimenta; batem-se dois ovos com uma colher de farinha de trigo e uma colher de manteiga derretida; passam-se os peixes nesta massa e, em seguida, frigem-se em manteiga; postos num prato, espreme-se sobre eles sumo de limão e servem-se.

15. LINGUADO FRITO DE ESCABECHE – Tira-se a pele do peixe, racha-se este pelo meio, tiram-se também as espinhas, e deita-se o peixe de molho em azeite doce com um pouco de sal, pimentas e noz-moscada raspada; vira-se de vez em quando e, passadas quatro horas, tira-se e enxuga-se com papel-chupão, e unta-se com manteiga derretida, envolvendo-o em seguida em pão ralado, ovos batidos e outra vez em pão ralado; frige-se em manteiga, ou assa-se na grelha, e serve-se com um molho feito de tomates refogados em manteiga com sal e pimentas; e tendo acrescentado uma ou duas xícaras de vinho, ferve-se um pouco e serve-se.

16. LOMBO DE LINGUADO FRITO – Nas cozinhas grandes, poucas vezes se aprontam estes peixes inteiros, porém quase sempre empregam-se os seus lombos; para tirá-los, cortam-se a cabeça e o rabo, desprega-se o couro escuro, e tira-se a carne de um lado, fazendo depois o mesmo do lado oposto; sendo o peixe grande, corta-se, ainda, a carne em duas ou três tiras, que se deitam, depois de limpas e enxutas com uma toalha, numa caçarola com salsa e cebolas picadas; e com este picado cobrem-se completamente as talhadas do peixe; acrescentam-se duas colheres de manteiga derretida e, tendo frito mais um pouco, serve-se quente com este molho.

17. LINGUADO RECHEADO – Tira-se o couro do peixe só do lado escuro; cortada a cabeça, mete-se por ali uma faca para despregar o espinhaço; deixam-se os peixes assim preparados de molho em leite; tiram-se e deixam-se esgotar e, polvilhados de farinha de trigo, frigem-se em manteiga; depois, pelo buraco onde falta a cabeça, tira-se a espinha dorsal já desape-

gada e enche-se o vão com manteiga, amassada com salsa picada, farinha de trigo e sumo de limão; põe-se tudo num prato, vai ao forno, e serve-se com um molho de tomates.

18. OLHETE, XAGUIRIÇÁ, CANJURUPI, CACHORRO E UBARANA COZIDOS – Limpo o peixe, corta-se em postas; e fervem-se estas em água salgada com salsa, aipo, cebola, folhas de louro, pimenta, cravo-da-índia e serpol; estando cozidas, tiram-se as postas, esgotam-se, e, feito um molho de manteiga derretida com farinha de trigo e vinho branco, a que se ajuntaram uma cebola picada e uma colher de alcaparras, deitam-se as postas no mesmo molho; e tendo fervido mais um pouco, serve-se.

19. OLHETE, XAGUIRIÇÁ ETC. ENSOPADOS – Depois de tirado o couro, afer venta-se o peixe em água e sal; envolve-se em seguida em farinha de man dioca, e passa-se em gordura quente, acrescentando uma ou duas garrafas de vinho, conforme o tamanho do peixe, devendo o peixe ficar coberto; ajuntam-se uma ou duas cebolas picadas, um dente de alho, salsa, folhas de louro, cravo-da-índia, e bastante pimenta; deixa-se ferver meia hora, tira-se o peixe e serve-se com seu molho coado e reduzido.

Pescada

Este peixe é de excelente qualidade, e sua carne tenra e deliciosa; convém às pessoas delicadas e reconvalescentes, porque é de fácil digestão e muito nutri tiva ao mesmo tempo; porém, não se deve usar sendo muito grande.

1. PESCADA ASSADA NA GRELHA – Lava-se e limpa-se perfeitamente um bom peixe, abre-se o ventre, e tira-se o couro principiando do rabo para a cabeça; batem-se depois duas gemas de ovos com uma colher de manteiga derretida, e unta-se o peixe apolvilhado de sal, com esta massa; envolve-se em seguida em pão ralado, umedecendo com manteiga, e tornando a co brir com nova camada de pão ralado; assim preparado, assa-se na grelha.

   Pica-se um pouco de salsa, cerefólio e, acrescentando uma xícara de vinagre, deixa-se um quarto de hora de molho; depois côa-se, espreme-se e misturam-se duas colheres de manteiga derretida e uma de farinha de trigo; aquece-se um pouco sobre o fogo e serve-se com o peixe.

2. PESCADA FRITA – Só se deve frigir este peixe sendo muito fresco; limpa-se, tira-se o couro, apolvilha-se de sal, pimentas moídas e, envolvendo em fa-

rinha de mandioca ou de pão ralado, deita-se na frigideira com manteiga quente; e estando cozido serve-se.

3. PESCADA ESTUFADA – Estendem-se, sobre um prato que possa suportar o calor do fogo, duas colheres de manteiga; apolvilham-se com salsa e folhas de cebola picadas; deitam-se por cima dois ou três peixes envoltos em farinha de trigo, sal e pimentas, e cozem-se sobre brasas; estando quase cozidos, tiram-se, escorre-se a manteiga numa caçarola, mexendo-a com uma colher de farinha de trigo, duas gemas de ovos e um cálice de vinho; ferve-se mais um pouco, deita-se sobre o peixe e serve-se.

4. LOMBO DE PESCADA ENSOPADO – Tiram-se os lombos de um bom peixe, salpicam-se de todos os lados com sal e um pouco de pimenta; passam-se depois em manteiga derretida, e cobrem-se com uma camada de pão ralado, passando em seguida em ovos batidos e tornando a envolver em outra camada de pão ralado; assam-se na grelha sobre um fogo muito brando, e, estando de boa cor, deitam-se num prato; por outro lado, derretem-se duas colheres de manteiga, misturam-se meio copo de vinho branco e uma xícara de caldo; ferve-se, deita-se bem quente sobre os peixes; e serve-se. Este é um modo muito usado de servir a pescada em dias de jejum.

5. LOMBO DE PESCADA ESTUFADO – Tomam-se os lombos de peixe, e cortam-se em pedaços; refogam-se em manteiga de vaca e tiram-se; refogam-se, na mesma gordura, uma dúzia de túbaras, acrescenta-se uma xícara de vinho branco e deixa-se ferver; estando cozidos, ajuntam-se os pedaços de peixe; e, tendo fervido mais uma vez, servem-se.

6. LOMBO DE PESCADA FRITO – Depois de tirado o couro do peixe, tiram-se os lombos e, salpicados com sal, pimenta e salsa picada, frigem-se em manteiga; e, estando cozidos, serve-se.

Raias: Manteiga, Lixa, Santa e Guicoxo

A raia não é peixe delicado e é de um gosto insípido, mas tem a vantagem de se conservar fresco durante alguns dias, não sendo a temperatura muito elevada; para poder comê-la, ele não deve ser fresca, porque a sua carne é dura; deve-se, portanto, deixá-la pendurada [durante] um dia num lugar arejado.

1. RAIA-MANTEIGA, LIXA ETC. COZIDA – Ferve-se o peixe em água salgada com salsa, uma cebola, pimenta e um cálice de vinagre; estando cozido,

tira-se-lhe o couro, põe-se num prato, e serve-se com um molho feito de manteiga derretida, farinha de trigo e uma xícara de vinho branco.

2. RAIA-MANTEIGA, LIXA ETC. ENSOPADA – Depois de tirado o couro do peixe, põe-se a cozer em leite, com uma colher de manteiga, meia colher de farinha de trigo, salsa, uma cebola, uns cravos-da-índia, sal e pimentas; estando cozido, tira-se, esgota-se e deixa-se esfriar; em seguida, unta-se o peixe com manteiga e, envolto em farinha de mandioca ou pão ralado, frige-se de um e outro lado; estando assado, reduz-se o caldo e serve-se com o peixe.

3. RAIA-MANTEIGA, LIXA ETC. – Toma-se uma porção de raias novas; depois de limpas, cortam-se ao comprido, tira-se o rabo e a cabeça, e, polvilhadas de farinha de trigo, frigem-se em manteiga e, deitando a manteiga por cima, servem-se.

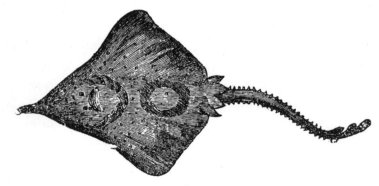

Raia

4. RAIA-MANTEIGA, LIXA ETC. GUISADAS – Depois de tirado o couro do peixe, ferve-se com água, sal, salsa, cebolas, cravo-da-índia e pimentas; estando cozido, tira-se e refoga-se em gordura, apolvilhando-o nesta ocasião com farinha de mandioca e umedecendo com sumo de uma laranja-azeda; e, acrescentando o caldo coado e reduzido, deixa-se ferver mais um pouco e serve-se.

5. FÍGADO DE RAIAS FRITO – Frigem-se umas fatias de pão em manteiga, e deitam-se sobre um prato; derretem-se depois duas colheres de manteiga fresca, e deixam-se frigir nela os fígados dos peixes, com bastante salsa e cebolas, tudo bem picado, e deita-se esta fritada sobre as fatias; apolvilha-se tudo com miolo de pão ralado, põe-se no forno para tomar cor e serve-se espremendo por cima o sumo de um limão.

6. ROBALO, GAROUPA, CHERNE, CORVINA E PARGO COZIDO – Deita-se numa panela bastante grande água do mar, ou, na falta, água bem salgada,

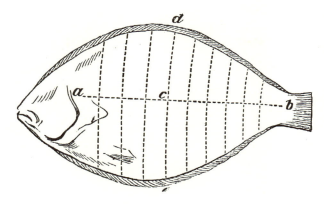

Cherne

e meia garrafa de leite; deita-se o peixe limpo nesta água, e ferve-se sobre fogo moderado; estando cozido, tira-se, enxuga-se e serve-se quente, com manteiga derretida; ou frio, com azeite doce e vinagre.

7. ROBALO, GAROUPA ETC. COM MOLHO DE VINAGRE – Cozido o peixe como foi indicado, conserva-se quente em seu caldo até a hora de servir; por outro lado, batem-se dez gemas de ovos com meia garrafa de água, uma xícara de vinagre, sal, noz-moscada raspada, duas colheres de manteiga, uma colher de alcaparras; mexe-se, depois, sobre o fogo, até tomar consistência, e serve-se com o peixe, e batatinhas cozidas e descascadas.

8. ROBALO, GAROUPA ETC. COM GELÉIA – Fervem-se numa caçarola grande duas ou três libras de carne de vaca e meia libra de toucinho, com água, sal, salsa, duas cebolas, cravo-da-índia e pimentas; tendo fervido bastante, côa-se e ajuntam-se duas colheres de farinha de trigo, uma garrafa de vinho de Champagne ou branco bom, e uma porção de alcaparras; deita-se o peixe sobre o fogo brando, durante meia hora, e serve-se com seu próprio molho reduzido convenientemente.

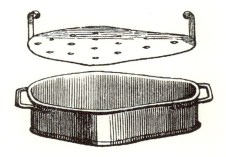

Tacho de cozer o peixe

9. ROBALO, GAROUPA ETC. COM VINHO BRANCO – Põe-se numa frigideira uma dúzia de cebolas cortadas em talhadas, com duas colheres de manteiga; ajuntam-se sal, pimentas, noz-moscada; deita-se em cima um pequeno robalo limpo, polvilhado de sal, mostarda em pó e umedecido com sumo de limão; ajuntam-se um pouco de manteiga derretida e um copo de vinho branco; cobre-se a vasilha com uma tampa cheia de brasas, assa-se sobre brasas e, estando cozido, serve-se.

10. ROBALO, GAROUPA ETC. ESTUFADOS – Depois de limpo, ferve-se o peixe em vinho branco com sal, pimenta, salsa e aipo; tira-se e deixa-se esfriar, deitando-lhe uma porção de manteiga derretida, e envolvendo-o com uma camada de pão ralado; põe-se sobre o prato e mete-se no forno até ter tomado boa cor; e serve-se.

11. SARDINHAS DE BARRICA REFOGADAS – Escaldam-se uma porção de sardinhas, deitando-as depois em água fria, e deixando-as depois de molho durante quatro a seis horas; lavam-se e raspam-se para ficarem bem limpas, e refogam-se em gordura; estando quase fritas, polvilham-se com farinha de mandioca e um pouco de pimentas; e, tendo acrescentado uma xícara de vinagre e outro tanto de água, deixa-se ferver mais um pouco, e serve-se.

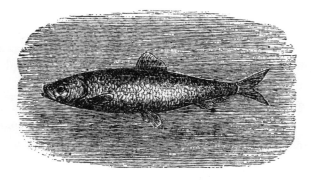

Sardinha

12. SARDINHAS DE BARRICA FRITAS – Tomam-se uma porção de sardinhas, deitam-se num prato com aguardente, põe-se sobre brasas e, estando quentes, deita-se fogo à aguardente; acabado de queimar a aguardente, deita-se um pouco de gordura numa frigideira e, estando bem quente, deitam-se as sardinhas, polvilham-se com pimentas, e, na hora de servir-se, espreme-se um pouco de sumo de limão por cima.

13. PREPARAÇÃO DAS SARDINHAS DE NANTES OU DE OUTRO QUALQUER PEIXE CONSERVADO EM AZEITE DOCE – Para fazerem-se sardinhas de

Nantes, limpam-se os peixes sem lhes tirar as escamas, escaldam-se com água do mar, ou água bem salgada; deixam-se esfriar na mesma água, e, postos numa panela com cravos-da-índia, pimenta, noz-moscada e folhas de louro, deita-se por cima azeite doce bom, devendo os peixes ficarem cobertos; e guardam-se para a ocasião.

Por este modo pode-se também conservar os peixes grandes, porém estes devem ser cortados em postas para depois serem preparados.

14. MODO DE GUISAR AS SARDINHAS DE NANTES OU QUALQUER OUTRO PEIXE CONSERVADO EM AZEITE DOCE – Pode-se comê-las frias, acrescentando-lhes um pouco de vinagre e mostarda em pó. Também costuma-se aquecê-las com azeite, e, quando estão quentes, acrescenta-se um pouco de vinagre, e serve-se.

15. VERMELHO, PAMPO, E SALMONETE ASSADOS NA GRELHA – Limpa-se o peixe, corta-se em tiras transversais e deixa-se de molho em azeite doce polvilhado de sal e pimenta; passada uma hora, assa-se na grelha; derrete-se depois duas colheres de manteiga, acrescenta-se o fígado do peixe, ajunta-se uma porção de alcaparras e, tendo fervido, serve-se o peixe com este molho.

16. VERMELHO, PAMPO ETC. ENSOPADOS – Depois de bem limpo o peixe, ferve-se em água e sal; tira-se a pele e, envolvido em pão ralado, frige-se em manteiga, de um e outro lado; tira-se, põe-se sobre um prato, e este perto do fogo, para se conservar quente; deitam-se na manteiga uma porção de tomates, uma cebola partida, sal, pimenta, uma colher de farinha de mandioca; mexe-se e acrescenta-se um copo de vinho, no qual se desmancha o fígado do peixe; ferve-se um pouco e servem-se este molho e o peixe separadamente.

17. VERMELHO, PAMPO ETC. FERVIDOS – Ponha-se numa caçarola uma garrafa de água, outra de vinho, uma cebola cortada, folhas de louro, salsa, sal e pimentas; quando estiver fervendo, deita-se o peixe bem limpo; deixa-se cozer durante um quarto de hora, e tira-se para servir frio, com azeite doce e vinagre; ou serve-se quente com um molho feito do fígado do peixe dissolvido em vinagre, e fervido com manteiga, uma gema de ovo e caldo.

CAPÍTULO XII

CRUSTÁCEOS E CONCHAS

1. CAMARÕES REFOGADOS COM TOMATES – Frige-se uma porção de tomates, com salsa, cebola picada, pimentas, e sal em duas colheres de gordura, e acrescenta-se uma porção de camarões cozidos em água e sal e descascados; acrescentam-se, em seguida, duas xícaras de caldo de peixe, uma gema de ovo dissolvida em um cálice de sumo de limão, e serve-se.

Camarão

2. CAMARÕES ASSADOS – Aparam-se as caudas, pernas e barbas dos camarões e deitam-se numa caçarola; deixam-se torrar e servem-se.
3. CAMARÕES COZIDOS FRIOS – Cozinha-se e descasca-se uma porção de camarões; ajuntam-se sal, pimentas, salsa picada, duas cebolas cortadas em rodelas, noz-moscada raspada, vinagre e azeite doce; mistura-se tudo, polvilha-se com farinha de mostarda inglesa, e deita-se por cima uma gema de ovo cozida dura, e desfeita num cálice de vinho, e serve-se.

4. CAMARÕES EM SALADA – Ferve-se em água e sal uma porção de camarões; descascam-se em seguida, temperam-se com azeite doce, sal, pimentas, vinagre e servem-se frios.

5. CAMARÕES ENSOPADOS COM PALMITO – Pica-se um palmito, e ferve-se um pouco em água e sal; tiram-se os pedaços com uma escumadeira e ferve-se, na mesma água, uma porção de camarões, que se descascam depois de frios; derretem-se depois, num prato que possa suportar a ação do fogo, duas colheres de gordura, uma colher de farinha de trigo, salsa picada, uma cebola cortada, pimenta e sal; acrescentam-se uma xícara de vinho branco e os camarões com o palmito; mexe-se, e deita-se sobre o todo uma porção de ovos batidos; posto no forno, deixa-se tomar boa cor, e serve-se.

6. CAMARÕES FRITOS – Descasca-se uma porção de camarões e frige-se em gordura com cebola ou salsa picada, sal e bastante pimenta; deixam-se torrar bem, e servem-se espremendo por cima o sumo de um limão ou laranja-da-terra.

7. CAMARÕES GUISADOS – Ponha-se numa panela água e sal; e, quando estiver fervendo, deite-se-lhe uma porção de camarões lavados; estando cozidos, descasquem-se e refoguem-se em manteiga com salsa, folhas de cebola, polvilhando-os com farinha de trigo; acrescente-se logo em seguida uma xícara de água, e o sumo de uma laranja-azeda; deixe-se ferver mais um pouco, e sirva-se.

8. CARANGUEJOS E SIRIS REFOGADOS – Deitam-se numa panela com água e sal uma porção de caranguejos; estando cozidos, descascam-se e, tendo derretido uma colher de manteiga e acrescentado uma colher de farinha de mandioca, uma xícara de vinho branco, sal, salsa picada, e pimenta, põe-se tudo a ferver, deita-se-lhe a carne dos caranguejos e serve-se, depois de ferver mais um pouco.

9. CARANGUEJOS E SIRIS COZIDOS – Depois de bem lavada uma porção de caranguejos, deitam-se numa caçarola, com uma garrafa de vinho branco, um pedaço de manteiga, três cebolas partidas, folhas de louro, sal e pimentas; deixam-se ferver durante meia hora, e servem-se depois de esgotados e frios.

10. CARANGUEJOS E SIRIS COM LEITE – Cortam-se as pernas dos caranguejos, deixando-lhes unicamente as duas tesouras; corta-se também a ponta do rabo e a parte anterior à cabeça, e coze-se em água e sal; derretem-se depois duas colheres de manteiga, misturam-se-lhes uma colher de farinha de

Crustáceos e Conchas

trigo e, imediatamente depois, uma xícara de leite, um pouco de sal e, na hora de tirar do fogo, ajuntam-se três gemas de ovos.

Ponham-se os caranguejos sobre um prato e, deitando o molho por cima, sirvam-se.

11. LAGOSTA (HOMARD) ASSADA – Fervem-se em água e sal uma porção de lagostas, e deixam-se esfriar; depois de frias, abrem-se, tira-se a veia do rabo, e picam-se com uma cebola, salsa, e misturam-se com uma mão-cheia de miolo de pão, quatro gemas de ovos e uma colher de manteiga; com esta massa, fazem-se uns bolos que se frigem em manteiga e servem-se.

12. LAGOSTA (HOMARD) GUISADA – Tomam-se uma porção de lagostas e cozem-se em água e sal; estando cozidas, deixam-se esfriar, descascam-se e refogam-se em duas colheres de manteiga, salsa, uma cebola e uma mão-cheia de carapicus picados; juntam-se sal, pimenta, cravo-da-índia, uma xícara de vinho, outra de vinagre e uma de água; deixa-se tudo ferver sobre fogo moderado, e serve-se.

13. LAGOSTA (HOMARD) RECHEADA – Ferve-se em água e sal uma porção de lagostas; estando cozidas, tiram-se o rabo e o escudo; enche-se este último com uma massa feita de uma mão-cheia de miolo de pão amolecido em leite, e amassado com uma colher de manteiga, duas gemas de ovos, uma colher de açúcar, um pouco de noz-moscada raspada e farinha de trigo, quanto baste para fazer uma massa; descasca-se depois o rabo e, tendo derretido duas colheres de manteiga, acrescentam-se uma colher de farinha de trigo, duas gemas de ovos desfeitas em duas colheres de vinho branco, uma xícara de nata de leite, um pouco de açúcar e noz-moscada raspada e ferve-se tudo; acrescentam-se o rabo e o escudo recheado com a massa; ferve-se mais um quarto de hora, e serve-se.

14. LAGOSTA (HOMARD) ASSADA NO ESPETO – Ata-se solidamente no espeto uma lagosta e assa-se sobre fogo vivo, umedecendo-a com manteiga derretida, vinho branco, sal e pimentas; quando estiver cozida, o que se conhece quando o casco duro se torna macio, serve-se com seu molho.

Caramujos de Vinhas

Os caramujos são crustáceos que se encontram nas matas e nos quintais, e dos quais se come o animal que os habita. Estes animais são mais gordos e mais procurados na primavera, quando se nutrem de folhas mais tenras, e no outono, quando as folhas estão maduras; em algumas partes, criam-se e engordam-se com cuidado.

Caramujos

Para tirá-los da casca, fervem-se em água, sal e um pouco de cinza e, quando principiarem a largar a casca, tiram-se facilmente com uma agulha forte; depois, põem-se de molho em água quente para limpá-los bem; deitam-se depois em água fria, e enxugam-se com uma toalha.

1. CARAMUJOS DE VINHAS COZIDOS – Derretem-se duas colheres de manteiga; misturam-se um punhado de cogumelos picados, uma colher de farinha de mandioca, salsa picada, um dente de alho, sal, pimentas e, por fim, uma xícara de vinho branco e outra de água; ferve-se, ajuntam-se os caramujos, e serve-se quente.

    É esta uma comida muito saborosa e recomendada às pessoas que sofrem do peito.

2. CARAMUJOS REFOGADOS – Derretem-se duas colheres de manteiga; misturam-se-lhes um punhado de pão ralado, pimenta, noz-moscada raspada, e ajuntam-se os caramujos; mexe-se e acrescentam-se logo uma xícara de água e duas gemas de ovos diluídas em um cálice de sumo de limão; e, tendo fervido mais uma vez, serve-se.

3. CARAMUJOS RECHEADOS – Tiram-se os caramujos das cascas e fervem-se, por um instante, em vinho branco com canela, pimenta, cravo-da-índia

e noz-moscada raspada; picam-se depois com um igual volume de carne de peixe cozida, e amassam-se com outro tanto de miolo de pão amolecido em leite quente, duas gemas de ovos cozidos duros, para cada dúzia de caramujos, uma cebola, um pouco de salsa, tudo muito bem picado, e sal; misturam-se com uma ou duas colheres de manteiga e enchem-se as cascas dos caramujos com esta massa; postos sobre um prato, aquecem-se ao forno e servem-se.

Mexilhões e Berbigões

O mexilhão é uma espécie de ostra pequena e presta-se para todos os guisados que se fazem com as ostras; e há pessoas que o julgam mais tenro.

1. MEXILHÃO E BERBIGÃO COZIDOS – Refogam-se uma porção pequena de cogumelos e uma mão-cheia de pão ralado em uma colher de gordura; acrescentam-se uma xícara de água, um pouco de salsa, folhas de cebola, sal e pimenta; deixa-se ferver, e acrescenta-se a carne dos mexilhões; tendo aquecido, tira-se do fogo e serve-se.

2. MEXILHÕES ETC. REFOGADOS – Abrem-se os mexilhões, tira-se uma das cascas, e reúne-se a carne de uma na outra, deita-se em cada uma um pouco de gordura e pimenta, põem-se numa panela, aquecem-se, sem que cheguem a ferver, e servem-se.

3. MEXILHÕES ENSOPADOS – Lavam-se e limpam-se os mexilhões com uma escova dura; depois abrem-se e tira-se a água, passando-os por um coador; reúne-se a carne em uma das conchas e deita-se numa panela com um pouco de manteiga, salsa e cebola picada; estando a manteiga derretida, acrescenta-se a água tirada dos mexilhões, polvilha-se tudo com meia colher de farinha de trigo, um pouco de pimenta, e aquece-se sem que a água chegue a ferver; na ocasião de servir, acrescentam-se três gemas de ovos desfeitas num cálice de sumo de limão, e mandam-se à mesa.

4. MEXILHÕES GUISADOS – Pica-se bem fino uma mão-cheia de carapicus, uma cebola, um pouco de salsa, um dente de alho; põe-se numa caçarola com duas ou três colheres de azeite doce, refoga-se e ajuntam-se uma xícara de vinho branco, pimenta e noz-moscada raspada, e ferve-se um pouco; tendo afervendado os mexilhões em sua própria água, deita-se o picado sobre um prato com os mexilhões em sua casca; e serve-se.

As Ostras

As ostras são muito usadas e estimadas, e os verdadeiros gastrônomos comem-nas cruas, sem adubo algum; e, neste estado, elas são mais apropriadas ao estômago, porque, desde que se fervem, elas tornam-se indigestas, o que não acontece estando elas cruas.

1. OSTRAS CRUAS – Toma-se uma porção de ostras, limpam-se por fora o quanto for possível, e abrem-se, o que facilmente se consegue pondo-as sobre uma chapa de ferro com brasas por baixo e, logo que a chapa se aquece, elas abrem-se por si; e, depois, com uma faca forte, quebra-se a junta, raspa-se a carne agarrada para pô-la na outra, para assim ficar toda a carne em uma só concha; polvilha-se com um pouco de pimentas moídas e, sobre cada uma, deitam-se umas gotas de limão, e servem-se.

2. OSTRAS REFOGADAS – Abrem-se duas ou três dúzias de ostras e deitam-se sua carne e água numa panela, e aquece-se até que quase fervam; deitam-se depois em um prato que possa suportar a ação do fogo, com duas colheres de manteiga, umas cebolas picadas, salsa, pimentas e noz-moscada raspada; aquece-se para derreter a manteiga, e deitam-se-lhe as ostras; cobre-se tudo com uma camada de pão ralado, e tapa-se a caçarola, pondo brasa por cima; e, estando o pão com boa cor, serve-se.

3. OSTRAS FRITAS – Depois de ter aferventado as ostras em sua própria água, enxugam-se uma por uma em uma toalha; batem-se depois dois ovos com meia colher de polvilho e uma colher de manteiga derretida; passam-se as ostras neste caldo, frigem-se em gordura, e servem-se salpicadas de pimenta e salsa picada.

4. OSTRAS GUISADAS – Derretem-se duas colheres de manteiga e misturam-se uma [colher] de farinha de trigo, pouco sal, pimenta e acrescenta-se meia garrafa de vinho branco; tendo fervido, ajuntam-se uma porção de carapicus picados e cozidos e duas dúzias de ostras grandes; aquece-se e serve-se, pondo as ostras por cima do guisado.

5. OSTRAS DE ESCABECHE – Tomam-se as ostras abertas e aquecem-se sobre brasas, para escaldarem em sua própria água; tiram-se depois e põem-se numa panela, salpicadas de sal, pimenta e noz-moscada; deita-se depois vinho branco por cima, que chegue para cobri-las, e guardam-se para servirem-se frias.

A Tanajura

A tanajura é a formiga que tem de criar um novo formigueiro e que, na ocasião de presidir a estas funções, cria asas, por meio das quais ela percorre grandes distâncias para procurar o lugar para sua nova morada; quando o tem achado, ela larga de novo as asas, e procede às primeiras perfurações de seu formigueiro; seu tamanho é de uma fava grande, porém o seu abdômen está cheio de milhares de ovos para sua produção; e é o que se come, devendo-se desprezar o mais.

1. TANAJURA FRITA – Toma-se uma porção de tanajuras e escalda-se com água quente; tiram-se depois os abdomens, que se frigem em gordura, polvilhando-os com sal e pimenta; e estando bem torrados, servem-se como prato de surpresa; no gosto, assemelham-se ao camarão.

A Tartaruga, o Cágado

A tartaruga encontra-se no Brasil em grande número nas embocaduras dos rios grandes e fornece, em certas estações do ano, um contingente abundante, saudável e saboroso para a cozinha; outro tanto acontece com os cágados de diferentes espécies, que abundam no interior da América; como as suas pre-

Tartaruga

parações são idênticas às da tartaruga, reunimos em um só artigo o seu modo de prepará-las.

Algumas pessoas têm nojo do cágado, cuja carne é saborosa e saudável; outros levam a ignorância ou a prevenção a ponto de atribuírem a esse inocentíssimo animal propriedades venenosas e peçonhentas que ele nunca teve, e só são induzidas neste crassíssimo erro pela semelhança da sua cabeça com a das cobras; pode-se, portanto, comer a carne deste animal, que em tudo é igual à da tartaruga.

1. CÁGADO OU TARTARUGA REFOGADOS – Depois de cortados a cabeça e os pés da tartaruga, ferve-se durante cinco minutos; tiram-se os cascos, corta-se a carne em tiras, e envolve-se em fubá mimoso ou farinha de trigo; refoga-se em um pouco de manteiga com uma cebola picada e salsa; ajuntam-se em seguida uma xícara de água ou vinho, outra de vinagre, sal e pimentas; deixa-se ferver durante um quarto de hora, e serve-se.

2. CÁGADO OU TARTARUGA GUISADOS – Escalde-se a tartaruga, tire-se a carne dos cascos, refogue-se em gordura quente, ajuntem-se uma xícara de água, sal, cebolas picadas e pimentas; e, tendo fervido durante um quarto de hora, sirva-se.

OS OVOS, O LEITE E O QUEIJO

Todos conhecem os ovos como uma iguaria nutritiva; são um alimento de fácil digestão, não os fervendo até endurecer a clara, estando nesta que se achem um alimento indigesto.

Os ovos são de grande recurso para a cozinha em dias de jejum, por causa das diferentes maneiras por que se preparam.

Os ovos de galinha são os mais úteis, por serem mais fáceis de obter; entre estes, os melhores são os de galinhas cochinchinas, fáceis de reconhecer pela sua cor amarelada e por serem maiores e mais redondos que os outros; todavia, ainda são superiores os de galinha-d'angola, que poucas vezes se podem alcançar, apesar de estas qualidades de galinhas botarem até cinqüenta ovos e mais, de uma só postura; como, porém, elas fazem os ninhos nos matos, são difíceis de achar.

Podem aproveitar-se todas as qualidades de ovos; é verdade que algumas pessoas reconhecem os ovos das patas e das marrecas nas comidas preparadas com eles; realmente existe este fenômeno, unicamente na prevenção, porque, para experiência, têm-se feito duas iguarias, uma com ovos de patas e outra com os de galinhas, e muitas vezes, depois de provarem as comidas, as pessoas que as provaram indicavam aquelas preparadas com ovos de galinha, como feitas com ovos de patas e vice-versa.

Pode-se também usar dos ovos de cágado e de tartaruga.

O Leite

O leite igualmente é um alimento nutritivo, saudável, de fácil digestão, e empregado diariamente nas cozinhas sob muito variadas formas; emprega-se só o leite das vacas, sendo que o leite das ovelhas, além de ser muito gordo, não deixa de ter uma catinga; e o leite das éguas é muito ralo, e contém muito pouca substância queijeira (*caseum*).

O Queijo

O queijo é um alimento saudável, conquanto seja de digestão mais difícil, principalmente o queijo velho; este, porém, sendo velho e gordo, torna-se um agente digestivo, e, sendo comido com moderação, provoca o apetite e ativa a digestão por causa do amoníaco que se dissolve pela putrefação.

O queijo velho e magro torna-se muito indigesto, e só se pode usar dele ralado, e ainda assim em pequena quantidade.

1. GEMADA BRANCA – Ferve-se uma garrafa de leite, com sal e três colheres de açúcar, até ficar na metade; acrescentam-se então quatro claras de ovos bem batidas, continuando-se a bater; ajuntam-se as gemas e, tendo fervido durante dez minutos, deita-se sobre pratos, e deixa-se esfriar; cobre-se com açúcar e canela em pó e serve-se.

2. GEMADA BRANCA AMENDOADA – Pisam-se quatro onças de amêndoas descascadas com quatro onças de açúcar; tendo formado uma massa homogênea, ajuntam-se uma garrafa de leite fervido até ficar reduzida à metade, uma colher de polvilho, um pouco de noz-moscada raspada; bate-se tudo, ferve-se, deita-se sobre pratos, cobre-se com açúcar e canela em pó, e serve-se.

3. GEMADA BRANCA GOMADA – Ferve-se uma garrafa de leite com pouco sal, quatro colheres de açúcar, alguns pedaços de canela, e cravos-da-índia; fazendo-se reduzir à metade, ajuntam-se quatro onças de miolo de pão; ferve-se até desfazer o pão, côa-se por peneira, ajunta-se uma colher de

polvilho batido com seis claras de ovos, misturando-se pouco a pouco a clara ao leite; torna-se a ferver por duas a três vezes e, postos numa tigela, deixa-se esfriar. Vira-se esta massa sobre um prato, para que saia inteira; cobre-se um pouco com açúcar e canela em pó, e serve-se.

4. GEMADA COM ALETRIA – Batem-se seis ovos com três colheres de açúcar, e mistura-se pouco a pouco uma garrafa de leite; põe-se ao fogo e ferve-se, juntando-se a aletria cozida em água e tirada com uma escumadeira para escorrer bem; deixa-se ferver até engrossar e põe-se em pratos; cobre-se com açúcar e canela em pó, e serve-se.

5. OVOS NEVADOS – Batem-se seis gemas de ovos e misturam-se em uma garrafa de leite fervido com um pouco de sal; juntam-se um pouco de açúcar e uns pedaços de canela; põe-se no fogo e deixa-se ferver um pouco, pondo-se depois numa terrina.

Vassoura de bater ovos

Batem-se, por outra parte, as claras dos ovos até ficarem duras e, tendo posto no fogo uma caçarola grande, com uma ou duas garrafas de água ou leite, deita-se uma colher cheia dessa clara, fazendo-se assim até acabar a clara; tira-se com uma escumadeira, deixando-se escorrer bem; deita-se por cima do leite e cobrindo-se com açúcar e canela em pó, serve-se.

6. GEMADA DE POLVILHO – Desfazem-se quatro colheres de polvilho ou araruta em uma garrafa de leite, e misturam-se seis gemas de ovos batidas com três colheres de açúcar; põe-se tudo ao fogo, e ferve-se, mexendo sempre até engrossar; estando frio, põe-se no prato, cobrindo com açúcar e canela em pó, e manda-se à mesa.

7. GEMADA DE AMÊNDOAS – Socam-se quatro onças de amêndoas descascadas, com quatro colheres de açúcar; estando a pasta homogênea, misturam-se oito gemas de ovos, um pouco de noz-moscada raspada e, por fim, uma garrafa de leite; ferve-se sobre brasas até engrossar, e cobre-se com açúcar e canela em pó.

8. GEMADA DE BISCOITOS OU BOLACHAS – Batem-se quatro gemas de ovos, com duas colheres de açúcar e uma porção de biscoitos ralados; ajuntam-se pouco a pouco uma garrafa de leite, algumas casquinhas de limão, canela e cravo-da-índia; deixa-se ferver até ficar grosso, e deita-se sobre

biscoitos cortados; deixa-se esfriar, cobre-se com um pouco de açúcar e canela, e serve-se.

9. GEMADA DO REINO – Batem-se meia dúzia de gemas de ovos com quatro colheres de açúcar, um pouco de noz-moscada raspada, canela moída e baunilha raspada, ajunta-se pouco a pouco uma garrafa de vinho branco, põe-se em seguida sobre o fogo, deixa-se ferver algumas vezes, e serve-se simples, para servir de molho para pudins.

10. GEMADA QUEIMADA – Frigem-se cinco colheres de farinha de trigo em uma colher de manteiga; tendo tomado cor, ajuntam-se aos poucos uma garrafa de leite, e oito gemas de ovos batidas com três colheres de açúcar, e um pouco de noz-moscada raspada; ferve-se até engrossar, e põe-se no prato estando frio, com açúcar e canela em pó, e passa-se um ferro quente por cima para corar o açúcar.

11. OMELETE (FRITADA DE OVOS) À MINEIRA – Batem-se seis ovos com uma colher de farinha de milho coada; põem-se neste batido umas folhas de borragem picadas; frigem-se duas colheres de gordura, tira-se uma colher desta massa e deita-se na gordura, repetindo esta operação até acabar os ovos batidos; servem-se estes bolos com algum molho.

12. OMELETE DE AÇÚCAR – Tomem-se oito gemas de ovos que se batem fortemente com uma quarta de açúcar em pó, algumas casquinhas de limão e três colheres de nata de leite; ajuntem-se então as claras dos ovos com um pouco de sal fino; batam-se bem, e frija-se a massa em uma caçarola com um pouco de manteiga derretida; estando frito, deite-se no prato, cubra-se com açúcar em pó e, tendo passado por cima um ferro em brasas, sirva-se.

Frigideira

13. OMELETE COM CARAPICUS OU COGUMELOS – Derrete-se uma colher de manteiga de vaca, mistura-se um cálice de vinho branco, e ferve-se neste molho uma porção de carapicus picados ou cogumelos.

Bate-se então uma dúzia de ovos com meio cálice de vinho, sal fino, e pimenta moída; derretem-se duas colheres de manteiga numa frigideira, deita-se metade dos ovos, deixa-se frigir, e, principiando a pegar no fundo, levanta-se e deita-se mais uma colher de manteiga; estando esta derretida, vira-se o fritado, deitam-se os carapicus refogados, e despeja-se o resto dos ovos, cobrindo-se a frigideira com uma tampa cheia de brasas; estando cozido, serve-se.

14. OMELETE COM CONHAQUE – Batem-se oito gemas de ovos com uma quarta de libra de açúcar em pó, um pouco de casquinha de limão, noz-moscada e três colheres de nata de leite; ajuntam-se as claras, e bate-se o todo. Derrete-se numa caçarola duas colheres de manteiga e, estando quente, deitam-se os ovos batidos; estando fritos, põem-se num prato, cobrindo com uma leve camada de açúcar em pó; na hora de servir-se, deita-se sobre a fritada um copo de conhaque, põe-se fogo à fritada e, estando ardendo, serve-se.

15. OMELETE DE VENTO – Batem-se seis a oito gemas de ovos, com quatro colheres de açúcar, e um pouco de canela moída.

Por outra parte, batem-se as claras com um pouco de sal fino até ficarem duras; ajuntam-se as gemas, deita-se tudo num prato que se coloca sobre o fogo, cobrindo-o com uma tampa cheia de brasas; o fogo deve ser meio vivo, a fim de os ovos crescerem; estando cozido, cobre-se com açúcar e canela, e serve-se quente.

16. OMELETE SIMPLES – Batem-se seis a oito ovos, gemas e claras, com duas colheres de leite, e ajuntam-se um pouco de sal fino e pimenta moída.

Derrete-se numa frigideira uma colher de manteiga e, estando quente, deitam-se os ovos; quando estão pegando na frigideira, levantam-se com a ponta de uma faca, e acrescenta-se mais uma colher de manteiga; estando derretida, viram-se os ovos, frigem-se do outro lado, e servem-se.

Pode-se variar o gosto desta fritada, tanto nos temperos como sejam: noz-moscada, cebola, gengibre, canela e açúcar; como também em outros adjuntos, como sejam: queijo ralado, batatas, pão ralado, ervas picadas, carne picada, etc.

17. OMELETE FOFA – Quebram-se oito ovos, separam-se as claras das gemas, ajuntam-se com as gemas seis colheres de açúcar limpo e umas casquinhas de limão picado o mais fino possível, e mistura-se tudo.

Na ocasião de servir-se, batem-se umas claras e misturam-se com as gemas; toma-se um pedaço de manteiga, que se põe numa frigideira para derreter; e, depois de derretida, lançam-se os ovos, vira-se a omelete; quando a manteiga estiver embebida, despeja-se numa travessa funda, untada de manteiga e põe-se esta travessa sobre brasas; semeia-se por cima açúcar refinado e põe-se por cima da travessa uma tampa com brasas, tendo o cuidado de que a omelete não fique queimada; e sirva-se quente.

18. OMELETE COM DOCES – Tomam-se dez ovos, que se batem bem; põe-se numa frigideira um pouco de manteiga e, estando derretida, lançam-se os ovos dentro; estando cozidos, deitam-se sobre uma travessa, de maneira que fique metade dos ovos na caçarola; neste estado, põem-se os doces que se quiser, e cobrem-se com a outra parte que está na caçarola, e serve-se quente.

19. OMELETE COM DOURADO OU PIABA – Tomam-se duas ovas de dourado ou piaba, lavam-se em água fervente e um pouco salgada.

Toma-se, por outra parte, um pedaço de peixe fresco, do tamanho de um ovo, ao qual se ajuntam seis cabeças de cebolinhas picadas muito miúdas.

Picam-se juntos as ovas e o peixe, de maneira a misturar tudo muito bem, e põe-se tudo numa caçarola com um pouco de manteiga, para refogar até que esta esteja derretida, e é nisto que consiste a delicadeza do guisado.

Toma-se uma segunda porção de manteiga à vontade, que se amassa com salsa, folhas de cebolinha e põe-se esta massa sobre uma travessa comprida, na qual se tem de colocar a omelete; deita-se um pouco de sumo de limão sobre a massa e põe-se a travessa sobre brasas.

Batem-se doze ovos e o refogado das ovas e do peixe, de maneira que tudo fique bem misturado; faz-se a omelete pela maneira já indicada para as outras omelets, e põe-se na travessa que se preparou.

Deve-se ter cuidado [para] que nem os ovos e nem os peixes fervam.

20. OVOS MEXIDOS COM PONTAS DE ASPARGOS – Depois de aferventada uma porção de pontas de aspargos, cortam-se em pequenos pedaços e escorrem-se; põem-se numa porção de ovos e batem-se bem; neste estado, coloca-se esta mistura numa caçarola com um pouco de manteiga, e leva-se a um fogo brando, mexendo sempre com uma espátula até ficarem de boa consistência.

21. OVOS MEXIDOS COM ERVILHAS NOVAS – Procede-se como já foi explicado para as pontas de aspargos.

22. OVOS ESCALDADOS COM MOLHO DE TOMATES – Põe-se a ferver em uma caçarola uma porção de água e, quando estiver fervendo, quebram-se com jeito uma porção de ovos para que não furem, e quando estiverem bem escaldados, tiram-se com uma escumadeira, e procede-se assim até acabarem os ovos que se quiser; depois de concluído, deitam-se os ovos em uma travessa, despejando por cima um molho de tomates, e mandam-se à mesa.

23. OVOS ESCALDADOS COM SUBSTÂNCIA DE CARNE – Procede-se como no artigo antecedente, deitando por cima dos ovos boa substância de carne.

24. OVOS MEXIDOS COM CREME – Depois de escaldar seis ovos em leite adoçado e aromatizado com flor de laranjeira, põem-se a escorrer e esfriar; juntam-se no leite, que serviu para escaldá-los, seis gemas de ovos, um pouco de farinha de trigo, e uma quarta de libra de açúcar refinado; mistura-se, passa-se na peneira fina, e põe-se o creme a engrossar em fogo brando; deita-se açúcar sobre os ovos, despeja-se o creme por cima, e serve-se.

25. OVOS REFOGADOS – Põe-se dentro de uma xícara um ovo quebrado, põe-se um pouco de sal e pimenta moída, emborca-se a xícara numa frigideira contendo gordura quente; estando o ovo cozido de um lado, vira-se dentro da xícara, para frigir do outro lado.

Do mesmo modo, frigem-se uma dúzia de ovos ou mais; servem-se num prato, pondo por cima de cada ovo uma fatia de pão frito, do mesmo tamanho do ovo, deitando-se sobre elas um molho feito com uma colher de farinha de trigo e outra de manteiga derretida, o sumo de um limão e uma xícara de caldo; tendo fervido, serve-se.

26. OVOS COM AMENDOADA – Socam-se uma quarta de amêndoas, uma quarta de açúcar molhado com uns pingos de leite; ajuntam-se depois uma xícara de leite e o peito de uma galinha muito picada, sal, casquinhas de limão; aquece-se, e ajuntam-se oito ovos bem batidos; mistura-se tudo, e derretem-se numa caçarola duas colheres de manteiga; deita-se esta massa, deixa-se frigir sem mexer, e serve-se.

27. OVOS COM QUEIJO – Misturem-se, sobre um prato que possa suportar o calor do fogo, partes iguais de miolo de pão e queijo ralado; temperem-se com sal e pimenta, e misturem-se três ou quatro gemas de ovos e uma ou duas colheres de leite; ponha-se sobre brasas até ficar quente, quebrem-se sobre esta massa oito ovos, e ajunte-se uma porção de queijo ralado; cubra-se com uma tampa cheia de brasas, até as claras terem-se tornado cozidas e o queijo estar derretido, e sirva-se.

28. OVOS COM QUEIJO FRESCO – Frigem-se umas talhadas de queijo fresco em gordura e, estando bem fritas, deita-se por cima uma porção de ovos batidos, e deixam-se frigir sem mexer, até os ovos ficarem cozidos; emborca-se a caçarola sobre um prato, e cobre-se com açúcar e canela em pó.

29. OVOS COM SOPA DE PÃO – Ferve-se uma porção de miolo em meia garrafa de leite, sal, canela moída, casquinhas de limão e meia colher de manteiga; estando o pão desfeito, ajunta-se uma dúzia de ovos muito

Os Ovos, o Leite e o Queijo

batidos, mistura-se tudo e deita-se numa caçarola contendo uma colher de manteiga derretida; e, tendo posto no forno ou sobre brasas, deixa-se ferver até ficar cozido; emborca-se a caçarola sobre um prato, cobre-se com açúcar e serve-se.

30. OVOS COZIDOS COM CASCA – Parece muito fácil cozer-se ovos, entretanto vê-se que os cozinheiros às vezes ou os cozinham demais, e outras vezes de menos, por não saberem de uma regra certa.

Para os ovos ficarem em bom ponto, isto é, quentes, põe-se uma grande vasilha cheia de água, para que os ovos caibam no fundo da vasilha e cobertos de água; estando a água fervendo, deitam-se os ovos, começa-se a contar de um até duzentos, e tiram-se os ovos imediatamente com uma escumadeira; eles ficarão bons para se comerem moles. Tendo-se um aparelho de ferver ovos, deitam-se estes na vasilha com água fria; acende-se uma lamparina, e quando a água estiver fervendo muito, tiram-se os ovos, que estarão prontos.

Para este processo, usa-se escolher os ovos bem frescos.

31. OVOS COZIDOS EM CALDA – Faz-se a calda de uma libra de açúcar e, quando estiver em ponto de espelho, tira-se do fogo e deixa-se esfriar; deitam-se, nesta ocasião, vinte gemas de ovos batidas, tendo o cuidado de separar bem a clara, porque a menor partícula de clara fará as gemas não se ligarem com a calda; tornando a colocar a vasilha no fogo, aquecendo-se sobre brasas e mexendo-se até estar de boa consistência, deita-se esta mistura em copos, e cobre-se com canela: comem-se frios.

32. OVOS COZIDOS SEM CASCA – Estando em uma vasilha larga água quente com sal, quebram-se os ovos na flor da água, de maneira que fiquem inteiros, e conservem a sua forma, ficando separados um do outro, para não aderirem; deixam-se cozer enquanto se conta até trezentos; tiram-se com uma escumadeira, e servem-se ou com molho de carne ou com legumes.

33. OVOS DOURADOS – Frigem-se umas fatias de pão em manteiga e deitam-se num prato que possa suportar o calor do fogo com seis ovos cozidos duros, descascados e picados, com uma cebola, folhas de salsa, sal, pimentas; deitam-se por cima seis ovos batidos, misturados com queijo ralado; põe-se o prato sobre brasas e cobre-se com uma tampa cheia de brasas, e estando cozidos, servem-se.

34. OVOS DOURADOS FRITOS – Põem-se umas fatias de pão de molho em leite; tiram-se e deixam-se escorrer; passam-se depois em quatro ovos batidos, misturados com uma colher de farinha de trigo; frigem-se numa

caçarola em manteiga de vaca ou gordura; estando fritos de um lado, cobrem-se com açúcar e canela e servem-se.

35. OVOS EM GELÉIA – Batem-se numa terrina de bastante capacidade, quatro ovos inteiros com duas xícaras de caldo de carne, sal e pimenta; deita-se esta vasilha depois num tacho com água quente, tendo cuidado que não entre água na tigela; deixa-se até o conteúdo da tigela ficar duro, deixa-se esfriar um pouco, emborca-se a tigela num prato e serve-se.

Usa-se repartir este batido em xícaras, procedendo-se como já se explicou, e servindo-se com um molho picante ou creme.

36. OVOS ENSOPADOS – Quebram-se os ovos numa panela, na qual se terá posto água fervente, quebrando-os bem na flor da água; deixam-se cozer até ficarem no ponto e, estando postos no prato, deixam-se escorrer e deita-se por cima um molho feito com uma colher de farinha de trigo, uma de manteiga, uma colher de vinagre, um cálice de vinho, sal, um pouco de açúcar e canela; tendo fervido durante alguns minutos, derrama-se sobre os ovos.

37. OVOS ENSOPADOS COM MOLHO DE CEBOLA – Coze-se uma porção de ovos com casca até ficarem duros; descascam-se e cortam-se em rodelas.

Frige-se uma cebola picada em uma colher de manteiga de vaca, cobre-se com farinha de trigo, juntam-se um cálice de água, uma colher de vinagre, sal e pimenta, ferve-se um pouco e, deitando-se sobre as rodelas dos ovos, serve-se.

38. OVOS ENSOPADOS COM QUEIJO – Rala-se uma quarta de queijo, deita-se numa caçarola com um martelo de vinho branco, uma colher de manteiga de vaca, salsa picada, um pouco de pimenta e uma pitada de sementes de coentro, põe-se ao fogo e mexe-se até o queijo desfazer-se todo; tira-se do fogo, deixa-se esfriar e ajuntam-se seis ovos batidos; torna-se a levar ao fogo e ferve-se esta mistura, mexendo até estar cozida; posta no prato serve-se.

39. OVOS ESCALDADOS COM SUMO – Soca-se uma porção de azedas-do-reino, espreme-se o sumo e côa-se por um pano; ajuntam-se uma colher de manteiga, meia de farinha de trigo, duas gemas de ovos, e um pouco de sal; ferve-se um pouco, mexendo-se, e deitam-se em seguida oito a dez ovos escaldados em água e sal; fervem-se mais uma vez, e servem-se.

40. OVOS ESTRELADOS – Frige-se, numa frigideira, uma colher de manteiga com sal; estando quente, quebram-se os ovos com cuidado, para que não furem, deixam-se frigir um pouco, cobrem-se com um pouco de pimenta-da-índia e um pouco de noz-moscada, e servem-se.

Usa-se preparar estes ovos em um prato fundo, que suporte o calor do fogo.

Os Ovos, o Leite e o Queijo

41. OVOS ESTUFADOS – Picam-se um pouco de salsa, folhas de cebola e meia cebola de cabeça; mistura-se em um pouco de miolo de pão amolecido no leite e misturado com três gemas de ovos; amassa-se de modo que fique uma pasta mole; estende-se esta sobre um prato untado de manteiga de vaca e põe-se este sobre brasas, até a polpa ficar quase cozida; deitam-se então por cima seis a oito ovos, pulveriza-se um pouco de sal e pimenta-da-índia moída; cobrem-se com uma tampa cheia de brasas, deixam-se aí até ficarem cozidos, e servem-se.

42. OVOS ESTUFADOS COM CEBOLA – Picam-se seis cebolas, frigem-se em uma colher de farinha de trigo; ajuntam-se uma colher de leite, sal, pimentas, ferve-se um pouco, mistura-se uma dúzia de ovos muito batidos; põem-se depois sobre brasas, cobrindo com uma tampa cheia de brasas, e estando cozidos, emborca-se a caçarola sobre o prato, e serve-se.

43. OVOS FRITOS À MINEIRA – Quebram-se seis ovos dentro de uma tigela, deitam-se-lhes um pouco de sal moído, uma pimenta-cumari, e batem-se até criarem espuma.

Frige-se numa caçarola um pedaço de toucinho e, quando a gordura estiver quente, deitam-se os ovos e deixam-se frigir sem mexer; estando fritos (não muito duros), deitam-se no prato e servem-se.

Alguns usam cobri-los com um pouco de açúcar e canela em pó.

44. OVOS FRITOS À MODA DE HOTEL – Quebram-se seis a oito ovos numa tigela, batem-se com um pouco de sal moído, folhas de cebolinhas picadas e um pouco de pimenta moída.

Derrete-se numa frigideira uma colher de manteiga de vaca e, estando derretida e ainda não muito quente, deitam-se os ovos, continuando a mexer para não pegar no fundo; estando fritos, servem-se.

45. OVOS À PARMESÃ – Batem-se oito ovos inteiros, quatro gemas, com sal, pimenta e três colheres de queijo ralado.

Por outra parte, derretem-se duas colheres de gordura e, estando quente, deitam-se no prato, cobrem-se com pão ralado, açúcar e canela em pó; e servem-se.

46. OVOS FRITOS DE PAÇOCA – Batem-se seis ovos, ajuntam-se duas colheres de amendoim socado, um pouco de sal, uma colher de açúcar e noz-moscada.

Frigem-se duas colheres de farinha de trigo em duas colheres de manteiga de vaca, mexe-se e, estando bem quente, deitam-se os ovos, continuando a mexer, até estarem cozidos; servem-se, cobrindo-se de açúcar e canela.

47. OVOS FRITOS COM ERVAS – Batem-se seis ovos com um pouco de sal, salsa e folhas de borragem picadas.

Por outra parte, derrete-se uma colher de gordura com uma cebola picada; estando bem quente, deitam-se os ovos, mexem-se e, estando fritos, servem-se, cobrindo-os com um pouco de pimenta moída.

48. OVOS FRITOS COM FÍGADO – Batem-se seis ovos, ajuntam-se dois fígados de galinha picados, temperam-se com sal, pimentas-cumaris, salsa e folhas de cebola picadas; frigem-se na gordura bem quente, deitam-se em um prato, e servem-se, tendo-os polvilhado com pimenta e noz-moscada raspada.

49. OVOS FRITOS COM TOUCINHO – Frige-se uma lasca de toucinho magro e que tenha um pouco de carne, põe-se um pouco de pimenta e, tendo tomado boa cor, deitam-se-lhe seis ovos batidos com uma colher de vinagre; deixam-se acabar de frigir, põem-se em um prato e servem-se.

50. OVOS FRITOS EM TIRAS – Batem-se oito gemas de ovos com um pouco de aguardente, um pouco de sal e pimentas; deitam-se numa caçarola sobre brasas até endurecerem; cortam-se então em tiras da grossura de um dedo; põem-se estas tiras entremeadas de sardinhas numa caçarola com pouca gordura; deixam-se aquecer e servem-se com salada picada.

51. OVOS GUISADOS COM CREME – Corta-se em rodelas uma dúzia de ovos cozidos duros, põem-se sobre um prato, faz-se um molho de uma colher de manteiga, uma colher de farinha de trigo e uma cebola picada, e frige-se um pouco; ajuntam-se uma gema de ovo batida em uma xícara de leite, um pouco de sal, uma colher de açúcar e canela moída; deita-se por cima e servem-se.

52. OVOS GUISADOS COM MOLHO DE MOSTARDA – Ferve-se uma dúzia de ovos, até ficarem duros, descascam-se e partem-se em quatro pedaços.

Por outra parte, frige-se meia dúzia de cebolas em uma quarta de libra de gordura; ajuntam-se sal, pimenta e uma xícara de água com uma colherzinha de polvilho desfeita em um cálice de vinagre; deixa-se ferver e, estando de boa consistência, ajunta-se uma colher de mostarda inglesa; deitam-se os ovos no molho e servem-se, aquecendo-se um pouco.

53. OVOS GUISADOS COM TORRADINHAS – Derrete-se uma quarta de manteiga, num prato que possa suportar o calor do fogo; estando esta derretida, quebra-se nela uma dúzia de ovos e põe-se o prato sobre brasas.

Por outra parte, frige-se em manteiga de vaca uma porção de miolo de pão cortado em pedaços; estando coradas, tiram-se e deitam-se sobre os ovos.

Faz-se então um molho de um cálice de vinho branco fervido, duas gemas de ovos, um pouco de noz-moscada, uma colher de sumo de limão e uma pitada de polvilho; deita-se sobre o pão, pondo em cima um pouco de açúcar e cobre-se com uma tampa cheia de brasas; passado um quarto de hora, serve-se.

54. OVOS RECHEADOS – Ferve-se uma dúzia de ovos, descascam-se e partem-se ao meio, pelo comprimento; tiram-se as gemas, e amassam-se estas com seu igual volume de manteiga de vaca e miolo de pão umedecido em leite; misturam-se sal, pimenta moída, meia cebola e um pouco de salsa picada, amolecendo a massa com duas gemas de ovos; enchem-se com esta massa as claras, estendendo o resto sobre um prato que possa aturar o calor do fogo; deitam-se as claras recheadas sobre esta massa, untam-se com uma gema de ovo, por meio de uma pena; põem-se sobre brasas, cobrindo com uma tampa cheia de brasas; estando cozidos, servem-se com um molho de vinagre, molho picante, ou com legumes.

55. OVOS DE CÁGADO ENSOPADOS – Ferve-se uma porção de ovos de cágado; estando duros, descascam-se em duas metades.

Por outra parte, refogam-se uma colher de farinha de trigo, duas colheres de manteiga, uma cebola picada, um cálice de vinagre e outro de água; deixa-se ferver um pouco, deitam-se os ovos e servem-se quentes.

56. OVOS DE CÁGADO GUISADOS – Toma-se uma porção de ovos de cágado, batem-se com sal, e quanto baste de gordura; frigem-se e, estando prontos, ajuntam-se meia garrafa de leite fervido, duas colheres de açúcar e uma colher de polvilho; deixa-se ferver, mexendo-se continuamente, e serve-se.

57. OVOS FRITOS DE TARTARUGA – Quebram-se um ou dois ovos de tartaruga, batem-se bem com um garfo; ajuntam-se sal e pimentas pisadas, deitam-se numa panela com gordura, frigem-se, misturando uma colher de farinha de mandioca, e servem-se.

58. OVOS BATIDOS E ENGROSSADOS COM FUBÁ – Toma-se uma porção de ovos inteiros que se batem bem, ajuntando-se salsa, cebola bem picada, sal e pimenta-da-índia bem socada, e alho; depois de bem batido, ajunta-se um pouco de fubá de canjica, até formar uma massa meio dura, da qual se toma uma colher, e se lança em uma frigideira, tomando-se às colheres até acabar a massa e tirando os ovos da frigideira à medida que estiverem frigindo; põem-se estes ovos sobre um prato e servem-se com um molho feito de cebolas, salsa picada e pimentas-cumaris.

Querendo, unta-se na massa uma folha de borragem afervantada e, assim untada, põe-se a frigir na gordura bem quente, e assim por diante até acabar a massa, e serve-se com o molho acima.

Da mesma maneira se podem preparar pedaços de frango ou galinhas já cozidos, ou também bacalhau cozido (tiradas as espinhas), folhas de alcachofras, palmito, samambaia, brotos de aspargos etc.

59. OVOS COM CARNE FRIA PICADINHA – Bate-se uma porção de ovos inteiros; depois de bem batidos, ajuntam-se salsa, cebolas e cebolinhas bem picadas, sal, pimenta-da-índia, um dente de alho; depois de tudo bem misturado, ajunta-se uma porção de carne fria bem picada e põe-se dentro de uma caçarola, na qual se acha um pouco de gordura derretida mas não muito quente; e assim se deixa cozer a fogo brando, com uma tampa de brasas em cima; serve-se na mesma caçarola com um molho de tomates e cebolas por cima; também se pode tirar da caçarola com cuidado e colocar-se em um prato.

60. OVOS MEXIDOS COM SUBSTÂNCIA DE CARNE – Tomam-se doze ovos, duas onças de manteiga fresca, batem-se, ajuntando substância de carne aos poucos; põem-se sal, pimenta-da-índia e põe-se numa caçarola, mexendo sem parar com uma espátula, até ficarem de boa consistência; servem-se num prato antecipadamente aquecido sobre brasas.

61. OVOS MEXIDOS COM QUEIJO – Tomam-se doze ovos, quatro onças de queijo flamengo ou de queijo bem curado e duas onças de manteiga.

Quebram-se os ovos e batem-se bem em uma caçarola; em seguida, ajuntam-se a manteiga e o queijo ralado.

Põe-se a caçarola sobre um fogo ativo, mexe-se continuadamente, até que a mistura esteja suficientemente cozida e ainda mole; ajuntam-se sal (conforme o queijo estiver salgado), uma porção de pimentas-da-índia e serve-se sobre um prato aquecido antecipadamente; bebe-se por cima um copo de vinho.

É este um bom confortativo.

62. QUEIJO ASSADO – Enfiam-se algumas talhadas de queijo meio curado em um espeto de pau, unta-se com um pouco de gordura e assa-se sobre brasas de um e outro lado; e serve-se quente, polvilhando-se com açúcar e canela; também se pode assar na grelha.

63. QUEIJO FRITO – Corta-se o queijo em talhadas, passam-se em gema de ovo, envolvem-se em farinha de trigo, frigem-se em gordura de um e outro lado, e servem-se polvilhados de açúcar e canela.

Também se costuma assar sem ovos nem farinha; o modo de preparar depende do gosto de cada pessoa.

CAPÍTULO XIII

OS LEGUMES

As diversas preparações que os legumes podem receber formam os mais preciosos recursos da cozinha, ao mesmo tempo que, pela facilidade de se combinarem com todas as carnes, formam todos os dias a base da cozinha.

Os legumes propriamente ditos podem reduzir-se a quatro classes.

1º *Raízes* – batatas-doces, batatinhas, cará, caratinga, cebolas, beterrabas, amendoim, cenouras, escorcioneira, inhame, mangarito, mandioca, nabos, salsifis, taioba e túbaras.

2º *Folhas* – agrião, alface, almeirão, caruru, carapicu, cogumelos, chicória, couves, cardo, espinafre, borragem, beldroega, nabiça, ora-pro-nóbis, repolho, serralha, tetragônia, aspargo, palmitos, samambaia.

3º *Frutas* – abóbora-d'água, alcachofras, bananas, berinjela, cará-do-ar, castanhas-do-pará, jiló, jerumbeba, mogango, mindubirana, moranga, pepinos, pinhões, quiabos, tomates.

4º *Grãos* – arroz, favas, feijões, grão-de-bico, guandu, ervilhas, mangaló, milho, lentilhas.

As Raízes

Batatas-doces, cará, cará-do-ar, mangarito, inhame e mandioca.

Todas estas raízes podem ser preparadas pelos mesmos modos que as batatinhas, e só uma ou outra oferece uma iguaria especial.

1. BATATAS-DOCES ENSOPADAS – Descasca-se uma porção de batatas-doces; cortam-se em pedaços e fervem-se um pouco em água e sal; tiram-se e deixam-se escorrer.

    Por outro lado, derrete-se uma colher de manteiga com uma colher de farinha de trigo, uma xícara de vinho branco e outra de caldo de carne, um pouco de sal, e noz-moscada; deitam-se as batatas neste molho, e deixam-se cozer sobre fogo moderado; estando cozidas e o caldo reduzido, servem-se.

2. BATATAS-DOCES FRITAS – Ferve-se uma porção de batatas-doces; estando meio cozidas, descascam-se e cortam-se em rodelas, frigem-se em manteiga ou gordura, até tomarem boa cor, e servem-se.

3. BATATINHAS REFOGADAS – Toma-se uma porção de batatinhas, descascam-se e cortam-se em pedaços; frigem-se em gordura com uma cebola picada, um pouco de salsa, sal, pimenta e uma colher de farinha de trigo; mexe-se e ajunta-se uma garrafa de água; deixa-se ferver e reduzir, e serve-se.

4. BATATINHAS À PARMESÃ – Ferve-se uma porção de batatinhas, descascam-se e cortam-se em pedaços; unta-se bem uma caçarola com manteiga e deitam-se as batatas cortadas em talhadas alternadas com camadas de queijo ralado; deixam-se assar no forno, deitam-se sobre um prato, depois de as despregar com uma faca para saírem inteiras; querendo-se, apolvilham-se com açúcar, e servem-se.

5. BATATINHAS ASSADAS – Toma-se uma porção de batatinhas cozidas com casca, descascam-se e põem-se numa frigideira com pouca gordura ou manteiga; deixam-se frigir e, estando fritas, viram-se para não queimarem; estando de boa cor, servem-se.

6. BATATINHAS COZIDAS – Cozinham-se as batatinhas em água ou a vapor; põem-se numa panela com água a ferver; estando cozidas, servem-se. Também se usa cozinhar as batatas descascadas.

7. BATATINHAS FRITAS – Descasca-se uma porção de batatinhas, cortam-se em pequenos pedaços e frigem-se em gordura; estando bem torradas, servem-se, pondo um pouco de sal.

8. BATATINHAS EM PIRÃO – Ferve-se uma porção de batatinhas descascadas, até ficarem bem cozidas; escorre-se a água e amassam-se bem até formar uma pasta homogênea; misturam-se com umas colheres de leite e sal, põem-se no prato, deita-se por cima uma cebola picada, e servem-se.

9. BATATINHAS EMPASTELADAS – Toma-se uma porção de batatinhas, fervem-se, descascam-se, e esmagam-se bem; misturam-se, a cada libra de massa, duas colheres de massa de leite, uma colher de manteiga, quatro gemas de ovos, uma colher de açúcar e duas de farinha de trigo; amassa-se tudo bem, e, formando uns bolos, frigem-se em manteiga de vaca e servem-se.

Batatinhas empasteladas

10. BATATINHAS ENSOPADAS – Descasca-se uma porção de batatinhas, cozem-se em água e sal, e cortam-se em rodelas; põem-se a frigir em manteiga, com sal, pimenta socada e folhas de cebola picadas; ajunta-se um copo de leite fervido e, tendo fervido mais um pouco, serve-se.

11. BATATINHAS FRITAS À MODA – Cortam-se umas batatinhas em rodelas delgadas; envolvem-se em farinha de trigo e sal, e frigem-se na gordura ou manteiga; estando bem tostadas, servem-se.

12. BATATINHAS ENSOPADAS COM MOLHO BRANCO – Derrete-se uma colher de manteiga, mistura-se uma colher de farinha de trigo e ajuntam-se duas xícaras de leite, sal e pimenta; deitam-se as batatinhas neste molho, deixa-se ferver um pouco, e servem-se.

13. BATATINHAS EM GEMADA – Descasca-se uma porção de batatinhas e, tendo fervido em água e sal, cortam-se em rodelas; por outra parte, derrete-se uma colher de manteiga com uma colher de farinha de trigo, sal e pimenta; acrescenta-se uma xícara de leite batido com duas gemas de ovos e deita-se no molho; tendo fervido, serve-se.

14. BATATINHAS EM PIRÃO DOBRADO – Descasca-se uma dúzia de batatinhas grandes e fervem-se em água e sal; estando cozidas, esmagam-se e reduzem-se a uma polpa homogênea; mistura-se esta com igual peso de amendoim torrado, queijo socado e uma colher de açúcar; deita-se tudo sobre um prato untado com manteiga, e põe-se sobre brasas, cobrindo ao mesmo tempo com uma tampa cheia de brasas, e servem-se.

15. BATATINHAS ENSOPADAS COM TOUCINHO – Frige-se uma quarta de toucinho fresco cortado em pequenos pedaços; estando fritos, ajuntam-se uma colher de farinha de trigo, sal, noz-moscada, uma garrafa de água e uma porção de batatinhas descascadas cruas e cortadas em pedaços; deixa-se ferver e serve-se.

16. BATATINHAS RECOZIDAS EM PIRÃO – Corta-se uma porção de batatinhas descascadas, cozem-se em água e sal; estando cozidas, tiram-se, esmagam-se, e deita-se a polpa numa caçarola, com manteiga de vaca, sal, pimenta, noz-moscada e uma xícara de leite bem gordo; ferve-se sobre um fogo moderado até secar; torna-se a delir a massa com uma xícara de leite, torna-se a secar, repetindo esta operação cinco e seis vezes; deita-se depois num prato, formando uma pirâmide; introduz-se no forno para tomar cor, e serve-se.

17. BETERRABA REFOGADA – Cozem-se uma ou duas beterrabas em água; descascam-se e cortam-se em pedaços.

Por outra parte, derrete-se uma colher de gordura, e deitam-se as beterrabas; acrescentam-se duas xícaras de vinho, no qual se desfizeram duas gemas de ovos e uma colher de açúcar; tempera-se com sal, alho, e, tendo fervido durante meia hora, serve-se.

18. BETERRABAS EM QUIBEBE – Cozem-se umas beterrabas e, depois de descascadas, ralam-se. Por outra parte, derretem-se duas colheres de manteiga com uma de farinha de trigo, um cálice de vinho, sal, pimenta, noz-moscada; tendo fervido, ajunta-se a polpa das beterrabas; deixa-se secar sobre um fogo moderado, mexendo-se, e serve-se.

19. CARÁ REFOGADO – Frige-se meia quarta de toucinho; estando a gordura derretida, tiram-se os torresmos e deita-se um cará descascado e picado; mexe-se e ajuntam-se uma xícara de caldo de carne, um copo de vinho branco, salsa, um pouco de pimenta e noz-moscada; ferve-se até o cará estar cozido, encorpando-o com uma gema de ovo desfeita numa colher de sumo de limão, e serve-se.

20. CARÁ COM AÇÚCAR – Coze-se um cará em água e sal; estando cozido, descasca-se e corta-se em rodelas da grossura de um dedo; deitam-se estas sobre um prato e cobrem-se com camadas de açúcar; põem-se assim no forno e, tendo tomado cor, servem-se.

21. CARÁ ENSOPADO – Frigem-se uma cebola e um pouco de salsa picada em gordura; ajuntam-se um cará descascado e cortado em pedaços, uma garrafa de água, sal, uma colherinha de fubá mimoso; deixa-se ferver até estar cozido e o caldo reduzido, e serve-se.

Os Legumes

22. CARÁ REFOGADO – Descasca-se uma porção de carás; lavam-se com laranja-da-terra ou limão-azedo, e em seguida em água fria, e partem-se em pedaços miúdos que se põem em panela com gordura quente, cebolas, sal, alho, e pimentas-da-índia; ajunta-se um pouco de água, quanto baste para cozer o cará, mexe-se de vez em quando para engrossar o caldo e serve-se.

23. CARATINGA COZIDA – Ponha-se a cozer em água e sal uma caratinga, até ficar bem cozida; descasque-se e esmague-se com uma colher de pau, misturando com leite e um pouco de pimentas e sirva-se. Também se pode assá-la no borralho.

24. CEBOLAS COZIDAS – Tiram-se as cascas de uma ou duas dúzias de cebolas, e deitam-se numa caçarola com duas a três colheres de manteiga fresca; ajuntam-se meia garrafa de água, sal, e pimenta; deixa-se ferver durante cinco minutos sobre um fogo vivo, pondo depois a caçarola sobre brasas, até o caldo ficar reduzido; tiram-se então as cebolas, põem-se sobre um prato, e ajuntam-se ao molho uma colher de bom vinagre e um cálice de vinho; depois de ter fervido um pouco, deita-se este molho sobre as cebolas, e serve-se.

25. CEBOLAS ASSADAS – Pica-se uma quarta de carne de carneiro com um peito de galinha; mistura-se com um ovo inteiro cru, sal, pimenta, e enche-se com este picado uma porção de cebolas fervidas e tirados os miolos; arranjam-se sobre um prato, e cobrem-se de pão ralado; deita-se um pouco de manteiga derretida por cima, põe-se no forno até tomar boa cor, e serve-se.

26. CENOURAS REFOGADAS – Descascam-se, raspando-as, uma porção de cenouras, que se cortam em rodelas e refogam-se em manteiga fresca, com uma colher de farinha de trigo, uma pitada de sal, folhas de cebola picadas; acrescentam-se uma xícara de água, sal, e pimenta; deixa-se ferver um pouco, e serve-se com assados de aves.

27. CENOURAS REFOGADAS COM NATA – Refogam-se, em muito pouca manteiga, algumas cenouras, ajuntando água, sal, salsa picada; estando cozidas, acrescenta-se uma xícara de nata, deixando acabar de cozer perto do fogo; antes de servir-se, ajuntam-se duas gemas de ovos desfeitas com uma colher de nata.

28. CENOURAS ENSOPADAS – Ferve-se uma porção de cenouras em água e cortam-se em rodelas; derretem-se, por outra parte, uma colher de manteiga e outra de farinha de trigo; deitam-se as cenouras nesta mistura, ajuntam-se duas xícaras de vinho branco, sal, pimenta e, deixando ferver, serve-se.

29. CENOURAS GUISADAS – Raspam-se uma porção de cenouras, cortam-se em rodelas, e frigem-se em gordura, pouco sal, pimenta, e uma colher de açúcar, virando-as de vez em quando para não queimarem; estando bem fritas, tiram-se do fogo e ajuntam-se uma xícara de caldo e outra de vinho branco; acabam-se de cozer e servem-se com assados de carneiro.

30. CENOURAS GUISADAS (OUTRO MODO) – Refogam-se uma colher de farinha de trigo, uma cebola picada, e um pouco de salsa, em duas colheres de gordura; acrescentam-se uma porção de cenouras cortadas em rodelas, uma colher de açúcar, sal, duas xícaras de água, e um cálice de sumo de limão; deixam-se ferver sobre um fogo moderado e, estando cozidas, encorpam-se com uma gema de ovo e servem-se.

31. CENOURAS PREPARADAS COM MANTEIGA – Toma-se uma porção de cenouras, que se raspa e se corta em rodelas muito finas; depois de dar uma fervura, põem-se a escorrer e, em seguida, põem-se numa caçarola com um pouco de manteiga, sal, pimenta quebrada, e um pouco de noz-moscada; refogam-se sobre o fogo, ajuntando uma boa colher de molho à espanhola reduzido (neste caso não se deixam ferver); ajuntam-se cebolinhas e salsa picada, e servem-se.

32. CENOURAS GUISADAS COM ERVILHAS – Refoga-se meia colher de farinha de trigo com duas colheres de manteiga; acrescentam-se duas xícaras de água, um cálice de vinho branco, sal, salsa e coentro; tendo fervido por um instante, ajuntam-se uma porção de cenouras novas e ervilhas verdes; deixam-se cozer, e servem-se.

33. INHAME REFOGADO – Coze-se uma porção de inhames bem lavados, mas sem descascá-los, em água e sal; depois de cozidos, tiram-se as cascas e partem-se os inhames em pequenos pedaços, e refogam-se em gordura, com sal, alho, cebola e pimentas-da-índia; põe-se um pouco de água, ferve-se um pouco e servem-se.

34. INHAME COZIDO – Ferve-se a raiz de um inhame em água e sal, até ficar bem cozida, porque, não estando assim, arde na garganta; depois de cozida, descasca-se e serve-se com açúcar em pó.

Também se usa cortar em rodelas e colocar em um prato para ir ao forno, tendo-as coberto com açúcar, e deixar assarem até tomar cor.

35. INHAME ENSOPADO – Coze-se a raiz de um inhame, descasca-se e corta-se em pedaços; tomam-se uns pedaços de queijo, refogam-se junto numa caçarola com duas colheres de gordura; ajuntam-se um pouco de farinha

de trigo, pouco sal, pimenta, uma xícara de leite gordo, deixa-se ferver durante meia hora e serve-se.

Em lugar do leite, usa-se pôr uma xícara de água com uma colher de vinagre, e engrossa-se com uma gema de ovo.

36. MANDIOCA ASSADA – Assam-se no borralho uma ou duas mandiocas; estando assadas, descascam-se e arranjam-se num prato; ajunta-se um pouco de sal e açúcar, deita-se por cima um pouco de manteiga, gordura ou nata de leite, e põe-se no forno ou sobre brasas, cobrindo com uma tampa com brasas por cima; estando coradas, servem-se quentes.

37. MANDIOCA FRITA – Assam-se no borralho, ou cozem-se em água, duas mandiocas; descascam-se e cortam-se em rodelas; deitam-se a frigir em uma caçarola, com um pouco de sal, salsa e folhas de cebola picada, e servem-se.

38. MANGARITOS ENSOPADOS – Descasca-se uma porção de mangaritos e cortam-se em pedaços; frigem-se em duas colheres de gordura e uma colher de farinha de trigo; ajuntam-se uma garrafa de água, um cálice de sumo de limão, salsa, sal, folhas de cebola e deixam-se ferver sobre fogo moderado; estando cozidos, servem-se.

Podem-se preparar os mangaritos por todas as maneiras que oferecem as batatinhas.

39. MANGARITOS ASSADOS – Descasca-se uma porção de mangaritos, que se colocam salpicados de sal numa panela, que se põe no forno até assarem; estando assados, derretem-se duas colheres de manteiga de vaca, com uma de farinha de trigo, acrescentam-se duas gemas de ovos batidas e duas xícaras de leite gordo; deixa-se ferver durante alguns momentos, deitam-se os mangaritos neste molho, dá-se uma fervura, e serve-se.

40. NABOS REFOGADOS – Descasca-se uma dúzia de nabos, cortam-se em rodelas, e fervem-se em água com uma colher de manteiga, sal, salsa, e uma cebola; estando cozidos, tiram-se com uma escumadeira, e deixam-se escorrer.

Tendo coado o caldo, reduz-se e ajuntam-se uma colher de polvilho, outra de molho de mostarda, e, tendo fervido, ajuntam-se os nabos; deixam-se cozer mais um pouco e servem-se.

41. NABOS GELADOS – Descascam-se e cortam-se em pedaços uns nabos; fervem-se em água durante alguns minutos, e põem-se depois a cozer em caldo de carne, até ficarem cozidos, e o caldo reduzido a uma geléia; quando esta principiar a pegar no fundo da panela, tiram-se os nabos, e

deita-se na panela um cálice de vinho branco, mexendo com a colher para dissolver o caldo reduzido, que se deita sobre os nabos, e serve-se.

42. NABOS GUISADOS INTEIROS – Descascam-se, torneiam-se os nabos e fervem-se em água durante cinco minutos.

Por outra parte, derretem-se duas colheres de manteiga com duas de farinha de trigo; deixa-se a farinha corar um pouco, mexendo, ajuntando-se uma xícara de caldo ou água, sal, pimenta, noz-moscada e uma colher de açúcar; fervem-se os nabos neste molho, e servem-se.

43. NABOS GUISADOS PICADOS – Descascam-se os nabos, cortam-se em tiras finas, e fervem-se durante cinco minutos em água e sal; tiram-se com a escumadeira, deixam-se escorrer, e refogam-se em duas colheres de manteiga, sal, noz-moscada, três xícaras de leite, uma colher de polvilho, uma gema de ovo, e uma colher de açúcar; acabam-se de cozer os nabos neste molho, e servem-se.

44. TAIOBA COZIDA – Tomam-se as raízes de duas taiobas; fervem-se em água e sal; estando cozidas, descascam-se, cortam-se em talhadas, frigem-se em manteiga, e põem-se no prato, apolvilhadas de queijo ralado e bastante açúcar, e servem-se.

45. TAIOBA ENCAPOTADA – Corta-se uma raiz de taioba, cozida em água e sal; envolve-se em farinha de trigo, salpica-se de sal e pimenta moída, passa-se em ovos batidos e frige-se em gordura; estando frita, deita-se o resto dos ovos por cima e serve-se.

46. TAIOBA ENSOPADA – Corta-se a raiz de uma taioba cozida em pequenas talhadas.

Por outra parte, refogam-se uma colher de farinha e duas de queijo ralado, em duas colheres de gordura, sal, pimenta, salsa e uma cebola picada; ajuntam-se duas xícaras de água, um pouco de vinagre; ferve-se durante alguns instantes e ajuntam-se as talhadas de taioba; fervem-se durante meia hora, engrossa-se o caldo com duas gemas de ovos, e serve-se.

47. HASTES DE AIPO À ESPANHOLA – Cortam-se as hastes de aipo, todas do mesmo tamanho, deixando de parte a raiz; fervem-se durante vinte e cinco minutos em água e sal, tiram-se e põem-se em água fria; em seguida, põem-se a escorrer, e deitam-se em uma caçarola com duas onças de manteiga, pimenta-da-índia, uma porção de molho à espanhola, e uma garrafa de caldo de carne; põem-se perto do fogo durante vinte e cinco minutos, colocam-se numa travessa, deita-se o molho por cima, e servem-se.

Os Legumes

48. AIPO À ESPANHOLA REDUZIDO – Toma-se uma porção de hastes de aipo, descascam-se e lavam-se, aproveitando as folhas tenras, e dá-se uma fervura em bastante água; tiram-se, deixam-se esfriar, apertam-se para escorrer a água, e picam-se como se picam as ervas; põe-se numa caçarola um pouco de manteiga e, junto com ela, o aipo picado, com sal, pimenta e um pouco de noz-moscada; derramam-se por cima um pouco de molho à espanhola reduzido e outro tanto de caldo de carne, e deixa-se reduzir; serve-se com fatias de pão colocadas ao redor do prato.

49. AIPO FRITO – Preparam-se as hastes de aipo como no artigo antecedente; dá-se uma fervura e em seguida põem-se a esfriar e a escorrer; por outra parte, põe-se numa caçarola um pedaço de manteiga com um pouco de farinha de trigo; coloca-se sobre o fogo, mexendo sempre, sem deixar tostar, deita-se uma porção de caldo de carne de vaca, põem-se as hastes de aipo, e deixam-se cozer; tiram-se as hastes e põem-se a escorrer; passa-se uma por uma numa massa líquida de farinha de trigo e, assim untadas, são fritas em manteiga; colocam-se numa travessa, semeando por cima um pouco de açúcar, e servem-se.

As Folhas

1. AGRIÃO REFOGADO – Apanham-se as folhas de agrião e, depois de limpas e picadas, fervem-se em água por alguns minutos; tiram-se, escorrem-se e refogam-se em gordura, com um pouco de sal e pimenta; fervem-se depois sobre brasas, e servem-se.

2. ALFACE, ACELGA, ALMEIRÃO, CHICÓRIA, CARDO, CARURU, ESPINAFRE, SERRALHA, NABIÇA E TETRAGÔNIA COZIDOS – Como estas ervas se preparam pelos mesmos modos, por isso reunimos as receitas para a sua preparação.

Toma-se uma porção de folhas de alface, lavam-se e escaldam-se; deixam-se escorrer e deitam-se numa caçarola com gordura quente; ajuntam-se sal, salsa e meia garrafa de água e, estando cozidas, servem-se.

3. ALFACE, ALMEIRÃO ETC. PICADOS – Pica-se uma porção de alfaces, fervem-se em água durante cinco minutos; tiram-se logo, e deitam-se em água fria; por outra parte, frige-se uma cebola picada em gordura ou manteiga, deitam-se as alfaces escorridas, uma xícara de água, sal, salsa e um ovo batido; tendo fervido um pouco, servem-se.

Espinafre

4. ALFACE, ALMEIRÃO ETC. GUISADOS – Toma-se uma porção de alfaces, picam-se e fervem-se em água durante cinco minutos; tiram-se e escorrem-se; frigem-se, por outra parte, duas colheres de manteiga com meia de farinha de trigo e, antes que esta principie a corar, ajuntam-se um ovo desfeito em uma colher de vinagre, uma xícara de vinho branco, e outra de água; deitam-se as alfaces neste caldo, fervem-se sobre brasas, e servem-se.

5. ALFACES, ALMEIRÃO ETC. GUISADOS COM NATA – Ferve-se, em água e sal, uma porção de alfaces picadas e, passados cinco minutos, tiram-se e deitam-se em água fria; por outra parte, mexe-se numa caçarola meia colher de farinha de trigo, com uma colher de manteiga e duas de leite gordo; deitam-se as alfaces e, tendo fervido um pouco sobre fogo moderado, servem-se.

6. AZEDA-DA-EUROPA E LABAÇA – É esta uma das ervas mais estimadas e saudáveis de que se pode fazer uso, por ser muito própria para as pessoas que tiverem o estômago estragado, ou sofrerem teimosa prisão de ventre; além disto, purifica o sangue, e desafia o apetite.

Prepara-se da maneira seguinte:

Depois de destaladas as folhas, lavam-se em água fria; depois que estiver fervendo uma porção de água com sal que se pôs em uma caçarola, lançam-se as folhas dentro e deixam-se ferver durante cinco minutos; tiram-se as folhas com uma escumadeira, e põem-se sobre uma tábua, onde se picam com uma faca e, neste estado, refogam-se em uma caçarola na qual esteja derretida uma pequena porção de manteiga ou gordura, ajuntado-se um dente de alho bem pisado; põem-se em uma travessa, colocando por cima uns ovos cozidos duros e partidos ao meio.

Também se usa pôr uns pedaços de carne de vitela assada na panela em vez de ovos, e, neste estado, chama-se este guisado de fricandó.

Cogumelos

7. CARAPICUS E COGUMELOS REFOGADOS – Toma-se uma porção de carapicus, põem-se de molho, abrem-se para limpá-los bem dos bichinhos, e lavam-se bem; deitam-se em duas colheres de gordura bem quente, ajuntam-se meia garrafa de água, uma colher de vinagre, sal, pimenta, folhas de cebola e salsa; fervem-se durante meia hora sobre fogo moderado, e servem-se.

8. CARAPICUS REFOGADOS COM VINHO – Escolhida e lavada uma porção de carapicus, derretem-se duas colheres de manteiga, ajuntando-lhes uma colher de farinha de trigo, um cálice de sumo de limão, meia garrafa de vinho tinto, sal, e pimenta; ajuntam-se depois os carapicus e, tendo fervido pouco, servem-se.

9. CARAPICUS OU COGUMELOS ENSOPADOS COM NATA – Escalda-se uma porção de carapicus, deixam-se esfriar e escorrem-se; em seguida, põem-se a ferver, em leite, uma cebola picada, pimenta e sal; estando cozidos, ajunta-se uma colher de manteiga amassada com uma colher de farinha de trigo, e uma xícara de nata com um ovo desfeito dentro; fervem-se um pouco, e servem-se.

10. CARAPICUS OU COGUMELOS FRITOS – Ferve-se uma porção de carapicus escolhidos e limpos; dão-se-lhes umas fervuras em um pouco de vinho e vinagre, ajuntando-se sal e pimenta; estando cozidos, tiram-se e escorrem-se, pondo-os numa panela contendo gordura quente; mexem-se um pouco e, acrescentando-se o caldo reduzido, servem-se.

11. CARAPICUS GUISADOS COM BATATAS – Ferve-se uma porção de carapicus em água e sal; tiram-se depois com uma escumadeira, e deitam-se

numa caçarola com gordura e um cálice de sumo de limão; mexem-se, e ajunta-se uma porção de batatas ou mangaritos descascados e cortados em rodelas; frigem-se em gordura, à qual se ajuntam um pouco de farinha de trigo e duas xícaras de água; colocam-se sobre o fogo, acrescentando sal, pimenta e salsa picada; tendo fervido sobre fogo moderado, servem-se.

12. CARAPICUS COM OVOS – Toma-se uma porção de carapicus fervidos em água e sal; escorrem-se, misturando-lhes quatro ovos, e deitam-se numa panela com gordura, para frigir; mexem-se e, querendo a mistura coagular, ajuntam-se uma xícara de vinho branco, sal, pimenta, e uma cebola picada; ferve-se durante meia hora, e serve-se.

13. CARAPICUS GUISADOS COM PÃO – Derretem-se duas colheres de manteiga, mexem-se com uma porção de pão ralado e ajunta-se uma porção de carapicus, cozidos em água e sal, pimenta e um cálice de vinagre; mistura-se bem, ferve-se ainda sobre um fogo moderado, e serve-se.

14. CARAPICUS GUISADOS COM QUEIJO – Refoga-se uma porção de carapicus fervidos em água, sal e vinagre, e põe-se a escorrer em duas colheres de gordura, pimenta moída, cebola e salsa picada; ajunta-se uma porção de queijo ralado, mexe-se tudo com uma colher, deitando um cálice de aguardente ou, melhor, de conhaque; ferve-se ainda sobre brasas e deita-se sobre um prato; apolvilha-se com açúcar e noz-moscada, e serve-se.

15. COUVES REFOGADAS INTEIRAS – Escolhe-se uma porção de folhas de couves, cortam-se com as unhas, lavam-se, e refogam-se em uma colher de gordura; ajuntam-se um pouco de sal e pimentas-cumaris; mexe-se, e acrescenta-se meia garrafa de água; deixa-se ferver mais um pouco, e serve-se.

16. COUVES PICADAS – Pica-se uma porção de couves escolhidas, e lava-se com água fria; derrete-se uma colher de gordura e sal, deitam-se as couves, ajuntando-se um pouquinho de água; deixa-se ferver e serve-se.

17. COUVES ENSOPADAS – Pica-se uma porção de couves, e escalda-se com um pouco de vinagre; derretem-se, por outra parte, duas colheres de gordura com uma colher de farinha de trigo, e, quando estiverem quentes, ajuntam-se as couves, e uma xícara de água; tendo fervido durante um quarto de hora sobre um fogo não muito moderado, serve-se com carne de vaca ou de porco.

18. REPOLHO REFOGADO – Toma-se uma porção de folhas de repolho, e picam-se bem finas; escaldam-se, e, tendo no fogo uma panela com gordura quente, deitam-se as folhas depois de escorridas; ajuntam-se sal, pimenta e uma colher de sumo de limão; ferve-se durante meia hora e serve-se.

Os Legumes

19. REPOLHO COZIDO – Corta-se uma cabeça de repolho em quatro pedaços; escaldam-se, põem-se numa panela com um pedaço de carne de porco salgada, lingüiças ou presunto, algumas cenouras, uma cebola, uma raiz de aipo, salsa, um pouco de pimenta, noz-moscada e quanto baste de água; deixam-se ferver durante uma hora, e deita-se depois o repolho sobre um prato, a carne por cima com seu caldo, e serve-se. Do mesmo modo se pode fazer com porco.

20. REPOLHO COZIDO RECHEADO – Escalda-se uma cabeça de repolho, abre-se um pouco, tira-se o miolo sem desmanchá-lo, e enche-se este lugar com uma cebola, pimenta, noz-moscada e um pedaço de carne de porco gorda; deita-se em seguida o repolho numa panela guarnecida com lascas de toucinho, duas cebolas, o miolo do repolho picado, salsa, um cálice de vinagre ou sumo de um limão e bastante caldo de carne; deixa-se ferver sobre um fogo moderado, e serve-se com o seu próprio molho.

21. REPOLHO COM LEITE – Ferve-se um repolho em água e sal durante um quarto de hora, tira-se, põe-se em água fria e, em seguida, pica-se bem fino; por outra parte, mexe-se uma colher de manteiga com uma de farinha de trigo, ajuntam-se o repolho, uma xícara de leite, sal, coze-se perto do fogo e serve-se.

22. REPOLHO ROXO REFOGADO – Pica-se um repolho bem fino; escalda-se e deixa-se esfriar; deitam-se numa caçarola duas cebolas bem picadas, salsa, duas colheres de manteiga, sal, pimenta e uma colher de açúcar; deixa-se ferver e serve-se, pondo por cima um cálice de vinho tinto.

23. REPOLHO FERMENTADO – Pica-se um repolho, deita-se num barril que foi de vinagre ou vinho, em camadas de três dedos e, sobre estas, uma de sal, com diferentes temperos como bagas de zimbro e gengibre; cobre-se em seguida com uma tampa que entre justo no barril, e coloca-se sobre esta um peso grande, para que o repolho fique bem comprimido, e põe-se o barril num lugar fresco.

Passados de oito a dez dias, estará pronto para se usar. Preparado desta maneira, o repolho conserva-se durante três a quatro meses.

24. REPOLHO FERMENTADO REFOGADO – Deita-se uma porção de repolho fermentado de molho em água fria; passada uma hora, escorre-se e deita-se numa panela com uma libra de toucinho enfumaçado e cortado em pedaços, uma lingüiça, uma xícara de vinho branco, duas de água, e pimenta quanto seja preciso.

Deixa-se ferver sobre um fogo moderado e serve-se.

25. REPOLHO FERMENTADO À ALEMÃ – Derretem-se quatro colheres de gordura, ajuntam-se uma de farinha de trigo, uma cebola picada, meia garrafa de caldo de carne, e uma porção de repolho lavado; deixa-se ferver bem, e serve-se.

26. REPOLHO FERMENTADO COM PRESSA – Pica-se e tempera-se um repolho com sal, e deita-se numa panela com uma xícara de vinagre; comprime-se com um peso e deixa-se durante vinte e quatro horas; em seguida, refoga-se como já foi explicado para o repolho fermentado.

27. BROTOS DE ASPARGOS COZIDOS – Atam-se os brotos em pequenos feixes, e deitam-se a ferver em água e sal; tendo fervido, tiram-se e servem-se com manteiga derretida, e frita com pão ralado.

Pelo mesmo modo, preparam-se grelos de abóbora, de samambaia etc.

28. ASPARGOS GUISADOS COM NATA – Fervem-se os aspargos em água e sal, e deixam-se escorrer; separam-se as pontas, e refogam-se em manteiga derretida; no mesmo tempo ferve-se uma colher de farinha de trigo com uma xícara de bom leite ou nata, tempera-se com sal e pimenta, deita-se sobre os aspargos, e serve-se.

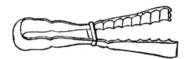

Pinça para aspargos

29. GRELOS DE ABÓBORA, DE SAMAMBAIA, TALOS DE TAIOBA E PALMITO – Toma-se qualquer destes vegetais, que se descasca e ferve durante alguns minutos em água e sal; tira-se com uma escumadeira, deixa-se escorrer e põe-se numa caçarola com um pouco de gordura para frigir, ajuntando pão ralado e sal, e mexendo-se para frigir por igual.

30. GRELOS DE ABÓBORA, SAMAMBAIA, TAIOBA ETC. ASSADOS – Descasca-se e ferve-se qualquer destes vegetais em água e sal; tira-se com escumadeira, e enxuga-se com uma toalha; ferve-se depois em leite, engrossando por fim com duas gemas de ovos; deita-se sobre o prato, cobrindo-o com camadas de queijo ralado e pimenta moída; enfia-se no forno até o queijo ficar corado, e serve-se.

31. GRELOS DE BANANEIRA REFOGADOS – Tomam-se uns grelos de bananeira, que se acham nas pontas dos cachos; picam-se bem finos, e aferventam-se com água e sal; escorrem-se, espremem-se bem, e refogam-se com

um pouco de gordura; ajuntam-se fubá mimoso, tomates, e meia xícara de leite; fervem-se na beirada do fogo até ficarem cozidos, e servem-se.

32. PALMITO REFOGADO – Toma-se um palmito, pica-se bem fino e lava-se em água fria; deita-se em gordura quente, ajuntam-se sal, pimenta e salsa; mexe-se, ajunta-se uma xícara de água, e tendo fervido, serve-se.

33. PALMITO REFOGADO COM PICADOS – Cortam-se duas libras de carne de porco em pedaços pequenos; frigem-se em duas colheres de gordura, ajuntam-se um palmito picado e lavado, sal, pimenta, salsa, tomates e uma xícara de água; deixa-se ferver durante meia hora, e serve-se.

34. PALMITO COZIDO – Corta-se um palmito em pedaços de duas polegadas de comprimento; fervem-se em água e sal, e servem-se com um molho de gordura, cebola picada, tomates, vinagre e molho de mostarda.

35. PALMITO FRITO COM OVOS – Corta-se um palmito em pedaços e ferve-se em água e sal; tiram-se e deitam-se numa panela com gordura para frigir; salpicam-se com sal e pimenta; quebram-se uns ovos por cima, e continuam-se a ferver, até os ovos ficarem cozidos, e servem-se.

36. PALMITO FRITO COM QUEIJO – Corta-se um palmito, ferve-se em água e sal e, estando cozido, enxuga-se com uma toalha; por outro lado, frige-se meia libra de queijo ralado com uma dúzia de tomates em duas colheres de gordura, ajuntam-se o palmito e um pouco de coentro; ferve-se mais um pouco, e serve-se.

37. PALMITO GUISADO COM NATA – Pica-se o palmito em pequenos pedaços e frigem-se em manteiga de vaca; ajuntam-se farinha de trigo, sal, cravo-da-índia e uma xícara de leite; deixam-se ferver sobre um fogo moderado, e servem-se.

38. ASPARGOS À MANEIRA DE ERVILHAS – Tomam-se renovos de aspargos, cortam-se em pequenos pedaços que se lançam em uma caçarola, onde se acha fervendo água, com uma escumadeira, e põem-se a escorrer; em seguida, põem-se em água fria, tendo o cuidado de não esmagá-los.

Meia hora antes de servirem-se, põem-se a escorrer, e refogam-se com um pouco de manteiga, sal e pimenta-da-índia quebrada; semeia-se por cima uma boa pitada de farinha de trigo, molha-se com um pouco de caldo, e ajuntam-se sal e pimentas (se faltarem, noz-moscada raspada e açúcar); deixam-se ferver, engrossa-se o molho com três gemas de ovos, e serve-se.

39. COUVE-FLOR COM QUEIJO – Descascam-se as couves-flor e põem-se em uma caçarola na qual deve estar fervendo água com sal e um pouco de

manteiga; bastam quinze minutos para as cozer; em seguida, tiram-se com uma escumadeira e deixam-se escorrer; cobrem-se com queijo flamengo raspado bem fino, e põem-se num prato que possa ir ao fogo; deita-se por cima um molho branco bem grosso, apolvilha-se com queijo e pão ralado; deita-se por cima manteiga derretida e, neste estado, põem-se sobre fogo brando; vinte minutos bastam para aprontá-las.

40. COUVES-FLOR FRITAS – Procede-se como no artigo antecedente, tendo o cuidado somente que as couves-flor não estejam inteiramente cozidas; fazem-se passar duas a três vezes na manteiga quente; deixam-se esfriar bem; molham-se numa massa rala e depois põem-se a frigir, tendo cuidado que alcancem uma boa cor; tiram-se, deixam-se escorrer, e servem-se.

41. REPOLHO COM LEITE – Toma-se um repolho que se desfolha e lava-se bem; dão-se umas fervuras em água e sal e, estando quase cozido, põe-se a esfriar e a escorrer; põe-se numa caçarola manteiga, sal e pimenta-da-índia; ativa-se o fogo. Mexe-se bem, ajuntam-se duas pitadas de farinha de trigo e acrescenta-se de vez em quando um pouco de leite gordo; faz-se reduzir, e serve-se.

As Frutas

1. ABÓBORA-D'ÁGUA REFOGADA – Descasca-se uma abóbora-d'água, tiram-se as sementes e, tendo picado bem miúdo, refoga-se em duas colheres de gordura derretida; ajuntam-se sal, pouca pimenta, salsa, folhas de cebola, uma colher de vinagre, e outra de água; deixa-se ferver sobre fogo moderado e serve-se.

2. ABÓBORA-D'ÁGUA REFOGADA COM ORA-PRO-NÓBIS OU QUIABO – Corta-se um pedaço de carne de porco em pequenos pedaços, frigem-se em gordura e ajuntam-se uma abóbora-d'água picada, tomates, sal, salsa, pimenta, uma xícara de caldo de carne ou água; deixa-se ferver durante meia hora sobre um fogo moderado, ajunta-se uma porção de ora-pro-nóbis, e tendo fervido mais uma vez, serve-se.

3. ABÓBORA-D'ÁGUA GUISADA – Ferve-se, em leite e sal, uma abóbora-d'água descascada e picada; estando cozida, e o leite quase seco, ajuntam-se uma colher de farinha de trigo frita em duas colheres de manteiga, salsa, cebola; e, tendo fervido algumas vezes, serve-se.

4. ALCACHOFRAS – Tiram-se as folhas de baixo das alcachofras, as quais não se comem; cortam-se, em seguida, as pontas das folhas com uma tesoura e,

Os Legumes

pondo-as dentro de um cuscuzeiro, e este dentro de uma panela com água, cozem-se ao vapor; estando cozidas, tiram-se o interior, o cabelo que este contém, e servem-se quentes com um molho de manteiga frita e farinha de trigo diluída com vinho branco, ou frias, com um molho de azeite, vinagre e pimentas.

5. ALCACHOFRAS COZIDAS – Ferve-se uma porção de alcachofras em água; estando cozidas, tira-se o cabelo que está no centro, e deita-se-lhes na manteiga derretida com sumo de limão e servem-se.

Alcachofra

6. ALCACHOFRAS GUISADAS – Ferve-se uma porção de alcachofras em água e sal; tira-se o cabelo que está no centro, enche-se este lugar com algum picado, e deita-se por cima um molho feito de farinha de trigo tostada, manteiga de vaca e duas xícaras de vinho; põe-se a ferver um pouco e serve-se.

7. BANANAS ASSADAS COM CASCAS – Toma-se uma porção de bananas; enfiam-se no borralho, tiram-se e descascam-se; envolvendo-as em fubá mimoso, frigem-se em gordura; e servem-se, pondo açúcar por cima.

8. BANANAS FRITAS – Ferve-se em água uma porção de bananas com casca; descascam-se depois, racham-se pelo meio e frigem-se em manteiga ou gordura; apolvilham-se com açúcar e queijo ralado, e servem-se.

Estando as bananas bem maduras, não se usa cozê-las; descascam-se e põem-se a frigir.

9. BANANAS GUISADAS – Abre-se uma porção de bananas pelo meio; frigem-se em pouca gordura, ajuntam-se fubá mimoso, uma gema de ovo batida, uma xícara de leite gordo ou nata; deixa-se ferver um pouco, e serve-se.

10. BERINJELAS REFOGADAS – Cortam-se as berinjelas em duas partes, e fervem-se em água e sal; escorrem-se e envolvem-se em farinha de trigo; deitam-se numa caçarola com manteiga de vaca e vinagre, enfiam-se no forno e, estando coradas, servem-se.

11. BERINJELAS REFOGADAS E RECHEADAS – Cozidas as berinjelas, cortam-se em duas partes; tira-se o miolo, amassa-se este com manteiga de vaca, pão ralado, uma gema de ovo e enchem-se as berinjelas com esta massa; ao mesmo tempo, deitam-se numa caçarola umas fatias de pão, umede-cidas com uma xícara de caldo de carne, e dois ovos batidos; deitam-se sobre as berinjelas, fervem-se mais durante meia hora, e servem-se.

12. BERINJELAS FRITAS – Cozem-se umas berinjelas, racham-se pelo meio, de maneira que os pedaços não se despeguem; tira-se o miolo, que se amassa com queijo, pão ralado, gemas de ovos cozidos, manteiga de vaca, canela, e um pouco de açúcar; enchem-se com esta massa as berinjelas e, atadas as duas metades, frigem-se em manteiga; deitam-se no prato, e servem-se apolvilhadas de açúcar e canela.

13. CARÁ-DO-AR FRITO – Coze-se uma porção de carás-do-ar; estando cozi-dos, descascam-se, cortam-se em talhadas delgadas, e frigem-se em gor-dura ou manteiga.

14. CARÁ-DO-AR COZIDO – Coze-se uma porção de carás-do-ar em água e sal; estando cozidos, descascam-se e servem-se.

15. CASTANHAS-DO-PARÁ, PINHÕES E SAPUCAIAS – Põem-se a ferver algu-mas destas frutas; estando cozidas, descascam-se e socam-se no pilão, com gordura, sal, e noz-moscada; dilui-se a massa com leite, ferve-se esta polpa durante meia hora, e serve-se.

Também se usa ferver ou assar no borralho quaisquer destas frutas, e servirem-se descascadas.

16. CASTANHAS, PINHÕES ETC. GUISADOS – Coze-se uma porção destas fru-tas, descascam-se e socam-se no pilão; refoga-se esta massa em gordura der-retida, ajuntando imediatamente duas xícaras de vinho branco, queijo ralado, e o sumo de um limão; ferve-se ainda durante um quarto de hora e serve-se.

17. JERUMBEBA GUISADA (FRUTA DE FIGUEIRA-DO-INFERNO) – Põe-se uma porção de jerumbeba sobre brasas para queimar os espinhos que as cobrem; em seguida, descascam-se, envolvem-se em farinha de trigo, refo-

Os Legumes   359

gam-se em gordura, ajuntando-se logo uma xícara de água, sal, pimenta e
salsa; fervem-se durante um quarto de hora, encorpam-se com uma gema
de ovo batida com o sumo de uma laranja-azeda, e servem-se.

Podem-se preparar segundo todas as receitas dadas para a abóbora-
d'água.

18. JILÓS REFOGADOS – Toma-se uma porção de jilós, tira-se unicamente a
película que os cobre; fervem-se durante cinco minutos em água e sal;
põem-se sobre um prato, misturando com um pouco de pimenta e uma
colher de vinagre, e servem-se.

19. JILÓS REFOGADOS COM FRANGO – Refoga-se um frango cortado em pedaços; estando cozido, ajuntam-se uns jilós cortados em rodelas; deixa-se
ferver um pouco e serve-se.

20. MOGANGO OU MORANGA ASSADO – Toma-se um mogango, parte-se em
oito ou mais pedaços, tiram-se as sementes e coze-se em água; estando os
pedaços cozidos, colocam-se sobre um prato, cobrindo-os de pão ralado;
e, colocando o prato sobre o forno, deixam-se assar, e servem-se.

21. MOGANGO OU MORANGA CHEIO – Toma-se uma moranga ou um mogango bem maduro e enxuto; abre-se um buraco no pé, de maneira que as
sementes saiam por ali; coze-se inteiro em água, até ficar bem cozido.

Por outra parte, pica-se de facão uma porção de carne de vaca; tempera-se com sal, alho, pimentas e vinagre; refoga-se em gordura bem quente,
ajuntando umas azeitonas, uns pedaços de lingüiça, e deixa-se cozer; estando cozido, enche-se a moranga ou mogango com este picado, e com os
pedaços de lingüiça.

Unta-se uma frigideira com bastante gordura, coloca-se nela um mogango ou moranga cheia e põe-se a assar no forno; estando assada, serve-se.

22. MORANGA COZIDA – Toma-se uma moranga, ou qualquer abóbora, corta-se em pedaços, descascam-se e tiram-se as sementes; põem-se a ferver
os pedaços em água e sal; estando cozidos, colocam-se sobre um prato
e servem-se, pondo por cima um molho de gordura derretida, vinagre e
cebola picada.

23. QUIBEBE DE MORANGA – Corta-se em pedaços uma moranga, ou qualquer abóbora; tiram-se as sementes e cozem-se os pedaços em água e sal;
estando cozidos, raspa-se a massa e refoga-se em gordura derretida, com
sal, pimenta e um cálice de vinagre; ferve-se mais um pouco e serve-se.

24. MACARRÃO DE MORANGAS VERDES – Tomam-se umas morangas verdes, descascam-se e tiram-se as sementes; em seguida, picam-se o mais

fino que se puder; temperam-se com sal, alho, vinagre, salsa picadinha e bastante pimenta-da-índia; refogam-se numa panela com gordura bem quente; deixam-se cozer por um pouco, tapando a panela, e servem-se.

25. PEPINOS REFOGADOS – Descasca-se meia dúzia de pepinos grandes, partem-se em oito partes, tiram-se as sementes e envolvem-se os pedaços em farinha de trigo; em seguida, refogam-se em gordura, acrescentando-se logo um cálice de vinagre, uma xícara de água, sal, e pimenta; deixa-se ferver durante meia hora sobre fogo moderado e serve-se.

26. PEPINOS RECHEADOS – Tomam-se seis pepinos grandes, e furam-se no pé, de maneira que as sementes saiam pelo buraco; por outra parte, faz-se um picado de uma quarta de libra de carne de carneiro, uma quarta de libra de toucinho fresco, uma cebola picada, salsa, sal, pimenta, duas gemas de ovos, e uma colher de farinha de trigo; enchem-se os pepinos com este recheio e torna-se a tapar o buraco; em seguida, escaldam-se os pepinos com vinagre, e deitam-se numa caçarola com duas colheres de gordura e um cálice de vinho branco; posto no forno, deixa-se ferver e serve-se.

Preparam-se os pepinos pelas mesmas receitas dadas para a abóbora-d'água.

27. QUIABOS COZIDOS – Tomam-se três a quatro dúzias de quiabos novos, inteiros, e fervem-se em água e sal; tendo fervido três a quatro vezes, tiram-se, colocam-se num prato, e servem-se, pondo por cima um molho de gordura, vinagre e bastantes pimentas-cumaris.

Tomates

28. QUIABOS GUISADOS COM CARNE – Parte-se uma porção de quiabos em rodelas, refogam-se em gordura quente, ajuntando uma porção de carne picada, sal, pimentas-cumaris, e um pouco de água; deixam-se ferver e servem-se com angu.
29. TOMATES GUISADOS – Parte-se uma dúzia de tomates maduros, escaldam-se, tiram-se com uma escumadeira, e deitam-se numa caçarola com manteiga de vaca; estando apolvilhados com farinha de trigo e pimenta, frigem-se um pouquinho, e acrescenta-se um cálice de vinho; deixam-se ferver um pouco e servem-se.
30. CHUCHUS OU MAXIXES – Preparam-se pelos mesmos processos da abóbora-d'água.

Os Grãos

1. ARROZ REFOGADO À BRASILEIRA – Escolhe-se e lava-se um prato de arroz; põe-se uma panela sobre fogo vivo, com duas colheres de gordura, e frige-se um pouco; deita-se o arroz dentro, e mexe-se durante cinco a oito minutos; ajuntam-se uma garrafa de água, sal, salsa, folhas de cebola, uma

Bola de cozer arroz

dúzia de tomates, uma pitada de pimenta-da-índia; tendo secado, serve-se.
2. ARROZ REFOGADO À CHINESA – Escolhe-se um prato de arroz, lava-se e põe-se ao fogo com água, sal e uma colher de manteiga; deixa-se ferver, secar bem, e serve-se.
3. ARROZ REFOGADO COM AMENDOIM – Frigem-se duas colheres de gordura ou manteiga de vaca; estando bem quente, deita-se meio prato de arroz escolhido e lavado; mexe-se e ajunta-se meia libra de amendoim torrado, e socado com quatro colheres de açúcar; acrescentam-se uma garrafa de água, pouco sal, e casquinhas de limão; ferve-se até secar bem e serve-se.
4. ARROZ REFOGADO COM BATATAS-DOCES – Deitam-se numa panela água, gordura, sal, salsa, um pouco de pimenta-da-índia, algumas batatas-

doces descascadas, e um prato de arroz escolhido e lavado; deixa-se ferver até ficar cozido, e depois de seco, serve-se.

Pelo mesmo modo, se pode preparar com mandiocas e bananas.

5. ARROZ COZIDO COM LEITE – Coze-se meio prato de arroz escolhido e lavado em uma garrafa de leite, com um pouco de sal, e salsa; estando cozido e seco, deita-se no prato e serve-se, pondo um pouco de manteiga de vaca por cima.

6. ARROZ ESTUFADO COM QUEIJO – Tendo-se escolhido e lavado meio prato de arroz, refoga-se em duas colheres de gordura, mexe-se, e ajuntam-se uma garrafa de leite, sal, folhas de cebola, e um pedaço de queijo cortado em fatias delgadas; tapa-se e coze-se sobre um fogo moderado, até o arroz ficar bem seco; deita-se no prato e serve-se.

7. CANJICA – Toma-se uma porção de milho, soca-se no pilão, pondo umas palhas dentro para clarear e limpar facilmente o farelo ou a casquinha que cobre o milho; depois de bem socado, assopra-se numa peneira para sair todo o farelo; depois de bem limpo, põe-se a cozer em uma panela com bastante água, para que coza bem, e serve-se.

Algumas pessoas usam comê-la com açúcar, vinho e queijo ou manteiga.

8. CANJICA COZIDA COM AMENDOIM – Toma-se uma porção de canjica, põe-se a cozer com amendoim socado, açúcar e bastante água; estando cozida, ajunta-se uma garrafa de leite, ferve-se mais um pouco e serve-se.

9. CANJICA COZIDA COM LEITE – Toma-se uma porção de canjica, e ferve-se em leite; estando cozida, ajuntam-se três colheres de manteiga de vaca, quatro colheres de queijo ralado, ferve-se mais um pouco e serve-se.

10. CANJIQUINHA – A canjiquinha se prepara pelo mesmo modo que o arroz, sem diferença alguma.

11. CEVADINHA – Coze-se uma porção de cevadinha em água e sal; estando cozida, deitam-se duas colheres de manteiga, duas xícaras de nata de leite e serve-se.

12. CEVADINHA FRITA – Coze-se uma porção de cevadinha em leite; estando cozida, deixa-se o leite coagular; corta-se depois em fatias, frige-se em manteiga, e serve-se, cobrindo com pão ralado.

13. FAVAS REFOGADAS – Toma-se uma porção de favas novas e ainda verdes; frige-se então uma colher de gordura com umas folhas de cebola picadas; ajuntam-se uma xícara de água, e as favas, e fervem-se durante meia hora; deitam-se sal, salsa e um pouco de sumo de limão ou vinagre, e servem-se.

Os Legumes 363

14. FAVAS COZIDAS – Toma-se uma porção de favas, põem-se de molho em água fria durante algumas horas; tiram-se e põem-se a cozer em água e sal; tendo fervido, tira-se a panela do fogo, e escorre-se a água.

Por outra parte, frige-se uma quarta parte de toucinho picado, com uma cebola picada, salsa e sal; deitam-se as favas, mexem-se e ajunta-se a água em que cozer as favas; deixa-se ferver até secar, e serve-se; querendo, ajunta-se nesta ocasião uma colher de vinagre ou sumo de laranja-azeda.

15. FAVAS-DO-REINO REFOGADAS – Toma-se uma porção de favas do reino, fervem-se em água para poder tirar uma película que as cobre; por este modo, espremendo-se entre os dedos, sai facilmente.

Por outra parte, frige-se um pouco de gordura, ajuntam-se meia garrafa de água, sal, salsa, folhas de cebola e as favas cozidas e descascadas; ferve-se durante um quarto de hora, ajunta-se um cálice de vinagre e serve-se.

16. FAVAS NOVAS COM LEITE – Depois de escaldadas e escorridas, põem-se em uma caçarola com um pouco de manteiga; semeia-se por cima um pouco de farinha de trigo, e refogam-se; molham-se com nata ou leite bem gordo, deixam-se cozer devagar, engrossam-se com gemas de ovos, e servem-se.

17. FEIJÃO-BRANCO ENSOPADO – Coze-se uma porção de feijão-branco; estando cozido, frige-se, por outra parte, uma colher de gordura, deita-se-lhe o feijão escorrido, mexe-se, acrescentam-se o caldo reduzido, sal, salsa, e folhas de cebola; deixa-se ferver um pouco e serve-se.

18. FEIJÃO-BRANCO GUISADO – Coze-se uma porção de feijão-branco; frigem-se, por outra parte, duas colheres de manteiga, duas de farinha de trigo e uma cebola picada; ajuntam-se duas colheres de vinagre, mexe-se e ajuntam-se o feijão cozido, o caldo, sal e salsa; deixa-se ferver e serve-se.

19. FEIJÃO-BRANCO GUISADO COM OVOS – Frigem-se duas colheres de gordura com uma colher de fubá mimoso, e uma cebola cortada; ajunta-se o feijão, cozido em água e sal e escorrido; mexe-se e ajunta-se o caldo do feijão; estando fervendo, quebram-se uns ovos dentro, de maneira que fiquem inteiros, e, querendo-se, ajunta-se um cálice de sumo de laranja-da-terra, e serve-se.

20. FEIJÃO-MARUMBÉ REFOGADO – Refoga-se uma cebola cortada em rodelas em duas colheres de gordura; ajuntam-se uma garrafa de água e o feijão lavado; deixa-se ferver até o feijão estar cozido, e serve-se.

21. FEIJÃO-MARUMBÉ À MINEIRA – Coze-se uma porção de feijão-marumbé em água e sal; estando cozido, escorre-se a água, e tendo aquecido um

pouco de gordura com salsa e folhas de cebola, deita-se o feijão; mexe-se, e ajunta-se o caldo; deixa-se ferver, e serve-se.

22. FEIJÃO-PRETO À MODA BRASILEIRA – Escolhe-se e lava-se uma porção de feijão-preto; escorre-se e põe-se a ferver em água durante seis a oito horas, ajuntando de vez em quando um pouco de água quente, à proporção que seca; estando cozido, escorre-se a água.

Derretem-se, por outra parte, duas colheres de gordura, deitam-se umas folhas de cebola, um dente de alho, e sal; em seguida, ajunta-se o feijão; mexe-se com uma colher de pau, machuca-se bem o feijão, e ajunta-se o caldo que se escorrer, ferve-se até quase secar a água, e serve-se.

23. FEIJÃO-PRETO À MODA DOS COLONOS – Tendo cozido o feijão, escorre-se a água; por outra parte, frige-se uma cebola picada em manteiga, com salsa, sal, e deita-se o feijão sem esmagá-lo e seve-se.

24. FEIJÃO-PRETO EM TUTU – Coze-se uma porção de feijão, escorre-se e tempera-se com bastante gordura, sal, alho, cebola, pimenta-da-índia; ajuntam-se o caldo do feijão, e uma porção de farinha de milho ou mandioca; mexe-se bem sobre o fogo até a farinha ficar cozida e serve-se, deitando em cima uma roda de lingüiças fritas ou assadas e umas rodelas de batatinhas.

25. FEIJÃO-PRETO EM TUTU À BAIANA – Coze-se uma porção de feijão em água e sal; estando cozido, escorre-se o caldo; frige-se um pedaço de toucinho picado com salsa, cebola, pimentas-cumaris, sal e um dente de alho; deita-se o feijão, e mexe-se, machucando-o; acrescenta-se uma porção de água quente e farinha de mandioca, mexendo até formar uma pasta meio dura; põe-se no prato, cobrindo com um ramo de salsa e folhas de cebola picadas, e deitando por cima uma meia porção de gordura; serve-se com lombos de porco, leitão assado ou lingüiças fritas.

26. FEIJOADA – Deita-se o feijão escolhido e lavado numa panela com água, sal, um pedaço de toucinho, umas lingüiças, carne de porco, carne-seca, carne de colônia, duas cebolas partidas, e um dente de alho; deixa-se ferver quatro a cinco vezes, e estando cozido e a água reduzida, serve-se.

27. GRÃO-DE-BICO COZIDO – Escolhe-se e lava-se uma porção de grãos-de-bico, e põem-se a cozer sobre fogo durante seis horas e mais, suprindo com água de vez em quando; estando cozidos, derrete-se uma colher de manteiga com uma cebola picada, sal e um dente de alho pisado; ajuntam-se os grãos-de-bico com seu caldo; ferve-se até reduzir a água e serve-se.

28. GUANDU ENSOPADO – Toma-se uma porção de guandus ainda moles, fervem-se com pouca água e sal; derrete-se numa caçarola uma colher de

gordura com uma cebola picada, deitam-se o guandu com o molho, um pouco de salsa, ferve-se sobre um fogo moderado e serve-se.

29. GUANDU GUISADO – Coze-se uma porção de guandus em água e sal; quando estiverem cozidos, escorre-se a água, e frige-se uma colher de fubá mimoso com duas colheres de gordura, pouco sal, um dente de alho, salsa, folhas de cebola; ajunta-se meia garrafa de água e, quando o fubá estiver corado, acrescenta-se um cálice de sumo de laranja-azeda; ferve-se um pouco, e deita-se o guandu neste molho; deixando ferver sobre brasas, serve-se.

30. ERVILHAS REFOGADAS – Derrete-se uma colher de gordura, deitam-se um pouco de sal e as ervilhas verdes escaldadas e escorridas, ajunta-se pouca água e um pouco de açúcar limpo, ferve-se um pouco, deixa-se secar e serve-se.

31. ERVILHAS COZIDAS – Ferve-se uma porção de ervilhas em um pouco de água e sal; derrete-se depois uma colher de gordura, mistura-se com uma cebola picada, um pouco de noz-moscada e uma colher de pão ralado; lançam-se as ervilhas cozidas com o caldo, deixa-se cozer mais um pouco, e serve-se.

32. ERVILHAS GUISADAS – Frige-se um pedaço de toucinho com salsa picada; acrescenta-se uma porção de ervilhas fervidas em água e sal; mexe-se e ajunta-se uma gema de ovo batida com uma xícara de vinho, e uma colher de vinagre; ferve-se mais um pouco e serve-se.

33. ERVILHAS GUISADAS COM CAMARÕES – Ferve-se uma porção de ervilhas em pouca água e sal.

Ao mesmo tempo, frigem-se duas colheres de gordura com cebola, salsa picada, um dente de alho pisado, meia dúzia de tomates, pimenta e sal; acrescentam-se, em seguida, as ervilhas com o caldo e uma porção de camarões crus e descascados; deixa-se ferver durante meia hora e serve-se.

Pelo mesmo modo se podem preparar vagens de feijões.

34. ERVILHAS GUISADAS COM NATA – Refoga-se uma colher de farinha de trigo com outra de manteiga de vaca e uma cebola picada; ajuntam-se as ervilhas verdes, um pouco de sal, e duas xícaras de nata, ou leite gordo; deixa-se ferver durante meia hora, e serve-se.

35. ERVILHAS GUISADAS COM OVOS – Derrete-se uma colher de gordura e um pouco de sal; quando estiver quente, refoga-se uma porção de ervilhas verdes; ajunta-se um pouco de água e açúcar, ferve-se, e, quando estiver fervendo, quebram-se uns ovos dentro, de modo que fiquem inteiros; deixam-se cozer mais um pouco, e servem-se.

36. ERVILHAS SECAS REFOGADAS – Ferve-se uma porção de ervilhas secas em água e sal; estando cozidas, frige-se um pedaço de toucinho e uma cebola picada; põe-se um pouco de açúcar, e ajuntam-se as ervilhas secas cozidas; deixa-se ferver um pouco e serve-se.

37. ERVILHAS SECAS EM POLPA – Coze-se uma porção de ervilhas secas em água e sal; escorre-se a água e passam-se na peneira; frige-se depois um pedaço de toucinho picado, deita-se a polpa e mexe-se, pondo a massa sobre um prato; deitam-se por cima pão cortado em pequenos pedaços fritos em gordura, até ficarem bem torrados e uma cebola picada, e serve-se.

38. ERVILHAS SECAS EM QUIBEBE – Toma-se a polpa das ervilhas, frige-se em xícaras de nata de leite, com duas colheres de açúcar; ferve-se sobre brasas, mexendo até endurecer; põe-se sobre um prato, e, tendo coberto de pão ralado e manteiga derretida, serve-se.

Em lugar da nata de leite, pode-se empregar o vinho branco.

39. ERVILHAS VERDES COM CENOURAS – Toma-se uma porção de ervilhas verdes e cenouras novas picadas e refogam-se num pouco de manteiga; acrescentam-se logo meia garrafa de água, e sal; tendo fervido um pouco,

Lentilhas

ajuntam-se um pouco de vinho branco e um pouco de açúcar; continua-se a ferver, e serve-se.

40. LENTILHAS ENSOPADAS – Ferve-se uma porção de lentilhas em água e sal; estando cozidas, frigem-se duas colheres de manteiga, um pouco de sal, uma cebola picada; ajuntam-se logo as lentilhas com o caldo, uma xícara de vinagre, deixam-se ferver mais um pouco e servem-se.

41. MANGALÓS REFOGADOS – Coze-se uma porção de mangalós em água e sal; estando cozidos, passam-se por uma peneira; frigem-se uma dúzia de tomates, salsa, folhas de cebola, pimenta moída e gordura; ajuntam-se a

polpa do mangaló e uma colher de sumo de laranja-da-terra azeda; mexe-se, põe-se sobre um prato, e serve-se com lingüiças fritas.

42. MANGALÓS GUISADOS – Fervem-se os mangalós em água e sal; estando cozidos, escorre-se a água; frige-se nesta ocasião um pedaço de toucinho picado, e deitam-se os mangalós; ajuntam-se um pouco de água e um pouco de sumo de laranja-azeda, e serve-se.

43. VAGENS REFOGADAS – Destalam-se e picam-se umas vagens verdes; escaldam-se e refogam-se em gordura; acrescentam-se meia garrafa de água e sal, e ferve-se sobre brasa, pondo em cima delas um pouco de vinagre e pimenta-da-índia moída.

44. VAGENS GUISADAS – Coze-se uma porção de vagens picadas em água e sal; ajunta-se uma gema de ovo batida e desfeita num cálice de vinho; frige-se na mesma ocasião uma cebola picada, ajunta-se uma xícara de água e, tendo fervido, ajuntam-se as vagens com o caldo, deixam-se acabar de cozer sobre brasas, e servem-se.

45. VAGENS GUISADAS INTEIRAS – Toma-se uma porção de vagens, destalam-se, e põem-se a cozer inteiras só com água e sal; estando bem cozidas, tiram-se com uma escumadeira, deitam-se sobre um prato, e servem-se, pondo por cima um molho de vinagre, gordura bem quente, bastante pimenta-da-índia ou pimenta-cumari.

46. VAGENS GUISADAS COM OVOS – Toma-se uma porção de vagens, destalam-se e picam-se; em seguida, põem-se a cozer em água, sal e pimenta; deixam-se ferver bem e, quando estiverem fervendo, quebram-se uns ovos dentro, de maneira que fiquem inteiros; deixa-se ferver mais um pouco, e serve-se.

47. ERVILHAS NOVAS COM LEITE – Faz-se cozer em água e sal uma porção de ervilhas, e, estando cozidas, põem-se a escorrer em uma peneira; por outra parte, põe-se em uma caçarola um pouco de manteiga, que se derrete sobre o fogo; ajuntam-se as ervilhas, acrescentando depois, aos poucos, um copo de leite gordo ou nata de leite, para cada garrafa de ervilhas; ajuntam-se três colheres de açúcar limpo, tiram-se do fogo e engrossam-se com duas gemas de ovos.

CAPÍTULO XIV

OS MOLHOS

Os molhos acompanham como adubos as comidas secas, a carne, os legumes, batatas, massas etc. e devem, portanto, ser classificados, porque os molhos, ou *sauces* em francês, como tais, por sua composição picante, só servem para as carnes, e não podem servir-se com algumas massas, para as quais se preparam os molhos doces; principiaremos, portanto, pelos molhos que servem para carnes, seguindo-se os molhos para legumes, e concluindo este capítulo com os molhos doces para massas.

Os acepipes que entram na composição dos molhos para carne são: a pimenta, o cravo-da-índia, a canela, a noz-moscada, o cardamomo, a mostarda

Passador para molho

em pó sutil e inteira; pimenta-cumari verde, ou conservada na aguardente e sal, ou vinagre e sal; o pimentão, verde ou maduro, fresco ou em conserva, a raiz do rábano, gengibre, alcaparras, salsa, aipo, limão, tomates, serpol, manjerona, segurelha, cebolas, cebolinhos, alhos, açafrão, louro, baunilha, valeriana ou erva-benta, água-de-flor de laranjeira, aguardente, vinho etc.

Preparação para Molhos

1. ÁGUA DE ALHO – Toma-se uma cabeça de alho, pisa-se com um pouco de sal, e uma colher de água, passa-se por uma peneira; esta é a polpa empregada para os molhos.

2. ESSÊNCIA DE COGUMELOS – Limpa-se uma porção de cogumelos, põem-se em uma terrina sobre sal, e deixam-se ficar até o outro dia; depois disto, espremem-se bem, deitando sobre a massa que ficou na peneira alguma água, para sair mais substância.

Ferve-se este sumo com um pouco de pimenta e cravo-da-índia, escumando-se de vez em quando; côa-se e guarda-se em pequenos vidros com dois dentes de cravo-da-índia, e um grão de pimenta, para, quando se quiser, aromatizar algum molho.

3. EXTRATO DE CARNE PARA MOLHO – Este molho é de grande utilidade numa cozinha de casa nobre; simplesmente, serve para carnes assadas; ou para compor com ele os outros molhos, em lugar do caldo de vaca.

Guarnece-se com manteiga uma caçarola de bastante capacidade; cobre-se o fundo com meia libra de toucinho, e duas libras de carne de vaca, cortada em pequenos pedaços, põem-se sobre um fogo vivo, e deixam-se frigir por uma hora, estando a caçarola bem coberta, e evitando, porém, de queimar-se o toucinho; ajunta-se de vez em quando uma colher de caldo de carne de vaca, acrescentando-se depois duas garrafas de caldo de carne, sal, pimenta, cravos-da-índia, um ramalhete de plantas aromáticas, e alguns cogumelos; deixa-se cozer tudo sobre um fogo moderado três a quatro horas; tira-se a gordura, e côa-se por um guardanapo.

4. MANTEIGA DE ALHO – Socam-se duas cabeças de alho, até reduzir em polpa; mistura-se com uma colher de manteiga, e guarda-se para temperar os molhos.

5. MANTEIGA DE ANCHOVAS – Toma-se meia dúzias de anchovas, lavam-se bem, e cozinham-se com um pouco de água; passam-se por uma peneira, e amassam-se com outro tanto de manteiga.

Os Molhos

Alho

6. SUBSTÂNCIA PARA MOLHOS – Toma-se um pedaço de carne magra de vaca, presunto (ou perna de porco), galinha; isso tudo picado, frige-se sobre um fogo brando em manteiga ou gordura, durante meia hora; deitam-se depois um pouco de água, cebola, salsa, e dois cravos-da-índia, e deixa-se cozer por quatro horas, escumando-se bem; passa-se por uma peneira fina, e guarda-se para compor os molhos.

Molhos para Carnes

1. MOLHO ADUBADO – Guarnece-se o fundo de uma caçarola com peles de toucinho e uma mão de vaca cortada em pedacinhos, sal, pimenta, salsa, cebolinhas, louro, cravo-da-índia, cebolas, cenouras, e com eles o peru, ganso ou pato, que se quer cozer; ajuntam-se um copo de vinho branco, outro de água e de substâncias para molho, como também meio copo de aguardente; deixa-se ferver sobre um fogo moderado, durante três a quatro horas, grudando a tampa da caçarola com tiras de papel untado, para os vapores não saírem, e serve-se.

2. MOLHO DE AMORAS – Ferve-se uma porção de amoras com água e sal; tiram-se e deixam-se escorrer; deitam-se depois uma porção de caldo de carne de vaca, ou melhor, da substância de molho, e ajunta-se uma porção de espinafres picados, e serve-se com aves cozidas etc.

3. MOLHO PARA ASSADOS – Cortam-se em pequenos pedaços muito miúdos um peito de galinha, dois ovos cozidos duros, e uma cebola; ajuntam-se quatro colheres de caldo de carne de vaca, oito pimentas-cumaris esmagadas com sumo de limão, e aquece-se um pouco para servir-se com carne na grelha.

4. MOLHO DE AZEDAS – Tomam-se alguns molhos de azedas, picam-se em bocados miúdos, e põem-se sobre brasas, numa caçarola coberta, deixando-se ferverem um pouco na sua própria água; depois ajuntam-se um pouco de manteiga de vaca, um pouco de caldo de carne, sal, noz-moscada e açúcar; deixa-se ferver meia hora, e engrossa-se com algumas gemas de ovos e um pouco de polvilho; serve-se com peixe cozido, assado, e carne de vaca cozida.

5. MOLHO DA BOA COZINHEIRA – Façam-se frigir, em fogo moderado, uma dúzia de cogumelos (ou *champignons*) cortados, uma cenoura, uma raiz de aipo, uma cebola cortada em talhadas, cebolinhas, salsa; ajunte-se depois, pouco a pouco e mexendo, uma xícara de caldo de carne de vaca, e acrescente-se, por fim, outro tanto de vinho branco e salsa, à vontade; deixe-se ferver uma hora, e passe-se por uma peneira de seda ou cabelo.

Do outro lado, ferve-se um pão num copo de leite até secar, e passa-se por uma peneira; ajunta-se esta polpa ao caldo, e serve-se; algumas pessoas gostam de ferver, com o pão, um dente de alho.

6. MOLHO PARA CARNE DE GRELHA – Ponham-se numa caçarola um pouco de manteiga, um pouco de cebolinhas, serpol, salsa, aipo bem picado; deixe-se aquecer, ajuntem-se algumas xícaras de caldo de carne de vaca, e algumas colheres de vinagre; deixe-se ferver meia hora, e sirva-se com carne cozida ou assada na grelha.

7. MOLHO DE COGUMELOS INTEIROS – Cozam-se cogumelos e batatinhas, e descasquem-se; frija-se, depois, na manteiga, um pouco de fubá de canjica, ou farinha de trigo, ajuntem-se os cogumelos e batatinhas, azeitonas, alcaparras, talhadas de limão, algumas sardinhas picadas, e um pouco de açúcar, e deixe-se ferver tudo.

Serve-se com carne de porco assada, ou carne de vaca.

8. MOLHO DOURADO – Põem-se numa caçarola uma colher cheia de manteiga, sal e pimenta-da-índia; quando estiver derretida, ajunta-se uma colher de farinha de trigo ou polvilho.

Quando estiver bem misturada, tira-se do fogo, e acrescentam-se duas gemas de ovos batidas com uma ou duas colheres de vinagre; ajunta-se um pouco de substância de carne de vaca estufada.

É um verdadeiro molho dourado, muito delicado, fácil de fazer, e que se pode servir com quase todas as carnes assadas e fritas, empadas etc.; emprega-se em todos os casos em que se emprega o molho branco.

9. MOLHO ESPANHOL – Põem-se numa caçarola um pouco de gordura com carne de vaca cortada em pequenos pedaços, cebola, cenoura, cravo-da-

Os Molhos

índia, e deixam-se frigir sobre brasas meia hora; depois ajuntam-se um pouco de farinha de trigo ou fubá de canjica, acrescentam-se água, um pouco de salsa, e deixa-se ferver quatro horas; depois, côa-se por peneira fina e serve-se com carne.

10. MOLHO ESTIMULANTE – Deitam-se numa caçarola um copo de vinagre, serpol, folhas de louro, um dente de alho, cebola, pimenta; deixa-se ferver tudo até ficar nos dois terços; acrescentam-se um pouco de caldo de carne de vaca assada, um pouco de farinha de trigo frita com manteiga, enfim, o que houver na ocasião, e passa-se no crivo.

Querendo, depois de coado, faz-se derreter manteiga na caçarola, que se engrossa pouco a pouco com farinha de trigo, mas sem deixar criar cor, deita-se ali o molho acima, ao qual se acrescentaram temperos cortados em pequenas parcelas; põem-se tudo a ferver, e deita-se sobre costeletas, carnes requentadas etc.

11. MOLHO À FRANGUINHA – Faz-se como o molho de fricassê; porém, se engrossa o molho com algumas gemas de ovos.

12. MOLHO DE FRICASSÊ – Deita-se numa caçarola uma colher de gordura e, estando bem quente, ajunta-se, mexendo, uma colher bem cheia de farinha de trigo ou fubá de canjica, pondo, logo depois, dois copos de água quente, sal, pimenta, salsa e cebola; deita-se, então, a carne de vaca, galinha ou vitela já cozida [e picada em tirinhas], e deixa-se cozer tudo ainda uma hora sobre fogo moderado; querendo, podem-se ajuntar, depois, uns cogumelos, cebolas, alcachofras, ou batatinhas descascadas, para cozer junto.

13. MOLHO DE JILÓ – Cortam-se em pequenos pedaços três ou quatro jilós, [e colocam-se] numa caçarola, com oito xícaras de substância, um pouco de sal, quatro pimentas-cumaris, e o sumo de um limão; ferve-se e serve-se para carne de vaca ou de porco assada.

14. MOLHO DE LARANJAS VERDES – Espreme-se uma porção de laranjas verdes, côa-se o sumo, misturam-se um pouco de sal e pimenta-da-índia moída, e serve-se frio, com carne assada fria, e leitão assado.

15. MOLHO DE LIMÃO – Amassa-se uma pequena colher de farinha de trigo, com um pouco de manteiga de vaca, quatro gemas de ovos e a casquinha de um limão; ferve-se, mexendo até ficar cozido; ajuntam-se mais um cálice de vinho branco e uma colher de vinagre; este molho serve-se com língua de vaca, frangos, marrecos etc.

16. MOLHO AVINAGRADO PARA LOMBO E LÍNGUA DE VACA – Fervem-se uma colher de fubá de canjica ou farinha de trigo torrada, até ficar cas-

tanha, duas colheres de vinagre, duas xícaras de vinho e quatro de água, cravo-da-índia, açúcar, passas e amêndoas descascadas e cortadas em pequenos pedaços; deixa-se ferver tudo por meia hora, e serve-se.

17. MOLHO MINEIRO – Esmaga-se meia dúzia de pimentas-cumaris frescas ou em conserva, espreme-se sobre elas o sumo de um limão-galego, ajuntam-se seis a oito colheres de caldo de carne, e serve-se com carnes cozidas, repolho etc.

Em vez do sumo de limão, usa-se também o dos diferentes vinagres fabricados no país, como sejam: vinagre de cana, de bananas, de amoras etc.

O molho, porém, mais saudável é o de laranja-azeda, em vez de limão-galego ou vinagre.

18. MOLHO DE MOSTARDA APERFEIÇOADO – Misturam-se bem três colheres de molho de mostarda inglesa, três de água, uma colher de manteiga, três de gemas de ovos, e duas colheres de açúcar; põe-se depois sobre brasas, e aquece-se, mexendo sempre, até principiar a ferver; serve-se com carnes de todas as qualidades.

19. MOLHO À ORLÉANS – Põem-se, numa caçarola, quatro colheres de vinagre, pimenta, cebolas picadas, manteiga; fervem-se, acrescenta-se farinha de trigo, e frige-se em manteiga preparada de antemão, à parte, e que se apertou até tomar uma cor fechada, e diluída com caldo de carne de vaca ou água.

Na ocasião de servir-se, acrescentam-se quatro pepinos picados, uma cenoura cozida, três claras de ovos duros cortados em pedaços, os lombos de três anchovas picados muito miúdos, e uma colherada de alcaparras; deixa-se aquecer um pouco, e serve-se com patos, carne de vaca ou vitela.

20. MOLHO PARDO – Frigem-se, num pouco de gordura, alguns pedaços de carne de vaca assada, e uma porção de cascas de pão ralado; passada meia hora, ajuntam-se folhas de cebolas, salsa, sal, um pimentão, e algumas xícaras de caldo de carne, ou substância para molhos; deixa-se ferver mais meia hora, côa-se e, querendo, ajunta-se um pouco de vinagre ou sumo de limão antes de servir.

21. MOLHO PARDO DE ALCAPARRAS – Torram-se algumas colheres de fubá de canjica, ou farinha de trigo, até ficarem de cor alambreada escura; põem-se a ferver numa pequena porção de caldo de carne de vaca, com cebolas picadas, folhas de louro, um ramo de salsa, manjericão, serpol, algumas colheres de alcaparras, algumas passas, casquinhas de limão, cravo-da-índia, sal, um pouco de açúcar, e uma colher de vinagre.

Este molho serve-se com marrecos assados, língua de vaca, caças etc.

22. MOLHO PARDO DE ALCAPARRAS COM VINHO – É feito como o molho de alcaparras, porém, em lugar do caldo de carne de vaca, fervem-se os adjuntos com vinho tinto diluído com outro tanto de água.

23. MOLHO PARDO À MINEIRA – Na ocasião de matar a galinha, apanha-se o sangue num prato que contenha duas colheres de vinagre; frige-se a galinha cortada em pedaços em duas colheres de gordura; passados quinze minutos, ajuntam-se uma garrafa de água, sal, salsa, folhas de cebolas e, estando os pedaços cozidos, tiram-se do caldo, e ajuntam-se o sangue e alguns cravos-da-índia, uma colher de fubá de canjica, ou meia colher de polvilho, e um pouco de açúcar; deixa-se ferver meia hora; querendo, engrossa-se com duas gemas de ovos; deitam-se depois os pedaços de galinha, dá-se mais uma fervura e serve-se.

24. MOLHO PICANTE DOURADO – Mistura-se um pouco de manteiga com uma colher de polvilho, duas gemas de ovos, uma colher de pó de mostarda inglesa, uma xícara de caldo de carne, vinho ou água avinagrada (conforme a vontade), um pouco de sal e de açúcar; põe-se numa caçarola sobre brasas, e deixa-se ferver um pouco para servir-se.

25. MOLHO PICANTE PARDO – Frige-se uma colher de farinha de trigo ou fubá de canjica numa colher de gordura ou manteiga de vaca, até ficar corada; ajuntam-se depois uma cebola picada, uma colher de mostarda em pó, algumas talhadas de limão, sal e caldo de carne quanto baste; ajuntam-se depois um pouco de vinagre, açúcar e sumo de limão, e serve-se.

26. MOLHO DE POBRE – Picam-se algumas cebolas e salsa bem fina, põem-se numa caçarola com um pouco de água ou caldo de carne, um pouco de fubá de canjica, e uma colher de vinagre; deixa-se ferver até a cebola ficar cozida.

Neste molho aquecem-se as carnes frias.

27. MOLHO DA PRINCESA – Tomam-se túbaras, uma fatia de presunto, folhas de salsa, uma cebola, e folhas de louro; frigem-se por meia hora sobre brasas; ajuntam-se depois um pouco de substância para molhos, um cálice de vinho branco, sal, um pimentão e deixa-se ferver mais meia hora; coam-se e ajuntam-se duas gemas de ovos batidas com um pouco de substância; pode ajuntar-se um pouco de vinagre ou sumo de limão.

28. MOLHO DE RÁBANO – Toma-se a raiz de um rábano, que se rala; ajuntam-se uma colher de polvilho, uma de vinagre, um pouco de sal, açúcar, seis xícaras de água, e deixa-se cozinhar sobre brasas até principiar a ferver; serve-se com carnes cozidas.

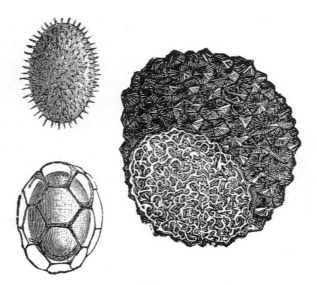

Túbaras

29. MOLHO DE REI – Tomam-se um pedaço de carne de vaca assada, uma fatia de presunto, duas cebolas picadas bem miúdo; deixam-se ferver por quatro horas sobre fogo moderado, e ajunta-se um pouco de farinha de trigo; frige-se em manteiga, pimenta-da-índia e sumo de limão; deixa-se ferver por um pouco, e côa-se por peneira fina; serve-se para carnes assadas e refogadas.

30. MOLHO RESTAURANTE [RESTAURADOR] – Pica-se uma porção de agriões, cerefólio, manjerona, folhas de cebola, de tudo partes iguais; deitam-se numa caçarola caldo de carne de vaca, pimenta, sal e vinagre; deixa-se ferver por quinze minutos com estas ervas; depois que sair do fogo, ajunta-se um pouco de manteiga amassada com farinha de trigo; mexe-se até estar inteiramente derretida e serve-se.

31. MOLHO RESTAURANTE FRIO – Tomam-se uma porção de agriões à vontade, cerefólio, manjerona, cebolinhas, alho, salsa, grelos de aipo, manjericão, alcaparras, anchovas, tudo bem picado, e socado em almofariz de pedra, acrescentando-se depois mais uma gema de ovo batida com um pouco de azeite doce, e, de vez em quando, um pouco de vinagre, para o suco não talhar; e continua-se a socar, até ficar na consistência de um molho; querendo-se mais restaurante ainda, ajunta-se um pouco de mostarda em pó.

32. MOLHO ROMANO – Ponham-se numa caçarola sobre um fogo brando meia libra de manteiga, duas libras de presunto, uma libra de carne de vaca, e as coxas de um frango, tudo cortado em pequenos pedaços, com sal, pimenta, cravo-da-índia, folhas de louro, e duas ou três cebolas; estan-

Os Molhos

do tudo bem frito, acrescente-se uma dúzia de gemas de ovos cozidas e esmagadas, e ajuntam-se, pouco a pouco, uma garrafa de leite, deixando-se cozer mais uma hora, e mexendo-se continuadamente; em seguida, passa-se por uma peneira fina e serve-se.

33. MOLHO ROBERTO – Ponham-se numa caçarola uma colher de farinha de trigo, e outra de manteiga, aqueça-se até adquirir uma cor ruiva; ajuntem-se três ou quatro cebolas picadas, continue-se a aquecer, até a farinha tornar-se de uma cor alambreada; ajunte-se uma colher de vinagre, e mostarda francesa, misturando-se tudo.

Este molho serve-se com lombo de porco frio ou peru.

34. MOLHO DE TOMATES – Fervem-se dez ou vinte tomates com pimenta, um dente de alho, folhas de louro, serpol, salsa, e cebolas; depois de cozidos, passa-se a polpa por peneira fina, põe-se, em seguida, manteiga numa caçarola, com uma colher de farinha de trigo, mistura-se a polpa dos tomates, deixa-se ferver por um pouco sobre brasas, e serve-se.

35. MOLHO ESTIMULANTE DE TOMATES – Frigem-se duas cebolas picadas, vinte ou trinta tomates, sal, serpol, folhas de louro, um pouco de açafrão, alguns pimentões com uma ou duas colheres de caldo de carne de vaca, e uma colher de manteiga; depois de tudo cozido, passa-se por uma peneira, esmagando-se bem para passar, e serve-se com carnes e peixes.

Como este molho é muito estimulante, as pessoas de estômago fraco devem abster-se dele.

36. MOLHO DE TÚBARAS – Refoguem-se quatro onças de túbaras bem limpas, em quatro onças de manteiga; ajuntem-se depois duas xícaras de extrato de carne, deixem-se ferver sobre fogo moderado durante uma hora, e sirvam-se.

37. MOLHO DE MIÚDOS – Cubra-se o fundo de uma caçarola com rodelas de cebola, pedaços de mocotó de vaca, peles de toucinho, cenouras picadas, alho, cravo-da-índia e um pouco de água; deixe-se perto do fogo, para acabar de cozer, bem coberto e a fogo vivo, até ficar bem cozido, ajunte-se mais água, tire-se a gordura, escume-se e coe-se por um guardanapo.

Molhos para Legumes

38. MOLHO PARA FEIJÃO-BRANCO E VAGENS – Misturam-se seis gemas de ovos, com uma colher de farinha de trigo, acrescentam-se depois uma xícara de vinagre e três de água, um pouco de manteiga, sal e um pouco de

açúcar; ferve-se e aquece-se sobre brasas, mexendo-se até ferver, e deita-se sobre as favas cozidas na água e sal.

39. MOLHO PARA PALMITOS – Frige-se bom pedaço de manteiga com farinha de trigo ou fubá de canjica, ajunta-se um pouco de noz-moscada, e quanto for preciso da água em que se cozeram os palmitos inteiros; deixa-se ferver por quinze minutos, e engrossa-se com duas gemas de ovos; deita-se sobre os palmitos inteiros, e serve-se.

Molhos para Carnes e Peixes

40. MOLHO À *LA DAUBE* – Batem-se duas colheres de bom vinagre, duas colheres de azeite doce, um pouco de pimenta, outro tanto de sal e açúcar, até ficarem bem misturados; ajuntam-se um pouco de casquinhas de limão, e, pouco a pouco, tanto vinagre quanto for preciso para o molho; serve-se frio, para carnes frias, tanto de porco como de vaca, e para peixe frito.

41. MOLHO APIMENTADO – Frige-se um pouco de farinha de trigo com manteiga, até tomar uma cor alambreada; tira-se do fogo, ajuntam-se algumas cebolas, cebolinhas, louro, serpol, salsa e pimenta, tudo picado miúdo, algumas xícaras de caldo de carne de vaca, e deixam-se ferver por quinze minutos; côa-se por uma peneira fina e serve-se.

42. MOLHO DA TARTÁRIA – Toma-se uma porção de manjerona, cebolinhas, serpol, tudo picado muito miúdo, e ajuntam-se sal, mostarda francesa, pi-

Pimenta

menta e vinagre; em seguida, deita-se azeite doce aos poucos, mexendo-se sempre; se o molho ficar grosso, põe-se mais um pouco de vinagre, e se estiver salgado, ajunta-se mais azeite e mostarda.

Este molho serve-se frio com carnes assadas frias e peixe cozido.

43. MOLHO BECHAMEL – Frige-se, numa colher de gordura, uma colher de polvilho, e ajuntam-se, logo depois, sal, pimenta e, pouco a pouco, meia garrafa de leite já cozido; deixa-se ferver um pouco e serve-se.

44. OUTRO PARISIENSE – Frigem-se, numa colher de manteiga, três colheres de farinha de trigo, uns pedaços de cebola, cenouras picadas, salsa, e ajuntam-se leite cozido, sal, pimenta, noz-moscada; deixa-se ferver por uma hora sobre brasas e serve-se com carnes de aves.

45. MOLHO BECHAMEL GORDO – Frigem-se, com um pedaço de toucinho, algumas cenouras e duas cebolas; ajuntam-se algumas xícaras de substância de molho, pimenta, noz-moscada, pimenta-da-índia, folhas de louro, salsa e sal; deixa-se ferver por uma hora, côa-se e ajuntam-se três colheres de farinha de trigo frita com uma colher de gordura; por fim, ajunta-se uma xícara de nata de leite, deixa-se ferver mais um pouco, e serve-se.

46. MOLHO BRANCO – Frigem-se durante meia hora, e num pouco de gordura, carne de vitela, um pedaço de lingüiça, e ajuntam-se depois duas xícaras de caldo de carne, um cálice de vinho, um dente de alho, salsa, cravos, pimenta, o miolo de um pão, três gemas de ovos cozidas e esmagadas; deixa-se ferver mais duas horas, côa-se e serve-se.

47. MOLHO DE CHEFE DE COZINHA – Põe-se sobre um prato um pouco de manteiga fresca com salsa picada bem miúda, sal, pimenta, noz-moscada e, querendo-se, cebolinhas picadas; ajunta-se o sumo de um limão, sumo de uvas verdes, ou de tomates, ou um pouco de vinagre.

48. MOLHO DE ALCAPARRAS – Deita-se numa caçarola uma colher de gordura ou manteiga de vaca, e, estando derretida, põe-se uma colher de fubá de canjica, mexe-se e depois ajunta-se pouco a pouco um copo de caldo ou água; depois de fervido, tira-se do fogo, e ajuntam-se a gema de um ovo, desfeita numa colher de vinagre, um pouco de noz-moscada, e algumas alcaparras; deixa-se ferver ainda uma vez, e serve-se com carne ou peixe.

49. MOLHO DE PIMENTA ALEMÃO – Deita-se numa panela um pouco de manteiga de vaca; estando derretida, ajuntam-se duas colheres de polvilho, uma cebola picada, dois pimentões e sal; mexe-se, e ajuntam-se algumas xícaras de caldo de carne, deixa-se ferver ainda meia hora e serve-se com peixe e carne cozida.

50. MOLHO DE SALSA – Deitam-se numa caçarola um pouco de farinha de trigo, uma colher de gordura, e frige-se um pouco para que a farinha tome cor; deitam-se caldo de carne, uma porção de folhas de salsa picadas muito miúdo, um pouco de vinagre, e uma colher de aguardente, na qual esteja conservada pimenta-cumari. Este molho serve tanto para carne como para peixe.

51. MOLHO DE VINHO COM SARDINHAS – Toma-se uma caixa [lata] de sardinhas de Nantes, tiram-se as espinhas, descamam-se, desmancham-se em um copo de vinho branco, ajuntam-se meia garrafa de caldo de carne, algumas talhadas de limão, alguns cravos, deixa-se ferver meia hora; ajuntam-se um pouco de manteiga de vaca, uma cebola picada; deixa-se ferver mais um pouco, e côa-se por peneira; ajuntam-se três gemas de ovos desfeitas num copo de vinho, deixa-se ferver ainda um pouco, e serve-se com peixe ou carne.

Faca de abrir folhas de conservas

52. MOLHO FRIO DE OVOS – Esmigalham-se quatro ou seis gemas de ovos, ajuntam-se uma xícara de vinagre, duas colheres de azeite doce, sumo de limão, caldo de pimenta-cumari, um pouco de açúcar e sal moído; serve-se com peixes e carnes frias.

53. MOLHO INDIANO DE CARIL – Deitam-se numa caçarola uma quarta de manteiga, uma colher de pó de pimentão (caril), um pouco de açafrão, noz-moscada, duas colheres de farinha de trigo ou fubá de canjica, um pouco de caldo de carne de vaca; deixa-se ferver por quinze minutos sobre brasas, côa-se por uma peneira fina, ajunta-se depois mais uma colher de manteiga, e serve-se.

54. MOLHO POR EXCELÊNCIA – Lavam-se algumas sardinhas e tiram-se as espinhas; cortam-se bem, assim como uma cebola; põe-se um pedaço de manteiga lavada numa caçarola; depois de derretida, acrescentam-se algumas colheres de farinha de trigo ou polvilho, um pouco de pimentão, noz-moscada; ajuntam-se as sardinhas picadas, caldo de carne de vaca, o sumo de dois limões, e as talhadas de um limão, deixa-se ferver um pouco e serve-se.

Molhos para Peixes

55. MOLHO ALEMÃO – Tome-se substância para molhos, oito xícaras; misture-se com quatro gemas de ovos, um pouco de noz-moscada, deixe-se ferver por quinze minutos; querendo, pode-se ajuntar um pouco de vinagre; este molho serve-se principalmente para peixes.

56. MOLHO DE CAMARÃO – Cozem-se uns camarões; depois de cozidos, cortam-se, misturam-se com uma colher de gordura ou manteiga, frigem-se um pouco; ajuntam-se depois algumas colheres de substância de molho, noz-moscada e pimenta-da-índia; deixa-se ferver um pouco, e côa-se, podendo-se engrossar o molho, querendo, com um pouco de polvilho e um pouco de vinagre, e serve-se.

57. MOLHO DE MANTEIGA PRETA – Põe-se manteiga numa frigideira, e se aquece até ficar preta, sem todavia queimar; nesta ocasião, ajunta-se a salsa inteira, para frigir-se, e deitar-se sobre o peixe; despeja-se vinagre na frigideira que acaba de servir e, logo que estiver quente, deita-se ainda sobre o peixe e serve-se logo.

58. MOLHO DE NATA – Deitam-se numa panela duas colheres de gordura, uma colher de fubá de canjica, um pouco de salsa, cebolinhas picadas, sal, pimenta-da-índia, um pouco de noz-moscada, um copo de leite, ou nata de leite; deixa-se ferver por quinze minutos, e serve-se para batatinhas ou bacalhau.

59. MOLHO DE OSTRAS OU MARISCOS – Ferve-se uma porção de ostras ou mariscos, ajuntando-lhes a água contida nas conchas; eles cozinham-se com pouco fogo; põem-se, depois de cozidos, a escorrer, deita-se por cima um pouco de molho branco com sumo de um limão. Este molho serve para pôr sobre peixes assados e cozidos.

60. MOLHO DE TÚBARAS – Aquecem-se sobre brasas, num pouco de azeite doce, algumas túbaras, cogumelos, meio dente de alho, e salsa; ajuntam-se uma porção de caldo de carne de vaca, um cálice de vinho branco, sal, pimenta, põem-se a cozer, tendo o cuidado de tirar a gordura que nada sobre o molho, e serve-se.

61. MOLHO DE TÚBARAS À ITALIANA – Frigem-se quatro ou seis túbaras numa colher de azeite doce, com uma cebola e um pouco de salsa picada, sal, pimenta, cravo-da-índia, folhas de louro e algumas talhadas de limão; depois de dez minutos, deitam-se uma xícara de vinho branco e duas colheres de substância de molho; deixa-se ferver perto do fogo meia hora;

antes de servir-se, tiram-se as talhadas de limão, a salsa, a cebola, e finalmente a gordura, e serve-se.

62. MOLHO AMARELO DE OVOS – Mistura-se um pouco de manteiga com meia colher de farinha, e seis gemas de ovos, um pouco de noz-moscada e sal; ajuntam-se uma colher de vinagre, e outra colher de água, ou quanta for necessária; deixa-se ferver, e serve-se com peixes, alcachofras, e batatinhas.

63. MOLHO DE FLORENÇA – Põe-se uma tigela dentro de uma caçarola cheia de água a cozer; deitam-se na tigela quatro gemas de ovos, sal e pó de pimenta, ajunta-se pouco a pouco uma xícara de azeite doce, mexendo-se fortemente, e tira-se depois a tigela; serve-se com todas as qualidades de peixes.

Na preparação deste molho, deve-se ter toda a cautela possível de não apertar-se o calor demais, porque talham as gemas dos ovos que se põem, e o molho fica perdido.

64. MOLHO FRIO PARA PEIXES – Escaldam-se uma porção de salsa, cerefólio, cebolinhas, manjerona, serpol; depois de tudo isso picado, passa-se no crivo, acrescentam-se duas gemas de ovos duros, mistura-se bem e ajuntam-se pouco a pouco quatro colheres de azeite doce, duas de vinagre e duas de mostarda em pó; põe-se numa terrina e serve-se.

65. MOLHO GENOVÊS – Frigem-se duas colheres de fubá de canjica em manteiga, até ficarem de cor alambreada; ajuntam-se depois água suficiente, salsa, cogumelos, cebolinhas, tudo picado muito fino, e um cálice de vinho branco (caso não se tenha ajuntado vinho na água em que se cozeu o peixe), e serve-se.

66. MOLHO GOMADO – Deitam-se numa caçarola duas colheres de polvilho, desfeito em quatro colheres de água ou de caldo de carne, um pouco de noz-moscada, algumas folhas de salsa, cebola, uma colher de gordura e um dente de alho; deixa-se ferver, mexendo-se até ficar cozido, ajuntando-se uma colherinha de açúcar, um pouco de vinagre ou sumo de limão, e serve-se.

67. MOLHO HOLANDÊS – Deita-se numa caçarola um pouco de manteiga; depois de estar derretida e ter-se feito um depósito no fundo da caçarola, e que estiver muito límpida, passa-se num crivo bem fino; mistura-se sal purificado, bate-se levemente com um garfo, e serve-se quente numa tigela. É o verdadeiro molho holandês, e serve para peixes.

68. MOLHO ITALIANO – Ferve-se, com vinho branco, um pouco de salsa, cebolinhas, alcaparras, tudo muito bem picado; ajuntam-se sal, pimenta, uma colher de azeite doce e, se convier, um dente de alho e cravo-da-índia;

deixa-se ferver mais uma vez, tira-se do fogo e mistura-se uma colher de manteiga, mexendo-se até derreter-se, e serve-se.

69. MOLHO MARSELHÊS – Deitam-se num prato cebola, cebolinhas, cerefólio, um dente de alho, tudo picado muito miúdo, sal, e pimenta; dilui-se com vinagre, azeite doce e mostarda, que se põem pouco a pouco, e, mexendo-se para misturar, serve-se.

70. MOLHO À PROVENÇAL – Aquecem-se, sobre brasas, cebolinhas, cogumelos, e um dente de alho, em duas colheres de azeite doce; ajuntam-se depois um pouquinho de farinha de trigo, e em seguida, caldo de carne de vaca, vinho branco, e um ramalhete de plantas aromáticas; deixa-se ferver por meia hora, tiram-se a gordura quase toda, o alho e o ramalhete de plantas aromáticas, e serve-se.

71. MOLHO SEM GORDURA – Deitam-se numa pequena caçarola três gemas de ovos, seis colheres de azeite, sal, pimenta, noz-moscada, faz-se aquecer no banho-maria, e mexe-se para misturar.

Molhos para Caças

72. MOLHO EXCELENTE PARA CAÇAS – Tiram-se os membros e o peito das caças, socando-se o resto num almofariz, ajuntando-se de vez em quando uma colher de substância de molho, e passando a polpa por uma peneira; mistura-se meia colher de manteiga de vaca, amassada com outro tanto de farinha, meio copo de vinho tinto, uma cebolinha e um molho de ervas, que se tiram depois; deixa-se tudo ferver por meia hora, acrescentam-se duas colheres de azeite doce e o sumo de um limão; aquece-se neste molho, e sem ferver, os membros e o peito da caça.

Guarnece-se o fundo do prato com fatias de pão fritas em manteiga; põem-se por cima os membros da caça, deita-se o molho por cima e serve-se.

73. MOLHO PARA GUISADOS DE CAÇA E AVES – Ponham-se sobre fogo, numa caçarola, uma colher de manteiga, outra de farinha de trigo, deixe-se aquecer, e, antes de corar, ajuntem-se duas xícaras de extrato de carne, outro tanto de vinho tinto, uma cebola inteira, e um ramalhete de plantas aromáticas (este, como a cebola, tira-se quando servir-se), um pouco de sal; deixe-se cozer meia hora, ajuntem-se os membros e o estômago das caças ou as pernas, asas e moelas das aves (já cozidas) e deixem-se aquecer neste molho sem cozer, acrescentando-se sumo de limão.

Guarneça-se o fundo do prato com pedaços de pão, sobre os quais se põe a caça ou ave, e deitando-se o molho por cima, sirva-se.

74. MOLHO INGLÊS PARA CAÇA – Ferve-se, em meia garrafa de leite, o miolo de um pão, passa-se por uma peneira, ajuntam-se vinte ou trinta grãos de pimenta, sal, e, no momento de servir-se, uma colher de manteiga de vaca; serve-se para caças de penas.

75. MOLHO DE SARDINHAS – Depois de bem lavada uma dúzia de sardinhas de barrica e tiradas as espinhas, deitam-se numa caçarola com seis ou oito xícaras de caldo, pimenta, noz-moscada, salsa, louro, e pouco sal; deixa-se ferver por uma hora sobre fogo moderado, e serve-se com vinagre, sumo de limão, ou sumo de laranja-azeda, para as carnes de caça.

Molhos para Pudins e Massas

76. MOLHO AMARELO DE LIMÃO – Amassa-se a mesma proporção de manteiga, farinha de trigo, gemas de ovos, casquinhas de limão, como no molho de limão [molho 15]; ajuntam-se um pouco de açúcar, canela moída e noz-moscada, e tanto de vinho branco quanto for necessário para o molho; põe-se sobre o fogo e deixa-se ferver um pouco, mexendo-se sempre; serve-se para as mesmas comidas, como o molho de limão, e também para pudins e massas.

77. MOLHO DE AMEIXAS – Passa-se uma porção de ameixas por uma peneira, e socam-se os caroços; ajuntam-se uma colher de polvilho, canela e casquinhas de limão; deixa-se ferver uma hora com pouca água, depois côa-se, espremendo; ajuntam-se ao sumo outro tanto de vinho branco ou tinto, e um pouco de açúcar; deixa-se ferver por um pouco; serve-se com todos os pudins e massas de todas as qualidades.

78. MOLHO DE BOM GOSTO – Bate-se uma colher de manteiga, com dois ovos com claras, e mais duas gemas; misturam-se com um pão de três onças, posto de molho em leite; acrescentam-se o leite necessário, um pouco de baunilha e açúcar; deixa-se ferver por um pouco, passa-se por uma peneira e serve-se com qualquer pudim.

79. MOLHO DE CHOCOLATE – Deixa-se derreter um pouco de manteiga; depois de quase derretida, ajuntam-se três gemas de ovos, duas colheres de chocolate em pó, e tanto vinho branco quanto for necessário, para a quantidade necessária de molho, um pouco de açúcar, casquinha de limão,

Os Molhos

385

canela moída, e ferve-se tudo, mexendo-se sempre, sobre brasas; serve-se para pudins e massas.

80. MOLHO DE GRUMIXAMA – Pisa-se e espreme-se uma porção de grumixamas, ferve-se por meia hora o sumo, com canela, casquinhas de limão, açúcar e um pouco de polvilho; serve-se para pudins e panquecas.

81. MOLHO DE NATA – Frige-se um pouco de manteiga com farinha de trigo ou fubá de canjica, ajuntam-se quatro xícaras de leite bem gordo, um pouco de salsa picada, noz-moscada, um pouco de açúcar e sal; ferve-se e engrossa-se com duas gemas de ovos, e serve-se com pudins e pastéis.

82. MOLHO DE NATA AROMÁTICO – Deixam-se ferver algumas xícaras de leite gordo com açúcar, canela, casquinhas de limão, um pouco de baunilha e um pouquinho de sal; por fim, engrossam-se com duas a três gemas de ovos.

83. MOLHO DE VINHO TINTO – Misturam-se uma garrafa de vinho tinto, meia de água, duas colheres de açúcar, casquinhas de limão e cinco gemas de ovos frios; põe-se sobre brasas, deixa-se ferver por quinze minutos, e serve-se com pudim de arroz.

84. MOLHO ENCORPADO DE VINHO TINTO – Ferve-se meia garrafa de vinho tinto com alguns cravos-da-índia, canela e açúcar; engrossa-se, em seguida, com duas gemas de ovos e uma colher de polvilho, e serve-se com pudins. Este molho basta levar só uma fervura.

85. MOLHO DE VINHO COM NATA – Batem-se quatro gemas de ovos em uma xícara de nata; ajuntam-se um copo de vinho branco ou tinto e dois copos de água; aquece-se numa caçarola sobre brasas, até principiar a ferver, depois ajuntam-se uma colher de manteiga de vaca, três colheres de açúcar, um pouco de canela, e valeriana (erva-benta), e serve-se com pudins e massas.

86. MOLHO DOCE DE VINHO TINTO – Ferve-se uma porção de vinho tinto ou branco com algumas folhas de louro, cravo-da-índia, canela e açúcar; estando a ferver, deita-se uma colher de polvilho desfeito com uma xícara de vinho frio, deixa-se ferver mais uma vez, e serve-se com massas e pudins, ou, depois de frio, com salame.

87. MOLHO PARA PASTÉIS – Frige-se um pouco de manteiga, até tomar cor; ajuntam-se um pouco de polvilho, um pouco de vinagre, água, um pedaço de marmelada, desfeita em água quente, algumas talhadas de limão, e deixa-se ferver por uma hora.

88. MOLHO PARA PASTÉIS DE PEIXE – Tomam-se quatro xícaras de bom caldo de vaca, quatro cebolas, alguns cravos, folhas de louro, um ramalhete

de plantas de tempero, e quatro a seis pimentões; deixa-se ferver por meia hora, passa-se por uma peneira, e ajuntam-se duas xícaras de vinho, algumas sardinhas picadas, algumas colheres de alcaparras, uma cebolinha picada e quatro colheres de bolachas socadas, deixa-se ferver mais meia hora, e serve-se.

89. MOLHO PARA PUDIM DE ARROZ – Fervem-se, mexendo continuadamente, meia garrafa de leite, quatro gemas de ovos, um pedaço de canela, uma colherinha de polvilho, um pouco de açúcar, um pouco de água-rosada ou de água-flor de laranja, e serve-se.

CAPÍTULO XV

AS SALADAS

1. SALADA DE ALFACE À ALEMÃ – Picam-se as folhas de quatro cabeças de alface, depois de lavadas; deitam-se numa terrina com sal, duas horas antes de servir-se; espremem-se em seguida, e deitam-se num prato com açúcar, seis colheres de vinagre e uma quarta de toucinho cortado em pequenos pedaços fritos; mistura-se tudo e enfeita-se com dois ovos cozidos duros e cortados em fatias, pondo-as sobre a salada, e serve-se.

2. SALADA DE ALFACE À FRANCESA – Tomam-se quatro cabeças de alface, tiram-se as folhas exteriores, e lavam-se as outras por duas a três vezes; deixam-se escorrer em uma peneira, apertando um pouco, mas sem se machucarem, e deitam-se no prato na hora de ir à mesa; deitam-se um pouco de sal fino, uma colher de azeite doce e quatro a cinco colheres de bom vinagre; mistura-se tudo, e serve-se.

   Da mesma maneira se faz a salada de agrião.

3. SALADA DE ALFACE À INGLESA – Tomam-se as folhas de quatro cabeças de alface, lavam-se e deitam-se num prato; salpicam-se de sal, e deitam-se por cima duas gemas de ovos cozidos duros, desfeitas em duas colheres de azeite doce, e seis colheres de bom vinagre, e serve-se.

4. SALADA DE ALFACE À MINEIRA – Tomam-se as folhas de quatro cabeças de alface, picam-se bem fino, lavam-se e deixam-se escorrer sobre uma

peneira; deitam-se no prato com sal, vinagre, gordura derretida quente e pimenta; mistura-se tudo muito bem e serve-se.

5. SALADA DE BATATAS – Coze-se uma porção de batatinhas, descascam-se e cortam-se em rodelas finas; misturam-se com duas cebolas cortadas em rodelas, sal, pimenta-da-índia moída, azeite doce e vinagre; mistura-se tudo bem e serve-se com assados.

6. SALADA DE BELDROEGA – Lava-se uma porção de beldroegas, tiram-se, misturam-se com sal, pimentas-cumaris, vinagre e gordura quente; mistura-se tudo e serve-se.

7. SALADA DE BETERRABA COZIDA – Fervem-se uma ou duas raízes de beterrabas, descascam-se e cortam-se em rodelas; temperam-se com sal, pimenta, azeite doce e vinagre, e servem-se.

8. SALADA DE BETERRABA CRUA – Descascam-se uma ou duas raízes de beterrabas, ralam-se e temperam-se com sal, azeite doce, vinagre, pimenta moída, uma cebola picada fina e uma porção de noz-moscada ralada, e serve-se.

9. SALADA DE JACOTUPÉ – Tomam-se uma ou duas raízes de jacotupé, cortam-se em rodelas, ou ralam-se com pimentas-cumaris, sumo de limão, sal, salsa e cebolas picadas; ajuntam-se duas colheres de gordura derretida quente, e servem-se com assados.

10. SALADA DE PALMITO – Toma-se um palmito, pica-se bem fino, escalda-se, e deixa-se escorrer; tempera-se com sal, vinagre, gordura quente e uma cebola picada, e serve-se.

11. SALADA DE PEPINOS – Descascam-se quatro a seis pepinos, cortam-se em rodelas delgadas, temperam-se com sal, pimenta-da-índia socada, azeite doce e servem-se.

12. SALADA DE PEPINOS À ALEMÃ – Descascam-se quatro pepinos, cortam-se em rodelas finas e temperam-se com sal; deixam-se ficar durante três a quatro horas; põem-se a escorrer e temperam-se de novo com sal, vinagre, pimenta moída, uma cebola picada e gordura quente, e servem-se.

13. SALADA DE PEPINOS À BRASILEIRA – Descascam-se quatro pepinos, e cortam-se em rodelas finas; acrescentam-se quatro cebolas, igualmente cortadas em rodelas, sal, pimentas-cumaris, sumo de limão e gordura derretida e servem-se.

14. SALADA DE PEPINOS COM NATA – Descascam-se e cortam-se em delgadas rodelas quatro pepinos; põem-se de molho em sal; passadas quatro horas, escorre-se a umidade, temperam-se de novo com sal, vinagre, nata de leite e uma colher de açúcar, e servem-se.

15. SALADA DE SARDINHAS – Tomam-se duas dúzias de sardinhas de molho de escabeche; tira-se o espinhaço e corta-se a carne em pequenos pedaços; cortam-se também em pedaços uma dúzia de batatas cozidas e descascadas, e duas cebolas; temperam-se com sal, duas gemas de ovos duros e desfeitas em vinagre e pimenta moída; deitam-se no prato, enfeitam-se com rodelas de beterrabas roxas, cenouras, e servem-se com assados de vitela e porco.
16. SALADA DE CEBOLAS – Corta-se uma porção de cebolas em rodelas delgadas, faz-se o mesmo com uma raiz de aipo fervida e descascada, e deitam-se num prato; e, por cima, vinagre, azeite doce ou gordura derretida, sal, pimenta moída, molho de mostarda e serve-se.
17. SALADA DE CEBOLAS FRITAS – Refoga-se em manteiga de vaca uma porção de cebolas cortadas; ajuntam-se sal, pimentas-cumaris, molho de mostarda e um pouco de açúcar; e servem-se antes que as cebolas principiem a corar.
18. SALADA DE CHICÓRIA – Faz-se pelo mesmo modo que a salada de alface à francesa.

Chicória

19. SALADA DE ESCAROLA – Tomam-se três ou quatro pés de escarola, tiram-se as folhas, porque só se comem os talos; lavam-se bem e cortam-se pelo comprimento; põem-se numa saladeira, pondo sal miúdo, pimenta-da-índia moída, duas colheres de azeite doce ou gordura, e três colheres de vinagre forte.

É esta uma das saladas mais apreciadas.
20. SALADA DE RABANETES – Corta-se uma porção de rabanetes em rodelas finas sem descascá-los, e, assim colocados numa saladeira, temperam-se com sal fino, pimenta-da-índia em pó sutil, e cinco a seis colheres de vinagre forte.
21. SALADA DE ANCHOVAS DE CONSERVA – Toma-se uma porção de anchovas, lavam-se e escorrem-se bem, despejando por cima um molho feito do modo seguinte: picam-se quatro ovos cozidos duros, com salsa, cebolinhas, alho pisado, pimenta-da-índia e uma colher de vinagre; tendo

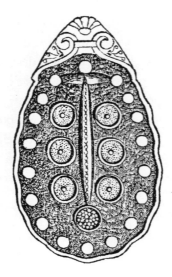 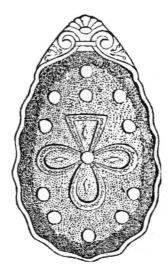

Salada de anchovas

derretido uma colher de manteiga em uma caçarola, despeja-se nela esta mistura; deixa-se ferver, ajuntam-se três a quatro colheres de leite, caso o molho esteja grosso demais, e serve-se.

AS COMPOTAS

1. COMPOTA DE AMORAS – Tomam-se duas libras de amoras; fervem-se em pouca água até desfazerem-se; ajuntam-se uma libra de calda de açúcar em ponto de espelho, canela, erva-doce e cravo-da-índia; dá-se mais uma fervura e serve-se com assados. Preparam-se do mesmo modo as compotas de morangos, de fragarias e de groselhas.
2. COMPOTA DE ARAÇÁ, GOIABA, MARACUJÁ ETC. – Tira-se a massa com as sementes destas frutas, e deita-se uma libra de massa em meia de calda

Compota de araçás

de açúcar em ponto de espelho, com canela, cravo-da-índia e noz-moscada; ferve-se um pouco e serve-se com assados.

3. COMPOTA DE BANANAS – Descasca-se e frige-se uma dúzia de bananas em manteiga de vaca; estando fritas, deitam-se em um prato, polvilham-se com canela, e servem-se.

4. COMPOTA DE JUÁS – Tomam-se duas libras de juás, fervem-se em pouca água, com canela e cravo-da-índia; estando cozidos, coam-se por peneira e ajunta-se a calda de uma libra de açúcar; ferve-se até formar um mingau, e serve-se.

5. COMPOTA DE MAÇÃS E MARMELOS – Fervem-se duas libras de marmelos ou maçãs descascadas, até principiarem a desfazer-se; ajuntam-se nesta ocasião meia libra de açúcar em calda, um pouco de canela e erva-doce; ferve-se até engrossar um pouco, deita-se no prato e serve-se frio para assados.

6. COMPOTA DE MAÇÃS COM PASSAS – Ferve-se uma porção de maçãs partidas até desfazerem-se e a água secar; passam-se por uma peneira, e mistura-se uma libra desta polpa com uma quarta de calda de açúcar, uma quarta de passas lavadas, uma de amêndoas descascadas e picadas, um pouco de erva-doce e uma xícara de água-de-flor; dá-se mais uma fervura, e serve-se.

7. COMPOTA DE SUMO DE LARANJA – Descasca-se uma porção de laranjas, tiram-se as sementes, e deitam-se num tacho para ferver, mexendo com uma colher de pau, um pouco de canela e cravo-da-índia; passam-se por uma peneira, e engrossa-se o sumo, até formar um mingau ralo, e serve-se; as laranjas sendo azedas, acrescenta-se, ao sumo passado por peneira, meia quarta de açúcar para cada tigela.

AS SOBREMESAS

Não é nosso intento dar aqui um tratado completo do confeiteiro, mas dão-se aqui algumas receitas necessárias para completar o conhecimento de uma boa cozinheira; e como não se encontram confeitarias em todos os lugares, por isso julgamos útil dar aqui algumas receitas indispensáveis para apresentar-se um banquete completo.

1. ALETRIA CASEIRA – Para fazer-se aletria que possa substituir a que se acha à venda, amassa-se meia libra de farinha de trigo com cinco ovos e um pouco de sal; bate-se bem até apresentar bolhas de ar quando se cortar; desenrola-se a massa sobre uma toalha e, estando bem estendida e fina,

Carretilha para cortar massas

enrola-se sobre si e corta-se o rolo em tiras bem finas, principiando numa das pontas; estando assim cortada em fios delgados, guardam-se para o uso, preparando como a que se acha à venda.

2. ALFORJES DE MARMELOS – Descascam-se uns marmelos, cortam-se em rodelas, tira-se o centro que contém os caroços e, feita uma massa da consistência de mingau encorpado, com duas colheres de farinha de trigo, uma gema de ovo, uma colher de açúcar, uma de manteiga e a quantidade necessária de água quente ou leite, passam-se as rodelas de marmelo neste mingau e, em seguida, frigem-se em gordura; polvilhados de açúcar e canela, servem-se como sobremesa.

3. ARROZ-DOCE – Ferve-se um prato de arroz escolhido e lavado em quatro garrafas de leite, meia libra de açúcar, sal e casquinhas de limão; estando o arroz cozido e quase seco, ajunta-se um pouco de água-de-flor, deita-se nos pratos e, polvilhado de canela moída, serve-se como sobremesa.

4. ARROZ-DOCE DOURADO – Ferve-se meio prato de arroz com duas garrafas de leite, meia libra de açúcar, sal, casquinhas de limão e noz-moscada ralada; estando o arroz cozido e quase seco, acrescentam-se seis gemas de ovos, batidas com um pouco de vinho branco, e duas colheres de manteiga; deixa-se ferver mais um pouco, põe-se sobre pratos, polvilha-se de canela moída e serve-se quente.

5. ARROZ-DOCE À MINEIRA – Toma-se um prato de arroz bem escolhido e lavado em água fria, põe-se a cozer em água e deixa-se cozer durante um quarto de hora; depois, despeja-se em uma peneira grossa para escorrer; põe-se depois em um tacho com quatro garrafas de leite e deixa-se ferver; quando o leite principiar a secar, ajuntam-se uma colher de manteiga, uma dúzia de gemas de ovos, devendo, antes de ajuntar as gemas, passá-las por uma peneira para não talhar; põe-se sobre pratos, polvilha-se de canela moída, e serve-se; também pode-se ajuntar um pouco de água-de-flor.

6. BOLINHOS DE ABÓBORA – Descasca-se e corta-se uma abóbora em pedaços e cozem-se em água e sal; estando cozidos, passam-se por uma pe-

As Sobremesas

neira, e amassa-se cada libra desta polpa com quatro ovos, quatro colheres de açúcar e três colheres de farinha de trigo, erva-doce e canela à vontade; fazem-se uns bolinhos com esta massa, frigem-se em gordura e, polvilhados com açúcar e canela, servem-se como sobremesa.

7. BOLINHOS DE MANTEIGA – Deita-se em leite quente um pão do tamanho de duas mãos fechadas; estando amolecido, tira-se e amassa-se com três colheres de farinha de trigo, quatro gemas e duas claras de ovos, pouco sal, meia colher de açúcar e uma colher de manteiga; fazem-se com esta massa uns bolinhos, fervem-se em água que já deve estar fervendo, e servem-se com sopa de carne ou molho de gemada.

8. BOLINHOS DOCES – Bate-se uma dúzia de gemas de ovos com uma libra de açúcar; acrescentam-se seis colheres de batatas cruas raladas, e seis colheres de pão ralado, pouco sal, noz-moscada ralada, e erva-doce; amassa-se tudo bem e, formando pequenos bolos, assam-se no forno, postos sobre folhas de bananeira e polvilhados de açúcar e canela; servem-se como sobremesa.

9. BOLOS COM RECHEIO (RAVIOLE) – Amassam-se oito onças de farinha de trigo com três ovos, pouco sal, noz-moscada raspada e canela moída; estando de boa consistência, desenrola-se a massa sobre uma toalha e estende-se até ficar da grossura de uma linha; corta-se em pedaços de três polegadas em quadro, e deita-se no meio de cada quadro uma colherinha do seguinte recheio: pica-se bem miúdo uma porção de carne de vaca ou de galinha que se refoga em gordura quente; ajuntam-se sal, pimenta, louro e tomates; dobram-se as beiradas, e calcam-se para o picado ficar dentro, cortam-se as beiradas com a carretilha, e fervem-se por fim numa panela de bastante capacidade, durante duas a três horas; estando cozidos, tiram-se com a escumadeira, deixam-se escorrer bem, e servem-se, tendo-os coberto com queijo ralado, e uma cebola picada, e fritos na manteiga.

10. BOLOS DE CARNE – Pica-se uma quarta de qualquer carne assada, com uma cebola; amassa-se com seis colheres de farinha de trigo, quatro a cinco ovos, pouco sal, noz-moscada; tomam-se pequenas porções desta massa, que se fervem aos poucos numa panela que se acha no fogo com água quente; estando os bolos cozidos, servem-se com molho ou manteiga derretida.

11. BOLOS DE FERMENTO – Amassa-se na véspera uma libra de farinha de trigo, com um pouco de fermento de pão, e o leite necessário para formar uma massa regular; põe-se num lugar quente e, no dia seguinte, tiram-se dela uns bolos do tamanho de um ovo de galinha, e deitam-se numa pa-

nela bem grande, que se acha sobre o fogo com água fervendo; deixam-se cozer até sobrenadarem; tiram-se com a escumadeira e, depois de escorridos, servem-se, polvilhados de queijo ralado, com manteiga derretida.

12. BOLOS DE LEITE COALHADO – Amassam-se dez colheres de fubá mimoso, duas colheres de polvilho, três ovos, e leite coalhado quanto baste para formar uma massa de boa consistência; formam-se bolos do tamanho de um ovo, cozinham-se em água fervendo, e servem-se com assados.

13. BOLOS DE PÃO – Amolece-se em leite um pão do tamanho de duas mãos fechadas, e amassa-se com quatro colheres de farinha de trigo, quatro ovos, meia colher de açúcar, um pouco de sal e noz-moscada; tiram-se pequenas porções com uma colher, e deitam-se em água fervendo; quando sobrenadarem, tiram-se com uma escumadeira, cortam-se em talhadas, frigem-se em gordura, e servem-se.

14. BOLOS DE QUEIJO –Amassam-se dez colheres de farinha de trigo, outro tanto de queijo ralado, meia dúzia de ovos, um pouco de sal e, sendo necessário, um pouco de leite para a massa ficar de boa consistência; enrola-se para formar pastas, das quais cortam-se pedaços de uma polegada de comprimento, e deixam-se numa panela grande que se acha com água fervendo e um pouco de sal; quando sobrenadarem, tiram-se e servem-se com assados ou algum molho gordo.

15. COSCORÕES – Misturam-se duas xícaras de leite com uma clara de ovo batida, um pouco de sal, meia colher de açúcar, e duas de polvilho; tendo no fogo uma caçarola com bastante gordura, mete-se na massa uma forma que se segura pelo cabo; esta forma fica untada da massa, que se deixa frigir na gordura; estando cozida, o que se conhece, quando a massa toda desprega-se da forma, tira-se, e repete-se esta operação até acabar a massa.

16. CUSCUZ DE SEMINÁRIO – Umedece-se meio prato de fubá fino com quanto baste de água para umedecê-lo sem ligá-lo; misturam-se um pouco de sal, uma colher de açúcar, um pouco de erva-doce, e põe-se tudo num cuscuzeiro, apertando um pouco a massa, e, com este, tapa-se uma panela funda, devendo o cuscuzeiro entrar na panela sem chegar na água que se acha na panela; com um pouco de angu, tapam-se todos os suspiros que ficaram entre a panela e o cuscuzeiro; deixa-se ferver e, estando cozido, emborca-se o cuscuzeiro de boca para baixo sobre um prato para assim poder sair a massa inteira, e serve-se.

17. OUTRO – Umedece-se meio prato de fubá fino com uma xícara de leite, misturam-se meia quarta de queijo picado, uma colher de açúcar, uma

colher de manteiga, duas gemas de ovos, um pouco de erva-doce, umas passas e um pouco de noz-moscada raspada; deita-se esta massa no cuscuzeiro, e procede-se como no cuscuz de seminário.

18. CUSCUZ FRITO – Corta-se o cuscuz em fatias, frigem-se em pouca gordura, polvilham-se de ambos os lados com açúcar e canela, e servem-se para assados, ou chá.

19. MASSA PARA EMPADAS – Amassam-se quatro colheres de farinha de trigo com uma colher de manteiga, água quente, dois ovos e sal; amassa-se tudo até ficar de consistência regular; estende-se a metade, que se põe no prato, devendo as beiradas da massa serem meia polegada maiores do que o prato; com a outra metade estendida, cobre-se o enchimento e a massa de que se fez a empada; dobra-se a beirada da pasta inferior sobre a capa superior, e assa-se no forno.

20. MASSA FOLHADA PARA EMPADAS – Toma-se a massa acima, depois de bem amassada, estende-se sobre uma tábua, unta-se por cima com manteiga, enrola-se e torna-se a estender, untando-a outra vez com manteiga; repete-se esta operação oito a dez vezes, e faz-se a capa para a empada pelo modo já explicado.

21. EMPADA DE BACALHAU À MINEIRA – Ferve-se o bacalhau meia hora em aguardente; tira-se, pica-se e, depois de picado, ferve-se em vinho branco com pimentas, cebolas, salsa; deixa-se secar o caldo, mistura-se uma mão-cheia de cogumelos fervidos em água, sal, vinagre e uns ovos cozidos picados; põe-se esta massa na forma, assa-se e serve-se.

22. EMPADA DE BAGRES – Toma-se uma caixa de massa de empada, deita-se sobre o fundo um picado feito de bacalhau cozido em vinho branco, uns ovos duros, toucinho e cebolas; deita-se por cima uma porção de bagres fritos em gordura, e misturam-se com fundos de alcachofras cozidas; cobre-se com o resto de picado, põe-se a tampa, e, assada no forno, serve-se com um molho picante.

23. EMPADA DE CAMARÕES – Tomam-se uma porção grande de peixe sem espinhas, uma porção de camarões, a quarta parte de um palmito, uma mão-cheia de cogumelos, salsa, uma cebola, pimentas e sal; ferve-se tudo com uma xícara de vinho e, estando cozido, acrescentam-se dois ovos cozidos e picados; deita-se esta massa na caixa da empada e, assada no forno, serve-se fria ou quente.

24. EMPADA DE CARNE DE VITELA – Toma-se um pedaço de carne de vitela e refoga-se com um pouco de manteiga; corta-se depois em pedacinhos que

se deitam numa caçarola com substância de carne, outro tanto de vinho madeira, e temperos; deixa-se ferver meia hora, e enche-se a caixa da empada com esta massa; tapa-se, e põe-se no forno; estando cozida, bate-se um ovo e unta-se com ele a massa, para tomar boa cor, e serve-se.

25. EMPADA DE GALINHA À MINEIRA – Refogam-se duas galinhas com quatro colheres de gordura; cortam-se depois em pedaços e, acrescentando quatro xícaras de água, sal, salsa, cebolas, pimentas e um palmito cortado, deixa-se ferver sobre brasas, até o caldo secar; tiram-se os ossos e acrescentam-se as suas moelas e fígados, e oito ovos cozidos duros; enche-se a forma com este picado, assa-se no forno, e serve-se quente.

26. EMPADA DE JACU – Abre-se a ave pelas costas, tiram-se os ossos, picam-se as carnes, o fígado da ave, quatro ovos cozidos, salsa, o peito de uma galinha e meio palmito; tempera-se tudo com sal, pimenta-da-índia moída, e ferve-se em vinho branco; estando quase cozido, envolve-se numa capa grossa de empada, assa-se no forno e serve-se.

27. EMPADA DE LOMBO DE VEADO – Ferve-se um lombo de veado em água e sal durante meia hora e, em seguida, em vinho branco, gengibre, salsa e manjericão, até ficar cozido; depois, amassam-se quatro libras de farinha de trigo com meia libra de manteiga, quatro ovos e quanto baste de leite para fazer uma massa; envolvem-se nesta o lombo e assa-se no forno.

Por este mesmo processo podem-se fazer empadas de lombo de carneiro, vitela, cabrito etc.

28. EMPADA DE MANDIS – Depois do peixe cortado em postas, ferve-se em leite, sal, salsa, e, estando cozido, põe-se na forma, enchendo os vãos com queijo ralado e pedacinhos de manteiga; assa-se no forno e serve-se quente.

29. EMPADA DE MOCOTÓ DE PORCO – Fervem-se quatro pés de porco em água e sal, até ficarem cozidos; tiram-se então os ossos, corta-se a carne em pequenos pedaços, misturam-se com uma cebola, o peito de uma galinha, quatro ovos cozidos, tudo bem picado; temperam-se com sal, pimentas, noz-moscada raspada, e com esta massa enche-se a forma da empada, feita de massa folhada; assa-se no forno e, estando cozida, tira-se, levanta-se um pouco a tampa e umedece-se a carne com um pouco de vinho branco; acaba-se de assar e serve-se.

30. EMPADINHAS DE OSTRAS – Picam-se o peito e o fígado de uma galinha com uma cebola, um pouco de salsa e sal; ferve-se um pouco em uma colher de manteiga e meia xícara de vinho branco; fazem-se umas pequenas caixas de massa folhada, guarnece-se o fundo com um pouco deste pica-

do; deitam-se por cima duas ou três ostras, com um pouco de manteiga; tapa-se e unta-se a capa por fora com a gema de um ovo batida, põe-se no forno, e serve-se estando assada.

31. EMPADA DE OVOS – Bate-se uma dúzia de ovos com quatro colheres de queijo ralado e duas de manteiga fresca; deita-se tudo numa frigideira, e frige-se, mexendo até endurecer; salpica-se de sal e pimenta moída, enche-se com esta massa a forma da empada, deixa-se assar no forno e serve-se.

32. EMPADA DE PÁSSAROS MIÚDOS – Limpa-se uma dúzia de pássaros miúdos, assam-se um pouco no espeto, e, em seguida, fervem-se em vinho branco com sal, salsa, cebola, alho, cravo-da-índia e pimenta; estando cozidos, deitam-se numa caixa de empada, entremeando com um picado feito de meia libra de toucinho fresco, quatro ovos cozidos, os miúdos dos pássaros e pimentas; umedecendo-se tudo com o vinho em que se cozeram os pássaros, côa-se e reduz-se. Assa-se no forno e serve-se quente.

33. EMPADA DE PEIXES MIÚDOS – Pica-se a carne de uma galinha assada com quatro ovos cozidos, uma cebola, salsa e um dente de alho, ajuntam-se sal e pimentas; põe-se parte deste picado no fundo de uma caixa de empada, deita-se por cima uma camada de peixes miúdos fritos em manteiga, cobrindo com uma camada do picado; continua-se a pôr os peixes alternadamente, até encher a empada; estando cheia, cobre-se com sua tampa e, assada no forno, serve-se.

34. EMPADA DE POMBOS – Frigem-se três pombos em gordura com salsa, cebola picada, sal e pimentas; deitam-se os pombos numa capa folhada, sobre uma quarta de toucinho e quatro ovos picados e refogados com uma xícara de vinho; cobrem-se os pombos com o mesmo picado; tapa-se, assa-se no forno e serve-se.

35. EMPADA DE PRESUNTO – Toma-se o presunto, depois de tirada a pele, põe-se de molho em água com um pouco de sumo de limão; depois de passadas vinte e quatro horas, tira-se, enxuga-se e envolve-se em uma capa para empadas; vai ao forno, e assa-se durante duas a três horas, conforme o tamanho do presunto, e serve-se com a mesma capa.

36. EMPADA DE COELHO, PREÁ, TATU – Depois de limpo o coelho, coze-se em vinho tinto, cravo-da-índia, noz-moscada, sálvia, cebola, sal e pimentas; tira-se a carne dos ossos, corta-se em pedaços, e misturam-se uma porção de carapicus, seis gemas de ovos, uma cebola picada; umedecendo-se com sumo de limão, assa-se numa capa de massa para empadas e, estando bem assado, serve-se.

CAPÍTULO XVI

MASSAS DOCES PARA SOBREMESA

1. FATIAS DOURADAS – Corta-se um pão em fatias, deita-se de molho em vinho branco, tira-se, deixa-se escorrer; e, passando depois as fatias em três gemas de ovos batidas com duas colheres de açúcar, frigem-se em manteiga de vaca, cobrindo-as com canela e açúcar; servem-se quentes.

2. MANJAR À BRASILEIRA – Ferve-se uma libra de pó de arroz com duas garrafas de leite, pouco sal (querendo), uma libra de açúcar, e mexe-se sem parar; estando cozido, tira-se com uma colher aos bocados, e arranja-se sobre um prato e vai ao forno para assar e tomar cor; apolvilha-se de canela e açúcar e serve-se.

3. MANJAR DE GALINHA – Coze-se uma galinha em duas garrafas de leite e, estando cozida, tira-se a galinha, desossa-se e pica-se muito fino; soca-se no pilão até reduzir a uma pasta; torna-se a deitar a pasta no leite, com meia libra de pó de arroz, uma libra de açúcar, casquinhas de limão picadas; estando a massa cozida e encorpada, deita-se num prato, cobre-se de açúcar e canela, vai ao forno para assar e tostar, e serve-se.

4. MANJAR DE PÃO – Tomam-se dois peitos de galinha cozidos e socam-se com uma quarta de amêndoas descascadas, duas libras e meia de açúcar e uma porção de pão ralado; deitam-se numa caçarola com uma garrafa de leite, deixam-se ferver duas vezes e, tendo esfriado um pouco, ajuntam-se

quatro gemas de ovos batidas; torna-se a ferver, deita-se sobre o prato, cobre-se de açúcar e canela moída, e serve-se.

5. MANJAR DOURADO – Coze-se uma libra de pó de arroz em duas garrafas de leite, oito gemas de ovos, uma libra de açúcar, cravo-da-índia; estando tudo cozido e grosso, arranja-se sobre o prato, cobre-se com as claras batidas, e com meia libra de açúcar, de modo que forme uma neve; enfia-se no forno e, tendo corado, serve-se.

6. MANJAR ENFARDADO – Depois de feita a massa do manjar com ovos, como já dissemos, amassam-se uma libra de manteiga, quatro gemas de ovos e duas colheres de açúcar; tira-se a massa com uma colher, e põe-se dentro de um pedaço de capa; enrolam-se e apertam-se as beiradas, cortando-as com a carretilha; frigem-se estes rolos em manteiga derretida, e servem-se com açúcar e canela.

7. OVOS EM CALDA – Batem-se duas dúzias de ovos bem batidos, que se deitam em uma caçarola com um pouquinho de manteiga, e frigem-se até os ovos ficarem duros; tira-se a caçarola do fogo, cortam-se os ovos em fatias e, tendo feito uma calda de duas libras de açúcar em ponto de espelho, deitam-se as fatias na calda; fervem-se mais um pouco, põe-se no prato, apolvilham-se de canela e açúcar, e servem-se.

8. PAMONHAS DE MILHO VERDE – Toma-se o bagaço que restou depois de coado o leite do milho; mistura-se cada libra com uma quarta de açúcar e um pouco de sal; enrola-se um pedaço da massa em folha de banana, assa-se ao forno, e serve-se.

9. PANQUECAS – Faz-se uma massa de quatro colheres de farinha de trigo, dois ovos batidos, duas xícaras de leite, um pouco de sal e noz-moscada; frige-se numa frigideira uma colher de manteiga e, estando bem quente, deita-se a massa, frige-se bem um e outro lado, e, estando coberta de açúcar e canela em pó, serve-se.

10. PANQUECAS ECONÔMICAS – Faz-se uma massa de quatro colheres de fubá mimoso com uma colher de polvilho, dois ovos bem batidos, um pouco de sal, casquinhas de limão e duas xícaras de leite, e procede-se como já foi dito.

Espátula para panquecas

Massas Doces para Sobremesa

11. PANQUECAS DE BATATAS – Ferve-se uma porção de batatinhas, descasca-se e pisa-se bem, mistura-se com uma colher de fubá mimoso, uma de açúcar, dois ovos batidos, uma colher de manteiga, sal, e meia xícara de leite, e procede-se como já dissemos.

12. PÃO DOURADO – Umedece-se em leite um pão cortado em fatias, escorrem-se, passam-se estas fatias em gemas de ovos batidas e colocam-se em uma caçarola com calda de açúcar em ponto de espelho; tiram-se, põem-se em pratos, cobrindo com açúcar e canela, e servem-se.

Em vez de umedecer o pão em leite, umedece-se também em vinho branco.

13. MASSA PARA PASTÉIS – Amassa-se uma libra de farinha de trigo com quatro gemas de ovos, meia quarta de manteiga ou gordura, e pouco sal; depois de bem amassado, estende-se sobre uma tábua, untando-a com farinha de trigo para a massa não pegar na tábua; corta-se esta massa com as beiradas de um copo, para saírem os pedaços redondos, e enchem-se conforme o gosto dos pastéis que se quiser fazer. Querendo-se, douram-se, untando-os como uma gema de ovo batida, e isto com auxílio de uma pena, e assam-se no forno.

14. PASTÉIS, MASSA FOLHADA PARA CAPA – Amassa-se uma libra de farinha de trigo com seis gemas de ovos, pouco sal e leite; amassa-se bem e estende-se sobre uma tábua, unta-se a superfície com manteiga, cortam-se as capas com um copo, e procede-se como no artigo antecedente.

15. PASTÉIS DE CARNE DE VITELA – Pica-se uma libra de carne de vitela com uma quarta de toucinho, duas cebolas, salsa, sal e pimentas; deita-se tudo numa caçarola com uma xícara de água, outra de vinho, e deixa-se ferver um pouco.

Enchem-se com esta massa pequenos pastéis com capa folhada e, pondo-os no forno, assam-se; estando assados, servem-se.

16. PASTÉIS DE CARNE À BRASILEIRA – Pica-se uma libra de carne de vaca ou de carneiro, com meia libra de toucinho, uma cebola, sal, bastante pimenta-cumari, e salsa; refoga-se tudo com uma xícara de água, um cálice de aguardente e o sumo de um limão; estando cozido, estende-se a massa para capa de empadas e, cortando em rodelas com um copo, põem-se, no meio de cada uma, uma colher de carne e algumas azeitonas; dobram-se as beiradas e deitam-se os pastéis numa panela com gordura quente, deixando frigir até ficarem corados; tiram-se, cobrem-se de açúcar e canela e servem-se.

402   *Cozinheiro Nacional*

17. PASTÉIS DE CAPA DE FUBÁ À BRASILEIRA – Procede-se em tudo como na receita acima, sendo a capa amassada com quatro colheres de fubá mimoso, dois ovos e uma colherinha de polvilho fervido numa xícara de água ou leite e um pouco de sal; esta capa deve ser mais encorpada do que a de farinha de trigo.

18. PASTÉIS DE ESTUDANTES – Ferve-se meia libra de açúcar mascavo com água, canela e pimenta moída, até ficar em ponto de espelho; tira-se do fogo e mexe-se-lhe farinha de mandioca, até ficar numa massa meio dura; enchem-se com esta massa os pastéis e, fritos em gordura e cobertos com açúcar e canela, servem-se.

19. PASTÉIS DE GALINHA – Picam-se o peito, a moela, e o fígado de uma galinha, com meia quarta de toucinho, duas gemas de ovos, uma cebola, salsa, sal e pimenta; ferve-se um pouco, ajuntando uma xícara de vinho branco até secar; enchem-se com esta massa as capas, e frigem-se os pastéis em gordura.

20. PASTÉIS DE NATA – Batem-se quatro xícaras de leite, com dez gemas de ovos, uma colher de açúcar, casquinhas de limão; dá-se uma fervura, mexe-se e enchem-se as capas com esta massa; levam-se ao forno e, estando assados, servem-se, cobertos de açúcar e canela em pó.

21. PASTÉIS DE OVOS – Bate-se uma dúzia de ovos com duas colheres de leite; ajunta-se uma libra de açúcar em calda depois de frio; torna-se a pôr ao fogo, ferve-se um pouco, mexendo, e enchem-se com esta massa as capas feitas da massa folhada; levam-se os pastéis ao forno, assam-se, e servem-se com um pouco de açúcar por cima.

22. PASTÉIS DE PASSARINHOS À BRASILEIRA – Frige-se uma porção de passarinhos, até ficarem bem tostados; salpicam-se com vinagre e pimenta moída; enrola-se cada passarinho em uma rodela de massa; unem-se as beiradas, e frigem-se em gordura.

23. PASTEL PICANTE – Picam-se meia libra de presunto, meia de carne de vitela, uma quarta de toucinho fresco, duas cebolas, salsa, sal, pimentas e noz-moscada.

Fazem-se umas forminhas de massa folhada e assam-se no forno; deita-se uma porção deste picado dentro das forminhas e tapam-se as forminhas com uma capa; fervem-se um pouco em vinho branco, enfiam-se no forno, e servem-se.

24. PUDIM À MODA DE PARIS – Amassa-se uma libra de tutano de vaca com uma quarta de toucinho, meia libra de pó de arroz, sete gemas de ovos, dois ovos inteiros, meio copo de leite gordo, um cálice de licor de bauni-

lha, sal, noz-moscada, seis maçãs descascadas e picadas e uma dúzia de amêndoas descascadas e picadas.

Por outro lado, amassam-se duas libras de farinha de trigo, uma oitava de sal, duas colheres de água, quatro ovos, e uma quarta de gordura de rins de vaca; estende-se esta massa sobre uma toalha; reúne-se a massa acima. Ajuntam-se as pontas da toalha, atam-se, e põe-se a massa a ferver em um tacho com bastante água; ferve-se durante uma hora e, tirando-se a toalha com cautela para não desfazer a massa, serve-se com um molho feito de quatro gemas de ovos batidas com uma colher de polvilho, sal, duas colheres de açúcar, um copo de vinho branco, e fazendo ferver tudo um pouco, serve-se.

25. PUDIM DE ARROZ – Ferve-se meio prato de arroz com uma garrafa de leite, até secar; ajunta-se uma libra de açúcar batido com cinco gemas de ovos; mistura-se bem, ajuntam-se um pouquinho de sal, cravo-da-índia, noz-moscada, e, tendo deitado esta massa em uma forma para pudim, assa-se no forno e serve-se com um molho próprio.

26. PUDIM DE ARROZ COM QUEIJO – Ferve-se meio prato de arroz com uma garrafa de leite; estando cozido e seco, ajuntam-se meia libra de queijo ralado, meia libra de açúcar, um pouco de sal, noz-moscada e oito gemas de ovos; mistura-se tudo muito bem e, estando a massa posta numa forma untada de manteiga, assa-se no borralho, cobrindo com uma tampa cheia de brasas acesas; estando cozido, serve-se com um molho próprio.

27. PUDIM DE BATATINHAS – Descasca-se e rala-se meia libra de batatinhas, misturam-se com meia libra de fubá mimoso, oito gemas de ovos, meia libra de manteiga, uma libra de açúcar, sal e casquinhas de limão picadas; tendo posto a massa numa bexiga de vaca, ferve-se num tacho com água, e, tirando a bexiga, serve-se.

28. PUDIM DE BATATAS-DOCES – Toma-se uma libra de batatas cozidas e descascadas; ralam-se, ajuntam-se cinco onças de manteiga, dez gemas de ovos, três onças de açúcar, pouco sal, casquinhas de limão, e canela moída; amassa-se bem. Ajuntam-se dez claras de ovos batidas, mistura-se tudo, deixa-se assar no forno numa forma untada de manteiga, e serve-se.

29. PUDIM DE CARÁ – Toma-se um cará, que se ferve; estando cozido, descasca-se, rala-se, e misturam-se duas libras desta massa com uma libra de pó de arroz, libra e meia de açúcar, meia libra de manteiga, uma dúzia de gemas de ovos, sal, noz-moscada e canela; amassa-se tudo com um pouco de fermento, deixa-se num lugar quente durante quatro horas e, tendo posto numa forma untada, assa-se no forno e serve-se.

404   Cozinheiro Nacional

30. PUDIM DE FUBÁ MIMOSO – Amassa-se uma quarta de manteiga de vaca com uma libra de fubá mimoso, uma colher de polvilho, quatro ovos, uma quarta de açúcar, uma porção de passas escaldadas, casquinhas de limão, sal, noz-moscada e leite quente quanto baste para formar uma massa espessa; ata-se num guardanapo e põe-se num tacho com água fervendo, deixa-se cozer, e serve-se com um molho próprio.

31. PUDIM DE GEMADA – Batem-se cinco gemas de ovos com cinco colheres de farinha de trigo, meia garrafa de leite, sal e duas colheres de manteiga; ferve-se tudo, mexendo-se continuamente; estando cozido, ajunta-se uma quarta de amêndoas descascadas e socadas com uma quarta de açúcar e uma colher de água-de-flor de laranja; mistura-se tudo, deita-se numa forma untada com manteiga e assa-se no forno; serve-se estando coberto de açúcar e canela.

32. PUDIM DE LEITE – Ferve-se uma garrafa de leite com três colheres de polvilho, meia libra de açúcar, canela, casquinhas de limão e noz-moscada; tendo fervido um pouco, ajuntam-se uma dúzia de gemas de ovos e quatro claras bem batidas, até ficarem bem duras; mistura-se tudo muito bem, e, tendo posto a massa numa forma, assa-se no forno e serve-se.

33. PUDIM LONDON – Mistura-se meia libra de polvilho com uma libra de manteiga, oito gemas de ovos, casquinhas de limão, sal, noz-moscada, uma porção de passas; amassa-se muito bem, e deita-se numa forma untada de manteiga; põe-se a forma num tacho para ferver; deixando-se ferver durante duas horas, serve-se com um molho próprio.

34. PUDIM DE MARRECO – Tiram-se os ossos de um marreco, frige-se a carne com uma cebola picada e sal, em duas colheres de gordura; estando frita, faz-se uma massa de duas libras de farinha de trigo, quatro ovos, uma colher de manteiga, uma porção de passas peladas e quanto baste de leite para formar uma massa espessa; amassa-se, estende-se sobre uma tábua e deita-se a carne do marreco sobre esta massa; ajuntam-se as pontas, e põe-se dentro de um guardanapo, pondo-o num tacho com bastante água; estando cozido, serve-se com um molho próprio.

35. PUDIM DE NATA – Batem-se doze gemas de ovos com uma libra de bolachas moídas, noz-moscada, uma garrafa de leite, sal, canela e uma porção de passas; ferve-se tudo e, estando cozido e grosso, deita-se numa forma untada, e assa-se no forno; serve-se com um molho próprio.

36. PUDIM DE PÃO – Deita-se meia libra de miolo de pão em leite quente; estando bem ensopado, tira-se e esmaga-se com uma colher de pau; mis-

Massas Doces para Sobremesa

turam-se uma dúzia de gemas de ovos, três colheres de manteiga, canela, noz-moscada, cravo-da-índia, um pouco de sal, meia libra de açúcar, e quatro claras de ovos batidas com um cálice de vinho madeira; deita-se esta massa num guardanapo e põe-se num tacho com água para ferver; serve-se com um molho próprio. Também se pode pôr numa forma untada de manteiga e cozer-se no forno durante uma hora.

37. PUDIM POLACO – Amassam-se oito colheres de farinha de trigo com seis ovos, uma colher de tutano, sal, uma porção de passas e quanto baste de leite para formar uma massa de boa consistência; deita-se esta massa numa toalha, ata-se e deita-se num tacho com água para cozer sobre um fogo vivo; serve-se com um molho para pudins.

38. PUDIM DE RIM DE VITELA – Tomam-se os dois rins da vitela, assam-se e, depois de frios, picam-se bem miúdo, e misturam-se com meia libra de bolachas moídas, meia quarta de açúcar, seis ovos batidos, pouco sal, e uma xícara de leite; ferve-se bem tudo numa caçarola, e deita-se numa forma untada com manteiga; assa-se no forno, e serve-se quente.

39. PUDIM MIMOSO – Misturam-se oito onças de açúcar, oito de manteiga, oito de polvilho, oito gemas de ovos, pouco sal, baunilha e noz-moscada; amassa-se bem tudo durante uma hora; deita-se numa forma untada de manteiga, e assa-se no forno durante meia hora.

40. SONHOS FRITOS – Toma-se meio prato de fubá mimoso, que se escalda com três xícaras de leite fervido, um pouco de sal e uma colher de açúcar; amassa-se bem, e misturam-se dez ou mais ovos para formar uma massa mole; com uma colher, tiram-se pequenas porções, que se deitam em uma frigideira onde se acha gordura quente, continua-se até acabar a massa e, tendo coberto os sonhos de açúcar e canela, servem-se para café.

41. SONHOS FRITOS COM QUEIJO – Ferve-se meia garrafa de leite com um pouco de sal, uma colher de manteiga, duas de açúcar; ajuntam-se quatro colheres de farinha de trigo e uma quarta de queijo fresco; amassa-se bem tudo; ajuntam-se oito ovos ou mais para formar uma massa mole; procede-se no mais, como já dissemos.

42. SUSPIROS – Batem-se seis claras de ovos com meia libra de açúcar, meia quarta de coco-da-baía ralado, uma colher de licor; tendo formado uma massa dura, deita-se aos bocados sobre uma folha de papel grosso, e assa-se no forno bem brando.

43. SUSPIROS À MINEIRA – Batem-se quatro claras de ovos frescos com uma libra de açúcar refinado e coado; batem-se até ficarem duras, ajuntando o

sumo das cascas de um limão ou um pouco de canela moída; pinga-se aos poucos desta massa sobre uma folha de papel, e põe-se em forno bem brando.

44. TORTA DE BEIJO DE FADA – Faz-se uma forma de massa folhada para pastéis, da altura de três a quatro dedos; enche-se com a massa seguinte: batem-se vinte claras de ovos com duas libras de açúcar, casquinhas de limão, baunilha, um cálice de água-de-flor e outro de conhaque; continua-se a bater até formar uma massa bem dura; põe-se a forma no forno bem brando e assa-se; enfeita-se com frutas, e açúcar derretido e batido com duas gemas de ovos; deita-se o açúcar em uma vasilha com um furo por baixo, e vai-se formando umas flores ou letras; em seguida, cobre-se a torta com uma tampa com brasas, para endurecer o açúcar.

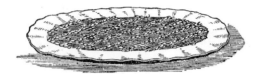

Torta

45. TORTA DE CREME DE AMENDOIM – Soca-se meia libra de açúcar, ajuntam-se, pouco a pouco, quatro xícaras de leite e, por fim, uma dúzia de gemas de ovos e canela moída, e ferve-se um pouco, mexendo-se bem.

Faz-se uma forma de massa folhada para pastéis, enche-se com a massa, e tendo posto no forno, assa-se até ficar de boa cor e serve-se.

46. TORTA DE REQUEIJÃO – Esmagam-se duas libras de queijo fresco em duas xícaras de nata; ajuntam-se seis gemas de ovos, uma libra de açúcar, e um pouco de sumo de laranja-azeda; enchem-se com esta massa umas formas de massa folhada; assam-se no forno, e servem-se.

47. TORTA IMPERIAL – Põe-se, numa forma bem untada, uma camada de massa; põe-se sobre a camada do fundo uma outra de polpa de pêssegos; sobre esta, uma de maçãs, e assim por diante até encher a forma, devendo a última camada ser de massa; leva-se ao forno, tira-se e vira-se sobre uma travessa; cobre-se de açúcar em calda e canela, e serve-se.

As camadas de polpas podem ser variadas, conforme o gosto de cada pessoa.

48. TORTA DE PALMITO OU ASPARGOS – Ferve-se uma porção de palmitos ou aspargos em água e sal; estando cozidos, picam-se bem miúdo, e misturam-se com oito gemas de ovos batidas com meia libra de açúcar, casquinhas de limão e o sumo de um limão.

Massas Doces para Sobremesa

Enche-se uma porção de formas com esta massa ou enche-se só uma forma, devendo todas ser untadas com manteiga; vão ao forno, assam-se bem, deitam-se numa travessa, cobrem-se com açúcar em pó, e servem-se.

49. TOUCINHO DO CÉU – Soca-se uma quarta de amêndoas descascadas até formarem uma pasta homogênea; ajuntam-se, pouco a pouco, meia xícara de leite, seis gemas e duas claras de ovos, uma libra de farinha de trigo; amassa-se tudo bem, põe-se numa forma untada com manteiga, coze-se no forno, e serve-se, tendo apolvilhado com açúcar e canela em pó.

50. TROUXAS – Bate-se uma dúzia de ovos; estando bem batidos, ajuntam-se uma colher de açúcar, pouco sal, uma colher de farinha de trigo, um pouco de noz-moscada e uma colher de leite; por outra parte, tem-se sobre o fogo uma frigideira untada de gordura na qual se deitam aos poucos duas a três colheres deste mingau ralo que, depois de frito de um e outro lado, é tirado e posto num prato; procede-se assim até acabar a massa; estas fritadas, que não devem ser muito tostadas, servem de capas, para nelas enrolar ou pedaços de marmelada ou qualquer outra qualidade de doce, ou picados de fígado de galinha.

Polvilham-se estas trouxas com açúcar e canela, e servem-se.

51. GELÉIAS – As geléias formam unicamente parte das cozinhas mais opulentas, e servem tanto para entremeio como sobremesa; damos aqui algumas receitas para sua preparação, porque, além de serem iguarias em extremo saborosas, formam, como restaurantes e de fácil digestão, um alimento muito precioso para as pessoas de estômago fraco.

É difícil preparar-se uma boa geléia.

Corta-se meia quarta de cola de peixe em pequenos pedaços que se põem de molho durante vinte e quatro horas em uma garrafa de água; leva-se depois ao fogo e, tendo fervido durante uma hora, côa-se por um guardanapo; deitam-se em seguida duas claras de ovos numa caçarola com o sumo de um limão, ajunta-se a solução da cola, e deixa-se ferver tudo durante meia hora; torna-se a coar, e serve para fazer as geléias.

Faz-se a geléia de mocotó da maneira seguinte: põem-se de molho em água fria dois mocotós limpos; em seguida, cortam-se em pedaços, e fervem-se em três garrafas de água, durante seis a sete horas; côa-se, deixa-se esfriar, tira-se a gordura, e torna-se a pôr numa caçarola; ajuntam-se o sumo de um limão, e duas claras de ovos.

52. GELÉIA DE LARANJAS – Ferve-se o sumo de doze laranjas com a calda de meia libra de açúcar em ponto de espelho; clarifica-se o açúcar com clara

de ovo e, depois de coado, ajunta-se uma garrafa de geléia; ferve-se ainda uma vez, e deita-se numa vasilha; deixa-se esfriar e, estando duro, põe-se a vasilha num tacho com água quente, para a geléia despegar-se; vira-se sobre um prato, e serve-se; pelo mesmo modo se faz a geléia de quaisquer outras frutas.

53. GELÉIA DE MÁLAGA – Faz-se um xarope com uma libra de açúcar; estando em ponto de espelho, ajuntam-se o sumo de um limão, uma libra de geléia e um copo de vinho de Málaga; deixa-se ferver durante um instante, deita-se o líquido numa forma, e, no mais, procede-se como já dissemos acima. Pelo mesmo modo se fazem as geléias de conhaque e outros vinhos generosos.

54. GELÉIA DE MARMELOS À BRASILEIRA – Fervem-se quatro dúzias de marmelos partidos; estando cozidos, coam-se, ajuntam-se uma libra de calda de açúcar, alguns cravos-da-índia, canela, casquinha de limão; deixa-se ferver até ficar reduzido a duas garrafas; deixa-se esfriar, e serve-se.

55. LEITE DE AMÊNDOAS OU DE PEVIDES DE MELANCIAS – Toma-se meia libra de amêndoas doces ou pevides de melancias; socam-se, molhando-as com um pouco de leite. Tomam-se seis copos de leite, põem-se dentro as amêndoas, ou as pevides de melancia, ajuntam-se um pouco de açúcar, e água-de-flor de laranjeira, e passa-se o todo por uma peneira fina; faz-se ferver sobre um fogo brando e reduz-se.

Passa-se outra vez por peneira, deita-se no prato, e deixa-se esfriar para servir.

56. MAÇÃS COM ARROZ – Tomam-se sete maçãs que se descascam, e tira-se o miolo com um ferro próprio; fazem-se cozer numa caçarola, em um xarope ralo, ajuntando a metade do sumo de um limão; quando as maçãs estiverem cozidas, fazem-se escorrer; por outra parte, põe-se num prato uma camada de marmelada ou qualquer outro doce; colocam-se as maçãs por cima, enche-se o âmago delas com geléia e cobrem-se com arroz preparado como para pudim de arroz e servem-se.

57. MACARONI TOSTADO – Põe-se a cozer em caldo bom uma porção de macaroni, com uma cebola, cravos-da-índia, um pouco de sal e pimenta quebrada; quando ele estiver quase cozido, tira-se do fogo, e coloca-se num prato fundo cercado de fatias de pão untadas de manteiga; semeiam-se por cima miolo de pão e uma boa camada de queijo flamengo ou mineiro, raspado muito fino; deita-se por cima um pouco de manteiga e dá-se cor com um ferro quente.

58. COMIDA BRANCA – Tomam-se uma libra de amêndoas doces, e oito amargas; depois de preparadas, socam-se bem.

Faz-se ferver leite e açúcar, e, quando estiver fervendo, desmancham-se as amêndoas no leite e passam-se por uma peneira fina.

Torna-se a levar para o fogo e deixa-se cozer mexendo, e faz-se reduzir.

Quando estiver grosso, põe-se no prato e serve-se.

59. COMIDA BRANCA FRIA – Estando as amêndoas prontas, como já dissemos para comida branca, passam-se na peneira fina; toma-se cola de peixe quebrada em pedaços, e batida num copo de água; deixa-se cozer a cola durante duas horas e meia e mistura-se ao creme que deverá estar tépido.

Deita-se numa vasilha ou forma, que se põe dentro da água para esfriar.

60. PUDIM DE ARROZ – Põe-se a ferver uma garrafa de leite, com uma libra de açúcar refinado e doze onças de arroz; quando o arroz estiver bem cozido, ajunta-se um pouco de manteiga, e deixa-se esfriar.

Pica-se bem miúdo uma casquinha de limão, que se mistura com o leite; ajuntam-se quatro ovos inteiros, cinco gemas de ovos e mistura-se bem.

Toma-se uma fôrma, que se unta com manteiga, e, sobre esta, semeia-se miolo de pão ralado; sacode-se a fôrma para sair o excedente do miolo, e sobre ele se deita a mistura, pondo a fôrma perto do fogo, e cobrindo-a com uma tampa cheia de brasas.

Na ocasião de servir, deita-se a fôrma num prato, e serve-se quente ou frio.

Tampa

CAPÍTULO XVII

AS CONSERVAS

1. CONSERVAÇÃO DE ALCACHOFRAS – Fervem-se algumas cabeças de alcachofras em água e sal; estando meio cozidas, tira-se o miolo e cortam-se todas as folhas supérfluas; postas no forno para secarem um pouco, deitam-se numa panela e despeja-se sobre elas gordura quente; tiram-se quando se precisar delas.

2. CONSERVAÇÃO DE AMEIXAS, PÊSSEGOS E DAMASCOS – Apanham-se, num dia seco e de sol, as frutas que se quer conservar, cortando os pés para não esmagá-las; escolhem-se as frutas maiores e não muito maduras; embrulha-se cada uma em um cartucho de papel, grudado e atado; e põem-se estes cartuchos sobre palha, num lugar seco e arejado.

3. CONSERVAÇÃO DE AMEIXAS, DAMASCOS E PÊSSEGOS – Derrete-se uma parte de cera com quatro partes de banha derretida; deixa-se esfriar, mas não a ponto de coagular; apanham-se as frutas com todo o jeito, e mergulham-se nesta mistura; tiram-se imediatamente e penduram-se num lugar seco por um barbante que se atou ao pé; conservam-se assim por muito tempo; para o transporte, embrulham-se em cartuchos de papel, e encaixotam-se com serradura de pau ou farelo.

4. CONSERVAÇÃO DE AMEIXAS EM VINAGRE – Escolhe-se uma porção de ameixas quase maduras; deitam-se numa vasilha e escaldam-se em vina-

gre quente; passados três dias, tira-se o vinagre, e torna-se a ferver com cravo-da-índia, canela, noz-moscada, um pouco de açúcar e torna-se a deitar quente sobre as frutas, suprindo com aguardente o vinagre que se evaporou, e tendo o cuidado que as ameixas fiquem cobertas no líquido.

5. CONSERVAÇÃO DE ARAÇÁS, MARACUJÁS E GOIABAS – Tendo colhido em tempo seco frutas que não estejam maculadas, e antes de serem completamente maduras, introduzem-se no forno morno, derrete-se um pouco de cera com um pingo de sebo e, não estando muito quente, mergulham-se as frutas uma por uma nesta cera; embrulham-se em papel e encaixotam-se em serradura de pau.

6. CONSERVAÇÃO DE AVES DE CAÇA – Depenam-se as aves, tiram-se as entranhas, e lavam-se bem em água quente e vinagre; esfregam-se com sal por dentro e por fora; penduram-se num lugar arejado e de sombra; deita-se num barril uma porção de gordura, põem-se as caças e põe-se gordura por cima, e assim por diante até encher, devendo a última camada ser de gordura, e guardam-se.

7. CONSERVAÇÃO DE AVES DE CAÇA (OUTRA) – Depenados e limpos os pássaros, escaldam-se em água, sal e um pouco de vinagre; deixam-se esfriar, enxugam-se com um pano, e finalmente [colocam-se] ao sal, ou em ar seco.

Frige-se uma porção de gordura e deitam-se os pássaros enxutos dentro, deixam-se até corar; põem-se numa panela, e deita-se gordura por cima.

8. CONSERVAÇÃO DE CARNE FRESCA – Para se conservar a carne de vaca fresca durante quatro a cinco dias, toma-se um quarto de vaca com pé e o casco; enterra-se este pé debaixo de uma coberta, de modo que fique em pé e assim conserva-se quatro a cinco dias sem alterar-se.

9. CONSERVAÇÃO DE CARNE DE VACA FRESCA (OUTRA) – Não querendo conservá-la com o pé, pode-se fazer por outro modo; toma-se um pedaço de carne, envolve-se em uma camada de carvão moído, e embrulha-se num pano; pendura-se num lugar fresco e arejado, e assim conserva-se durante oito dias sem alterar-se.

10. CONSERVAÇÃO DE CARNE FRITA – Ferve-se em pouca água e sal a carne cortada em postas, tira-se e enxuga-se com um pano; frige-se depois uma porção de gordura, deita-se a carne, e deixa-se cozer até ficar corada; tira-se, põe-se em panelas, e deita-se gordura quente por cima. Para usar-se dela, basta aquecê-la.

11. CONSERVAÇÃO DA CARNE EM SALMOURA – Corta-se a carne em postas, e deita-se num barril entre camadas de sal; passados dois dias, tira-se, pendura-se ao sol, e deixa-se secar, pondo-a de novo entre camadas de sal.

Para se empregar esta carne, dá-se uma fervura com água; deita-se esta fora, e põe-se a carne em água fria durante doze a dezoito horas; neste estado, pode-se empregar.

12. CONSERVAÇÃO DA CARNE EM SALMOURA À INGLESA – Corta-se a carne em postas, escalda-se, enxuga-se, e esfrega-se com sal; pendura-se depois ao ar, e em seguida, deita-se em camadas entre sal e açúcar mascavo, dentro de um barril, tampa-se e guarda-se.

A proporção de açúcar é de uma quarta para seis libras de sal.

13. CONSERVAÇÃO DE CARAPICUS E COGUMELOS – Escolhem-se e lavam-se os carapicus; deitam-se numa panela com água e muito sal, e põem-se a ferver; tendo fervido, tiram-se, secam-se ao sol ou ao forno, e guardam-se num saco para quando se quiser usar.

Quando se usar deles, deitam-se durante seis horas de molho em água morna, dando-lhes por fim uma fervura e, estando escorridos, estão prontos para se usar.

14. CONSERVAÇÃO DE CARAPICUS – Escolhem-se e lavam-se os carapicus; dá-se-lhes uma fervura em vinagre, e deixam-se escorrer; estando enxutos, guardam-se entre camadas de sal; para usar-se deles, põem-se durante algumas horas em água fria, e lavam-se bem.

15. CONSERVAÇÃO DE COUVES – Picam-se as couves, e escaldam-se em água e sal; põem-se em seguida em água fria e, tiradas da água, secam-se ao sol e, por fim, no forno, e guardam-se num vidro bem tampado; para usar delas, põem-se de molho durante três a quatro horas, até ficarem inchadas.

16. CONSERVAÇÃO DE COUVES À MARINHEIRA – Pica-se uma porção de couves bem finas, escaldam-se em água quente, espremem-se bem, e põem-se num barril ou panela, com bastante sal, alguns cravos-da-índia; enche-se a panela com vinagre quente, ao qual se ajunta a quarta parte de aguardente; tapa-se a vasilha e guarda-se.

17. CONSERVAÇÃO DE TODAS AS QUALIDADES DE FRUTAS – Colhem-se as frutas num dia seco, antes de bem amadurecidas; deitam-se sobre palhas num quarto bem arejado e seco; os dias sendo frios, põe-se um braseiro no quarto. Em seguida, deita-se uma camada de farinha de milho peneirada numa barrica, deita-se por cima uma camada de frutas de modo que não

se toquem; enche-se assim a barrica, tapa-se bem, e guarda-se num lugar quente e seco.

18. CONSERVAÇÃO DE ERVILHAS, COUVE-FLOR E VAGENS COZIDAS – Toma-se uma porção de qualquer destes legumes, põe-se numa panela com pouca água, sal e ferve-se durante um quarto de hora; deita-se ainda quente em vidros de boca larga, devendo estes ficarem quase cheios; põem-se estes vidros num tacho com água, devendo a água chegar até ao gargalo dos vidros, e põem-se a ferver, durante quinze a vinte minutos; tapam-se bem os vidros, e guardam-se.

Assim se conservam estes legumes frescos por muito tempo; para usar-se deles, derrete-se um pouco de gordura num prato, e frige-se com um pouco de cebola picada e um pouco de farinha de trigo; deitam-se então os legumes e, tendo cozido durante meia hora, servem-se.

19. CONSERVAÇÃO DO LEITE FRESCO – Deita-se o leite em garrafas bem arrolhadas e quase cheias; põem-se estas em pé a ferver dentro de um tacho com água, de maneira que chegue ao gargalo das garrafas, e lacra-se imediatamente.

20. CONSERVAÇÃO DO LEITE COZIDO – Ferve-se uma porção de leite, acrescenta-se a cada garrafa de leite meia oitava de soda cristalizada; deita-se quente em garrafas e tapa-se bem; põem-se estes depois em um tacho com água e fervem-se durante meia hora; tiram-se as garrafas, e lacram-se imediatamente; deste modo o leite conserva-se fresco durante um ou dois meses.

21. CONSERVAÇÃO DE MARMELOS, MAÇÃS E PÊRAS – Apanham-se as maçãs cada uma com um pé, cortando com uma tesoura; enfia-se o pé em cera derretida, põem-se as frutas sobre palha, num quarto arejado e sobre mesas, de modo que não se toquem; deixam-se assim durante oito a dez dias; querendo transportar-se, embrulha-se cada fruta em um pedaço de papel macio, e deita-se num caixão, entremeadas de camadas de serradura de pau ou farelo.

Deve-se ainda notar que as frutas não devem ser apanhadas maduras, porém oito dias antes da sua completa madureza.

22. CONSERVAÇÃO DE MARMELOS, MAÇÃS E PÊRAS – Ata-se no pé de cada fruta que se quer apanhar um pedaço de barbante, cortando-se a fruta acima do nó; deita-se cada fruta num cartucho de papel, ficando as pontas do barbante atadas no pé de cada fruta; fecha-se o cartucho, pendurando as frutas num quarto arejado; conservam-se estas frutas o melhor possível, tornando-se até mais saborosas pelo tempo.

23. CONSERVAÇÃO DA MANTEIGA FRESCA – Toma-se uma porção de manteiga, lava-se por várias vezes em água fria, amassando-a com uma colher de pau, até que a água saia limpa, espreme-se a manteiga para ficar sem umidade.

Misturam-se quatro partes de sal fino, uma de salitre moído e uma de açúcar branco; toma-se uma onça da mistura para cada libra de manteiga, com a qual se incorpora bem e deita-se aos bocados num pote, apertando bem para que não contenha ar algum. Por este processo, conserva-se fresca e de bom gosto, por muito tempo.

Melões

24. CONSERVAÇÃO DOS MELÕES FRESCOS – Apanham-se uns melões medíocres, deitam-se numa estufa durante dois ou três dias, ou num quarto arejado escuro e aquecido por um braseiro; deitam-se os melões em um caixão com cinza peneirada, de modo que não se toquem uns aos outros; assim se podem conservar três meses e mais.

25. MIXED-PICKLES – Deitam-se numa panela uma porção de ervilhas, couve-flor, cenouras partidas, cebolinhas, pepinos novos, chuchus, palmito picado, pontas de espigas de milho verde, guandus, mangalós, pontas de aspargos, samambaia, vagens, sementes de mostarda, pimenta de todas as qualidades, sal, vinagre, cravo-da-índia, noz-moscada.

Fervem-se durante um quarto de hora, tiram-se do fogo, e deixam-se esfriar.

No dia seguinte, tornam-se a aquecer e, ainda quentes, deitam-se em vidros de boca larga, devendo os legumes ficarem cobertos de vinagre, e tapados, guardam-se.

26. CONSERVAÇÃO DOS OVOS FRESCOS – Derrete-se uma porção de gordura, deita-se não muito quente sobre os ovos colocados em um barril. Outro

modo: mexe-se uma porção de cal virgem em vinte vezes tanto de água, deixa-se assentar, decanta-se o líquido, e deita-se sobre os ovos; desta maneira, conservam-se ovos frescos durante meses e anos.

27. CONSERVAÇÃO DOS OVOS FRESCOS – Escolhe-se uma porção de ovos; enfia-se um por um, numa vasilha contendo sebo derretido não muito quente; deitam-se em seguida em farelo, e conservam-se mais de um ano sem alterar.

28. CONSERVAÇÃO DE PALMITO E ASPARGOS – Corta-se um palmito em pedaços do comprimento de meio palmo; quanto aos aspargos, tira-se a parte branca de baixo; ferve-se qualquer destes legumes em água e sal, durante um quarto de hora; deita-se a água fora, e enxugam-se os legumes com uma toalha; arranjam-se em uma panela, deita-se gordura derretida por cima, e guardam-se.

29. CONSERVAÇÃO DO PEIXE FRESCO EM VINAGRE – Logo que se apanhou o peixe, escama-se e limpa-se bem sem o partir; põe-se bastante sal, deixando nesta salmoura três a quatro horas; parte-se em postas, pondo-as numa panela que se acha fervendo, com vinagre, pimenta, cravo-da-índia, cebola e salsa; tendo dado três a quatro fervuras, tiram-se com uma escumadeira, deitam-se num barril, e, por cima, o vinagre frio e coado; tapam-se e guardam-se.

30. CONSERVAÇÃO DO PEIXE FRESCO – Logo que se apanhou o peixe, molha-se uma porção de miolo de pão em aguardente, e enche-se com este a garganta e boca do peixe, assim conserva-se quinze a vinte dias vivo num torpor; tirando-lhe o pão da boca e pondo-o na água, ele revive em poucos minutos.

31. CONSERVAÇÃO DOS PEIXES EM GORDURA – Tomam-se alguns peixes, salgam-se depois de ter tirado as escamas e as entranhas; deixam-se nesta salmoura durante quatro horas; tiram-se e, sendo os peixes grandes, cortam-se em postas, lavam-se e põem-se ao sol até secarem; colocam-se depois num barril com folhas de louro, pimentas, cravo-da-índia, e deita-se por cima gordura derretida quase fria, ou azeite doce, até ficarem cobertos; tapa-se o barril e guarda-se.

32. CONSERVAÇÃO DE PEPINOS PEQUENOS E BETERRABAS EM VINAGRE – Toma-se uma porção de pepinos pequenos ou beterrabas, lavam-se e põem-se numa panela com vinagre forte e sal; dá-se-lhes uma fervura; tira-se a panela, deixa-se esfriar e, passados três dias, escorre-se o vinagre, que se ferve com pimenta, mostarda, cebolinhas, e deita-se quente sobre os

pepinos ou beterrabas; ajunta-se um copo de aguardente, e põem-se num vidro de boca larga, que se tapa e guarda-se.

33. CONSERVAÇÃO DE TOMATES – Escolhem-se os tomates maduros grandes e sem defeito; põem-se num barril uma delgada camada de sal, sobre esta uma de tomates, sobre aquela, outra de sal e assim por diante, até encher o barril; tapa-se e guarda-se.

34. CONSERVAÇÃO DAS VAGENS FRESCAS – Apanham-se as vagens num dia de sol; escolhem-se as mais curadas e perfeitas, enfiam-se num vidro de boca larga; estando o vidro cheio, põe-se este a ferver num tacho com água, devendo a água chegar até ao gargalo do vidro; deixa-se ferver durante meia hora, e tapa-se bem o vidro, podendo as vagens assim durar frescas um ano e mais.

35. CONSERVAÇÃO DAS VAGENS SECAS – Pica-se uma porção de vagens escolhidas e novas; escaldam-se com água quente e sal, e secam-se em um quarto quente arejado e escuro e, depois, secam-se no forno.

Para se usar delas, põem-se durante dez a doze horas de molho em água morna, escorrem-se, e estarão prontas para se usar.

36. MODO DE TIRAR O MAU CHEIRO DA CARNE – Deita-se a carne que tiver mau cheiro em uma panela; quando ferver, tira-se a escuma e deita-se na panela uma porção de brasas vivas sem fumo; deixa-se ferver durante cinco minutos e tira-se depois a carne com a escumadeira, podendo ela ser preparada como se deseja.

37. TIRAR O RANÇO DA MANTEIGA – Aquece-se uma porção de espírito de vinho, lava-se com este a manteiga, amassando-a bem; deita-se o líquido fora e lava-se em seguida com água morna, na qual se dissolveu uma colher de água cristalizada; em seguida lava-se a manteiga, com bastante água; e, salgada de novo, estará como fresca.

38. MODO DE TORRAR O CAFÉ – Lava-se bem o café, e enxuga-se ao sol; nunca se deve deixar de lavar o café, porque muitos tingem o café com chumbo, e outras matérias nocivas à saúde.

Deita-se numa caixa de ferro com uma portinha, segura por um cabo, e deita-se esta sobre o fogo até o café ter tomado uma cor conveniente, e guarda-se depois de estar moído.

Em muitos lugares acrescenta-se ao café, depois de pronto, uma colher de açúcar a cada libra de café.

39. MODO DE TORRAR CAFÉ À MINEIRA – Deita-se o café lavado e enxuto em um tachinho próprio para torrar café.

Torrador

Torra-se sobre um fogo vivo, mexendo com uma colher de pau, até ficar de cor conveniente; tira-se então do fogo e deita-se em uma peneira grossa para sair a fumaça; põe-se, no mesmo, uma libra de açúcar mascavo ou rapadura para quatro libras de café; ajunta-se o café torrado, mexe-se bem e deixa-se esfriar, socando ou moendo depois o café e guardando-o para uso diário.

40. OUTRO MÉTODO DE TORRAR CAFÉ – O melhor modo de torrar o café é torrá-lo sem açúcar, e, depois de torrado e pronto e enquanto está ainda quente, salpica-se com açúcar em pó, que impede a evaporação do óleo essencial, que constitui o aroma do café.

41. MODO DE FAZER O CAFÉ – Põe-se uma vasilha com água sobre o fogo a ferver e, estando fervendo, deita-se o café em um coador de pano e despeja-se água fervendo por cima; apara-se o café que escorre, e serve-se.

42. MODO DE FAZER CAFÉ À MODA TURCA – Muitos usam preparar o café à turca, que consiste em pôr a ferver o café em pó com água e, depois de ter fervido, pôr uns pingos de água fria, que precipitam o pó, e o líquido fica como se tivesse sido coado; este método é preferido em alguns países.

43. MODO DE FAZER CAFÉ COM LEITE – Ferve-se uma porção de leite e, estando fervendo, deita-se o pó do café, mexe-se, e côa-se por um saco, e serve-se; também se usa deitar o café coado num bule, o leite em um outro, para cada um usar conforme o gosto.

44. MODO DE FAZER O CHÁ – Tomam-se dez colherinhas de chá que se colocam em um bule, despeja-se por cima uma xícara de água quente, levam-se à mesa, nesta ocasião, o bule e um outro com água fervente, que se deita sobre o chá na quantidade que for precisa; deixa-se o bule [com chá] abafado durante dois minutos, e serve-se.

45. MODO DE FAZER O CHOCOLATE – Rala-se meia libra de chocolate, deita-se numa vasilha, ajuntam-se doze xícaras de água e põe-se sobre o fogo, deixa-se ferver até engrossar, mexe-se com o pau próprio, e serve-se.

46. MODO DE FAZER CHOCOLATE COM LEITE – Rala-se meia libra de chocolate, deita-se numa vasilha com meia libra de açúcar e duas gemas de ovos batidas; ajuntam-se duas garrafas de leite, bate-se com o pau próprio, chega-se ao fogo para ferver, continuando a bater; depois de ter fervido, ajunta-se um pouco de canela moída, e meia colher de água-de-flor, tira-se do fogo, e serve-se quente.

47. MODO DE PREPARAR O MATE – Toma-se uma porção de mate que se põe em uma tigela [cuia], despejando-se água por cima e mexe-se; dá-se a cada convidado a tigela com a competente bomba, que se introduz no líquido e que cada convidado sorve à sua vontade; alguns apreciadores usam de mate sem açúcar; outros pelo contrário o admitem; portanto, quando se servir o mate, será preciso apresentar sempre um açucareiro na mesma ocasião.

Pau de bater chocolate

48. MODO DE PREPARAR O GUARANÁ – Com uma grosa, raspa-se uma porção de guaraná, que se põe num copo com açúcar; despeja-se em cima água morna ou fria, conforme o gosto ou a precisão da pessoa, e bebe-se com o polme. Esta bebida é muito refrigerante, e serve muito nos grandes calores, para evitar as febres podres, e atalhar a diarréia.

CAPÍTULO XVIII

RECEITAS CONFORTATIVAS

CONTRA A FRAQUEZA GERAL, DEBILIDADE DO ESTÔMAGO, PROVENIENTES DE DIFERENTES CAUSAS OU EXCESSOS SEXUAIS, PELO PROFESSOR BRILLAT-SAVARIN

A cozinha não só oferece recursos para o sustento da vida como também faculta meios muito eficazes para restabelecer a saúde perdida; é por esse motivo que apresentamos os seguintes magistérios.

1. TOMAM-SE SEIS CEBOLAS GRANDES, três raízes de cenouras, e uma porção de salsa; pica-se o todo e lança-se em uma caçarola onde se fará tostar por meio de um pedaço de manteiga fresca.

   Quando esta mistura estiver em ponto, lançam-se nela seis onças de açúcar-cândi, vinte grãos de alambre [âmbar] socado com uma côdea de pão, e três garrafas de água; faz-se ferver durante uma hora, ajuntando-se um pouco de água para compensar a água que seca; de maneira que haja sempre três garrafas de água.

   Por outra parte, mata-se, depena-se e limpa-se um galo velho, que se soca com carne e ossos em pilão de ferro; picam-se igualmente duas libras de carne de vaca; misturam-se estas duas carnes, ajuntando sal e pimentas-da-índia; põem-se numa caçarola, que se coloca sobre um fogo ativo, lançando de vez em quando um pouco de manteiga fresca, para melhor refogarem e não pegarem na panela.

Quando as carnes estiverem tostadas, lança-se pouco a pouco, até acabar, o caldo da primeira caçarola, tendo-o previamente coado por um pano; neste estado, faz-se ferver bem durante uma hora, tendo ajuntado água quente.

No fim deste tempo, a operação está concluída, e tem-se uma poção cujo resultado será certo, todas as vezes que o doente, estragado por qualquer motivo, usar dela e se tiver ainda o estômago bastante forte, para suportá-la. Para uso, tomam-se no primeiro dia uma xícara de três em três horas, e, nos dias seguintes, uma boa xícara de manhã e outra à noite, até acabar.

É muito raro ser preciso repetir, porque de ordinário, no quarto dia, o doente acha-se completamente restabelecido.

2. OUTRA – Conquanto todos saibam que o âmbar, considerado como perfume, pode atacar os nervos das pessoas delicadas, todavia tomado interiormente, ele é tônico em um grau muito elevado; dissipa a tristeza, promovendo a alegria: os antigos faziam grande uso dele em seus adubos.

Há pessoas que conservam vigorosa saúde em uma idade avançada, usando habitualmente de umas pastilhas de âmbar. Um pedaço de âmbar da grossura de uma fava, misturado com uma xícara de chocolate, dá vigor ao corpo, e faz desaparecer o abatimento do corpo e do espírito.

3. OUTRA – Convindo o primeiro confortativo mais para as constituições robustas, apresentaremos um outro destinado aos temperamentos fracos.

Toma-se um mocotó de vitela, que pese pelo menos duas libras; racha-se em quatro, pelo comprimento, tanto os ossos como a carne, e põem-se a tostar, com quatro cebolas cortadas em rodelas, e um pugilo de agrião miú-do; quando estiver em ponto, ajuntam-se três garrafas de água, e faz-se ferver durante duas horas, com o cuidado de substituir a água que evaporar; tempera-se com sal, pimenta-da-índia; é este um bom caldo de mocotó.

Por outra parte, socam-se três pombos velhos e vinte e cinco caranguejos vivos; reúne-se o todo, para tostar, em uma caçarola com um pouco de manteiga; quando a mistura pegar no fundo da caçarola, põe-se o caldo do mocotó aos poucos, até acabar, tendo o cuidado de o coar antecipadamente; e deixa-se ferver durante uma hora.

Torna-se a coar o todo, e toma-se uma xícara deste caldo de manhã, e outra à tarde.

É também uma sopa deliciosa.

Receitas Confortativas

4. CHOCOLATE PREPARADO COM ÂMBAR OU CHOCOLATE DOS AFLITOS –
Prepara-se da maneira já indicada para o chocolate, ajuntando-lhe um
escrópulo de âmbar para cada libra de chocolate.

Este chocolate assim preparado é excelente para restaurar as forças
perdidas por excessos sexuais ou por perda de sono, para as pessoas que
padecerem com o tempo úmido, para as que estiverem com as idéias em-
botadas e, finalmente, para as que estiverem com uma idéia fixa que as
incomode e que lhes não deixa sossego.

CAPÍTULO XIX

SOBRE O MODO DE TRINCHAR

Esta parte do serviço refere-se às peças de carne, às aves, caças e peixes de maior vulto. Nas casas nobres e de grandes cerimônias, este serviço é confiado a um criado-mestre, ou mordomo.

Depois que a peça figurou sobre a mesa, para contribuir à regularidade do serviço e à beleza do aspecto, é tirada para um aparador ou uma mesinha, onde o mordomo a trincha e oferece aos convidados, ou serve diretamente a cada um, pondo no prato um pedaço com o seu respectivo molho, e procedendo neste caso como se pratica com o serviço da sopa.

A carne de vaca cozida não é difícil de trinchar; neste caso, necessita-se de uma faca bem amolada; sendo a carne muito cozida, cortam-se as talhadas mais grossas para não se desfazerem na ocasião de pô-las no prato; pelo contrário, se a carne for mais rija, dever-se-ão cortar as talhadas mais delgadas, observando-se, como regra principal, atravessar sempre as fibras na ocasião de cortar, e é esta uma regra sem exceção, tanto nesta qualidade, como em todas as mais.

Quanto ao lombo de vaca, coloca-se na posição que representa a figura, página 83.

Principia-se por cortar, o mais fino possível, a parte exterior, mais ou menos tostada, e, em seguida, corta-se a carne em talhadas regulares, no sentido indicado na página 83; e, sendo a posta de carne de maior volume, parte-se em duas metades; sendo a parte do lado do osso a mais delicada, deve-se servi-la às senhoras.

Quanto à cabeça de vitela, página 105, devem-se, em primeiro lugar, servir as postas em roda da boca e dos olhos, como sendo as partes mais delicadas; à língua é servida separada, depois de a ter descascada; corta-se em pequenos pedaços transversais, e serve-se um pedacinho a cada pessoa, junto com um pedaço da cabeça.

A pá da vitela é colocada em pé e corta-se em talhadas, por golpes que atravessam as fibras até o osso.

O quarto da vitela é trinchado em talhadas, como se vê na figura, página 117.

O carneiro corta-se pela mesma forma que a vitela, o que também acontece com a pá e o quarto do porco, o do veado e o do porco-do-mato.

O frango, o capão, perdiz, jacu, jacutinga e jaó trincham-se cortando, em primeiro lugar, as pernas; tiram-se depois as asas, com parte da carne do peito, e tiram-se os peitos como indica a figura, página 191.

O peru, mutum e macuco devem ser colocados de costas para baixo, de maneira a poderem-se tirar filetes finos da carne do peito, que deve ser cortada de cima para baixo, e transversalmente, de maneira que cada pedaço tenha um pouco de pele e gordura do peito; os mais pedaços não se servem no jantar, só são servidos frios no dia seguinte para o almoço com um molho restaurante.

Muitos mordomos usam, antes de tirar os filetes de carne do peito do peru, separarem as pernas do peru por um golpe sutil entre as coxas e a parte inferior do peito, sem todavia forcejar nas juntas; e, por uma pancada seca dada nas cadeiras, separa-se a parte posterior da ave, que se coloca em pé sobre uma travessa, tendo assim a aparência de uma mitra; por este motivo, apelida-se este método de "trinchar de mitra".

Está bem claro que, depois de tirar a mitra, torna-se mais fácil tirar os filetes do peito, como já foi explicado.

1. O GANSO, O PATO E O MARRECO – Para trinchar estas aves, cujo pedaço delicado consiste só no peito, colocam-se de costas para baixo e tiram-se, com uma faca bem amolada, filetes os mais finos possíveis, e isto de cima para baixo, tirando-os em seguida, e colocando-os num prato para serem servidos aos convidados; é muito raro oferecerem-se as pernas e mais partes destas aves, que só servem no dia seguinte para o almoço em família; da mesma maneira se trincham a inhuma, a saracura e o frango-d'água.

Os pombos, nambus, codornizes, e outros pássaros deste tamanho são partidos em duas partes pelo comprimento, servindo-se cada um deles aos convidados.

Os peixes talham-se fazendo uma incisão ao comprimento de todo o peixe, desde a cabeça até o rabo, e tirando, em seguida, as postas; tendo-se cortado um lado, vira-se o peixe do lado oposto, e serve-se do mesmo modo; deve-se ainda notar que as talhadas das costas do peixe são mais estimadas que as partes da barriga.

CAPÍTULO XX

AS BEBIDAS

A respeito das bebidas, deve-se notar que devem-se observar as seguintes regras: antes de sentar-se à mesa, serve-se um pequeno cálice de absinto ou *bitter*; depois de comida a sopa, serve-se um pequeno copo de vinho madeira seco. Para o primeiro serviço serve-se, depois, conforme o gosto das pessoas, Bordeaux, Porto ou Lisboa; para o segundo serviço, Château-Margaux, Laffitte, Sauterne ou vinho do Porto; para a mesa de doce, Moscatel, Malvasia, Málaga, Xerez, Setúbal, Tokai ou Champanhe; finalmente para o café, licor de anisete, marasquino, curaçau de Holanda.

No interior do Brasil usam dar cerveja depois do doce; sendo este um costume bárbaro, que peca tanto contra o gosto, como contra a higiene; posto que seu preço iguale ao do vinho, sempre é considerada como uma bebida pouco decente, e só própria para botequins; a cerveja só deve ser tomada como refresco em dias de calor e longe das comidas.

CAPÍTULO XXI

OS ALMOÇOS
Entre Amigos

O almoço é uma refeição à qual as senhoras raras vezes assistem.

Põem-se de uma só vez todas as comidas sobre a mesa, tanto as comidas quentes, como a sobremesa, servindo-se todavia, em primeiro lugar, as comidas quentes.

Este arranjo permite aos homens ficarem só entre si, sem a presença de senhoras e criados, e por isso, é favorável à livre discussão entre amigos, e por esta causa, também se suprime toda a cerimônia nesta refeição.

Nesta ocasião, servem-se vinhos franceses; também se admitem o vinho do Porto, o madeira, para as pessoas que não apreciarem os vinhos franceses.

OS ALMOÇOS
Para seis a oito pessoas

NO MEIO DA MESA – Um lombo de vaca assado à francesa, com molho da boa cozinheira. Um galheteiro com sal, pimentas, vinagre, mostarda, e azeite.

Quatro pratinhos frios	Um de manteiga fresca.
	Um de rabanetes.
	Um de sardinhas de Nantes.
	Um de azeitonas lavadas.

Quatro pratinhos quentes	Um de pés de carneiro cheios.
	Um de orelhas de porco com polpa.
	Um de peito de frangos guisados.
	Uma rã refogada.

| Duas entradas quentes | Uma de noz de vitela com geléia. |
| | Uma de frango assado com creme. |

Sobremesa	Uma torta de requeijão.
	Uma empada de camarões.
	Um queijo londrino, flamengo ou mineiro.
	Um prato de doce seco açucarado.

ALMOÇO BRASILEIRO
Para dezesseis pessoas

NO MEIO DA MESA – Um leitão assado à mineira.

Oito pratos frios:
- Um de manteiga fresca.
- Um de *mixed-pickles*.
- Um de sardinha de Nantes.
- Um de azeitonas.
- Um de talhadas de presunto frio.
- Um de ostras, sendo em beira-mar; e no interior serão supridas por molho de folhas de borragem.
- Um de fatias de salame.
- Um de pimentas curtidas no vinagre.

NAS EXTREMIDADES DA MESA – Dez galheteiros sortidos.

Dez pratinhos quentes:
- Dois de pombos juritis assados no espeto.
- Dois de bagres refogados.
- Dois de ovos fritos.
- Dois de bolinhos de frango.
- Dois de rins de porco refogados com leite.

Quatro pratos grandes frios:
- Um lombo de vaca encapotado.
- Um peru estufado.
- Uma pá de vitela assada.
- Um de mandis fritos.

Quatro pratos grandes quentes para entrada:
- Um de pernil de porco guisado.
- Um de galinha refogada com cará-do-ar.
- Um tatu guisado com polpa.
- Um muçum guisado com polpa.

Sobremesa:
- Um queijo mineiro.
- Um queijo flamengo.
- Um prato de bananas.
- Um prato de laranjas.
- Quatro pratos de doces secos.
- Dois pratos de marmelada.
- Dois pratos de goiabada.
- Dois pratos de corá.
- Dois de pão dourado.

CAPÍTULO XXII

OS JANTARES

O dono da casa, que recebe seus amigos a jantar, deve procurar todos os meios de ser agradável e de divertir os convidados, lembrando-se do provérbio "um jantar bem conversado é meio digerido".

A sala em que se arma a mesa deve ser alegre para fazer uma impressão agradável, e só se deve convidar o número de pessoas que possam estar a cômodo na mesa, e sem aperto; os lugares das cabeceiras são ocupados pelos donos da casa, para poderem regular e inspecionar o serviço da mesa; os lugares de honra são à esquerda e à direita do dono da casa.

O sistema antigo de sentar-se à mesa conforme as suas posições na sociedade é hoje destruído; o dono da casa deve unicamente procurar reunir as pessoas que se simpatizam umas com as outras, por exemplo. Uma moça alegre e jocosa não se deve assentar entre dois homens velhos e tristonhos; e um poeta ou homem ilustrado, perto de um homem rico sem educação.

Um sacerdote, respeitável por sua idade, deverá ser colocado perto de uma senhora cujas virtudes e conduta sejam exemplares; enfim é nesta colocação que o dono da casa deve ter todo o cuidado.

JANTAR DE FAMÍLIA
Para doze pessoas

Primeiro serviço

Duas sopas
| Sopa de bolinhos.
| Sopa de leite.

Quatro entradas
| Língua de vaca à caseira.
| Galinha engrossada com ovos.
| Quitute de veado.
| Caramujos refogados.

Quatro legumes
| Ervilhas novas com leite.
| Batatas assadas.
| Nabos gelados.
| Repolho-roxo refogado.

Quatro pratinhos
| *Mixed-pickles*.
| Anchovas.
| Azeitonas.
| Fatias de presunto.
| Um galheteiro com vinagre, azeite, sal e pimenta.

Segundo serviço

Dois assados
| Quarto de vitela assado.
| Ganso assado no espeto à inglesa.

Duas saladas
| Salada de anchovas.
| Compota de sumo de laranja.

Sobremesa
| Pudim de arroz com queijo.
| Ovos em calda.
| Manjar de galinha.

Dois queijos
| Queijo mineiro.
| Queijo londrino.

Quatro pratos | Doces em calda.
Dois pratos | Doces secos.

Dois pratos
| Melão.
| Laranjas.

Os Jantares 437

JANTAR
Para vinte pessoas

Primeiro serviço

Quatro sopas
| Sopa raviole.
| Sopa de ovos sumidos.
| Sopa alemã com arroz.
| Sopa de leite queimado.

Dois pastéis
| Pastéis de passarinhos.
| Pastéis ou empadas de camarões.

Oito pratinhos
| Dois com manteiga.
| Um de pepinos em conserva.
| Um de *mixed-pickles*.
| Um de azeitonas.
| Um de rabanetes.
| Um de anchovas.
| Um de pimentões em conserva.

Oito entradas
| Lombinho de vaca com macarrão.
| Orelhas de vitela refogadas.
| Assados de carneiro com carapicus.
| Rins de porco refogados com vinho.
| Pombos guisados com favas novas.
| Coelho refogado à portuguesa.
| Enguia ensopada.
| Ovos guisados com creme.

Seis legumes
| Batatinhas em pirão dobrado.
| Cenouras refogadas com nata.
| Hastes de aipo à espanhola.
| Espinafre guisado.
| Cogumelos refogados com vinho.
| Aspargos guisados.

Segundo serviço

Quatro entradas
| Pescada estufada.
| Galinha-d'angola estufada com tomates.
| Presunto de porco-do-mato.
| Cabeça de vitela desossada.

Quatro assados	Rosbife à francesa. Quarto de carneiro assado no espeto. Lombo de veado à caçador. Beijupirá assado no espeto.
Quatro saladas	Salada de alface à francesa. Salada de sardinhas. Compota de maçãs. Compota de maracujá.

Terceiro serviço ou sobremesa

Quatro queijos	Queijo mineiro. Queijo londrino. Queijo de Holanda. Requeijão.
Oito pratos	Doces em calda.
Quatro pratos	Doces secos.
Frutas: seis pratos	Melancia. Laranjas. Bananas. Passas. Nozes. Amêndoas.
Seis pudins	Pudim de arroz. Pudim de cará. Torta de beijo. Manjar de pão. Sonhos fritos com queijo. Comida branca.

Os Jantares

JANTAR DE CERIMÔNIA
Para quarenta pessoas

Primeiro serviço

Seis sopas
- Sopa de bolos de batatas.
- Sopa de capão.
- Sopa do Lord-maire.
- Sopa Juliana.
- Sopa de vinho branco.
- Sopa de Colbert.

Quatro pastéis e empadas
- Empada de passarinhos.
- Empada de mandi.
- Pastéis à brasileira.
- Pastéis de galinha.

Quatro guisados
- Cabeça de vitela.
- Tubarana em geléia.
- Churrasco de carne de anta.
- Quadrado de carneiro cozido com ameixas.

Dezesseis entradas
- Almôndegas de vaca.
- Fricandó de vitela refogado.
- Carne de carneiro dourada.
- Pá de leitão à tártara.
- Almôndegas de galinha.
- Fricassê de capão.
- Lebre guisada em molho pardo.
- Preá guisado com quiabos.
- Codornizes refogadas com sapucaias.
- Piaba em molho branco.
- Surubim guisado com leite.
- Raia ensopada.
- Lagostas guisadas.
- Omelete de vento.
- Ovos ensopados com queijo.
- Orelhas de vitela refogadas.

Doze pratinhos
- Quatro de manteiga de vaca.
- Dois de *mixed-pickles*.
- Dois de rabanetes.
- Dois de azeitonas.
- Um de pepinos em conservas.
- Um de pimentões em conserva.

Segundo serviço

Quatro pratos grandes de entremeios	Lombo de vaca cheio. Porco imitando caça. Ganso estufado com marmelos. Matrinxã guisada.
Oito assados	Rosbife de vaca à alemã. Quarto de vitela recheado. Lombo de carneiro assado no espeto. Leitão assado à chefe de cozinha. Frango assado lardeado. Coelho assado à princesa. Mutum assado recheado. Pescada assada na grelha.
Seis saladas	Salada de alface à inglesa. Salada de folhas de aipo. Salada de pepinos com nata. Salada de sardinhas. Compota de amoras. Compota de bananas.
Quatro pudins e molhos para os mesmos	Pudim de fubá mimoso. Pudim de leite. Pudim de rins de vitela. Pudim de arroz. Molho de chocolate. Molho de nata aromático. Molho para pudim de arroz. Molho amarelo de limão.

Terceiro serviço ou sobremesa

Seis queijos	Dois queijos mineiros. Dois queijos flamengos. Um queijo londrino. Um queijo de Holanda.
Vinte e quatro pratinhos	Dezesseis pratos de doces em calda e de ovos. Oito pratos de doces secos.
Oito pratos de frutas	Ananás. Laranjas. Bananas. Jabuticabas. Melão. Limas. Passas. Amêndoas.

Os Jantares 441

BANQUETE BRASILEIRO
Para quarenta pessoas

Quatro sopas
- Sopa de carne de vaca (dois pratos).
- Sopa de galinha (dois pratos).
- Sopa curraleira (dois pratos).
- Sopa mineira (dois pratos).

No meio da mesa
- Quatro leitões assados à mineira.
- Duas pacas assadas no espeto.
- Um lombo de veado à caçador.
- Um pernil de porco assado na grelha.
- Dois perus assados à fluminense.
- Seis pratos de tutu de feijão.

Entremeios
- Almôndegas de vaca de glutão.
- Língua de vaca com carapicus.
- Assado de carneiro em gordura.
- Rins de carneiro.
- Bifes de lombo de porco.
- Guisados de miúdos de porco.
- Mocotó de porco refogado.
- Lingüiças de porco à brasileira.

Seis saladas
- Salada de alface à brasileira.
- Salada de palmitos.
- Salada de cebolas.
- Salada de pepinos à brasileira.
- Salada de beldroega.
- Salada de escarola.

Cinco pratinhos
- Pepinos em conserva.
- *Mixed-pickles.*
- Cebolas em conserva.
- Pinhões em conserva.
- Vagens em conserva.

Doze empadas
- Duas empadas de bacalhau.
- Quatro empadas de galinha.
- Duas empadas de camarões.
- Duas empadas de mocotó.
- Duas empadas de peixinhos.

Seis pratos de arroz refogado à brasileira.

Quatro pratos em roda da mesa
- Dois macacos assados.
- Dois nambus assados.

Quatro pratos de frango assado recheado.
Quatro pratos de patos assados com marmelos.
Quatro pratos de pombos fritos à parmesã.
Quatro pratos de papagaios cozidos com arroz.
Quatro pratos de lambaris fritos com queijo.
Quatro pratos de timburés guisados.
Quatro pratos de gemada queimada.

Terceiro serviço

Vinte pratos de arroz doce à mineira.
Doze pratos de manjar à brasileira.

Oito pudins
- Dois pudins de cará.
- Dois pudins de batatas doces.
- Dois pudins de pão.
- Duas tortas de palmito.

Vinte pratos de doces em calda.
Dez pratos de doces secos.

Oito queijos
- Quatro queijos mineiros.
- Dois queijos flamengos.
- Um queijo londrino.
- Um queijo holandês.

CAPÍTULO XXIII

AS CEIAS

Como é uso jantar-se tarde, por isso quase nunca se costuma cear; às vezes quer-se reunir alguns amigos para um pagode ou para outra ocasião semelhante, e então usa-se oferecer uma refeição à noite; também nos bailes e saraus costuma servir-se uma ceia, geralmente depois da meia-noite.

Para estas ocasiões, servem-se sempre poucas comidas e de fácil digestão; algumas carnes, ou peixes frios ou quentes, com molhos adequados, massas leves e geléias.

Para as ceias usam-se vinhos generosos e também ponches, conhaque, *bishop* de vinho.

CEIA PARA A NOITE DE NATAL
Santo Antônio, S. João Batista etc.

Quatro assados
- Quarto de vitela com geléia.
- Lombo de porco assado com pinhões.
- Jacu refogado com tomates.
- Robalo com vinho branco.

Oito guisados
- Pá de cordeiro estufada.
- Coxas de galinhas.
- Pombos guisados com creme de limão.
- Passarinho refogado com molho branco.
- Barbo estufado.
- Fígado de raia frito.
- Camarões guisados.
- Omelete de conhaque.

Seis queijos
- Dois queijos mineiros
- Um queijo flamengo.
- Dois queijos londrinos.
- Um queijo holandês.

Dezesseis pratos com doces secos.
Oito pratos com doces em calda.

Doze pratos
- Manjar de galinha.
- Pudim mimoso.
- Torta de beijo de fada.
- Torta de requeijão.
- Torta imperial.
- Toucinho do céu.
- Pudim de gemada.
- Pudim de batatas.
- Pudim de nata.
- Geléia de laranja.
- Geléia de Málaga.
- Geléia de marmelos.

As Ceias

CEIA PARA BAILE
Para cem ou mais pessoas

Seis assados
- Quarto de vitela assado empanado.
- Peru assado com molho de leite.
- Anta assada no forno.
- Lebre lardeada e assada.
- Inhuma assada no espeto.
- Linguado assado na grelha.

Vinte guisados
- Miolo de vitela estufado.
- Lombo de vaca com côdeas.
- Chouriço de vitela.
- Pés de carneiro recheados
- Rabos de carneiro assados.
- Croquete de carne de porco fresca.
- Orelhas e pés de porco assados.
- Frango dourado.
- Marreco frito.
- Almôndegas de paca.
- Perdiz picada e refogada.
- Passarinhos assados no forno.
- Lambaris fritos com queijo.
- Pirapetinga guisada.
- Enguia estufada.
- Lombo de linguado frito.
- Caranguejos refogados com leite.
- Ostras de escabeche.
- Ovos mexidos com creme.
- Pés de vitela refogados.

Quatro Compotas
- Compota de amoras.
- Compota de maracujás.
- Compota de marmelos.
- Compota de sumo de laranja.

Duas Compotas
- Compota de juás.
- Compota de araçás.

Segundo serviço

Quatro pratos de doces secos.
Quatro pratos de doces em calda.

Três queijos
| Um queijo flamengo.
| Um queijo mineiro.
| Um queijo londrino.

Dois pudins
| Torta de creme de amendoim.
| Geléia de Málaga.

GLOSSÁRIO

Maria Cristina Marques

TERMOS CULINÁRIOS E EXPRESSÕES RELACIONADAS

ABÓBORA-D'ÁGUA – *Lagenaria vulgaris*; cabaceiro-armagoso.

AÇAFRÃO – *Crocus sativus*. O tempero é feito do estigma das flores.

AÇAFRÃO-DA-ÍNDIA – Da família das zingiberáceas, *Curcuma domestica*. Há várias espécies. O tempero é feito da raiz em pó; cúrcuma.

ACARÁ (peixe) – Há vários peixes que recebem o nome de Acará (em tupi, escamoso, cascudo), a maioria deles fluviais e ornamentais. O acará marinho comestível a que o autor se refere provavelmente é o acarapeba ou carapeba (*Diapterus rhombeus*) ou o caratinga (*Diapterus brasilianus*).

ACEPIPES – Petiscos para abrir o apetite; qualquer comida, feita no capricho e gostosa; *hors-d'oeuvre*.

AÇÚCAR-CÂNDI – Açúcar resultante da cristalização da sacarose em cristais prismáticos grandes; açúcar-cande, açúcar de farmácia, alfênico, cande, cândi.

ADUBOS – Temperos e condimentos para dar sabor à comida e enfeitá-la.

AFOGAR – Deixar cozer no líquido que brota do próprio alimento ou cobri-lo de líquido, geralmente água, para que cozinhe.

AFOGAR EM MANTEIGA – Colocar manteiga (gordura) suficiente para cobrir o alimento.

ÁGUA CRISTALIZADA – O mesmo que água de cristalização; combinada com moléculas de sal.

ÁGUA ROSADA – Água-de-rosas; essência de rosas diluída em água destilada.

AGUARDENTE DO REINO – Aguardente de vinho.

AGULHA (peixe) – Há vários "peixes-agulha". O mais comum é o *Strongylura timocu*; timucu, carapiá.

AIPO – *Apium graveolens*; geralmente a parte preferida são as folhas e talos, como no salsão ou celeri; na variedade aipo-rábano (*Apium graveolens rapaceum*) são as raízes.

ALAMBRE – Âmbar; resina fóssil de pinheiro, de cor amarelada transparente.

ALAMBREADA (cor) – Da cor amarelo-ouro do âmbar.

"A LEBRE É UM ANIMAL DA EUROPA *E QUE NÃO EXISTE NO BRASIL*"(*sic*) – A lebre brasileira (que também ocorre desde o México até a Argentina) é a *Sylvilagus brasiliensis*, que, além de lebre, também pode receber o nome de tapiti, coelho-do-mato, candimba.

ALETRIA – Massa de farinha de trigo, seca em fios muito finos; cabelinho-de-anjo, fidéu, fidelinho, letria.

ALIMPADO – O mesmo que limpo, ou seja, vegetal ou animal de que se tirou o que não era comestível; ou caldo que se coou para livrar de partículas sólidas etc.

ALJÔFAR – Grandes bolhas que se formam na superfície de um líquido em ebulição.

ALMOFARIZ – Pilão para triturar substâncias sólidas; o que recebe este nome é geralmente pequeno.

AMARRILHOS – Cordinhas para amarrar.

AMEIXA-DO-CANADÁ – *Eriobotrya japonica*, nêspera.

A MIÚDAS VEZES, A MIÚDO – Constantemente, com intervalos muito pequenos, amiúde.

ANCHOVA – O que o autor chama de anchova, pelo tamanho, provavelmente é a enchova (*Pomatomus saltatrix*), que chega a 1m de comprimento. O olho-de-boi (*Seriola lalandi*) também é chamado anchova. Não confundir com as anchovas européias que são mais semelhantes às nossas manjubinhas...

ANTICLORÓTICO – Anti-anêmico.

APOLVILHAR – Polvilhar, salpicar com substância em pó.

ARAÇÁ – Como as goiabas, o araçá provém de ávores do gênero *Psidium*. Há diversas variedades.

ARAÇARIS – Como os tucanos, são pássaros da família *Ramphastidae*.

ARARUTA – Na planta da araruta (*Maranta arundinacea*), o que interessa é a raiz, da qual se extrai a fécula do mesmo nome, ótima para mingaus.

Glossário

ARROBA (peso) – Cerca de 15 kg.

ÀS MAIS DAS VEZES – A maioria das vezes.

"ATÉ QUE AS BROAS NÃO EMBEBAM MAIS" – Até que as broas não absorvam mais líquido.

AZEDA – Nome dado a várias plantas comestíveis do gênero *Rumex* e do gênero *Oxalis*, como a *Rumex acetosa*, acetosa, azeda-brava; e a *Oxalis acetosella*, trevo-azedo.

AZEDA-DA-EUROPA – O mesmo que azeda-do-reino.

AZEDA-DO-REINO – *Rumex obtusifolius*; labaça, labaça-obtusa, azeda-da-europa.

AZEDINHA – *Rumex acetosella*; azeda-miúda.

AZEVIA – *Solea azevia*; peixe marinho europeu.

AZINHAVRE – Substância de cor verde, resultante da oxidação, que se cria na superfície de metais amarelos como o cobre e o latão; zinabre, verdete.

BADEJETE – Recebem esse nome os badejos pequenos e, geralmente, o badejo-mira (*Mycteroperca rubra*).

BADEJO – Vários peixes recebem esse nome, principalmente os do gênero *Mycteroperca* e também algumas garoupas (serranídeos). O badejo-ferro (*Mycteroperca bonaci*) é um peixe cor de ferrugem com manchas redondas. A denominação popular "abadejo" é socialmente marcada.

BAETA (tecido) – Tecido felpudo de lã ou algodão; flanela, pelúcia.

BANANA-DA-TERRA – *Musa paradisiaca*, pacová, banana-comprida (é uma banana grande, comestível se cozida).

BAGRE (marinho) – Os bagres de água salgada são, entre outros, os bagres-bandeira (*Bagre marinus* e *Bagre bagre*), o Bagre-amarelo (*Arius spixii*) e o Bagre-do-mar (*Arius barbus*).

BAGRE (de água doce) – Os bagres de água doce a que o autor se refere são os peixes denominados jundiás, surubins, entre outros.

BARATINGA (caratinga) – *Dioscorea glandulosa*; cará-de-folha-colorida, cará-de-pele-branca, cará-liso, cará-sem-barba.

BARBA-DE-BODE – *Tragopogon porrifolis*; salsifi-branco, raiz-de-corcioneira.

BARBEIRO (peixe) – São peixes da família *Teuthidae*. Há no Brasil três espécies de barbeiro que recebem esse nome devido ao espinho em forma de lâmina de navalha que têm ao lado da cauda.

BATATA (peixe) – *Lopholatilus villarii*; é um peixe cabeçudo, muitas vezes vendido como sendo namorado, cuja carne é de melhor qualidade.

BATATINHAS – Batata comum.

BECASINA – Nome dado em espanhol para as *Gallinagos*, em português narcejas. A ave que o autor denomina *becasina* grande é a *Gallinago undulata* ou narcejão.

BEIJUPIRÁ – *Rachycentron canadus*; é peixe que recebe vários outros nomes, bijupirá, beiupirá, canado, cação-de-escamas, peixe-rei, chancarona, pirabiju, parambiju, pirabeju.

BELDROEGA – *Portulaca halimoides* (originária do Brasil, folhas purpúreas, carnosas, comestíveis).

BERBIGÃO – Molusco bivalve (duas conchas), como o vôngole e aparentados.

BÉU – Segundo Laudelino Freire, é "certo peixe marítimo".

BISHOP – Vinho, geralmente do Porto, aquecido, condimentado com laranjas, açúcar e cravos-da-índia. Provavelmente é o antepassado dos nossos vinhos-quentes e quentões.

BOFE (da vaca) – Pulmão; no plural (os bofes), é fressura, conjunto de vísceras de um animal.

(BONITO-)CACHORRO – O peixe marinho a que dão o nome de cachorro é o bonito-cachorro (*Auxis thazard*), também chamado cadelo, serra, albacora-bandolim.

BORRAGEM – *Borrago oficinalis*, tem os mesmos usos do espinafre.

BORRALHO – No fogão a lenha, local sob a queima da lenha, em que caem as cinzas quentes e brasas.

BROCADO (perfurado) – No qual foram feitos furos com uma broca.

CABRINHA (peixe) – *Prionotus punctatus*, também chamado voador.

CAÇAROLA – O que o autor chama de caçarola geralmente são formas para assar; hoje em dia o termo se reserva ao tipo de panela que tem bordas altas, alça e tampa.

CADOSETE – Cadós pequeno. Peixe da família dos malacopterígeos (*Gobius fluviatilis*), também chamado gabós, gadosete, gobião. Em Laudelino Freire com *s*, mas em Houaiss com *z*: cadoz, sem maiores informações.

CAETÉ (folhas de) – Vegetal da família das *Heliconias*, bananeiras ornamentais, com folhas grandes, que servem para enrolar a carne que é cozida enterrada; caetê.

CAITITU – *Tayassu tajacu*; catete, cateto, tateto, pecari, porco-do-mato.

CAMPEIRO – Pessoa que trabalha no campo.

CANHANHA (peixe) – *Archosargus unimaculatus*; frade, guatacupajuba, mercador, salema, sambuio, sambulho, sargo-de-dente, ou simplesmente sar-

Glossário

go. Apesar do nome sargo-de-dente do peixe canhanha, a palavra canhanha quer dizer banguela.

CANJIQUINHA – Milho de canjica pilado.

CANJURUPI (peixe) – *Tarpon* ou *Megalops atlanticus*; camarupim, pirapema, pema, camuripema. É peixe de barra, e às vezes entra estuário adentro. Artesãos fazem flores de suas escamas.

CAPÃO – Animal macho novo (geralmente frango, mas também pode ser carneiro etc.) capado, que recebe alimentação especial para engordar e ser abatido precocemente, proporcionando carne gorda e macia.

CAPOEIRA (ave) – *Odontophorus capueira*; uru, corcovado.

CARÁ – *Dioscorea batata*; inhame-da-chuva.

CARÁ-DE-RAIZ – *Bomarea espectabilis;* cará-do-mato.

CARÁ-DO-AR – *Dioscorea bulbifera;* cará-de-sapateiro.

CARANHA (peixe) – *Lutjanus griseus*; caranha-do-mangue, caranha-de-viveiro, caranhota, vermelho.

CARAPICU (vulgo orelha-de-pau) – O cogumelo *Polyporus sanguineus*; urupê, pironga.

CARAPICU (peixe) – *Eucinostomus gula*; entre outras, existe a variedade carapicu-açu (*Eucinostomus herengulos*); escrivão, riscador, cacundo.

CARATINGA (baratinga) – *Dioscorea glandulosa*; cará-de-folha-colorida, cará-de-pele-branca,cará-liso, cará-sem-barba.

CARDAMOMO – Fruta ou semente da planta da família das zingiberáceas *Amomum cardamom* ou *Elettaria cardamomum;* cana-do-brejo. É necessário retirar da casca e amassar.

CARNE DO RIO GRANDE – Charque, carne seca.

CARURU – Iguaria à base de quiabos.

CARURU – *Phytolacca decandra*; também erva daninha comestível do gên. *Amaranthus.*

CARURU-MIÚDO – *Amaranthus viridis;* bredo.

CASQUINHA – Acabamento em banho de prata, comum em baixelas de metal.

CATINGA – Odor forte e desagradável de alguns animais e plantas.

CAVALA (peixe) – Há uma espécie grande (*Scomberomus cavalla*), cavala verdadeira ou cavala-preta; e uma menor (*Scomberomus regalis*), cavala-branca, cavala-pintada, cavala-sardinheira.

CEBOLAS-DE-CHEIRO – *Nothoscordam fragrans*; cebolinha(o)-de-cheiro.

CEBOLAS DE TAMANHO MEDÍOCRE – Cebolas de pequeno tamanho.

CEBOL(INH)A-DE-TODO-O-ANO – *Allium fistulosum*, cebolinha.

CEREFÓLIO – *Anthriscus cereifolium*; as folhas são tempero, as sementes fornecem óleo essencial.

CERVO-DO-PANTANAL – *Blastocerus dichotomus*; cervo, suçuapara, veado-do-pantanal. É espécie em extinção.

CESURA – Corte.

CEVADINHA – Cevada (*Hordeum vulgare*) descascada e pilada bem miúda, para engrossar a sopa.

CHATEAR – Achatar.

CHERNE (peixe) – *Ephinephelus niveatus*; chernote, chernete, cherne-pintado, serigado-cherne, cherna, cherna-preta, e, até, mero-preto.

CHIAR – Ruído que a gordura faz enquanto ferve e se libera de qualquer resquício de água.

CHORÃO (ramos de) – Ramos de *Salix chinensis*, salgueiro, salso-chorão, que são flexíveis.

CIVET – É o nome que se dá em francês para o guisado de coelho, lebre ou outra caça, cozido com vinho e cebolas.

COCHINCHINA (galinha) – No *Dicionário Enciclopédico Brasileiro* (3ª ed., Globo) de 1951 consta: "Antiga raça de galinhas proveniente da China; é corpulenta e boa produtora de carne. A variedade mais generalizada é a de plumagem amarela, havendo também as de cor branca, preta e perdiz".

CODORNIZ – O que o autor chama de codorniz são as codornas, aves da família *Tinamidae*, a maior parte da espécie *Nothura*. Há a codorna-do-nordeste (*Nothura boraquira*), a codorna-mineira ou buraqueira (*Nothura minor*) e a codorna-comum ou perdizinho (*Nothura maculosa*), sendo essa última a que o gaúcho chama de perdiz. Não sei a qual dessas aves o autor se refere com a denominação cotovia ou codorniz-do-campo. Em sua maioria são espécies em extinção. A carne substituta são as codornas criadas em cativeiro.

COIÓ (peixe) – *Dactylopterus volitans*; É um peixe que plana fora d'água, e por isso chamado voador, e também cajaléu, peixe-voador, pirabebe, voador-cascudo; Houaiss dá como sinônimos santo-antônio – que é o *Prionotus capella* ou cabrinha, voador-de-fundo, voador-de-pedra – e coró, que é o *Conodon nobilis*, que não "voa", também chamado ferreiro, coroque, pargo-branco, cuja carne não é das melhores.

COENTRO – *Coriandrum sativum*; usam-se como condimento tanto as folhas como as flores e sementes; cheiro, coendro.

Glossário

COLA DE PEIXE – Espécie de gelatina de peixe, também usada para deixar licores mais claros.

CUMARI – *Capsicum frutescens*; pimenta-malagueta, combarim, cumarim, pimenta-apuã, pimenta-cumari, pimenta-de-cumari, pimenta-de-cheiro, pimenta-lambari, pimentinha ou, simplesmente, pimenta.

COMINHO – Geralmente *Cuminum cimynum*; mas pode ser *Carum carvi*, alcaravia.

COMPOTE – Termo francês que deu origem à palavra compota; doce de frutas feito com pedaços inteiros. Mas, para o autor, também os doces em pasta são compotas.

CONGRO (peixe) – *Conger orbignyamus*; peixe sem nadadadeiras dorsais ou laterais; cobra-do-mar, enguia-do-mar, corongo.

CORÁ – Curau; mingau feito de milho-verde, doce ou salgado.

COROCOROCA (peixe) – Há pelo menos três espécies de corocorocas ou corocorocas: a *Haemulon sciurus* também chamada corocoroca-boca-de fogo, cambunca, capiúna, macassa, pirambu, sapuruna, uribaco ou xira; a *Haemulon plumieri* corocoroca-mulata, negra-mina, biquara, corocoroca-boca-de-velha; e a *Haemulon sciurus* tamém chamada farofa.

CORVINA (peixe) – *Micropogon fournieri*; os indígenas a chamavam cururuca, nome que permaneceu em Pernambuco; é também chamada de corvina-marisqueira, murucaia e corvineta; Há ainda a *Umbrina coroides*, ou corvina-riscada, também chamada roncador-taboca.

COSCORÕES – São filhoses, ou seja, bolinhos ou biscoitos de farinha e de ovos, fritos em azeite.

COZER (cozinhar) – Através de aquecimento, preparar o alimento. O mesmo que cozinhar. As principais técnicas são assar, escaldar, ensopar, estufar, ferver, fritar, grelhar, refogar, entre outras.

CRAVO-DA-ÍNDIA – *Syzyium aromaticum*. Botõezinhos ("dentes") secos das flores ou em pó; cravo.

CRIVO – Utensílio com fundo perfurado, como o escorredor de macarrão ou alguns coadores de chá, que se usa para separar partículas sólidas e líquidos, espécie de peneira ou coador.

CROÁ (caroá) – *Neoglaziovia variegata*, gravatá.

CURUMATÁ – Peixes do gênero *Prochilodus*; curimbatá, curimbatã.

DADOS – Cubinhos.

DAUBE – Do francês; maneira de cozer certas carnes estufadas, ou seja, em recipiente fechado.

DELIR – Dissolver, desfazer.

DESTALAR – Como o nome diz, tirar o talo duro das folhas, deixando apenas as partes mais tenras.

DOURADO (peixe) – O dourado-do-mar é o *Coryphaena hippurus*, também chamado grassapé, guaraçapema, dalfinho, macaco. O dourado-de-rio cuja carne é mais apreciada é do gênero *Salminus*. Há ainda outros, como o dourado ou dourada da amazônia.

DOURAR – Dar um tom dourado aos alimentos, principalmente carnes, no forno ou na grelha.

ENCERADO (protetor de mesa) – Lona encerada, oleado.

ENCÔMIOS – Elogios.

ENCORPORAR – Dar corpo, consistência, encorpar.

ENGROSSAR COM GEMAS – Colocar gemas para encorpar um líquido.

ENSOPAR – Embeber e cozinhar o alimento em bastante líquido (água, leite, vinho etc.), em fogo lento.

ENTEIAR – Enrolar.

"ENTERRA-SE ESTE PÉ [DE VACA] DEBAIXO DE UMA COBERTA, DE MODO QUE FIQUE EM PÉ" – Deve ser lido: coloca-se este pé pendurado debaixo de um coberto [fresco e arejado].

ENTESAR (ferver para) – Ficar rijo e reto.

ENTRECOSTO – Carne de primeira, junto ao espinhaço, *entrecôte*.

ENTREMEIOS – O que se come entre os pratos principais de uma refeição, acompanhamentos.

ENXADA (peixe) – *Chaetodipterus faber*; também conhecido como paru, que é o nome de outro peixe parecido.

ENXÚNDIA – Gordura animal, especialmente a de porco e a de aves (embora o autor use o termo apenas para a gordura de ganso).

ERVA-BENTA – *Vallerianella olitoria*; alface-de-cordeiro, valeriana

ERVAS-DE-CHEIRO (molho de) – Cheiro-verde: molho de ervas aromáticas, salsa, cebolinha verde, coentro, etc.

ERVAS-DE-TEMPERO – As que compõem o *bouquet garni* da culinária francesa, geralmente louro, manjerona, salsa, tomilho etc., e também alho, alecrim e pimenta-do-reino etc.

ESCABECHE – Carne, geralmente de peixe, já frita ou cozida, de molho por um ou mais dias, em tempero oleoso, com alho, cebola, louro, pimenta etc.

ESCALDAR – Jogar água fervendo no alimento, ou mergulhá-lo em água fervente por tempo reduzido.

Glossário

ESCALOTES – Bulbinhos de qualquer uma das variedades de *Alium cepa*; ascalônia, cebolinha-branca, chalota, echalota, seva.

ESCANDECENTE – Que acelera a circulação sangüínea e a respiração, aumentando o calor do corpo.

ESCORCIONEIRA – *Scorzonera hispanica*; escorçoneira, salsifi-negro, salsifipreto.

ESCROFULOSO – Que tem tuberculose linfática.

ESCRÚPULO – Pedrinha; medida que equivale a $^1/_{34}$ da onça, ou 20 grãos (medida).

ESCUMA (espuma) – Bolhas minúsculas que se formam na superfície de um líquido que ferve.

ESCUMAR – Retirar a espuma.

"E (SEPARA-SE) O OSSO DA PERNA DO DA COXA" – O que o autor denomina perna é o que chamamos de coxa; e, o que chama de coxa, para nós é o que tem o nome de sobrecoxa.

ESPARGO – *Asparagus officinalis*; o mesmo que aspargo.

ESPÍRITO DE VINHO – Antigo nome do álcool etílico.

ESTUFAR – Cozinhar em estufa; colocar (no fogo, no forno, nas brasas etc.) em recipiente fechado para cozinhar no vapor do próprio alimento.

FARTES – Em geral são assim chamados, hoje em dia, bolinhos doces, em que entram amêndoas; mas na receita 20 do capítulo V são bolos defumados, salgados, feitos de sobras.

FARINHA DE MILHO (de pilão) – Milho pilado, depois de molhado e despelado, seco em chapa quente (frigideira) e passado, ou não, na peneira.

FAUCES – A goela dos animais.

FAVA-BELÉM – *Phaseolos lunatus*; feijão-de-lima.

FAVA-DO-REINO – *Dipterys odorata*; cumaru, cumaru-verdadeiro, feijão-tonca, tonca.

FEBRE-PODRE – A partir do século XVIII, todos os estados febris graves, como os provocados por piemia (infecção purulenta grave), septicemia puerperal (infecção generalizada pós-parto), tifo, paludismo.

FEIJÃO-MARUMBÉ – Laudelino Freire/Houaiss trazem apenas "espécie/variedade de feijão"; seria o feijão-bravo *Centrosema plumieri*, também chamado guarumbé, jequirana.

FOLHA OU FOLHA-DE-FLANDRES – Chapa fina e lisa de metal (ferro) laminado, com banho de estanho, lata.

FOLHAS (de cebola de todo o ano) – Cebolinha, cheiro-verde.

FOLHAS (de cebola) – Cebolinha, cheiro-verde.

FOLHOS (de cebola) – As camadas da cebola.

FOMENTAÇÃO – Fricção da pele com substância medicamentosa, para aquecê-la e aliviar dores etc.

FRADE (peixe) – Há vários peixes que recebem o nome de frade, entre eles o sargo-de-dente ou canhanha.

FRESSURA – Conjunto de vísceras de um animal.

FRICANDÓ – Do fr. *fricandeau*: carne picada cozida em seu próprio molho; carne lardeada com toucinho, legumes etc. cozida na panela; também, legumes cozidos, picados, com pedaços de carne assada na panela.

FRICASSÊ – Do fr. *fricassé*: qualquer preparado culinário com carnes cortadas em pequenas tiras – mas principalmente quando é carne de frango –, cozido em fogo lento com vários temperos.

FRIGIR – Cozer em substância oleosa, fritar.

FRITAR – Cozer em substância oleosa, frigir.

FUBÁ DE MOINHO – Milho moído em pó grosso.

FUBÁ MIMOSO – Milho moído muito fino.

FUNCHO – *Phoeniculum vulgaris* ssp.; anis-doce, erva-doce, fiolho, maratro; e várias outras ervas recebem este nome.

GARIROBA (guariroba) – *Syagrus oleracea*; palmito-amargo, catolé.

GAROUPA (peixe) – As garoupas são peixes da família dos serranídeos e há diferentes espécies: a maior é a garoupa-verdadeira (*Epinephelus guaza*); e a menor, a garoupinha (*Cephalopolis fulvus*). Há quem a chame de badejo ou abadejo.

GARRAFA (medida de capacidade para líquidos) – Cerca de 750ml.

GELÉIAS – O que o autor chama de geléias podem tanto ser geléias propriamente ditas (doces), como gelatinas ou galantines (salgadas).

GERUMBEBA – Frutos de *Cactus opuntia*; *Opuntia ficus-indica*, figueira-do-inferno, figueira-da-judéia.

GRELHAR – Assar ou tostar numa grelha (grade) ou chapa de metal aquecido.

GRELO – Germe de vegetais, ao brotar dos bulbos, sementes, etc.; renovo, broto.

GROSA – Lima de metal, chata e grossa. O antigo preparo do guaraná era feito em bastões duríssimos, o que justificaria o uso de um intrumento tão pesado para ralá-lo.

GRUMIXAMA – Fruto da *Eugenia brasiliensis*; guamixã, gurumixama.

GUANDU – *Cajanus cajan*; vagens e sementes deste vegetal; guando, andu.

Glossário

GUAXE – *Cacicus haemorrhous*; japira, japim-guaxe. Não é, como o autor afirma, o mesmo pássaro que o japu, mas é da mesma família.

GUICOXO – Segundo Laudelino Freire, é um tipo de raia, mas não indica a espécie.

GUISADO – Qualquer alimento já cozido, pronto para comer.

GUISAR – Cozinhar um alimento, passando por todas as etapas necessárias: refogar, ensopar etc.

HERA-TERRESTRE – *Glechoma hederácea*; erva-de-são joão, hortelã-do-mato.

ILAÇÃO – Resultado de uma suposição.

ILHARGA – Região lateral das costelas e do abdome (corte de carne).

INHAME – *Dioscorea alata*; cará-inhame.

INHUMA – *Anhima cornuta*; anhuma, inhaúma, unicorne, licorne, alencó.

JACOTUPÉS (jacatupé) – *Pachyrhizus erosus*, feijão-batata.

JACU – Aves da família dos cracídeos, que lembram o faisão. Há cerca de dez tipos diferentes de jacu, sendo o mais apreciado o jacuguaçu ou jacuaçu (*Penelope obscura*).

JAPU – Entre outros, o representante mais conhecido é o *Psarocolius decumanus*; fura-banana, rei-congo.

JAÓ – *Crypturellus noctivagus*; inambu.

JILÓ – *Solanum jilo*.

JUÁ – Fruto do *Ziziphus joazeiro*. Não confundir com as bagas amarelas do *Solanum aculeatissimum*, que também recebe esse nome, que são tóxicas.

KAVIKS (pimentas) – *Chavica ssn*, jaborandi-manso, pimenta-dos-indios, jaborandi?

PIPER LONGA, PIPER JABORANDI OU CHAVICA ROXBURGHII – pimenta-longa.

LABAÇA – *Rumex brasiliensis*, azeda-graúda; ou *Rumex obtusifolius*, labaça, labaça-obtusa, azeda-do-reino, azeda-da-europa.

LARDEAR – Encher de pedaços de toucinho (e de outras carnes e/ou vegetais) os furos feitos previamente numa posta de carne; ou cobri-la.

LAXAS – Sobras.

LEBRACHO – Macho da lebre.

LIBRA (peso) – Cerca de 500g.

LIVRO (de vitela) – Omaso, terceira divisão do estômago dos ruminantes, situada entre o barrete e o abomaso; centafolho, folhoso, livro, saltério, tantas-folhas.

LARANJA-AZEDA – *Citrus aurantium*, laranja-amarga, laranja-da-terra.

LARANJA-DA-TERRA – *Citrus aurantium*, laranja-amarga, laranja-azeda.

LARANJA-DOCE – *Citrus sinensis*, laranja-lima, laranja-do-céu.

458   *Cozinheiro Nacional*

LEITE (E OVAS) DE CARPAS – O assim denominado leite é um muco de aspecto leitoso que acompanha as ovas do peixe.

LIMÃO-AZEDO – *Citrus limon*, limão, limão-amargo.

LIMÃO-GALEGO – Limão bem ácido, com casca e polpa alaranjada. É uma espécie semelhante ao *Citrus medica*.

LINGUADO (peixe) – Nome de vários peixes marinhos cuja característica é nadarem "deitados" sobre um lado do corpo e terem os dois olhos do outro lado; aramaça, catraio, linguado-lixa, tapa, solha, rodovalho. A carne mais apreciada é a do *Paralichtys brasiliensis*.

LOBOLOBO – *Rinorea phisyphora* (folhas comestíveis, nativa do Brasil).

LOMBAS – Filés em fatias grossas.

MACARONI – Macarrão.

MANDI (peixe) – Esse nome é dado a peixes de várias espécies da família *Pimelodidae*, sem escamas (de couro), como os bagres e os jundiás, e não têm espinhos. Um dos mais apreciados é o mandi-amarelo ou mandijuba (*Pimelodus maculatus*).

MANDIOCA – Raiz tuberosa de *Manihot palmata*; aipim, mandioca-mansa, mandioca-doce, macaxeira, macaxera.

MANDUBIRANA (mindubirana) – *Desmodium axilare*; amendoeirana.

MANGALÓ; MANGALÔ – *Canavalis ensiforme*, feijão-de-porco.

MANGANGÁ (peixe) – No Brasil, da família *Scorpaenidae,* há pelo menos três peixes que recebem esse nome: mangangá-vermelho, niquim, peixe-escorpião, peixe-pedra (*Scorpaena brasiliensis*), mangangá-de-espinho (*Scorpaena grandicornis*), e o aniquim, biriati, briati, moreiatim, moriati (*Scorpaena plumieri*); outros nomes, para os três, são beatinha, beatriz, niquim-da-pedra. Vivos são venenosos (por isso seu nome); depois de mortos a carne é excelente.

MANGARITO (mangaritos, margaritos) – *Xanthosoma sagittifolium, Xanthosoma violaceum*; mangará, mangará-mirim, coco-de-nazaré, taioba; planta da espécie da família das *Araceae*.

MÃO (de vitela, de vaca etc.) – Pata, mocotó (de vitela, de vaca etc.).

MARACANÃ – Como as araras, os papagaios e os periquitos, é também uma ave da famílias dos psitacídeos. São também chamados de ararinhas e aratingas.

MARIMBÁ (peixe) – *Diplodus argenteus*, sargo.

MASSA DE LEITE – Leite talhado ao sol; massa-cabelo.

MASTRUÇO – Mastruz; nome dado a várias plantas com cheiro desagradável.

Glossário

MATRINXÃ – Peixes do gênero *Brycon*; matrinxão, mamuri; pirapitanga, pira-putanga.

MAXIXE – *Cucumis anguria*; galinha-arrepiada.

MERA COLHER – Uma colher rasa.

MERO (peixe) – *Promicrops itaiara*; é um peixe enorme, que mede mais de 2m e pode chegar a 400kg. Os indígenas o chamavam cunapu-guaçu.

MICHOLE (peixe) – *Diplectum radiale*; margarida; sua cabeça não tem escamas.

MITRA – Chapéu alto, sem aba, que se afina na ponta, semelhante a um triângulo de lados arredondados; é o chapéu usado por papas, bispos etc.

MIXED-PICKLES – Legumes variados conservados em salmoura ou vinagre, picles misto.

MOGANGO – *Curcubita pepo*; muganga, munganga, magongo, moganga.

MOLHO DE ERVAS – O *bouquet garni* da culinária francesa, que geralmente consta de louro, manjerona, salsa e tomilho.

MORANGA – *Curcubita maxima*.

MORFÉIA – Hanseníase; também elefantíase.

MUÇUM (peixe) – *Symbranchus marmoratus*; enguia-d'água-doce, muçu, peixe-cobra; é peixe que muda de sexo...

MUTUM – *Mitu mitu*; mutum-cavalo; *Cras fasciolata*; mutum-pinima; mutum-poranga.

NA OCASIÃO DE SER – Quando, por exemplo, for fritar, dourar, assar etc., quando estiver como foi dito.

NATA DE LEITE – A gordura do leite, creme de leite.

NIMIAMENTE – Demasiadamente.

NITRO – Nitrato de potássio, salitre, salitre-da-índia.

"NO *ALMOÇO GERALMENTE NÃO SE USA COBRIR A MESA COM A TOALHA*" – Almoço, aqui, pelo tipo de alimento, é desjejum ou pequeno almoço, primeiro almoço, café-da-manhã.

NOZ (carne) – Carne que cobre o osso do quadril.

NOZ-MOSCADA – Semente de *Myristica fragrans*.

NOZ-MOSCADA, FLOR DE – Arilo da semente de *Myristica fragrans*, macis.

OITAVA (medida) – Oitava parte da onça (peso), corespondendo a cerca de 3,6g

OLHA (ô) – A olha, em princípio, é uma sopa de origem espanhola, em que entram muitos tipos de carne; o nome se estende também para os assados (guisados) feitos com diversas carnes e legumes; e para os caldos muito gordos, com grandes "nódoas" de gordura.

OLHETE (peixe) – *Seriola carolinensis*; arabaiana, olho-de-boi (depois de mortos e descamados, há outros peixes da mesma família cuja carne é vendida como sendo de olhete).

OLHO-DE-BOI (peixe) – *Seriola lalandi*; pintangola, tapireça, arabaiana (depois de morto e descamado é vendido como olhete).

ONÇA (peso) – Cerca de 29g.

ORA-PRO-NOBIS – *Portulaca oleracea* ou *Perescia aculeata*?

ORDINÁRIO – Comum.

PÁ (APÁ) – Corresponde à parte mais larga e carnuda da pata (perna) dianteira das reses.

PALOMBETA (peixe) – *Cloroscombrus chrysurus*; carapau, juvá, vento-leste.

PAMPO (peixe) – *Trachinotus carolinus*; pampo-de-cabeça-mole, pamplo, piraroba, semenduara.

PANADA – Sopa de pão.

PAPAGAIO (peixe) – *Bodianus rufa*; pretucano; também a raia-pintada (*Aetobatus narinari*) é chamada de papagaio.

PAPEL-CHUPÃO – O mesmo que mata-borrão; papel absorvente, para desengordurar, secar etc.

PAPEL MATA-BORRÃO – Papel absorvente de líquidos.

PARATI (peixe) – *Mugil curema*; olho-de-fogo, pratiqueira, paratibu, pratibu, saúna, solé.

"PARA TORNÁ-LA (A CARNE) SOFRÍVEL" – Para tornar a carne tolerável.

PARGO (peixe) – *Pagrus pagrus*; pagro.

PASSAR UM FERRO QUENTE POR CIMA – Aquecer uma espátula de ferro em alta temperatura e tostar a superfície (da carne) comprimindo levemente a espátula sobre ela.

PASTELETA – Fatia de pão coberta com carne, verdura etc.

PAVÃO-DO-MATO – *Pyroderus scutatus*; pavoa, pavó.

PEITO (de vaca) – Músculo, carne de segunda.

PEIXE-BOI – *Lactophrys tricornis*; taoca, baiacu-de-chifre, peixe-vaca.

PEIXE-ESPADA – Há pelo menos dois peixes que recebem este nome. Um é o *Trichiurus lepturus*, cujo formato parece o da lâmina de uma espada; o outro é o espadarte (*Xiphias gradius*), em que é o maxilar superior que se parece a uma espada. O autor certamente se refere ao primeiro, porque o segundo raramente se encontra no Brasil.

PEIXE-GALO – *Selene vomer*; galo-bandeira, galo-de-penacho, testudo, capão, aracanguira; e o *Vomer septapinnis*; galo-branco, galo-da-costa, galo-de-rebanho, galinho, aracorana, doutor, fralda-rota, zabucaí.

Glossário

PEIXE-PEGADOR – *Remora remora*; também chamado agarrador, piolho, piolho-de-cação, piraquiba, remora.

PEIXE-PORCO – *Monocantus hispidus*; negro-mina, gudunho.

PERDIGOTOS (aves) – Filhotes de perdiz.

PERDIZ – *Rynchotus rufecens*; é o que o gaúcho chama de perdigão.

PERIQUITOS – Designação comum a vários pássaros de penas preponderantemente verdes da família dos psitacídeos.

PESCADINHA (peixe) – O nome é dado a vários peixes, entre eles a corumbeba ou pescada-branca, pescada-perna-de-moça, perna-de-moça, (*Cynoscion leiarchus*); também a maria-mole (*Cynoscion striatus*); a pescada-cambuci, pescada-cambucu, pescada-real, pescada-do-reino, pescadinha-do-reino, pescada-de-dente, rabo-seco (*Cynoscion virescens*); e a merluza (*Merlucius biliniaris*).

PESCADINHA-BICUDA (peixe) – *Sphyraena brunneri*; bicudinha, pescada-goirana, pescada-guarana. A pescadinha-bicuda não é, realmente, uma pescadinha, mas sim uma barracuda, e sua carne é de qualidade inferior.

PIMENTA-DA-ÍNDIA – *Piper nigrum*, pimenta-do-reino. Do mesmo fruto se extrai a pimenta branca (sem a casca), que tem menos aroma, usada quando não se quer alterar a cor do alimento.

PIRAPETINGA – *Brycon opalinus*; piabanha, pirapitinga, tarapitinga, trapitinga.

PISADAS – Que se amassou com um garfo (ou outro instrumento) para deixar com a consistência de pirão.

PLANTÍGRADOS – Animais que andam sobre as plantas dos pés.

POCOMÃO – Segundo Laudelino Freire, é peixe do rio São Francisco.

PÓ DE ARROZ – Amido de arroz.

POLME – Pasta líquida.

POMBA-TORQUAZ – O que o autor denomina pomba-torquaz é a pomba-trocaz ou asa-branca (*Columba picazuro*).

PONTO (de calda) – Cada uma das etapas de transformação do açúcar para fazer caldas.

PORCO-DO-MATO – *Tayassu tajacu*, caititu; ou *Tayassu pecari*, queixada.

"PÔR O *GARFO* E A FACA À DIREITA" – O hábito atual é pôr o garfo à esquerda.

PRANCHA DE TOUCINHO – Um pedaço da manta de toucinho (cada manta corresponde ao tecido adiposo subcutâneo de metade do animal dividido ao comprido).

PREÁ – Roedor da família dos caviídeos, porquinho-da-índia, cobaia (*Cavia porcellus*).

PUGILO – Punhado.

QUARTA (de libra) – Ingredientes secos; cerca de 125g.

QUEIXADA – *Tayassu pecari*; canela-ruiva, queixada-ruiva, queixo-ruivo, sabacu, tiririca, pecari, porco-do-mato.

RABIOLI – Ravióli; São salgados, mas há uma receita deles com o nome "bolos com recheio" entre as sobremesas...

RAIZ (tempero) – Raiz-forte.

RAÍZES – Batatas, beterrabas, cenouras etc., qualquer tubérculo.

RAIZ-DE-RABO (ou saramago) – Raiz-forte selvagem.

RAIZ DE SALSA – Raiz comestível de salsa; também aipo-rábano; salsaparrilha.

REDANHO – Parte do peritônio; omento, redenho, zirbo, (ant.) epíplon.

REFOGAR – Colocar o alimento em uma panela, frigideira etc. com pouca gordura já fervendo, e temperos, mexendo até dourar, e depois colocar um pouco de líquido, geralmente água, para sustar a fervura.

RENOVO – Broto, grelo.

REPOLHO-DE-BRUXELAS – Couve-de-bruxelas.

RESTILO – Cachaça destilada duas vezes, o que afasta o cheiro desagradável de melaço.

ROSCA (antiga) – Biscoitos feitos de água, sal e farinha; biscoitos-d'água.

ROSCA SECA E MOÍDA – Farinha de rosca ou farinha de pão.

ROSMANINHO – As aromáticas *Lavandula stoechas* (européia) e *Hyptis carpinfolia* (brasileira); e também o alecrim (*Rosmarinus officinalis*); provavelmente o autor se refere ao alecrim.

SAGU – Fécula comestível extraída, geralmente, do caule (estipe) de palmeiras do gênero *Metroxilon*, aglutinada em pequenas bolinhas brancas.

SAL GROSSO – Cloreto de sódio (sal de cozinha) não refinado.

SALMI – Do francês *salmigondis*; "iguaria" preparada com carnes já cozidas ou assadas, picadas, geralmente sobras, misturadas ao gosto, ou à possibilidade, com o que quer que seja.

SALMONETE (peixe) – *Mullus surmuletus*; saramonete, salmão-pequeno, salmonejo, pirametara.

SALSIFI – *Tragopogon porrifolis*; raiz -de-corcioneira, barba-de-bode, salsifi-branco.

SALTEAR – Cozer o alimento em gordura, com fogo alto, sacudindo a frigideira.

SALVA – *Salvia officinalis*; o mesmo que sálvia.

SAPUCAIA – Semente oleaginosa comestível de árvores do mesmo nome, do gênero *Lecytis*.

Glossário

SARACURAS – Aves aquáticas da família *Rallidae*; têm pernas bastante compridas para seu tamanho e geralmente andam em vez de nadar.

SARAMAGO (ou raiz-de-rabo) – Raiz-forte selvagem.

SARDINHAS DE NANTES – Sardinhas conservadas em azeite doce.

SARGO (peixe) – Vários peixes recebem este nome, entre eles a canhanha, o marimbá e a sardinha-bandeira (*Ophisthonema oglinum*).

SEGURELHA – Há pelo menos três ervas que recebem esse nome: a *Ocimum tweedianun*, alfavaca; a *Satureja hortensis*, segurelha-dos-jardins, hortelã-de-folha-larga, alfavaca-do-campo; e o *Thymus vulgaris*, tomilho.

SERPOL – *Thimus serpillum*; serpão, erva-ursa, serpilho ou *Thimus vulgaris*; tomilho.

SERRADURA DE PAU – Serragem.

SERRALHA – Folha comestível de vegetais do gênero *Sonchus*; serralha-lisa, cardo.

"SOBRE TUDO" – Uropígio, coranchim, curanchim, sambiquira, sobrecu.

"SOLILESSE" – O que o autor chama de "*solilesse*" é, na verdade, a pronúncia da palavra francesa, já em desuso, *sot-l'y-laisse* (ao pé da letra, "tolo quem a despreza") e refere-se à carne, muito delicada, que se encontra logo abaixo do *croupion* (uropígio) das aves, enfim um "subcuranchim"...

SOLTEIRA (peixe) – *Oligoplistes saurus*; cavaco, goivira, guaibira, guaivira, pamparrona, tábua.

SORO DE LEITE – Líquido amarelado que se separa do leite coalhado.

SUÃ – A parte de baixo do lombo do porco; assuã.

SUÇUAPARA – *Blastocerus dichotomus*; cervo-do-pantanal, cervo, veado-do-pantanal.

"SUBIR À FLOR DO CALDO" – Diz-se do alimento que, quando cozido, vem à tona no líquido da panela.

SUSPIROS – No cuscuzeiro, são os buracos por onde sai o vapor, ou seja, os respiros.

SUSTÂNCIA – O suco mais nutritivo, substância.

TABULEIRO (de folha-de-flandres) – Assadeira, forma para assar.

TAIOBA (mangarito) – *Xanthosoma violaceum*.

TALHADA – Cortes em fatias não muito grossas.

TATU-CANASTRA – *Priodontes maximus*; tatuaçu; apesar da afirmação do autor de que não se come, é espécie ameaçada de extinção devido à caça para obtenção da sua carne.

TATU-MIRIM – *Dasypus septemcinctus*.

TATU-PAPA-DEFUNTO – *Euphratus sexcintus*; tatupeba, tatu-peludo, tatu-cascudo.

TENCA – *Tinca tinca;* peixe europeu de água doce.

TERRINA – Recipiente de louça, fundo e geralmente redondo.

TETRAGÔNIA – *Tetragonia tetragonoides;* planta comestível semelhante ao espinafre, com folhas mais carnudas e aveludadas. Já Laudelino Freire traz como planta da família das portuláceas, como a beldroega e a portulaca.

TIGELA (medida de capacidade, alimento líquido ou seco) – 1 prato de sopa muito cheio, ± 1 litro.

TIMBURÉ – denominação de vários peixes de rio, da familia dos anastomídeos; timburê, ximburé.

"TIRANDO-SE O AMARGO DELAS (CEBOLAS)" – Para tirar o amargo das cebolas, escalda-se rapidamente em água fervente.

TORNEAR – Dar aspecto liso e roliço.

TORQUAZES – pombos, principalmente juritis (*Leptotila*) e avoantes (*Zenaida auriculata*).

TRINCHAR – separar a carne de um animal vertebrado em partes por certas articulações e cortes.

TÚBARAS (trufas) – Raízes de pão-de-porco, túberas.

UBARANA – Peixe da ordem dos isospôndilos, da família dos elopídeos, de corpo esguio, escamas finas, cabeça pequena e pontiaguda; juruna.

UBRE – As mamas de um animal, tetas, úbere.

UMBIGO DE BANANEIRA – A ponta folhosa do cacho de bananas.

"UM POUCACHINHO" – Quantidade muito pequena, um pouquinho, muito pouco, poucochinho, mas um pouco mais que uma pitada.

URU – *Odontophorus capueira*; uru.

VALERIANA – Erva-benta.

VEADOS – Cervo-do-pantanal, veado-galheiro (*Blastocerus dichotomus*); veado-campeiro (*Ozotocerus bezoarticus*); cariacu (*Odacoileus viginianus*); veado-virá, guaçubirá, virote, veado-catingueiro (*Muzama gouazubira*); veado-mateiro, veado-pardo (*Muzama americana*); a maior parte deles é espécie em extinção: use a receita para preparar carne de vitela.

VERÇA (ê) – Couves em geral; berça.

VERMELHO (peixe) – *Lutjanus aya*; caranha, vermelho-de-fundo, acará-aia, carapitanga, caraputanga, acarapitanga, dentão, cherne-vermelho, papa-terra-estrela; outros peixes da mesma família também são chamados vermelho.

VIME – Talo seco, flexível, de vegetal (que verga sem quebrar).

VINHO D'ALHO – Vinha-d'alho; tempero (molho) feito com vinho (ou vinagre), sal, alho e condimentos a gosto (alecrim, louro, manjericão, pimenta etc.).

VINHO DE LARANJA – Tempero (molho) feito com suco de laranja-azeda, sal e pimenta do reino.

VINHO MALVASIA – Vinho de uvas malvasia, doces; um tipo de vinho Madeira.

VITELA – Bezerro com menos de um ano.

XAGUIRIÇÁ – *Holocentrus ascensionis*; jaguareçá, jaguariçá, também joão-cachaça.

ZIMBRO, BAGAS DE – *Juniperus comunis*; as bagas são comestíveis e usadas no preparo de licores e outras bebidas, principalmente do gim.

FONTES

DUCHESNE, Alain e LEGUAY, Thierry. *Dictionnaire des mots perdus: l'obsolète*. 2ª ed. Paris, Larousse, 2001.

FREIRE, Laudelino. *Grande e Novíssimo Dicionário da Língua Portuguesa*. 2ª ed. 5 vols. Rio de Janeiro, José Olympio, 1954.

FRISCH, Johan Dalgas. *Aves Brasileiras*. Vol 1. São Paulo, Dalgas -Ecoltec, 1981.

HOUAISS, Antônio e VILLAR, Mauro Salles. *Dicionário Houaiss da Língua Portuguesa*. Rio de Janeiro, Objetiva, 2001.

INGLEZ DE SOUSA, Julio S. (coord.). *Enciclopédia Agrícola Brasileira*. Vols. 1-3 (A-H). São Paulo, Edusp, 1995-2000.

MAGALHÃES, Álvaro (org.). *Dicionário Brasileiro Ilustrado*. 2ª ed. Porto Alegre, Globo, 1951.

PEIXOTO, Aristeu M. (coord.). *Enciclopédia Agrícola Brasileira*. 4º vol. (I-M). São Paulo, Edusp, 2002.

ROQUETE, J.-I. *Nouveau Dictionnaire Portugais-Français*. Paris/Lisboa, Guillard, Aillaud & Cia., 1895.

SANTOS, Eurico. *Nossos Peixes Marinhos*. Belo Horizonte/Rio de Janeiro, Villa Rica, 1992.

SÃO PAULO, Fernando. *Linguagem Médica Popular no Brasil*. Salvador, Itapuã, 1970.

SICK, Helmut. *Ornitologia Brasileira*. (Edição revista e ampliada por José Fernando Pacheco.) Rio de Janeiro, Nova Fronteira, 1997.

ÍNDICE

Das Matérias Contidas neste Livro

CAPÍTULO I – *Sopas*

Sopas Gordas

1. Caldo com ovos 53
2. Caldo de franga para doente 53
3. Caldo de galinha 53
4. Sopa de carne de vaca 53
5. Sopa de bolinhos 54
6. Sopa de bolos de batatas 54
7. Sopa de campeiro 54
8. Sopa de capão 54
9. Sopa de cevadinha 54
10. Sopa de invernada 54
11. Sopa abreviada 54
12. Sopa de família 55
13. Sopa de fígado 55
14. Sopa de galinha 55
15. Sopa italiana 55
16. Sopa de lombo de porco 55
17. Sopa de Lord-Maire 56
18. Sopa de ovos atolados 56
19. Sopa parda 56
20. Sopa polaca 56
21. Sopa de raviole 57
22. Sopa de Santa Catarina 57
23. Sopa de sobejos 57

24. Sopa veneziana 57
25. Sopa de castanhas, ou de pinhões . . . 58
26. Sopa de aletria com ervilhas 58
27. Sopa de alfaces com ervilhas 58
28. Sopa de cenouras 58
29. Sopa de azedas 58
30. Sopa dourada de azedas 58
31. Sopa de aspargos 59
32. Sopa de couve-flor 59
33. Sopa de repolho 59
34. Sopa de repolho-de-bruxelas 59
35. Sopa de arroz com tomates 59
36. Sopa de polpas de tomates 59
37. Sopa de caça 59

Sopas Magras

38. Caldo de água 60
39. Escaldado 60
40. Mingau do Ceará 60
41. Mingau de Itabira 60
42. Mingau de Uberaba 61
43. Mingau de paulista 61
44. Panada de manteiga 61
45. Açorda de roscas 61
46. Caldo de azedinhas 61
47. Sopa de canjiquinha 61

48. Outra. 61
49. Sopa de canjiquinha do lambari 61
50. Sopa de cebolas 62
51. Sopa de cebola à mineira 62
52. Sopa curraleira. 62
53. Sopa dourada de Boa Vista. 62
54. Sopa dos colonos 62
55. Sopa Juliana 62
56. Sopa de palmitos 62
57. Sopa de pão dourado. 63
58. Sopa de pão frito 63
59. Sopa de ovos assados. 63
60. Sopa de queijo 63
61. Sopa de sagu. 63
62. Sopa magna ou sergipana. 63
63. Sopa de tomates. 63
64. Sopa de Ipiranga 64

Sopas Magras com Vinho

65. Caldo de vinho repentino 64
66. Sopa de vinho branco. 64
67. Sopa de arroz com vinho 64
68. Sopa alemã com arroz e vinho 64
69. Sopa do frade André. 65
70. Sopa fria 65
71. Sopa restaurante. 65
72. Sopa de arroz com cerveja 65
73. Sopa alemã com cerveja 65
74. Sopa fria de cerveja 65
75. Sopa cuiabana 65
76. Sopa de camarão 65
77. Sopa de camarões. 66
78. Sopa de ostras 66
79. Sopa de peixe 66
80. Sopa de peixe. 66
81. Sopa de peixe com arroz. 66
82. Sopa de peixe à Caiapó 66
83. Sopa da Rússia ou *Quass*. 66
84. Sopa de tartaruga 67
85. Sopa de traíras 67

Sopas de Leite

86. Curau ou mingau de milho verde. . .67
87. Mingau à mineira. 67
88. Panada de leite. 67

89. Sopa de arroz com leite 68
90. Sopa de arroz com
    leite de amêndoas 68
91. Sopa de arroz com leite. 68
92. Sopa de leite. 68
93. Sopa de leite com cebolas 68
94. Sopa de leite queimado. 68
95. Sopa de Minas 68
96. Sopa de palmitos com leite 68
97. Sopa de pepinos com leite 68
98. Sopa de Petrópolis. 69
99. Sopa de quibebe. 69
100. Sopa de repolho com leite 69
101. Sopa dourada de arroz com leite . . .69

Sopas de Frutas

102. Sopa de ameixas. 69
103. Sopa de amoras 69
104. Sopa de cajus 69
105. Sopa de laranjas 69
106. Sopa de limão. 70
107. Sopa de maçãs. 70
108. Outra. 70
109. Sopa de marmelos 70
110. Sopa de pêssegos 70
111. Outra. 70
112. Sopa de legumes e ervas 70
113. Sopa de abóbora 70
114. Sopa de abóbora-d'água. 70
115. Sopa de batatas 71
116. Sopa de Colbert 71
117. Sopa de ervilhas 71
118. Sopa de favas. 71
119. Sopa de feijão-branco 71
120. Sopa de feijão-miúdo 71
121. Sopa de feijão-preto 71
122. Sopa de Jacó 72
123. Sopa de lentilhas. 72
124. Sopa de pepinos. 72

Sopas Medicinais

125. Mingau para purificar o sangue . . . 72
126. Sopa anticlorótica 72
127. Sopa antiemorroidal. 72

128. Sopa estomacal 73
129. Sopa peitoral 73
130. Sopa para purificar o sangue 73
131. Sopa tônica para convalescentes 73

CAPÍTULO II

A Vaca

1. Perna de vaca 76
2. Língua de vaca 76
3. Paladar de vaca (céu da boca) 76

Carnes Cozidas

4. Carne de vaca à moda comum 76
5. Carne cozida à caseira 76
6. Carne de vaca cozida e
   encorpada com gemas de ovos 76
7. Carne cozida ensopada 77
8. Talhadas e fritadas de
   carne de vaca cozida 77
9. Carne de vaca cozida à maruja 77
10. Perna de vaca cozida 77
11. Posta de carne afervetada e
    guarnecida de raízes cobertas
    de substância de carne 78
12. Talhadas de carne de vaca cozida . . .78
13. Terrina caseira 78
14. Carne de vaca cozida com azeite 78
15. Carne de vaca cozida no leite 79
16. Carne de vaca com salsa 79
17. Carne de vaca tostada 79

Carnes de Vaca Fritas, Assadas e Guisadas

18. Almôndegas de carne de vaca 79
19. Almôndegas de glutão 79
20. *Beefsteaks* (bifes) 80
21. *Beefsteaks* ou bifes alemães 80
22. *Beefsteaks* com batatas
    e molho à chefe de cozinha 80
23. *Beefsteaks* estufados à inglesa 80
24. *Beefsteaks* fritos 81
25. Caruru de carne de vaca 81
26. Carne de vaca enrolada 81

27. Carne de vaca estufada 81
28. Carne sepultada 82
29. Churrasco à moda do sertão 82
30. Enroladas de carne de vaca 82
31. Guisado de lombo de vaca 82
32. Guisado de vaca com túbaras 82
33. Lombo de vaca assado em espeto . . .83
34. Lombo de vaca à francesa 83
35. Lombo de vaca à mineira 83
36. Lombo de vaca cheio de toucinho
    à moda de Manchester 84
37. Lombo de vaca refogado
    com túbaras 84
38. Lombo de vaca cheio 84
39. Lombo de vaca com
    molho de tomates 84
40. Lombo de vaca em vinho madeira . .85
41. Lombo de vaca encapotado 85
42. Lombo de vaca estufado
    à moda do caçador 85
43. Lombo estufado e
    guarnecido de cenouras 86
44. Lombo guisado 86
45. Lombinho assado no espeto 86
46. Lombinho com côdeas de pão 86
47. Lombinho de vaca com macarrão . . .86
48. Lombo de vaca com túbaras 87
49. Moquecas de carne de vaca 87
50. Peito de vaca à hamburguesa 87
51. Posta de carne de vaca à moda 88
52. Rosbife à francesa 88
53. Rosbife à inglesa 89
54. Rosbife à alemã 89
55. Carne assada no espeto 89
56. Carne assada requentada 89
57. Carne de vaca guisada
    com ora-pro-nóbis 89
58. Vaca de estalagem 89
59. Carne de vaca assada no forno 89
60. Vaca de fumaça
    à hamburguesa 90
61. Vaca de grelha à brasileira 90
62. Carne de vaca estufada 90
63. Carne de vaca frita 90
64. Carne de vaca frita com quibebe 90
65. Carne de vaca tenra 91

Costelas de Vaca

66. Costela de vaca assada 91
67. Costela de vaca assada com
    molho restaurante 91
68. Costela de vaca do bom cozinheiro . 91
69. Costela de vaca com
    substância de carne 91
70. Costela de vaca à italiana 92
71. Entrecosto de vaca 92
72. Carne de entrecosto
    com cogumelos 92
73. Entrecosto com pirão 93

Línguas de Vaca

74. Língua de vaca assada em camadas. . 93
75. Língua de vaca à caseira 93
76. Língua de vaca com cogumelos. 93
77. Língua picada com molho 93
78. Língua de vaca com molho picante . 94
79. Língua de vaca ensopada parda. 94
80. Língua de vaca ensopada branca . . . 94
81. Língua de vaca escarlate 94
82. Língua de vaca à espanhola 95
83. Língua de vaca assada guarnecida. . . 95
84. Língua guisada. 95
85. Paladar de vaca
    (céu da boca de vaca) 95
86. Paladar de vaca à Bechamel. 95
87. Paladar de vaca de grelha 96
88. Paladar de vaca ensopado 96
89. Rabo de vaca assado 96
90. Rabo de vaca com
    polpa de lentilhas 96
91. Mocotó com arroz 96
92. Mocotó de vaca 96
93. Bucho de vaca com mostarda 97
94. Bucho de vaca à francesa 97
95. Bucho de vaca à milanesa. 97
96. Tripas de vaca à mineira. 97
97. Bucho de vaca com molho
    encorpado com gemas de ovos 97
98. Tripas de vaca de grelha 97
99. Tripas de vaca enroladas 98
100. Bofes de vaca 98

101. Coração de vaca ensopado 98
102. Coração de vaca assado 98
103. Fígado de vaca coberto 98
104. Fígado de vaca de grelha. 98
105. Rim de vaca 99
106. Rim de vaca ensopado com vinho . 99
107. Rim de vaca à caseira. 99
108. Ubre de vaca. 99
109. Ubre de vaca com molho,
     encorpado com ovos 99
110. Miolo de vaca 100
111. Miolo de vaca ensopado. 100
112. Miolo de vaca frito 100
113. Almôndegas de carne-seca 100
114. Carne de colônia com feijão 100
115. Carne de vaca seca com ovos 100
116. Paçoca de carne-seca à
     moda do sertão. 100
117. Carne de vaca cozida à Mirandão. . 101

CAPÍTULO III

A Vitela

1. Alcatra de vitela com arroz. 104
2. Bofes de vitela com carapicu 104
3. Bofes de vitela em polpa 104
4. Cabeça de vitela com molho pardo. . 104
5. Cabeça de vitela corada. 105
6. Cabeça de vitela cozida. 105
7. Cabeça de vitela desossada 105
8. Cabeça de vitela com caruru 106
9. Chouriço de vitela 106
10. Costeletas de vitela afogadas 106
11. Costeletas assadas. 106
12. Costeletas à goiana. 106
13. Costeletas de vitela
    com molho pardo. 106
14. Costeletas empanadas 107
15. Costeletas empapeladas. 107
16. Costeletas de vitela guisadas 107
17. Costeletas lardeadas 107
18. Quarto de vitela recheado. 107
19. Livro ou bucho de vitela 108
20. Livro de vitela com macarrão 108
21. Livro de vitela com quiabos 108

Índice

22. Livro de vitela frito 108
23. Fígado de vitela refogado 108
24. Fígado de vitela assado. 109
25. Fígado de vitela à parmesã. 109
26. Fígado de vitela cozido. 109
27. Fígado de vitela guisado 109
28. Outro modo. 109
29. Fígado de vitela lardeado 109
30. Fricandó de carne de vitela 109
31. Fressura de vitela com carapicu 110
32. Fressura ensopada 110
33. Fressura envinagrada. 110
34. Glândulas de vitela ensopadas. 110
35. Glândula de vitela frita 110
36. Outro modo. 110
37. Picadinho de vitela assado 110
38. Lingüiças de salsichas 110
39. Mãos de vitela cozidas 111
40. Miolos de vitela assados. 111
41. Miolo de vitela estufado 111
42. Miolo de vitela frio 111
43. Miolos de vitela fritos 111
44. Miolo de vitela guisado 111
45. Miúdos de vitela com quiabo. 112
46. Noz de vitela assada no espeto 112
47. Noz de vitela com geléia 112
48. Noz de vitela frita 112
49. Noz de vitela recheada 112
50. Orelhas de vitela refogadas 112
51. Orelhas de vitela com inhame 113
52. Orelhas de vitela cozidas. 113
53. Orelhas fritas 113
54. Pá de vitela assada 113
55. Pá de vitela à italiana 113
56. Pá de vitela assada no espeto 114
57. Peito de vitela refogado 114
58. Peitos de vitela à camponesa 114
59. Peito de vitela coberto com geléia. . 114
60. Peito de vitela com mariscos 114
61. Peito de vitela com palmito 114
62. Peito de vitela confeitado 115
63. Peito de vitela estufado 115
64. Perna de vitela assada no seu caldo . 115
65. Pés de vitela refogados 115
66. Pés de vitela recheados fritos. 115
67. Pés de vitela recheados 115

68. Picado de vitela 116
69. Pudim de fígado de vitela 116
70. Quarto de vitela panado. 116
71. Quarto de vitela à caçador 116
72. Quarto de vitela assado no espeto. . 116
73. Quarto de vitela com geléia 117
74. Quarto de vitela frio,
     assado com geléia 117
75. Guisado de vitela 117
76. Guisado de vitela à caseira. 117
77. Guisado de vitela com chuchus 118
78. Guisado de vitela com grelos. 118
79. Guisado de vitela com carapicu. . . . 118
80. Rins de vitela à pasteleta 118
81. Rim de vitela frito 118
82. Outro rim de vitela frito. 119
83. Rins de vitela à parmesã 119
84. Rins de vitela com vinho madeira. . 119
85. Rolos de vitela assados 119
86. Salame de cabeça de vitela 119
87. Tripas de vitela refogadas 119
88. Tutano frito 120
89. Vitela assada. 120
90. Vitela assada com
     molho de azeite doce 120
91. Vitela assada de creme e coberta . . .120
92. Vitela assada de creme 120
93. Vitela assada no espeto. 120
94. Vitela coberta e frita na grelha 120
95. Vitela coberta e frita na
     grelha (outro modo). 120
96. Vitela com limão. 121
97. Vitela com mariscos 121
98. Vitela com sardinhas. 121
99. Vitela frita sobre grelha 121
100. Vitela frita com carapicu 121
101. Vitela frita de Nantes 121
102. Vitela guisada 121
103. Vitela guisada com língua. 122
104. Vitela guisada com presunto 122

CAPÍTULO IV

O Carneiro

1. Almôndegas de carne de carneiro . . .124

2. Assados de carne de carneiro
   em gordura......................124
3. Fatias de carne de carneiro
   com carapicus 124
4. Carne de carneiro frita............125
5. Carne de carneiro refogada
   com arroz 125
6. Carne de carneiro refogada
   em vinho com limão.............125
7. Carne de carneiro refogada
   com palmitos 125
8. Carne de carneiro à parmesã.......125
9. Carne de carneiro com alcaparras ..126
10. Carne de carneiro com maracujás...126
11. Carne de carneiro com pepinos....126
12. Carne de carneiro encapada.......126
13. Carne de carneiro cozida de olha...126
14. Carne de carneiro dourada
    com torradas 126
15. Carne de carneiro
    ensopada, dourada 127
16. Carne de carneiro ensopada parda .127
17. Carne de carneiro estufada.......127
18. Carne de carneiro estufada
    à campestre....................127
19. Carne de carneiro guisada 127
20. Carne de carneiro
    guisada com carapicus 127
21. Carne de carneiro
    guisada com couves.............128
22. Carne de carneiro à americana 128
23. Carne de carneiro picada e frita ...128
24. Costeletas de carneiro refogadas...128
25. Costeletas de carneiro à alemã.....129
26. Costeletas de carneiro à italiana ...129
27. Costeletas de carneiro em guisado .129
28. Costeletas de carneiro
    assadas e cobertas 129
29. Costeletas de carneiro com creme .129
30. Costeletas de carneiro com leite ...129
31. Costeletas de carneiro fritas 130
32. Costeletas de carneiro
    fritas com capa.................130
33. Costeletas de carneiro
    grelhadas e geladas 130
34. Costeletas de carneiro guisadas....130

35. Língua de carneiro refogada.......130
36. Língua de carneiro assada
    com toucinho..................130
37. Língua de carneiro assada
    na grelha 130
38. Línguas de carneiro
    com abóbora-d'água 131
39. Língua de carneiro dourada.......131
40. Línguas de carneiro douradas
    e empasteladas.................131
41. Língua de carneiro
    ensopada com tomates 131
42. Língua de carneiro guisada 132
43. Lombo de carneiro
    assado em papel................132
44. Lombo de carneiro assado no forno .132
45. Lombo de carneiro assado
    no espeto 132
46. Miolos de carneiro com ovos 132
47. Miolos de carneiro dourados......133
48. Miúdos de carneiro refogados.....133
49. Miúdos de carneiro cozidos.......133
50. Miúdos de carneiro fritos.........133
51. Pá de carneiro assada.............133
52. Pá de carneiro com cominhos 133
53. Pá de carneiro estufada...........134
54. Pá de carneiro guisada com capa ..134
55. Peito de carneiro grelhado 134
56. Peito de carneiro guisado.........134
57. Perna de carneiro com carapicu....135
58. Perna de carneiro
    com palmito à goiana 135
59. Perna de carneiro fictícia 135
60. Perna de carneiro cozida 135
61. Perna de carneiro cozida à inglesa .135
62. Perna de carneiro
    cozida com legumes 136
63. Perna de carneiro estufada........136
64. Perna de carneiro lardeada,
    cozida com legumes 136
65. Pés de carneiro refogados.........137
66. Pés de carneiro cheios 137
67. Pés de carneiro com vagens 137
68. Pés de carneiro com chuchu 137
69. Pés de carneiro dourados.........137
70. Pés de carneiro ensopados........138

Índice

471. Pés de carneiro estufados 138
72. Pés de carneiro fritos. 138
73. Pés de carneiro guisados. 138
74. Pescoço de carneiro assado
em grelha 138
75. Pescoço de carneiro ensopado. 139
76. Quadrado de carneiro com jiló 139
77. Quadrado de carneiro com quiabos 139
78. Quadrado de carneiro
cozido com ameixas 139
79. Quarto de carneiro refogado 140
80. Quarto de carneiro assado
no espeto. 140
81. Quarto de carneiro assado,
frio com geléia 140
82. Quarto de carneiro
guisado em água 140
83. Quarto de carneiro à semelhança
de quarto de caça. 140
84. Quarto de carneiro estufado 141
85. Rabos de carneiro assados 141
86. Rabos de carneiro cozidos 141
87. Rabos de carneiro fritos 141
88. Guisado de carneiro assado 141
89. Guisado de carneiro com caruru . . 141
90. Guisado de carneiro
com grelos de samambaia. 142
91. Guisado de carneiro com taioba . . . 142
92. Guisado de carneiro
com talos de inhame 142
93. Rins de carneiro assados. 142
94. Rins de carneiro com
talos de bananeira 142
95. Rins de carneiro estufados 142
96. Rins de carneiro fritos 143
97. Cordeiro ou cabrito refogado. 143
98. Cordeiro assado dourado. 143
99. Cordeiro ou cabrito à italiana 143
100. Cordeiro ou cabrito
com molho branco 144
101. Pá de cordeiro assada. 144
102. Pá de cordeiro com chuchus 144
103. Pá de carneiro estufada 144
104. Guisado de carneiro ou
cabrito sobre torradas 144
105. Quarto de carneiro assado 144

106. Quarto de carneiro ou
cabrito assado coberto 145
107. Quarto de carneiro ou cabrito
assado com abóbora-d'água 145
108. Quarto de cordeiro à alemã 145
109. Quarto de cordeiro ou de
cabrito imitando caça 146

CAPÍTULO V

O Porco

1. Bifes de fígado de porco 148
2. Bifes de lombo de porco 148
3. *Beefsteak* de porco (bife) 148
4. Cabeça de porco 148
5. Cabeça de porco à francesa 149
6. Carne de porco cozida no sangue . . . 149
7. Conserva de porco fresco à brasileira . 150
8. Carne de porco salgada 150
9. Outro à inglesa. 150
10. Chouriço. 151
11. Outro 151
12. Chouriço alemão 152
13. Chouriço à mineira 152
14. Chouriço branco 152
15. Chouriço de fígado de porco 153
16. Costeletas de porco assadas 153
17. Costeletas de porco à milanesa. 153
18. Croquetes de carne de porco fresca. 153
19. Entrecosto de espeto 154
20. Fartes de carne de porco 154
21. Fígado de porco à italiana. 154
22. Fígado ensopado com berinjelas . . . 154
23. Guisado de miúdos 154
24. Leitão assado à chefe de cozinha . . . 155
25. Leitão assado no espeto à mineira. . 155
26. Leitão assado e
recheado à mineira 156
27. Leitão em gelatina 157
28. Leitão ensopado à mineira. 157
29. Língua de porco ensacada 157
30. Línguas de porcos
fumadas e ensacadas 157
31. Lingüiças à brasileira 158
32. Lingüiças à maneira de sonhos 158

33. Lombinhos de porco fresco 158
34. Lombinhos de espeto 159
35. Lombo de porco à moda
de Bolonha 159
36. Lombo de porco assado 160
37. Miolo de porco 160
38. Mocotó de porco refogado 160
39. Orelhas à caseira 160
40. Orelhas e pés de porco à Choisy . . . 160
41. Orelhas de porco à
Sainte-Menehould 161
42. Orelhas de porco com polpa 161
43. Orelhas e pés de porco assados 161
44. Pá de leitão à moda tártara 161
45. Paio caseiro. 161
46. Paio mineiro. 162
47. Pão de miúdos 162
48. Pernil assado à mineira 162
49. Pés de porco à
Sainte-Menehould 163
50. Pés de porco com ovos 163
51. Pés de porco com túbaras 163
52. Pudim de orelhas de porco 163
53. Porco refogado com palmitos 164
54. Porco refogado com
quiabos à mineira 164
55. Porco ensopado com cará-do-ar . . . 164
56. Porco ensopado com nata 164
57. Porco estufado com chucrute
(repolho em conserva) 164
58. Porco guisado com abóbora. 165
59. Porco imitando caça 165
60. Presunto à francesa. 165
61. Presunto à inglesa 166
62. Presunto à mineira 166
63. Presunto assado 167
64. Presunto encapotado 167
65. Presunto de escabeche 167
66. Presunto fresco de espeto. 167
67. Presunto gelado 167
68. Presunto à inglesa 168
69. Presunto servido frio 168
70. Presunto servido quente. 168
71. Queijo de fígado de
porco [LEBERKÄSE] 169
72. Queijo de fígado de porco 169

73. Queijo de porco 169
74. Queijo de porco à inglesa 170
75. Quitute de fígado de porco. 170
76. Rabo de porco com
polpa de guandu 171
77. Rabo de porco dourado 171
78. Rins de porco. 171
79. Rins refogados com leite. 171
80. Rins refogados em vinho 171
81. Salame de Lião 171
82. Salsichão 172
83. Suã assada em molho à Robert 172
84. Suã ensopada 172
85. Suã ensopada com
palmitos e quiabos. 172
86. Suã ensopada com couves picadas,
ou mastruço à mineira 173
87. Talhadas de porco guisadas
com cebolas 173
88. Talhadas de lombo
com molho de pimenta. 173
89. Torresmo de carne de porco 173
90. Tripas ensacadas 173
91. Tripas ensacadas à Bechamel 174
92. Tripas ensacadas 174
93. Vatapá de porco à baiana 174

CAPÍTULO VI

Aves Domésticas

1. Galinha cozida para doentes 176
2. Galinha cozida para
os convalescentes. 177
3. Almôndegas de galinha 177
4. Guisado de almôndegas
de galinha, douradas. 177
5. Almôndegas de galinha fervidas 177
6. Bolos de galinha fritos 177
7. Coxas de galinha recheadas 178
8. Empada de galinha 178
9. Galinha refogada com cará-do-ar . . . 178
10. Galinha refogada com
mangaritos e caruru. 178
11. Galinha refogada com palmitos 178
12. Galinha assada 179

Índice

13. Galinha assada com molho dos miúdos 179
14. Galinha assada com picado 179
15. Galinha cheia guisada 179
16. Galinha com abóbora-d'água..... 179
17. Galinha com molho branco 179
18. Galinha com molho de passas 180
19. Galinha ao molho pardo..........180
20. Galinha cozida com samambaia ...180
21. Galinha desossada 180
22. Galinha engrossada com ovos 180
23. Galinha ensopada com arroz à camponesa................ 181
24. Galinha ensopada à italiana....... 181
25. Galinha ensopada com quiabos.... 181
26. Galinha frita à parmesã 181
27. Galinha frita na capa............ 182
28. Galinha guisada com carapicus.... 182
29. Galinha picada com grelos de abóbora 182
30. Galinha recheada com arroz 182
31. Galinha recheada com massa fina .. 182
32. Galinha servida fria............. 182
33. Olha de galinha 183
34. Bolinhos de frango 183
35. Chouriços de frango 183
36. Frangos refogados com alcachofras................ 183
37. Frango refogado com raiz de inhame 183
38. Frango refogado com chuchu 184
39. Frango refogado com creme 184
40. Frango refogado em molho branco.................184
41. Frango refogado com pepinos 184
42. Frango refogado com palmitos 184
43. Frangos à italiana............... 185
44. Frangos à parmesã 185
45. Frangos assados com creme..... 185
46. Frangos assados lardeados........ 185
47. Frangos assados no borralho 185
48. Frango assado no espeto em papelotes 186
49. Frango assado no espeto e recheado.....................186
50. Frango assado no forno 186

51. Frango desossado assado no forno 186
52. Frango assado na grelha com mangaritos................187
53. Frangos refogados com repolho.... 187
54. Frangos cozidos na capa......... 187
55. Frangos de caramelos 187
56. Frangos dourados 187
57. Frango ensopado com cará....... 188
58. Frango ensopado com cenouras ...188
59. Frangos ensopados com guandus ..188
60. Frangos ensopados com quiabos ..188
61. Frango frito com bananas........188
62. Frango frito com capa...........188
63. Frango frito com ervilhas........189
64. Frango frito com palmitos.......189
65. Frango guisado.................189
66. Frango guisado com carapicus ...189
67. Frango guisado com palmitos 189
68. Frango recheado 190
69. Peitos de frango guisados.........190
70. Quitute de frango assado 190
71. Salada de frango.................190
72. Capão refogado com renovos de samambaia 190
73. Capão assado no espeto com capa................. 191
74. Capão assado com moranga 191
75. Capão assado com pinhões 191
76. Capão assado no espeto 191
77. Capão assado no forno 192
78. Capão refogado e recheado 192
79. Capão ensopado 192
80. Capão ensopado com arroz....... 192
81. Capão ensopado com cará 192
82. Capão ensopado com nabos 192
83. Capão ensopado com ora-pro-nóbis ou quiabos......... 193
84. Capão estufado com jerumbeba (figueira-do-inferno)............. 193
85. Capão frito à italiana............. 193
86. Capão frito em azeite 193
87. Capão recheado com carapicus 193
88. Fricassê de capão com jiló 193
89. Fricassê de capão à caçador 194

CAPÍTULO VII

O Peru

1. Asas de peru com quiabos 195
2. Asas de peru ensopadas com carapicus 195
3. Asas de peru fritas 196
4. Peitos de peru assados 196
5. Peitos de peru guisados. 196
6. Peru refogado. 196
7. Peru refogado com berinjela roxa ... 196
8. Peru refogado com cará 196
9. Peru refogado com castanhas-do-pará 197
10. Peru assado à italiana 197
11. Peru assado com molho de leite 197
12. Peru assado com pinhões 197
13. Peru assado com sardinhas. 197
14. Peru assado imitando caça 198
15. Peru assado no espeto à moda alemã 198
16. Peru assado no espeto 198
17. Peru assado no espeto à fluminense .. 198
18. Peru lardeado e assado no espeto .. 198
19. Peru de escabeche assado no espeto 199
20. Peru recheado e assado no espeto. . 199
21. Peru assado no forno com molho .. 199
22. Peru recheado e assado no forno. .. 199
23. Peru recheado de frutas e assado. . 200
24. Peru estufado à moda 200
25. Peru ensopado com chuchu 200
26. Peru ensopado de molho pardo .. 200
27. Peru ensopado com ora-pro-nóbis .. 201
28. Peru ensopado com quiabos 201
29. Peru estufado com cogumelos. 201
30. Peru estufado com jerumbeba. 201
31. Peru estufado com grelos de abóbora. 201
32. Peru frito à parmesã 202
33. Peru frito com alcachofras 202
34. Peru frito com batatinhas. 202
35. Peru frito com beterraba. 202
36. Peru frito com molho de mostarda e leite 202
37. Peru frito com palmitos 202

38. Peru frito dourado. 203
39. Peru guisado com chicórias 203
40. Peru guisado com jiló. 203
41. Peru refogado com mangaritos 203
42. Peru guisado com taioba 203
43. Peru guisado no leite. 203
44. Quitute de peru assado. 204
45. Coxas de ganso com quibebe. 204
46. Ganso refogado com abóboras-d'água. 204
47. Ganso refogado com tomates. 204
48. Ganso assado no espeto 204
49. Ganso assado no espeto à inglesa .. 204
50. Ganso assado no espeto com pinhões ou castanhas 205
51. Ganso assado no forno 205
52. Ganso com molho pardo 205
53. Ganso cozido à portuguesa 206
54. Ganso ensopado com arroz 206
55. Ganso ensopado com quiabos 206
56. Ganso ensopado com samambaia. 206
57. Ganso estufado com marmelos ... 206
58. Ganso estufado com palmitos 207
59. Ganso guisado com mangaló. 207
60. Ganso guisado com pepinos 207
61. Pastéis de fígado de ganso 207
62. Peito de ganso à Pomerânia 208
63. Peito de ganso frito com ervilhas .. 208
64. Quitute de ganso 208
65. Pato refogado com abóboras 208
66. Pato refogado com cenouras 208
67. Pato refogado com taioba 209
68. Pato assado no espeto com marmelos 209
69. Pato desossado e assado no espeto. 209
70. Pato recheado de azeitonas e assado 209
71. Pato assado à moda do Porto 210
72. Pato ensopado com caruru. 210
73. Pato ensopado com nabos 210
74. Pato frito com quibebe 210
75. Pato guisado com carapicus 210
76. Pato guisado com pinhões 211
77. Marreco refogado com azeitonas. .. 211
78. Marreco refogado com repolho. ... 211

Índice

79. Marreco assado com maçãs 211
80. Marreco assado no espeto 212
81. Marreco assado no forno 212
82. Marreco ensopado com cará 212
83. Marreco ensopado com chuchus . . . 212
84. Marreco ensopado com inhame . . . 212
85. Marreco estufado com
ameixas-do-Canadá 213
86. Marreco estufado
com cará-do-ar 213
87. Marreco frito com chucrute
(repolho fermentado) 213
88. Marreco frito com guandus 213
89. Marreco frito com mangaritos 214
90. Marreco guisado
com jerumbeba 214
91. Marreco guisado com quiabos 214
92. Pombos refogados com arroz 214
93. Pombos refogados
com abóbora. 214
94. Pombos refogados
com carapicus 215
95. Pombos refogados com chuchus . . . 215
96. Pombos refogados com ervilhas . . . 215
97. Pombos refogados
instantaneamente 215
98. Pombos assados na grelha 215
99. Pombos assados no espeto 216
100. Pombos recheados e ensopados . . . 216
101. Pombos estufados com chicórias . . 216
102. Pombos estufados com
aspargos ou com palmitos 216
103. Pombos estufados com quiabos . . . 217
104. Pombos fritos à parmesã 217
105. Pombos fritos com capa 217
106. Pombos fritos dourados 217
107. Pombos guisados
com beterrabas 217
108. Pombos guisados
com doce de maracujás 218
109. Pombos com creme de limão 218
110. Pombos guisados
com favas novas 218
111. Pombos guisados
com mangaritos 218
112. Pombos guisados com palmitos . . . 218

CAPÍTULO VIII – *Caça de Cabelo*

A Anta

1. Anta refogada com palmitos 221
2. Carne de anta refogada 222
3. Anta assada no espeto 222
4. Anta assada no forno 222
5. Anta assada na grelha 222
6. Anta ensopada com cará-do-ar 222
7. Anta estufada 223
8. Anta estufada com caratinga 223
9. Anta guisada à campeira 223
10. Anta guisada com quiabos 223
11. Anta guisada com sapucaias 223
12. Carne de anta sepultada
à moda de caçador. 224
13. Bifes de anta 224
14. Churrasco de carne de anta 224
15. Moquecas de carne de anta 224
16. Talhadas de carne de anta 224

A Capivara

1. Capivara assada 225
2. Capivara assada com taioba 225
3. Capivara ensopada com serralha . . . 226
4. Capivara guisada com almeirões 226
5. Capivara guisada com vagens 226
6. Capivara guisada com raiz de inhame 226
7. Capivara guisada com carapicus 226

O Coelho

1. Coelho refogado à baiana 227
2. Coelho refogado com alcachofras . . . 227
3. Coelho refogado com agrião 228
4. Coelho refogado com batatinhas . . . 228
5. Coelho refogado com cebolas 228
6. Coelho à portuguesa 228
7. Coelho assado no espeto à caçador . 229
8. Coelho assado no espeto à princesa 229
9. Coelho assado no espeto,
em calda de açúcar 229
10. Coelho lardeado ou
assado no espeto 229

11. Coelho com torradas 230
12. Coelho ensopado com jerumbeba
    (figueira-da-judéia ou
    figueira-do-inferno) 230
13. Coelho ensopado com grão-de-bico .230
14. Coelho frito 230
15. Coelho guisado com guandus 230
16. Coelho guisado com leite 231
17. Coelho guisado com molho pardo. . 231
18. Coelho recheado e ensopado 231

A Cutia

1. Cutia refogada com chuchus 232
2. Cutia assada 232
3. Cutia ensopada com carás 232
4. Cutia estufada com carapicus 232
5. Cutia frita com mandioca. 232
6. Cutia guisada com
   grelos de abóbora. 233

A Irara, a Onça e o Tamanduá

1. Irara, onça e tamanduá assados 233
2. Irara, onça e tamanduá ensopados . . 233
3. Irara, onça e tamanduá guisados 233

A Lebre

1. Lebre lardeada e assada no espeto . . .234
2. Lebre guisada com molho pardo. . . .234
3. Lebre refogada com
   carapicus ou cogumelos 234
4. Lebre estufada à chefe de cozinha . . . 235
5. Lebre preparada instantaneamente. . . 235
6. Quitute de lebre (CIVET) 235

A Lontra e a Ariranha

1. Lontra e ariranha assadas 236
2. Lontra e ariranha guisadas. 236
3. Lontra e ariranha ensopadas 236

O Macaco

1. Macaco assado no espeto 237

2. Macaco assado no forno. 237
3. Macaco refogado com pepinos 237
4. Macaco estufado com jerumbeba
   (figueira-da-judéia) 237
5. Macaco cozido com abóboras 238
6. Macaco cozido com bananas. 238
7. Macaco frito com salada de batatas. . 238

A Paca

1. Almôndegas de paca 239
2. Bolos de paca com molho
   de sapucaias 239
3. Paca refogada com jilós. 239
4. Paca assada no espeto 239
5. Paca esfolada e assada no espeto 239
6. Paca assada à imperial 239
7. Paca assada no forno 240
8. Paca cozida no soro. 240
9. Paca estufada com arroz e tomates . .240
10. Paca guisada com quiabos 240
11. Paca guisada com gariroba
    (palmito de coqueiro) 240
12. Paca guisada com cogumelos
    ou carapicus 241

O Queixada e o Caititu, ou Porco-do-mato

1. Cabeça de porco-do-mato
   recheada 242
2. Carne de porco-do-mato
   refogada com bananas 242
3. Carne de porco-do-mato
   refogada com jerumbeba 242
4. Carne de porco refogada com
   abóbora-d'água. 242
5. Carne de porco-do-mato
   ensopada com carás 242
6. Carne de porco-do-mato
   ensopada com ora-pro-nóbis. 242
7. Carne de porco-do-mato ensopada
   com repolho 243
8. Carne de porco-do-mato estufada
   com creme de mostarda 243
9. Carne de porco-do-mato
   guisada com inhame. 243

Índice

10. Carne de porco-do-mato guisada com mangaritos 243
11. Carne de porco-do-mato guisada com serralha 243
12. Carne de porco-do-mato guisada com vagens. 244
13. Costeletas de porco-do-mato assadas na grelha 244
14. Costeletas de porco-do-mato assadas na grelha 244
15. Entrecosto de porco-do-mato assado no espeto. 244
16. Lombo de porco-do-mato assado no espeto. 244
17. Lombo de porco-do-mato assado no forno 244
18. Lombo de porco-do-mato estufado com carapicus (cogumelos) 244
19. Lombo de porco-do-mato assado com pinhões. 245
20. Lombo de porco-do-mato estufado com berinjelas. 245
21. Lombo de porco-do-mato guisado com carás 245
22. Lombo de porco-do-mato guisado com favas 245
23. Lombo de porco-do-mato guisado com chuchus. 245
24. Leitão de porco-do-mato assado. . .246
25. Perna de porco-do-mato refogada com almeirões 246
26. Perna de porco-do-mato refogada com pirão de pinhões 246
27. Perna de porco-do-mato refogada com carapicus 247
28. Pernil de porco-do-mato assado na grelha 247
29. Porco-do-mato ensopado. 247
30. Porco-do-mato com ameixas. 247
31. Presunto de porco-do-mato cozido .247
32. Presunto de porco enfumaçado. . . .247

O Preá, o Caxinguelê ou Esquilo, o Gambá

1. Preá, esquilo e gambá refogados com renovos de samambaia 248

2. Preá, esquilo e gambá refogados com guandus 249
3. Preá, esquilo e gambá assados no espeto. .249
4. Preá, esquilo e gambá assados no espeto. 249
5. Preá, esquilo e gambá assados no forno 249
6. Preá, esquilo e gambá guisados com quiabos. 249
7. Preá, esquilo e gambá guisados com tomates. 250
8. Preá, esquilo e gambá fritos com mangaritos. 250
9. Preá, esquilo e gambá fritos na grelha. 250

O Quati

1. Quati refogado com abóbora-d'água .250
2. Quati refogado de escabeche 250
3. Quati assado no espeto 251
4. Quati lardeado e assado no forno . . . 251

A Cobra, o Lagarto, a Rã

1. Cobra, lagarto ou rã refogados. 252
2. Cobra assada 252
3. Cobra frita .253
4. Cobra guisada 253
5. Lagarto refogado 253
6. Lagarto ensopado com ervilhas 253
7. Lagarto frito com quibebe 253
8. Lagarto assado 253
9. Lagarto guisado com repolho 254
10. Rã refogada. 254
11. Rã frita 254
12. Rã guisada. 254

O Tatu

1. Tatu refogado 255
2. Tatu ensopado com guandus ou mangalós. 255
3. Tatu frito 255
4. Tatu guisado com mogango. 255

Cozinheiro Nacional

5. Tatu guisado com polpa de batatas . . 255
6. Tatu refogado à moda
com farinha de trigo 256

Veado

1. Bifes de veado 256
2. Carne de veado refogada com vagens . 256
3. Carne de veado refogada
com chuchus 257
4. Carne de veado ensopada
com quiabos 257
5. Carne de veado frita
com pirão de batatas 257
6. Carne de veado guisada com favas . . . 257
7. Carne de veado guisada
com pepinos 257
8. Lombinho de veado refogado 258
9. Lombo de veado à caçador 258
10. Lombo de veado à princesa 258
11. Lombo de veado refogado
com feijão branco 258
12. Lombo de veado assado na grelha . . 258
13. Lombo de veado assado
com capa de ovos 259
14. Lombo de veado ensopado
com taioba 259
15. Lombo de veado estufado
com ervilhas 259
16. Lombo de veado estufado
com couve-flor 259
17. Lombo de veado guisado
com mangalós 259
18. Pá de veado enrolada 260
19. Pá de veado refogada
com beterraba roxa 260
20. Pá de veado ensopada
com castanhas-do-pará 260
21. Pá de veado guisada com caruru . . 260
22. Pá de veado guisada com aspargos . . 261
23. Quarto de veado de escabeche
e assado no espeto 261
24. Quarto de veado com
capa assado no forno 261
25. Quarto de veado estufado
com carás 261

26. Quitute de carne de veado 261

CAPÍTULO IX – *Aves Silvestres*

Jacu, Mutum etc.

1. Jacu, mutum, pavão-do-mato etc.
assados no espeto 263
2. Jacu, mutum etc. recheados
e assados no espeto 264
3. Jacu, mutum etc. recheados
e estufados 264
4. Jacu, mutum etc. refogados
com creme e laranjas 264
5. Jacu, mutum etc. refogados
com castanhas-do-pará 264
6. Jacu, mutum etc. ensopados
com quiabos 265
7. Jacu, mutum etc. ensopados
com cará-do-ar 265
8. Jacu, mutum etc. guisados 265
9. Jacu, mutum etc. guisados
com batatinhas 265
10. Jacu, mutum etc. refogados
com tomates 265

Araras, Papagaios,
Maracanãs, Periquitos

1. Araras, papagaios etc.
refogados 266
2. Araras, papagaios etc. refogados
com berinjelas 266
3. Araras, papagaios, periquitos
etc. assados no espeto 266
4. Araras, papagaios etc. recheados
e assados no espeto 266
5. Araras, papagaios etc. assados
no forno 267
6. Araras, papagaios etc. cozidos
com arroz 267
7. Araras, papagaios etc. guisados
com jerumbeba 267
8. Araras, papagaios etc. guisados
com pinhões 267

Índice

Perdizes, Codornizes, Cotovia ou Codorniz-do-Campo

1. Perdiz, codorniz, cotovia refogadas...............268
2. Perdizes, cordornizes etc. assadas e refogadas 268
3. Perdizes, codornizes etc. desossadas e refogadas 268
4. Perdizes, codornizes etc. de escabeche....................269
5. Perdizes, codornizes etc. refogadas à moda................269
6. Saladas de perdizes, codornizes etc. assadas 269
7. Perdizes, codornizes etc. chamuscadas....................269
8. Perdizes, codornizes etc. picadas e refogadas 269
9. Perdizes, codornizes etc. refogadas com sapucaias...........269
10. Perdizes, codornizes etc. refogadas com ora-pro-nóbis......270
11. Perdizes, codornizes etc. assadas no espeto....................270
12. Perdizes, codornizes etc. assadas no forno....................270
13. Perdizes, codornizes etc. assadas no borralho com mandioca 270
14. Perdizes, codornizes etc. cozidas com chuchus.............270
15. Perdizes, codornizes etc. ensopadas com moranga.........271
16. Perdizes, codornizes etc. ensopadas com guandus 271
17. Perdizes, codornizes etc. fritas de escabeche 271
18. Perdizes, codornizes etc. fritas com capa 271
19. Perdizes, codornizes etc. fritas com polpa de beterraba..........271
20. Perdizes, codornizes etc. guisadas com abóbora-d'água 271
21. Perdizes, codornizes etc. guisadas com caratinga...................272

Pombas: Juritis, Torquazes e Rolas

1. Pombas-torquazes, rolas etc. assadas no espeto...............272
2. Pombas-torquazes, rolas etc. picadas com torradas 272
3. Pombas-torquazes, rolas etc. assadas em papel 273
4. Torta de pombas-torquazes etc. recheadas 273
5. Pombas-torquazes, rolas etc. fritas com fatias 273
6. Pombas-torquazes, juritis etc. refogadas com palmito 273
7. Pombas-torquazes, rolas etc. refogadas com quibebe...........273
8. Pombas-torquazes, juritis etc. assadas e recheadas.............274
9. Pombas-torquazes, rolas etc. assadas na panela...............274
10. Pombas-torquazes, rolas etc. fritas com grelos de abóbora 274
11. Pombas-torquazes, rolas etc. fritas com ovos 274
12. Pombas-torquazes, juritis etc. guisadas com carapicus..........274
13. Pombas-torquazes, juritis etc. conservadas...................275

Saracura, Inhuma, Pato-silvestre, Marrecos, Gansos-silvestres, Martim-pescador, Frango-d'água, Galinhola Grande e Pequena (Becasina Grande e Pequena)

1. Salmis de galinholas, marrecos e saracuras......................276
2. Inhuma, pato etc. refogados com samambaia.................276
3. Inhuma, pato-silvestre etc. refogados com mangalós 276
4. Inhuma, pato-silvestre etc. assados no espeto.................276
5. Inhuma, pato-silvestre etc. assados no borralho 277

482 — Cozinheiro Nacional

6. Inhuma, pato-silvestre etc.
ensopados com taioba............277
7. Inhuma, pato etc.
estufados com arroz 277
8. Inhuma, pato-silvestre etc.
estufados com pepinos...........277
9. Inhuma, pato-silvestre etc. fritos....277
10. Inhuma, pato-silvestre etc.
guisados com vagens 278
11. Inhuma, pato etc. guisado
com repolho 278

Pássaros Miúdos, Sabiá etc.

1. Pássaros miúdos assados
no espeto......................278
2. Pássaros miúdos refogados 278
3. Passarinhos refogados
em molho branco 278
4. Passarinhos guisados
com tomates....................279
5. Passarinhos assados no forno 279
6. Passarinhos fritos 279
7. Passarinhos fritos com bananas.....279

Galinha-d'angola, Macuco, Inambu, Jaó ou Zabelê, Jacutinga e Capoeira

1. Galinha-d'angola, macuco
etc. refogados 280
2. Galinha-d'angola, macuco etc.
refogados com arroz 280
3. Galinha-d'angola, macuco etc.
cozidos com moranga............280
4. Galinha-d'angola, macuco etc.
ensopados com feijão 280
5. Galinha-d'angola, macuco etc.
ensopados com carapicus.........280
6. Galinha-d'angola, macuco etc.
estufados com castanhas..........280
7. Galinha-d'angola, macuco etc.
estufados com tomates 281
8. Galinha-d'angola, macuco, jacutinga,
jaó etc. recheados e assados 281
9. Galinha-d'angola, macuco etc.
assados e lardeados 281

10. Galinha-d'angola, macuco etc.
guisados com creme..............281

O Anu

1. Anu assado ou ensopado 282

CAPÍTULO X

Peixes de Água Doce

1. Bagres refogados 283
2. Bagres fritos 283
3. Barbo e crumatá estufados........283
4. Barbo e crumatá assados na grelha..284
5. Barbo e crumatá ensopados
com chuchus....................284
6. Barbo e crumatá refogados 284
7. Barbo e crumatá refogados
com ora-pro-nóbis 285
8. Carpa, piaba, papa-terra,
piau refogados..................285
9. Carpa, piaba etc. refogadas
em molho branco 285
10. Carpa, piaba etc. assadas na grelha..285
11. Carpa, piaba etc. cozidas..........285
12. Carpa, piaba etc. cozidas com leite .286
13. Carpa, piaba etc. ensopadas 286
14. Leite e ovas de carpa, piaba etc.
ensopados 286
15. Carpa, piaba etc. fritas...........286
16. Carpa, piaba etc. fritas, em restilo..286
17. Carpa, piaba etc. guisadas........287
18. Carpa, piaba etc. guisadas
com quiabos 287
19. Dourado e salmão refogados 287
20. Dourado e salmão cozidos........288
21. Dourado etc. cozido com arroz 288
22. Dourado e salmão de escabeche ...288
23. Enguia ou muçum 288
24. Enguia e muçum assados no espeto .289
25. Enguia e muçum refogados 289
26. Enguias e muçum assados na grelha 289
27. Enguia e muçum cozidos 290
28. Enguia ou muçum ensopados 290
29. Enguia ou muçum estufados 290

Índice

30. Enguia e muçum guisados 290
31. Enguia ou muçum de escabeche . . .290

Lambari ou Cadosetes

1. Lambaris fritos 291
2. Lambaris estufados 291
3. Lambaris fritos com queijo 291

O Lúcio, Traíra, Tubarana e Piranha

1. Lúcio, traíra, tubarana, piranha
   ensopados 291
2. Lúcio, traíra etc. refogados 291
3. Lúcio, traíra etc. assados no espeto . .292
4. Lúcio, traíra etc. assados na grelha . .292
5. Lúcio, traíra etc. assados e recheados. .292
6. Lúcio, traíra etc. cozidos. 293
7. Lúcio, traíra etc. cozidos em geléia . .293
8. Lúcio, traíra etc. fritos. 293
9. Lúcio, traíra etc. guisados. 293
10. Mandi refogado 293
11. Mandi cozido 293
12. Mandi frito 293
13. Mandi ensopado. 294

O Peixe Cascudo

1. Peixe cascudo ensopado 294
2. Peixe cascudo cozido 294
3. Surubim assado no espeto 294
4. Surubim ensopado 295
5. Surubim frito 295
6. Surubim guisado 295
7. Surubim guisado com leite 295
8. Tenca, pacumã e acarás cozidos 295
9. Tenca, piranga refogados 296
10. Tenca etc. assadas 296
11. Tenca etc. fritas. 296
12. Tenca ensopada com pepinos 296

O Timburé, Corvina

1. Timburé e corvina cozidos 297
2. Timburé e corvina cozidos
   e dourados .297

3. Timburé e corvina fritos 297
4. Timburé e corvina ensopados 297
5. Timburé ensopado com
   abóbora-d'água. 298
6. Timburé e corvina guisados
   com palmitos 298

As Trutas, Piabanhas, Pirapetingas e Matrinxãos

1. Trutas, piabanhas, pirapetingas
   e matrinxãos cozidos. 298
2. Trutas, piabanhas etc. refogadas 299
3. Trutas, piabanhas etc. fritas e assadas .299
4. Trutas, piabanhas etc. guisadas 299
5. Trutas, piabanhas etc. assadas 299

CAPÍTULO XI

Peixes do Mar

1. Atum e beijupirá 303
2. Atum e beijupirá assados 303
3. Atum e beijupirá no espeto 304
4. Atum e beijupirá em salada 304
5. Bacalhau fresco, mero e badejo 304
6. Bacalhau, mero e badejo ensopados .304
7. Bacalhau, mero etc.
   ensopados à baiana 305

Bacalhau Seco

1. Bacalhau seco refogado com palmitos 305
2. Bacalhau seco à cebolada 306
3. Bacalhau seco refogado. 306
4. Bacalhau seco assado no forno 306
5. Bacalhau seco com nata 306
6. Bacalhau seco cozido 306
7. Bacalhau seco ensopado 306
8. Bacalhau seco frito com ovos 307
9. Bacalhau seco guisado 307
10. Bacalhau seco recheado 307

Badejete, Corcoroca e Parati

1. Badejete, corcoroca refogados 307

2. Badejete, corcoroca assados na grelha 308

3. Badejete, corcoroca guisados......308

4. Badejete, corcoroca de escabeche...308

5. Caranha, pescadinha, coió
e marimbá cozidos 308

6. Caranha, coió etc. fritos..........309

7. Cavala, olho-de-boi e
caranha assados.................309

8. Cavala, olho-de-boi etc. cozidos....309

9. Cavala, olho-de-boi etc. fritos......309

10. Cavala, caranha etc. guisados.....309

11. Cavala, olho-de-boi etc. recheados . 310

Enguias-do-mar, Congro, Moréia, Lulas e Polvo

1. Enguia-do-mar, congro etc. cozidos.. 310

2. Enguia-do-mar, congro etc.
refogados.......................310

3. Enguia-do-mar, congro etc.
ensopados......................310

4. Enguia-do-mar, congro etc.
estufados.......................310

5. Enguia-do-mar refogada
com caranguejos 311

6. Galo, roncador, pegador e
pescadinha-bicuda fritos 311

7. Linguado ou azevia frita.......... 311

8. Linguado ou azevia refogada....... 311

9. Linguado ou azevia assada
na grelha....................... 312

10. Linguado ou azevia cozida........ 312

11. Linguado ou azevia ensopada...... 312

12. Linguado ou azevia estufada 312

13. Linguado estufado com vinho 313

14. Linguado frito encapotado........ 313

15. Linguado frito de escabeche....... 313

16. Lombo de linguado frito.......... 313

17. Linguado recheado.............. 313

18. Olhete, xaguiriçá, canjurupi,
cachorro e ubarana cozidos 314

19. Olhete, xaguiriçá etc. ensopados...314

Pescada

1. Pescada assada na grelha.......... 314

2. Pescada frita.................... 314

3. Pescada estufada 315

4. Lombo de pescada ensopado....... 315

5. Lombo de pescada estufado........ 315

6. Lombo de pescada frito 315

Raias: Manteiga, Lixa, Santa e Guicoxo

1. Raia-manteiga, lixa etc. cozida...... 315

2. Raia-manteiga, lixa etc. ensopada... 316

3. Raia-manteiga, lixa etc............ 316

4. Raia-manteiga, lixa etc. guisadas.... 316

5. Fígado de raias frito.............. 316

6. Robalo, garoupa, cherne,
corvina e pargo cozido 316

7. Robalo, garoupa etc. com
molho de vinagre 317

8. Robalo, garoupa etc. com geléia 317

9. Robalo, garoupa etc. com
vinho branco 318

10. Robalo, garoupa etc. estufados..... 318

11. Sardinhas de barrica refogadas..... 318

12. Sardinhas de barrica fritas 318

13. Preparação das sardinhas de Nantes
ou de outro qualquer peixe
conservado em azeite doce 318

14. Modo de guisar as sardinhas de
Nantes ou de qualquer outro peixe
conservado em azeite doce....... 319

15. Vermelho, pampo, e salmonete
assados na grelha 319

16. Vermelho, pampo etc. ensopados .. 319

17. Vermelho, pampo etc. fervidos..... 319

CAPÍTULO XII

Crustáceos e Conchas

1. Camarões refogados com tomates ... 321

2. Camarões assados 321

3. Camarões cozidos frios........... 321

4. Camarões em salada.............. 322

5. Camarões ensopados
com palmito.................... 322

6. Camarões fritos................. 322

7. Camarões guisados 322

Índice

8. Caranguejos e siris refogados 322
9. Caranguejos e siris cozidos 322
10. Caranguejos e siris com leite 322
11. Lagosta (HOMARD) assada. 323
12. Lagosta (HOMARD) guisada 323
13. Lagosta (HOMARD) recheada 323
14. Lagosta (HOMARD) assada
no espeto 323

Caramujos de Vinhas

1. Caramujos de vinhas cozidos. 324
2. Caramujos refogados 324
3. Caramujos recheados 324

Mexilhões e Berbigões

1. Mexilhão e berbigão cozidos 325
2. Mexilhões etc. refogados 325
3. Mexilhões ensopados 325
4. Mexilhões guisados. 325

As Ostras

1. Ostras cruas 326
2. Ostras refogadas 326
3. Ostras fritas 326
4. Ostras guisadas 326
5. Ostras de escabeche. 326

A Tanajura

1. Tanajura frita 327

A Tartaruga, o Cágado

1. Cágado ou tartaruga refogados 328
2. Cágado ou tartaruga guisados 328

Os Ovos, o Leite e o Queijo

1. Gemada branca 329
2. Gemada branca amendoada 329
3. Gemada branca gomada. 329
4. Gemada com aletria 330
5. Ovos nevados. 330

6. Gemada de polvilho 330
7. Gemada de amêndoas. 330
8. Gemada de biscoitos ou bolachas . . . 330
9. Gemada do reino. 331
10. Gemada queimada. 331
11. Omelete (fritada de ovos) à mineira . 331
12. Omelete de açúcar 331
13. Omelete com carapicus
ou cogumelos 331
14. Omelete com conhaque 332
15. Omelete de vento 332
16. Omelete simples. 332
17. Omelete fofa 332
18. Omelete com doces 333
19. Omelete com dourado ou piaba . . . 333
20. Ovos mexidos com
pontas de aspargos. 333
21. Ovos mexidos com ervilhas novas . 333
22. Ovos escaldados com
molho de tomates. 333
23. Ovos escaldados com
substância de carne 334
24. Ovos mexidos com creme 334
25. Ovos refogados 334
26. Ovos com amendoada 334
27. Ovos com queijo 334
28. Ovos com queijo fresco 334
29. Ovos com sopa de pão 334
30. Ovos cozidos com casca. 335
31. Ovos cozidos em calda 335
32. Ovos cozidos sem casca 335
33. Ovos dourados. 335
34. Ovos dourados fritos 335
35. Ovos em geléia 336
36. Ovos ensopados. 336
37. Ovos ensopados com
molho de cebola 336
38. Ovos ensopados com queijo 336
39. Ovos escaldados com sumo. 336
40. Ovos estrelados 336
41. Ovos estufados. 337
42. Ovos estufados com cebola 337
43. Ovos fritos à mineira 337
44. Ovos fritos à moda de hotel. 337
45. Ovos à parmesã 337
46. Ovos fritos de paçoca 337

47. Ovos fritos com ervas 338
48. Ovos fritos com fígado 338
49. Ovos fritos com toucinho 338
50. Ovos fritos em tiras 338
51. Ovos guisados com creme 338
52. Ovos guisados com molho
   de mostarda 338
53. Ovos guisados com torradinhas . . . 338
54. Ovos recheados 339
55. Ovos de cágado ensopados 339
56. Ovos de cágado guisados 339
57. Ovos fritos de tartaruga 339
58. Ovos batidos e engrossados
   com fubá 339
59. Ovos com carne fria picadinha 340
60. Ovos mexidos com substância
   de carne 340
61. Ovos mexidos com queijo 340
62. Queijo assado 340
63. Queijo frito 340

CAPÍTULO XIII — *Os Legumes*

As Raízes

1. Batatas-doces ensopadas 342
2. Batatas-doces fritas 342
3. Batatinhas refogadas 342
4. Batatinhas à parmesã 342
5. Batatinhas assadas 342
6. Batatinhas cozidas 342
7. Batatinhas fritas 342
8. Batatinhas em pirão 342
9. Batatinhas empasteladas 343
10. Batatinhas ensopadas 343
11. Batatinhas fritas à moda 343
12. Batatinhas ensopadas com
   molho branco 343
13. Batatinhas em gemada 343
14. Batatinhas em pirão dobrado 343
15. Batatinhas ensopadas com toucinho . 344
16. Batatinhas recozidas em pirão 344
17. Beterraba refogada 344
18. Beterrabas em quibebe 344
19. Cará refogado 344
20. Cará com açúcar 344

21. Cará ensopado 344
22. Cará refogado 345
23. Caratinga cozida 345
24. Cebolas cozidas 345
25. Cebolas assadas 345
26. Cenouras refogadas 345
27. Cenouras refogadas com nata 345
28. Cenouras ensopadas 345
29. Cenouras guisadas 346
30. Cenouras guisadas (outro modo) . . 346
31. Cenouras preparadas
   com manteiga 346
32. Cenouras guisadas com ervilhas 346
33. Inhame refogado 346
34. Inhame cozido 346
35. Inhame ensopado 346
36. Mandioca assada 347
37. Mandioca frita 347
38. Mangaritos ensopados 347
39. Mangaritos assados 347
40. Nabos refogados 347
41. Nabos gelados 347
42. Nabos guisados inteiros 348
43. Nabos guisados picados 348
44. Taioba cozida 348
45. Taioba encapotada 348
46. Taioba ensopada 348
47. Hastes de aipo à espanhola 348
48. Aipo à espanhola reduzido 349
49. Aipo frito 349

As Folhas

1. Agrião refogado 349
2. Alface, acelga, almeirão, chicória,
   cardo, caruru, espinafre, serralha,
   nabiça e tetragônia cozidos 349
3. Alface, almeirão etc. picados 349
4. Alface, almeirão etc. guisados 350
5. Alfaces, almeirão etc. guisados
   com nata 350
6. Azeda-da-europa e labaça 350
7. Carapicus e cogumelos refogados . . . 351
8. Carapicus refogados com vinho 351
9. Carapicus ou cogumelos
   ensopados com nata 351

Índice

10. Carapicus ou cogumelos fritos 351
11. Carapicus guisados com batatas . . . 351
12. Carapicus com ovos. 352
13. Carapicus guisados com pão 352
14. Carapicus guisados com queijo 352
15. Couves refogadas inteiras 352
16. Couves picadas. 352
17. Couves ensopadas 352
18. Repolho refogado. 352
19. Repolho cozido 353
20. Repolho cozido recheado. 353
21. Repolho com leite 353
22. Repolho roxo refogado. 353
23. Repolho fermentado 353
24. Repolho fermentado refogado. 353
25. Repolho fermentado à alemã 354
26. Repolho fermentado
    com pressa 354
27. Brotos de aspargos cozidos. 354
28. Aspargos guisados com nata 354
29. Grelos de abóbora, de samambaia,
    talos de taioba e palmito. 354
30. Grelos de abóbora, samambaia,
    taioba etc. assados 354
31. Grelos de bananeira refogados. 354
32. Palmito refogado 355
33. Palmito refogado com picados. 355
34. Palmito cozido. 355
35. Palmito frito com ovos 355
36. Palmito frito com queijo. 355
37. Palmito guisado com nata. 355
38. Aspargos à maneira de ervilhas. . . . 355
39. Couve-flor com queijo 355
40. Couves-flor fritas 356
41. Repolho com leite 356

As Frutas

1. Abóbora-d'água refogada 356
2. Abóbora-d'água refogada com
   ora-pro-nóbis ou quiabo 356
3. Abóbora-d'água guisada 356
4. Alcachofras. 356
5. Alcachofras cozidas. 357
6. Alcachofras guisadas. 357
7. Bananas assadas com cascas. 357

8. Bananas fritas. 357
9. Bananas guisadas. 358
10. Berinjelas refogadas. 358
11. Berinjelas refogadas e recheadas . . . 358
12. Berinjelas fritas. 358
13. Cará-do-ar frito 358
14. Cará-do-ar cozido 358
15. Castanhas-do-pará, pinhões
    e sapucaias. 358
16. Castanhas, pinhões etc. guisados. . . 358
17. Jerumbeba guisada (fruta de
    figueira-do-inferno) 358
18. Jilós refogados 359
19. Jilós refogados com frango. 359
20. Mogango ou moranga assado 359
21. Mogango ou moranga cheio. 359
22. Moranga cozida 359
23. Quibebe de moranga. 359
24. Macarrão de morangas verdes. 359
25. Pepinos refogados 360
26. Pepinos recheados. 360
27. Quiabos cozidos. 360
28. Quiabos guisados com carne. 361
29. Tomates guisados 361
30. Chuchus ou maxixes. 361

Os Grãos

1. Arroz refogado à brasileira. 361
2. Arroz refogado à chinesa 361
3. Arroz refogado com amendoim 361
4. Arroz refogado com batatas-doces . . 361
5. Arroz cozido com leite 362
6. Arroz estufado com queijo. 362
7. Canjica. 362
8. Canjica cozida com amendoim 362
9. Canjica cozida com leite. 362
10. Canjiquinha 362
11. Cevadinha 362
12. Cevadinha frita. 362
13. Favas refogadas. 362
14. Favas cozidas 363
15. Favas-do-reino refogadas 363
16. Favas novas com leite 363
17. Feijão-branco ensopado 363
18. Feijão-branco guisado. 363

19. Feijão-branco guisado com ovos. . . . 363
20. Feijão-marumbé refogado 363
21. Feijão-marumbé à mineira. 363
22. Feijão-preto à moda brasileira. 364
23. Feijão-preto à moda dos colonos. . .364
24. Feijão-preto em tutu 364
25. Feijão-preto em tutu à baiana 364
26. Feijoada. .364
27. Grão-de-bico cozido 364
28. Guandu ensopado 364
29. Guandu guisado 365
30. Ervilhas refogadas. 365
31. Ervilhas cozidas 365
32. Ervilhas guisadas. 365
33. Ervilhas guisadas com camarões. . . . 365
34. Ervilhas guisadas com nata 365
35. Ervilhas guisadas com ovos 365
36. Ervilhas secas refogadas 366
37. Ervilhas secas em polpa. 366
38. Ervilhas secas em quibebe 366
39. Ervilhas verdes com cenouras 366
40. Lentilhas ensopadas 366
41. Mangalós refogados. 366
42. Mangalós guisados 367
43. Vagens refogadas 367
44. Vagens guisadas. 367
45. Vagens guisadas inteiras 367
46. Vagens guisadas com ovos 367
47. Ervilhas novas com leite 367

CAPÍTULO XIV – *Os Molhos*

Preparação para Molhos

1. Água de alho. 370
2. Essência de cogumelos 370
3. Extrato de carne para molho 370
4. Manteiga de alho. 370
5. Manteiga de anchovas. 370
6. Substância para molhos 371

Molhos para Carnes

1. Molho adubado 371
2. Molho de amoras. 371
3. Molho para assados. 371

4. Molho de azedas 372
5. Molho da boa cozinheira 372
6. Molho para carne de grelha 372
7. Molho de cogumelos inteiros. 372
8. Molho dourado 372
9. Molho espanhol. 372
10. Molho estimulante. 373
11. Molho à franguinha 373
12. Molho de fricassê 373
13. Molho de jiló. 373
14. Molho de laranjas verdes 373
15. Molho de limão 373
16. Molho avinagrado para lombo
 e língua de vaca 373
17. Molho mineiro 374
18. Molho de mostarda aperfeiçoado . . 374
19. Molho à Orléans. 374
20. Molho pardo 374
21. Molho pardo de alcaparras 374
22. Molho pardo de alcaparras
 com vinho. 375
23. Molho pardo à mineira. 375
24. Molho picante dourado 375
25. Molho picante pardo. 375
26. Molho de pobre 375
27. Molho da princesa 375
28. Molho de rábano 375
29. Molho de rei. 376
30. Molho restaurante [RESTAURADOR] . 376
31. Molho restaurante frio. 376
32. Molho romano 376
33. Molho Roberto. 377
34. Molho de tomates 377
35. Molho estimulante de tomates. 377
36. Molho de túbaras. 377
37. Molho de miúdos. 377

Molhos para Legumes

38. Molho para feijão-branco e vagens . 377
39. Molho para palmitos. 378

Molhos para Carnes e Peixes

40. Molho à *la Daube* 378
41. Molho apimentado 378

Índice

42. Molho da Tartária 378
43. Molho Bechamel 379
44. Outro parisiense 379
45. Molho Bechamel gordo 379
46. Molho branco 379
47. Molho de chefe de cozinha 379
48. Molho de alcaparras 379
49. Molho de pimenta alemão 379
50. Molho de salsa 380
51. Molho de vinho com sardinhas 380
52. Molho frio de ovos 380
53. Molho indiano de caril 380
54. Molho por excelência 380

Molhos para Peixes

55. Molho alemão. 381
56. Molho de camarão. 381
57. Molho de manteiga preta 381
58. Molho de nata 381
59. Molho de ostras ou mariscos 381
60. Molho de túbaras 381
61. Molho de túbaras à italiana 381
62. Molho amarelo de ovos 382
63. Molho de Florença 382
64. Molho frio para peixes 382
65. Molho genovês. 382
66. Molho gomado 382
67. Molho holandês 382
68. Molho italiano 382
69. Molho marselhês 383
70. Molho à provençal 383
71. Molho sem gordura 383

Molhos para Caças

72. Molho excelente para caças 383
73. Molho para guisados
    de caça e aves 383
74. Molho inglês para caça 384
75. Molho de sardinhas 384

Molhos para Pudins e Massas

76. Molho amarelo de limão 384
77. Molho de ameixas 384

78. Molho de bom gosto 384
79. Molho de chocolate. 384
80. Molho de grumixama 385
81. Molho de nata. 385
82. Molho de nata aromático 385
83. Molho de vinho tinto 385
84. Molho encorpado
    de vinho tinto. 385
85. Molho de vinho com nata 385
86. Molho doce de vinho tinto 385
87. Molho para pastéis. 385
88. Molho para pastéis de peixe. 385
89. Molho para pudim de arroz. 386

CAPÍTULO XV

As Saladas

1. Salada de alface à alemã 387
2. Salada de alface à francesa 387
3. Salada de alface à inglesa 387
4. Salada de alface à mineira 387
5. Salada de batatas 388
6. Salada de beldroega. 388
7. Salada de beterraba cozida 388
8. Salada de beterraba crua 388
9. Salada de jacotupé. 388
10. Salada de palmito. 388
11. Salada de pepinos 388
12. Salada de pepinos à alemã 388
13. Salada de pepinos à brasileira. 388
14. Salada de pepinos com nata 388
15. Salada de sardinhas 389
16. Salada de cebolas 389
17. Salada de cebolas fritas 389
18. Salada de chicória 389
19. Salada de escarola 389
20. Salada de rabanetes 389
21. Salada de anchovas
    de conserva 389

As Compotas

1. Compota de amoras. 390
2. Compota de araçá, goiaba,
   maracujá etc. 390

Cozinheiro Nacional

3. Compota de bananas. 391
4. Compota de juás 391
5. Compota de maçãs e marmelos. 391
6. Compota de maçãs com passas. 391
7. Compota de sumo de laranja 391

As Sobremesas

1. Aletria caseira. 391
2. Alforjes de marmelos 392
3. Arroz-doce 392
4. Arroz-doce dourado. 392
5. Arroz-doce à mineira 392
6. Bolinhos de abóbora. 392
7. Bolinhos de manteiga 393
8. Bolinhos doces. 393
9. Bolos com recheio (raviole). 393
10. Bolos de carne 393
11. Bolos de fermento 393
12. Bolos de leite coalhado 394
13. Bolos de pão 394
14. Bolos de queijo. 394
15. Coscorões 394
16. Cuscuz de seminário. 394
17. Outro 394
18. Cuscuz frito 395
19. Massa para empadas 395
20. Massa folhada para empadas. 395
21. Empada de bacalhau
    à mineira. 395
22. Empada de bagres 395
23. Empada de camarões. 395
24. Empada de carne de vitela 395
25. Empada de galinha à mineira 396
26. Empada de jacu 396
27. Empada de lombo de veado 396
28. Empada de mandis 396
29. Empada de mocotó de porco. 396
30. Empadinhas de ostras. 396
31. Empada de ovos 397
32. Empada de pássaros miúdos 397
33. Empada de peixes miúdos 397
34. Empada de pombos. 397
35. Empada de presunto 397
36. Empada de coelho, preá, tatu. 397

CAPÍTULO XVI

Massas Doces para Sobremesa

1. Fatias douradas. 399
2. Manjar à brasileira. 399
3. Manjar de galinha 399
4. Manjar de pão 399
5. Manjar dourado. 400
6. Manjar enfardado 400
7. Ovos em calda 400
8. Pamonhas de milho verde 400
9. Panquecas. 400
10. Panquecas econômicas 400
11. Panquecas de batatas 401
12. Pão dourado 401
13. Massa para pastéis 401
14. Pastéis, massa folhada para capa . . . 401
15. Pastéis de carne de vitela. 401
16. Pastéis de carne à brasileira 401
17. Pastéis de capa de
    fubá à brasileira 402
18. Pastéis de estudantes 402
19. Pastéis de galinha. 402
20. Pastéis de nata 402
21. Pastéis de ovos 402
22. Pastéis de passarinhos
    à brasileira. 402
23. Pastel picante 402
24. Pudim à moda de Paris. 402
25. Pudim de arroz. 403
26. Pudim de arroz com queijo 403
27. Pudim de batatinhas 403
28. Pudim de batatas-doces 403
29. Pudim de cará 403
30. Pudim de fubá mimoso 404
31. Pudim de gemada. 404
32. Pudim de leite 404
33. Pudim London 404
34. Pudim de marreco. 404
35. Pudim de nata 404
36. Pudim de pão. 404
37. Pudim polaco 405
38. Pudim de rim de vitela 405
39. Pudim mimoso 405

Índice

40. Sonhos fritos 405
41. Sonhos fritos com queijo 405
42. Suspiros. 405
43. Suspiros à mineira. 405
44. Torta de beijo de fada 406
45. Torta de creme de amendoim 406
46. Torta de requeijão. 406
47. Torta imperial. 406
48. Torta de palmitos ou aspargos. . . . 406
49. Toucinho do céu 407
50. Trouxas 407
51. Geléias 407
52. Geléia de laranja. 407
53. Geléia de Málaga 408
54. Geléia de marmelos à brasileira. . . 408
55. Leite de amêndoas ou
    pevides de melancias 408
56. Maçãs com arroz 408
57. Macaroni tostado 408
58. Comida branca. 409
59. Comida branca fria 409
60. Pudim de arroz 409

CAPÍTULO XVII

As Conservas

1. Conservação de alcachofras 411
2. Conservação de ameixas,
   pêssegos e damascos. 411
3. Conservação de ameixas,
   damascos e pêssegos 411
4. Conservação de ameixas em vinagre . 411
5. Conservação de araçás,
   maracujás e goiabas. 412
6. Conservação de aves de caça 412
7. Conservação de
   aves de caça (outra) 412
8. Conservação de carne fresca 412
9. Conservação de carne de vaca
   fresca (outra) 412
10. Conservação de carne frita. 412
11. Conservação da carne em salmoura . 413
12. Conservação da carne em
    salmoura à inglesa 413

13. Conservação de carapicus
    e cogumelos 413
14. Conservação de carapicus 413
15. Conservação de couves 413
16. Conservação de couves
    à marinheira. 413
17. Conservação de todas as
    qualidades de frutas 413
18. Conservação de ervilhas,
    couve-flor e vagens cozidas. 414
19. Conservação do leite fresco 414
20. Conservação do leite cozido 414
21. Conservação de marmelos,
    maçãs e pêras 414
22. Conservação de marmelos,
    maçãs e pêras 414
23. Conservação da manteiga fresca . . . 415
24. Conservação dos melões frescos. . . 415
25. *Mixed-pickles*. 415
26. Conservação dos ovos frescos 415
27. Conservação dos ovos frescos 416
28. Conservação de palmito
    e aspargos .416
29. Conservação do peixe fresco
    em vinagre. 416
30. Conservação do peixe fresco 416
31. Conservação dos peixes
    em gordura 416
32. Conservação de pepinos pequenos
    e beterrabas em vinagre 416
33. Conservação de tomates 417
34. Conservação das vagens frescas . . . 417
35. Conservação das vagens secas 417
36. Modo de tirar o mau
    cheiro da carne. 417
37. Tirar o ranço da manteiga. 417
38. Modo de torrar o café 417
39. Modo de torrar café à mineira. 417
40. Outro método de torrar café 418
41. Modo de fazer o café 418
42. Modo de fazer café à
    moda turca 418
43. Modo de fazer café com leite 418
44. Modo de fazer o chá 418
45. Modo de fazer o chocolate 418

46. Modo de fazer
chocolate com leite 419
47. Modo de preparar o mate 419
48. Modo de preparar o guaraná 419

CAPÍTULO XVIII

Receitas Confortativas

1. Receita confortativa 421
2. Outra 422
3. Outra 422
4. Chocolate preparado com âmbar
ou chocolate dos aflitos 423

CAPÍTULO XIX

Sobre o modo de trinchar 425

CAPÍTULO XX

As bebidas 429

CAPÍTULO XXI

Os Almoços

Entre amigos 431
Os almoços (para seis a oito pessoas) . . 432
Almoço brasileiro 433

CAPÍTULO XXII

Os Jantares

Jantar de família 436
Jantar (para vinte pessoas) 437
Jantar de cerimônia 439
Banquete brasileiro 441

CAPÍTULO XXIII

As Ceias

Ceia para a noite de Natal 444
Ceia para baile 445

Título	*Cozinheiro Nacional*
Prefácio	Carlos Alberto Dória
Glossário	Maria Cristina Marques
Capa	Tomás Martins
Projeto gráfico	Tomás Martins
	Negrito Produção Editorial
Assistente de design	Ana Paula Fujita
Produção	Aline E. Sato
Revisão	Geraldo Gerson de Souza
	e Maria Cristina Marques
Formato	17 x 24,5 cm
Número de páginas	496
Tipologia	Minion
Impressão	Lis Gráfica